公安行政执法

理论研究

GONG'AN XINGZHENG ZHIFA LILUN YANJIU

董晓文 ◎ 著

大连理工大学出版社
Dalian University of Technology Press

图书在版编目（CIP）数据

公安行政执法理论研究 / 董晓文著. — 大连：大连理工大学出版社，2018. 8
ISBN 978-7-5685-1027-1

Ⅰ. ①公… Ⅱ. ①董… Ⅲ. ①公安机关—行政执法—研究—中国 Ⅳ. ①D922.144

中国版本图书馆CIP数据核字(2017)第169914号

大连理工大学出版社出版
地址：大连市软件园路80号　　　　邮政编码：116023
发行：0411-84708842　邮购：0411-84708943　传真：0411-84701466
E-mail：dutp@dutp.cn　　　　　　URL：http://dutp.dlut.edu.cn
大连金华光彩色印刷有限公司印刷　　大连理工大学出版社发行

幅面尺寸：185mm×260mm　　　印张：34.25　　　字数：688千字
2018年8月第1版　　　　　　　　　2018年8月第1次印刷

责任编辑：邵　婉　　　　　　　　　责任校对：齐　跃
封面设计：奇景创意

ISBN 978-7-5685-1027-1　　　　　　　　　定价：90.00元

本书如有印装质量问题，请与我社发行部联系更换。

前　言

　　党的十八大报告中提出全面建成小康社会的奋斗目标，要实现这一目标，需要从法治上提供可靠保障。全面推进依法治国是关系我们党执政兴国，关系人民幸福安康，关系党和国家长治久安的重大战略问题。《公安行政执法理论研究》是一部关于公安行政执法的理论著作，全书系统地介绍了公安行政基本执法理论基础，明晰了公安执法管辖权内容；总结了我国十八大以来的公安行政执法理念与基本原则；明确公安行政执法主体、公安行政执法行为，体现了公安行政执法管理体制构建的过程；概括地研究了公安行政执法的不作为行为；详尽地阐述了人民警察规范化执法的理论内容；归纳出国外警察规范化执法的模式和经验；针对行政管理相对人合法权益受侵权的情况，剖析了公安行政复议理论；对公安主体行政执法权益保障进行了深入研究；引导公安行政执法实施要与时俱进，顺应历史潮流。全书比较科学地处理了理论与实践的关系；比较完整地阐明了公安行政执法学的基本理论、基本知识；构建了具有现实可操作的公安行政执法实践体系，实现了理论性、实践性、应用性的统一融通；使公安执法主体、法律研究者和爱好者能够准确、快速地把握我国公安机关行政执法的主要内容。

　　对于本书的撰写，尽管笔者付出了巨大努力，但是由于能力、时间有限，不足之处在所难免，尚请学界同仁、广大读者批评指正。

董晓文

二〇一七年六月

目　录

第一部分

公安行政执法基础理论

第一节 公安行政执法概述

一、公安行政执法权的定义和概念界定

公安行政执法权是警察权的重要组成部分，要准确理解和把握公安行政执法权的含义与特征，应当首先了解警察权的基本含义。

1.警察权的含义

警察权是国家政权的重要组成部分，是体现警察职能的一项国家权力。警察权的运行过程涉及社会生活的方方面面，渗透到社会生活的各个领域。有人说，警察权的运行无所不包，无所不在，无处不有。小到日常的治安管理、户籍管理、交通管理、刑事侦查活动中的强制措施，大到国家有关警察的立法活动。国家设立警察权的目的是维护国家和社会治安秩序，保护人民的生命财产安全及其他合法权益。正如马克思所说："安全是市民社会的最高社会概念，是警察的概念；按照这个概念，整个社会的存在都只是为了保证它的每个成员人身、权利和财产不受侵犯。"

目前学术界对警察权的含义尚有不同的看法，概括起来主要有以下几种观点：警察权是指国家权力中有关警察设置与管理、警察公务活动的各种权力的总称；警察权指宪法和法律赋予公安机关执行法律、实施警务活动的权力；警察权指国家警察及其主管机关为了维护国内安全，维护社会治安秩序，预防、制止、惩治犯罪危害，保护人民，基于国家强制权，依法命令、强制、限制公民权利自由的一种国家权力；等等。上述观点都从不同角度并在一定程度上反映了警察权的内涵与外延，具有一定的科学性与合理性，但同时也不可否认地都存在着一定的缺陷。对警察权的含义应当从广义与狭义两种角度进行理解。所谓广义的警察权，是指国家依法赋予公安机关、国家安全机关、监狱管理机关、人民检察院、人民法院及其人民警察依法履行警察行政管理职能与刑事司法职能的权力。狭义的警察权是指国家依法赋予公安机关及其人民警察依法履行公安行政管理职能和部分刑事司法职能的权力。本文中所论及的警察权是指狭义的警察权。

2. 公安行政执法权的含义与特征

根据《中华人民共和国人民警察法》（简称《人民警察法》）、《中华人民共和国刑事诉讼法》（简称《刑事诉讼法》）、《中华人民共和国治安管理处罚法》（简称《治安管理处罚法》）等法律规定，结合对狭义警察权的上述分析，我们可以先从法律规定上将警察权分为履行行政管理职能的权力与履行部分刑事司法职能的权力。公安行政执法权属于公安机关履行行政管理职能的权力，具体地讲，就是指公安机关依法对国家行政事务与社会公共事务进行组织、管理的权力，主要包括治安管理权、道路交通管理权、消防监督管理权、户籍管理权、出入境管理权、计算机信息系统监管权等。从权力的具体种类来分，公安行政执法权主要包括：公安行政强制权、公安行政处罚权、公安行政检查权、公安行政许可权等。即公安机关为了履行公安行政管理职能，依法运用公安行政执法权所做出的产生法律效果的行为，就是公安行政执法行为。本文所称的公安行政执法制度，是指确认、规范公安行政执法权的设定、行使、监督救济等内容的规范的总称。由此，可以概括总结出公安行政执法权的概念：公安行政执法权是指国家依法赋予各级公安机关及其警务人员在进行公安行政管理过程中，为履行公安行政管理职责而行使的权力。公安行政执法权是公安行政权的一种，源于国家法律、法规的授权。其内涵可从以下几个方面理解：

（1）公安行政执法权体现了国家意志，权力来源和责任均归属于国家。从权力的来源看，公安行政执法权是国家以法律的形式赋予的，具有国家权力的性质。从其责任归属看，行使公安行政执法权引起的后果由国家承担，责任归于国家。如果给行政管理相对人的合法权益造成损害的，国家承担赔偿责任。

（2）公安行政执法权是一种法定权力，依法取得并在法定范围内行使。应当指出，在依法赋予公安机关及其所属人民警察行政执法权的同时，法律也规定了其应当履行的职责，权力与责任义务是统一的。公安行政执法权来自法律的授权，因此，公安行政执法权的行使必须依法进行，不得滥用职权，超越职权，否则就构成行政违法。由于公安行政执法权由多项具体的权力构成，而且行使权力的主体层次不同，所以法律对公安机关及其所属人民警察行使公安行政执法权的内容、范围和方式的要求也有所不同。

（3）公安行政执法权的行使主体是各级公安机关及其所属人民警察。公安机关是依法设立的国家行政机关，其所属人民警察是由国家依照法定条件和程序任用的国家工作人员。他们的职责和权限是由国家赋予的，是一种特殊的资格和条件，其他国家机关及其所属人员不能行使该种职权，如果非法行使公安行政执法权，造成公民、法人和其他组织的合法利益受到损害的，应承担相应的法律责任。

（4）公安行政执法权作用于警察行政管理领域，是针对警务关系中的行政管理相对人实施的。任何一种权力都有其特定的适用范围和作用对象。公安行政执法权的作用对象主要是公安行政管理过程中的特定对象，各种具体的权力只能在公安行政管理过程中实施。

二、公安行政执法权的性质

公安行政执法权属于国家权力的一种，具体来说是公安机关这种权能国家机关（兼具行政职能和司法职能以及侦查职能）在处理行政事务时所具有的行政职能。这是由我国人民民主专政国家的政权性质决定的。在我国，"一切权力属于人民"，人民是国家的主人，公安行政执法权必须体现广大人民的根本利益和意志。宪法、法律、法规设定公安行政执法权的目的就在于维护人民所需要的社会秩序和公共安全。因此，公安行政执法权的内容及其具体实施，必须反映人民群众的利益和要求。

三、公安行政执法权的特征

公安行政执法权具有以下基本特征：

(1)法定性，即公安行政执法权的来源、实施主体、行使程序、监督救济等必须由法律规范明文规定，法无明文规定不可为。这是公安行政执法权最基本的特征，也是依法行政对公安行政执法权的基本要求。

(2)执行性。公安行政法律规范的贯彻与执行，必须要有足够、合法、正当的行政执法权作为基本的工具和保障。公安行政执法权的行使过程就是公安机关执行法律、执行权力机关意志的过程。即使是公安机关制定规范性文件的行为，从形式上看属于立法行为，但这只是一种在有关法律框架内所进行的准立法行为，本质上同样是为了执行法律规范而实施公安行政执法权的特殊的表现方式。

(3)单方性。公安行政执法权一般表现为公安机关依照自己单方面意志做出决定，不需要公安行政相对人的同意或者认可。虽然有些公安行政执法权如公安行政许可的实施要以行政相对人的申请为前提，但是否做出许可还是由公安机关单方面说了算，公安行

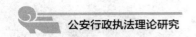

政相对人并没有决定权。随着现代社会民主化的发展，公安行政相对人有了更多的参与权，已经能够更广泛地参与到公安行政执法权的实施中，但这仅仅是参与，最终的决定还是由公安行政主体做出。因此，公安行政相对人的参与也并不会改变公安行政执法权的单方性。

(4)裁量性。公安机关必须依法实施公安行政执法权，这是法律对公安行政执法权行使的基本要求，但这并不意味着法律应当对公安行政执法行为的每一个细节和步骤都要做出具体详细的规定，并且要求公安机关只能机械地依照法律预先设计好的方式、步骤、条件、标准、路线等行事，而没有任何选择与裁量的余地。事实上，由于公安执法对象众多，执法环境复杂多变，加之立法技术的局限性和现代行政管理的专业性、技术性、多变性等因素，任何行政法律规范都不可能对公安行政事务管理规定得事无巨细。"真正伟大的法律制度的特征是将僵硬性与灵活性给予某种具体的有机的结合。"由此可见，科学有效的法律所要做的不是也不可能将公安机关行政执法的全部事务一览无余地纳入其中，而是应当恰如其分地赋予公安机关一定的自由裁量权，让公安机关自主寻求判断事实与法律的最佳结合点，并据此做出或者不做出，以及以何种方式或以何种内容做出具体行政行为的权力。绝大多数公安行政执法权的行使都带有一定的自由裁量成分。

(5)特殊强制性。公安行政执法权的实施实质上是公安机关代表国家实施的法律行为。这种行为不仅体现了国家意志，为国家法律所确认，而且以国家政权为其实施的坚强后盾，以法律的强制力为其实施的基本保障。公安机关依法行使公安行政执法权的行为具有法律上的强制力，行政相对人必须服从和配合，必须履行公安行政执法行为为其设定的义务。同时，由于公安机关负有特殊的任务，因此，国家赋予其特殊的强制权，如限制公民人身自由权、使用武器警械等权力。

(6)不可处分性。公安机关有权行使公安行政执法权，但无权对它做任意处分，除非法律有明确规定或者行政管理所必需，不得任意转让公安行政执法权，不得放弃公安行政执法权，放弃公安行政执法权的行为将构成行政失职。

(7)主动性和广泛性。一方面，公安行政执法权是公安机关及其所属人民警察依法定授权取得的，是权力和职责的统一体。职责的履行不是被动的，行使该种权力的主体必须严格按照法定的目的、内容、方式、程序主动行使。另一方面，公安行政执法权涉及社会生活的各个方面，内容多种多样，千头万绪，涉及治安、交通、消防、出入境等诸多管理领域。

四、公安行政执法权的表现形式

公安行政执法权的表现形式主要有：公安行政处罚、公安行政强制措施、公安行政强制执行、公安行政许可、公安检查监督等。

（一）公安行政处罚

《中华人民共和国行政处罚法》（简称《行政处罚法》）以及其他的法律、行政法规规定了行政处罚的基本种类，具体包括警告，罚款，没收违法所得和非法财物，责令停产、停业，暂扣或吊销许可证和执照，行政拘留，限期出境和驱逐出境等。其中限期出境和驱逐出境为其他法律、行政法规所规定。

1. 警告

警告是公安机关及其有执法权的警务人员对有轻微违法的行为人，给予的一种谴责和警诫，具有惩戒性质，不同于一般的批评教育，是一种强制性的谴责，以此告诫、责令行为人改正违法行为不再重犯。警告采取书面形式，向本人宣布和送达，不是简单的口头批评。

2. 罚款

罚款是公安机关及其有执法权的警务人员依法对违法行为人科以金钱给付义务，并责令其限期交纳一定数额金钱的处罚形式。在处罚程度上重于警告。公安机关在实施罚款时，必须按照法定的内容、数额、幅度，并按法定的形式进行。罚款应当采取书面形式，要求被处罚人在规定的期限内交纳罚款。

3. 没收违法所得和非法财务

没收是公安机关及其有执法权的警务人员对违法人的违法所得和非法财物收归国家所有的行政制裁。违法所得包括行为人违法取得的金钱、财产及其他物质利益；非法财物包括非法获取和占有的金钱、财物以及没有合法来源的财物，包括违禁品和违法工具，如武器弹药、淫秽物品、非法出版物等。

4. 责令停产、停业

责令停产、停业是指公安机关及其有执法权的警务人员依法对从事某种经营活动的违法行为人给予的行政制裁，是对违法行为人从事生产、经营活动权利的限制。这种行政处罚一般附有改正违法行为的期限要求或其他条件，被处罚人在期限内纠正了违法行为的，经有关公安机关认可，可以恢复生产经营活动。

5. 暂扣或吊销许可证和执照

暂扣或吊销许可证和执照，就意味着暂停或撤销了某种法律上的承认，当事人也因此丧失从事某项活动或进行某种行为的权利。其范围涉及治安、交通、消防、出入境等管理部门。这是一种较为严厉的处罚，目的在于取消违法行为人原来享有的某种资格，限制或剥夺其原来获得的某种特许权利。

6. 行政拘留

行政拘留是指公安机关及其有执法权的警务人员依法对违法行为人实施的在短期内限制其人身自由的行政制裁。行政拘留是公安机关实施的较为严厉的一种处罚形式，它涉及违法行为人的人身权利。行政拘留只能由公安机关实施，而且只能对自然人适用，其他机关、组织和个人不得做出行政拘留的决定。公安机关在决定执行拘留处罚时，应制作拘留裁决书，被处罚人应在限定的时间内到指定拘留所接受处罚。行政拘留的期限法律规定为1日以上，15日以下，如果一人实施两种以上违法行为都被处以拘留的，则合并执行，期限可以是15～20日。

7. 限期出境和驱逐出境

这两种行政处罚是公安机关对违反出入境管理的人依法采取的行政制裁。根据《中华人民共和国出境入境管理法》（简称《出境入境管理法》）的规定，对非法入境、出境的，在中国境内非法居留和停留的，未持有效旅行证件前往不对外国开放的地区旅行的，伪造、涂改、冒用、转让入境或出境证件的外籍人，公安机关可以处以限期出境或驱逐出境的处罚。根据法律规定，这两种处罚的对象是违法的外籍人，处罚决定由公安部门做出，被处罚人接到限期出境裁定书以后，应在期限内自动离境，如果拒绝出境，由所在地公安机关强制其出境。被处罚的人在接到驱逐出境裁决书后，由所在地公安机关派警务人员强制驱逐出境。

（二）公安行政强制措施

公安行政强制措施是治安行政措施的一种。治安行政措施，是指法律赋予治安管理部门及其人员在进行治安管理时所采取的具体措施和方法。公安行政强制措施是指公安机关及其有执法权的警务人员在行政管理与执法过程中，为了预防、控制或制止违法行为的发生和危害社会状态的扩展，及时查明案情或事实情况，依法对违法行为人采取的暂时性限制其人身或财产权的特殊强制手段和方法。根据《人民警察法》规定，公安行政强制措施的形式主要有：

1. 强制戒毒

根据国务院发布的《强制戒毒办法》规定，强制戒毒是对吸食、注射毒品成瘾人员在一定时期内通过采取行政措施对其强制进行药物治疗、心理治疗和法制教育及道德教育，使其戒除毒瘾的行政强制行为。强制戒毒由公安机关实施，期限为3～6个月，实际执行的强制戒毒期限连续计算不超过一年。

2. 强制隔离

根据《中华人民共和国传染病防治法》（简称《传染病防治法》）的规定，对患有某种传染病者应给予隔离治疗，如果拒绝隔离治疗或隔离期未满擅自脱离治疗的，公安机关依法协助医疗部门采取强制隔离。

3. 强制治疗

强制治疗，又称为收容强制治疗。它是根据有关法规的规定，对某些传染病患者、性病患者以及卖淫嫖娼等违法行为人，公安机关与其他部门依法对其采取强制检查治疗。有的学者将其称为"强制性医疗措施"。

4. 强制驱散或强行带离现场

根据《中华人民共和国集会游行示威法》（简称《集会游行示威法》）的规定，对于违反集会游行示威中，不服从命令解散的行为人，可采取强制驱散或强行带离现场等方法。《人民警察法》第17条规定："对严重危害社会治安秩序的突发事件，公安机关可以采取必要手段强制驱散，并对拒不服从的人员强行带离现场。"

5. 强制传唤

根据《治安管理处罚法》的规定，在治安管理中，如果需要对行为人传唤讯问，该行为人必须服从，没有正当理由不到案或逃避的，公安机关可以采取强制传唤措施。

6. 强制约束

对于不能控制自己行为的人，如醉酒的人和精神病人，在本人有危险或者对社会秩序、公共安全有威胁时，公安机关可采取强制约束，直到其酒醒或被监护人领走。

7. 查封、冻结、扣押财产

查封是公安机关对违法行为人的财产或与案件有关的财物就地封存的强制行为。财产包括动产、不动产，一般是就地查封，不发生异地转移。冻结是公安机关为防止违法行为人转移资金，依法将其在金融机构的款项予以冻结，不允许动用的强制方法。扣押财产是公安机关为了防止案件当事人处置、转移财产，对涉案财产采取扣押的强制方法，被扣押的财产一般是动产。根据《治安管理处罚法》规定，被处罚人因其违法行为造成受害人损失，拒不交纳赔偿费用的，可采取扣押财物折抵的强制措施。

8. 强行铲除罂粟

根据《中华人民共和国禁毒法》的规定，私自种植罂粟的，公安机关应予以强行铲除。

9. 强行收缴、拆除、清障

根据《中华人民共和国枪支管理法》（简称《枪支管理法》）及有关刀具、爆炸物品管理的规定，公安机关对于私自保存、藏匿枪支弹药、爆炸物品、凶器等拒不上缴的，可采取强行收缴的措施。根据《中华人民共和国消防法》（简称《消防法》）规定，对于妨碍灭火救灾的建筑物，对毗连火场的建筑物，公安机关可以强行拆除。强行清障是公安机关为维护公安行政管理秩序，对妨碍正常管理秩序的障碍物予以强行清除的方法。根据《消防法》《中华人民共和国道路交通安全法》（简称《道路交通安全法》）等有关法规、规章的规定，对于阻碍防火通道的障碍物，对于违章占道停放的机动车辆等，可采取强行清除或拖移措施。

（三）公安行政强制执行

公安行政强制执行是指公安机关对不履行法定义务或公安机关决定、命令的公民、

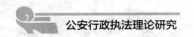

法人和其他组织，采取强制性措施，迫使其履行法定义务。如在治安处罚中公安机关采取的强制传唤、强制拘留等措施。

（四）公安行政许可

公安行政许可是指公安机关对公民、法人和其他组织从事某种活动的申请做出是否准许的决定。如集会、游行、示威申请的许可，对驾驶证申请的许可，对从事特种行业的许可等。

（五）公安检查监督

公安检查监督是指公安机关对公民、法人和其他组织遵守公安法律、法规的情况进行检查、监督。公安检查监督是公安行政管理，它包括一般检查监督和特定检查监督、事前检查监督和事后检查监督等，如公安机关对居民身份证件的一般检查，对特定场所的消防检查等。公安机关及其人民警察行使公安检查监督权时，公民、法人和其他组织有接受的义务。

第二节 我国公安行政执法的发展沿革

一、我国公安行政执法的历史发展过程——以森林公安行政执法发展为例

（1）1985年6月，林业部、公安部发布《关于盗伐滥伐森林案件划归公安机关管辖后有关问题的通知》（林安〔1985〕249号），在明确赋予林业公安机关查处盗伐、滥伐森林案件的刑事执法权的同时，明确赋予林业公安机关查处相应案件的治安管理处罚权："县级（含县）以上林业公安机关受理盗伐、滥伐森林案件……对于不需要追究刑事责任，但应给予劳动教养或治安处罚的，可分别按照有关规定办理。"1986年1月，林业部、公安部联合发出《全国林业公安工作会议纪要》，明确指出："林业公安机关是公安机关的组成部分，是公安机关派驻林区保卫森林资源安全，维护林区社会治安的武装性质的治安行政力量，原则上行使同级地方公安机关的职责和权限。"

（2）1987年1月，第二部《中华人民共和国治安管理处罚条例》（简称《治安管理处罚条例》）正式实施。同年4月，公安部发布《关于铁道、交通、民航、林业公安机关执行〈治安管理处罚条例〉几个问题的通知》（〔87〕公发20号文件），首次正式在地方公安机关和专门公安机关之间就治安管理处罚权做出明确分配。不仅明确了各专门公安机关作为治安管理处罚主体所应具备的级别和权限、处罚的种类及处罚决定的执行，还明确了各自所做处罚的行政及司法救济途径，甚至对处罚的文书、案件统计等事项也

做出明确规范："一、对违反治安管理的行为，县一级的林业公安局、公安处，可以行使警告、罚款、拘留处罚的裁决权；县公安局所属林业公安分局可以行使警告、罚款处罚的裁决权；林业公安派出所、公安科可以行使警告、50元以下罚款处罚的裁决权……林业公安派出所与上一级公安机关不在同一县、市的，对违反治安管理的人处超过50元的罚款或者拘留处罚的，送请所在地的县、市公安局、公安分局裁决。三、林业公安机关未设置拘留所的，可以将拘留处罚的人送交所在地的县、市公安局、公安分局执行。"

（3）2005年8月，第十届全国人大常委会第十七次会议通过《治安管理处罚法》。2006年1月，公安部发布《公安机关执行〈中华人民共和国治安管理处罚法〉有关问题的解释》（公通字〔2006〕12号），在废止上述"〔87〕公发20号文件"的同时，对森林公安机关的治安管理处罚权做出新的规定："县级以上铁路、交通、民航、森林公安机关对其管辖的治安案件，可以依法做出治安管理处罚决定，铁路、交通、民航、森林公安派出所可以做出警告、500元以下罚款的治安管理处罚决定。"针对县级森林公安机关的确定问题和森林公安机关管辖的治安案件种类问题，公安部于2008年1月发布《关于森林公安机关执行〈中华人民共和国治安管理处罚法〉有关问题的批复》，明确"县级以上森林公安机关，是指相当于县级以上人民政府公安机关的行政级别，并有权以自己的名义办理案件、做出决定和制作法律文书的森林公安机关"，并规定森林公安机关与地方公安机关办理治安案件的管辖分工问题，由各级人民政府公安机关根据当地实际情况确定。

（4）除上述法律外，还有一些地区通过地方立法的方式，赋予森林公安机关独立的公安行政执法权。例如，《昌吉回族自治州硅化木保护管理条例》（2001年2月18日昌吉回族自治州第十一届人民代表大会第四次会议通过，2001年3月30日新疆维吾尔自治区第九届人民代表大会常务委员会第二十一次会议通过）第十八条规定："在硅化木保护区域内不听劝阻、阻碍国家工作人员依法执行公务的，由森林公安机关依据《治安管理处罚条例》予以处罚；情节严重构成犯罪的，依法追究刑事责任。"

二、我国公安行政执法的法律制度现状

我国初步建立了比较完善的公安行政执法制度体系：在现代社会中，行政管理应该是规范化、制度化管理，即行政管理应当有法可依，有章可循，这是建立法治国家的基本要求。公安行政管理同样也必须纳入法制化的轨道。建立和完善公安行政执法法规体系是公安行政执法工作依法进行的基本要求和重要保证。目前，我国已经初步建立了比较完整的公安行政执法体系：一方面，大量一般性的法律规范如《行政处罚法》、《中华人民共和国行政许可法》（简称《行政许可法》）、《中华人民共和国行政诉讼法》

（简称《行政诉讼法》）、《中华人民共和国国家赔偿法》（简称《国家赔偿法》）、《中华人民共和国行政复议法》（简称《行政复议法》）、《中华人民共和国行政监察法》（简称《行政监察法》）、《中华人民共和国信访条例》（简称《信访条例》）等对公安行政执法行为的设定、实施及监督救济等做出了一般性的规定；另一方面，在公安行政执法的每个领域如治安管理、道路交通管理、消防监督管理、户籍管理、出入境管理、计算机信息系统监管等方面都有了相应的专门法律规定，如《治安管理处罚法》、《道路交通安全法》、《集会游行示威法》及其《实施条例》、《消防法》、《中华人民共和国居民身份证法》（简称《居民身份证法》）、《中华人民共和国外国人入境出境管理法》（简称《外国人入境出境管理法》）、《出境入境管理法》等。此外，还有大量的公安行政法规（如《中华人民共和国户口登记条例》简称《户口登记条例》）、《强制戒毒办法》、《中国出境入境边防检查条例》（简称《边防检查条例》）、《计算机信息系统安全保护条例》《公安机关督察条例》)等地方性法规、规章及其他规范性文件。上述专门性法律规范对公安行政执法权的范围、行使、监督救济、法律责任等都做了具体规定。

1. 明确了行使公安行政执法权的实体设置

目前我国公安行政执法权的实体设置，应当说基本符合公安机关履行职责、实施公安行政管理的需要。所谓公安行政执法权的实体设置，就是指法律规范规定公安机关有哪些行政执法权力。公安机关的权力与其职责密不可分，职责是权力的前提，有多大的职责就应当有多大的权力。《人民警察法》第6条明确规定了人民警察应当履行的行政职责具体包括：预防、制止违法活动；维护社会治安秩序，制止危害社会治安秩序的行为；维护交通安全和交通秩序，处理交通事故；组织、实施消防工作，实行消防监督；管理枪支弹药、管制刀具和易燃易爆、剧毒、放射性等危险物品；对法律、法规规定的特种行业进行管理；警卫是国家规定的特定人员，守卫重要的场所和设施；管理集会、游行、示威活动；管理户政、国籍、入境出境事务和外国人在中国境内居留、旅行的有关事务；维护国（边）境地区的治安秩序；监督管理计算机信息系统的安全保护工作以及法律、法规规定的其他职责。为了使公安机关能够充分履行上述行政职责，就必须赋予公安机关充分的权力。下面以公安行政执法的主要形式即公安行政处罚、公安行政强制、公安行政许可与公安行政检查为例，介绍相关法律规定。

(1)公安行政处罚权的实体设置。《行政处罚法》作为规范行政处罚的基本法律，其对行政处罚权的设定当然适用于公安行政处罚。根据《行政处罚法》的规定，行政处罚的种类包括警告，罚款，没收违法所得，没收非法财物，暂扣或者吊销许可证、执照，行政拘留等。对于上述处罚的种类，公安机关都有权实施，而且《行政处罚法》还明确规定，限制人身自由的行政处罚只能由公安机关行使。当然，《行政处罚法》的规定只是一般性规定，公安机关具体拥有哪些公安行政处罚权，包括处罚的行为、种类、幅度等，还需要由专门的公安行政法律规范进行规定。

2006年3月1日实施的《治安管理处罚法》对公安机关拥有的治安管理处罚权做了明确授权。根据该法规定，扰乱公共秩序，妨害公共安全，侵犯人身权利、财产权利，妨害社会管理，具有社会危害性，尚不够刑事处罚的，由公安机关依法给予治安管理处罚。治安管理处罚的种类包括警告、罚款、行政拘留、吊销公安机关发放的许可证以及对违反治安管理的外国人可以附加适用的限期出境或者驱逐出境。该法第3章共用53条内容具体规定了违反治安管理的行为和相应处罚。与《治安管理处罚条例》相比，《治安管理处罚法》增加了违反治安管理行为的种类，提高了罚款的额度，由条例规定的一般最高200元罚款改为一般最高1000元罚款，同时还明确规定单位违反治安管理的，除对其直接负责的主管人员和其他直接责任人员依照治安管理处罚法进行处罚外，还可以依照其他法律、行政法规的规定对单位实施处罚。《治安管理处罚法》的上述规定明确了公安机关在治安管理处罚方面的具体权力。

2004年5月1日实施的《道路交通安全法》明确规定，国务院公安部门负责全国道路交通安全管理工作。县级以上地方各级人民政府公安机关交通管理部门负责本行政区域内的道路交通安全管理工作。该法规定，公安机关交通管理部门及其交通警察应当依据事实和本法的有关规定对道路交通安全违法行为予以处罚。处罚种类包括：警告、罚款、暂扣或者吊销机动车驾驶证、拘留。该法第89条至106条内容具体规定了道路交通安全违法行为的种类及相应的处罚。《道路交通安全法》的上述规定明确了公安机关在道路交通管理中的处罚权。

此外，《消防法》《居民身份证法》《集会游行示威法》《外国人入境出境管理法》《出境入境管理法》《计算机信息系统安全保护条例》等法律、行政法规对违反相应公安行政法律规范的行为都规定了具体处罚，在此不再详述。

上述法律规范对公安行政处罚权的赋予，保证了公安机关能够通过对违法行为人进行制裁，达到维护社会秩序，保障公共安全，保护公民、法人和其他组织合法权益的目的。

(2)公安行政强制权的实体设置。公安行政强制权包括公安行政强制措施权与公安行政强制执行权。公安行政强制措施，是指公安机关为了维护社会秩序，预防、制止社会危害事件与违法行为的发生与存在，依照法律、法规规定，针对特定公民、法人或者其他组织的人身、行为及财产进行约束或处置的限权性强制行为。根据所强制的对象的不同，公安行政强制措施主要分为5种：①限制人身权的公安行政强制措施，包括当场传唤、盘问检查（包括现场盘查和继续盘问）、强制约束、强行驱散、强行带离现场、强行遣送、收容教育、强制治疗、强制戒毒等；②限制财产权的公安行政强制措施，包括先行登记保存、检查、扣押（扣留）、暂扣交通事故车辆、嫌疑车辆、车辆牌证等；③针对证件的公安行政强制措施，包括暂扣机动车驾驶证或行驶证、扣留居民身份证、收缴居民身份证等；④针对经营权利的公安行政强制措施，包括限期整改、暂时收回许可证（中止）；⑤其他公安行政强制措施，如紧急征用、紧急排险、交通管制、现场管制、封闭等。对于上述公安行政强制措施，我国《人民警察法》、《治安管理处罚法》、《集会游行示威法》、《道路交通安全法》、《居民身份证法》、《消防法》、全国人大常委会《关于严禁卖淫、嫖娼的决定》与《关于禁毒的决定》、《计算机信息系统安全保护条例》、《强制戒毒办法》等法律规范都做了明确授权，以确保公安机关有足够的手段预防、制止、查明违法行为，维护社会秩序，保障人权。

根据公安机关采取强制措施的紧迫程度，还可以将公安强制措施分为即时强制措施与一般强制措施。即时强制措施包括当场传唤，盘问检查（包括现场盘查和留置盘问），强制约束，强行驱散，强行带离现场，扣押（扣留），当场对物品、场所的检查、紧急征用等。收容教育、强制治疗、强制戒毒等属于一般强制措施（也称教育改造性的强制措施）。

公安行政强制执行，是指在当事人拒不履行已生效的具体的公安行政执法行为的情况下，公安机关自身或者申请人民法院依法采用强制手段，迫使当事人履行义务，或者达到与其履行义务相同状态的行政强制行为。根据执行的方式不同，可分为直接强制执行与间接强制执行。直接强制执行主要包括强制传唤、强制拘留、强制拆除、强制清除、强制抵缴等。《行政处罚法》《治安管理处罚法》《道路交通安全法》《公安机关办理行政案件程序规定》等对上述执行方式做了明确规定。间接强制执行主要包括代履行与执行罚两种。代履行是指在当事人拒不履行义务而且该项义务由他人代为履行能够达到同样目的的情况下，公安机关决定由他人履行。例如，《消防法》规定，对埋压、圈占消火栓或者占用防火间距、堵塞消防通道的，应当责令其限期恢复原状；对逾期不恢复原状的，应当强制拆除或者清除，所需费用由违法行为人承担。执行罚是指公安机关对拒不履行义务的当事人科以新的义务，以促其履行原公安行政行为所设定义务的执行方式。例如，《行政处罚法》规定，对到期不缴纳罚款的，每日按罚款数额的3%加处罚款，此处3%的罚款就属于执行罚。

（3）公安行政许可权的实体设置。公安行政许可是指公安机关根据公民、法人或者其他组织的申请，经依法审查，准予其从事特定活动的行为。公安机关作为国家重要的行政执法部门，法律、法规赋予其许多行政许可权。在今后相当长的时间内，实施公安行政许可依然是公安机关依法对社会和经济等相关事务进行监督管理的有效手段之一。2005年7月1日施行的《行政许可法》对行政许可的适用范围做了一般性规定，其内容适用于公安行政许可。当前，与公安机关有关的行政许可事项主要集中在治安管理、交通管理、消防监督、出入境管理、网络监察等业务部门，其法律依据主要包括《民用爆炸物品管理条例》《枪支管理法》《消防法》《居民身份证法》《集会游行示威法》《外国人入境出境管理法》《出境入境管理法》《计算机信息系统安全保护条例》以及有关特种行业的法律规范等。由于上述法律规范基本上都是在《行政许可法》实施前就存在，因此有些内容与《行政许可法》的规定不一致。对于与《行政许可法》规定不一致的内容，必须及时进行修改或废止。

（4）公安行政检查权的实体设置。公安行政检查是指公安机关依法对公民、法人或者其他组织遵守公安行政法律规范的情况进行监督、检查、督促、纠正的行为。它是公安机关实施行政管理的重要手段，属于公安机关的日常性工作，主要包括治安检查、消防检查、道路检查、居民身份证检查、边防检查、计算机信息系统检查等。《人民警察法》《消防法》《道路交通安全法》《居民身份证法》《边防检查条例》《计算机信息系统安全保护条例》等法律规范对此做了具体规定。

2. 规范了公安行政执法权力的行使程序

公安行政执法权力的行使程序是指法律规范规定公安机关行使公安行政执法权力所应当遵循的方式、步骤、顺序、期限等规则的总称。目前，在所有公安行政执法权力中，程序制度比较完善的就是公安行政处罚与公安行政许可。《行政处罚法》规定了行政处罚的基本程序，即简易程序与一般程序，确立了一系列处罚程序制度，包括：（1）告知制度，即在处罚过程中必须表明执法身份，必须告知处罚的事实、理由和依据，必须告知陈述权、申辩权、申请听证权；（2）陈述申辩制度，即应当听取当事人的陈述、申辩，不得因当事人陈述、申辩而加重处罚；（3）听证制度，即在做出责令停产停业、吊销许可证与执照、较大数额罚款处罚决定之前，必须告知当事人有申请听证的权利，当事人申请听证的，应当举行听证会等，上述程序要求同样适用于公安行政处罚。此后，《道路交通安全法》《治安管理处罚法》《公安机关办理行政案件程序规定》《道路交通安全违法行为处理程序规定》等法律规范对公安机关办理治安案件、道路交通案件的程序专门做了规定。尤其是《治安管理处罚法》一方面规定了治安处罚的简易程序与一般程序，确立了告知、陈述申辩、听证、回避等一系列处罚程序制度，另一方面还从程序上规范了传唤询问、检查、扣押等调查取证手段。同时还明确规定，严禁刑讯逼供或者采用威胁、引诱、欺骗等非法手段搜集证据，以非法手段收集的证据不得作为处罚的根据，从而首次在法律中确立了公安行政执法中的非法证据排除制度，具有重要的人权保障意义。《行政许可法》具体规定了行政许可的实施程序，包括申请与受理、审查与决定、变更与延续等内容，同时也确立了告知、陈述申辩、听证等程序制度，上述规定当然适用于公安行政许可的实施。

3. 形成了具有中国特色的公安机关行政执法体制

我国公安机关在长期的历史发展过程中，逐步形成了具有中国特色的公安行政执法体制，成为世界警察体制中独树一帜的模式：在管理体制上，坚持党对公安工作的绝对领导，实行党委领导、分级负责、条块结合、以块为主的领导体制；在警务风格方面，

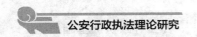

是武装性质的刑事司法与治安行政力量；在性质上，强调人民警察的阶级属性，是人民民主专政的工具；在职能方面，承担保卫国家安全，维护社会治安秩序，打击犯罪活动，保卫人民民主专政，保卫社会主义制度等多种职能。改革开放以来，我国公安机关在革命化、现代化、正规化、军事化的道路上不断前进。

4. 构建了比较完善的公安行政执法监督制度体系

警察权力的强制性、扩张性和侵略性等决定了对其必须加以有效的制约和监督。国家赋予了公安机关广泛而强大的公安行政执法权力，如不对其加以监督制约与规范，必将对公民、法人和其他组织的合法权益造成侵害。对公安行政执法权的监督主要是对公安机关及其人民警察的执法行为和与执法有关的其他行为的监督，属于法制监督的一种。建立规范、完善的执法监督机制，是公安行政执法权合法、正当行使的重要保障。目前，我国已经建立起了比较完善的公安行政执法外部监督与内部监督机制。

首先是外部监督。现行《中华人民共和国宪法》（以下简称《宪法》）第41条明确规定，中华人民共和国公民对任何国家机关和国家工作人员，有提出批评和建议的权利；对于任何国家机关和国家工作人员的违法失职行为，有向有关国家机关提出申诉、控告或者检举的权利。根据《行政诉讼法》《行政复议法》《国家赔偿法》的规定，公民、法人或者其他组织对具体公安行政执法行为不服的，可以依法申请行政复议、提起行政诉讼，请求复议机关或者人民法院对具体行政行为进行审查，并做出裁决；如果具体公安行政执法行为违法而且侵犯公民、法人或者其他组织的合法权益造成了实际损害，受害人可以依法申请国家赔偿，得到救济。《行政监察法》也规定了行政监察机关对公安机关的监督权。另外，在专门性的公安行政法律规范中也规定了对公安行政执法行为的监督，如《治安管理处罚法》就专门设了"执法监督"一章，明确规定公安机关及其人民警察办理治安案件，应当自觉接受社会和公民的监督；公安机关及其人民警察办理治安案件，不严格执法或者有违法违纪行为的，任何单位和个人都有权向公安机关或者人民检察院、行政监察机关检举、控告；收到检举、控告的机关，应当依据职责及时处理。《道路交通安全法》也规定，公安机关交通管理部门及其交通警察的行政执法活动，应当接受行政监察机关依法实施的监督。公安机关交通管理部门及其交通警察执行职务，应当自觉接受社会和公民的监督，任何单位和个人都有权对公安机关交通管理部门及其交通警察不严格执法以及违法违纪行为进行检举、控告，收到检举、控告的机关，应当依据职责及时查处，等等。总之，在公安机关外部，我们已经建立了以国家权力机关、检察机关、行政监察机关、社会团体、人民群众、新闻媒介等为主体的多种监督制度，对公安机关及其人民警察行政执法活动中执行法律的情况进行全方位监督。

其次是内部监督。近年来，国家加大了对公安机关执法活动的内部监督力度。国务院于1997年专门制定了《公安机关督察条例》，公安机关据此设立了内部专门性的监督机构。公安部还根据我国《人民警察法》的规定，先后制定了《公安机关内部执法监督工作规定》《公安机关人民警察执法过错责任追究规定》《公安机关追究领导责任暂行规定》等一系列规范性文件，明确规定了公安机关内部执法监督的主体、监督的内容和范围、监督的权限、监督的措施和方式以及应承担的法律责任，使执法监督工作有法可依，有章可循。目前，我们已经在公安机关内部建立了由上级公安机关对下级公安机关以及督察、法制、纪检、监察等部门所组成的对公安机关及其人民警察在执法活动中违法违纪情况实施监督检查的制度，并取得了明显的实效，这对于改进公安行政执法工作，发现并及时纠正执法工作中存在的问题，发挥了积极的作用。

此外，公安部根据国务院《信访条例》，于2005年8月18日制定了《公安机关信访工作规定》，明确了公安机关信访机构的职责，对规范公安机关信访工作，维护公安机关信访秩序，保护信访人的合法权益，保持公安机关同人民群众的密切联系，具有重要意义。

5. 建立了比较完善的执法责任追究制度

执法责任是指公安机关及其人民警察违法行使公安行政执法权依法应承担的不利法律后果。违法必究是依法行政的基本要求。《行政诉讼法》《行政复议法》《国家赔偿法》《行政监察法》《行政处罚法》《国家赔偿法》等一般性法律对行政机关违法行使职权的行为规定了相应的法律责任，包括归责主体、责任主体、责任形式等，其规定适用于公安机关及其人民警察。《道路交通安全法》《治安管理处罚法》等公安机关专门的法律也明确规定了人民警察对在办案中的违法违纪行为应当承担的法律责任，包括对直接负责的主管人员和其他直接责任人员给予相应的行政处分；造成损害的，应当依法承担赔偿责任；构成犯罪的，依法追究刑事责任等。《公安机关追究领导责任暂行规定》《公安机关人民警察执法过错责任追究规定》具体规定了对人民警察、公安机关领导的责任追究制度。此外，为了规范公安行政执法行为，强化执法责任，提高执法质量，促进公安机关及其人民警察严格、公正、文明执法，公安部还于2001年10月10日颁布了《公安机关执法质量考核评议规定》，对公安机关办理治安案件和行政案件中的执法情况进行考核评议。在考核评议过程中，发现已办结的案件或者执法活动确有错误的，应当按照《公安机关内部执法监督工作规定》及时纠正。需要追究有关领导或者直接责任人员执法责任的，依照《公安机关追究领导责任暂行规定》《公安机关人民警察执法过错责任追究规定》予以追究。上述法律规范构成了比较完善的公安行政执法责任追究制度体系。

总之，在公安行政执法制度方面，目前我国已经基本形成了以《人民警察法》为主体，涵盖公安行政执法的各个门类，由法律、法规、规章等组成的比较完善的公安行政法规体系，这为公安行政执法的顺利进行奠定了法律基础，使公安行政执法工作基本上

做到了有法可依，使公安行政执法的正当性、合法性得到增强，行政执法的盲目性和随意性得以有效避免和减少。

第三节 公安行政执法的法定范围

公安机关是国家的行政机关，是各级人民政府的组成部分，隶属于同级人民政府，受同级人民政府领导，同时又受上级公安机关领导。其职权范围分为两大部分，即刑事职权和行政职权。刑事职权是指公安机关作为国家的侦查机关，负责大多数刑事案件的立案侦查工作和追究犯罪，实质上也就是执行追诉或控诉职能。公安行政职权主要包括：

（一）治安管理权

治安管理权是指公安机关及其所属警务人员在行政执法过程中依法维护社会治安秩序，进行治安管理的权力。治安管理有广义、狭义之分。广义的治安管理范围相当广泛，包括公共秩序管理，道路交通管理，消防监督管理，枪支弹药、管制刀具和易燃、易爆、剧毒、放射性等危险物品管理，户政、国籍管理，国（边）境治安管理，治安保卫的指导和监督管理等，涉及公安行政执法权的大部分内容。狭义的治安管理仅指对社会公共秩序的管理，以维护社会治安秩序，制止危害社会治安秩序的行为。

根据《人民警察法》和《治安管理处罚法》等法律、法规的规定，我国治安管理由公安机关负责执行。治安管理的目的是维护社会治安秩序和公共安全，创造一个安全、有序的社会环境，保护国家利益、社会公共利益和公民的合法权益。

（二）道路交通管理权

道路交通管理权是指公安机关及其有行政执法权的警务人员维护交通安全和交通秩序，处理交通事故的权力。道路交通是指人和物在道路上进行不同位置的移动及活动。道路交通管理是公安机关行政执法管理的组成部分，根据《道路交通安全法》规定，由公安机关具体实施。

公安交通警察在行使交通管理职权时，以减少交通事故，保障交通安全与畅通为前提，同时，要求车辆减少交通污染，维护城市道路的治安秩序；当发生交通违章和交通事故时，负责处理交通违章和交通事故。

（三）消防监督管理权

消防监督是指公安机关为保护公共财产和公民生命、财产的安全，依法进行的火灾预防、补救以及对防火安全进行检查、督促、审校、审查、鉴定、检验等活动。消防监督管理包括对消防机构的管理和对社会依法实施的消防监督两个方面。

公安机关的消防监督机构是对社会依法实施消防监督管理的主体。消防警察为现役武警,由公安机关领导。我国消防监督管理在城市中实行公安局、公安分局、公安派出所三级监督管理制度。县级以上公安机关中设有专职消防监督管理机构,分级负责消防监督管理工作。消防监督管理职权的主要内容有火灾预防、火灾补救和火灾事故处理等。

(四) 危险物品管理权

危险物品是指有较大的杀伤力或破坏性的物品。主要包括枪支、管制刀具和易燃易爆、剧毒、放射性等危险物品。公安机关负有对危险物品的管理之责。公安机关通过对危险物品的管理,保护合法、正当生产和使用危险物品,制止和取缔非法生产、销售、使用各种危险物品,防止发生治安灾害事故,保障人民的生命财产安全。危险物品管理的主要内容为:对枪支弹药的管理、对管制刀具的管理、对易燃易爆物品的管理、对剧毒危险物品的管理和对放射性危险物品的管理等。

(五) 特种行业管理权

特种行业是指旅馆业(包括经营接待旅客的宾馆、饭店、招待所、客货栈、车马店、浴池等)、刻字业、印刷复制业、收购生产性废旧金属和信托寄卖行业等。特种行业是公安机关实行专门管理的行业。

公安机关通过对特种行业的管理,达到维护社会治安,保护特种行业的合法经营和保障人民生命财产安全的目的。特种行业的安全责任采取"谁主管、谁负责"的原则,即由行业自己负责,行业的负责人要承担维护国家利益,保障顾客人身财产安全和协助公安机关查控违法犯罪人员的责任。从事特种行业的企业应根据本企业的特点和经营内容,建立不同形式的安全岗位责任制。公安机关对特种行业的安全实行监督管理,主要内容包括对旅馆业的管理、对收购生产性废旧金属和信托寄卖行业的管理、对刻字业的管理和对印刷复制业的监督管理等。

(六) 集会、游行、示威活动的管理权

《宪法》规定:"中华人民共和国公民有言论、出版、集会、结社、游行、示威的自由。"集会、游行、示威是公民的基本政治权利,是公民表达自己见解和意愿以及参加政治生活不可缺少的民主权利。为了保障公民的政治权利以及维护国家、社会的公共利益,国家必须对游行、集会、示威进行管理,在维护公共秩序和社会安定的前提下,充分保障《宪法》规定的公民集会、游行、示威的自由权利。

集会、游行、示威的主管机关,是集会、游行、示威举行地的公安机关,游行、示威路线经过两个以上区、县的,主管机关为所经过区、县的公安机关的共同上一级公安机关。对集会、游行、示威活动的管理,是公安机关的职责。《集会游行示威法》对公安机关行使管理职权的范围有明确规定,公安机关对集会、游行、示威管理的主要权力包括审查许可权、变更权和强制措施权等。

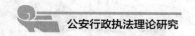

（七）户政、国籍管理权

户政管理权，是公安机关及其有权管理的警务人员依照法律、法规的规定对本辖区内居住的全部人口进行登记造册，实施经常性管理的权力。公安机关通过登记、调查人口情况，发现、预防犯罪活动，证明公民身份，保证公开行使权利和履行义务，统计人口数字，为国家建设提供人口信息。

国籍是指属于某一国家的国民或公民的法律资格，是个人同某一特定国家之间的固定的法律关系，也是公民获得外交保护的依据。根据《中华人民共和国国籍法》（以下简称《国籍法》）和《人民警察法》规定，公安机关负责对国籍进行依法管理。户政、国籍管理的主要内容有对户口的管理、对居民身份证的管理和对国籍的管理等。

我国的各级公安机关及其警务人员依据法律规定的职权范围，除对上述所列范围有行政执法的管理权外，同时对出入境和外币、计算机信息系统监督和治安保卫指导监督也享有行政执法的管理职权。

第四节 公安行政执法的功能与实施成本

一、公安行政执法的功能

公安行政执法的主要作用有两个方面：

（1）维护社会秩序。社会秩序的确立和人民在社会生活中的各种利益关系的调整，需要由国家权力作为保障。

在国家行政管理活动中，各种社会关系错综复杂，社会主体之间的矛盾日益增多，因此需要以法律形式规定公安机关的行政执法权，以维护社会秩序，巩固人民民主专政的国家政权。

（2）保障公民、法人和其他组织的合法权益。公安行政执法权在维护社会公共安全和人们正常工作、生产、生活秩序方面具有极其重要的作用。我国是社会主义国家，人民是国家的主人，人民将权力委托给公安机关及其所属人民警察行使，所以公安机关及其所属人民警察必须公正、合法、有效地维护人民的合法权益，维护公共安全和正常的社会秩序。

二、公安行政执法的实施成本

公安行政执法的实施成本即公安部门在进行行政执法活动中的成本，属于行政成本中的行政执法成本。研究这一公安行政执法成本首先需要引入分析行政执法成本构成理论，以此为依据分析公安行政执法的实施成本。

（一）行政执法成本内涵分析

1.行政执法的含义

说到行政执法成本，不得不先谈论行政执法的含义。目前我国无论是法律实践当中还是学术当中都没有对行政执法有一个明确的界定。著名学者姜明安教授认为不同的场合下行政执法的含义有所区别。场合不同，针对的事务不同，人们对行政执法的内涵和外延会有不同的界定。本书也倾向于这种观点。行政执法并没有一个完全明确的定义，场合与背景不同，关于行政执法的含义也会有所不同。

行政执法广义论认为，行政执法就是国家行政机关执行宪法和法律。它包括全部的执行宪法和法律的行为，既包括中央政府的所有行为，也包括地方政府的所有行为，其中有行政决策行为、行政立法行为以及执行法律和实施国家行政管理的行政执行行为。此种观点认为行政执法与行政行为是相等的。

行政执法狭义论认为，行政执法是指行政主体依照法定权限和程序，对行政相对人采取的、能够直接影响行政相对人权利义务的具体行政行为，或者能对行政相对人义务的履行情况进行监督检查。它是行政机关为了实现国家行政管理目的，依照法定职权程序，执行法律法规和规章，直接对特定的行政相对人和特定的行政事务采取措施并影响权利义务的行为，不包括行政机关制定行政法规和规章等行政立法行为，以及解决和处理行政争议的行政司法行为。行政执法是与行政立法、行政司法相对应的。

行政执法在法治社会中有重要功能，使法律从文本层面的规定转化为人们生活层面的实际行为规范；使权利从"应然"变为"实然"；使秩序从静态层面转化为动态层面。在现实法治的过程中具有不可替代的作用。可以说行政行为中最重要的活动就是行政执法。

2.行政法学中"成本"的含义

国家各种繁杂的公共事务必须有政府的组织和管理，政府的职能发挥使社会生活变得有秩序，使社会整体利益达到最大化。政府的这种组织管理活动必须以一定的费用为基础，也就是说，政府作为公共管理和公共服务机构，要想正常运转，为社会提供各种管理服务，必须占用并消耗各种社会资源。这里所说的就是行政执法成本。

因此，行政法学中成本可以定义为行政法主体成本的简称，是在一定的时期内，行政法主体为了实现利益目标所消耗的人力、物力、财力和其他社会资源，以及在未来一段时间对社会整体利益所产生的间接性损失。

3.行政执法成本的界定

行政执法成本不仅仅指行政执法机关的成本，在一定情况下也包括执法相对人的成

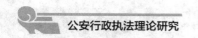

本及社会整体利益的损失，即执法相对人的一些损失与资源的耗费也应算作行政执法成本。本文认为在违法执法、执行"恶法"、执法不作为等情况下，执法相对人的损失、社会整体利益的减少也应算作行政执法成本；行政执法成本发生在执法活动整个过程中。这里的行政执法成本是广义的概念，包括执法队伍所需要的成本，执法活动准备阶段的成本，执法行为进行中发生的成本，以及执法活动结束后的成本。行政执法成本既包括在执法活动中所消耗的各种社会资源，也包括在一些特定情况下带来的各种潜在的间接性损失。

（二）行政执法成本的表现形式及来源

1. 行政执法成本的表现形式

行政执法成本的表现形式有物质形式和非物质形式。所谓物质性的执法成本，是能被人控制和支配的物质实体，是客观存在的。

2. 行政执法成本的来源

这里主要谈论行政机关本身物质性的成本来源。立法机关通过法定程序赋予行政执法机关管理社会各项事务的权力时，并不意味着行政执法机关获得了保障执法活动有效进行的各种物质与非物质的社会资源。例如，执法资金、各种执法物资、执法设备等执法活动必须消耗的成本。

3. 特定情况下行政执法相对人的利益损失

行政执法相对人成本包括三方面内容：第一方面指法律的变化因不能适应社会发展而不合理时，法律的执行会给执法相对人带来利益损失，甚至导致社会损失或社会收益的减少；第二方面指行政执法机关在违法执法时所造成的执法机关本身的间接损失与执法相对方的损失，这部分成本其实是行政执法主体成本与执法相对方成本的竞合，但都应算作行政执法成本的范畴；第三方面是行政执法不作为给执法相对方带来的风险的增加、利益的损害。

（1）法律的缺失造成行政执法相对人的损失

目前我国立法尚有不科学的地方，立法技术跟发达国家比也略有差距。随着市场经济的不断完善，以及政府日趋重视法制化建设，完善的法律法规必然会越来越多。

行政执法机关在执行法律的过程中可能会对文化与道德造成破坏，甚至造成对人权的直接践踏。比如一些与市场经济违背的无效率的价格管制规定，物价部门等执法机关执行这些法律会引起社会利益的净损失。又如关于劳教制度的规定，因为此规定涉嫌违宪，国家已决定于2014年废止此规定，但在之前的执行过程中，对人权造成了极大的践踏。从执法机关本身考虑，投入大量成本去执行这些"恶法"表面看取得了一定效益，达到了执法目的，但从执法机关的价值定位看，执法的最终目的是以最优的执法成本达到社会整体利益的最大化，因为对"恶法"的执行造成执法相对人的损失，使社会整体利益减少，这些法律的严格执行所产生的间接成本与损失是不可估量的。

（2）违法执法造成行政执法相对人的损失

行政执法违法、违规、不合理执法也会造成执法相对人的利益损失。在一些执法活动中，依法执法的正当性目的已被趋利的执法倾向所扭曲。关于执法的趋利倾向问题，很多学者从执法者利益角度进行了深刻的研究，形成了不同的观点派别："平衡论"学者认为行政执法应该实现执法者与执法相对人以及公共利益之间的平衡；"控权论"学者认为行政执法应以保障公民利益为核心。无论是"平衡论"学者还是"控权论"学者都是为了维护多方利益，是多方利益之间的博弈。行政执法趋利倾向就是执法部门或者执法者以自身利益为出发点，从而忽视、轻视甚至伤害执法相对人利益或者公共利益的行政执法行为。

上文阐述的这种违法违规的执法行为会造成政府信誉度的丧失，给执法机关产生大量的信用成本。同时这些执法行为也会造成执法相对人利益和社会整体利益的损失。首先，破坏了法律的确定力，破坏了法律至上的法律信仰，践踏了法律公正，侵犯了法律尊严；其次，使建设法治的难度增加，也会大大增加我们实现法治社会的成本，最终会影响社会和谐、公平与稳定；再次，给执法相对人带来的经济损失以及一些其他损失，因为无论是执法违法还是执法不合理都会或多或少地侵犯、损害执法相对人的利益。例如，一次违法的行政处罚不但造成执法相对人的经济损失，还可能侵犯其人格尊严等其他非物质的利益，甚至可能发生行政诉讼与行政复议，导致行政司法成本的产生。

（3）行政执法不作为造成行政执法相对人的损失

执法者虽然没有违法执法，但是行政执法不作为也同样会给执法相对人带来损失。在行政处罚领域，如果执法人员没有对违法行为进行处罚，受害方受到的损失因此会扩大；在行政许可领域，行政执法不作为会给执法相对人带来更大的损失，例如，很多人可能因为行政许可的不作为而丧失了进入市场的最佳时期。这里有一个逻辑上的问题，行政执法不作为，也就是执法一方并没有执法，执法相对人从何而来？这种执法是执法者的法定职权，也是法定义务。因为执法者的不作为造成"可以预见的执法相对人"或者受害方的损失，执法相对人是可预见的，而损失和危险也是可预见的，此时受害者的损失或者说社会的损失，都应该算作执法成本。而且这里的执法相对人是广义的概念。

执法行为造成的执法相对人的损失，或者造成社会整体利益的损失，都属于行政执法成本的一部分，这些损失如果减少了，那么行政执法的效益必然增加。反之，如果行政执法相对人的正当利益损失增加，行政执法的效益必然降低。因此，执法相对人的正当利益损失是总的行政执法成本的一部分。

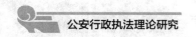

第五节 公安行政执法的运作环境

公安行政执法的运作环境是指公安机关在进行行政执法活动时，其执法机制所存在的客观环境要素。公安行政执法的运作环境与运行机制有密切关系。

一、公安机关职能的权力运行机制

运行机制是指在有规律的活动中，影响这种活动的各因素的结构、功能、作用过程与作用原理及其相互关系，以及这些因素产生影响、发挥功能的作用过程和作用原理及其运行方式。公安机关职能的权力运行机制就是指影响公安机关实现权力的各因素的结构、功能、作用过程与作用原理及其相互关系，以及这些因素产生影响、发挥功能的作用过程和作用原理及其运行方式。公安机关职能的权力运行机制作为公安系统层级之间权力分配基础之上形成的制度体系和公安机关职能的权力运行过程中形成的相互制约、相互影响的关系结构，具有结构性、动态性和效用性等特征。

公安机关职能的权力是法律规定的一种静态职权，只有将人民赋予的通过法律固定下来的权力转化为动态职权，才能实现社会想要其达到的作用、功效或者职能。职能的实现首先得有权力转化成职权的中介这一法律法规。然后，权力主体通过既定程序将规范的法律内化为观念，并以此指导警务行为。这一整个过程其实就是警务活动，而程序里面相关的法律体制、权力主体、环境等相关要素都是影响该警务活动的因素。

二、公安机关行政职能运行的环境要素

"环境"一词泛指存在于特定空间、对事物和人类活动产生影响的各种因素的综合体。任何事物都是存在于一定环境之中的。公安机关职能的权力运行机制与其周围事物之间的有机联系，构成了公安机关职能的权力运行机制的运作环境。它是公安机关职能的权力运行机制赖以存在和发展的外部条件的总和，同时，又是公安机关职能的权力运行机制施加影响和作用对象的总和。公安机关职能的权力运行机制的运作环境有物质的、有精神的，有有形的、有无形的，有自然性的、有社会性的。凡是能作用于权力运行机制，并成为权力运行机制内部相互作用的条件和因素，都可能属于公安机关职能的权力运行机制的运作环境的范畴。一个国家的政治制度、经济发展水平、民族文化传

统、阶级状况、科学技术乃至价值观念、道德风尚等都属于政府权力运行机制运作环境的组成部分。"与企业相比，公安机关任务的确定在很大程度上取决于各种外部因素，而不取决于该机构领导人的主观愿望。"就整体而言，公安机关职能的权力运行机制的运作环境是公安机关职能的权力运行机制存在和发展不可或缺的条件。但是，运作环境的不同组成部分对运行机制的作用是各不相同的，有直接的、有间接的，有决定性的、有非决定性的，有暂时性的、有永久性的，有突发性的、有渐进性的，等等。在方向、力度和时效上，运作环境的各组成部分对公安机关职能的权力运行机制的作用都不是、也不可能是同等的、均衡的、始终如一的。平衡是矛盾统一的表现，是事物存在的必要条件。平衡是相对的、暂时的，而不平衡是绝对的、永恒的。矛盾双方的对立和斗争，破坏了原有的平衡，形成了新的平衡，新的平衡又包含新的不平衡，从而开始另一个矛盾过程。不平衡和平衡，循环往复，以至无穷，这是事物发展的必然，也是公安机关职能的权力运行机制与其运作环境相互作用的必然过程。当一种新的公安机关职能的权力运行机制渐成以后，必然与其运作环境之间保持相对的适应和自我调节能力。当公安机关职能的权力及其运行机制符合其运作环境特别是社会制度的性质和要求，顺应社会生产发展的需要和方向，符合运作环境的具体属性时，公安机关职能的权力运行机制与其运作环境之间就保持着一种平衡关系，正是基于这种平衡，公安机关职能的权力运行机制才得以科学、有效地运转，公安机关职能的权力效用才得以全面、合理地发挥，公安机关职能的权力才具备顺利实施的必要条件。但是，这种平衡是相对的、暂时的，最终也会在局部或全局上为不平衡所打破。系统与其环境之间存在着物质、能量和信息的交流。同样，公安机关职能的权力运行机制与其运作环境之间也存在着物质、能量和信息的交流，主要表现为环境需要的输入和公安机关职能的权力作用的输出。公安机关职能的权力运行机制、运作环境的需要是决定公安机关职能的权力指向，决定公安机关职能的权力运作目的，影响公安机关职能的权力运作方式的关键因素。

第二部分

公安行政执法管辖

执法中的管辖是公安行政执法要解决的重要问题。明确公安行政执法管辖既是公安机关及其人民警察规范执法行为、提高执法水平、严格公正执法的前提，也是行政管理活动合法有序进行的重要保证。

第一节　公安行政执法管辖概述

一、公安行政执法管辖的概念及意义

公安行政执法管辖，是指公安行政执法主体在行使国家公安行政职权过程中的权限划分和分工，即确定对某一具体的行政执法事务，是否应当由公安机关来行使以及应当由哪一级的哪一个公安行政机关来行使公安行政执法权。其实质是国家对公安行政执法权的分配。

明确公安行政执法管辖，有利于明确公安机关在行政执法中的职权，有利于依法行政，有利于公安行政执法主体准确、及时地处理行政事务，有利于行政相对人向公安行政执法主体提出控告和举报，便于人民群众对公安行政执法活动进行监督。

二、确定公安行政执法管辖的原则

公安行政执法管辖是个涉及面广、牵涉部门多的复杂问题，因而在确定管辖权限及范围时，要根据相关的法律、法规和规章的规定，并遵循一定的原则全面权衡，综合考虑。从我国的立法和公安行政执法的实践来看，确定公安行政执法管辖权应遵循以下原则：

（一）合理划分公安行政职权的原则

公安行政执法管辖实质上是国家对公安行政执法权的分配，管辖所确定的内容就是公安行政执法主体的职责权限。合理划分公安行政职权应考虑以下几方面的问题：第一，中央公安机关和地方公安机关之间的职责权限应合理划分；第二，上级公安机关和下级公安机关之间的职责权限应合理划分；第三，同级政府所属公安机关与其他行政部门的行政执法权限应合理划分；第四，考虑本行政区域某项公安行政执法事务的多寡及重要程度；第五，确保公安机关有效地行使公安行政职权，真正达到公安行政执法的目的。

合理划分行政职权，还要注意公安行政职权的稳定性与可变性。行政管理工作作为政府管理社会的手段，必须保持相对的稳定，这也要求公安机关的公安行政职权在一定时期内保持稳定。但是，随着社会经济的发展，行政管理的内容也会发展变化，一部分公安行政职权会变得不尽合理，需要及时进行调整，重新划分公安行政职权，使之趋向合理，适应社会的发展。

（二）便于管理和方便行政相对人的原则

公安行政执法是公安行政管理最主要的表现形式，而公安行政管理活动实质上也是公安行政执法主体维护公共利益和社会秩序，为群众提供服务的活动。因此，确定公安行政执法管辖应当尽可能遵循便于公安行政管理和方便群众的原则，只有这样，才能提高公安行政管理工作的效率，确保公安行政执法主体及时行使执法权，做出具体行政行为，实现公安行政管理的目标，更好地为全社会提供服务，保障公民、法人的合法权益。例如，治安管理的原则之一就是便利生产和方便群众生活。在我国公安行政执法工作的实践中，与社会与群众接触最多的是基层公安行政执法主体，大量的、经常性的具体公安行政行为也是由基层公安行政执法主体做出的。根据这一特点，我国的法律、法规及政府的职责分工都将大部分的公安行政执法职能确定为基层公安行政执法主体（如县级）的管辖范围，而只有那些重要的或影响较大的公安行政执法事项才属于上级公安行政执法主体的管辖范围。

（三）原则性与灵活性相结合的原则

公安行政执法管辖，从严格意义上讲，应当做到明确而具体，不能出现管辖重复或

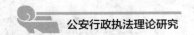

管辖空白，但由于公安行政管理活动非常复杂，且变化因素较多，加上立法上的不完善，至少在目前情况下，确定公安行政执法管辖还不可能达到上述目标，不可避免地会出现一些问题，导致公安行政执法管辖上的冲突或空白。因此，确定公安行政执法管辖，在尽可能明确实施主体的同时，应明确一些执法主体有权根据公安行政执法的实际和需要变更执法管辖权，以适应公安行政执法过程中的各种情况变化，保证公安行政执法的合法、公正、高效，做到原则性与灵活性相结合。根据《人民警察法》第43条的规定："人民警察的上级机关对下级机关的执法活动进行监督，发现其做出的处理或者决定有错误的，应当予以撤销或者变更。"在公安实际工作中，上级公安机关往往根据案件情况，决定处理下一级公安机关管辖的案件，或者指定下一级公安机关处理不属于其管辖的案件。《行政处罚法》第20条规定："行政处罚由违法行为发生地的县级以上地方人民政府具有行政处罚权的行政机关管辖。"《行政处罚法》第21条规定："对管辖发生争议的，报请共同的上一级行政机关指定管辖。"根据公安部《关于查破和处理治安案件的通知》的规定，需要查破的治安案件由发生地公安派出所负责。情况复杂，危害、影响较大的治安案件由县（市）公安局、公安分局治安部门组织查破。这些规定就是在公安行政执法权管辖上的原则性与灵活性的具体体现。

三、公安行政执法管辖的种类

　　根据我国法律、法规以及部门规章的规定，我国公安行政执法管辖分为地域管辖、级别管辖、职能管辖和特殊管辖四类。特殊管辖又根据管辖方式的不同分为指定管辖、移送管辖、管辖权的转移和共同管辖等几种方式。

第二节　公安行政执法的职能管辖

一、公安行政执法职能管辖的概念

　　公安行政执法的职能管辖，是指同一行政区域内公安机关与其他行政机关以及公安机关内部不同的公安行政执法部门依据各自的法定职责实施公安行政管理，进行行政执法活动的职权分工。例如，县级人民政府的工商、文化、水利、交通等部门与公安机关之间，以及公安机关内部的户政管理部门、交通管理部门、消防管理部门、治安管理部门等机构之间，虽然均为县级公安机关的组成部分，但由于内部分工不同、职责不同，其在执法活动中管辖的范围也不相同。确定职能管辖，便于公安机关与其他行政机关正确履行职责；便于公安机关内部机构明确职责，防止滥用职权和失控漏管；便于行政相对人得到行政救济；便于对公安行政执法主体进行监督。例如，公安机关内部的法制机构的职责是进行法制监督和案件审核把关，如果法制部门去查处治安案件，进行安全检查，是否超越职权，就需要根据职能管辖的理论进行分析。在实际工作中，由于利益驱动，公安机关法制部门直接查处治安案件、进行治安罚款的现象时有发生，甚至在执法过程中造成行政相对人伤害和死亡。因此，进行职能划分，对于规范执法活动、保证行政相对人的合法权益、维护社会秩序、保证法制统一具有重要的意义。

二、公安行政执法职能管辖的确定

职能管辖与行政法律规范、国家的行政管理体制以及政府的机构设置和职责分工都有十分密切的联系。职能管辖的这一特点也是公安行政执法管辖与诉讼案件管辖最明显的区别。

（一）确定职能管辖的法律基础是宪法和政府组织法

政府组织法包括国务院组织法、地方人民政府组织法。我国宪法对国务院和地方各级人民政府的职权及组成做了明确的规定，根据国务院组织法和地方人民政府组织法的规定，国务院和县级以上地方人民政府可根据需要设置工作部门，并对各工作部门进行职责分工。这些法律规定是确定行政机关的执法主体资格、划分公安行政执法主体的职责权限、实现政府行政管理职能的基本法律保障。这些规定的具体体现就是国务院批准的各部、委、局的职能编制方案以及地方人民政府所属公安部门的职能编制方案。

（二）确定职能管辖的依据是行政管理法律、法规的规定

政府进行职责分工应依据行政管理法律、法规的规定。公安行政执法主体的执法范围应当依法确定。依法行政是依法治国战略的重要组成部分，也是现代行政管理活动的要求。公安行政执法的形式有许多种，其中行政许可、行政强制执行等都是被纳入行政诉讼范畴的执法行为，根据《行政诉讼法》的规定，做出上述具体行为必须有法律、法规依据。另外，一些本不具有行政主体资格的组织和机构，经法律、法规的授权，也可以行使特定的行政职权。因此，行政法律、法规的规定是划分行政职能的依据。例如，对治安案件的查处按职责分工属于公安部门的职责，但公安部门做出行政拘留、罚款等执法行为则必须依据《治安管理处罚法》和《行政处罚法》的规定。

（三）专业化是确定职能管辖的发展趋势

随着社会经济的发展，现代行政管理活动的科学性和技术性越来越强，公安行政执法的实施过程也就是行政管理专业技术和法律规范的综合运作。这就要求职能管辖应在科学地、合理地划分行政管理专业的基础上，以专业主管部门为主要管辖方式。即使相

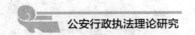

应的部门发生合并、分立，也只是管辖权的转移问题，而不是由主管部门管辖的方式是否合理的问题。需要说明的是，我们强调专业化并非指行政职能越细越好，也并非排斥相对集中。根据《行政处罚法》的规定，经法定授权，可以确定一个部门行使相关部门的行政处罚权。事实上，在公安行政执法实践中，综合执法的形式越来越多，如巡警的综合执法、交警的综合执法等。

三、公安行政执法职能管辖的变更和转移

职能管辖的变更或转移主要是基于两种情况：一是政府机构的增减。这使得几个行政机关的职能可以合并为一个行政机关的职能，一个行政机关的职能可以分立为几个行政机关的职能或转移为其他行政机关的职能，从而引起职能管辖的变更或转移。二是国家行政管理体制的改革。公安行政执法的职能管辖的变更和转移，主要基于国家行政管理体制的改革，导致公安机关与其他行政机关的职能发生变化，部分基于公安机关内部机构的增减、合并、撤销、调整等。例如，对机关、团体、企业、事业单位的安全保卫工作原来由公安机关的经济文化保卫部门负责，而随着社会主义市场经济的建立，机关、团体、企业、事业单位的安全保卫工作由自己负责，公安机关的治安部门负责监督检查，公安机关的经济文化保卫部门不再负责这一方面的工作，这就是职能管辖的变更和转移。

四、公安行政执法中职能管辖的规定

公安行政执法中的职能管辖主要表现在两个方面：一是公安机关与其他行政机关的职能分工；二是公安机关内部各部门之间、各警种之间、各层次之间、省级公安机关与地市级公安机关之间的职能分工。

公安机关与其他行政机关的职能分工主要由有关的行政法律、法规、部门规章规定。例如，根据《行政处罚法》的规定，行政处罚由具有行政处罚权的行政机关在法定处罚职权范围内实施，但限制人身自由的行政处罚权只能由公安机关行使。在涉及工商、税务、卫生、民政、水利、电力、铁路、交通、民航、野生动物保护、军人违反治安管理等其他行政机关的行政处罚中，公安机关与这些行政机关的职能管辖规定一般散见于各行政法律、法规之中，且对公安机关与其他相应行政机关的职权规定比较明确。例如，根据卫计部、公安部《关于对卖淫嫖娼人员强制进行性病检查治疗有关问题的通知》（1991年12月16日）的规定，公安部门主要负责对强制进行性病检查、治疗的卖淫人员的组织管理工作，卫生部门主要负责检查、治疗、监测工作。公安机关内部各部门、各警种之间的职能划分主要由部门规章规定。

第三节　公安行政执法的级别管辖与地域管辖

一、公安行政执法的级别管辖

（一）公安行政执法的级别管辖的概念

公安行政执法的级别管辖，是指上下级公安机关行使执法的权限划分和分工，它解决的是哪些行政权由哪一级执法主体行使的问题。按照便于管理和方便相对人的原则，我国的行政法律、法规及政府规章大都将大量的公安行政执法权赋予基层公安行政执法主体，即县级的公安机关，而上级公安行政执法主体只对在本行政区域内重要的、影响较大的公安行政执法事项行使管辖权。级别管辖对于合理均衡上下级公安行政执法主体在公安行政执法中的作用，提高公安行政执法工作的效率，具有重要意义。

（二）确定级别管辖的标准

根据我国立法及公安行政执法的实践确定级别管辖的标准时，应考虑以下因素：

（1）以公安行政执法行为的性质来确定级别管辖。我国多数法律、法规都将具体的公安行政执法职权确定为县级执法主体的管辖范围，上级执法主体一方面是管辖本行政区域内较为重要的公安行政执法，做出具体行政行为的都是涉及国计民生的大事或地方政府难以处理的事项；另一方面是指导、协调下级公安行政执法主体的执法活动。以执法行为的影响程度来确定级别管辖的情况，较多地体现在公安行政处罚的管辖确定上。

（2）以公安行政执法相对人的身份和地位来确定级别管辖。对身份一般的相对人的有关事务，由县级公安行政执法主体管辖，而对具有特殊身份或地位较高的相对人的有关事务，就应由级别较高的公安行政执法主体管辖。例如，对于一般人违反治安管理的行为给予拘留处罚的，一般由县级公安机关裁决即可，而根据公安部《关于处理外国人违反治安管理案件若干问题的通知》的规定，对外国人违反治安管理的行为给予拘留处罚的，由地市级公安机关审批，并报省级公安机关向公安部备案。再如，对重大火险隐患的整改、重点要害单位的监督检查等执法活动均由地市级公安机关执行。

（3）以公安行政执法行为指向的客体大小、数量等来确定级别管辖。公安行政执法行为指向的客体是进入公安行政法律、法规规范领域，涉及社会治安秩序建立、维护和社会治安问题预防、查处，由人、物、时、空、事管理对象组成的综合形态，是公安行政法律、法规规范调整的社会关系。公安行政执法中把人分为不同的层次进行管理，如国家一级警卫对象是需要严加保护的群体，由公安部警卫局直接负责；犯罪嫌疑人或一般的公民，则由不同的公安行政执法主体管理。同样，对于公安行政执法的其他客体，如人、物、时、空、事均是根据其大小、数量及对社会的影响程度来确定级别管辖的。

一般来说，公安行政执法的客体级别越高、数量越多、影响越大，则对其管辖的公安行政执法主体的级别就越高。

（三）级别管辖与公安行政执法的批准

我国的一些法律、法规规定，行政机关的某些执法行为须报上一级执法机关或人民政府批准。公安行政执法中这种情形较多。这种批准只是对行政执法行为的监督和制约，并不改变行政执法的级别管辖。

二、公安行政执法的地域管辖

（一）公安行政执法的地域管辖的概念

公安行政执法的地域管辖，是指具有相同公安行政职能的同级公安机关或法律、法规授权的组织，对某类具体的公安行政管理事务行使执法权的权限划分，即确定公安行政执法主体行使执法权的地域范围。一般而言，公安行政执法主体仅在本行政区域内行使执法管辖权。省级公安行政执法主体在本省行政区域内可依法行使执法管辖权，市、地级公安行政执法主体可以在本市、地的行政区域内行使执法管辖权，县级公安行政执法主体在本县行政区域内行使执法管辖权。地域管辖所解决的就是同级公安机关的权限划分问题。至于在本省行政区域内哪些公安行政执法权由省级机关管辖，哪些由市级、县级机关管辖，则需要通过级别管辖来确定。

确定地域管辖，可以使公安行政执法主体明确自己的职权，正确履行职责，有利于公安行政执法活动的有序、顺利开展。

（二）地域管辖的确定

从我国公安行政执法的立法和实践看，确定地域管辖的主要根据是公安行政执法对象、客体的具体情况。

（1）公安行政执法的对象是某种具体行为的，以行为发生地来确定公安行政执法的管辖权。我国大多数的行政处罚也都是以此为依据来确定地域管辖的。《行政处罚法》第20条规定："行政处罚由违法行为发生地的县级以上地方人民政府具有行政处罚权的行政机关管辖。"公安部《公安机关办理行政案件程序规定》也明确规定："行政案件由违法行为发生地的公安机关管辖。"这里的违法行为发生地是个广义的概念，包括违法行为初始、经过地、实施地和危害结果发生地等。例如，公民某甲在A地制造淫秽音像制品，经过B地运到C地进行销售。在这个过程中，某甲制造、运输、销售淫秽音像制品的行为都是违法行为，因此，A地、B地、C地的公安行政执法主体一经发现都可依法查处。但应当注意，A地的行政机关对某甲制造淫秽音像制品的行为查处后，就不存在运输淫秽音像制品的问题；B地的行政机关对某甲运输淫秽音像制品的行为查处后，就不存在销售淫秽音像制品的问题；同样，C地行政机关对某甲销售淫秽音像制品的行为查处后，也就不存在A地、B地的行政机关能否查处的问题，因为这时某甲制造、运输淫秽音像制品的行为已成为其销售淫秽音像制品的准备阶段，被销售淫秽音像制品的行为所包含。

（2）公安行政执法对象是公民、法人，以公民户籍所在地或住所地、法人登记地来确定管辖权。以公民户籍所在地或住所地、法人登记地来确定管辖权在公安行政执法中是普遍存在的。例如，《居民身份证法》第8条规定："居民身份证由居民常住户口所在地的县级人民政府公安机关签发。"公民应当自年满16周岁之日起3个月内，向常住户口所在地的公安机关申请领取居民身份证。根据公安部发布施行的《机动车修理业、报废机动车回收业治安管理办法》的规定，对机动车修理业和个体工商户、报废机动车回收业的治安管理，由所在地市、县公安局、城市公安分局负责。《道路交通安全法》对机动车的登记、驾驶证的申领等均是按照户籍所在地或住所地、法人登记地来确定管辖权的。

（3）公安行政执法的客体是物的，以物之所在地来确定地域管辖。公安行政执法客体的物是多种多样的，这些物主要有三类，即需要重点保护的物，如测量标志、邮政、通信、交通、消防等公共设施及文物、重要设备、贵重金属、货币等；容易给社会造成危害或被犯罪嫌疑人作为违法犯罪工具，应严格管理、限制使用的管制物，如爆炸物品、枪支弹药、放射性物品等；易于诱发违法犯罪的违禁物，如淫秽物品、毒品等。对重点保护的物、管制物品、违禁物品等均以物之所在地来确定地域管辖。例如，对民用爆炸物品的审批发证、加强检查、整改隐患等管理工作，就是贯彻属地管理原则，即以民用爆炸物品所在地来确定由哪一级的哪个公安机关来管辖的。当然在确定地域管辖的基础上，也可根据管理对象的危害程度等确定级别管辖。

第四节　公安行政执法的特殊管辖

一、公安行政执法的指定管辖

（一）公安行政执法指定管辖的概念

公安行政执法指定管辖，是指两个以上的公安行政执法主体对同一行政管理事务冲突或因特殊原因而使管辖权不明确时，由上一级指定其中一个执法主体行使管辖权。例如，《行政处罚法》第21条规定："对管辖发生争议的，报请共同的上一级行政机关指定管辖。"根据《河南省行政机关执法条例实施办法》第27条的规定，行政机关对公安行政执法管辖有争议的，县级以上人民政府法制机构应当进行协调，达不成一致意见的，报本级人民政府决定。

管辖权的冲突分为积极冲突和消极冲突两种情况。积极冲突是两个以上的执法主体对同一行政管理事务都主张管辖权，如两个公安机关对同一事项都主张收费、罚款等；

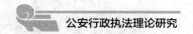

消极的管辖冲突是两个以上的执法主体对某一行政管理事务都不主张管辖权，相互推诿、扯皮。无论哪一种情况的管辖冲突，都应当由共同的上一级公安机关依法指定，否则就不利于国家的行政管理，也会影响行政相对人的合法权益。

（二）公安行政执法指定管辖的条件

公安行政执法指定管辖的条件，是指上级公安行政执法主体在什么情况下可以指定某一个下级执法主体行使管辖权。从公安行政执法的实践来看，以下两种情况均可适用指定管辖：第一，由于政府部门的职责分工不明确，或法律、法规、规章未能规定清楚，导致两个以上执法主体职能交叉重叠，对同一行政管理事务都有管理权，从而引起管辖争议。第二，由于特殊原因使管辖权不明确。这主要包括由于意外事件使有管辖权的执法主体无法行使管辖权；由于公安行政执法主体正处在分立、合并或被撤销过程中，其原有的职权尚未确定行使主体；由于一些新兴领域的出现，有关法律规定和管理工作尚未跟上等。出现上述情况，上级执法主体应及时指定有关的下级执法主体行使管辖权。

二、公安行政执法的移送管辖

公安行政执法移送管辖，是指公安行政执法主体在公安行政执法过程中，发现对受理的行政管理事务没有管辖权，及时查明并移送有管辖权的执法主体。移送管辖对于受移送的机关来说，有利于有管辖权的执法主体及时行使行政职权，保护行政相对人的合法权益；对于移送机关来说，也可避免越权管辖的错误。在公安行政执法实践中，管辖权的移送还表现在某一公安行政执法主体在执法过程中发现不属自己管辖范围的事项而将该事项移送有管辖权的公安机关或部门。例如，城市巡警在先期处置违法事件过程中，经进一步审查确定不属于自己管辖的，就要按照属地管辖、职能管辖或级别管辖的规定将案件移送有关部门。《公安机关办理行政案件程序规定》第15条第1款明确规定："公安机关对不属于自己管辖的案件，应当在二十四小时内经本机关负责人批准，移送有管辖权的机关处理。"

三、公安行政执法管辖权的转移

公安行政执法管辖权的转移，是指上一级公安行政执法主体管辖应当由下一级执法主体管辖的具体公安行政执法事项，或把属于自己管辖的执法事项交由下级公安行政执法主体管辖，以及下级执法主体将其管辖的某一具体事务报请上一级执法主体管辖。管辖权的转移是对级别管辖的补充，其实质是赋予上级或下级执法主体灵活处理复杂情况的权力，使级别管辖更好地适应公安行政执法中各种变化和特殊情况，有利于提高公安行政执法工作的质量，保障公安行政执法的合法、公正、高效。当然，管辖权的转移必须在特定的情况下进行，不能打乱正常的级别管辖。根据我国有关法律、法规、规章的规定，管辖权的转移应符合以下两种情况：一是由下级执法主体管辖的公安行政执法事项情况复杂，下级执法主体难以处理，或由上级执法主体处理更合适，在这种情况下，上级执法主体可以主动管辖，下级执法主体也可以请求上交；二是上级公安行政执法主体管辖的公安行政执法事项比较简单清楚，由下级执法主体处理不会影响公安行政执法的合法、公正，在这种情况下，也可交由下级公安行政执法主体管辖。

四、公安行政执法的共同管辖

公安行政执法的共同管辖也称合并管辖，是指两个以上公安行政执法主体或某一公安行政执法主体与其他行政机关对某一具体行政管理事务共同行使管辖权。在公安行政执法实践中，对某些行使管理事项单靠一个执法主体往往难以实现管理目的，而需要由几个执法主体共同完成。例如，根据国务院《禁止使用童工规定》的规定，本规定的执行情况由劳动行政部门会同工商行政管理部门、公安部门、教育行政部门和企业主管部门负责检查；在整治文化市场、税收工作、集贸市场等众多工作中，公安机关往往和其他行政机关共同执法。

几个公安行政执法主体对某一行政案件都有权管辖的也称为共同管辖，这是由于某种牵连关系发生的，属于地域管辖中的一种特殊情况，对于这种情况则由最初受理的公安机关管辖。《公安机关办理行政案件程序规定》第10条规定："几个公安机关都有权管辖的行政案件，由最初受理的公安机关管辖。"

五、公安行政执法的专门管辖

公安行政执法的专门管辖，是指铁路、港航、民航、林业等专门公安机关在行政执法中的权限划分和分工。根据有关法律、法规和规章的规定，铁路公安机关负责管辖列车上，火车站工作区域内，铁路建设施工工地，铁路系统的机关、厂、段、所、队等单位内发生的案件，以及在铁路线上放置障碍物或者损毁、移动铁路设施等可能影响铁路运输安全，盗窃铁路设施的案件。港航公安机关负责管辖港航系统的轮船上、港口、码头工作区域内和机关、厂、所、队等单位内发生的案件。民航公安机关负责管辖民航管理机构管理的机场工作区域以及民航系统的机关、厂、所、队等单位内和飞机上发生的案件。国有林区的森林公安机关负责管辖林区内发生的案件。

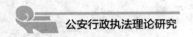

六、具有独立执法主体资格的业务部门的执法管辖

具有独立执法主体资格的业务部门主要有公安边防部门、出入境检查部门、公安消防部门、交通管理部门等。由于这些部门的工作具有特殊性，因此，法律、法规和规章赋予其具有独立的执法主体资格。与此相适应，其行政执法权限划分和分工不同，这些部门除遵循一般的公安行政执法管辖原则外，也要按照相应的专门法律、法规的规定进行管辖。

七、军、地互涉行政案件的管辖

军、地互涉行政案件，是指军人与非军人在军队营区或地方、军人在地方、非军人在军队营区违反公安行政管理法规而依法应予查处的案件。这里的军人，是指中国人民解放军和武装警察部队的现役军人、在编职工以及由其管理的离退休人员。非军人，是指除具有军人身份以外的人员。列入武装警察部队序列的公安边防、消防、警卫部门人员的行政违法行为由公安机关查处。对军、地互涉行政案件的管辖目前法律没有明确规定，但借鉴刑事案件的管辖规定，军、地互涉行政案件的管辖，应按照以下原则处理：

（1）军人在地方作案的，当地公安机关查明身份后及时移交并配合军队保卫部门查处。

（2）非军人在军队营区作案的，由军队保卫部门移交并配合地方公安机关查处。

（3）军人与非军人共同在军队营区作案的，以军队保卫部门为主组织调查，公安机关配合；军人与非军人共同在地方作案的，以公安机关为主组织调查，军队保卫部门配合。对军人和非军人的处理分别由军队保卫部门和公安机关负责。

军队保卫部门与公安机关对军、地互涉行政案件应当及时通报情况，加强协作，密切配合，如果对案件的管辖发生争议，应该协商解决，必要时报请双方的上级机关协调解决。

第三部分

公安行政执法的理念与原则

第一节 公安行政执法的基本理念

一、执法为民理念的渊源和演进

民本思想在我国源远流长，历经产生、发展、完善的历史过程。

（一）对传统民本思想的继承与升华

公安机关执法为民的政治准则，来自我党执政为民的理论，而党的执政为民的理论则是对我国传统民本思想的提炼和升华。民本思想在我国源远流长；民本思想是我国封建社会中把以农民为主体的人民群众视为国家根本和社会基础的思想，是封建统治思想中的一种开明思想。

早在周朝，统治者在战胜殷商的过程中，目睹了广大民众风起云涌的巨大力量，认识到"天视自我民视、天听自我民听""民惟邦本，本固邦宁"。倡导"民之所欲，天必从之"。可以说，这是我国民本思想的萌芽，虽然对人民的主体作用认识粗浅，但对后来历朝历代统治者的影响十分深远。民本思想在唐太宗贞观年间发展到高峰。贞观治国思想的内容很丰富，主要包括民本思想、纳谏思想和任贤思想三大部分，其中又以民本思想为核心。唐太宗对民本思想进行了系统、深刻、集中的阐述和发挥，其主要思想可归纳为七个方面：

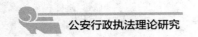

（1）民为国本。唐太宗曾对侍臣说，"国以人为本""国以民为本"。当然，他并未把人民群众视为国家的主人，人民群众仍然是被统治、被奴役的对象，但民为国本的思想无疑具有开明和进步意义。

（2）君民同体。"为君之道，必须先存百姓。若损百姓以奉其身，犹割股以啖腹，腹饱而身毙。"（《贞观政要·君道》）他认识到，统治阶级对民众横征暴敛，便是自损其基，自毁其业。

（3）君为民推。历代封建帝王都信奉"皇权天授"的信条，但唐太宗君臣在此基础上还特别重视"民推"，即民心归顺，强调"得民心者得天下，失民心者失天下"。

（4）可畏唯民。唐太宗对战国时荀况"载舟覆舟"的比喻十分重视，屡屡称引。贞观十四年魏征上疏引："君，舟也；民，水也。水所以载舟，亦所以覆舟。"

（5）慎刑恤罚。这是唐太宗君臣立法执法的原则。他说，用法"务在宽简""务在宽平"，（《贞观政要·刑法》）反对一味地使用严刑酷法。

（6）体恤民苦。贞观十年唐太宗自我宣示："每一食，便念稼穑之艰难；每一衣，则思纺绩之辛苦。"他主张体恤人民群众的疾苦，认为百姓的生存状况直接关系到国家的安危。

（7）不竭民力。唐太宗接受了历史教训，提出了"积富于民"的思想，主张"薄赋敛、轻租税"的方针。

唐太宗将上述民本思想运用于治国安民实践中，出现了"贞观之治"的繁荣局面。

明清之际，资本主义萌芽渐生，许多思想家看到了封建制度的腐败，民本思想进一步发展。

清朝末年，民主革命的先行者孙中山先生将古老的民本思想进行了创造性的阐发，提出了"民族、民权、民生"的三民主义。

纵观民本思想的历史演进与传承，我们不难看到，民本思想是中华民族传统治国思想的精华，在我国历史上具有十分重要的地位。但也必须看到，民本思想毕竟从属于封建统治思想，是统治阶级为了维护自身利益而对民众施以恩惠的一种策略。

中国共产党从它诞生的那天起，就把全心全意为人民服务作为其宗旨，紧紧地依靠人民群众，诚心诚意地为人民谋利益，从人民群众中汲取前进的不竭力量。毫无疑问，我们党继承和吸取了传统民本思想的精华，并在此基础上进行了提炼和升华，强调和突出了人民群众的主体地位，这与传统民本思想中依赖君王、把人民当作接受恩惠的客体是完全不同的。

（二）对公仆理论的吸收

1871年马克思在《论法兰西内战》一书中总结巴黎公社的经验及其政权建设的基本

原则时，第一次提出了"公仆"概念。马克思关于巴黎公社政权建设的论述告诉我们，是否始终与人民保持一致，是否始终代表人民的根本利益，是否始终对人民负责，是无产阶级政权与一切剥削阶级政权的根本区别，也是无产阶级政权的公职人员与剥削阶级官吏的根本区别。

（三）对人本学说理论的继承

中国共产党根据新的形势提出了"立党为公、执政为民"的执政理论和"执法为民"的法治理念，体现了对人本学说的历史继承。在社会价值体系中，要以人民为价值主体，一切相信群众，一切依靠群众，始终把实现好、发展好、维护好最广大人民的利益作为党的全部工作的出发点和落脚点。

（四）中国共产党对执法为民理论的发展

以毛泽东为核心的第一代中央领导集体，在建党和实现党的领导过程中，始终认为"人民，只有人民，才是创造世界历史的动力"，把全心全意为人民服务和密切联系群众作为党的根本宗旨和特征。正是由于我们党始终遵循相信群众、依靠群众、为了群众的思想路线，才能同广大人民群众血肉相连、心心相印，才能在艰苦卓绝的革命斗争中战胜无数艰难险阻，夺取一个又一个伟大胜利。

以邓小平为核心的第二代中央领导集体，继承和发展了毛泽东关于人民群众是历史的创造者的唯物史观，坚持人民本位思想，他察民情、顺民意，叮嘱全党特别是党的高级干部，要牢记全心全意为人民服务的宗旨和群众路线，要把人民群众拥护不拥护、赞成不赞成、高兴不高兴、答应不答应作为思考问题和开展工作的出发点和归宿。

第三代中央领导集体，在认真总结苏联、东欧共产党丧失政权教训的基础上，深刻地阐述了密切联系人民群众、实现和维护最广大人民群众根本利益的重要性。中国共产党的实践启示我们，必须始终紧紧依靠人民群众，诚心诚意为人民谋利益，从人民群众中汲取前进的不竭力量。始终保持同人民群众的血肉联系，是我们党战胜各种困难和风险、不断取得事业成功的根本保证。在任何时候、任何情况下，与人民群众同呼吸共命运的立场不能变，全心全意为人民服务的宗旨不能忘，坚信群众是真正英雄的历史唯物主义观点不能丢。

党的第四代领导集体，以马列主义、毛泽东思想、邓小平理论和"三个代表"重要思想为指导，牢记全心全意为人民服务的宗旨，高扬执政为民的旗帜，特别强调以民为本、以民为重、以民为先，努力塑造亲民爱民的政府形象。在广大人民群众的支持和努力奋斗下，我们党一定会团结和带领全国各族人民实现全面建设小康社会的奋斗目标，真正实现中华民族的伟大复兴。

在十八届中共中央政治局常委会的中外记者见面会上，习近平总书记一句"人民对

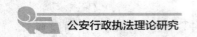
美好生活的向往，就是我们的奋斗目标"，再次标注出党和人民牢不可破的血肉联系。以习近平同志为核心的党中央，坚持立党为公、执政为民，把实现好、维护好、发展好最广大人民的根本利益作为党的建设必须始终遵循的宗旨、方向和目的，始终保持党同人民群众的不可分割的联系。执政为民，深深镌刻进改善民生福祉、维护群众利益的目标和行动中。从2020年全面建成小康社会的新要求到五大建设的各项任务，从保持经济又好又快发展到千方百计增加居民收入，从维护公平正义到发展更加广泛、更加充分、更加健全的人民民主，从培育社会主义核心价值观到丰富人民精神文化生活，从首次提出"中国梦"到让人民监督权力，让权力在阳光下运行，要求"干部清正、政府清廉、政治清明"，都有力彰显了以人为本、执政为民的执政理念。

二、执法为民理念的内涵

执法为民，就是按照中国共产党重要思想的本质要求，把实现好、维护好、发展好最广大人民的根本利益，作为政法工作的根本出发点和落脚点，在各项政法工作中切实做到以人为本、执法公正、一心为民。执法为民是社会主义法治的本质要求，是社会主义法治理念的本质特征。

1. 执法为民是广大人民意志的体现

我们所执之法是社会主义法，社会主义法体现的是广大人民的意志，并为广大人民服务。执法为民中的"执法"是执法主体行使公权力的过程，而"为民"则突显了对公民基本权利和合法利益的保护，充分体现了社会主义法治的本质要求。执法为民理念的提出，转变了传统上只强调"执法"的强制、管理职能，忽视"为民"的服务和人权保障职能，甚至把"执法"与"为民"对立起来的片面倾向。相对于传统意义上的执法，执法为民理念的提出是执法思想上的一场革命。

执法为民的法治理念，正是旗帜鲜明地体现了共产党执政为民的宗旨，高度概括地反映了政法工作的方向，对我国社会主义法治建设具有重大的指导意义。执法机关履行的是执法职责，执法工作坚持立党为公、执政为民，就是要立足自身职能，牢固树立执法为民的理念，为人民用好权，执好权，把实现好、维护好、发展好最广大人民的根本利益，解决人民群众最关心、最直接、最现实的切身利益问题，作为工作的根本出发点和落脚点，把为人民执法，通过执法维护人民群众的利益作为执法的目的和归宿。

2. 执法为民是以人为本基本理念在执法工作中的体现

执法是使法得以实施，付诸实践的活动。从法的本源、内容和主体上分析，执法离不开人，必须以人为本。首先，人是法律的本源。法律来源于人，是人民意志的体现，是人们相互关系的准则。离开了人，法律既无执行的可能也无存在的必要。同时，法律来源于人，是人通过一定的国家机关和程序制定的，体现一定阶级的意志。因此，作为人的尺度的法律必须"以人为本"。其次，人的生活是法律的基本内容。法律是由物质生活条件决定的。因此，执法中"以人为本"既是客观要求也是必然结果，应该按照法律的本来面目认识和处理法律问题，以人为本是执法的出发点和归宿。最后，人是执法的主体。孟子说："徒法不足以自行。"法律是靠人去执行的，没有执法主体的能动作用和社会公众的配合，法律对社会关系的调整就无法实现。法律结合人的行为特性为人预设基本权利义务，这种权利义务是根据人的实际情况设立的，否则法律就会由于和社会生活脱离太远而被抛弃。社会生活千差万别，而法律对民众或当事人只提供特定的行为模式，因此，要使法律得到贯彻实施，不仅要求执法者具有较高的执法能力和良好的职业道德，更重要的是执法主体应该结合实际情况，分享当事人的情感并正确引导民众遵守法律。所以，在执法中必须坚持和贯彻以人为本，回归人的良知，使法律得以正确地实现。

执法为民要求公安民警在执法实践中，要以人为出发点，以人为中心，以人为主体，以关怀人、尊重人、解放人为终极目的，而不能将其作为手段和工具。要把尊重和保障人权，维护和保护公民合法权益作为工作的出发点和落脚点，将人的解放、尊严、幸福作为执法追求的目标，将民主、公平、宽容、诚信作为执法者的自觉意识和行动，克服"特权主义""工具主义""功利主义"等思想的影响，真正做到"维权、服务、亲民、爱民、为民"。

3. 执法为民是"一切权力属于人民"的宪法原则在政法工作中的具体体现

人民主权是执法为民的前提条件，执法为民是人民主权的逻辑结果。在法治社会，执法为民首先表现在我们必须坚持人民主权的宪法原则。我国宪法明确规定社会主义制度是中华人民共和国的根本制度，社会主义制度的本质是人民当家做主，人民是社会主义国家的主人，是一切国家权力的来源。中华人民共和国的一切权力属于人民，一切国家机关和国家工作人员必须努力为人民服务。这是以根本大法的形式确认了国家权力从人民而来、受人民掌控、对人民负责、受人民监督、为人民服务等一系列根本问题。政法机关的权力同样来自人民，其行使的权力是国家权力的核心。因此，坚持全心全意为人民服务的根本宗旨，坚持对人民负责，对法律负责，是执法的本质含义，是我国社会主义国家性质的本质体现。

《宪法》规定："中华人民共和国的一切权力属于人民。代表人民行使国家权力的机关是全国人民代表大会和地方各级人民代表大会……"可见，我国《宪法》明确规定了权力的归属主体和行使主体，执法机关的执法权力的行使必须按照归属主体（人民）的意志行使而不能背离甚至凌驾于归属主体（人民）的意志。从我国目前的情况来看，

大部分的政法干警努力践行全心全意为人民服务的宗旨，任劳任怨，忘我工作，甚至流血牺牲，为维护社会稳定和经济发展做出了重要贡献，政法队伍是一支党和人民信得过、在关键时候靠得住的队伍。

第二节 公安行政执法的基本原则

公安行政执法权作为国家行政执法权不可分割的组成部分，其设定、行使理所当然地应当遵循上述原则。当然，由于公安行政执法权又具有特殊的强制性、较大幅度的裁量性等特点，合法性原则、合理性原则、正当程序原则对指导公安行政执法权的设定、行使最为重要。此外，公共性原则、执法效率原则、综合治理原则、坚持党的领导原则也应当是公安行政执法权行使的基本原则。

1. 合法性原则

合法性原则是指公安行政执法权的设定、实施必须依据法律，符合法律，不得与法律相抵触。它是行政法治原则中最主要的原则。公安行政执法合法性原则应当包括以下内容：

（1）一切公安行政执法权力必须来源于法律规范的明确设定或者授权，即一切公安行政执法行为的实施必须有法律依据，排斥法律之外的一切其他来源，如宗教、道德、习俗等。没有法律依据，公安行政执法权就失去了存在与实施的基础。

（2）作为公安行政执法依据的法律规范，对公安行政执法权力的设定必须符合法律保留、法律优先的原则。所谓法律保留是指在多层次立法的国家中，有些立法事项的立法权只属于法律，法律以外的其他规范，一律不得行使。对公安行政执法行为来讲，应当实行法律保留的事项是限制人身自由的公安行政强制措施和公安行政处罚。这些限制人身自由的公安行政强制措施与公安行政处罚只能由法律进行设定。

所谓法律优先，是指在多层次立法的情况下，法律处于最高位阶和最优地位，其他法律规范都必须与之保持一致，不得抵触。在公安行政执法的依据里面，法律对公安行政执法权的行使已经做出规定，行政法规、地方性法规、行政规章等下位法需要做出具体规定的，必须在法律规定的行为、条件、种类和幅度等范围内进行，不得与法律相冲突；尚未制定法律的，行政法律、行政法规、地方性法规、行政规章等可以在其法定权限范围内规定公安行政执法权的具体行使条件、程序等内容，但不得超出法律授权范围。

（3）一切公安行政执法权必须严格依法行使。这主要包括以下几个方面：第一是主体要求。公安行政执法权的行使主体只能是公安机关及其人民警察，其他机关及其人员非经法定授权与委托无权行使公安行政执法权。在实际执法中存在的非警务人员（如治安协管员、联防队员、合同警等）独立行使公安行政执法权的行为，违反了公安行政执法权行使的主体要求，是不合法的。第二是权限要求。任何权力都是有限度的，越权无效是行政法中的公理，公安行政执法权也不例外。公安机关必须在法定的权限范围内行使权力，不能越权，也不能自定权限，必须符合职能管辖、级别管辖、地域管辖等规定。第三是程序要求，即公安行政执法权的行使必须严格依据法定程序进行，违反法定程序的公安行政执法行为是违法的、可撤销的行为。

2.合理性原则

合理性原则是指公安行政执法权的设定、行使必须客观、适度，符合情理。合理性原则是合法性原则的必要补充，对防止公安行政执法权的滥用具有非常重要的作用。合理性原则主要包括以下几个方面的要求：

（1）目的正当性，即公安行政执法权的设定目的必须正当，是为了执行法律和维护正义；其行使必须符合立法授权目的，即维护国家安全和社会治安秩序，保护公民、法人和其他组织的合法权益，符合社会公共利益。

（2）必须考虑相关因素。公安机关自由裁量权的行使必须建立在对相关因素正当考虑的基础上。公安机关在行使公安行政裁量权时，必须考虑上述相关因素。例如，公安行政处罚权的行使具有较大的自由裁量性，《行政处罚法》第4条专门对此做了规定，即"设定和实施行政处罚必须以事实为根据，与违法行为的事实、性质、情节以及社会危害程度相当"，明确了公安机关实施行政处罚时应当考虑的因素。

（3）必须坚持平等对待。对公安行政执法权的行使来讲，平等对待包括：同等情况同等对待，不同情况区别对待。例如，公安机关在日常治安管理中，对类似情节的赌博者或嫖娼者的处罚要基本保持一致，不得出现畸轻畸重的情况，否则就违反了同等对待规则。不同情况区别对待，是指公安机关在行使权力的过程中，针对具有不同情况的公安行政相对人，一定要认真区别其具体情况，并在此基础上做出不同的处理决定，不能出现重者轻罚或者轻者重罚的情况。

（4）符合情理与常理。即公安行政执法权的行使必须符合客观规律与社会公德，合乎常理，不能要求公安行政相对人履行违背客观规律、无法履行的义务或者违背常理的义务。

3.正当程序原则

程序在对行政权力的监督、制约方面起着独特的作用。程序正当是结果公正的基本保障。该原则的法理意义在于将行政相对人从可被行政权任意支使的客体转变为具有独立法律地位的主体，并且通过行政相对人的参与，形成驱使行政机关正当行使行政权的外在力量。更为重要的是，在该原则的规范下，个人不再成为行政权实现某种目的的工

具，人的尊严可以获得行政权的尊重与保障。程序对权力的制约作用及其对权利的保障作用，已经受到现代法治国家的异常重视。正当的行政程序对于防止公安行政执法权力的滥用，保证权力的合法与公正行使，维护公安行政相对人合法权益等具有非常重要的作用。

在我国，正当的公安行政执法程序至少应当包括以下7个方面的要求：

（1）在做出一项可能对公安行政相对人利益有不利影响的公安行政执法行为之前，应当告知有关的利益关系人，即保证公安行政相对人享有知情权。

（2）应保证公安行政相对人享有陈述、申辩的权利和机会，并保证公安行政相对人的陈述与申辩得到充分的重视。

（3）应保证公安行政相对人在其利益可能受到公安行政执法行为重大不利影响时，有申请听证的权利。

（4）公安行政决定的内容及过程必须公开。

（5）公安机关执法人员必须与案件无利益牵连，不能做自己案件的"法官"。

（6）公安行政执法权行使程序的设定应当具有可操作性。

（7）程序违法的公安行政执法行为是违法的、无效的。

上述7项内容可以成为衡量公安行政执法程序是否正当的标准，也是对公安行政执法权的行使程序的基本要求。

4. 公共性原则

公共性原则是指公安行政执法权只存在于公共领域，其行使必须出于维护公共利益和公共秩序的需要。公安行政执法权作为一项公共权力，其目的是维护公共秩序，进而保护公民的自由与权利。因此，公安行政执法权只能在权力的公共区间发挥作用，对于私人领域，则不得介入。例如，《治安管理处罚法》规定，在虐待家庭成员事件中，受虐待人要求处理的，公安机关才可以依法对虐待人实施处罚。对家庭成员之间的虐待行为，公安行政执法权的介入是以受虐待人的主动要求为前提的，如果受虐待人没有要求处理的，公安机关就不得介入其私人生活领域。

5. 执法效率原则

我国《宪法》规定，一切国家机关以精简为原则，实行工作责任制、工作人员的培训和考核制度，不断提高工作质量和工作效率，反对官僚主义。这一要求对公安行政执法尤为重要。

公安行政执法的效率原则，就是指在保证公安机关依法行政的前提下，在对社会实行组织和管理的过程中，能够有效地发挥其功能，以最小的工作消耗，获得最大的社会效果。公安行政执法工作的社会消耗，包括物质消耗和非物质消耗。物质消耗包括人、财、物。非物质消耗，是指人的积极性和能力水平的发挥程度。公安行政执法的效率原则，要求各级各类公安行政执法机关及其有执法权的警务人员，必须具有对国家和人民高度负责的工作责任感，不断改进工作，保证执法工作能迅速、准确、高效地进行。

此外，各级各类公安机关协调一致，互相配合与协助，也是体现公安行政执法效率的重要方面。

6. 综合治理原则

社会治安管理是公安行政执法工作的重要组成部分。加强社会治安综合治理的原则，是马克思辩证唯物主义和历史唯物主义在我国社会治安形势下的具体运用和发展。马克思主义告诉我们，世界的一切事物都是普遍联系的，社会也是一个相互联系的有机整体，其内部的各个组成部分之间，并不是彼此孤立的，而是一个相互联系的有机整体。在系统论的理论和方法中的指导思想，就是要求把研究和处理的对象，放在整体中来考虑，在研究局部问题的同时，还要注意部分之间的有机联系，以及系统内外环境因素等，以求达到解决问题的最佳效果。

公安行政执法问题，是一个系统的工程。公安机关在执法过程中，必须在党委和政府的统一领导下，积极发挥公安机关的主力军作用，同时还必须动员各方面的力量，只有这样，才能完成法律所授权的行政执法工作，实现社会治安的综合治理。

7. 坚持党的领导原则

我国是人民民主专政的社会主义国家，中国共产党的性质和历史地位决定了其在国家的政治生活和社会生活中的领导地位。

公安行政执法工作是国家行政管理的重要组成部分，坚持党的领导是由公安工作的性质和公安行政执法工作有广泛社会性及其严肃的政策性和法律性所决定的。在公安行政执法工作中，必须坚持党委统一领导的原则，这就要求各级公安机关和每一名警务人员，不仅要从理论上明确坚持党委领导的内容和意义，树立自觉地接受党委领导的观念，而且在公安执法实践过程中也要处处、时时把自己置于党中央和各级党委领导之下，不得以任何借口摆脱和损害党的领导。为了加强党对公安行政执法工作的领导，公安机关在接受党的领导的同时，还必须接受政府的领导。

党历来非常重视对公安行政执法工作的领导，并要求在各级党委的统一领导下，实行党、政分工的原则，坚决防止和纠正以党代政、党政不分的做法，以便更进一步地加强党的领导，改善党的领导。各级公安机关必须贯彻执行这一原则，要经常地、主动地向各级党委和政府汇报公安行政执法工作的情况，取得党委和政府的支持，以便顺利地进行公安行政执法工作，维护好社会治安秩序。

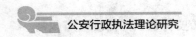

第三节 理论指导实践——怎样看待执法与服务

随着时代的发展，人们逐渐认识到行政权力与私人生活紧密相连，个人生存已经和国家行政密切相关。行政职能已经由传统的偏重秩序行政演化为强调服务行政，突出国家所负载的增进民众福祉的积极服务义务。

一、公安执法与服务的理论构建：双服务理念

基于维护社会公共安全和秩序，保障公民的合法权益以及社会各项活动的正常进行为设计起点，传统行政所提供的服务一般都是针对公共利益的，即所谓的秩序行政。"双服务"理念下的行政具有双重目标定位，是对既有秩序行政和服务行政的一次理论提升。在公安行政执法领域实践"双服务"理念，自然就回避不了对旧有执法观念、方式、行为和制度的改造。

1. 公安执法的双服务理念及其执法观念变革

公安执法规范化建设所要求的理念应该是秩序行政和服务行政的统一体，它在价值层面上表现为对两种利益观的整合——既服务于公益又服务于私益，即"双服务"理念。设定"双服务"理念作为基本的执法观念，可以指引公安机关克服单纯服务公益或者单纯服务私益的狭隘认识，灵活、能动地处理各类执法难题，特别是在公共利益和私人利益发生矛盾和冲突时，如何评判取舍的问题。按照秩序行政，私人利益服从于公共利益，只有在确保公共利益的前提下方可兼顾私人利益，当两者发生冲突时，前者应该让路于后者；而按照服务行政，民众是行政活动的中心，私人利益要高于公共利益。树立"双服务"理念，便可以跳出这种形而上学式的选择，为我们提供一个全新的解决思路。

"双服务"理念从本质上看是对两种利益的整合和兼顾，所以公共利益和私人利益的高低要比较双方的特定情况后才能确定。我们说，国家安全是一种公共利益，城市交通秩序也是一种公共利益，但两者的重要性是不可比拟的。私人利益同样也是如此，生命权是一种私人利益，快速出入境通关也是一种私人利益，这两者的地位同样不同。当国家安全和个人的快速出入境通关发生矛盾时，前者显然高于后者；而当城市交通秩序和个人的生命权发生冲突时，后者就应优于前者。

用"双服务"理念进行改造，以构建符合公安执法规范化建设要求的现代执法理念。其具体路径可分为两步：一是摒弃权力本位管制理念而树立权利本位的服务观念；二是在结合双向服务目标的基础上，确立公私利益兼顾观念。

（1）树立权利本位的服务观念，就服务行政相对于传统的官本位、政府本位、权力本位的官僚主义思想而言，是一种理论和实践的转变和提升，对于构建社会主义和谐社会，提高公安执法工作效率等方面具有重要意义。因此，在公安执法活动中，我们要以高效、优质、专业的工作为基础，秉承公开、透明的原则，使广大人民群众广泛参与到公安管理工作中，主动、及时地回应民众的正当诉求，切实解决其实际问题，从而实现由管理者向服务者的角色意识转变。这是"双服务"理念下执法观念中首先需要予以明确和解决的问题。整合兼顾公私利益，确立"双服务"理念在公安执法活动中的指导地位。

（2）服务行政强调的是为民众的私益服务，容易忽视对公益的保护。为防止公安执法工作从一个极端走向另一个极端，矫枉过正地只强调保护私益，我们需要对服务行政观念加以改进，明确服务对象既包括私益又包括公益的双重性，对其进行有效的兼顾整合，根据具体情形评判取舍，以寻求公益和私益的最大化。

2. "双服务"理念与公安执法方式的变革

传统公安执法方式采取的是高权行政，即行政机关为达到公共目的，科以规范对象作为、不作为或容忍的义务，并以制裁规定作为贯彻上的后盾。其特征在于国家居于统治主体，位于优越于行政相对人的地位，且运用片面拘束力的规制措施，使强制行政相对人服从。例如，行政机关采取行政命令、行政处分等行为方式。长期以来，公安机关依靠高权执法方式，有效地维护了国家安全和社会稳定，为社会主义经济建设提供了有力的执法保障。

革新和完善行政执法方式，从"双服务"理念的角度出发，尽量以一种温和的手段来执法，以确保公安机关与行政相对人通力合作，互相尊重，达到公益和私益共赢的目的，实现行政服务的双向目标。根据"双服务"理念的要求，公安执法方式的变革应当坚持以下基本方向。

（1）实现执法方式由单边到双向的转变

在以往的执法活动中，公安机关与行政相对人是单向关系，公安机关单方判断和决定处理结果，行政相对人只能被动承受行政指令。而"双服务"理念强调对公益和私益的兼顾，即公安机关与行政相对人之间关系的重心发生变化，双向沟通与合作成为主流。这种双向关系不仅表现在行政复议和诉讼中法律规定的行政相对人所享有的陈述、申辩、听证等程序性权利，而且体现了双向发展的趋势。与这种变化趋势相适应，公安机关在执法工作中要加强与行政相对人的对话和协商，通过强化行政相对人的合法对抗，淡化公安执法行为的权力色彩，促进执法的良性互动和公私双益最大化实现。

（2）实现执法方式由强制性到说服性的转变

"双服务"理念要求公安执法工作一方面要保护公共利益，另一方面又要最大限度地服务于行政相对人，使可能发生冲突的公共利益和私人利益获得各方都满意的均衡方案。执

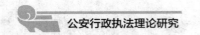

法方式应尽量避免用强制的方法，而应多采用说服的方法，通过合意来弱化执法过程中的对抗与冲突，建立信任与合作的新关系，使执法活动变得更为顺利，执法效率更加高效。

（3）实现执法方式由机械化到人性化的转变

"双服务"理念具有以人为本的思想根源，这就要求公安机关创造性地选择执法方式，通过多元化执法手段综合使用，尽可能为行政相对人提供服务和便利。执法方式人性化的标志是尊重公民的人格尊严，体现人道主义精神。对此，《公安机关办理行政案件程序规定》第四条明确提出了"尊重和保障人权，保护公民的人格尊严"的要求。公安机关在执法规范化建设中，要秉承这一人性化执法趋向，以对人的基本权利尊重作为执法的核心价值观念，在执法中体现人文关怀。

3. "双服务"理念与公安执法制度的完善

"双服务"理念要求执法活动积极灵活，完善执法制度正是防止权力滥用的有效武器，建立规范、合理、科学的执法制度，一方面有利于公安机关迅速高效地行使执法权，从而服务于公共利益；另一方面，也有利于控制执法权的不当扩张，保障民众的个人私益。从这个意义上讲，完善执法制度是确保"双服务"理念在公安执法规范化建设中得到有效落实的基本途径。就目前而言，需要完善以下制度。

（1）民主参与制度。"双服务"理念引导下的执法活动是双向的，重视与行政相对人的协商与沟通，其执法活动过程离不开行政相对人的参与。民主参与主要反映在三个方面：一是要使更多的民众参与到公安执法决策中来，将最符合公私双方利益的规则予以制度化；二是在执法过程中，注重与行政相对人之间的双向交流和沟通，据此对公私利益进行合理取舍；三是将执法活动的过程及结果置于民众的监督之下，让民众检验执法工作是否符合公私双方的最大利益。

（2）信息公开制度。完善警务信息公开，将公安机关的政策和措施、制度和规定、行使权力的过程置于民众的评判之下，必将有利于增强权力的公共性，从源头上预防和治理执法工作的失范。从这个意义上讲，信息公开是维护公共利益的一项治本措施。另一方面，信息公开可使公安执法活动置于公众的公开监督之下，也将有利于增强权力的透明度，促进公安机关规范办事行为，转变办事态度，使服务质量和工作效率得以提高，更好地为民众服务。从这个角度分析，信息公开又是公民私人利益的重要制度保障。信息公开的双重价值，回应和契合了"双服务"的基本理念，对深化"双服务"理念在执法规范化建设中的作用具有重要意义。

（3）时效制度。时效制度的主要价值在于：其一，保障行政行为及时做出，避免因行政行为的拖延耽搁对行政相对人权益造成损害；其二，防止和避免官僚主义，提高行政效率；其三，督促行政主体及时做出行政行为，防止因时间拖延而导致有关证据散失、毁灭，或环境、条件变化，影响行政行为做出的准确性；其四，有利于稳定行政管理秩序和社会秩序。如果公安机关没有在规定的期限内进行执法，也是一种失职，与执法规范化建设的要求是不相适应的。

（4）教示制度。教示制度是指公安机关在进行执法之前、之中、之后对行政相对人享有的何种权利、承担何种义务，如何行使有关权利、履行有关义务以及其他有关事项负有的以书面或口头形式告知相对人并加以指导义务的一种法律制度。教示制度是具体化了的服务性程序制度，它使公安机关在尊严本位的程序价值指引下，给予行政参与人程序知识方面的帮助，减少因违反程序或其他失误而导致的不利后果。在公私利益出现冲突的情况下，教示过程能让相对人清楚地知道执法结果最终的方向，从而便于形成一个妥协结果。这种教示妥协过程正是"双服务"理念所追求的程序，可以确保"双服务"理念下的执法方式通过制度予以固化。

二、把服务群众工作贯穿于公安执法全过程

坚持专门工作与群众路线相结合是公安工作的基本方针和优良传统，也是做好公安工作的重要保证。长期以来，公安机关在做好群众工作、维护群众利益方面做了许多积极探索，积累了成功经验，但新的形势和任务对新时期公安机关的群众工作提出了新的更高要求。政法机关既是执法、司法机关，也是群众工作机关，政法干警既是执法、司法工作者，也是群众工作者，要努力把服务群众贯穿于执法工作全过程，体现群众意志，反映群众愿望，维护群众利益。主动适应公安工作面临的新形势，积极响应党中央对公安工作的新要求，不断回应人民群众对公安工作的新期待，认真改进服务群众的工作方式方法，千方百计为群众办实事、办好事，努力将服务群众贯穿于执法的全过程，这是各级公安机关和广大民警的重要责任和紧迫任务。

1.认清形势，统一思想，深刻认识在执法过程中加强服务群众工作的重要性和紧迫性

作为重要的行政执法和刑事司法部门，公安机关肩负着打击违法犯罪的重任，承担着面广量大的社会管理工作，公安执法的各个环节都与群众有着广泛而密切的联系。在新的历史条件下，大力加强和改进执法过程中的群众工作，坚持以人为本，服务为先，创新执法理念，改进执法方式，努力将服务群众贯穿于执法的全过程，具有十分重要的现实意义。

（1）在执法过程中加强服务群众工作，是进一步提升公安机关执法规范化建设水平的迫切需要。近年来，公安机关通过开展执法规范化建设，整体执法水平和执法形象有了很大提升和改善。在执法方式上紧紧围绕服务群众，不断创新服务群众的方式方法；在执法效果上坚持以人民满意为标准，努力将服务群众贯穿于执法的各个环节，不断提

升人民群众的满意度，是推进执法规范化建设向更高层次发展的必然要求，扎实有效地开展这项工作，必将进一步提升公安机关执法规范化建设的整体水平。

（2）在执法过程中加强服务群众工作，是构建和谐警民关系的重要途径。随着我国民主法治建设的逐步深入，人民群众的民主意识、法治意识、权利意识和监督意识不断增强，对公安机关执法活动提出了更高的要求。实践证明，在日益复杂的社会环境下，公安机关执法活动仅仅强调于法有据、程序合法是远远不够的，必须立足于"最大限度地激发社会创造活力、最大限度地增加和谐因素、最大限度地减少不和谐因素"的总要求，善于把法律的刚性与执法的柔性有机结合起来，坚持融法、理、情于一体，以法为据、以理服人、以情感人，使人民群众通过案件的办理、事情的处理，既感受到法律的权威、尊严，又感受到公安机关的关爱、温暖，真正取信于民。

（3）在执法过程中加强服务群众工作，是公安机关创新社会管理的有力助手。随着社会的不断发展，人民群众不仅期待公安机关能够提供安全的社会环境，更期待公安机关不断提升服务质量和水平。公安机关必须顺应社会发展趋势，转变管理理念，创新管理方法，正确处理好管理和服务的关系，通过在执法过程中强化服务群众工作来推动管理机制创新，不断提升管理效能。在畅通与群众的沟通机制方面，通过开门走访、定期接访、执法回访等途径，深入了解民情民意，为民排忧解难，不断拓宽与民沟通的渠道。在推进警务公开方面，通过深化执法服务告知制度，实施行政权力网上公开透明运行、办案进度网上查询、三级视频接访等措施，确保阳光执法，提升执法公信力。在拓宽服务群众渠道方面，通过利用信息网络等新渠道开展服务群众工作，实现群众办事网上审批、网上办理，使服务群众的手段更加新颖、形式更加多样、内容更加丰富，不断扩大群众工作的覆盖面和影响力。在完善考核评价机制方面，通过把群众评议与内部考评有机结合起来，推动执法工作更加注重社会效果，提升群众满意度。

2. 以民为本，创新思路，在执法过程中大力做好服务群众工作（"三个率先两个注重"）

（1）率先推行执法告知制度。江苏省公安机关在全国率先推行执法告知制度，对包括交通安全管理、刑事立（破）案以及信息网络安全违法行为在内的六项执法事项进行告知。社会普遍认为，执法告知让公安机关多了一份义务，让人民群众多了一份权利，让警民关系多了一份和谐，是一种归责于己、自加压力，普惠于民、服务群众的全新执法方式。尤其是刑事案件立案告知、破案告知、未破重大案件侦查进展告知，打破了长期以来刑事侦查在公安机关内部封闭运行的状况，以主动开放的姿态和群众看得见的方式接受社会监督，拉近了警民之间的距离，对解决有案不立、立而不查、久侦不结等问题起到了强有力的倒逼作用，有效提高了人民群众对公安工作的满意度。

（2）率先推行说理执法。公安机关在执法活动尤其是行政执法活动中，通过充分考虑执法的社会效果，变刚性执法为柔性执法，准确把握社会心理和群众情绪，用和谐的态度对待群众，用通俗易懂的语言、群众易于接受的方式，向群众宣传法律，明辨是非，讲清道理，在执法的各个环节对当事人进行有针对性的说理和耐心细致的宣传解释工作，使当事人能够理性接受和承担法律后果，最大限度地减少信访投诉，减少警民冲突，促进社会和谐。公安民警执法应该思想进一步端正，执法行为进一步规范，执法方式进一步改进，执法效果进一步优化，人民群众对公安执法的满意度明显提升，说理执法已成为公安机关执法规范化建设的一个新亮点。

（3）率先开展亲民便民执法服务软环境建设。为了提升公安机关执法形象和服务水平，进一步提升人民群众对公安执法工作的满意度，公安机关应该开展亲民便民执法服务软环境建设，具体包括：实施派出所领导坐堂值班制，当场答复群众咨询，处理群众投诉；公安窗口单位推行一机双屏受理系统和服务评价系统，面对面接受群众监督；深化接报警和立案公开制度，对群众电话报警进行录音；在派出所设置终端查询机，或者通过短信评警系统、网上派出所等及时公开警情处理结果、案件进展情况等。此外，在公安窗口单位设立办事等待区，向群众提供座椅、饮用水、报刊等；基层办案单位设立特殊案件办理区，用于接受涉及妇女、未成年人及隐私案件的报案和询问；在接待场所张贴服务群众标语，营造温馨亲切的氛围，在调解场所张贴有利于缓和气氛、化解矛盾的劝解类文字图片，在办案场所张贴对违法犯罪嫌疑人进行警示与感化教育的文字图片。亲民便民执法服务软环境建设有效提升了执法规范化建设的层次和社会效果，受到群众欢迎和媒体好评。

（4）注重运用调解手段化解矛盾纠纷。依法开展调解工作，既是公安机关的法定职责，也是群众路线在公安执法工作中的具体体现。实践证明，在执法过程中将刚性的法律规定和柔性的执法方式结合起来，树立"调解也是执法"的理念，坚持严格依法办案与调解矛盾纠纷、维护群众利益相统一，有利于实现定纷止争、案结事了，提高人民群众对公安工作的满意度。近年来，各地公安机关就加强公安调解工做出了一系列制度和规范性文件，有效促进了调解手段的运用。要求对符合调解条件的治安案件尽可能予以调解，坚持能调则调、多调少罚；公安机关在接处警、办理治安案件、轻微刑事案件、交通事故损害赔偿等执法办案过程中，坚持调解优先、慎拘慎罚的原则，进一步加强和改进公安调解工作。

（5）注重在案件查处中切实维护群众利益。一方面，公安机关充分发挥打击犯罪主力军作用，始终坚持严打方针不动摇，坚决打击影响社会稳定和群众安全感的严重暴力犯罪、黑恶势力犯罪以及"两抢一盗"、电信诈骗等多发性侵财犯罪，持续开展了"春雷""捕狼""猎豹""雷霆""春季攻势"等专项打击整治行动；针对群众反映强烈的问题，坚持"既破大案又破小案"，集中组织开展涉车犯罪源头治理和破案会战，并开展非机动车信息采集和发牌登记工作，从登记办证等环节入手，着力从源头上解决涉及千家万户的电动车、自行车被盗等"小案""小事"问题，切实提升人民群众的安全感。另一方面，各地公安机关出台的各项规定，从不同法律关系中对未破刑事案件的受害人、交通肇事逃逸案件受害人等因得不到救助致残致死的当事人或近亲属，实施经济救助，纷纷制定具体措施积极向特殊困难群众伸出援助之手，使受害群众真正感受到公安机关的温暖和关爱。

三、在公共服务视野下构建公安执法的全面质量管理机制

全面质量管理是质量管理理论和实践发展的最新阶段，将全面质量管理导入公安执法，建立公安执法全面质量管理体系，有利于公安机关改变"重执法而疏服务"等问题，提高执法服务水平和质量，不断满足人民群众的新需求、新期待，树立服务型公安机关的良好形象。当前，建设社会主义法治国家、构建和谐社会的目标，要求公安机关加强执法管理，提高执法质量，坚决打击一切破坏社会稳定和谐的违法犯罪活动，全力防止因执法不当引发的各类社会矛盾。公安执法全面质量管理作为一种全过程的管理体系，有利于降低公安机关执法成本，化解社会矛盾，提高执法效率，实现公安执法质量的持续提高。

1. 公安执法全面质量管理的理论依据

自美国的菲根堡姆和朱兰于1961年提出全面质量管理（Total Quality Management，TQM）概念以来，全面质量管理在企业以及政府部门的应用已有较长时间。公安执法全面质量管理就是将全面质量管理的基本理念、工作原则、运筹方式，运用于公安执法之中，以达到公安执法质量的优质、高效，从而为公众提供高质量的执法产品和服务。对公安机关而言，"顾客"是直接或间接受公安执法行为影响的目标对象；"顾客至上"更注重强调"公众至上"，使公安机关回归到为公众服务的本位。

公安执法全面质量管理理论主要来源于公共管理学和新公共服务理论。在警察机关内部管理中，领导层必须善待警察，予以充分授权，为改进公安执法全面质量管理的领导和战略提供了方向。

2. 公安执法全面质量管理的系统结构

公安执法全面质量管理的基本要素，包括"顾客导向"、持续改进、领导战略、全员参与、过程管理以及质量保证体系。这六个基本要素按照一定的排列组合方式组织起来，构成了有机的公安执法全面质量管理系统（图3-1）。

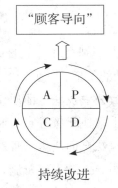

图3-1　公安执法全面质量管理系统图

（1）目标要素——"顾客导向"。"顾客导向"或者说是"公民导向"，是公安执法全面质量管理的起点和落脚点。公安执法工作应始于明确的"顾客需求"，通过公安执法工作满足"顾客需求"。在公安机关没有满足"顾客需求"的情况下，建立畅通的"顾客"申诉渠道；如果因为公安机关的执法，导致"顾客"利益受损，应建立相应的赔偿机制，最大限度地减少"顾客"的损失。将"顾客导向"理念引入公安执法工作，对于提高公安工作效能和执法质量，具有重要意义。

（2）核心要素——全面质量管理按照持续改进的理念。所有机构都应建立一套标准操作规程，即以事先设计好的，用以解决具体、明确的外部及内部问题的机构惯例，改进执法质量。全面质量管理要求将标准操作规程看作是一贯的，具有可预见性的，同时也是持续改进和变化的，并持续、及时地修订、实施和评估操作规程。有了全面质量管理，组织就会处于一种随机应变的状态之中，并不断吸收新东西。

（3）基础和支持要素——领导战略、全员参与、过程管理、质量保证体系。执法全面质量管理的推行需要依靠高层领导的支持，发挥其战略规划作用。组织管理者应当转变观念和领导方式，树立"顾客导向"的理念，培育符合执法全面质量管理要求的组织文化，把公安执法的各项活动导入长期的质量提升轨道。公安执法全面质量管理不单纯是管理者的职责，更需要全体组织成员尤其是基层警务人员的参与。基层警务人员直接接触公众，最了解公众需求，最明确组织工作流程存在的问题。只有充分调动他们的积极性，使其参与工作分析和改进活动，才能真正发现需要改进的方面，寻找到解决问题的最佳方案。过程管理是全面质量管理思考问题的一种方式，即将组织的各项活动都看作一个过程，使各个公安执法部门职责、资源和活动，均处于受控状态，进而在此基础上提高公安执法质量。质量保证体系的建立，是公安机关推行执法全面质量管理的重要保障，通过建立质量保证体系，才能推进公安执法质量策划、质量控制和质量改进。

3.公安执法全面质量管理的体系构建

（1）加强公安执法全面质量管理基础性工作。良好扎实的基础性工作是公安执法全面质量管理得以顺利实施并取得成功的保证。

首先，获取领导层的重视支持。公安执法全面质量管理是一种先进的管理理念和管理模式，能否正常运行，很大程度上取决于领导重视和支持的力度。能否取得公安机关领导层强有力的支持，是成功实施执法全面质量管理的决定因素之一。有了领导层的关键作用，也意味着施加于公安机关领导人的责任机制、激励机制和约束机制更为重要，并形成实施质量改进的原动力。

其次，营造质量改进氛围。在开展执法全面质量管理时，警务人员可能面临收益损失，如工作量猛增但工资增加不多（甚至根本不增加），过程简化导致警察轮岗甚至减员等问题，影响实施的积极性。这就需要实施人员因势利导，营造一个有利于质量改进的氛围，逐步化解影响质量改进的消极因素。要通过执法全面质量管理的实施预期，整合变革的动力，并保证绝大多数警务人员不会因变革减少收益，甚至有更好的收益（包括职业发展机遇、工资待遇的提高等），还可设置执法质量创新奖，倡导创新氛围。

其三，开展警务人员的培训。人力资源管理理论认为，通过教育培训可以提高受教育者的个人能力，从而促进整个社会的经济发展。只有公安机关全体民警充分认识执法全面质量管理的重要性，并较好地掌握执法全面质量管理基本理论，学会运用执法全面质量管理的技术和工具，才能使推进工作收到实效。首先要对全体警务人员给予观念培训，使之树立质量理念及关注"顾客"、全员参与、降低成本、提高服务技能等观念，形成符合全面质量改进要求的思维定式和工作方式。其次是更新知识。随着国家法治进程的加快，有关执法办案的法律体系不断完善，新的法律法规、执法程序大量涌现，需要广大民警加强学习，及时熟悉掌握，能够正确运用。同时，针对现代社会中新型犯罪不断出现、犯罪手段日益翻新、犯罪分子反侦查能力不断增强的情况，公安民警必须不断加强学习，提高自身素质和组织素质。其三是更新技术。通过教育培训，提高民警发现问题、分析问题和处理问题的能力，促使民警更贴近"顾客"，增强工作的自信心与责任感。

（2）充分关注"顾客"需求。公安机关服务的"顾客"，分为内部"顾客"和外部"顾客"。内部"顾客"是指在内部生产执法产品和服务的人员，主要指公安机关内部人员。外部"顾客"是指接受公安执法产品与服务的人员，是尽力使其满意的最终用户，主要指公众或组织。"顾客"需求是指"顾客"的意见、感知和要求，也包括法律规范，是指利用一套标准的、规范的及循环的方法，获得顾客偏好的优先顺序，以此用于设计产品与服务。

首先，客观调查"顾客"需求。一是开展外部调查。外部调查是对公众（包括潜在的公众）进行广泛调查，收集意见和建议。外部调查不仅可能帮助公安机关找到公安执法产品或服务的外在缺陷，还有助于发现顾客未来的期望。公安机关只有通过外部调查，明确了公安执法存在的问题之后，再寻找解决问题的途径，才有可能予以解决。实践证明，真正去发现"顾客"的确切需求，是公安机关获得公众满意和支持，提高执法质量的重要步骤。二是开展内部调查。内部调查是在收集、分析公众意见建议（特别是抱怨）的基础上，寻找问题的症结所在，找到公安执法产品外在缺陷的内在原因，厘清其出于质量方面问题还是公众的认知水平问题。此外，公安执法产品所表现出来的缺陷，可能来自基层警务人员的无意，也可能来自警务人员的故意。这就要求在开展内部调查时，同时对公安机关的间接流程进行调查，如警察的待遇是否在逐年提高，工作绩效与待遇是否成正比例增长，警务人员的各项工作保障是否完善等，以了解基层警务人员对公安执法产品的态度、对组织的忠诚感等情况。三是分析和整理调查资料。调查的目的在于收集质量改进所需要的证据。在获得公安执法产品质量及其生产过程的一些原始资料和机关资料后，需要对这些资料进行分析和整理，以便对公安执法产品质量做出详尽的判断和结论。分析和整理的方法有：定性分析，即对文字资料的分析和处理，包括各种文献调查资料、历史资料、汇报资料、总结报告、访谈记录、观察记录、问卷答案等；定量分析，即对数字资料的分析与整理，主要包括各种调查方法所收集到的数字资料，各种统计表格以及那些来自历史文献的数字资料。经过整理的资料，应尽可能真实、可靠、完整、有效、可比，以便为执法质量的改进提供明确的目标。

其次，管理公众及内部警察关系。在对公众和基层警务人员调查的基础上，应及时根据分析、整理的情况，做出反应，以发展好与公众、内部警务人员的关系。一是消除抱怨。重点要解决好三类抱怨：法律诉讼、警察抱怨和公众抱怨。应处理好记录抱怨、解决抱怨、记录处理及反馈等过程，通过补偿、道歉等方式，努力把问题改变到抱怨发生前的状态，争取"顾客"满意。二是反馈。应及时了解公众或内部警察的行为、想法及需求，掌握与其有关的资料，收集相关的意见反馈，作为过程改进的参考。三是承诺。任何高质量的产品或服务，都难免出现故障。公安机关应正视执法质量可能有缺陷这个事实，对所提供的执法产品或服务予以承诺或保证。四是纠正。当公安机关的一项执法产品或服务故障发生时，应将其记录下来，并努力予以解决。公安机关应及时评估抱怨、上诉或信访，加强过程改进。

其三，推动全员参与。在执法全面质量管理中，公众的需求是改进公安机关执法质量的源头和基础。这就需要公安机关积极主动地与公众进行有效沟通，如召开咨询会、对执法质量开展调查、收集资料，加强统计分析与论证等，切实了解公众的需求结构、偏好序列和期望质量。

（3）建立公安执法机构内部持续改进机制。任何公安执法产品或服务，都是一种工作过程的产物，存在一个不断完善的过程。要想真正长久持续地提高公安机关的执法质

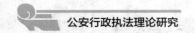

量，必须使公安机关执法行为的每一环节受到监控，每一位执法者全面参与质量管理。

首先，加强执法流程管理。一是加强流程控制。公安机关通过需求调查，收集"顾客"对组织的要求、抱怨等输入项目，并执行"PDCA 循环"（"戴明质量圈"），即 "计划（Plan）—实施（Do）—检查（Check）—改进（Action）"循环，监控 "顾客"满意度，以评估组织提供的执法产品或服务，是否符合"顾客"的要求。在计划阶段，公安机关需分析自身执法质量现状，找出主要问题，分析产生执法质量问题的原因，找出产生质量问题的主要因素，并针对影响执法质量的主要因素制订措施，定出质量计划。在实施阶段，应按质量计划开展工作，恰当分配使用公安执法资源，避免主观随意决策，提高工作效率。在检查阶段，应检查实际执行的结果，看是否达到了预期目标，如果有问题，则需分析是质量计划出了问题，还是执行过程出了问题。在改进阶段，应消除执行中出现的问题，使工作按照预期目标得以完成；或对原计划进行修正，使之与实际相符合，实现既定目标，通过改进，实现原来的目标，建立新的目标，开始新一轮的PDCA循环。可见，公安机关执法质量的发展，需紧随"顾客"的需求而发展，并呈现一个循环往复螺旋上升的过程。二是加强案件管理。加强案件管理要求以建立和完善案件质量管理为核心，对动态的办案质量、静态的案件质量进行全过程、全方位的有效监控和管理，并构成有机的系统。应紧紧围绕"怎么做、谁来做、负何责"做文章，细化办案操作要领，明确规定办案工作的主要环节、内部审批权限、办案工作时限要求和分工协作关系，使办案工作程序严密、有章可循、准确高效。其中重点是细化办案工作流程图、制订办案工作规程、列出办案工作运行表、制作办案工作公开栏，利用信息化手段，推进案件的网上办理，加强流程控制，进一步建立和完善案件质量考评、预警和奖惩机制。三是加强执法薄弱环节的控制。加强接处警、勘验检查、讯问询问以及其他接触人员多的执法办案环节的现场执法管理，采取配备执法现场记录仪、"执法通"、同步录音录像等手段，加强现场执法记录工作，最大限度地防止违法违纪问题发生，最大限度地维护民警的合法权益。

其次，建立执法质量激励机制。执法质量管理，需要良性引导，正面激励，促使执法民警实现从"要我做"到"我要做"的转变。如何对公共部门的公务员（包括公安机关的人民警察）进行有效激励，一直是公共管理学界探讨的热点问题。人民警察作为社会生活中的普通一员，具有追求个人经济利益的基础需求；公共部门的职业特性，决定了其政治诉求和公共属性。应将物质激励与精神激励结合起来，将正面激励与负面激励结合起来，将外激励与内激励结合起来，把执法质量的好坏、群众评价的高低，作为民警晋级晋升的重要标准，解决干好干坏一个样、干多干少没差别的问题，树立正确的导向，营造向上的氛围，促使民警主动按照要求，持续改进执法质量。

其三，建立执法绩效评估机制。评估机制的建立，需突出两方面的因素：一是将公众评价作为核心要素。公众是公共安全服务的接受者，公安机关执法产品和服务质量的好坏，公众的判断最为准确。在进行执法绩效评估设计时，应将公众的评价作为核心要素纳入其中。二是建立公众评价与公安机关、民警私人利益联系机制，将公众对公安机关以及民警个人评价等次的高低，作为影响其利益收入、个人晋升等的重要因素，促使公安机关的视角从"向上"转为"向下"，树立"顾客导向"，追求公众满意。

（4）建立公安执法全面管理质量保证体系。建立全面管理质量保证体系，要求公安机关运用系统的概念与方法，把质量管理的各阶段、各环节的质量职能组织起来，形成一个既有明确的任务、职责和权限，又能相互协调、相互促进的有机整体。

实施公安执法全面质量管理更需要变革公安机关组织文化，将以往的官僚制自我本位、追求稳定和不思变革的组织文化，转变为公众导向、动态稳定和持续改进的组织文化。而组织文化的改变是一个长期的过程，不可能一蹴而就。从这个意义上说，公安执法全面质量管理的推行，是一个长期的过程，甚至可以说是一个永恒的过程。

第四节　从尊重和保障人权角度探讨公安行政执法

一、公安行政执法权与人权

人权是人依其自然属性和社会本质应当享有的权利。人权的核心是使每个人的人性、人格、精神、道德和能力都得到充分发展。在我国，随着依法治国、建立法治国家进程的逐步推进，对人权的尊重正在逐步得以强调，保障人权的观念渐渐深入人心。我国2004年《宪法修正案》第24条明确规定，国家尊重和保障人权，将人权从一个政治概念上升为法律概念，把尊重和保障人权确立为国家的基本义务。公安行政执法权的设定与行使必须以保障和推动人权为目的。公安行政执法权与人权的关系十分密切，二者既相互依存、相互促进，又相互制约。可以从以下几个方面理解公安行政执法权与人权的关系：

1.公安行政执法权是普遍人权得以保障的前提

我国公安行政执法权与人权保障在立法、执法中都具有高度的统一性。权力的理性在于确保权利。从公安机关所担负的职责看，所有职责都体现了维护和保障人权的精神。这种对人权的维护保障主要集中在两个方面：一是通过预防、制止、惩治违法犯罪行为，维护社会治安秩序，达到保障人权的根本目的。当人民群众的生命健康权、财产权等合法权益受到威胁和侵犯时，公安机关通过采取强制措施、实施行政处罚等手段，制止违法行为，对实施违法行为的个人或组织进行惩处，从而维护人民群众的合法利

益。没有强有力的公安行政执法权，就无法保障人权所赖以实现的社会秩序、效率和平等价值的实现。预防和减少违法行为，是我国公安机关当前工作的重心之一，预防工作做好了，公民的权益就更有保障。另一方面是通过一般性的公安行政管理工作，如办理相关证件，指挥道路交通等方式，为公众提供服务，维护和保障人民群众的合法利益。由此可见，人权要能真正得以享受和实现，就需要公安行政执法权的有效行使，公安行政执法权的行使越有效，人权保障就越充分。所以说，公安行政执法权的充分行使是普遍人权得以保障的前提。

2. 保障人权是公安行政执法权的终极目标

保障人权的状况如何是判断公安行政执法权运行正确与否的重要标准，反过来人权保障又是公安行政执法权得以存在与发展的基础。公安行政执法权运行中的限制标准乃是最大限度保障人权实现，确实实现法律规定的公民权利，更好地保障人权。《人民警察法》对人民警察任务与宗旨的规定就充分体现了这一点。《人民警察法》第2条规定："人民警察的任务是维护国家安全，维护社会治安秩序，保护公民的人身安全、人身自由和合法财产，预防、制止和惩治违法犯罪活动。"在这里明确地将保护公民的人身安全、人身自由和合法财产作为人民警察的根本任务之一。《人民警察法》第3条还规定："人民警察必须依靠人民的支持，保持同人民的密切联系，倾听人民的意见和建议，接受人民的监督，维护人民的利益，全心全意为人民服务。"将全心全意为人民服务列为人民警察的宗旨。而要做到全心全意为人民服务，公安机关就必须在公安行政执法权行使的整个过程中都要贯彻以人为本的执法理念，处处做到"立警为公，执法为民"。

3. 公安行政执法权对部分人权的限制

公安行政执法权对广大公众人权的保障主要是通过依法限制、剥夺部分人的权利来实现的。当社会发展和社会公共安全需要限制部分人的部分权利时，国家将通过制定法律加以明确规定，并通过公安行政执法权的行使来加以贯彻、执行。例如，公安机关对违法行为人实施行政拘留、罚款会限制、剥夺被处罚人的人身权、财产权，交通管制会限制公民的通行权。公安机关对集会、游行、示威的时间、地点、人数等进行审批就属于对相关权利的限制。通过上述公安行政执法权对部分人权利的合法限制，从而达到法律期望达到的目的。

另外，在公安行政执法活动中，由于某些警察自身素质、执法水平与法治要求还有一定的差距，以及执法环境不良和执法监督不力等主客观方面原因的存在，即使法律对公安行政执法权的行使给予了严格限制，公安机关在行使权力时侵犯人权的现象仍然存在，如采用刑讯逼供等非法手段调查取证、违法实施罚款、行政拘留等处罚，违法采取限制人身自由权等违法行为。这些非法限制与剥夺部分人合法权利的行为，对违法行为必须采取有效手段加以预防和制止。

4.人权保障制度对公安行政执法权的限制

人权保障是防止权利侵害和弥补权利缺损的重要方式。在公民基本权利的实现过程中，存在的主要问题就是权利侵害和权利缺损。权利侵害主要来自两个方面：一是其他公民或社会组织，另一个是国家机关。在前一种情况下，公民可以请求国家权力的帮助从而得到救助，而在后一种情况下，权利就会出现危机。在整个国家权力中，最活跃最有力的部分是行政权力，公安行政执法权又是其中的重要组成部分。公安机关所具有的自由裁量权和人民警察在执法中难以摆脱的主观偏差，使得在缺乏监督制约的情况下公安行政执法侵权行为的发生带有某种必然性。为此，人权保障制度对公安行政权给予了严格的限制，要求公安机关必须依法行政，即公安行政权对于公民权利和义务的介入必须依据既定的法律，在无法律规定的情况下不允许行政权有任何作为，侵权必究。同时，如果公民法律意识和人权意识强，自觉做到运用法律武器来捍卫自己的人权，随时监督公安行政执法权的行使，也可以有效减少人权的被侵犯，从而达到对公安行政执法权滥用的制约。

总之，一定限度内的公安行政执法权是保障人权所必需的，但是超出必要限度的公安行政执法权则会反过来侵犯人权。因此一方面法律必须赋予公安机关必要的执法权，对公安机关依法履行其职责、保障人权予以相应的制度保障；另一方面又必须限定公安行政执法权的范围，加强对公安行政执法权的监督和制约，以实现保障人权的终极目标。

二、警察权力与公民权利的限制和扩张

《治安管理处罚法》于2006年3月1日开始施行，该法处罚范围较大，种类全面，罚款幅度大幅提高，这意味着警察权力得到扩展。同时，该法着力对警察执法权力的规范与限制。

警察事故多发的现实，提示了公众舆论和法律专家，对于警察权力限制的必要性。然而立法乃至司法，却无疑是专门化的行为。

在草案征求意见阶段，关于询问查证时限的规定：从原来的最长24小时，改为一般8小时、最长12小时；再改为一般不超过12小时、最长24小时。舆论认为这是立法者在保护人权与打击违法之间寻找着平衡点。法律的生命在于其适用，立法与司法之间相互配合，才能促进社会的和谐。以我国现有的警力与装备、公民法律意识和社会转型期的治安秩序状况，能否在治安法规定的时限内，完成保护社会秩序、打击违法的任务，只有经过实践的检验才会有结论。然而，任何一部法律都不会是完备的，一次立法不能一劳永逸地解决所有问题。该法明显地反映出：从程序上限制警察权力的同时，赋予警察实体上的权力更多更大。这与我国现阶段社会治安秩序的状况是符合的。从这个角度看，公

民的权利因警察权力被规范而得到保护的同时，也因警察权力的扩张受到了更多的限制。

警察权力与公民权利是此消彼长的互动关系，而权力与权利的消长并不是简单的限制与扩张。应当认识到，一切权力的变化都基于社会现实的要求，最终的目的就是社会治安秩序得到维护。

2003年广州发生的孙某事件催生了《城市生活无着的流浪乞讨人员救助管理办法》，该办法开宗明义，第一条就指出其目的在于保障城市生活无着的流浪乞讨人员的"基本生活权益，完善社会救助制度"。法治文明表现在对少数人利益的保障程度。这一办法为保障少数公民的权利，剥夺了警察依据《城市流浪乞讨人员收容遣送办法》对他们强制收容遣送的权力，明确规定县级以上人民政府民政部门负责此项工作，应当说这是我国人权法治的进步。但是，从这一新办法实施两年多以来的效果看，城市街头的流浪乞讨人员有增无减、滞留不去；孙案处理之后的2004年，广州小额侵财案件升幅超过20%，社会环境秩序无从改善，其社会效果并不理想。我国现实的情况是，社会基本保障制度尚不完善，社会慈善救助体系还不发达，城乡二元分配结构造成的贫富差距悬殊，导致相当一部分公民选择流浪乞讨为生。在这样一种条件下，如何保持城市市容质量，如何平衡保护少数公民权利与维护社会秩序的关系，恐怕不是仅仅通过限制警察权力就能够解决的。

三、公安行政执法权的正当性论证——公安行政执法权中的人权观念

《公民权利和政治权利国际公约》的序言明确指出：人权是源于人身的固有尊严。尊重人的尊严是一切人权的基础，人之所以是人，乃在于有其人格尊严、地位与价值之故。虽然对于人权有多种理解，但人权对于社会中的弱者有着尤其重要的价值。警察行政权在行使的过程中，与人权的关系极为密切。首先，警察行政权是普遍人权得以保障的前提。从警察法规定的警察的任务来看，人权要能得以享受和实现，就需要警察行政权的有效行使，警察行政权的行使越有效，人权保障就越充分。其次，警察行政权是对部分人权的限制。警察行政权是统治阶级赋予警察的权力，是为了保护国家和绝大多数人的权利和利益。但社会发展和社会公共安全需要限制部分人的部分权利时，国家通过法律加以明确规定。如戒严和交通管制就会限制公民的通行权，又如《中华人民共和国游行示威法》规定，公民有结社、集会、游行示威的权利，但这些权利的行使要得到公安机关的批准，对这样的权利必须加以严格限制。最后，警察行政权要受到人权的制约。警察行使警察行政权虽然受到法律的限制，但有时由于当事人的法律意识和人权意识淡薄，在自身人权受到侵犯时，不能及时捍卫自己的权益。警察行政权和人权之间是辩证统一的关系，二者既相互依存、相互促进，又相互制约。随着对人权观念的日益关

注，警察接受系统的人权教育显得十分必要。

四、公安行政执法的人权问题——人权保障堪忧

在我国正致力于建设法治社会的背景下，警察领域的法制建设也取得了长足的进步：法律体系逐步健全，程序制度逐步走向公正，监督机制和责任追究制度逐步完善，公民权保障逐渐成为警察执法的价值目标和基本理念。由于法律赋予公安机关限制人身自由的特殊权力，拥有多种法律允许的刑事和行政强制手段，极可能对其所要保护的广大公民的权利造成伤害。在警察权力的实践领域，公民基本权利的最有力保障来自警察权力的法治化运作，然而公民基本权利所面临的最大威胁也正来自警察权力的滥用。作为所有行政权力中最强大的警察权力必须加以有效规制。从实际情况来看，公安执法中存在着许多突出的问题，漠视人权、侵犯人权的现象时有发生，与人权保障相冲突。在人权保障方面，主要问题是：

1.价值定位不准

把预防犯罪、惩罚违法作为公安执法工作的唯一价值目标，忽视对人权的保护。公安执法中长期存在"打击犯罪讲得多，人权保障讲得少；治安控制想得多，权益保护想得少"的问题。

2.法治观念淡薄

在具体工作中表现为"权大于法"，执法行为中不讲法、不守法、不严格依法定程序办事。片面强调对上级服从，而不是对法律负责，对人民负责，讲求一时的、局部的稳定，缺乏全局的长远考虑，引发了新的社会矛盾。我国公安机关职权中包括了行政强制措施权、盘查留置权、使用武器权、使用警械权、刑事强制措施权、优先权等。显而易见，这些权力大多具有强烈的强制、命令色彩，加之行使这些权力时总是具有法定的为公共安全所需等理由，如不慎用，极易侵犯人权，诸如时有所见的超期羁押、刑讯逼供、超出法定范围使用暴力、剥夺犯罪嫌疑人或服刑人员的正当权利等均属侵犯人权的行为。警察权是通过预防、制止、打击犯罪而维护社会公共秩序和安全的，只有出于公共需要，在公共秩序和安全遭到破坏的情况下，才能行使警察权力。

3.特权思想严重

把公安机关的职责、权限当作自己的特权，以管人者自居，把人民赋予的执法权力作为谋取小团体利益和个人私利的工具，直接侵害群众的利益。例如，发生在浙江省某县的"朱月芽案"，这是一起公安机关严重违反法定程序并且造成行政相对人合法权益受到严重侵害的案件。本案首先是公安机关对事实认定存在错误，即朱某与沈某的同居行为被认定为卖淫嫖娼行为，随后在整个案件的处理过程中，程序违法的问题贯穿始终。在对朱

月芽等人进行大数额罚款后不告知听证权利，对当事人进行罚款也未出具任何正式罚没票据。这种做法有明显的程序违法，同时也严重损害了行政相对人的合法权益。

公安机关掌握的警察权力犹如一柄"双刃剑"，既可以用来保障人权，也可能因为滥用权力而损害人权，如何理顺公安执法与人权保障之间的关系，对于纠正公安执法实践中存在的认识误区和错误做法，有着重要的理论和实践意义。公安执法与人权保障是辩证统一的关系。既然法治与人权联系如此密切，那么，作为国家执法机关的公安机关就应当严格依法执法，以保障人权为价值取向和最终目的。因而公安机关在尊重和保障人权方面负有更加重要的责任。

五、公安行政执法与人权保障措施

为贯彻落实党的十八大精神，加强和改进公安执法工作，规范公安行政执法行为，保障公安机关在办理行政案件中正确履行职责，提高办案质量和执法水平，保护公民、法人和其他组织的合法权益，推进依法行政、依法治国方略在公安机关的实施，公安机关不断完善各项法律规定，体现了时代性和进步性，最突出的特点之一是严格行政执法办案程序，切实、有效保障公民合法权益，以最终实现对公民基本人权的保障。

1.尊重当事人人格尊严

公安机关办案人员对违法嫌疑人进行检查时，应当尊重被检查人的人格，不得以有损人格尊严的方式进行检查。这是第一次在公安执法程序中明确提出尊重当事人人格尊严的要求。

对违法嫌疑人检查时，办案人员必须是两人，检查人员与被检查的违法嫌疑人的性别必须是相同的。违法嫌疑人是女性，承担检查任务的必须是女性人民警察。人身自由是公民的基本人权，我国公民的人身自由不受侵犯，禁止非法搜查公民的身体。

公民的人格权是人身权的一部分，公民的人格尊严也不受侵犯，禁止用任何方法对公民进行侮辱、诽谤和诬告陷害。违法嫌疑人的人格权同样受到法律保护，任何人不得以任何理由和方式侵犯违法嫌疑人的人格权。

2.非法证据不得作为定案依据

公安机关办理行政案件，必须依照法定程序全面、客观地收集能够证实违法嫌疑人是否违法、违法情节轻重的证据。办案人员在搜集证据过程中，严禁刑讯逼供和以威胁、引诱、欺骗或者其他非法手段搜集证据。以非法手段取得的证据不能作为定案的依据。因为违法嫌疑人迫于肉体或者精神上的压力，可能会做出虚假的陈述，影响案件的正确处理。公安机关在调查搜集证据时，必须遵守非法证据排除规则，通过合法的方式和手段调查搜集证据，不得以违反的法律禁止性规定或者侵犯他人合法权益的方法获取证据，否则即使搜集到的证据是"真实的"，也会因为方法、手段不合法而使该证据不能作为认定案件事实的依据。

3.讯问查证时间不得超过12小时

从违法嫌疑人被带至公安机关或者指定地点到讯问查证结束，公安机关一次讯问查证持续时间不得超过12小时，已满12小时的，应当立即结束讯问。对需要变更为其他强制措施的，应当在12小时内办理相关法律手续。对案情复杂，违法嫌疑人的违法行为依照法律规定可能适用行政拘留处罚的，经公安机关办案部门的上级负责人审查批准，可以延长至24小时。

办案人员对证人、受害人的询问，应当在正常的工作时间内进行，询问时间以调查必需的时间为限，一次询问后还有未尽事项的，可以再次询问，但绝不得以询问为名，变相拘禁证人、受害人。

4.讯问未成年的违法嫌疑人时，应当通知其监护人或者教师到场

未成年人正处于身体成长和身心发育阶段，不具有或不完全具有行为能力和责任能力。为保护未成年人的合法权益，公安机关讯问未成年的违法嫌疑人时，根据其生理和心理特征，应当通知其监护人或者教师到场，确实无法通知或者通知后未到场的，应当记录在案。对未成年违法嫌疑人的讯问地点也不同于讯问成年人，可以在公安机关进行，也可以到其住所、学校、单位或者其他适当的地点进行。

违法嫌疑人、证人、受害人为聋、哑人的，应当聘请通晓聋、哑手势的翻译人员。讯问、询问时通晓聋、哑手势的翻译人员应当参加，并在讯问、询问笔录上注明违法嫌疑人、证人、受害人的聋、哑情况以及翻译人的姓名、住址、工作单位和职业，以证明讯问、询问的合法性。

5.扣押财物期限为15天

公安机关对在案件调查中发现的可以用来证明案件事实的物品和文件，适用先行登记保存，不足以防止当事人销毁或者转移证据的，经公安机关办案部门以上负责人批准，可以予以扣押，但对处于受害人控制中的合法物品和文件以及与案件无关的物品和文件不得扣押。

对作为证据的物品和文件，公安机关不能无限期地扣押，应当在15日内做出处理决定，视案件的不同情况，或者返还当事人，或者没收、销毁。公安机关逾期不做出处理决定的，应当将被扣押的物品、文件退还当事人。

6.当事人对鉴定结论的知情权

公安机关办案部门为了查明案情，解决案件中的某些专门技术性问题，可以指派、聘请有专门知识、技能的人对该专门技术性问题进行鉴别、测试和判断。鉴定人或者鉴定机构鉴定后，应当出具鉴定结论。鉴定结论表现为一定的书面形式，是一种法定证

据。鉴定结论应当载明委托人和委托鉴定的事项、向鉴定部门提交的相关材料、鉴定的依据和使用的科学技术手段、鉴定部门和鉴定人资格的说明，并有鉴定人的签名和鉴定部门的盖章。通过分析获得的鉴定结论，应当说明分析过程。

违法嫌疑人、受害人有权知晓鉴定结果，办案人员将鉴定结论告知违法嫌疑人和受害人不应采取口头告知方式，而应当将鉴定结论复印件交付违法嫌疑人和受害人，以保证违法嫌疑人和受害人知晓。

7. 为当事人保密

保障报案人、举报人、控告人及其近亲属的安全，是当前形势下同违法犯罪行为做斗争迫切需要解决的问题之一。为了保障报案人的安全，免除其报案时的恐惧心理，报案人不愿意公开自己的姓名和报案行为的，应注意为其保密，不得向无关人员透露案情及有关报案人。

办案人员对询问中涉及证人、受害人不愿或者不应公开的个人隐私，有义务为其保密，以保护证人、受害人的合法权益，避免造成社会不良影响。

8. 受害人报案不予处理时的回告

对有受害人报案的案件，公安机关经审查认为没有违法事实，或者违法情节轻微，不需要追究行政责任，或者有其他依法不追究行政责任情形的，决定不予调查处理。公安机关决定不予处理的，必须由公安机关办案部门相关负责人批准，而不能由接受案件的民警或者接受单位随意处置，以保证案件的正当处理。公安机关决定不予处理的，应当制作《不予处理决定书》，并在3日内送达报案人，无法送达的，应当注明。

受害人报案不予处理时的回告旨在保障报案人的知情权，报案人报案后，理应知道公安机关对所涉案件是否已调查处理，如果没有调查处理，报案人有权知晓不予处理的理由，这也是保障宪法赋予公民控告、检举权的具体体现。

9. 不满16周岁、年满70周岁、患严重疾病者等不适用行政拘留

行政拘留是对被处罚人人身自由以限制，是一种比较严厉的行政处罚。依照我国法律规定，行政拘留处罚权只能由公安机关来行使，其他任何机关不得适用行政拘留，公安机关在适用行政拘留时应当严格按照法律规定进行裁量。基于对公民基本人权的保护，在下列情况下不适用行政拘留处罚：①违法行为人不满16周岁的；②违法行为人年满70周岁以上的；③违法行为人为孕妇或者正在哺乳自己不满一周岁婴儿的妇女的；④违法行为人患有严重传染性疾病的。

此外，《公安机关办理行政事件程序规定》中关于使用当地通用语言文字进行讯问或者询问以及回避等的规定，都鲜明地体现了保障人权的精神，这是我国公安法制建设的重大进步，具有十分深远的意义。

六、实践中公安机关行政执法必须尊重和保障人权

治安管理及其处罚行为是与民众的关系最为密切且极易造成权利伤害的一类行政执法行为，公安机关应当从观念、制度、执法中进一步加以深刻反省与根本改善。公安机关在行政执法中如何依法保障人权是摆在我们面前的一项重大课题。

1. 公安机关在行政执法中尊重和保障人权的重大意义

（1）尊重和保障人权是宪法对国家机关和全体公民的基本要求。2004年3月14日，十届全国人大二次会议根据党的十六届三中全会提出的关于修改宪法的建议，将"国家尊重和保障人权"写入新修正的《中华人民共和国宪法》，是中国特色社会主义人权观的重大突破，体现了我们党对共产党执政规律、社会主义建设规律和人类社会发展规律的新认识，是党坚持与时俱进，在政治理念上体现时代性、把握规律性、富有创造性的新贡献。把尊重和保障人权上升为国家意志，是我国社会政治生活中的一件大事，是社会主义政治文明建设的伟大成果。一切国家机关和全体公民都必须尊重和保障人权。公安机关是国家行政机关，必须在行政执法中尊重和保障人权。

（2）尊重和保障人权是历史和社会发展的必然要求。历史唯物主义认为，人权是一个历史的、发展的概念，是指人的个体或群体在一定的历史和社会条件下，通过法律规定和道德认可的权利，如人身自由权、政治权、财产权，以及劳动权、受教育权、宗教信仰权、人格尊严等。人权的实现与限制，由法律调整和保障。在我国，生存和发展是人权的基本内容。党的新一代领导集体从中国的历史和国情出发，根据马克思主义基本原理，把人权的普遍性与中国现阶段经济、政治和社会发展的具体实践相结合，确立了有中国特色的社会主义人权观。社会主义中国的人权具有主体的普遍性、内容的广泛性和实现的真实性，人权的发展又同人的全面自由发展相协调。

随着依法治国、建设社会主义法治国家进程的加快，公安机关要进一步强化法治观念、宪法观念，认真学习、深刻领会"国家尊重和保障人权"的宪法规定，依法正确履行职责，把保障人权的宪法规定落实到公安机关各项执法活动中，落实到执法活动的各个环节。

（3）尊重和保障人权是公安机关履行三大政治和社会责任的客观要求。公安机关肩负着"巩固共产党执政地位、维护国家长治久安、保障人民安居乐业"的重大政治和社会责任，必须把尊重和保障人权的宪法精神体现在公安工作的各个方面，正确履行党和人民赋予公安机关的神圣职责，树立新时期人民警察的良好形象。长期以来，公安机关打击犯罪、保护人民、管理社会、服务群众，在尊重和保障人权方面做出了卓越贡献。为了创造稳定、安全、和谐的治安环境，公安机关和人民警察夜以继日，流血流汗，有的甚至献出宝贵的生命。公安机关的性质，决定了公安机关依法打击刑事犯罪和严格社

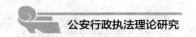

会治安管理的基本职能。尊重和保障人权写入宪法，标志着我国的人权保障进入了一个新的发展阶段。这就要求公安机关在各项公安保卫工作中，必须把依法尊重和保障人权的宪法精神凸显出来、深入进去，并用于审视公安工作的传统观念，从而树立正确的公安机关执法观念。

2. 要把打击违法犯罪和保护人权贯穿于行政执法的全过程

在宪法的规定下，公安机关的人权保障职能比以往更加突出。公安机关在行政执法中既要通过依法对少数违法犯罪人员的打击和惩治，保障人民群众生命财产安全，维护最广大人民的根本利益；又要通过预防违法犯罪活动和减少治安灾害事故的发生，实现安居乐业，进而维护国家的长治久安。落实"国家尊重和保障人权"的宪法规定，要把打击违法犯罪和保护人权贯穿于行政执法的全过程。

（1）坚持依法行政、依法管理、依法办案。公安机关和人民警察在行政执法中要坚持依法管理，规范扣押、冻结款物的程序及其管理，遵守办案时限规定，坚决纠正随意扣押、超范围扣押、违规使用、违规处置和以罚代拘等侵犯违法嫌疑人合法权益的做法。

在现代法制社会，司法和执法理念从职权主义向保障人权、维护社会公平和正义转变。公安机关的职权渗透到全社会，指向每一名公民。公安机关和人民警察在行使行政管理权、行政执法权过程中，必须受到法律的约束，坚决避免和杜绝权力的泛化和滥用，避免和杜绝对人权的侵犯。现在，我们必须站在遵行宪法的高度，重新审视并认真解决这些不尊重公民人权的问题。

（2）坚持人道主义、文明管理。公安机关和人民警察在行政执法中要坚持人道主义、文明管理，禁止侮辱违法犯罪嫌疑人的人格，严禁非法限制证人的人身自由或者侵犯证人的其他合法权利。

公安机关是武装性质的国家治安行政力量和刑事司法力量，肩负着维护国家安全和社会稳定的重要职责。我们贯彻"严打"方针，依法打击敌人、惩治犯罪、维护治安，正是为了保护人民生命财产的安全，保障广大人民群众人权的实现。我们服务群众，服务经济和社会的发展，也正是为了尊重广大人民群众的人权，满足广大人民群众日益增长的物质、文化生活的需要，保障人民群众根本利益的实现。作为政府重要职能部门的公安机关，由于法律赋予了限制人身自由的特殊权力，因而在尊重和保障人权方面负有更加重要的责任。尊重和保障人权写入宪法，意味着国家和人民对公安执法活动提出了更高要求，公安机关必须十分注意对公民个人合法权利的保护，特别是对弱势群体权利的尊重与保护。因此，公安机关及民警必须树立公共权利与个人权利并重的思想，改变重公共权利、轻个人权利的观念，把履行公安职责统一到尊重和保障人权的宪法精神上来，以适应国家民主政治发展的新要求。

（3）尊重和保障人权，必须健全和完善公安法律法规体系。尊重和保障人权的宪法精神，要在公安法律法规体系中得到鲜明的体现，并全面贯彻到公安法制建设的各个环节中。我国宪法和法律是广大人民意志的集中体现。尊重和保障人权写入宪法，体现了广大人民的根本意愿，既是社会主义政治文明建设的基本内容，也是加强公安法制建设的基本要求。随着国家对人权保障配套法律法规的出台，人权保障必将成为社会道德规范和法制建设的重要内容。公安机关要做到尊重和保障人权，彻底消除侵犯人权的违法行为，必须健全和完善公安法律法规体系。

（4）科学控制自由裁量权。伯纳德·施瓦茨教授说得好："自由裁量权是行政权的核心。行政法如果不是控制自由裁量权的法，那它是什么呢？"中国人民公安大学王太元教授指出，《治安管理处罚法》已经注意到警察自由裁量权这个问题，特别是在拘留处罚时把条例规定的拘留天数1日以上15日以下，细分为1日至5日、5日至10日、10日至15日三个档次，尽可能避免行政拘留处罚幅度上的随意性，这种努力是值得称道的，也是立法进步的表现，甚至可以认为是保障和尊重人权思想在立法中的体现。问题是整个草案是否充分注意到这个问题。如果警察不懂得或者不善于正确、谨慎使用行政自由裁量权，那将会给自然人、公民和社会组织带来灾祸。这绝不是危言耸听。在过去治安管理条例赋予警察自由裁量权比较小的情况下，警察滥用权力的情况常常发生，而在大幅度地扩大这种自由裁量权的新形势下，如果失去有效的控制，其后果可想而知。为此，我们必须坚持自由裁量权运用的合法性原则、合理性原则和程序性原则，特别要注意自由裁量权的合目的性要求。自由裁量权只有当它为公众谋福利并符合法律的授权目的而被行使时，才不会受到人民的责难，才不会沦为贻害人民的专断权力。

（5）尊重和保障人权，必须规范警务行为。尊重和保障人权的宪法精神是规范各项警务行为的基本准则。公安机关践行执法为民思想，就要从具体的警务行为做起，实现保障人权的宪法要求。公安警务行为是公安机关职能、职责、职权的外在表现，必须遵循宪法精神，以尊重和保障人权为基本出发点。公安警务行为要体现尊重和保障人权的宪法精神，必须正确处理好执法、管理与服务的关系。治安行政管理是公安机关法定警务活动，是为社会公众服务的政府行为。管理的目的是依法维护正常的社会秩序。服务职能是新时期公安机关的重要职能，尊重和保障人权在很多情况下是通过延伸服务来实现的。随着广大人民群众安居乐业水平的不断提高，对良好治安环境的需求也在不断增长。我们要坚持与时俱进，不断改进工作，提高执法能力、管理水平和服务质量，实现对法律负责，让人民满意的要求。

公安机关在行政执法的指导思想上同国家宪法精神保持一致，认认真真地把尊重和保障人权作为公安机关警务行为的出发点和落脚点，为促进经济社会和谐的全面发展，构建社会主义和谐社会提供良好的治安环境。

第五节 比例原则与公安行政执法

一、比例原则的简要介绍

行政法学界一般认为，行政法上的比例原则起源于德国警察法学。比例原则正式被立法确认始于1931年的《普鲁士警察行政法》。该法规定，警察处分应该选择对人民及其社会最少侵害的方式为之。比例原则主要包括以下三方面的内容：一是适当性原则，即行政机关采取的手段必须能够达到法定目的，如果手段根本无法达到法定目的，就是违反了适当性原则。二是必要性原则，是指在符合法律目的的前提下，行政机关在若干能够适合实现法律目的的手段中，必须选择对当事人或者公共利益限制、损害最小的方式，也称为尽可能最小侵害的原则。三是相称性或者均衡性原则，又称为狭义的比例原则，是指行政活动对个人所造成的损害应当与其所追求的公共利益相对称、成比例，行政权对个人权益造成的侵害与其所保护的公共利益之间应保持适当的比例关系。

在上述三项内容中，适当性是必要性和相称性的基础。一项行政措施只有具有了适当性，才能进一步考虑其必要性和相称性。另外，三者各有侧重：适当性要求强调的是目的和手段之间的对应关系，必要性要求强调的是手段与手段之间的对比关系，而相称性要求强调的则是行政手段可能损害的个人权利与其所能保护的公共利益之间的对比关系。上述三个方面的内容分别从目的取向、法律后果、价值取向上规范了行政权的运作，三者之间相互关联，不可或缺，共同构成了行政法上比例原则完整而丰富的内涵。

德国行政法的比例原则对其他国家和地区行政立法和行政执法实践产生了一定的影响。在法国、日本等大陆法系国家，比例原则在警察的行政立法、行政执法、法院的审判实践中都得到了一定程度的执行和适用，对规范警察行政权的运作起到了重要作用。在英美法系国家，虽然在警察行政立法中并没有对比例原则明确界定，但在警察执法与法院审判实践中运用的合理性原则和利益均衡原则，都充分体现了比例原则的精神。

皮尔爵士提出的伦理守则的第四条和第六条，也就是我们今天所说的比例原则。比例原则被称为行政法上的"帝王原则"，这是针对行政权力的自由裁量权的控制和评价标准，在法律上又被称为禁止过度原则。

法国《人权和公民权宣言》（1789年8月26日法国制宪议会公布）第八条的内容是：法律只应规定确实需要和显然不可少的刑罚，而且除非根据在犯法前已经制定和公布的且系依法施行的法律以外，不得处罚任何人。

德国警察法第二章规定了联邦边防警察的职权，其中第11条是"比较原则"，第一款为：应从许多可行和适宜的措施中选择预计对局部和全局影响最小的措施。

日本《1948年警察官执行职务法》第一条规定：本法所规定的手段……必须在必要的最小限度内使用，不得滥用。

我国《人民警察使用武器警械条例》第四条也体现了这一原则的规定：人民警察使用警械和武器，应当以制止违法犯罪行为，尽量减少人员伤亡、财产损失为原则。

与比例原则相关的还有涉及处罚的一事不二罚的原则，这也是行政法上的一个非常重要的原则。具体在行政法上指的是对于同一个违法行为，不能以相同的或相似的措施多次地实施处罚，比如罚款，不能罚了一次再罚一次，这就违反了一事不二罚的原则。能不能在罚款以后再要求民事赔偿，能不能再处以刑事制裁，这是不一样的，因为我们讲的一事不二罚主要是指同一种处罚措施不能两次使用，民事赔偿与罚款不是同一种类型的制裁措施，不适用这一原则。

二、比例原则的渊源及理论基础

（一）比例原则的渊源

比例原则是指行政机关在采取行政行为时，应当全面权衡有关的公共利益和私人利益，采取对公民权益造成限制或者损害更小的行政行为，并使行政行为造成的损害与所追求的行政目的相适应，又称为禁止过度原则或者最小损害原则。比例原则最初起源于德国，侧重于对平衡公共利益与私人利益的考量，防止行政权以公共利益之名滥用侵犯私人利益。它对于协调公共利益与私人利益的冲突，对私人利益的保护上起到了重要作用。德国学者贝格于1802年出版的《德国警察法手册》中明确提出："警察之权力唯在必要时可以实行之。"贝格认为警察权的行使旨在维护公共秩序方可限制私人自由与财产。警察为了公共利益，势必会对公民的私人权益有所限制，这时就必须有一个标准来平衡公权与私权，使得目的与手段之间达成一种合理的比例。可以说是贝格最早提出了广义比例原则。德国行政法鼻祖奥托·麦耶在1895年出版的《德国行政法教科书》中明确主张以比例原则作为警察权的界限，他所讲的比例原则实指必要性原则。他在1923年出版的同书第三版中，主张在自然法的基础上要求对警察权做出合乎比例的防御，并界定警察权力发展的范围。德国行政法学者弗莱纳在1911年出版的《德国行政法体系》一书中有句名言："警察不得以炮击鸟"。弗莱纳认为，警察权对人权的限制不能超过绝对的必要限度。

比例原则从警察法中产生和发展起来后，逐步被推广到大多数行政领域，成为行政法中的一个基本法律原则。

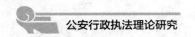

1. 德国行政法中的比例原则概述

1958年德国联邦宪法法院裁决的"药房案"确立了"三阶段理论"，即要求行政行为的手段符合适当性、必要性及均衡性原则。"药房案"正式确立了比例原则的宪法位阶，并将其作为审查权力机关行为是否合宪的标准。此后比例原则作为宪法性原则在德国正式确立。比例原则不仅在德国得到了广泛的适用，而且一些行政法治较为发达的国家和地区也都将其作为重要的行政法原则。比例原则源于警察法领域，后扩充到行政法的多个领域，进而被提升到宪法层面。德国行政法中的比例原则，来源于依法治国理念及基本权利之本质，并不断发展成为限制行政权的有效手段，最终被提升到宪法位阶。比例原则的核心论点是认为警察权力的行使只有在必要时才可以限制人们的基本权利。一般认为，广义的比例原则包括适当性、必要性和均衡性（狭义的比例原则）三个亚原则。

（1）行政措施对目的的适当性原则

即行政机关所采取的方法，应有助于目的之达成。亦即其选择的手段，必须是能够达成行政目的之手段，否则即为违法。适当性原则就是要求行政机关所选择的手段能切实地完成立法者的预期目的。换言之，行政行为之做出应符合其目的之达成，而不得与目的相悖，否则便会丧失其合法性。该原则是从"目的取向"上对行政行为进行评价的。

（2）最少侵害的必要性原则

行政主体在面对多种适合达成行政目的的手段可供选择时，应选择对行政相对人利益限制或损害最小的手段。这就要求行政主体在依法限制相对人的合法权益、设定相对人的义务时，应当全面考虑各种因素，对各种利益进行权衡，尽量使相对人所受的损失保持在最小范围和最低程度。必要性原则是比例原则的核心内容。可以看出，这是从"法律后果"角度来评价行政行为的。

（3）禁止过分的均衡性原则

即行政主体对相对人合法权益的干预不得超过所追求的行政目的之价值，两者之间必须适合比例或者相称。也就是说，目的与手段之间仅符合适当性、必要性的要求还是不够的，因为行政行为的实施不可避免地会引起双方甚至多方利益的冲突，因此，必须在价值层面进行考量与权衡。这就要求行政主体即使依法可以限制相对人的合法权益，设定相对人的义务，也不应当使相对人所受的损失超过所追求的公共利益。均衡性原则要求行政机关不得恣意妄为地行使裁量权，为达成目的而使手段正当化，行政机关有义务在公共利益和私人利益之间予以平衡。这是"价值取向"的评判。

综上，比例原则三个亚原则存在着明显的递进关系。适当性原则是必要性原则的前提。某项措施只有符合了适当性原则后，才能继而进行必要性原则的考量。均衡性原则较前两个原则处于更高层次的地位。一项措施即使符合适当性原则和必要性原则，也不一定符合均衡性原则。均衡性原则完全可以否定必要性原则和适当性原则所无法排除的

"不适当""不成比例"的手段。由此可见，比例原则的三个亚原则在评价行政行为时发挥出既独立又综合的作用。

2.比例原则衡量公安行政执法工作的可行性

比例原则可以作为衡量公安行政执法工作的标准。即对于某一具体公安行政执法行为，应根据比例原则的三个亚原则的内涵，从"目的取向""法律后果""价值取向"三个方面进行衡量，以评价其是否合法、合理。

（1）从"目的取向"角度衡量

从"目的取向"的角度衡量公安行政执法工作，应当从以下两个方面入手：

①目的的适当性，这是适当性原则的重要前提。如果行为的目的不适当，即使手段合法，也不符合适当性原则。因为追求不适当的目的，手段越正确，产生的违法后果、侵犯公民权利的后果就越严重。适当性原则要求公安行政执法的目的是维护法律、保障公民合法权利。

②手段的适当性，就是要求所采取的手段能够达到所追求的目的。换言之，对于警察来讲，目的是由法律设定的，警察可以通过目的取向来选择能够达到预期效果的手段（当然，如果手段也是法定的、唯一的，那么也就无从选择，这时就不是对警察行为是否合比例的评价，而是转变为对立法上有否遵守比例原则的评价了）。而在选择手段时，必须结合当时所处的自然或社会环境，运用经验或学识，对手段运用的效果，甚至是否与相关法律目的相冲突等因素进行判断。

（2）从"法律后果"角度衡量

"法律后果"的标准要求执法者根据以往的经验与学识，对所追求的目的和所采取的手段之间的比例是否相当进行判断，保证所要采取的手段在诸种可供选择的手段中是最温和的、侵害最小的。比如，对于违法行为人，可以用擒拿格斗制服的，就决不使用枪支。由是观之，公安行政执法工作中应当根据下述原则选择手段：限制财产权较限制人身权侵害要小；限制物质权益较限制精神权益侵害要小；负担性的措施较禁止性的措施侵害要小。

（3）从"价值取向"角度衡量

目的与手段之间仅符合妥当性、必要性的要求还是不够的，因为行政行为的实施不可避免地会引起双方，甚至多方利益的冲突。如警察在街头使用枪支时，就涉及公共利益、警察私人利益、枪械施加对象的利益以及第三人利益之间的冲突问题，因此，必须在价值层面进行考量和权衡。

应当说，比例原则的某些要素在我国的警察法律体系中也有相应的反映。如《人民警察使用警械和武器条例》第四条"人民警察使用警械和武器，应当以制止违法犯罪行为，尽量减少人员伤亡、财产损失为原则"的规定和《治安管理处罚法》第五条"治安

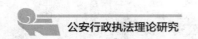

管理处罚必须以事实为依据，与违反治安管理行为的性质、情节以及社会危害程度相当"的规定。前者是"法律后果"的衡量，后者是"价值取向"的衡量。

将比例原则引入我国的公安行政执法实践中，可以有效控制自由裁量权的行使，提高公安行政执法水平。但也不能由此而绝对消除公安行政执法中的自由裁量权。所有的权力均受法律限制，应善意、合理而且仅为正当目的而行使，并与法的精神及内容相一致，而不是按照个人观点行事。对于自由裁量权来讲，关键之处不在于其存在与否，而在于其能否被合理使用。

（二）比例原则在宪法上的理论基础

1. 法治国家原则

法治国家原则是一个历史的法学概念，其内涵随着法律制度和法律观念的变革而不断发展。对于大陆法系国家，强调确立行政、司法机关的法律适合性原则，行政权必须基于行政机关制定的法律。对于英美法系国家，要求国家权力在形式上和内容上承认个人尊严为最高价值，国家权力是为保障和实现个人尊严服务的。保障基本人权，是法治国家原则中最为重要的实体性要素，比例原则是被包含在其中的一项重要内容。当国家权力对个人权益可能造成侵害时，实质意义的法治国家要求基于比例原则进行利益考量，通过比较私人权益和公共利益，权衡是否追求公共利益。

2. 平等原则

平等原则是指行政权的行使，若无合理正当理由，不得进行差别待遇。不同的基本权利有着不同的价值取向，基本权平等原则中所内含的平等权，是为了防止国家公权力对公民进行不公平的侵害，特别是在行政裁量中，要求同等对待同一条件的当事人。在不同的行政类型中，平等权也可拘束给付行政中的裁量权。平等权对公权力的裁量权力，已经形成扮演促使"裁量自制"的角色。平等原则要求行政活动符合比例原则，而比例原则使平等原则的要求具体化为可供操作的评价标准。

3. 基本权利保护原则

维护人性尊严是宪法的根本精神。人性尊严要求政府保障个人基本权利的实现。比例原则的精神是防止国家权力以公共利益之名对个人基本权益的过度侵害，从而保障公民权益的实现。比例原则在涉及限制公民基本权利时，以最少侵害为原则，对基本人权实行最大限度的保障；同时比例原则要求国家权力对基本人权的限制和侵害只能以保护更大的公共利益为目的。

（三）比例原则在行政法上的理论基础

1. 公共利益理论

所有的宪法国家都广泛地将"公益"作为国家行为"合法性"的理由和行为动机。一方面，公民基本权益是国家公共利益所必须保护的；另一方面，公共利益的实现可能对公民权利进行某种程度的限制。根据比例原则，尽管是出于对公共利益的考虑，对公民权利侵害或限制仍是有限度的，受到比例原则的拘束。一是确定行政权力是出于"公共利益"的考量，并且对私益的限制能够促成公益的实现。二是只有在必要时才可侵犯公民权利，且在可供选择的手段中，所选择的手段是侵害最小的；三是所侵害或限制的利益与所要保护的公益间合乎一定的比例。

2. 行政行为理论

行政行为是连接行政权力与公民权利的桥梁。根据行政行为的内容受法律、法规拘束的程度为标准分类，行政行为可分为羁束行政行为和裁量行政行为。羁束行政行为主要指行政机关在法律明确规定的方式、手段、幅度范围内做出的行政决定，这种行政决定没有自由选择权，必须严格按照法律的规定。裁量行政行为指行政机关可以在各种可能采取的行为方式中进行选择，根据行政机关的判断采取某种行动或不采取某种行动。比例原则主要对裁量行政行为进行有效规制，使之符合法治。

3. 行政自由裁量理论

行政自由裁量难以避免滥用权力的可能性。如何在授予行政裁量的同时实现行政法治，成为一个现实而又迫切的问题。行政自由裁量要求行政主体选择最适当的措施，比例原则是选择侵害最小的措施。不论是选择"适当的措施"还是"侵害最小措施"，两者都是着眼于目的与手段之间的联结关系是否合理，本质上都是对合适性与合目的性的判断。裁量滥用或逾越时，才能运用比例原则或其他方式进行审查，这也是比例原则与行政自由裁量相依存之处。从德国的经验看，比例原则是有效控制自由裁量权的诸多司法审查标准之一。

4. 比例原则的法律定位

比例原则最初仅适用于警察法，随着行政法学的发展，比例原则的适用扩张到行政法的更多领域。比例原则旨在保障公民权利，控制政府权力，尽量达成公共利益和公民权益的平衡，体现了现代行政法的价值追求。

三、比例原则对规范公安行政执法的必要性

1. 比例原则有利于弥补现行行政法基本原则的缺失

（1）行政法基本原则运行现状。我国行政法的基本原则被归结为行政法治原则，并被进一步解析为合法性原则和合理性原则。合理性原则是在合法层面上运行的，合法是合理的前提和基础，合理是合法的延伸和补充。两者各有分工，合法性原则侧重于整体性，被全方位适用，合理性原则主要是在自由裁量领域进行适用。合理性原则的实质内涵大致归纳为三点：①行政行为的动因应符合行政目的；②行政行为应建立在正当考虑的基础上；③行政行为的内容应合乎情理。罗豪才教授的观点则是："具有不正当的动机（目的），不正当的考虑或不合理的内容的行政决定，就是滥用自由裁量权的决定，

就是对法律精神的抵触。而不正当的目的通常是指法律要求的行政目的以外的目的，或者授权目的以外的目的；不相关考虑指采取行政行为时考虑了法律外的条件。不合理的内容则是指行政决定的内容不合规律、政策、道德、常理。"我国的宪法诉讼机制尚未建立，现在我国并无真正意义的司法审查，所以我国的司法审查实指行政诉讼。在现行行政诉讼制度中，法官主要采取"合法性审查为主，合理性审查为例外"的审查原则对行政自由裁量进行评价。

（2）比例原则补充作用分析。《行政诉讼法》第五十四条第4项规定："行政处罚显失公正的，可以判决变更。"我国现行法律，是把"显失公正"作为司法干预的门槛。"显失公正"主要是指行政处罚的幅度明显不公，在"量"上畸轻或畸重，与《行政处罚法》第四条第二款规定的"过罚相当原则"相违背。这个审查标准与程序滥用或违法没有关系，与执法形式上的越权也没有关系，主要指"量"（实质内容）上的显失公正，手段和目的之间明显不成比例，审查的内容更为具体，针对个案开展审查。比如从个案分析行政相对方违法行为的手段、情节、后果、性质以及对社会危害程度来看，公安机关实施的行政处罚明显地超出了比例。这里部分体现出了"妥当性"和"必要性"观念，但是缺少"均衡性"的思想，不包括比例原则的全部内涵。以合法性和合理性作为审查原则的方式，在实践中将许多涉及自由裁量事项的诉讼排除在审查范围之外。一方面损害了行政相对人的利益，另一方面也未达到控权目的，造成了基本原则的缺失。两者关系如图3-2所示。

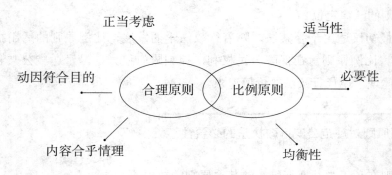

图3-2 合理原则与比例原则关系图

2.比例原则有助于预防警察权的扩张

对于任何一个社会来说，警察职能都是不可或缺的，它是国家职能的重要组成部分。然而，警察权在一个社会中的实际运作状态，却在相当程度上标志着这个社会法治文明的发展水平。因为，警察权与公民权在一定条件下成反比例关系，即警察权的扩大意味着公民权的缩小，警察权的滥用往往使公民权化为乌有。随着社会进步、法治水平的逐步提高，警察权呈现逐渐缩小的趋势。可以说一个国家警察权的大小反映了其法治水平，两者成反比。比例原则源于德国，最早用于限制警察权，纵观比例原则的发展完善史几乎就是一部与警察权不断斗争的历史。比例原则有着很强的控权功能，能够实现对警察权的有效控制。

3.比例原则是实现公共权力与公民权益的平衡点

我国《人民警察法》第三条规定"人民警察必须依靠人民的支持，保持同人民的密切联系，倾听人民的意见和建议，接受人民的监督，维护人民的利益，全心全意为人民服务。"保障公民的权益是警察执法的终极目标，是一切执法行为的出发点。"严格执法，热情服务。""有警必接、有难必帮、有险必救、有求必应。"公安机关通过依法打击敌人、惩治犯罪、维护社会治安，保障人民的生命财产安全，保护公民的合法权益不受侵害。从本质上来看警察执法所要实现的公共利益与公民权益是高度一致的，警察权来源于公民权利，由于公共管理的需要，才产生了最初的公共权力。同时公民权利要优先于公共权力，相对于公民权利，国家权力包括警察权就是手段和工具，警察权来源于公民权利的让渡和授权，任何国家权力归根结底都要对公民权利负责。

法律赋予公安机关限制人身自由的特殊权力，还授权其可采取多种强制措施，因而公安机关很可能因为滥用权力而损害公民权益。"和谐社会的基石是社会公平，核心是利益的均衡。"警察执法首先要求执法者在公民权益与公共利益之间有所取舍。通过个案的处理来对不同的社会利益进行"位阶"式的判断，本身即为司法的任务之一。比例原则的分析视角是利益的衡量，能够妥善解决警察行政权与公民权益之间的对抗，为公益与私益的取舍提供衡量标准。如果警察要达到某行政目的，履行职责保护公益，在选择手段的过程中，要选择对人权侵害最小的手段。综合考虑所侵犯的私益与所保护的公益，两者必须是成比例的，如果不符合比例原则，宁可取消此次行政行为。"利益衡量"是一个比较抽象的概念，而比例原则在保障公民权益方面有实体和程序两个方面的意义，从实体方面来考察，要求警察权行使实现的公权的价值要大于私权受到的损害，这是从价值取向上来规范警察权与公民权之间的关系。从程序方面来看，比例原则要求警察所采取的行政手段与所要达到的行政目的之间有一定的对应关系。比例原则具有较高的价值追求，以人权为导向，达到"人权保障"与"实现公共利益"的目的之间的协调平衡。比例原则调整的公权与私权之间的关系从实质上来说是"目的与目的"之间的关系，这也是比例原则的核心价值所在，体现了比例原则在警察权和公民权关系中的黄金分割点的价值定位。

4.比例原则能促进行政后果可得性，提高公安行政效益

在行政民主化、法治化世界潮流的大背景下，公安机关执法管理体制改革正从全能型向有限型，从专政型向服务型转变。要求执法人员在处理个案时，根据案件的具体情况，综合考虑各方利益，权衡成本与收益。公安机关运用比例原则指导行政执法是适应

警务制度改革的必然要求。执法人员借助经济学原理，对采取措施造成的损害及实现行政目的获得的收益进行量化分析，按照比例原则的指导，寻求成本与收益之间合乎比例的关系。

（1）警察行政权实施成本与收益简析。在公安行政执法中，应当对成本和效益进行综合分析，具体来说，公安行政权的收益主要有：①社会价值收益，即通过执法实现社会的自由、正义、民主等；②法治收益，正确认定事实，准确适用法律，落实公民权利和义务，提高社会守法意识；③政治收益，公安行政执法维护国家政治体制，保障社会稳定；④经济收益，惩治犯罪，追回经济损失，为国家直接或间接地带来经济效益；⑤国际收益，公安行政权合理运行，创设良好的经济政治环境，提升国际形象。而公安行政权的运行成本主要有：①执法成本，主要指执法程序运行中所消耗的成本，如警察的工资、津贴、补助、工时耗费等，以及公安机关的基建、装备投入、日常消耗等经济支出；②执法错误成本，主要指执法错误而形成的成本，包括违法成本和失当成本。违法成本指公安机关未查明认定事实，或未正确理解适用法律，采取了违法措施，造成的损失。失当成本指公安机关没有采取合理的处理方式，造成失信于群众，影响权威性。执法错误会有损自由、正义、民主等法律价值，给行政相对人心理造成不良影响，让其形成反社会意识，同时还可能影响国际形象，遭到国际舆论的谴责。

（2）引入比例原则，实现行政后果可得性。当前经济分析法在法学中得到了广泛引入，经济分析法与法学密切联系，并且促进了法治理性化的进程。比例原则作为一项法学原则，本身具有抽象性和复杂性的特点，在具体适用过程中存在一定的不确定性。但是"比例"一词原本是数学名词，表示数字之间的"关系"，比例原则是对"比例"的具体化、内容化，而且其三个子原则丰富和升华了"比例"的内涵。比例原则饱含数理分析知识，通过运用经济分析法可以克服该原则的不确定性。经济学所说的"均衡性"，正是比例原则中所说的"比例性"。最经济的行政措施，就是最有效率的措施，也是最符合比例原则的措施。对比例原则中的均衡性原则，可以运用经济分析法进行量化分析，从成本与收益的角度，寻求两者之间的合理比例。在警务工作中比例原则的应用，可以预先为执法者提高可预测的标准，大大提高警察行政后果的可得性。在行政执法中贯穿比例原则可以直接或间接地提高行政效率，从而最终实现行政目的。

四、比例原则规范公安行政执法的路径初探

1. 比例原则在立法上的应用

（1）比例原则在域外立法上的应用。葡萄牙《行政程序法典》第5条第2款规定："行政当局的决定与私人权利或受法律保护的利益有冲突时，仅可在对拟达致的目标系属适当及适度的情况下，损害这些权利或利益。"《日本警察职务执行法》第1条第1项

规定："本法规定手段之行使，以执行前项目的最小限度为限，不得滥用。"《日本警察法》第2条规定："警察在执行职务时，应当以不偏不倚且公平中正为宗旨，不得随意滥用涉及干涉日本国宪法保障的个人权利及自由等权限。"在我国比例原则虽有所应用，但尚未明确其作为行政法基本原则的地位。比例原则在许多国家被确立为行政法上的基本原则，在德国甚至被确立为具有宪法位阶的基本原则，从而间接地作为警察法的基本原则被广泛应用。这对我国立法中引入比例原则具有一定的借鉴意义。

（2）比例原则具备作为立法上基本原则的可行性。通过对比例原则的综合分析，比例原则具备和体现了控权的思想理念，对警察权的行使具有很强的制约作用。比例原则的核心价值在于能够保障人权，实行行政公正，能够作为警察法的基本原则被广泛应用。

①具备法律内涵，适用范围广。比例原则本身具有规范性，可以作为对立法、执法、司法的审查标准，也可以作为审查手段和工具。其内容抽象，可以被进一步具体化，几乎能适用于行政法的全部领域。

②具有伦理道德性，富有人文色彩。比例原则通过对执法手段和目的的综合权衡体现了对人权的尊重和对法律价值的追寻，摒弃了公共利益至上的传统理念，而是把对公民私益的保护与公共利益的实现放在了同一个天平上衡量，甚至实行私益优先考虑的方法，包含一定人文上的价值色彩。

③实用性强，易于操作。比例原则属于上位概念，下含三个子原则，带有一定的逻辑和时间关系，思路清晰，深入浅出。而且比例原则借鉴了数学上的分析策略，通过对公益与私益的量化比较，能够为警察执法提供直观明确的指导。

④具备补充性和开放性特点。比例原则具有较久远的历史渊源，其内容和实质也是在不断丰富变化的，可以应用于一些法无明文规定的领域，调和法律规定缺失下的司法实践。

（3）我国传统法律中含有引入比例原则的精神土壤。

①比例原则适应我国传统习俗和社会文化。中国的传统思想讲究"中庸""和谐""均衡"，要求适度平衡，在处理社会关系时要把握分寸，注意火候，做到恰到好处。比例原则讲求手段和目的的权衡，注重公益与私益的调和，追求公益与私益和谐共存。从整体上来看，比例原则适应中国传统观念，不会引起人们的抵触，容易为社会所接受。

②司法实践中已有对比例原则的运用。我国《行政处罚法》第4条规定："行政处罚遵循公正、公开的原则。设定和实施行政处罚必须以事实为依据，与违法行为的事实、性质、情节以及社会危害程度相当。"《公安机关办理行政案件程序规定》第4条规定："公安机关办理行政案件应当遵循合法、公正、公开、及时的原则，尊重和保障人权，保护公民的人格尊严。"《人民警察使用警械和武器条例》第4条规定："人民警察使用

警械和武器，应当以制止违法犯罪行为，尽量减少人员伤亡、财产损失为原则。"这里明确有"必要性原则"中的"最少侵害"的考虑。这都表明我国已存在适用比例原则的法律环境，在司法实践中已存在含比例原则内涵的法律条文以及对比例原则的运用。

（4）比例原则对警察法立法方面的具体指引。立法在前，执法在后，"差之毫厘，谬以千里"，所以立法是执法的基础和保障。比例原则一旦被确立为警察法的基本原则，就会要求立法者通盘考虑执法中的各种因素，要衡量采取的措施是否明显指向追求的目标，同时对立法中涉及的各方利益进行权衡，在公益和私益的对比中寻求合理的比例关系，用比例原则的三个子原则对法律条文进行推敲。警察法中以明文形式确立比例原则对警察执法的指导地位。立法者在制定具有实际操作性的法律法规时，针对具有较大自由裁量性的条款，可以明文规定这些条款的适用要符合比例原则。

2. 比例原则在执法上的应用

行政执法是警察最主要的行政行为，比例原则可以用来规范警察权的行使，从执法上予以引导。警察权在行使过程中要兼顾执法目标的达成与公民权益的保障，两者要处于适度的比例，这是比例原则的精髓所在。比例原则包含三个子原则，即适当性、必要性和均衡性原则。三者分别从"目的导向""法律后果""价值取向"上规范警察权的运作，各有侧重又相互关联，不可或缺，共同构成了本原则完整而丰富的内涵。

（1）适当性原则对警察权的约束。警察行政执法的手段要符合目的，它要求警察机关在采取警察措施时要进行综合判断，确保所采取的措施是达到法定目的的最佳手段。

①行政目的是否适当。考察行政目的是否适当，这是适当性原则的前提条件。如果行为目的不适当，即使手段合法，也同样违反适当性原则。行使警察权的目的是为了实现法定的公安行政目的，维护公益，保护公民合法权益。如果目的不适当，手段越正确，产生的危害性就会越严重。

②行政手段是否适当。考察行政手段是否适当，这是适当性原则能够个案化的现实基础。行政目的是法定的，警察可以通过目的取向来选择能够达到预期效果的手段（当然，如果手段也是法定的、唯一的，那么也就无从选择，这时就不是对警察行为是否合比例的评价，而是转变为对立法上有否遵守比例原则的评价了）。而在选择手段时，必须结合当时所处的自然或社会环境，运用经验或学识，对手段运用的效果，甚至是否与相关法律目的相冲突等因素进行判断。

（2）必要性原则对警察权的约束。必要性原则要求警察在行使警察权时，在面对多种都能有效实现行政目的的措施时，应选择对行政相对人权利侵害较小的行政手段。对必要性原则实质的考察，应当建立在"相同有效""个人权利""最小侵害"三个概念的正确理解的基础上。"相同有效"是指在整体上的同等效果，能实现法定目的；"个人权利"是指最少侵害的对象应该是个人权利，包括行政相对人权利和行政相对人以外的人的权利；"最小侵害"是必要性原则的核心内容，是指在行使警察权力时，尽可能地将对人权的侵害降到最低限度。把握这三个概念对于规范警察权的运行具有一定意义。在满足适当性的基础上，公安机关在所有能够实现行政目的的方式中，必须选择对公民权益影响最轻微、损害最小的方法。

举例说明，《治安管理处罚法》第四十五条规定："有下列行为之一的，处5日以下拘留或者警告：a.虐待家庭成员，被虐待人要求处理的；b.遗弃没有独立生活能力的被扶养人的。"警察在处理涉及第二款违法行为人时，要把握执法目的是为了惩戒违法、保障被抚养人权益，不可执法过于严厉，动辄对初犯的遗弃人处以拘留5日的处罚显然不利于社会矛盾的调和。对这种违法行为关键是要达到惩戒教育的效果，正常情况下警告即可达到目的。再如在处置大规模群体性事件时，警察要慎用执法手段。如果实施警告就可达到劝止目的，就不得实施命令解散或强制驱散。如果只有实施强制驱散才能维护公共安全与社会秩序时，也应当选择对行政相对人损害最少的警械具，迫不得已的情况下才能使用武器进行驱散。

（3）均衡性原则对警察权的约束。均衡性主要是各方利益衡量的问题，要求警察在行使警察权时对公民个人权益造成的侵害与所保护的公共利益之间应保持恰当比例关系。均衡性原则要求警察执法时对行政相对人有可能造成的损害进行充分评估，综合分析考虑公共利益与私人利益之间的关系。一项警察措施所损害的私人利益若明显超过了受保护的公共利益，则不宜采取该措施。警察在街头使用枪支时，就涉及公共利益、警察私人利益、枪械施加对象的利益以及第三人利益之间的冲突问题，因此，必须在价值层面进行考量和权衡。

（4）推行比例原则规制下的公安自由裁量基准制度。自由裁量基准制度是指"行政执法主体将法律规定的行政处罚自由裁量空间，根据过罚相当等原则并结合本地区经济社会发展状况以及执法范围等情况，细化为若干裁量档次，每个档次规定一定的量罚标准，并依据违法行为的性质、情节、社会危害程度和悔过态度，处以相对固定的处罚种类和量罚幅度，同时明确从轻或从重处罚的必要条件的一种执法制度。"自由裁量基准制度的实施对于控制公安行政自由裁量权意义重大。预设并公开一些细化标准，然后按照这种裁量的标准来行使裁量权，一方面"透明"了裁量过程，另一方面也使公安机关行使行政自由裁量权受到了一定的约束，达到控制执法过程、防止裁量权滥用的目的。

3.比例原则在司法上的应用

司法审查被法学界学者们誉为法律控制体系中的第三层次，法治社会要求行政法上的一切纠纷要接受司法审查，服从司法机关的裁断，保证司法救济的落实。司法救济是社会救济的最后一道防线。在我国建立和完善审判机关对政府监督制度具有重要意义。主要表现在：首先，保障公民和组织的合法权益不受行政机关违法或不当侵害。其次，防止行政机关违法并促使其依法行政。最后，能够及时化解行政机关与公民或组织的矛盾与冲突。它是行政法治的必然要求，也是协调国家公益与公民私益的客观需要。司法机关审查模式对监督和控制行政自由裁量权具有明显作用。确立司法监督尤其是法院监督的监督模式符合我国法治社会的根本要求，能够有效监督警察行政权的实施。

（1）以比例原则进行司法监督的具体适用。在具体行政自由裁量权审查案件中，可以尝试以比例原则代替合理性原则的审查，即用比例原则来取代"显失公正"作为司法审查的标准。具体以比例原则的三个子原则为标准实施司法监督。

①适当性原则的司法监督适用。针对适当性原则，在司法监督中，法官应当首先考察行政目的是否出现偏离、错位、混合的情况，其次考察选择的手段是否出现客观上不能实施、超出了法定目的、与目的无必然联系的问题。值得注意的是公安机关对手段的选择是基于对违法事实的综合考虑，并带有一定的预测性，只要行政机关的预测符合经验法则，不违背社会普遍观念即可认定符合适当性要求。法官要考虑到公安机关所享有的裁量空间及执法效率要求，结合当时情景，只要当时未出现明显错误或严重不合理的情形，就应当认定符合适当性原则的要求，对此不必苛求。

②必要性原则的司法监督适用。对必要性原则的司法监督主要建立在对若干种行政措施相比较的基础上。如果当时确实存在能同样有效实现行政目的且对行政相对人权益损害更小的行政措施，就能认定该具体警察行政违反了必要性原则。必要性原则的审查重点是"最小侵害"，所谓"最小侵害"是指对公民的最大保护在手段相同有效的情形下，只需审查达到目的的同时是否对公民侵害最小；而在"相同有效"的情况下，就必须结合行政手段所产生的副作用和危害性，对公益和私益进行综合的价值判断和利益衡量。

③均衡性原则的司法监督适用。均衡性原则主要是对公益和私益进行衡量与均衡。利益衡量方法将法官上升为社会公益和私益冲突的协调者和仲裁者。法官通过利益衡量，判断何者利益更为重要，最大可能地增进社会的整体利益。法官判断警察行政权所追求的公益与其所损害的私益是否符合比例关系。法院审查时，要扣紧个案，"期待可能性""交互作用理论"对于均衡性原则的审查具有一定意义，为利益衡量提供了一种思考方法。

（2）比例原则司法审查的举证责任分担。证据是指一切用来证明案件事实情况的材料。举证责任制度是指当事人对自己的主张或法律规定的事项，应当举出证据加以证明，否则将承担败诉风险或不利法律后果的制度。举证责任制度是行政诉讼证据制度的核心内容。我国行政诉讼中的举证责任一般都存在"举证责任倒置"的情况，即行政机关承担主要的举证责任。比例原则司法审查的举证责任分担不同于一般行政诉讼：

①根据适当性原则应由公安机关承担举证责任。行政行为由公安机关依法律规定做出，手段之选择源于公安机关自身的判断，因为公安机关最熟悉应当采用何手段达到行政目的，且公安行政本身涉及很强的专业性和技术性，由行政相对方举证勉为其难。

②根据必要性原则应由行政相对人承担举证责任。对适当性原则审查的前提是存在多种手段可供选择，应当由行政相对人来举证说明最小侵害的手段是否存在。只要能够证明确实存在另外一种能达到行政目的且对原告权益损害更小的措施，即可判定该行为违反适当性原则。

③根据均衡性原则应当由双方共担举证责任。均衡原则是基于价值取向上的子原则，在法官进行法益权衡时，需要综合考虑多种复杂因素，涉及面很广。法官在裁断时要全面考虑公益与私益、公益与公益、私益与私益之间的冲突，进行具体的考虑和测算。需要法官将采取措施对私益造成的损害和实现目的对公益的积极价值换算为具体的指标，进行综合衡量对比。因此诉讼双方均负有举证责任，以便法官做出最终裁断。

（3）司法审查中比例原则消极因素分析及对策。比例原则在司法适用中也可能会带来负面效应。由于比例原则是一个对利益衡量与价值进行综合判断衡量的标准，司法机关运用比例原则审查公安机关执法行为是否遵守比例原则时，必然会进行主观衡量，法官难免会以自己的主观判断凌驾于公安机关的判断。法官的个人生活经验、知识积累甚至情感好恶都会影响判断结果。实践中易产生司法机关以一种异于比例原则的标准作为审查具体行政行为是否遵守比例原则，是否偏离立法的初衷。同时也会形成司法机关、行政机关及立法机关在比例原则适用上的紧张关系，甚至会破坏国家"立法""司法""行政"权力分配格局，破坏法治安定。

①司法审查中确立以是否"明显"违反作为标准。这个限度是建立在充分尊重公安机关行政权限和行政自由的基础上，一方面限制司法机关的权力，另一方面又能保证比例原则发挥其应有的作用。即法官在运用比例原则进行个案审查时，并非发现行政决定不合理或有错误即可干预，而是这种不合理达到荒谬的程度，极大地背离了理性判断，出现非常显著的不合理。

②司法审查情景化。对警察行政行为的司法审查要以警察行为规范为基准，不能以法官的事后主观评价为标准。对于个案的审查要结合案件中的事实和环境，必须进行具体情景化。法官要从中立的角度出发，充分考虑警察行使行政权时的情景，要对各种因素进行综合分析，谨慎做出判断。如对涉及警察用枪用械案件的处理上，要在事后的审

查中，回到当时的特殊情景之下来分析、判断该行为是否合理、合比例，要结合个案发生的场所、对方的人数、是否持有暴力工具、警察的自然状况（身体是否强壮，是否擅长擒拿格斗）甚至警察的经验（在同样的氛围之中，新手与老手的反应可能不同）以及当时的心理状态，或任何第三人（包括法官）设身处地地对当时危险性的感受等因素进行综合分析。任何点点滴滴、细小的差别或因素都应该合理地考虑进去。

③加强判例指导作用，保证司法的统一性。判例制度起源于英美法系，被认为是两大法系的一个区分点。判例是裁量行为的司法审查原则和标准的重要来源，在加强对行政裁量权的司法控制已成必然趋势的今天，强调判例制度的作用具有重要意义。判例制度在英美等国家实行上百年并发展至今，表现出了极强的生命力。从国外行政法的发展轨迹可以看出，行政判例对行政诉讼的发展与完善起着不可缺少的补充作用。比例原则作为一项法律原则，需要进一步解释和具体化，在具体案件的适用方面需要对比例原则进一步展开和解释。

近年来，最高人民法院以《最高人民法院公报》的名义公布行政审判的典型案例，其中也有很多案例涉及对警察行政权的判决，比如"黄梅县振华建材物资总公司不服黄石市公安局扣押财产及侵犯企业财产权行政上诉案""陈宁诉庄河市公安局行政赔偿纠纷案""廖宗荣诉重庆市公安局交通管理局第二支队道路交通管理行政处罚决定案"等，在公布案例的同时，还在其中加入一些原则性的分析语，比如在陈宁诉庄河市公安局行政赔偿纠纷案中，警方为救事故车驾驶室内伤员，用气焊切割车辆，后车辆失火，车主要求赔偿损失，终审法院大连市中级人民法院对案件如此分析："气焊切割车门的方法虽然会破损车门，甚至造成汽车的毁损，但及时抢救韩勇的生命比破损车门或者造成汽车的毁损更为重要。因为相对人的生命而言，破损汽车车门或者汽车致他人利益损害明显较小。"这里包含了比例原则的内蕴。我国还没有实行判例制度，但是我们可以借鉴域外判例制度的成功经验。在把比例原则确定为行政法基本原则的同时，必须加强判例对司法的指导，这样比例原则才能真正发挥其功能，实现其意义。比例原则在司法审查上的应用可结合图3-3来理解。

4.实践工作中比例原则的衡量作用

在我国公安行政执法工作中，通常将合理性原则作为控制自由裁量权、衡量行政执法行为的基本原则。然而从理论上看，合理性原则缺乏明确的内涵和客观的判断标准，因而不能成为衡量的标准。德国行政法中的比例原则对于保障基本人权、限制行政裁量权具有积极的不可替代的作用，而且以其内容明确、逻辑缜密、操作性强在世界各国获得了广泛的认可和适用。对此我们可以借鉴，作为评价公安行政执法行为的标准。

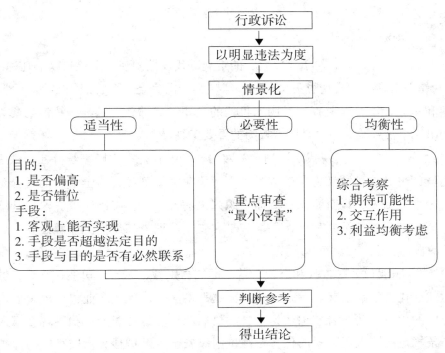

图3-3 比例原则司法审查结构图

第六节　警民关系的分析

德国社会学家卡尔·曼海姆指出："当我们在与他人进行交流中寻求一个共同的理解层次时，词语可以用来消除含义在个体之间的差异。但是，在必要时，词语可以成为一个工具，用来强调每一个个体在含义上的差别和独特的经验。"研究警民关系，最基本的前提是弄清构成这一研究对象的所有词语的基本内涵，以及它们各自在本研究中所应界定的概念。

一、警民关系的定位与重构

警民关系的概念，看似简单、明确，但实际上，不同的人从不同的角度，会有不同的看法。英国政治学家安德鲁·海伍德曾说过："政治问题的争论往往归结为关于'术语'真正意义的争辩。""概念上的不和也是政治本身的战场之一。"当人们谈论"警民关系"时，往往是站在特定的立场，为了表达特定的观点。因此，对于什么是"警"、什么是"民"、什么是"关系"、什么是"警民关系"，绝无定论，也不存在一成不变的看法。

1. "警""民"辨析

"警"，即"警察"。对于"警察"的定义，代表性的观点主要有以下几种：

（1）暴力工具说。马克思主义经典作家认为，国家是一个阶级统治另一个阶级的工具，警察和军队、法庭、监狱，是国家机器的重要组成部分，是维护统治的暴力工具。列宁曾指出："常备军和警察是国家权力的重要工具。"

（2）治安力量说。《现代汉语词典》对警察的解释是："国家维持社会秩序和治安的武装力量。也指这种武装力量的成员。"《简明大不列颠百科全书》的解释是："警察是指为了维持治安，调查犯法行为而组织起来的人员。"美国学者乔治拉什给出的定义是："警察就是维持公共秩序，保证和平和安全，调查和逮捕犯罪嫌疑人或惩治犯罪的有组织的群体。"

（3）综合职能说。在古代和近代，警察职能与宗教、军事、司法、行政、城市管理等国家职能往往交织在一起、综合行使，无法严格区分。现代职业警察出现后，警察成为一支专门的力量。研究者普遍认为，警察仍然承担着综合职能。我国现行《人民警察法》第二条规定："人民警察的任务是维护国家安全，维护社会治安秩序，保护公民的人身安全、人身自由和合法财产，保护公共财产，预防、制止和惩治违法犯罪活动。"

（4）特定身份说。有学者对于用目的或职能来定义警察持不同意见，认为，"不论他们是否在维持公共秩序，警察就是警察。"而且，虽然警察最显著的特征是在自己的国土内充当国家法律强制垄断力量的执行者，但是不能检释为所有警务活动都必须动用武力。英国犯罪学专家罗伯特雷纳指出：警察最基本的定义为，一群身穿蓝色制服的人在公共场所巡逻，执行诸如控制犯罪、维持秩序以及执行其他一些有弹性的社会服务的指令。另外，警察组织还包括便装的侦探（他们主要负责犯罪行为的调查和处理）以及警察组织内部的行政人员和管理人员。

2. "公民""人民"或"国民"的辨析

（1）"人民"与"公民"。卢梭在阐述其社会契约理论时，就区分了"人民"和"公民"的概念。他认为，在自然状态下，人是自由、平等的，但是在自然状态中存在着不利于人类生存的种种障碍，人类必须通过订立社会契约的方式集合起来，形成一种力量的总和来克服这种阻力。他说："这一由全体个人的结合所形成的公共人格，以前称为城邦，现在则称为共和国或政治体；当它是被动时，它的成员就称它为国家；当它是主动时，就称它为主权者；而以之和它的同类相比较时，则称它为政权。至于结合者，他们集体地被称为人民；个别的，作为主权权威的参与者，就叫作公民。"

首先，两者的范畴不同。"人民"是指在人口中占大多数，顺应历史发展和推动历史前进的阶级、阶层和社会集团。在社会主义时期的中国，人民是指全体社会主义劳动者，包括一切拥护社会主义的爱国者和拥护国家统一的爱国者。而公民是指具有一个国家国籍、享受法定权利履行法定义务的自然人。我国《宪法》明确规定："凡具有中华人民共和国国籍的人都是中华人民共和国公民。"在我国，全体人民都是公民，某些人被认为是人民的敌人，但依然具有公民身份。因此，公民的范畴大于人民。

其次，两者的属性不同。"人民"具有阶级性，是阶级社会中与剥削阶级和统治阶级相对立的阶级；"公民"没有阶级性，只要符合法律规定的要件，就可以自动认定为"公民"，具有客观性。"人民是革命逻辑的产物，公民是宪政逻辑的结果。""人民的概念具有强烈的感情和道义色彩，而公民的概念则是道德中性的。"

第三，两者的类属不同。虽然"人民"和"公民"都是抽象概念，但"人民"是一个集体概念，是众多人的集合体，任何个人都不能称之为"人民"；而"公民"则更多时候是一个单数概念，可以具体落实到个体层面。"人民"的概念强调集体至上，"公民"的概念强调个体平等。

第四，两者的侧重点不同。"人民"对应主权，"公民"对应权利。我国《宪法》第2条规定："中华人民共和国的一切权力属于人民。"《宪法》第13条规定："国家保护公民的合法的收入、储蓄、房屋和其他合法财产的所有权。"这两条分别反映了我国宪法的人民民主专政原则和公民的合法权利应受保护的原则。

（2）"公民"与"国民"。在大多数国家，"公民"与"国民"指代的人群和法律意义相同。如日本在宪法和法律中一律使用"国民"，无"公民"称谓。在我国，"公民"和"国民"也基本可以等同。但在美国，只有在其本土出生且受其管辖的人才是公民，出生在美国海外属地的人是美国国民，而非公民。

通过以上辨析可以看出，从政治学角度探讨警民关系时，与"警"相对的"民"，应采用覆盖面较广、强调法定权利义务的"公民"概念。

在现实中，"公民"与"警察"存在包含与被包含的关系。警察从属于公民，警察首先必定是公民。同时，公民与警察又可以相互转化。普通公民经过一定程序可以变成警察，警察在非履行职责状态时也是作为普通公民身份出现的。作为相对概念的"警察"和"公民"都是群体意义上的："警"是履行职责状态的"警察"集合；"民"是"公民"的集合，一般称为"民众"，是警察管理、服务、保护、合作的对象。而且，在具体环境中"民"还应有所延展——既包括法律意义上的公民，又包括作为警察工作对象的其他个人（如外国公民、无国籍人员）以及各种社会组织、政治团体和利益集团，涵盖与警察履行职责相对应的所有个人和团体。

二、警民"关系"梳理

"关系"本义是指人或事物之间某种性质的联系，或事物之间相互作用、相互影响的状态。按照辩证唯物主义的观点，"关系"是反映事物及其特性之间相互联系的哲学范畴，是不同事物、特性的一种统一形式。世界上的任何事物都同它周围的事物相互联系，这种联系表明它们彼此存在着一致性、共同性，在此基础上形成不同的事物、特性的统一形式，即表现为一定的关系。事物之间的关系，是由世界的物质统一性决定的。

社会关系是人类社会最重要的关系，是一切社会关系的总和。社会关系是人们在劳动生产和社会交往的过程中形成的各种关系之和。最基本的社会关系有两种形态，即本源性社会关系和调整性社会关系，其中前者包括物质关系、政治关系和文化关系等；而后者包括法律关系、道德关系和宗教关系等。

政治关系是最基本的社会关系之一。政治活动各主体围绕政治权力进行活动的同时，它们之间必然会形成一定的关系。这种由政治活动主体在各项政治活动中形成的相互关系就构成了一般意义上的政治关系。政治关系最基本的意义在于它们主要体现为一种阶级关系，政治关系以一定的经济关系为基础。刘德厚提出"政治关系社会化"的基本原理，指出，"政治起源于社会，社会利益关系是形成政治的基础，政治生活与人类社会同生共存。""政治只有通过社会关系这个中介同人发生连接，才能显现出人在本质上对政治的内在需要。"王浦勒认为，"政治关系是人们在社会生活中，基于社会利益要求和利益关系而形成的，以政治的强制力量和政治权利分配为特征的社会关系。"综上，可以将政治关系理解为社会关系中以政治主体为核心、以政治要素为纽带、以政治活动为载体的特殊关系。

法律关系是在法律规范调整社会关系的过程中所形成的人们之间的权利和义务关系，是法律调整社会关系的必然产物，或者说是一种法律化的社会关系。法律关系的主要特征包括：第一，法律关系的前提是法律调整；第二，法律关系以权利义务为基本内容；第三，法律关系靠自觉的法律意识和国家公权强制来保障；第四，法律关系属于调整性社会关系。公共关系是指一个组织为改善与社会公众的关系，运用有效的传播手段，使自身适应公众的需要，并使公众也适应组织发展需要的一系列公共活动。

公共关系的主要任务是，协调组织与公众的相互关系，使组织适应于公众的要求，使公众有利于组织的成长与发展。信息沟通与传播是公共关系的特殊手段。

三、"警民关系"新解

根据本文的研究起点和立论基础，我们提出基于政治学视角和博弈论的警民关系概念：所谓警民关系，是指作为平等主体的警察和公民，在保护私人利益与维护公共利益、保证公民权利与行使警察权力、保障个体自由与维持整体秩序的互动博弈中形成的政治关系。主要从以下三个方面来理解：

1.警民关系是典型的政治关系

对于警民关系的属性，目前倾向性的意见认为它是一种社会关系。但也有许多学者认为，警民关系是多种关系的综合体。从我们党和国家的性质分析，警民关系是一种亲人关系。实际上，从对社会关系的界定和理解来看，把警民关系简单地归为社会关系过于笼统和宽泛。把警民关系视为多种关系的综合体容易造成概念上的混乱，不能准确界定其本质属性，而且公共关系、权利义务关系、人际关系、伙伴关系、亲人关系都包含在社会关系中，在社会关系的分类体系中由于选取角度不同、所处层级不同，不可相提并论。如果按照社会关系分为物质关系、政治关系、文化关系，那么警民关系无疑是典型的政治关系。把警民关系作为政治关系来研究，可以准确定位警民关系，全面认识警民关系，深刻分析警民关系。

2.警民关系是主体平等的关系

在政治学的视角下，作为政治活动主体的警察与公民之间的关系，分别涵盖私人利益与公共利益、公民权利与警察权力、个体自由与整体秩序等三个层面。在任何一个层面，警察与公民分别代表相互对应、彼此依存、密切联系的政治力量。只有把两者置于平等的地位，才能摒弃警民关系建设中功利、短视、片面的观念，才能构建平衡、互补、可持续的平台，才能重新发现警民关系的价值。

3.警民关系是双向互动博弈的关系

把警民关系作为典型的政治关系来看待，就是要引入和发掘"公民"这一价值载体和行为主体，变"单中心"为"多中心"，变单一目标为多重目标，变单向作用为双向互动，从而在和谐社会和政治文明的框架下构建新型警民关系。

四、警民政治的本源与流变

作为政治关系的警民关系，其政治属性往往被人忽视，究其根源，既有对政治含义的理解问题，也有对警察、公民及警民关系本质属性的认识问题。

1."政治"释义

政治的基本含义应包括如下内容：

（1）政治以善和正义为价值追求。政治代表人类理想中最高的道德规范。从最初的源头上，东西方对于政治的价值追求的理解就惊人地相似和一致。亚里士多德把实践政治的社团——城邦——视为"社会团体中最高而且包含最广的一种"，因此，"它所追求的善业也一定是最高而最广的"，即政治目标是追求"至善"。中国古代典籍中关于政治的记载也反映了这样的思想。在漫长的历史阶段，中国处于奴隶制、封建制君王的统治下，政治被理解为君王"受命于天"，皇帝是执行"天道"的"天子"；西方处于神学的桎梏下，政治被理解为"君权神授"，国王是上帝在人世间的代表，传播上帝的福音。直至现代，政治始终引导人们追求最高的道德目标。古今中外，没有一个政权或政治家宣称它（他）追求的目标是恶或伪善。正如古德诺所说："人类的政治生活在很大程度上取决于人性的事实。"

（2）政治以利益协调为本质特征。政治是人类社会生活和社会劳动活动的利益关系的产物。亚里士多德认为，人是政治动物，人的本性决定了他们是群居的。也就是说，因为人有群居特性，所以天生要过社会政治生活。根据马克思主义的观点，群居不是人类所独有的，社会劳动才是人区别于动物的最高本性。人类通过劳动，以一定的社会组织形式结成社会。在社会劳动过程中，个体和群体的生存利益相互依存，既矛盾又统一，需要有秩序、有权威的持续调控，这就是政治产生的内在需求。因此，"政治的本质是关于人的生存利益关系的调控，是人的个性与社会性整合的必然结果。"

（3）政治以掌控权力为行为手段。政治的核心问题是寻找最好的政体，在寻找过程中权力因素至关重要。亚里士多德指出，政治团体与人的社会团体（如家庭）不同，因为政治团体"在所有问题上是有最高权力的"，政治的关键问题是由谁来"掌权"和"统治"。马克思主义关于阶级斗争和阶级专政的理论，实际上也认可政治的核心问题是争夺政权。列宁指出："政治就是各阶级之间的斗争。"这种斗争就是争夺统治权的斗争。

（4）政治以国家治理为活动内容。国家是政治的重要载体，为政治生活提供有效的活动空间。苏格拉底、柏拉图、亚里士多德都认为国家的雏形——城邦——与政治密不可分。

总之，政治是人类社会生活中不可或缺的一个重要方面。正如罗伯特达尔所说："无论一个人是否喜欢，实际上都不能完全置身于某种政治体系之外。一位公民，在一个国家、市镇、学校、教会、商行、工会、俱乐部、政党、公民团体以及许多其他组织的治理部门中，处处都会碰到政治。政治是人类生存中一个不可避免的事实。每个人都在某一时期以某种方式卷入某种政治体系。"虞崇胜指出，政治文明与物质文明、精神文明共同构成人类社会的进步状态。政治的内涵十分丰富：政治是一种理念，是对公平正义、文明进步的追求；政治是一种活动，是权力和利益的平衡；政治是一门学问，是科学和艺术的结合。

2. 警民关系政治性探源

警民关系的政治性首先表现在构成这种关系的两个主体均具有深厚的政治渊源。

警察的英文"Police"源于古希腊文"波里斯"，在古代雅典城邦，伯里克利出任"十将军委员会"首席将军期间，他领导制定了一系列带有宪法性质的法律，并创立了警察、宪兵队，据说警察和宪兵队一般由异邦人和奴隶担任，他们的主要职责是配合官员和计量局检查市场上的伪劣商品等，以及维持社会治安、公共场所的卫生和保护名胜古迹和风景区。亚里士多德在《雅典政治》的描述中，将警察职能包含在行政职司中。当时的行政职司包含六项责任：一是市场监理，主要负责检查商务契约、维护市场秩序。二是城市监护，负责监护城区公共财产，维护建筑街道、公共水源、城墙管理，解决民间纠纷等类似业务。三是乡区监护，负责城市郊区的与第二种职司相同的业务。四是经征司、司库，负责征收并保护公共财产收益。五是注册司，负责诉讼和司法登记。六是监狱管理，负责为城邦设立监狱，监守罪犯，执行已判决的罚金、债款和刑罚。有学者将英文"Police"一词的演化概括为："先为名词，意为城堡，后延伸为国家或城市；后为动词，意为城市管理、行政管理及对人民的支持；最后变为现代意义的警察。"

公民同样内含在古希腊城邦政治当中，被定义为"城邦的人"。亚里士多德认为，"凡有权加议事和审判职能的人，我们就可说他是那一城邦的公民"，"城邦正是若干公民的组合"。这里的公民有特定范围，外国人、手工业者、商贩和奴隶被排除在外。公民集统治权与被统治权于一身，公民的政治权利与城邦职司等同。全称的公民是参加司法事务和治权机构的人们。……统治机构的职务可以凭任期分为两类：一类是有定期的，同一人不能连续担任这种职务，或只能在过了某一时期后，再行担任这种职务。另一类却没有时限，例如，公众法庭的审判员（陪审员）和公民大会的会员。当然，人们可以争辩说，审判员和会员并未参加统治的职务，不能看作治权机构的官吏。但公众法庭和公民大会实际上是城邦最高权力所寄托的地方，如果说参加这些机构的人并没有治权，这就不免可笑了。

因此，政治、警察、公民具有共同的源头——城邦，警察和公民分别代表政治的两个不同侧面，在人类社会政治生活的萌芽阶段和政治学的发端时期就深深地内嵌于政治概念中。

五、警民关系政治性演进

警民关系的政治性不仅表现在警察、公民与政治具有共同的源头，而且表现在它们与政治的发展相伴随。

1. 警民关系在国外的演进

警和民首先通过国家这一"土壤"天然相连。警察是国家的伴生物，与国家一样古老。警察和国家同时产生后，在三个层面与公民发生关系：首先，警察作为国家权力的体现和保证，直接对公民进行统治和控制。作为维持内部秩序的强制性力量，警察不仅要作为维护阶级统治的"专政工具"，而且要维护人们的经济秩序和社会交往秩序，对公民实行全面管控。其次，警察作为统治性和公共性的统一体，对公民权利既限制又保护。作为公正的司法力量，警察还要动用法律手段和侦查技术，查找、惩罚施害者，保护受害者。警察正是这样通过行使公共职能来取得合法性，维持和延续国家的统治职能。第三，警察作为国家和社会之间的桥梁和中介可以促进公民力量的生长。恩格斯将国家定义为"从社会中产生但又自居于社会之上并且日益同社会相异化的力量"。说明国家和社会是两个互相交织、矛盾统一的层面。警察的加入，为国家和社会的沟通对话提供了一个交流的媒介。警察一方面代表国家意志，行使国家权力；另一方面又反馈和表达公民意志，为社会提供公共安全服务。这样，国家的"统治工具"也就变成了社会的"保护力量"。警察成为政治文明的标志和象征。从这个意义上讲，警察的出现，不仅不是为公民设立了一个对立面，而且成为公民力量成长的新起点。

警民关系虽然随着国家的产生而出现，但是最初的警察概念是模糊的，警察职能与宗教、军事、行政、司法等权力混合在一起，警民关系包含在国家与公民的关系之中。日本警察学家松井茂指出"警察，初与军队混同，次与司法混同，最后隶属于内务省，其沿革各国皆同"，进而把警察发展史分为五个时期：①警察与宗教道及其他行政事宜相混同；②警察与军队司法相混同；③警察与内务行政相混同；④警察行政成为内务行政中的一个重要部分；⑤警察不独为内务行政之重要部分，且有国际警察密切合作之趋势。随着警察和公民这两支政治力量的发展，警民关系才逐渐成为独立的政治关系。

警察发展的主线是从其他职能中一步步分离出来的。古罗马帝国强盛时期，设立了半军队式的警察。法国设立"马巡"，其职责最初是负责追捕逃兵，后来扩大到包括负责遏止马路上一切犯罪行为。路易十四在巴黎设立"警监"一职，负责维护治安、消防和控制物价等。后来法国成立全国统一的骑警队。"雾月政变"后，拿破仑执政，建立了高度集权的警察体制。之后，巴黎警察厅厅长德伯雷姆创建了一支百余人的制服警察，但同样具有浓烈的军事性质。在中国，秦朝建立了较完备的警察机构，在京城设专门机构负责皇帝警卫和京师治安，在郡、县分别设郡尉和县尉，协助地方行政长官管理地方军事和治安。汉代进一步扩大了机构，完善了制度。此后历代基本延续这种体制，辽代创立警巡院，元代设立大都兵马司，明代增设东厂、西厂，明、清沿袭宋朝创立的保甲制度。与欧洲大陆和中国不同，英国走的是一条自我警务发展的道路。中世纪时，建立了村民法庭和公安员制度。英格兰的《温彻斯特法令》规定城市选用夜巡人，即更夫。1829年，英国内政大臣罗伯特·比尔推动通过法案，建立英国伦敦大都市警察，被公认为现代警察制度的起点。

与此同时，公民的概念和内涵也经历了曲折、漫长的发展和演变。在古希腊城邦政治中，公民的范围相对狭小，许多城邦居民被排除在公民之外。在欧洲中世纪，宗教和神学的统治下几乎没有世俗公民的位置。在世界其他地区的奴隶制、封建制社会中，也只有统治者和被统治者的分野，没有真正意义的公民存在。按照阿尔蒙德和维巴的观点，村民、臣民、公民分别对应原始社会的偏狭型政治文化、前现代的臣属型政治文化和现代国家的参与型政治文化。随着现代民族国家的出现，公民才逐渐具备了现代意味，才逐渐摆脱村民、臣民的政治文化特征，成为得到法律承认和尊重、在社会成员中比重不断扩大的群体。

警察的独立和公民的回归，正是警民关系作为政治关系发展的前提条件。以伦敦大都市警察诞生为标志，现代职业警察的发展为新型警民关系拓展了空间。

西方警察学界将警察发展的历史划分为古代警察和现代警察两个阶段。英国学者大卫贝莱将现代警察的特征归结为公众性、专门性和职业性。王智军进一步将其概括为5个方面：警察职能的独立化、警察组织的系统化、警察职权的法治化、警察工作的职业化、警察装备的文明化。其中，警察职能的独立化居于核心地位。正因为警察从王权、军权、裁判权中独立出来，成为国家通过法律授权的执行机构，警察权力才有了法理上的依据，警察权威才得以确立。因此，恩格斯说："文明国家的一个微不足道的警察，都拥有比氏族社会的全部机关加在一起还要大的'权威'。"同时，警察工作的职业化、警察组织的系统化和警察装备的文明化，使警察具备了自己独立的特征，日益成长为举足轻重、不可替代的政治力量，才有可能与公民实现平等的沟通和互动。更为重要的是，现代警察的出现引发了激烈的争论和理性的思考，使警务理念在更深层次和更广领域融入政治发展的潮流。警察不再是行政的附庸或法律的机械执行者，公民不再是警察镇压的对象和警务的被动接受者，警民关系也不再是管理与被管理、执行与被执行的简单关系。新型警民关系建设不仅成为可能，而且成为必须。警察和公民在私益与公益、权利与权力、自由与秩序等政治领域的重要层面博弈，警民关系不断向纵深推进，追寻着理性和正义的价值。

值得一提的是，西方国家的警察机构一再将自己包装成政治中立者的角色，他们宣称警察不会卷入派系政治，而只是独立履行维持秩序的职能，公正地执行法律。但是，各国警察当局在党派政治纷争和阶级斗争中无一例外地站出来表达各自的政治主张，表明政治立场，成为举足轻重的政治力量。从广义的角度来看，所有带有权力因素的关系都是政治。警察没有必要政治化，但是不可否认其政治性。"警务是天生的、不可避免的政治。"同样，警民关系也是天生的、不可避免的政治关系。

2. 警民互动的广度与限度

在现实社会中，一个公民从出生到死亡，始终与警察关系密切。但是，公民往往"不愿造警察之门，且畏警察之临问"，对于警察存在天然的畏惧和厌恶感。警察的合法性从一开始就受到质疑，带有天生的局限性。警民互动虽时时处处都在发生，但互动的方式和效果受到一些因素的影响和制约，难以取得彻底的突破。

（1）警务的"悖论"

警察在本质上和国家一样，是一种"必要的恶"。警察需要"用在道义上值得怀疑的手段去达到保持和再造社会秩序的目的"，"警务是对那些有可能导致冲突和违规行为的社会关系或群体进行控制的行为。达到这一行为的力量源泉是法律的强制力，执行的模式是害怕法律的惩罚。警务与生俱来的是要使用某些手段去执行。"掌握生杀予夺大权的警察，在社会上却长期处于卑微的地位。恩格斯在叙述雅典城邦警察的境况时说："这种警察职务，在自由的雅典人看来是非常卑贱的，以致他们宁愿让武装的奴隶逮捕自己，而自己却不肯去干这种丢脸的工作。"在反映当时生活的古希腊戏剧中，这些奴隶警察是城邦公民奚落和嘲讽的对象。这种传统也体现在英国组建职业警察的招募中，"经深思熟虑之后，决议招募身份不显贵，举手投足不像绅士的男士"。最初的伦敦都市警察除了体重两百磅的要求外，并无其他实质性的规定，屠夫、泥瓦匠、水手甚至流浪汉都可加入其中。松井茂在描述日本人对警察的印象时说："日本名流耆宿，甚有视警察等于车夫走卒，殊为遗憾。""从前当警察者多出自高小毕业；今则中学毕业者实占多数，即专门学校及大学毕业投身警界者，亦繁有徒。其原因虽由于生计艰难所致，而警察地位因以提高，可见一斑矣。"类似情况也出现在中国，北洋政府为改变清末警制混乱而颁布的《招募巡警条例》关于"年龄在二十五以上、三十五以下，体质强壮，视听力正常，粗通文字，语言清楚，熟悉地形"的规定，居然被认为"一改过去警察是一种不受尊重、社会地位低下的职业形象"。可以想象，这样的警察队伍出现在民众面前，等待他们的与其说是尊重、理解和支持，毋宁说是怀疑、提防和戒备。

从警察的角度看，警务不可能也没有必要让所有人都满意。罗伯特雷纳指出："自从警务被认为是运用刑法强制权力最终依靠使用暴力解决冲突的主要手段之后，在警察的行动中，警务就遭到了被警务者的反对。从这一角度讲，警察就是天生与罪恶打交道的人，是根除罪恶的药剂师，所以警察永远不会博得所有人的欢心。警务的合法性虽被认可，但没有必要让所有的社会团体或个人都同意警察行动的内容和方向。"也就是说，不管警察如何努力改变形象，其作为常态的强制性都不可能改变；不管警察采取什么措施改善与公民的关系，都不可能突破政治和法律的底线。

（2）国家的"掣肘"

警察是国家的重要组成部分，是国家权能的释放和保证。警察的作用，在很大程度上依赖于国家的影响力。恩格斯在论及国家和警察的关系时说："国家是不能没有警察的，不过国家还很年轻，还未享有充分的道义上的威望，足以使那种必然要被旧氏族成员视为卑贱的行业受到尊敬。"迈克尔罗斯金也谈过警察的数量与国家政权合法性的关系，他说："一个快速检测合法性的方法是：有多少警察？警察很少，像瑞典和挪威，说明不需要什么高压的手段，其国家政权合法性高。警察很多，说明需要很多的高压手段；其国家政权合法性低。"有人指出，国家和社会、警察和民众之间就存在着大致对应的关系，国家对待社会的态度从根本上决定了警民互动的方式：国家善待社会，民众当然会尊重、理解和支持警察；国家压迫社会，民众就会抱怨、抵制甚至仇视警察。有人认为，当国家政权从初建期、强化期、稳定期发展到稳固期，警民关系往往也会相应地经历自愿互助、紧张对立、游离调和与友善互助四个阶段。从一个侧面说明，国家政权的成熟度对警民互动关系的影响。

总之，警民关系的互动有其自身的发展规律，但始终脱离不了国家政治的总体框架。国家政权的合法性和成熟度代表和反映了其政治的文明程度。警察和公民能否作为平等主体形成良性互动关系，是衡量政治文明程度的一个重要标志。总体上，警民关系建设的内容随国家政治文明程度的提高而不断丰富。

（3）警务风格的"烙印"

不同的国家有不同的警务模式，同一国家在不同时期也会形成不同的警务风格，会对警民互动关系产生一定影响，有时甚至是决定性的。英国学者麦肯西在《制服背后——英美两国警察制度比较》一书中引用了史密斯的一段名言，生动地说明："如果让英国警察到美国一个城市工作，他们很快会被全部绑架或劫持。相反，如果美国警察到英国去工作，他们也许会被定为滥用警察职权罪。"英国学者梅拜在《比较警务问题》一书中，选取警察的合法性来源、管理体制（中央集权或地方自治）和警察性质（军事化或平民化）、警察作用作为参照系，将世界上多个国家与地区的警务划分为四种模式：英国模式、美国模式、大陆模式（法、德等国模式）与殖民地模式。四种模式的特点见表3-1。

表3-1　　　　　　　　　　　　四种模式的特点

	英国模式	美国模式	大陆模式	殖民地模式
合法性	警察权力来自法律与地方政府	警察权力来自法律与地方政府	警察权力来自中央政府、国家首脑和皇帝	警察权力来自殖民地政府
结构	组织结构为地区自治、分散型、非武装的文职力量	组织结构为地区自治、分散型、武装的文职力量	组织结构为中央集中领导、武装的军事化力量	倾向于中央集中领导、武装的军事化力量，雇用外国人充当警察
作用	警察的主要任务是打击犯罪，提供社会福利性服务以及行政等三种职能	警察的主要任务是打击犯罪，提供社会福利性服务以及行政等三种职能	打击犯罪仅是工作中的一部分，更多地承担政治职能与行政职能	打击犯罪仅是工作中的一部分，更多地承担政治职能与行政职能

梅拜的警务模式划分法基本抓住了警务的本质特征，在西方警学界较有代表性。美中不足的是没有涵盖中国、苏联等社会主义国家和一些小的发展中国家。我认为，这些国家的警务模式可以在上述四个模式中选取参照。如中国的警务模式比较接近大陆模式，但又具有社会主义国家的特点。

一般认为，在这四种警务模式中，英国模式更强调社会服务，合法性基础较好，警民关系较融洽，警察和公民沟通、合作较密切。其他模式各有特点，警民关系也各有差异。当然，警务模式也不是绝对的和一成不变的。警务风格随着警务改革浪潮的推进而变化，各国警务模式相互借鉴、逐步趋同。

现代西方警务发展的历史比较清晰地反映了警民关系的发展波动轨迹。对于西方警务发展的历史，各个国家的学者有不同的分类。罗伯特雷纳根据对不同时期社会焦点问题以及刑事审判政治观的变化，将英国的警察研究分为赞同时期、争论时期、冲突时期与反对时期。美国学者乔治凯林和马克穆尔将美国的警务发展史划分为三个时期，即政治时期、改革时期和社区警务时期。美国东密西根大学教授曹立群在其著作《美国警务的兴起及对中国警务的启示》中，提到美国的警务发展大致经历了政治时期和改革时期、警察专业化时期、社区警务时期。

3. 我国对警民关系的历史研究

国内比较通行的观点是王大伟教授提出的四次警务革命论。在第一次警务革命即警务职业化阶段，英国伦敦大都市警察在组建之初，节制使用暴力、坚持文明对待公众，成为民众尊敬爱戴的"宝贝警察"。加拿大的皇家骑警队总监诺曼英格斯特在总结罗伯特皮尔的警务思想时就指出："警察应时刻保持与公众的联系，使传统成为现实，即警察就是公众，公众也是警察"，可见正式警察建立之初的警务理念核心就是警察与公众的关系。但是到了职业化的后期，美国警务的地方性和政治性所导致的城市警务派别化越来越明显，正如福格森和莱恩所指出的那样，政治时期的警察深陷在因政治干预而产生的腐败泥潭之中，要求改革的呼声越来越高。在第二次警务革命即警务专业化阶段，警察内部分工细致化，打击犯罪职能逐步突出，社会服务职能逐渐被忽视，警察与公众开始脱离。美国建立起很多专门控制违法犯罪的部门，如禁毒部门、禁赌部门、侦探部门、人事部门等，专业部门的出现，反映了警察机关职能的专业化，也推动了警察机关职能的专业化，"警察正在努力把自己塑造成打击犯罪的专家"，"专门部门正是这种形象的一个重要组成部分"。这种专业化的改革使得警察获得了一定程度的职业尊重，但是警察远离了他们所服务的社区，脱离了公众。在第三次警务革命即警务现代化阶段，科学技术的迅猛发展进一步拉开了警察与公众的距离，电话和汽车的出现，改变了警察与公众的关系。车巡取代了步巡，衡量警务工作的标准不是公众的态度而是破案率、快速反应时间（即警察从接到电话报警后至到达案发现场的时间），警察成为打击犯罪的战士而不是公众的服务员。美国的犯罪率逐年攀升、警察和公众之间接连不断地爆发冲突，"要传统的更夫，不要机器人"成为公众的呼声。正如美国学者沃克指出的那样，警察现代化的后果之一就是警察脱离了公众。在第四次警务革命即社区警务阶段，警察管理者、学者和政治家们都认识到了警察职业化带来的问题和局限，认为警察需要进一步密切与社区的联系，应进一步加强警察与社区之间的合作，因此大力发动群众参与打击犯罪的斗争。这一时期的警务改革看起来是政治时代警务模式的复归，但不同的是，警察现在是和社区协商，而不是听从政治家的命令。

第七节　警民博弈的应然与实然

博弈论是一种观察问题、解决问题的方法。从广义上讲，人类社会发生的所有理性的人际交往都是博弈。萨缪尔森认为，博弈论是两个或更多的参与者，在像市场这样的竞技场上相互作用，选择对每一方都产生共同影响的行动或战略。张培刚对于博弈的定义是："博弈，是对若干人在'策略行动相互依存'的情形下相互作用状态的抽象表达。也就是说，在博弈情境下，每个人的福利不仅取决于他自身的行为，也取决于其他人的行为。进而言之，个人所采取的最优策略行动取决于他对其他人所采取的策略行动的预期。"推而广之，只要有两个以上的理性行为主体，有策略选择，有预期收益或支付，就可以进行博弈分析。利益集团之间、企业之间、国家之间、政党之间、社团之间，都可以进行博弈。作为政治主体的警察和公民，也构成博弈关系，只不过这种博弈是宏观、隐性、动态的博弈。博弈论的引入可以为警民关系研究开启一个崭新的视角。

一、从经济博弈论到政治博弈论

博弈论本来是一种普适的社会科学研究的理论框架，但目前的主流模式是基于数学运算的经济博弈论。所以很多人认为，博弈论是经济学或数学的分支学科。张维迎将这种情况的出现归结为三个原因：博弈论在经济学中的应用最广泛、最成功；经济学家对博弈论的贡献最大；经济学和博弈论的研究模式一样，都强调个人理性。事实上，正是博弈论与经济学、数学的联姻，才形成了博弈论的理论框架。冯·诺依曼证明了博弈论的基本原理，标志着作为科学研究的博弈论的诞生。冯·诺依曼和摩根斯顿合作出版了《博弈论与经济行为》，将博弈论应用于经济领域，从而创建了经济博弈论的理论体系。约翰·纳什利用不动点定理证明了均衡点的存在，为博弈论的一般化奠定了坚实的基础。约翰·纳什的另一个贡献是将博弈论引向非合作博弈的研究，在他之前的研究主要是针对合作博弈而言的。但是，约翰·纳什和以前的研究都局限于静态博弈。泽尔腾将纳什均衡的概念引入了动态分析，开辟了动态博弈这一新的研究领域。海萨尼又将不完全信息引入博弈论研究。

博弈论的最新成果很快就被包括政治学在内的众多学科领域所借鉴和应用。博弈论作为研究政治问题的有力分析工具，从最早被用于研究选举和立法行为开始，目前已被广泛应用于诸如国际安全、种族合作和民主化等各领域的研究中。据观察，在美国，《美国政治科学评论》《美国政治科学期刊》《国际组织》等刊物中，几乎每一期都有至少一篇论文对政治现象提出新的博弈模型分析，或者至少一篇论文对已有模型进行经验实证检验。有人认为，政治发展的过程就是政治权利和政治权力此消彼长的博弈过程。因此，可以从博弈论的角度给政治下定义，认为"政治是指在一定的历史条件下，人们基于特定利益的考虑出发，围绕着社会'秩序'的控制而展开的获取社会公共权力和实现社会公民权利的过程中结成的一种合作与冲突的社会关系。"也有人认为，博弈论是研究基于利益矛盾的合作与冲突问题的最好工具，可以与马克思主义有机结合起来用于指导和分析政治实践。杨光斌指出："博弈论是利益冲突的架构，马克思主要关心的是现代社会的矛盾及其解决，而博弈论着重研究社会生活中的矛盾及利益冲突与合作。因此，博弈论可以说是为马克思主义定做的研究工具。"

关于政治博弈的概念，古洪能认为，政治博弈就是"具有公共性特征的权力博弈活动。"黄正、唐晓嘉认为，政治博弈论是以政治科学为研究对象，应用博弈论的分析方法，研究政治互动中"理性"主体如何做出战略选择，以分析博弈过程的方式解释均衡结果的合理性，达到分析与解释政治事件的目的。政治博弈论的基本要素包括：①参与者，即政治活动的主体，包括个人、政党、团体等；②战略集合，即可供政治博弈参与者选择的全部战略的集合；③收益或支付，指在一个战略组合下，参与者得到的效用，或者是参与者的期望效用函数。

建立在经济学基础上的博弈论向政治学领域的移植还需要解决一些问题：一是博弈前提的局限性。"理性人"假设是经济博弈论的前提，这里的"理性人"也称为"经济人"。但在政治博弈中，博弈结果往往受博弈参与者的性格、信仰、心理、环境等因素的影响，具体政治活动中很难保证博弈参与者自始至终完全理性。因此，可以考虑将完全"理性人"假设向有限"理性人"假设转变。有学者提出，"'有限理性'条件下的博弈行为是今后研究博弈论的新方向。"二是博弈目标的多元性。经济博弈论的目标只有一个，就是可以量化的经济利益。"在博弈论的世界里没有仁慈或怜悯，只有自利。"但是政治领域情况大不相同，政治博弈的目标可能是参与者的利益（不一定是经济利益，一般是政治地位或政治权力分配、政治权利保障等），也可能是一种政治价值或政治理念，很难具体量化。三是博弈主体的能动性。政治博弈的参与者不可能像经济博弈中那样，在形式化的博弈模型中被动地接受博弈，他们不仅参与博弈，还参与博弈的构造。为此，古洪能提出"主动博弈"的概念，博弈者可以通过影响对手操控博弈的过程与结果（称为"观念博弈"）；或者通过操纵信息因素来操控博弈的过程和结果（称为"信息博弈"）。四是博弈过程的复杂性。政治博弈涉及人类社会最复杂的活动，其过程受诸多因素的影响，利益主体众多，博弈周期曲折漫长。阿克塞罗德用"博弈链长度"来解释这种复杂性：人是社会动物，人与人之间的不断交往犹如博弈链的延长，而博弈链的长短会对人的行为产生根本的影响。当博弈链加长时，参加博弈的人互相采取合作策略的可能性就会增加。政治发展的历史也表明，政治目标的实现（即实现制度均衡）往往要经过多次反复博弈。

二、从警民互动到警民博弈

从警察概念萌芽到现代职业警察诞生的漫漫历史长河中，警察和公民之间主要是镇压与反抗的关系，即使存在互动，也不能称之为博弈。互动与博弈是既密切联系、又有明显区别的两个概念。互动是指事物主体之间的互相作用、互相影响的一种状态，博弈则不仅存在互相作用和影响，而且更重要的是存在共同目标、共同利益关系以及"局中人"的对决。在博弈中，"局中人"既利益攸关又利益相对，需要展开互博和对决，存在利害关系；而互动的表现形式较为宽泛，不一定表现为严格的利害关系对决。

在古希腊雅典城邦时代，最早的警察是购买来的奴隶，他们的职责主要是根据行政官员的指令逮捕和看守罪犯，维护街道、市场、公民大会会场、法庭和公共集会的和平和秩序，驱赶公民参加公民大会。这时的警察与公民之间只存在雇佣与被雇佣、执行与抗拒的互动。在此后的奴隶制、封建制体制下，警察是强制性的统治工具，警察与公民之间的互动主要是镇压与反抗。直到英国伦敦大都市警察的建立，警察才算找到了被社会和公民接受和认可的定位，确定了警民双方共同追寻的价值目标，构建了平等互动博弈的基础。1829年，大伦敦警察厅建立不久就颁布了《警察训令》，规定了"建警十二项原则"。在此基础上，罗伯特·比尔又提出"警务九原则"，主要内容是：①警察存在的基本使命是预防犯罪和无序，而不是用军事力量和严厉的法律惩罚来镇压犯罪和骚乱。②警察履行其职责的能力有赖于公众对警察的存在、行动、行为和警察获得和保持公众尊重的能力的认可。③警察必须获得公众心甘情愿的合作，让他们自愿地遵守法律，以便能得到和保持公众的尊重。④警察预期公众配合程度的高低，与警察为实现警务目标而采用的武力与强制程度成反比。⑤警察不能靠迎合公众意见，而只能靠自己对法律绝对公正的忠诚来寻求和保持公众的喜爱。他们要靠乐于不分种族与社会地位地为所有社会成员提供个人服务与友谊，靠礼貌和友谊等良好秉性，靠乐于牺牲个人以捍卫和保护生命等，来获得公众的喜欢和支持。⑥只有在说服、建议和警告都不足以实现警务目标的情况下，警察才能使用所需程度的武力，以确保法律得到遵守和秩序得到恢复。并且，警察应该在任何情况下都仅仅使用最低限度的武力以实现警务目的。⑦任何时候警察都应该和公众保持这样一种关系，以实现警察是公众和公众是警察的历史传统。警察仅仅是这样一种公众，他们对每位市民负责并由此获得报酬。⑧警察应该一直为实现其功能而行动，而绝不用为个人和国家报仇或武断地审判犯罪和惩罚罪犯的方式篡夺审判权。⑨警察效率的判断标准是没有犯罪和骚乱，而不是警察为对付它们而采取的行动之类人们容易看见的证据。

"警务九原则"的提出和实行，标志着警察职能由暴力镇压向维持秩序转变；警务方式由单向强制向双向沟通转变；警务重点由惩罚犯罪向预防犯罪转变；警务风格由强调管理向强调服务转变；警民关系由相互对立向相互合作转变。由此，警察和公民完成了一次返璞归真式的重生，它们分别代表从政治源头滋生出来的构建政治文明的两支力量，由利益对抗者变成利益攸关方。它们的共同目标是要在保护公共利益的同时维护私人利益，在行使警察权力的同时保证公民权利，在维持整体秩序的同时实现个体自由。在这种矛盾统一的过程中，警察和公民之间既有合作又有冲突，构成内涵丰富、形式生动的博弈关系，推动社会和谐和政治文明的进程。因此，现代职业警察的建立，是警民博弈的起点。

三、从非合作博弈到合作博弈

经济博弈论，一般是指非合作博弈。因为约翰·纳什等人建立的现代博弈理论，就是非合作博弈论，这已经成为博弈分析的主流。区分非合作博弈与合作博弈有两个评价标准：一是"局中人"在相互作用的过程中能否达成一个具有约束力的协议。如能够达成就是合作博弈，反之就是非合作博弈。二是博弈是以个人理性为基础还是以集体理性为基础。如果建立在个人理性的基础上，则是非合作博弈；如果建立在集体理性基础上，则属于合作博弈。非合作博弈是对现实问题的模型化、数学化处理，一般假设博弈双方仅考虑各自的利益，追求利益最大化，而且缺乏相互沟通和协调，博弈行为往往是一次性的。合作博弈的意义在于参与者之间相互沟通，并达成有约束力合同或服从第三方的裁决和执行。第三方执行的出现意味着在合作博弈中双方都放弃自我执行的契约，考虑自己的利益也要兼顾对方的合法利益，不是仅仅追求私人利益最大化，而是追求"满意就行"。合作博弈理论希望通过机制设计来避免私人利益最大化导致的囚徒困境，探讨"局中人"如何合作，通过机制设计，能够得到长期合作的博弈结果。对于政治博弈论来说，更多时候合作博弈才能真正体现博弈论的精神实质："理性人"之间的互动。

对警民关系进行博弈论研究，就是要把握警察和公民这两个相对应的政治主体的特点，既要在公益与私益、权力与权利、秩序与自由等重大问题上进行思辨与考证，也要在公共安全、犯罪控制、暴力冲突、警务法制等焦点问题上进行具体的博弈分析，从而在宏观上把握警民关系的总体脉络和发展趋势，在微观上找准影响警民关系的关键因素和症结所在。在博弈模型的构建上，既要借鉴现有的经济博弈论的研究成果，也要结合政治博弈论的特点进行适当改造。

警民关系的博弈论分析主要在以下三个层面展开：

（1）借鉴博弈论中经典的"囚徒困境"模型来分析公益与私益之间的博弈。从警察作为化解公民个人之间安全利益博弈"囚徒困境"的第三方入手，分析警察所代表的公益与公民所代表的私益之间的互动博弈关系。

（2）借鉴博弈论中经典的"智猪博弈"模型来分析公民权与警察权的博弈。从权力与权利、警察权与公民权的对比得出警察权在与公民权的博弈中占据优势和主动地位的结论，进而通过警民关系发展史上的重大事件进行具体剖析。

（3）借鉴博弈论中经典的"斗鸡博弈"模型来分析个体自由与整体秩序之间的博弈。通过历史上发生的重大街头骚乱和警民之间的极端案例分析警民关系中最直接的、最尖锐的对立冲突，进而查找其中的深层次原因和对抗逻辑。

总之，警民博弈是一个从非合作博弈到合作博弈发展变迁的过程。最初，我们将警和民视为相互独立的平等主体，各自从自利、个体理性的角度出发采取行动。最终，双方都要回到合作博弈的逻辑路径上，更加强调集体理性、效率、公正和公平。在此过程中，警民关系由零和博弈或负和博弈发展为正和博弈，由相互斗争走向相互合作，向着法治和政治文明的方向前进。这也是建立警民博弈关系的意义所在。

第八节　警民关系问题的研究现状分析

警民关系在西方警务发展中居于十分重要的位置。警民关系调查、公众对警察的满意度、公众对警察工作的参与度等构成了西方警务工作衡量指标体系的主要内容，警民关系研究贯穿于西方警务发展的各个阶段。但是，西方学者基本上都是从管理学或公共关系学的角度研究警民关系的，且该研究还没有形成独立的、系统的学科体系。

中国警民关系研究也是由来已久，韩延龙在《中国近代警察史》中提出，在19世纪90年代前期，早期改良派有关警察制度的论断和设想，是我国最早的、比较系统的警政理论。同时他还指出，由于所处的历史时期和阶级立场不同，他们提倡的警政还是为了维护清朝的统治，保证地主、商人以及新兴资产阶级经商求富愿望的实现，对人民的抗争持敌对的态度。应该说自此一直到中华人民共和国成立前，警察一直扮演着当局政府的打手，警民关系呈对立的态势。中华人民共和国成立后建立起人民当家做主的新政权，警察由维护当局政府利益的打手转变为人民的公务员。中华人民共和国成立初期，毛泽东同志明确指出搞好公安工作的最重要的一条，就是坚持全心全意为人民服务和做好群众工作。全国各级公安机关通过基层治保组织与人民群众建立起了密切的联系，警民携手共同打击犯罪、维护社会秩序与安全。但是，对于警民关系的学术研究却很长时间未能进入人们的视野。计划经济时代，中国在一个相当封闭的环境中发展，经济发展缓慢，社会安全由公安机关和企业的内保组织共同负责。在这一时期对警察学的学术研究很少，涉及警民关系的研究文献更少。20世纪80年代，改革开放政策的实行和社会主义市场经济体制的建立，一方面带来了社会经济的迅猛发展，另一方面在计划经济条件下形成的社会治安管理方式已经不能解决日益严重的社会治安形势，犯罪总量呈加速上升趋势，社会公共安全问题成为全社会关注的焦点。中国开始借鉴西方警务改革的成功经验，探索适合中国的警务模式。夏文信教授曾指出，一直到建立起自己的学科体系，人们日益感觉到警民关系在警务工作中的重要性以后，警民关系的研究才开始走进人们的视野，成为警察社会学(公安社会学)的一个重要组成部分。

一、国内关于警民关系的研究

（1）从社会学和公共关系学的角度进行研究。目前，国内学界引用较多的一种警民关系概念是指警察在打击、预防犯罪和提供社会服务等各种警务活动中，与社会公众形成的权利义务关系和人际关系。警民关系受一定社会经济基础决定和特定时期政治法律制度的影响，带有鲜明的政治烙印。崔北方、祝大安等人著的《警民关系学》中认为，"所谓警民关系，是基于法律规定和经济、社会、历史发展而形成的一种警察机关、警察与其他社会组织、公众之间的权利义务关系；是警察组织为了更好地为社会公众服务，树立自身的良好形象，谋求自身发展而采取的传播、沟通等手段，与其他社会组织、公众之间双向交流、互动，并在相互交流与互动的过程中所形成的一种相互了解、相互配合、互利互惠、共同发展的社会关系。"孙娟在《警察公共关系理论与形象战略》中，将警察公共关系与警民关系做了简要的区分，认为在某种意义上讲，新型的警察公共关系实际上就是新型的警民关系。她指出："警察公共关系是以提高自身影响力为基点的，促进警察组织和其公众的良性互动，争取最大社会效益的一种管理职能和活动过程。这种过程可以概括为：提高警察组织自身的影响力，为社会提供最佳服务，树立良好的组织形象，争取更多的公众支持，获得最佳的组织效益和社会效益。"裴锡章在《警察公共关系的核心是保持与人民群众的血肉联系》一文中，也提出了密切警民关系的具体做法，如开展创人民满意活动、转变公安机关作风、实行警务公开等。

也有学者从政治和法律的角度思考警民关系，认为警民关系不是简单的人际关系，而是基于政治和法律制度的工作关系。只要国家存在，警察职能及其消极性影响就无法彻底消除，警民和谐就存在一定限度。

（2）从公众满意角度进行研究。如夏文信在《警民关系及其测评研究》一文中，提出了警民关系的衡量指标满意度，并详细地介绍了满意度的测评方法。阎国安在《论新时期的新型警民关系》一文中指出，新时期就是指市场经济时期，新型警民关系就是一种服务与认同服务的关系，公众得到服务不是一种愿望和期盼而是一种权利。何萧在《试论公安执法中新型警民关系的建立》一文中指出，新型警民关系的标准是人民满意，并提出建立新型警民关系的途径是抓好公安队伍建设和做好群众工作。

（3）受西方20世纪80年代兴起的新公共管理运动的影响，主张用新公共管理思想来指导警务工作改革。以毛寿龙为代表的学者主张用制度分析理论研究公共服务。宋全喜在其毕业硕士论文《公共服务的制度分析——以公共安全服务为例》中，以公共经济学理论和制度理论为基础，通过对公共安全服务的物品属性进行深度思考和对公共安全服务的理论变迁进行归纳总结，对现实中公共安全服务的制度安排进行了详尽的分析，得出了公共安全服务不一定由政府来垄断经营，政府也可以引进市场竞争机制，运用多中心的制度安排等各种方式来实现公共安全服务的有效供给的结论。王大伟的《从杆石桥模式到世界警务改革大趋势——中西警务改革比较》，以杆石桥派出所的警务改革为例，详细地介绍了辅助警力的使用及在我国公安改革中的重要意义，主张推行警察私有化。中国人民公安大学的王世卿教授在其文章《新公共管理视野下的公安改革思考》中，对公安改革借鉴新公共管理理论的可行性进行了分析，并指出了公安改革借鉴新公共管理理论应注意的问题和新公共管理理论指导下公安改革的方向与重点。

（4）借鉴美国成功的社区警务经验，主张通过社区警务实践，构建新型警民关系。社区警务理论在20世纪80年代末才开始传入我国，其核心内容包括两个方面：密切警民关系和坚持以预防为主。这两个方面是紧密联系、密不可分的，各国推行社区警务的目的就是预防减少犯罪，达到这一目的必须靠密切警民关系共同整合社区治安防范资源来实现。因此，良好的警民关系是社区警务的精髓所在。国内学者对社区警务理论建设也是"仁者见仁、智者见智"，研究著述很多。马丽华在《刍议中国的社区警务》一文中，提出开展社区警务要转变观念实现警民关系伙伴化的观点。曾德才在《依托社区资源推行社区警务战略的思考》中提出，要重视建立民众与警察的合作伙伴关系。

（5）从国内学界和警界对于警民关系的研究来看，目前对于"警民关系"的理解存在明显的工具主义倾向，比较集中的观点有：①警民关系是警方主导的关系。大多数研究者认为，在警民关系中，"警"处于主动的地位，"民"处于被动、反馈的地位。警民关系的状况取决于警方为树立自身形象、谋求自身发展所做的努力。提倡警察公共关系的学者，实际上也是把警民关系视为警察机关为争取公众支持而进行的公关行动。②警民关系是单向作用的关系。警民关系由法律明确规定，是执行与被执行、管理与被管理、保护与被保护的关系。因此，从作用力的方向来看，是以单向为主的，虽然也有反作用力，但警方始终是发起者、推动者、掌控者。③改善警民关系的目的是促进警务工作。在警务实践中，警民关系的好坏往往成为制约警察绩效的重要因素，重视警民关系的时候往往是警务工作陷入困境的时候。改善警民关系的动机往往是为了赢得公民的理解和支持。实际上，这些研究者潜意识里认为，离开了警务工作，警民关系建设就没有独立的存在价值。

总而言之，国内外对于警民关系问题的研究，很少从政治学的角度进行探讨，也少有用博弈论的分析方法。本书试图在前人研究的基础上，把握警民关系发展的三条主线，进行一些开创性的研究工作，揭示警民关系的内在逻辑。

二、公安行政执法中和谐警民关系的构建

（一）"和谐警民关系"的界定

1. 警察的内涵和外延

在分析警民关系有关问题之前，对警察内涵和外延的理解和把握是首先必须研究的问题。近年来，我国学术界有关"警察"概念的解释很多，而国内通常认为，警察是指根据国家统治阶级的意志，依靠国家暴力强制手段，并运用公开的和某些特殊的手段，维护国家安全和社会秩序的一支武装性质的国家治安行政力量。警察机关是指国家政权中，运用暴力强制手段和某些特殊手段，维护国家安全和社会秩序的武装性质的国家治安行政机关。简言之，警察是武装性质的国家治安行政力量，警察机关是武装性质的国家治安行政机关。这一概念，突出了警察的政治色彩、手段、警察目标或警察任务以及警察的性质。因此，警察是国家维护社会治安的武装力量，是国家机器的重要组成部分。根据《人民警察法》第二条规定：人民警察包括公安机关、国家安全机关、监狱、劳动教养管理机关的人民警察和人民法院及人民检察院的司法警察。很显然，这里指的是广义的警察。由于公安机关人民警察自身的职能和在人民警察队伍中所占的比重，在整个人民警察力量中地位最为重要，所以我们所指的警察主要指公安机关人民警察，即狭义上的警察。

2."警民关系"的实质与表征

（1）警民关系的实质是警察权与公民权的关系

对于警民关系的定义，历来众说纷纭。由宋占生等主编的新世纪版《中国公安大百科全书（上下卷）》中，对警民关系有浅略的表述：警民关系就是公安机关与社会主义国家主人的关系，同服务对象的关系，同依靠对象的关系。有学者从警民互动形式特质的研究视角，提出警民关系就是人民群众对警察行为的反馈关系，在警民关系中警察处于主动地位，而人民群众则是构成警民关系的基础。有学者在将警民关系与警察公共关系做比较的基础上，提出警民关系是一个政治概念，突出了警察代表党和政府在群众中行使治安管理权力的地位，反映的是警察和社会群众的关系、政府和民众的关系，而警民关系是反映公安工作效果的主要指标。有些学者则将警民关系概括为警察在执行公务和履行职责过程中与人民群众之间形成的一种特殊的社会关系。

警民关系一词，可以从政治、法律、社会、心理等不同角度进行理解，通常的用法更多地体现了它的政治含义。从法律关系的视角界定"警民关系"，即专指警察与公民之间的权利义务关系，正如一些学者所指出的：警民关系是指警察在打击犯罪、预防犯罪以及社会服务等警务活动中，形成的权利、义务关系，是建立在法律基础之上的一种法定关系。我国的法律法规对警民双方的权利和义务有较明确的规定。就警察而言，一方面，警察有义务和责任依法保护公民的生命和财产安全，保障公民的基本人权，为人民群众提供多方面的服务；另一方面，为了确保警察顺利地履行义务和责任，在执法和管理工作中警察的人身权和人格权也必须受到人民群众的尊重和保护。就公民而言，作为国家的权利主体，一方面有权得到警察对其合法权益的保护和尊重，享受警察提供的公共服务；另一方面，为了确保国家警察权的实现，也有责任和义务配合协助警察完成任务，尊重警察执法权和人身权、人格权，尽到公民维护社会治安和维护社会正义的义务。警民关系是以法律为"平衡器"的关系，即警察依法行政，群众依法行权。可以说，警民关系的实质是警察权与公民权的关系。在警察执法领域，这一对典型的公权与私权既相互依存，又彼此消长、对立统一，从而在警民关系上呈现出和谐、冷漠或是冲突的状态。

（2）冲突与合作是警察权与公民权关系的表征

权力与权利是法治运转的两个轴心，从本质上，权力来源于权利，公民寄希望于权力机关行使权力来保障公民的权利和利益，当然，权力机关的存在确实也为公民权利的实现提供了强有力的支持。然而，权力总给人一种不可靠和不信任的感觉。因此，在现实中，权利与权力往往表现为一种合作与冲突的关系，这种关系对于警察权与公民权而言表现得尤为突出。

警察权与公民权是一对矛盾体、警察权的行使与扩张必然导致公民权受到压制甚至受到侵害；而公民权的保障与张扬又必然形成对警察权的排斥甚至产生敌意。这种矛盾与冲突在现实社会中尤其是在法治不发达的国家或地区表现得十分突出。从西方的法治进程来看，始终伴随着警察权与公民权的冲突催生了一系列解决冲突的理性制度。在我国的法治政府建设过程中也是如此，警察权与公民权的冲突始终是一个无法回避的问题。这种冲突往往表现为警察权对公民权的非法侵害和公民对警察的敌意与对抗。警察权对公民权非法侵害的案例经常出现在各类媒体中。警察权对公民权的非法侵害导致的最直接的后果是公民对警察的敌意与反抗，这种敌意与反抗有时以无声的形式表现为非暴力不合作。当矛盾积攒到一定程度则激化为一种群体性的对抗事件，不仅挑战了警察的权威，更严重地扰乱了正常的社会秩序，影响了和谐警民关系的建构。

虽然公民担忧警察权过于强大会侵犯公民或者社会的权益，希望通过制度对警察权进行限制和约束，但我们不可否认的是，警察毕竟是国家维持秩序和保障社会安全的重要力量，任何社会和公民都希望自己国家的警察能够强有力地维护社会安宁，保护公民的合法权益不受侵害。警察与公民对社会秩序和安全的共同诉求促成了两者之间的合作，这种合作关系也体现在社会生活的各个方面，如日本的"少年警察活动"与"少年志愿者制度"，这种合作是警察与社区民间人士相互协力，共同预防青少年违法犯罪的一个有特色的工作模式。该工作模式的依据是日本的《少年法》、《少年警察活动规则》和《少年指导委员规则》，旨在利用警察和民间的力量，通过设置少年警察协助员、少年援助者、少年指导委员等，来促成青少年的健康成长，保护青少年的权利不受侵害，防止青少年的违法犯罪行为。虽然它是以警察为主导，但却是以社区为核心，调动民间力量，警民密切合作，收到了社区预防青少年犯罪的良好效果。再如在欧美警察史上第四次革命中出现的英国"警民联防"制度，该制度以警民联防、综合治理为指导原则，要求警察重返社区，并鼓励居民参与治安，同时，政府还推行"邻里守望计划"，发动群众，实施自我警务。至1992年，英国已经建立了8万个这样的社区，覆盖了全国六分之一的家庭，每个邻里守望社区有一名协调员，负责组织联络和安排巡逻。英国的这种警民合作制度不仅大大降低了犯罪的发案率，而且还节约了大量的经费投入。2000年，以治安联防、"110"报警热线为代表的警民合作也相当普遍，为警察有力预防和打击违法犯罪活动、保障公民权利发挥了重要功效。警察权与公民权关系的实质体现为自由与秩序的对立与统一。

警察权与公民权的冲突与合作的实质在于自由与秩序的对立与统一。首先，权力的价值主要指向秩序，秩序的保护和维护是权力存在的主要理由。警察权作为国家权力的重要组成部分当然也不例外，其存在和运行的目的在于维护国家的安全和社会的治安秩序。可以说，警察既是秩序的象征，又是秩序的手段，警察在预防和制止社会的无序状态方面发挥着重要的和无可替代的作用。但警察维护秩序的手段之一是对公民权进行一定的限制和干涉，这种限制和干涉表现为警察权对公民自由的束缚。其次，在警察权运行的过程中，往往会片面地强调秩序，把秩序作为警察存在的首要价值，若对社会进行过度的控制，必然会侵犯公民的自由。我国曾经存在的"收容制度"以及产生重要影响的某些案件都是很好的例证。警察维护了社会秩序，为公民的自由和发展创造了社会条件，但是，公民对秩序的追求不是终极追求，而仅仅是将此作为其他追求的条件或外部环境。当警察为维护秩序阻碍了公民的自由与发展或者警察以维护秩序为由侵害了公民的自由时，必然会引起警察与公民的冲突。最后，警察维护秩序的最终目的又是为了实现公民的自由，同样，公民为实现自由也需要警察充分发挥职权来维护社会秩序的稳定。正如马斯洛的"需求层次理论"所表明的，在一个缺乏安全保障的社会，人们要取得充分的自由和发展是不可能的，这里的安全保障，就是我们通常所说的秩序。警察维护社会秩序以限制公民自由为手段，在实践中又常常发生警察侵犯公民自由的现象，但其最终目的是保障公民的自由，警察权与公民权关系的实质体现为自由与秩序的对立统一。

在现实的制度构建中，我们往往会遇到自由与秩序难以平衡的问题，当我们通过制定稳定的持久的法律以保障社会秩序时，这种秩序常常会束缚人类本性中对自由的追求，但当我们给予社会个体过多的自由时，又会因影响社会的秩序而使个体的自由无法得到保障。自由与秩序的这种固有的矛盾无法在静态中达到平衡。法治的意义在于探求自由与秩序的动态平衡，现代法治作为西方国家和社会治理的经验体现，其目的和意义就在于通过制定一套国家与社会治理理论，安排一系列制度满足国家与社会对秩序的需求，使个体的自由和权利得到最大程度的保障，来实现自由与秩序的动态平衡。正如美国学者庞德所说："一种文明的理想，一种把人类力量扩展到尽可能最高程度的理想，一种为了人类的目的对外在自然界和内在本性进行最大限度控制的理想，必须承认两个因素来达到那种控制：一方面是自由的个人主动精神、个人的自发的自我主张；另一方面是合作的、有秩序的、组织起来的活动。如果我们想要保持对自然和本性的控制，使之前进，并流传下去，那么对这两者就都不应该加以忽视。"

3. 和谐警民关系的实质和标准

（1）和谐警民关系的实质

简单地从字面上说，和谐是指"配合得适当和匀称"，真正的和谐应该定义为"均衡"，即它是一种相对稳定的状态。那么，什么状态更容易趋于稳定？就是制衡的状态，所以，和谐就是制衡。而现实领域中，警察权常与公民权因不断对峙与冲突而失衡。一方面，警察权侵犯公民权的情况时有发生，另一方面，近年来，公民权存在膨胀现象。而无论是哪一方面，都是警民关系在权力与权利的标尺上滑向其中一端的体现，带来的结果只能是警民对立和冲突。造成这种极端化的根本原因，是警民权利义务的失衡。

建立和谐警民关系就是指警民间的关系达到了一种对等平衡的境界，正如罗豪才教授所主张的"平衡论"所提出的"既要保障警察权的有效实施，又要防止警察权的滥用或违法行使；既要保护公民的合法权益，又要防止公民权的滥用或违法行使。警察权与公民权之间维持着总体的平衡"，从而实现"警察以维护社会稳定为天职，民众以促进国家发展为己任，警民间的关系达到对等平衡、相宜相生、和衷共济境界"的和谐警民关系。

同时，应当指出，在对和谐警民关系进行界定时，警察与违法犯罪分子之间的关系不在此讨论之列，因为两者是天然对立而不可能建立和谐关系的。

（2）和谐警民关系的标准

以什么样的标准来确定警民关系和谐度，是当前必须解决的现实课题。《人民警察法》规定，人民警察的任务是维护国家安全，维护社会治安秩序，保护公民的人身安全、人身自由和合法财产，保护公共财产，预防、制止和惩治违法犯罪活动。同时，人民警察必须依靠人民的支持，保持同人民的密切联系，倾听人民的意见和建议，接受人民的监督，维护人民的利益，全心全意为人民服务。而相应的，人民警察依法执行职务，公民和组织应当给予支持和协助。由此可以看出法律对和谐警民关系的评价标准，即警民配合，警察有效保护公民的合法权益。

2008年，福建省公安局曾围绕警民和谐关系进行过大量的走访调查，从走访部分群众和民警反馈的信息看，尽管和谐警民关系标准定位问题各有侧重，但共同的方向和目标基本上是一致的。在对群众调查中，89.5%的群众认为和谐警民关系的标准要以安全感和满意度来衡量，安全感越强警民关系就会越和谐，满意度越高群众对民警和公安机关的认同度就越高；95%的群众认为和谐警民关系应以公安机关和公安民警立警为公、执法为民为底线，做到了这一点，警民关系就自然会和谐了。据调查，76%的民警认为构建和谐警民关系必须以人为本地执好法，要心系群众，心为民想，坚持以人民公安为人民为根本标准，以保障人权为底线，只有维护民权、保护民安才能构建起和谐警民关系；24%的民警认为，构建和谐警民关系的标准首要是民警队伍自身建设做到无违法违纪，对群众有亲和力、感染力，有良好的作风形象、执法形象、服务形象，同时要具备保一方平安、解一方之难、助一方发展的能力和水平。

近年来，警民关系的和谐作为一项公安工作的考核指标，其地位也日益凸显。在2009年湖南省公安厅出台的《湖南省公安机关综合考评办法》中，公众评价分值提高到30分，分别按照"公共场所治安状况""主要犯罪现象严重程度""民警队伍建设情况"三项进行测评。其中，公共场所治安状况包括"对所在地区社会治安整体评价""与上年相比治安状况变化情况""社区、学校周边、市场治安状况变化情况"；主要犯罪现象严重程度包括对吸毒贩毒现象、抢劫抢夺现象、入室盗窃现象、杀人绑架现象、黑恶势力现象和赌博现象六类主要犯罪现象严重程度的评价；民警队伍建设情况则包括对队伍印象、公正执法、办事效率和服务态度的评价情况。从民调指标的设定也可看出目前在公安管理中对和谐警民关系的一般量化标准。

因此，和谐警民关系的标准应以人民满意为核心，警民互动为关键。人民满意定位在群众对公安机关公安民警及公安工作的认同度、对社会治安和公安工作的满意度、对自身安全的认同度上，就是要把认同度、安全度、满意度作为基本标准。同时，警民的良性互动也应成为和谐警民关系的标准之一，定位于一种积极、双向的参与行动，警民"合作警务""互动警务"之间互为一种对等、对话、协商的关系，强调警民间的真诚合作。

（二）当前警民关系不和谐的表现和成因

在当前的社会现实下，警民关系还存在着许多不理想之处，许多领域内，警察权力与公民权利处于失衡状态，表现出两种典型的特征：一是警察权运行中侵害公民的合法权益。在这种状态下，警察权运转出现法律故障，打着维护和实现社会公共利益的幌子，破坏权力与权利的法定边界，侵犯公民的基本权利，致使个体利益无法实现甚至受到侵害。二是公民权利超越法定界限，警察权在法定范围内运转。在这种状态下，公民个体突破公民权利的法定范围，打着"公民权利"的旗号向警察权挑战，以公民个体的法外利益对抗社会整体利益。公民权利的不当行使，致使警察权运转不畅，社会公共利益受到危害。

以上两种特征都不能独自概括当前特定历史时期的警民关系。在不同时空、不同地域、不同主体的具体社会关系中，呈现出这两种特征同存共容、交替出现的奇特现象。

20世纪50年代的老电影《今天我休息》塑造了"马天民"式的好民警形象和"民拥警、警爱民"的美妙图景，警民之间被描述成鱼水情深。然而在现实当中，警察却往往与强硬、蛮横、野蛮执法、粗暴管理、恃强凌弱、耍特权、抖威风等联系在一起。现实中警察权侵害公民权主要表现在：

①刑讯逼供

刑讯逼供即对犯罪嫌疑人、被告人，甚至包括受害人和不愿作证的证人，使用肉刑或者变相肉刑逼取口供的行为。刑讯逼供作为一种野蛮的审讯方式，是为任何文明社会所唾弃和禁止的行为，但至今在不同国家和地区的刑事司法实践中仍不同程度地存在着。

②超期羁押

刑事诉讼上的超期羁押是指违反法律规定的期限羁押犯罪嫌疑人、被告人的行为。针对超期羁押现象开展了一系列集中整治行动，取得了较好的效果。超期羁押既侵犯了公民的人身自由权，也侵犯了公民所享有的一系列诉讼权利，是对人权的一种严重侵犯。

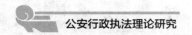

③滥用职权

滥用职权的行为表现在多个方面。在公安执法实践中，滥用强制措施的行为发生，极大地侵犯了公民权，成为警察权运行中的突出问题。

④玩忽职守

公安执法中还存在不履行法定职责，执法不作为的现象。

以上是警察权运行中侵犯公民权的几个主要方面。这些现象的存在，不仅是对公民权的践踏，更是对公安队伍执法形象的极大损害，也损害了党和政府在人民群众中的威望，直接影响了国家法律的严肃性和权威性。

第九节 构建和谐警民关系的对策

一、用平衡论观点审视和谐警民关系的构建

1. 对管理论和控权论的反思

传统行政法研究行政权和公民权的视角主要有两个：（1）管理论以行政机关的有效行政为中心视角，强调行政效率和公共利益，认为行政权具有确定力、执行力、拘束力，公民权利与之不具有抗衡的可能性。（2）控权论从经典宪政主义分权与制衡机制的角度，认为行政法治的重点是限制行政权力的范围和控制自由裁量权，对政府在实现社会公平、提供公共服务和促进经济发展等方面的积极行政功能持戒慎态度。在这种法治观下，政府是被控制的对象，而公民也消极地处于被保护的地位。上述两种传统有两个共同特点：在视角上，认为行政权力与公民权利没有直接可比性；在方法上，不注重行政权力与公民权利直接的配置关系。管理论以管理者为本位，以管理为使命，视法为管理工具，无视相对方的权利。它忽略对管理的监督，过于强调行政效率和行政特权，加深了行政领域官本位的特征，同民主和法治原则不相适应。控权论过分强调行政程序、司法审查的作用，不重视行政效率、积极行政和维护公共利益，不符合现代行政法制发展的状况。前文所概括的在警民关系上的两类不和谐表现则顺着"管理"和"控权"两种思路，描述了其在警民权利义务关系实践中所导致的截然不同的结果和状态。

2. 平衡论的引入与控权论和管理论相对的平衡论进入人们的视野

作为一种行政法学的学术流派，平衡论创立于20世纪90年代初期，并在罗豪才等一批专家学者的推动下，不断发展、完善，占据了主导地位。平衡论既不同意管理论过分强调命令、强制手段的作用，也不同意控权论过分强调行政程序、司法审查的作用，认为二者均具有片面性，都与现代社会发展的需要不相吻合。平衡论主张行政权力和公民

权利中的权力和权利既然是法律授予的，就应同等地受到法律的制约，在研究方法上，应强调两者的配置，倡导以"行政权力—公民权利"的关系为现代行政法研究的核心问题。平衡论认为，"平衡"的基本含义是行政机关和相对方以各自拥有的权利与对方相抗衡的状态。行政法的目的在于既要保障行政管理的有效实施，又要防止公民权利的滥用或违法行使。主张综合运用行政法的各种手段：既在必要场合运用命令和强制手段，同时在大多数场合尽量避免采用行政命令、行政制裁、行政强制手段，淡化权力色彩。在依法行政的前提下，行政机关应进一步变革传统的管理模式，积极推行行政指导、公民参与管理和行政管理社会化等措施，以协调与行政相对方的关系，维护两者的平衡。同时，行政法应重视行政程序和司法审查的作用。因为公民正是以这些程序上的权利，抗衡行政机关的执法权力，调和基于与行政机关法律地位不对等而造成的巨大反差，纠正行政机关在执法阶段的违法行为，保护相对一方的合法权益。

平衡论标志着人们正逐步接纳行政法理论的一种新的观念：无限度地控制行政权力或过于强调管理者的权力都是失之偏颇且与现代法制相悖的。基于不和谐警民关系及其危害的反思，依据平衡论的基本观点，应建立一种权利义务平衡的新型警民关系：警察权与公民权保持总体平衡。一方面，为了维护公共利益，必须赋予公安机关必要的权力，并维护这些权力有效地行使，以保证正常的社会治安秩序；另一方面，又必须维护公民的合法权益，重视公民参与和权力补救，以及对警察权进行监督；无论是对警察权还是公民权，都应该既制约又激励。既要激励警察权的积极作为，又要抑制其"攻击性"；既要充分保障公民权，又要规范其行使，从而确保公权不滥用、私权不逾规，这才是警民和谐的治本之道。

二、合理规制警察权保障公民权

只有权力的制约才能保证权力的正常行使。作为一种有着强扩张性和侵略性的国家权力，警察权极易给公民权带来巨大威胁，应受到严格规制，唯其如此，才能实现公民权与警察权之间的平衡。为此，可以从以下几个方面制约警察权：

第一，加强对警察权的立法控制。警察权来自公民为享有自由而做出的权利转让，公民在转让权利的同时，对转让赋予了种种限制，并通过代议机关用法律形式将种种限制表达出来，还要求警察权主体必须遵守。然而我国警察法律规范在制定上往往立足于对相对人进行管理，缺乏对相对人权利的保障。警察机关给自己设置的权力过多过大，必然影响到公民权利的保障。因此，在立法上应尽可能建立完备的法律法规体系，对警察权行使的时间、方式、方法、程序、权限、对象等予以明确规定，尽量缩小警察的自由裁量权，减少警察使用自由裁量权时出现偏差的可能性。第一，法律必须明确警察权的主体，避免警察权行使中出现权力被盗用，使公民权尽可能少受不当权力的制约和损害。第二，法律必须明确警察权的内容，避免警察权的膨胀和滥用，减少警察权对公民权的侵犯。第三，在相关法律法规中明确规定警察权的行使必须遵循比例原则。司法实践中，警察权的滥用，不仅表现为违法违规行为，更多地表现为自由裁量权的滥用——合法而不合理，而我国行政诉讼法仅有合法性审查原则，即只审查具体行政行为的合法性，而不论其合理性，因此对自由裁量权的滥用无能为力。如果将比例原则作为一项基本原则在立法中加以确认，一方面可以促使警察的执法活动中遵循合理合法的原则要求，另一方面可以保障受害人以违反比例原则提起行政诉讼来进行自我救济。

第二，严格执法程序，规范警察权。程序是指人们为完成某项任务或某个目标而预先设定好的行为方式、方法和步骤。执法程序则是指人们在实施法律行为过程中必须遵循的法定步骤和方式。它的最大功能就是限制程序义务人的主观随意性，防止权力或权利的滥用。警察权的程序控制就是对警察执法行为过程的控制，把行为的时间与空间方式以及相对人的参与作为重点，解决权力过程的失控问题。现有警察制度所设立的程序大多数并非限制警察权的行使，而是为公民行使权利制造障碍和麻烦。特别是对于警察权中限制、剥夺公民人身自由的部分，程序限制非常薄弱。应该建立起严格限制警察权的程序制度，尤其是针对可能严重侵犯公民人身自由的权力，应废除其行使羁押权的行政审批程序。同时我们还有必要强调这样一种规则，即未经法定程序，无紧迫事由和正当理由，任何人不得限制、剥夺公民的人身自由。同时，公安民警在执法过程中应严格按照法律程序的要求实行警务公开，建立权利告知、听证制度，公开办案程序，不论是在执行行政处罚、行政强制措施、行政许可、行政决定、行政监督检查的过程中，还是在刑事执法中的立案、侦查、采取刑事强制措施、预审、移送起诉等各个环节，都应当按照法定程序执行，充分保障行政相对人和犯罪嫌疑人的基本权利，最大限度地实现程序公正。

第三，改革公安机关管理体制。我国目前"条块结合，以块为主"的公安管理体制使警察权在行使中很难不受到法外因素和地方利益的强大干扰，要有效地解决这一问题，我们可以借鉴国外的一些有益经验。在英国和日本，中央警察机关分别是内政部和国家公安委员会。地方公安（警察）委员会（英国的警察署是地方警察委员会的常设代表机构）则代表地方利益控制警察工作，其组成人员包括地方议会任命的委员、选民选举的议员、地方司法官和政府监察部门的代表，从而保证它在体制上不受政府权力的支配，而又能兼顾地方利益。在经费的负担上，英国警察机关的经费由内政部和地方政府共同负担，内政部负责警察财政的51%、地方政府负责49%，而内政部大臣只有在对警察机关工作检查后表示满意时，才代表中央政府提供51%的经费。这种由地方政府与中央政府共同负担经费的制度，不致因负担太重而导致经常性经费的不足，而且"地方影响足以防止中央政府忽略地方利益，中央政府的监督也可以防止地方政府提供法律制裁的警务服务"。我国将公安机关的人事任免权收归中央警察机关，加强中央警察机关对本系统的集中控制，警察机关的经费由中央政府和地方政府共同承担，这样警察机关的人、财、物不再受地方政府的绝对控制，使地方政府不能直接指挥警察权的具体行使。同时，由两级财政负担警察机关的经费，相对而言，更能保障警察机关有充足的经费供应，这样就减少了警察机关为解决经费而滥用警察权的可能，有利于各级公安机关依法独立办案，减少来自政府方面的干扰和牵制。此外，分离警察刑事司法权和行政执法权以限制强大的警察权。在当前我国警察权力体制下，警察的行政职权与刑事职权都由同一个机关行使。这种体制下，警察行政职权与刑事职权的并行，有利于警察机关控制犯罪，但同时，也带来一个消极影响，就是警察机关可以凭借警察刑事职权的行使来完成行政职责，以刑事职权即侦查（处）权为手段来保证行政职权即治安管理权的目的。纵观欧美国家，治安警察与刑事执法警察往往相对独立，通常意义上所说的警察往往仅指以维护公共场所秩序和交通秩序为主要职责，而很少涉及刑事执法案件，或仅管辖小的刑事执法案件的治安警察。刑事执法警察并不叫警察，而被称作执法人员，而且绝大多数刑事执法警察机构都由中央政府直接管理。有鉴于此，为了防止警察刑事职权的滥用，使警察机关必须通过行政手段来做好犯罪预防工作，必须将警察行政职权与警察刑事职权完全剥离，并将警察刑事职权更多地受到检察机关的制约，使其更多地发挥搜集证据、指控犯罪的作用，才能有效改变警察刑事职权为警察行政职权服务的不正常状况。

第四，加大经费投入，保障警察权有效运作。警察机关的经费是警察权有效运作的物质基础。应充分认识到警察工作的特殊性与警察经费保障的重要性，将警察经费保障纳入法制轨道。法律的执行也是需要成本的，如果过于计较法律成本，则可能为此付出更大的代价，大得甚至超出经济学意义。因此，有必要有一个全面客观规范的统筹预算，对警察经费在财政预算上予以特殊的保证，避免因经费不足而导致工作无力开展或开展不力，杜绝为钱办案、办案为钱的情况发生。同时提高警察的工资待遇和生活水平，设立较为优厚的养老金制度，以提高警察的积极性，确保警察机关充分履行职责，这也是更好地保障公众合法权利的必要物质需要。

第五，培养执法主体权利保障意识。我们曾过多地强调公安机关是人民民主专政的重要工具，这使得公安机关往往以"牧民者""管理者"的身份自居，把人民群众作为管理对象对待，因而不能正确认识手中的权力，忽视了对公民权利的保障。在社会主义建设的新时期，在警察队伍中要牢固树立权力是人民群众赋予的观点，培养权利保障意识，正确处理好公共权力的行使和公民权利保障之间的关系。在行使权力的时候，要教育和引导民警必须严格在宪法和法律规定的范围工作，牢固树立"立警为公、执法为民"的宗旨和意识，坚持以人为本，转变执法观念，克服特权思想，尊重和保障人权，从思想源头上根除和杜绝粗暴执法、执法不公、执法不文明等损害群众利益、伤害群众

感情的情况发生。工作中既要注重管理，更要注重服务，改变强调国家权力而轻视、削弱公民权利的"因公废私"的传统做法，禁止滥用权力，对公民人身权、财产权肆意侵犯，或不尽维护公民权利的职责，对侵犯公民权利的行为置若罔闻。

第六，完善对警察权的法律监督。要通过有效的内外监督机制防止警察滥用权力和利用权力违法违纪。一是要完善内部执法监督制度，实行全程执法监督，健全执法质量考评制度，加强执法和办案质量评估工作。二要强化检察机关对于警察权力的制约。事实上，在侦查阶段，检察机关的控诉职能并未形成。检察机关应站在公正的法律立场，为被追诉者和被害者提供一种实质上的法律保护。可考虑逐步将警察的侦查权纳入公诉权的控制和约束之下，使得检察机关拥有对刑事追诉活动的启动、进行和终止的权力，从而加强其对警察权的控制作用。三是法院要更多地介入警察权的司法审查。现实中的法院与警察机关的关系是配合有余，制约不足。在公众眼中，法院对于警察机关有着浓厚的倾向性与依附性。要发挥法院对警察权的监督作用，就是要从刑事诉讼的整体构造上入手，使法院更多地介入对警察权的审查，并确立司法最终裁决原则。司法最终裁决原则的要求是，行使司法审查的官员必须保持中立与超然，且与裁决事项没有任何利益关系，目前看，法院最适合担当这一角色。根据这一司法最终裁决原则，所有涉及个人自由、财产、隐私甚至生命的事项，不论属于程序性还是实体性，都必须由司法机构做出裁判，这种裁判具有最终的权威性。这种程序性裁决，能够在警察机关与犯罪嫌疑人之间起到缓冲作用，制约警察机关警察权的滥用。四是扩大司法审查范围。警察权基本能涉及公民的一切权利，而法院可以受理的涉及公安机关的案件，则仅限于警察侵权的行政案件，对于警察权的刑事权力与公民权利的冲突，则不能通过诉讼获得救济，这在无形之中为警察机关的刑事行为免除了本应承担的责任。为实现权责统一，就应当扩大法院受理涉及警察机关案件的范围，特别是应该将警察机关刑事强制措施的合法性审查纳入诉讼的范围。最后，我们也应认识到司法权制约警察权，只是一个制约，并不意味着司法机关就可以左右警察权的正当行使，还要保证警察权独立行使不受影响，使其合理运行在自己应该运行的轨道之内，这样才能实现警察权与公民权的和谐共存。

三、适度扩展公民权制衡警察权

第一，扩大公民知情权。我国的知情权保障尚未制度化，公民的知情权远未得到应有的重视。与之相对，随着经济体制改革的逐渐深入，由于产业重组、结构调整和利益分配诸种矛盾的影响，公民对自身的利益更加关注，对知情权的要求更加强烈。在这样的背景下，警察行政公开成为一项非常重要的制度，不仅直接关系到公民的知情权，还是公民行使其他权利的前提和基础。公安机关要按照以公开为原则，不公开为例外的要求，进一步深化警务公开，大力推行阳光警务，露天警务，除工作需要和保密事项以外，全部将相关警务信息向公民公开，落实好警务信息和相关警务工作对外公开制度化、规范化。既要大力宣传公安机关打击犯罪、保护人民、服务群众的真实情况，又要采取警情发布、安全提示等富有人性化的警务公开方式，切实保障公民应有的知情权，推进警民互动和有效沟通，增进警民关系的和谐。

第二，落实公民程序权利。应完善回避、合议、辩论、调查等程序，保证警察机关在实施警察权时能在程序上平等地对待每一位公民，排除各种可能造成不平等或偏见的因素，使每一位公民的平等权都能在法律面前对等地得以主张。警察不能不顾法律程序，强迫被告人或嫌疑人自证其罪或自证无罪，而应切实担负起举证责任。同时，在警察机关行使管理权的过程中，落实公民参与权可使公民真正参与到警察管理中，从而形成管理权与参与权的对峙。建立普遍的听证制度是保证公民参与权的关键，听证制度的根本性质就在于公民运用这些程序上的参与权利，对行政机关的违法或不当行政处罚行为进行"自卫"或"抵御"，使得其与行政机关的法律地位处于平等的境地。

第三，完善公民救济权。警察机关实施对公民权利有影响的行为后，公民要有相应的救济权。权利救济是权利保障不可或缺的重要环节，也是权利保障的最后手段。因行使警察权力使公民的权利受到侵犯的，必须对侵害行为予以改正，同时应对侵犯的权利给予补救和恢复。对因警察权的行使而产生的侵害行为进行救济，也是警察机关正确行使职权、正确履行职责的需要。按照我国有关法律的规定，因行使警察权而使公民的合法权益受到侵害要求救济的途径主要有控告申诉、提起行政复议、提起行政诉讼、提请国家赔偿。这虽已构成了我国对警察权救济制度的框架，但各项制度具体实施仍存在很多不足之处，如警察机关关于受理控告申诉的暂行规定粗糙且不易操作，还需要进一步完善。行政复议和行政诉讼的范围过窄，缺乏相关的配套制度。国家赔偿的适用范围规定得很狭窄，赔偿的额度偏低等。因此，必须扩大行政复议、行政诉讼与国家赔偿的范围，相应地提高赔偿数额，尤其是要增加精神损害的赔偿，还要加大对受害人的保护，必要时要采取举证责任倒置原则，使公民权利获得充分有效的法律救济。

四、理性公民的培养和警察执法权威的重塑

随着社会的发展，公民的素质也在提升，更加理性地看待和行使自己的权利是其趋势。人们从以义务本位的否定中走向权利本位，但又在权利本位的混乱中反思，最终必将走向义务与权利并重。就像当代美国著名法理学家、"统一法理学"的创始人博登海默指出的："历史表明，要求承认个人权利的欲望在任何时候都不可能完全从人的头脑

中消除。另外，似乎也没有一个社会能够消除公共利益的观念，因为它根植于人性的共有成分之中。""人们出于种种原因，通常都乐意使他们的自由受到某些对社会有益的控制。他们愿意接受约束，这同要求行动自由的欲望一样都是自然的，前者源于人性的社会倾向，而后者则根植于人格自我肯定的一面。"

每个人都有要求自由、被尊重和自我实现的欲望，但他们都逐步地意识到，无论如何不能把这种权利看作是绝对的和无限制的。为了社会福利，自由必须受到某些限制，否则，自己也会成为滥用自由的潜在受害者。这意味着广大社会成员的权利意识正在逐步摆脱某些非理性的因素，朝着理性的彼岸靠拢。在警民关系领域，主要体现在：

第一，对公民个人行使权利进行必要的制约。我们现阶段的法治社会建设，某种程度上是在补权利本位这一课。然而，不得不注意到权利本位的负面社会效应。冲破个人与群体、社会之间的利益平衡，造成两者相互关系的紊乱，必然导致社会弊害丛生和各种消极后果。在西方国家发展史上，伴随着生产力的飞速发展，滋生和泛滥着极端自由化、无政府主义、严重犯罪、社会道德沦丧、人际关系疏远、尔虞我诈、贫富分化等消极现象，这在某些程度上是权利本位价值模式导向的结果。在我国现阶段，在法律制度上强化权利保护的同时，要对不择手段追求私益的行为加以制约。对公民行使权利的约束，除了完善相关制度，使各种超越权利、滥用权利的行为得到惩治以外，权利观念启蒙也十分关键。要让群众理解法的原则与精神，从而培养出信仰法律和服从法律的习惯，特别是正确行使自己权利的习惯。要加强公安法制宣传，强调法治社会既要保障公民的合法利益，也要履行公民的法定义务，加强公民意识、权利义务平衡意识、警民共同体意识的培养，引导公民依法自觉履行义务，促成"理性公民"群体的形成。

第二，公正评价警察行为及绩效。在一个急剧发展变化的历史阶段，警察往往处在十分窘迫的境地，社会的重任、公众的期望都成为警察"生命中不能承受之重"。在英国，无论是警察还是犯罪学家都认为犯罪是人类社会的一种自然现象，不可能在短时间内消灭。犯罪与整个社会仿佛达成了一种协议：犯罪已成为整个社会的一种常在和稳定的组成部分，片面追求低犯罪率等于变相鼓励弄虚作假。在这些理论指导下，英国人对警察的工作成效的评价是比较理性而客观的。在我国，随着权利观念的成熟，人们应认识到社会治安是各种社会关系和矛盾交互作用的综合反映，受到社会政治、经济、文化、教育和意识形态等诸多方面因素的影响和制约，从而更加宽容、客观地看待警察的努力和成果。同时，要学会理性对待媒体炒作，不再偏听偏信媒体对警察的评价，特别是不再以个别的反面典型为依据看待整个警察群体，而是通过自己的感受对警察有一个比较稳定的、客观公正的印象。

第三，对警察权力的行使采取合作和参与的态度。现代"行政法使行政与个人或团体产生了一种指导与服务性的法律关系，来保障个人的权益。行政必须提供满足个人生活所需的引导及服务行为。"据此，现代警务应该是服务警务。而"公众对服务具有配合的义务。公共利益与私人利益是一致的。相对人为了实现私人利益，就必须维护公共利益。公共利益与私人利益关系一致性的实现和维护，不仅需要确立服务观念并由行政主体提供服务，还需要确立配合观念并由相对人提供配合。"

人们将越来越认识到公共利益与私人利益关系的一致性，自觉地履行配合义务，对警察的服务表示理解、支持、尊重、接受和同意。警民之间将在行政契约、行政事实行为和行政指导行为等层面上，建立起真正的信任与合作关系，增进相互之间的沟通。公民对警察行为的合作，不仅表现为对最终决定的接受和认可，还应该表现为对形成和做出决定的参与。相对方的参与与行政主体之间的协商讨论，不仅使该机制本身具有公正性和民主性，而且还有利于塑造公众的民主意识，营造社会的民主氛围，也有利于促进意思表示即服务内容的准确性和公正性。

五、重塑警察执法权威

警察权力是国之重器与利器，是政府其他权力正常行使的保障；警察权威是公安机关重要的软实力，在当前特殊历史时期，人民警察更要有与其庄严使命、繁重工作及其政治法律地位相称的权威。警察权威的过度下降，不仅增加警务成本，降低警务效率与效果，而且必然导致政府权威下降，甚至导致社会秩序失控，动摇社会平安稳定之基石，损害改革发展稳定之大局，最终损害最广大人民群众的根本利益，所以必须高度警惕警察权威沦落给社会安定、政权稳固和民警安全带来的严重后果。公安机关和广大民警既要苦练内功又要善谋外势，以政治的清醒与法治的理性，采取得力措施，从法律、政治、舆论、教育等各方面重建和强化新时期的警察权威。

第一，以执法公信力强化警察权威。要进一步树立与加强执法权威，警察首先必须严格、公正、文明执法，保障警察权力在法治轨道上有序运行，加强公安机关核心职能建设，提升公安机关公信力。一要狠抓执法规范化建设，提升民警执法水平。进一步健全完善各项执法制度，增强可操作性，从程序上、实体上规范民警的执法活动，从源头上遏制执法的随意性，有效防止民警滥用自由裁量权。针对当前执法活动中最容易发生问题的环节，如交警违法、治安盘查、武器警械使用、群体性事件处置等，抓紧制定简易可记、操作性强的程序和标准规范。进一步改进执法方式，从言行举止、方式方法上规范执法行为，实行规范上岗、标准作业，杜绝态度生硬、方式粗暴等不良现象，任何情况下都保持理性、平和、文明、规范，最大限度地减少不安全、不稳定、不和谐因素，最大限度地协调和平衡利益关系，避免站在群众对立面，避免因执法不当、处置不妥授人以柄。进一步加强执法监督，完善执法活动内外监督机制，从机制、制度上约束和规范民警的执法行为，从网上录入、审批、办理到结案等各个环节实现对民警执法办案的全程监督，坚决纠正并查处执法不文明、不公正、不作为、乱作为等违法行为。继续加强对"五条禁令"、《内务条令》等警规警纪执行情况的专项督察。加大对刑讯逼供、滥用枪支警械、滥用强制措施的专项治理力度，严格按照"谁办案、谁负责、谁出问题、谁负责"的责任落实追究机制，强化责任意识，强化整改措施，切实有效地解决突出问题，始终保持严查各种违法违纪行为的高压态势。进一步贯彻宽严相济的刑事司法政策，对情节轻微、主观恶意不大的犯罪及未成年人犯罪等，依法从轻处理，尽可能减少社会对立面，实现法律效果和社会效果的统一。二要充分高效履行公安机关打击、服务、管理职能。既要把握好稳定是第一责任的要求，注重打击敌人、惩治犯罪，维护国家安全和社会稳定，又要贯彻好人民公安为人民的宗旨，注重保护人民、服务群众，保障广大人民群众安居乐业。打击犯罪是公安机关的主业，要以深化刑侦改革、构建打击犯罪新机制为抓手，着力增强其破案能力，依法重点打击影响人民群众安全感的暴力犯罪、多发性侵犯犯罪、涉众性经济犯罪、黑恶势力犯罪等，既要多破案、破串案、破大案，又要重防范、重小案、重追赃。社会管理和公众服务是公安机关的重要职能，要不断增强服务意识和服务能力，寓管理于服务之中，加强和改进对实有人口、虚拟社会、社会组织的管理与服务工作，不断出台新的便民利民惠民措施，为人民群众提供优质高效的公共服务。针对当前企业经营困难、就业形势严峻等问题，结合公安职能，尽最大努力为企业服务，为外来人员、高校毕业生、下岗失业人员服务，通过与政策职能部门的管理衔接和工作联动，尽可能提供关爱和救助。三要提高民警素质。民警素质的高低直接关系到执法权威的塑造，关系到公安机关执法能力建设的成败。要针对不同警种需要，结合不同岗位特点，采取多层次、多规格、多种教育训练形式，组织民警特别是窗口单位的民警进行强化训练，提高实战技能，加强自身执法规范，不断提高公安民警的法律素质和执法水平。

第二，完善法制，为重塑警察执法权威提供法律依据和支持。必须使全社会形成尊重警察就是尊重国家权威、保护警察就是保护人民自己、监督警察就是监督国家公权力不被滥用的共识。对警察权力的限制，并不意味着改变警察权力的强制性，更不能沿袭运动式整顿和情绪化反击的方式。警察的人性化执法并不能理解为软弱可欺，而应体现为理性的威严。警察权力与其说需要限制，不如说需要进一步依法明确，并依法保障其充分有效地行使。一要通过法律法规的完善，明确对袭警行为法律责任的追究，为解决袭警问题提供法律依据和支持。暴力袭警案件频发的原因是多方面的，其中重要的一点是法律对袭警行为的规定不足，大多按照妨碍公务罪处理，达不到威慑犯罪的效果。警察代表国家执法，享有和履行法律赋予的权利和义务。袭警行为既侵犯了人民警察的生命、健康权利，又侵犯了人民警察代表国家依法执行公务的权力。同时，人民警察执行公务的危险性和特殊性，明显区别于一般国家机关工作人员。人民警察负有法定职责上的特殊义务，保障人民警察依法执行职务活动的正常进行是完成人民警察法定义务的必要条件，需要有特殊的法律保护。因此，刑法应当对人民警察执法提供特殊的保护，这种特殊保护也是对国家法律和执法权威的保护。二要通过完善和细化现有的法律法规和制度，对人民警察依法使用武器警械的权力给予充分的保障。尽管我国《人民警察法》和　　《人民警察使用警械和武器条例》对人民警察使用武器做了规定，但在现实斗争中，情况复杂多变，致使这些相关法律法规难以发挥其应有的作用。当前需要的是对人民警察合法使用武器给予更加细致的规定以给其充分的保障。例如北京市朝阳公安分局针对民警在执法中接连遇到暴力抗法等不法侵害，首次设置了三级、二级、一级和特级处置预案。其中特级处置预案要求：当公安民警在执行追逃抓捕刑事犯罪嫌疑人、巡逻盘查嫌疑人等任务中发生枪击、暴力围攻等袭警案（事）件时，巡警支队机动巡逻队可携带武器赶赴现场先期控制事态，在必要情况下可调动增援警力或报请市局指挥中心调动特警队支援，明确遭暴力围攻时可开枪，可以说，这是对人民警察使用武器权的最大保障。三是补充、完善对妨碍民警执行公务行为的种类及其处罚的立法。对辱警等妨碍民警执行公务的各种行为，《人民警察法》应结合《刑法》和《治安管理处罚法》的相关条文，明确设定相应的处罚种类，分别规定相应的处罚幅度。

第三，完善现代警务机制，以警务绩效强化警察权威。一要树立正确的政绩观和稳定观，彻底改变和扭转不分场合打不还手、骂不还口的不适当观念。公安民警在执行警务过程中遇到阻碍执法情况时实施强制措施，受到暴力袭击时依法使用暴力手段，是法律赋予公安机关的权力，是公安机关作为国家暴力工具的具体体现。国家暴力不是社会和谐的敌人，而恰恰是促进社会和谐的手段，正确地使用国家暴力有利于促进社会和谐，并保证国家和社会持久的和谐稳定。强调国家暴力正当性，并不意味着崇尚警察使用暴力，对公安机关内部存在的滥用权力、滥用暴力、过度使用暴力的情况毫无疑问应坚决制止和查处，但也不能因个别民警一时一事的疏漏和过失搞所谓打枪入库，放弃公安机关作为国家暴力工具的特征。二要规范各种非警务活动，有效避免和防止警民冲突。应坚决排除地方保护主义和部门本位主义对公安执法活动的干扰，不能随意动用专政手段处理人民内部矛盾、随意指派公安机关参与非警务活动。为此，必须健全警务工作制度，进一步规范各种非警务活动，从公安机关的职责任务出发，严格界定警务活动与非警务活动的界限。在《人民警察法》的基础上，进一步明确界定警察不能介入、不能参与、不能从事的活动，防止大量非警务活动的产生，避免与群众形成的无谓对立，严肃追究滥用警力行为的领导责任。2009年，湖南省公安厅对将制定出台的《公安机关不得参与非警务活动的若干规定》征求意见，征求意见稿中将"非警务活动"界定为公安机关超越《人民警察法》第6条规定的人民警察职责范围而参与的有关活动。同时规定使用警力的法定程序，严禁个别单位和领导超越法律随意指派民警从事超越法定职权的活动。严格请示报告制度，凡调动警力参与重大非警务活动的，必须逐级上报、严格审批。对擅自决定、组织非警务活动的，规定了追责的办法。这是湖南警方对合理用警的一次积极探索。三要合理界定民警职责，避免警力资源浪费。警力是一种社会资源，应付无休止的职责范围外的求助，是对社会资源的极大浪费。同时，公安机关不是万能的，大量的民事纠纷调解工作不可能、也不必要全部由公安机关来承担，应充分发挥各级民事调解机构的作用。通过合理界定民警职责，明确哪些事情民警该管，哪些事情民警不该管，对于公安机关管不了也管不好的求助应指定具体部门受理。同时，要精心制定公安机关公开承诺的便民利民措施和窗口单位服务规范，划定合理的服务界限，提升公安机关文明服务水平，以赢得群众的信赖和支持。四要加强社区警务，实现警民合作。改革社区警务模式，把社区警务作为构建和谐警民关系的基本平台、维系警民关系的纽带，积极发动、组织、挖掘民力，把公安的专业优势转化为全体民众自我防范能力的优势，整合治保会、保安队、义务巡逻队等力量，展开邻里守望，健全社区群防群治网络。结合开展全国公安民警大走访爱民实践活动，经常深入社区开展调查走访、宣传发动、警情通报、公众安全服务、排查调处矛盾纠纷等工作，依托社区资源发现和解决社区治安问题。完善与政府派出机构、企事业单位、居民自治组织共管共治的合作机制，形成警种协作、警企联防、警民共建的社会联防体系。

第四，加强警察公关意识，完善交流顺畅的沟通机制。警民关系和谐的前提是交流和理解，警务对接民众需求的重要途径是沟通。应着力提高警方与媒体、社会、群众联系沟通的能力，按照及时、主动、准确、统筹的原则，引导社会舆论，树立警方良好形象，赢得公众理解和支持。一是实行警务公开，接受群众的监督，增强警务工作的透明度、公信度和亲和度。二要完善公安听证、复议和诉讼等制度化的沟通机制，倾听群众意见，平衡各种利益关系，化解纠纷，解决矛盾。三是完善警方危机舆情处置机制，引导社会舆情。强化突发事件处置中的信息发布与媒体应对，有理有据有节地明确回应涉警疑问，坚决驳斥对警察的不实攻击。要从行政、法律上规范网络媒体的编辑行为，坚决防止少数网络媒体为增加点击率而设置污蔑性议题，挑拨、操纵、放纵过激言论黑化警察，维护警民互信与良性互动，从而强化警察权威。四是正确定位警察公共关系口号。在一项对公安基层所队建设情况调查问卷中显示，在民警中认为"有困难找警察"这句话比较合理以及很合理的共占4.7%，认为不太合理以及很不合理的占88.6%。而相同的问题在群众中的答案却截然相反，群众中认为这句话比较合理以及很合理的占65.8%，认为不太合理以及很不合理的占6.9%，剩下27.3%的群众虽然选择一般，但是意味着对该说法的认同。这说明，一方面当前各个警种都对有困难找警察这一口号非常抵触甚至厌倦，而群众对警察工作又存在很高的期望。但这两者之间并不矛盾，完全能找到衔接点。应正确定位警察公共关系口号，改"有困难找警察"为"有警务找警察"，并加以宣传，达到群众认知和民警减负的双重效果。

第五，加大警务保障力度。提供可靠的警务保障，投入精良的武器装备，把民警从人海战术、手工操作的落后工作方式中解放出来，减轻工作压力，增强民警打击犯罪的信心和勇气。加强执法防护装备建设。建立公安民警在进行盘查、查验证件、传唤拒捕、使用武器警械等执法活动时有全国统一的、有法律强制力的装备配置标准，努力配备制止犯罪的武器警械，为提高公安机关执法能力提供科技和物质保障。

警民关系是以法律为"平衡器"的关系，即警察依法行政，群众依法行权。可以说，警民关系的实质是警察权与公民权的关系。在警察执法领域，这一对典型的公权与私权既相互依存，又彼此消长，对立统一，从而在警民关系上呈现出和谐、冷漠或是冲突的状态。在当前的社会现实下，警民关系还存在着许多不理想之处。在许多领域内，警察权力与公民权利处于失衡状态，表现出两种典型的特征：一是警察权运行中侵害公民的合法权益。现实中主要表现在：刑讯逼供、超期羁押、滥用职权、玩忽职守等现象。这些现象的存在，不仅是对公民权的践踏，更是对公安队伍执法形象的极大损害，直接影响了国家法律的严肃性和权威性，酿成了社会不安定因素。究其原因，来自多个方面。警察权与公民权失衡的第二种状态是公民权超越法定界限主张，警察权在法定范围内运转。在这种状态下，公民个体突破公民权利的法定范围，打着"公民权利"的旗号向警察权挑战，以公民个体的法外利益对抗社会整体利益。具体来讲，主要有以下几个方面：暴力袭警，滥用请求帮助权，滥用投诉权，对警务活动配合少、误解多。究其原因，可以总结出社会转型期矛盾凸显、权利意识与公民素质失衡、立法不完善、公安机关做出不适当的"有求必应"承诺、部分公众乃至公安机关自身将"人性化执法"误读为"软弱执法"以及涉警舆论有失偏颇等来自经济、政治、法律、体制等多个方面的因素。我国现阶段的警民关系，在不同时空、不同地域、不同主体的具体社会关系中，呈现出这两种特征同存共容、交替出现的现象。而无论是警察权与公民权哪一端处于失衡状态，都是警民关系不和谐的表现。而不和谐警民关系又具有恶性循环的特点：要么是警察权用铁腕政策对付公民，从而变得更加孤立，滑向失去正义性的暴政；要么是公民权的泛滥导致防御型警务的进一步自我封闭和退缩，而警察机关的无能受到越来越多的责难。无论是哪种情况，结果都是使警民关系的进一步恶化，从而演变成直接的警民冲突，正常秩序的崩溃，直至危及社会和谐稳定的基础。

建立和谐警民关系就是要使警民关系达到一种对等平衡的境界，如平衡论所提出的"既要保障警察权的有效实施，又要防止警察权的滥用或违法行使；既要保护公民的合法权益，又要防止公民权的滥用或违法行使。警察权与公民权之间维持着总体的平衡"。因此，应建立一种权利义务平衡的新型警民关系：为了维护公共利益，必须赋予

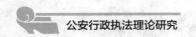

公安机关必要的权力，并维护这些权力有效地行使，以保证正常的社会治安秩序；必须维护公民的合法权益，重视公民参与和权力补救，以及对警察权进行监督；无论是对警察权还是公民权，都应既制约又激励。

基于此，应从合理规制警察权适度扩展公民权和着力培养理性公民并不断重塑警察执法权威两方面入手构建和谐警民关系。就第一个方面而言，可从以下方面制约警察权：加强对警察权的立法控制，尽量缩小警察的自由裁量权；严格执法程序，实行警务公开；改革公安机关管理体制，分离警察刑事司法权和行政执法权；加大经费投入，保障警察权有效运作；培养执法主体权利保障意识，从思想源头上根除和杜绝损害群众利益的现象发生；完善内外部监督机制防止警察滥用权力。而就适度扩展公民权来说，目前，应扩大并切实保障公民的知情权，推进警民的互动和有效沟通；落实公民程序权利，排除可能造成不平等或偏见的因素；完善公民救济权，对受侵犯的权利给予应有的补救和恢复。对于构建和谐警民关系的第二个方面而言，应着力于对公民个人行使权利进行必要的制约、培养公民公正评价警察行为及绩效和对警察权力的行使采取合作参与的态度三点促成"理性公民"群体的形成。在重塑警察执法权威上，应从法律、政治、舆论、教育等各方面重建和强化新时期的警察权威。具体而言，应加强公安机关核心职能建设，强化执法公信力；完善法制，依法保障警察权力充分有效地行使；完善现代警务机制，提高警务绩效；加强警察公关意识，完善交流顺畅的沟通机制；加大警务保障力度，为提升公安机关执法能力提供科技和物质保障。构建和谐警民关系，需要以上两大方面的共同努力，从而实现既激励警察权的积极作为，又抑制其"攻击性"；既充分保障公民权利，又规范其行使，确保公权不滥用、私权不逾规，最终实现警民关系和谐共生。

第四部分

公安行政执法主体及其管理体制

第一节　公安行政执法主体概述

在国家政权中，警察机关与军队、法庭、监狱等，都是国家机关的重要组成部分，是统治阶级专政的工具。警察机关是国家意志的忠实执行者，是国家政权的捍卫者，代表国家行使管理权，履行专政与民主职能。我国警察机关的根本性质是由我国社会主义的国家性质所决定的。我国是以工人阶级领导的，以工农联盟为基础的人民民主专政的社会主义国家。我国警察机关是国家政权的重要组成部分，是人民民主专政的工具，发挥着对敌人实行专政，惩治犯罪，保障人民民主权利，维护社会治安秩序，保护社会主义经济建设的重要职能，执行着上升为国家意志的广大人民群众的意志，以及由此而形成的国家法律、法规；是负责保卫国家安全，维护社会治安秩序，打击刑事犯罪的专责机关；是维护国家主权，保护公民人身权利、财产权利和其他合法权利，保卫经济建设，巩固人民民主专政的重要工具。就我国警察机关依法履行的职能看，它具有行政、刑事和军事三方面的基本职能性质。

根据现行宪法、法律及有关组织法的规定，警察机关中的公安机关、国家安全机关、监狱管理机关以及专业公安机关等，是行政机关的职能部门，是国家行政机关的重要组成部分，是代表国家的行政主体。我国的警察机关担负着国家、警察行政管理的任务，在国家管理中，警察机关依照宪法和法律的规定，负责有关国籍、户籍、居民身份证和枪支弹药、部分刀具、易燃易爆、剧毒腐蚀性物品等危险物品的治安管理和负责公

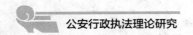

共场所、特种行业的治安秩序管理；负责出入境、道路交通、消防监督、边防等警察行政事务管理，通过行使国家赋予的行政职权，采取警察行政管理的方法和手段，以维护社会公共秩序和国家安全。

一、公安机关

公安机关是指国家为行使警察权，实现警察职能而设立的执行、实施国家公安法律、法规，管理国家公安事务的行政机关。公安机关是国家政权的重要组成部分，是根据宪法和法律，由国家设置的行政机关。设立公安机关的目的在于实施国家法律、法规，管理国家公安事务，履行公安行政职能和部分刑事职能，行使国家赋予的警察权力，实现国家的特定目标和任务。公安机关及其人民警察所享有和行使的权力是国家以宪法、法律和行政法规的形式授予的。

公安机关作为国家行政机关的一个组成部分，代表国家"行使警察权力，履行警察职能"。公安机关具有如下特征：

（1）公安机关是国家行政机关。其性质决定了公安机关是执行和实施国家法律和行政法规的机关，它的大量活动是进行国家行政管理和行政执法。这表明公安机关不同于国家权力机关和司法机关。

（2）公安机关行使国家警察权，履行警察行政职能和部分刑事职能，因此，公安机关警察权行使的范围不仅限于警察行政管理和行政执法，该特征表明了公安机关又不同于其他行政机关。

（3）公安机关以主动的、直接的公安行为作为主要活动方式。公安机关在执行和实施国家公安法律、法规时，其行为方式具有特殊性。公安机关在保障国家安全，维护社会秩序，促进国家经济建设等方面，通过采取主动、直接的公安行为实现其职能。这与其他任何国家机关、社会组织、企事业单位的活动方式不同。

公安机关是国家行政机关，根据其管理对象和范围，分为外部管理机关和内部管理机关。外部管理是指公安机关依据法定职权，对公安机关以外的社会公安事务进行行政管理，管理对象包括公民、法人、其他国家机关及社会组织；内部管理是指依法对公安机关内部机构和人员进行管理。不同的公安机关应在法定的职权范围内进行管理和行政执法活动，各自不得超越职权。

二、我国警察的种类

在我国，人民警察是指经过法定程序任命或录用的，在公安机关或公安组织中依法行使警察职权，履行警察职责，执行警察任务的公务人员。我国的人民警察包括：公安机关、国家安全机关、监狱、劳动教养管理机关的人民警察和人民法院、人民检察院的司法警察。根据公安机关人民警察的任务和业务性质，具体分为：

1. 户籍警察

户籍警察即专门从事户籍管理的人民警察。这类警察的任务是专门依法管理户口和居民身份证；发现违法犯罪线索，预防和制止违法犯罪活动；维护社会治安和公共秩序。主要职责是：管理户口和居民身份证，教育群众遵守户口登记制度和户口政策，了解掌握本区域人口变动和居住人口情况；管理重点人口，做到及时发现，落实管理措施，预防和控制违法犯罪活动；依法监督、考察和教育改造被判处管制、剥夺政治权利、宣告缓刑、假释、监外执行的罪犯，对被监视居住的人执行监视；组织指导群众治保工作，向群众进行法制教育，协同有关部门教育、感化和挽救有违法和有轻微犯罪行为的人；就地查处治安案件，保护重大案件的现场，提供破案线索，协助上级机关侦破案件等。

2. 治安警察

治安警察即专门从事治安管理的人民警察。这类警察的任务是维护社区的安全，查处治安案件，进行治安巡逻，维护社会治安秩序，保护公共财产和公民的合法权益不受侵犯。主要职责是：预防、发现和控制各种违法犯罪活动，预防、查处各种治安灾害事故；预防、查处治安案件和各种违反治安管理的行为。治安警察的管理范围包括对旅馆、刻字、收购、典当寄卖等特种行业的治安管理，对枪支、弹药、管制刀具以及危险物品的治安管理；对公共场所重点地区的治安管理等。

3. 刑事警察

刑事警察即专门从事刑事犯罪侦查的侦查人员和与此有关的警察人员。我国刑事警察包括专门从事刑事侦查工作的侦查人员，以及专门从事痕迹、文件、法医检验、刑事化验、警犬驯导等刑事科学工作的警察人员。其主要任务是预防、揭露和打击刑事犯罪活动，侦破刑事案件，保护公民人身财产安全，保护社会主义制度和社会主义经济建设的顺利进行。刑事警察的主要职责是刑事执法活动。

4. 外事警察

外事警察即专门负责管理外国人在我国定居、居留、旅游和中国公民因私出境等事务的警察人员。外事警察代表国家行使对在我国境内外国人的管理。其主要任务是依法对外国人入境、出境、居留、旅行进行管理，依法保护外国人的合法权益，发现、制止和处理在华外国人的违法犯罪活动，保护国家安全，以及处理有关国籍问题等。

5. 经济警察

经济警察通常是指在我国大型、重要的企事业单位中专门负责治安、安全的警察人员。在我国，经济警察担负着厂矿企业、重要物资仓库、重要建设工程、要害部门的守卫，押运机密产品和危险、贵重物品，维护厂区的治安秩序。

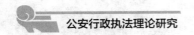

6. 交通警察

交通警察即专门负责维护交通秩序，保障交通安全，管理有关交通事务的警察人员。其主要职责为：对车辆进行登记、检验；对驾驶人员进行考核、审验、发放牌证；对行车、行人等交通秩序进行指挥管理；纠正交通违章，处理交通事故、道路上的治安案件和其他案件，进行交通警卫，确保交通安全，对群众进行交通法规、交通安全的宣传教育等。

7. 航运警察

航运警察即专门负责管理海洋、内河航运秩序与安全，维护港口、码头治安秩序的警察人员。其主要职责为：负责船舶、港口、码头的治安行政管理，打击各种犯罪活动，确保航行运输和旅客生命财产的安全。

8. 民航警察

民航警察即专门负责维护航空场站、航空器和空中运输安全和治安秩序的警察人员。其职责为：预防和打击各种刑事犯罪分子对民用航空器、设备的破坏活动；加强监督管理，防止治安灾害事故发生，维护机场的交通秩序和安全。

9. 铁路警察

铁路警察即专门负责铁路安全保卫，维护铁路治安秩序，依法进行铁路公安行政管理的警察人员。其主要职责为：依法对铁路内部的车站、货场，列车内的人员、旅客、货物进行治安行政管理，预防和打击各种犯罪分子的破坏活动，积极开展同治安灾害事故的斗争，维护铁路内部车站、列车的治安秩序，确保运输过程中旅客的生命与财产的安全。

10. 林业警察

林业警察也叫森林警察，是指负责维护和确保森林生产安全和林区社会治安秩序的警察人员。其主要职责为：防止和制止危害森林和破坏森林资源的行为，保护国家森林资源，打击破坏森林的犯罪分子；维护林区的社会治安秩序，依法保护森林的安全。

除上述之外，我国人民警察还包括司法警察、监狱警察、武装警察、边防警察和消防警察等。

三、警察人员

公安机关的警察人员是我国警察队伍的主力军，在公安行政执法过程中应是当然的执法主体。公安机关的人民警察是指经过法定程序任命或录用的，在公安机关中依法行使警察职权，履行警察职责，执行警察任务的人员。警察人员具有如下特征：

1. 警察人员任职于公安机关

警察人员是在公安机关工作的人员，是公安机关的在编人员，这是公安警察人员的范围。根据这个范围，警察人员不包括其他国家机关、企事业单位和社会组织中的工作人员，而主要是指属于行政机关体系中的公安机关的工作人员。但是，在一些国家机关、企事业单位和社会组织中，设置有行使警察职权的组织机构或专职人员，他们是根据法律授权或公安机关的委托，行使一定的警察职权，是在依法设置的公安组织或机构中工作的人员。因此，他们也应属于警察人员，是警察人员中的一种特殊情况。

2.警察人员是以公安机关的名义依法行使警察权和执行警察任务的

公安机关是国家为实现一定目的而设立的专责机关。警察人员是以公安机关的名义，代表国家行使警察权力，执行警察任务的。这就要求警察人员必须严格依法行使职权，按照国家法律规定进行活动，绝对不允许违法越权或滥用权力。警察人员以公安机关的名义，代表国家进行行政执法活动，并不是以自己个人名义进行活动。因此，警察人员的行为是一种职务行为，具有法律约束力，能产生法律后果，其行为的效力和后果则归属于国家的公安机关承担。如果警察人员超越法定权限或以个人名义实施行为，则不具有这一特征，其行为后果只能归属于个人。

3.警察人员是经法定方式和程序任命或录用的

一般认为，严格意义上的警察人员应属于国家行政机关工作人员，是行使国家行政权力，执行国家公务的人员，即公务员。按照公务员分类的标准，可以由两类人员构成：一种是依法任命的人员；另一种是依法定程序录用的人员。这两种人员的主要区别在于产生的方式、任职期限、担负的职责以及监督、管理、考核的方法等不同。因此，警察人员也大致分为两类：一类是由上级机关依法任命的警察领导人员，他们有一定的任期，主要从事领导决策工作，接受任命机关以及社会广泛的监督与考核；另一类是一般警察人员，他们主要是经过法定程序招考录用的，没有任期限制，从事具体法律、法规的执行工作，由公安机关内部进行管理考核。

需要指出的是公安机关特别是基层公安机关招聘的合同制警察、治安联防队员以及为数不少的临时雇用人员不具有国家公务员的身份，没有行政执法权和刑事执法权，不属于警察人员的范围，不是执法主体。

第二节　从我国现行公安管理体制看公安行政执法主体存在的问题

一、我国公安行政执法体制现状

在现代社会中，行政管理应该是规范化、制度化管理，即行政管理应当有法可依，有章可循，这是建立法治国家的基本要求。公安行政管理同样也必须纳入法制化的轨道。建立和完善公安行政执法法规体系是公安行政执法工作依法进行的基本要求和重要保证。目前，我国已经初步建立了比较完善的公安行政执法体系：一方面，大量一般性的法律规范如《行政处罚法》《行政许可法》《行政诉讼法》《国家赔偿法》《行政复议法》《行政监察法》《信访条例》等对公安行政执法行为的设定、实施及监督救济等做出了一般性的规定；另一方面，在公安行政执法的每个领域如治安管理、道路交通管理、消防监督管理、户籍管理、出入境管理、计算机信息系统监管等方面都有了相应的专门的法律规定，如《治安管理处罚法》《道路交通安全法》《集会游行示威法》及其《实施条例》《消防法》《居民身份证法》《外国人入境出境管理法》《公民出境入境管理法》等。此外，还有大量的公安行政法规(如《户口登记条例》《强制戒毒办法》《卖淫嫖娼人员收容教育办法》《边防检查条例》《计算机信息系统安全保护条例》《公安机关督察条例》等)地方性法规、规章及其他规范性文件等。上述专门性法律规范对公安行政执法权的范围、行使、监督救济、法律责任等都做了具体规定。

1. 明确了行使公安行政执法权的实体设置

目前我国公安行政执法权的实体设置，应当说基本符合公安机关履行职责、实施公安行政管理的需要。所谓公安行政执法权的实体设置，就是指法律规范规定公安机关有哪些行政执法权力。公安机关的权力与其职责密不可分，职责是权力的前提，有多大的职责就应当有多大的权力。《人民警察法》第6条明确规定了人民警察应当履行的行政职责具体包括：预防、制止和侦查违法犯罪活动；维护社会治安秩序，制止危害社会治安秩序的行为；维护交通安全和交通秩序，处理交通事故；组织、实施消防工作，实行消防监督；管理枪支弹药、管制刀具和易燃易爆、剧毒、放射性等危险物品；对法律、法规规定的特种行业进行管理；警卫国家规定的特定人员，守卫重要的场所和设施；管理集会、游行、示威活动；管理户政、国籍、入境出境事务和外国人在中国境内居留、旅行的有关事务；维护国(边)境地区的治安秩序；对被判处拘役、剥夺政治权利的罪犯执行刑罚、监督管理计算机信息系统的安全保护工作；指导和监督国家机关、社会团体、企业事业组织和重点建设工程的治安保卫工作，指导治安保卫委员会等群众性组织的治安防范工作；法律法规的其他职责。为了使公安机关能够充分履行上述行政职责，就必须赋予公安机关充分的权力。以公安行政执法的主要形式即公安行政处罚、公安行政强制、公安行政许可与公安行政检查为例，介绍相关法律规定。

(1)公安行政处罚权的实体设置。《行政处罚法》作为规范行政处罚的基本法律，对行政处罚权的设定当然适用于公安行政处罚。根据《行政处罚法》的规定，行政处罚的种类包括警告、罚款、没收违法所得、没收非法财物、暂扣或者吊销许可证、执照、行政拘留等。对于上述处罚的种类，公安机关都有权实施，而且《行政处罚法》还明确规定，限制人身自由的行政处罚只能由公安机关行使。当然，《行政处罚法》的规定只是一般性规定，公安机关具体拥有哪些公安行政处罚权，包括处罚的行为、种类、幅度等，还需要由专门的公安行政法律规范进行规定。

2006年3月1日实施的《治安管理处罚法》对公安机关拥有的治安管理处罚权做了明确授权。根据该法规定，扰乱公共秩序，妨害公共安全，侵犯人身权利、财产权利，妨害社会管理，具有社会危害性，尚不够刑事处罚的，由公安机关依法给予治安管理处罚。治安管理处罚的种类包括警告、罚款、行政拘留、吊销公安机关发放的许可证以及对违反治安管理的外国人可以附加适用的限期出境或者驱逐出境。该法第三章共用五十三条内容具体规定了违反治安管理的行为和相应处罚。与《治安管理处罚条例》相比，《治安管理处罚法》增加了违反治安管理行为的种类，提高了罚款的幅度，由条例规定的一般最高200元罚款改为最高1000元罚款，同时还明确规定单位违反治安管理的，除对其直接负责的主管人员和其他直接责任人员依照治安管理处罚法进行处罚外，还可以依照其他法律、行政法规的规定对单位实施处罚。《治安管理处罚法》的上述规定明确了公安机关治安管理处罚方面的具体权力。

2004年5月1日实施的《道路交通安全法》明确规定，国务院公安部门负责全国道路交通安全管理工作，县级以上地方各级人民政府公安机关交通管理部门负责本行政区域内的道路交通安全管理工作。该法规定，公安机关交通管理部门及其交通警察应当依据事实和本法的有关规定对道路交通安全违法行为予以处罚。处罚种类包括：警告、罚款、暂扣或者吊销机动车驾驶证、拘留。该法第八十九条至一百零六条内容具体规定了道路交通安全违法行为的种类及相应的处罚。《道路交通安全法》的上述规定明确了公安机关在道路交通管理中的处罚权。此外，《消防法》《居民身份证法》《集会游行示威法》《外国人入境出境管理法》《公民出境入境管理法》《计算机信息系统安全保护条例》等法律、行政法规对违反相应公安行政法律规范的行为都规定了具体处罚，在此不再详述。

上述法律规范对公安行政处罚权的赋予，保证了公安机关能够通过对违法行为人进行制裁，达到维护社会秩序，保障公共安全，保护公民、法人和其他组织合法权益的目的。

（2）公安行政强制权的实体设置。公安行政强制权包括公安行政强制措施权与公安行政强制执行权。公安行政强制措施，是指公安机关为了维护社会秩序，预防、制止社会危害事件与违法行为的发生与存在，依照法律、法规规定，针对特定公民、法人或者其他组织的人身、行为及财产进行约束或处置的限权性强制行为。根据所强制的对象的不同，公安行政强制措施主要分为以下几种：①限制人身权的公安行政强制措施，包括当场传唤、盘问检查（包括现场盘查和继续盘问）、强制约束、强行驱散、强行带离现场、强行遣送、强制治疗、强制戒毒等；②限制财产权的公安行政强制措施，包括先行登记保存、检查、扣押（扣留）暂扣交通事故车辆、嫌疑车辆、车辆牌证等；③针对证件的公安行政强制措施，包括暂扣机动车驾驶证或行驶证、扣留居民身份证、收缴居民身份证等；④针对经营权利的公安行政强制措施，包括限期整改、暂时收回许可证（中止）；⑤其他公安行政强制措施，如紧急征用、紧急排险、交通管制、现场管制、封闭、戒严（2004年我国第四次宪法修正案将其修改为"紧急状态"）等。对于上述公安行政强制措施，我国《人民警察法》《治安管理处罚法》《集会游行示威法》《道路交通安全法》《居民身份证法》《消防法》全国人大常委会《关于严禁卖淫、嫖娼的决定》与《关于禁毒的决定》《计算机信息系统安全保护条例》《强制戒毒办法》等法律规范都做了明确授权，以确保公安机关有足够的手段预防、制止、查明违法行为，维护社会秩序，保障人权。

根据公安机关采取强制措施的紧迫程度，还可以将公安强制措施分为即时强制措施与一般强制措施。前者包括当场传唤、盘问检查（包括现场盘查和留置盘问）、强制约束、强行驱散、强行带离现场、扣押（扣留）当场对物品和场所的检查和紧急征用等。

公安行政强制执行，是指在当事人拒不履行已生效的、具体的公安行政执法行为的情况下，公安机关自身或者申请人民法院依法采用强制手段，迫使当事人履行义务，或者达到与其履行义务相同状态的行政强制行为。根据执行的方式不同，可分为直接强制执行与间接强制执行。直接强制执行主要包括强制传唤、强制拘留、强制拆除、强制清除、强制抵缴等。《行政处罚法》《治安管理处罚法》《道路交通安全法》《公安机关办理行政案件程序规定》等对上述执行方式做了明确规定。间接强制执行主要包括代履行与执行罚两种。例如，《消防法》规定，对埋压、圈占消火栓或者占用防火间距、堵塞消防通道的，应当责令其限期恢复原状；对逾期不恢复原状的，应当强制拆除或者清除，所需费用由违法行为人承担。执行罚是指公安机关对拒不履行义务的当事人规定新的义务，以促进其履行原公安行政行为所设定义务的执行方式。例如，《行政处罚法》规定，对到期不缴纳罚款的，每日按罚款数额的3%加处罚款，此处3%的罚款就属于执行罚。

（3）公安行政许可权的实体设置。公安行政许可是指公安机关根据公民、法人或者其他组织的申请，经依法审查，准予其从事特定活动的行为。公安机关作为国家重要的行政执法部门，法律、法规赋予其许多行政许可权，在今后相当长的时间内，实施公安行政许可依然是公安机关依法对社会和经济等相关事务进行监督管理的有效手段之一。2004年7月1日施行的《行政许可法》对行政许可的适用范围做了一般性规定，其内容适用于公安行政许可。当前，与公安机关有关的行政许可事项主要集中在治安管理、交通管理、消防监督、出入境管理、网络监察等业务部门，其法律依据主要包括《民用爆炸物品管理条例》《枪支管理法》《消防法》《居民身份证法》《集会游行示威法》《外国人入境出境管理法》《公民出境入境管理法》《计算机信息系统安全保护条例》以及有关特种行业的法律规范等。由于上述法律规范大多是在行政许可法实施前就存在，因此有些内容与《行政许可法》的规定不一致。对于与《行政许可法》规定不一致的内容，必须及时进行修改或废止。

（4）公安行政检查权的实体设置。公安行政检查，是指公安机关依法对公民、法人或者其他组织遵守公安行政法律规范的情况进行监督、检查、督促、纠正的行为。它是公安机关实施行政管理的重要手段，属于公安机关的日常性工作，主要包括治安检查、消防检查、道路检查、居民身份证检查、边防检查、计算机信息系统检查等，《人民警察法》《消防法》《道路交通安全法》《居民身份证法》《边防检查条例》《计算机信息系统安全保护条例》等法律规范对此做了具体规定。

2. 规范了公安行政执法权力的行使程序

公安行政执法权力的行使程序是指法律规范规定公安机关行使公安行政执法权力所应当遵循的方式、步骤、顺序、期限等规则的总称。目前，在所有公安行政执法权力中，程序制度比较完善的就是公安行政处罚与公安行政许可。《行政处罚法》规定了行政处罚的基本程序，即简易程序与一般程序，确立了一系列处罚程序制度，包括：（1）告知制度，即在处罚过程中必须表明执法身份，必须告知处罚的事实、理由和依据，必须告知陈述权、申辩权、申请听证权；（2）陈述申辩制度，即应当听取当事人的陈述、申辩，不得因当事人陈述、申辩而加重处罚；（3）听证制度，即在做出责令停产停业、吊销许可证与执照、较大数额罚款处罚决定之前，必须告知当事人有申请听证的权利，当事人申请听证的，应当举行听证会等，上述程序要求同样适用于公安行政处罚。此外，《道路交通安全法》《治安管理处罚法》《公安机关办理行政案件程序规定》《道路交通安全违法行为处理程序规定》等法律规范对公安机关办理治安案件、道路交通案件的程序专门做了规定。尤其是《治安管理处罚法》一方面规定了治安处罚的简易程序与一般程序，确立了告知、陈述申辩、听证、回避等一系列处罚程序制度，另一方面还从程序上规范了传唤询问、检查、扣押等调查取证手段。同时还明确规定，严禁刑讯逼供或者采用威胁、引诱、欺骗等非法手段搜集证据，以非法手段搜集的证据不得作为处罚的根据，从而首次在法律中确立了公安行政执法中的非法证据排除制度，具有重要的人权保障意义。《行政许可法》具体规定了行政许可的实施程序，包括申请与受理、审查与决定、变更与延续等内容，同时也确立了告知、陈述申辩、听证等程序制度，上述规定当然适用于公安行政许可的实施。

3. 形成了具有中国特色的公安机关行政执法体制

我国公安机关在长期的历史发展过程中，逐步形成了具有中国特色的公安行政执法体制，成为世界警察体制中独树一帜的模式：在管理体制上，坚持党对公安工作的绝对领导，实行党委领导、分级负责、条块结合、以块为主的领导体制；在警务风格方面，是武装性质的刑事司法与治安行政力量；在性质上，强调人民警察的阶级属性，是人民民主专政的工具；在职能方面，承担保卫国家安全，维护社会治安秩序，打击犯罪活动，保卫人民民主专政，保卫社会主义制度等多种职能。改革开放以来，我国公安机关在革命化、现代化、正规化、军事化的道路上不断前进。除坚持与发展其自身特色外，还十分注意汲取与借鉴国外警察的行政管理体制，在职能方面逐步强调警察的服务功能和人权保障功能。

4. 构建了比较完善的公安行政执法监督制度体系

警察权力的强制性、扩张性和侵略性等特性决定了对其必须加以有效的制约和监督。因为"一切有权力的人都容易滥用权力，这是万古不易的一条经验，有权力的人使用权力直到遇到有界限的地方才休止"。国家赋予了公安机关广泛而强大的公安行政执法权力，如不对其加以监督制约与规范，必将对公民、法人和其他组织的合法权益造成侵害。对公安行政执法权的监督主要是对公安机关及其人民警察的执法行为和与执法有关的其他行为的监督，属于法制监督的一种。建立规范、完善的执法监督机制，是公安行政执法权合法、正当行使的重要保障。目前，我国已经建立起了比较完善的公安行政执法外部监督与内部监督机制。

首先是外部监督。现行《宪法》第四十一条明确规定：中华人民共和国公民对任何国家机关和国家工作人员，有提出批评和建议的权利；对于任何国家机关和国家工作人员的违法失职行为，有向有关国家机关提出申诉、控告或者检举的权利。根据《行政诉讼法》《行政复议法》《国家赔偿法》的规定，公民、法人或者其他组织对具体公安行政执法行为不服的，可以依法申请行政复议，提起行政诉讼，请求复议机关或者人民法院对具体行政行为进行审查，并做出裁决；如果具体公安行政执法行为违法而且侵犯公民、法人或者其他组织的合法权益造成了实际损害，受害人可以依法申请国家赔偿，得到救济。《行政监察法》也规定了行政监察机关对公安机关的监督权。另外，在专门性的公安行政法律规范中也规定了对公安行政执法行为的监督，如《治安管理处罚法》就专门设了"执法监督"一章，明确规定公安机关及其人民警察办理治安案件，应当自觉接受社会和公民的监督；公安机关及其人民警察办理治安案件，不严格执法或者有违法违纪行为的，任何单位和个人都有权向公安机关或者人民检察院、行政监察机关检举、控告；收到检举、控告的机关，应当依据职责及时处理。《道路交通安全法》也规定：公安机关交通管理部门及其交通警察的行政执法活动，应当接受行政监察机关依法实施的监督；公安机关交通管理部门及其交通警察执行职务，应当自觉接受社会和公民的监督；任何单位和个人都有权对公安机关交通管理部门及其交通警察不严格执法以及违法违纪行为进行检举、控告；收到检举、控告的机关，应当依据职责及时查处；等等。总之，在公安机关外部，我们已经建立了以国家权力机关、检察机关、行政监察机关、社会团体、人民群众、新闻媒介等为主体的多种监督制度，对公安机关及其人民警察行政执法活动中执行法律的情况进行全方位监督。

其次是内部监督。近年来，国家加大了对公安机关执法活动的内部监督力度。国务院于1997年专门制定了《公安机关督察条例》，公安机关据此设立了内部专门性的监督机构。公安部还根据我国《人民警察法》的规定，先后制定了《公安机关内部执法监督工作规定》《公安机关人民警察执法过错责任追究规定》《公安机关追究领导责任暂行规定》等一系列规范性文件，明确规定了公安机关内部执法监督的主体、监督的内容和范围、监督的权限、监督的措施和方式以及应承担的法律责任，使执法监督工作有法可依，有章可循。目前，我们已经在公安机关内部建立了由上级公安机关对下级公安机关以及督察、法制、纪检、监察等部门所组成的对公安机关及其人民警察在执法活动中违法违纪情况实施监督检查的制度，并取得了明显的实效，这对于改进公安行政执法工作，发现并及时纠正执法工作中存在的问题，发挥了积极的作用。

此外，公安部根据国务院《信访条例》，于2005年8月18日施行了《公安机关信访工作规定》，明确了公安机关信访机构的职责，对规范公安机关信访工作，维护公安机关信访秩序，保护信访人的合法权益，保持公安机关同人民群众的密切联系，具有重要意义。

5. 建立了比较完善的执法责任追究制度

执法责任是指公安机关及其人民警察违法行使公安行政执法权依法应承担的法律后果。违法必究是依法行政的基本要求。

《行政诉讼法》《行政复议法》《国家赔偿法》《行政监察法》《行政处罚法》等一般性法律对行政机关违法行使职权的行为规定了相应的法律责任，包括归责主体、责任主体、责任形式等，其规定适用于公安机关及其人民警察。《道路交通安全法》《治安管理处罚法》等公安机关专门法律也明确规定了人民警察对在办案中的违法违纪行为应当承担的法律责任，包括对直接负责的主管人员和其他直接责任人员给予相应的行政处分；造成损害的，应当依法承担赔偿责任；构成犯罪的，应当依法追究刑事责任等。《公安机关追究领导责任暂行规定》《公安机关人民警察执法过错责任追究规定》具体规定了对人民警察、公安机关领导的责任追究制度。此外，为了规范公安行政执法行为，强化执法责任，提高执法质量，促进公安机关及其人民警察严格、公正、文明执法，公安部还于2001年10月10日颁布了《公安机关执法质量考核评议规定》，规定对公安机关办理治安案件和行政案件中的执法情况进行考核评议。在考核评议过程中，发现已办结的案件或者执法活动确有错误的，应当按照《公安机关内部执法监督工作规定》及时纠正。需要追究有关领导或者直接责任人员执法责任的，依照《公安机关追究领导责任暂行规定》《公安机关人民警察执法过错责任追究规定》予以追究。上述法律规范构成了比较完善的公安行政执法责任追究制度体系。

总之，目前在公安行政执法制度方面，我国已经基本形成了以《人民警察法》为主体，涵盖公安行政执法的各个门类，由法律、法规、规章等组成的比较完善的公安行政法规体系，这为公安行政执法的顺利进行奠定了法律基础，使公安行政执法工作基本上做到了有法可依，使公安行政执法的正当性、合法性得到增强，使行政执法的盲目性和随意性得以有效减少和避免。当然，做到这一点只是严格依法执法的前提和基础，仅此尚不会自发地实现公安机关的依法执法，公安机关及其人民警察还必须严格按照上述公安行政执法法律规范进行执法，只有这样，才能使依法执法真正成为现实。

二、我国现行公安行政管理体制存在的几点问题

1. 公安行政执法监督制度不完善

目前我国虽然建立了多方面、多途径的公安行政执法监督机制，但整体监督效果不尽如人意，社会公众对人民警察的整体评价较低。究其原因，我国现行的公安行政执法监督制度还存在一些缺陷：

（1）监督主体众多但没有形成统一的工作机制，内部监督、外部监督不分主次。行政机关有行政监察，党内有纪检机制，有政法委和纪委的监督机制。外部有各级信访、新闻媒体监督，以及公众的行政复议和行政诉讼，但是这些监督没有协调。同时，虽然公安机关内部有督察、纪委、监察、审计、法制、信访等多个部门负责监督工作，但没有建立统一的执法监督工作机制，不能形成监督合力，影响了监督效果。此外，公安机关自觉、主动接受外部监督的意识淡薄，外部监督未能充分发挥应有的监督制约作用。

（2）某些监督制度规定不明确，缺乏可操作性。许多监督制度只笼统地规定了有权对公安行政执法权进行监督的部门和职责范围，但对具体的监督途径、方式、监督不力的法律后果等细节性问题很少规定或规定得比较笼统，致使监督工作不彻底，不坚决。

（3）监督渠道不畅。目前，公民对公安机关执法行为的投诉途径主要是通过信访、拨打110报警服务电话、行政复议、行政诉讼等形式，投诉渠道少，而且没有形成相关的投诉反馈制度。

（4）对事前、事中监督关注不够。目前，我国的公安行政执法监督机制在运作时不注重事前监督和事中监督，而只侧重于事后监督。各监督机构把主要精力放在已发生的各类案件的监督查处上，而没有开展更多的预防性的监督工作。而只有建立起事前、事中、事后监督相互结合的机制，才能最大限度地减少公安行政执法活动中的违法乱纪行为。

（5）警务公开制度不完善，致使外部监督苍白无力。警务公开是指公安行政执法权力运行的依据、过程和结果向公安行政相对人和社会公众公开，以便于当事人和社会公众知悉并实现对公安行政执法权运行情况的监督。警务公开是对警务活动实行有效监督

的一个重要前提。警务公开既能增强警务工作的透明度，满足当事人和社会公众的知情需求，又有利于人民群众参与到警务活动中来，提高警务活动的效果。

因此，我们必须对现行的公安行政执法监督体制和制度进行反思，改进不足，完善制度，真正实现对警察行政执法权的有效监督。

2.执法管理体制存在缺陷，执法体制不畅

我国公安机关现行的"统一领导，分级负责；条块结合，以块为主"的管理体制是我国在长期的警务实践过程中逐步摸索和建立起来的。尽管这种体制汲取了我国以往的教训，但在实践中也暴露出一些缺陷，具体来说，主要体现在以下几个方面：

（1）上级公安机关控制不足。由于实行了"以块为主"的管理模式，导致全国范围内的集中统一行动在一定程度上弱化了。

（2）地方公安机关职能不足。现行条块结合、以块为主的公安管理体制使得公安机关的人、权、物等方面都受制于当地政府对公安机关的执法工作进行部分干预，指派基层公安机关去从事"联合执法"，造成非警务活动过多。

3.警务保障缺失

警务是人民警察在工作岗位上履行职责、行使警察权力的活动过程和状态。警务保障是指公安机关依法履行职责所必需的人力、物力、财力和制度条件。警务保障的内容非常广泛，包括：有充足的警力；警察依法执行职务受法律的保护，对于人民警察依法执行职务，公民和组织应当支持和协助，对于妨碍警务的行为应当追究法律责任；人民警察所需的必要的物质技术保障如经费、设施、装备等以及人民警察的工资、福利和优抚保障等。然而，目前基层警力不足、经费短缺、执法权益缺乏保障等因素已经制约了公安机关执法工作的正常开展。

4. 公安行政执法责任追究制度存在缺陷

完善的责任追究制度是促使公安机关严格依法行使权力的重要保证。但是目前我国的公安行政执法责任追究制度还存在缺陷，影响了其控权职能的发挥，主要包括以下两个方面的问题：第一，责任承担设置不合理，导致责任无法全面精确实现监督作用。第二，责任追究较难落实。在追究有关民警责任时态度不够坚决，不能严格依照有关规定追究。

第三节　警察与公安基本概念

公安行政执法者是公安行政主体的现实承载者，在研究公安行政执法理论时起着非常重要的作用。研究公安行政执法者，首先要研究与公安相关的理论，然后关注公安行政执法者的资格和素质以及培养问题。在这一部分，其实论述的就是："警察"的相关问题。

"警察"与"公安"是两个相互联系而又区分的概念，其内涵随着社会历史的变迁和存在环境的变化而不断改变，对两个概念的词义梳理和考证有利于正确地认知两者之间的关系。"警察"与"公安"在词义、属性和法定内涵上存在区分，当前我国的公安工作需要有选择地学习和借鉴现代警察科学的理论与方法。

1. "警察"的词义梳理与概念界定

（1）警察的词义梳理

我国《辞源》里没有"警察"这一词条，而只有"警巡"，解释为："警卫巡视。"警巡当属古代武装军队巡逻。"清朝鸦片战争以后，欧洲和日本的资产阶级'警察行政'思想传入中国"，"参照外国的经验，于1905年成立了巡警部。这是中国第一个全国性的统一的中央警察机关"。"警察"是个多义词，警学界对警察的解释多依英文（当对一个事物进行研究的时候，不应拘泥于单纯的名词解释，而应注重于事物产生的本身），加之警学专家、学者出自不同的阶层，生活在不同的国家制度里，处在不同的时代政治背景下，运用不同的国家学说理论来研究警察，因此，也就出现了对"警察"的不同认识，界定"警察"的概念也就多种多样。

关于警察的中文词源，目前有两种认识。

一种认为警察一词源于我国古代。该观点认为早在先秦时期的典籍中就有关于"警""察"二字的详细表述，如《周礼》中的："正岁则以法警戒群吏"，《孟子》中的"明足以察秋毫之末"。其中"'警'字，从敬从言。警者戒也，戒只以言，谓之警。'察'字，谓以手持肉，祭天求示，得神意而明白。反复详审请之查，察之为明。""警""察"二字连用在我国古代也有不少例证，主要指"预警、观察、警卫"之意，如：《汉书》中做注"密使警察不欲宣露也"；《金史·百官志》有"诸京警巡院使一员，正六品，掌平理狱讼，警察别部"；《太平广记》载有"大雁居其中，令雁奴围而警察"；等等。虽然这些意思与警察的部分职能有相似的地方，但从这一方面去界定警察一词的来源多有牵强之意。也有学者从我国古代治安机关的名称上来考察，如辽、金和元代的"警巡院"，《金史·百官志》记："诸京警巡院使一员，正六品，掌平理狱讼，警察别部。"从警巡院的职能来看，与现代警察的职能多有吻合之处，但从以"警察"二字命名的警察机构来分析，警巡院与现代意义的警察机构仍有较大差别。

另一种观点认为警察这一概念引自日本，其词义可追溯于英文中的Police。1840年鸦片战争以后，清政府为了维护了统治的需要，在维新派人士的主张下纷纷向西方探求治安之道，维新派的黄遵宪在考察日本的警视厅制度之后，大加赞赏，并在湖南巡抚陈宝箴的支持下，于1898年6月创立了湖南保卫局，从而揭开了中国近代警察制度的序幕。1902年，清政府又成立了全国性的中央警察机关——巡警部。可以说，近代中国初建的警察制度受到了西方行政警察思想的影响，其中以日本的警制影响最大。而日本的警察思想源自欧洲，故要想弄清楚警察的含义，需要考证"警察"这一概念在欧洲国家的演变历史。"警察"一词原始词义泛指国家的政务管理。在16世纪以后，警察的含义逐渐演变为"除了军事、外交、司法、财政以外的行政行为"。18世纪以后，英国内政大臣罗伯特·比尔创建了英国伦敦大都市警察，真正确立了现代意义的警察。王大伟教授在其研究中将"Police"一词的演变归纳为三个过程："首先是名词，含义为城堡，后延伸为国家或城市。其次变为动词，含义为城市管理、行政管理及对人民的支持。最后变为现代意义的警察。"

（2）警察的概念界定

现代意义的警察产生至今，经历了"美国警察专业化运动、欧美警察专业化运动和欧美社区警务战略"，四次警务革命丰富了"警察"概念的内涵，但学术界对"警察"的概念并没有形成统一的界定：一方面是由于"警察"概念自身在不同时期处于不断演化的进程之中；另一方面是因为每个不同国家和地区警察行政环境各不相同，对"警察"概念的认识也呈现出多样性。现将国内外警学界部分专家学者及我国较权威的辞书对"警察"的概念做一引介。

苏顿认为："警察为增进公共利益及预防迫切发生之危害为目的之政务。"

伯伦知理认为："国家为保护公益，以强制力限制人民的自由，而行使其行政行为者为警察，如无强制之必要，即不得谓为警察。"

史典格尔认为："限制人民之身体财产，以防止国家及人民安全幸福之危害目的的行为者，即警察。"

李士珍认为："警察者，以直接防止公共危害，维持社会安宁秩序，指导民众生活，促进一般福利为目的，基于国家统治权执行法令，并协助诸般行政之行政行为。"

哈罗德·K.贝克尔认为："警察是所属主权国家阶级专政的重要工具，是社会和政治的执行机构，是维护国内和平、保护公众利益的主要力量，它受政府之托，维护社会秩序，从事日常的法律实施工作。"

尹春生在《"警察"概念之科学透视》一文中认为："警察是依法维护和管理国家治安(社会秩序)的国家行政武装力量。"

《辞海》中对警察的定义为：警戒监察；维护社会秩序的国家公职人员。

《简明公安词典》认为"警察，阶级统治的工具。它的性质取决于经济上、政治上占统治地位的阶级。""我国的人民警察是在新民主主义革命时期创建的。""中华人民共和国成立后，废除了国民党的旧警察制度，在全国建立了人民警察。它是人民民主专政的重要工具之一，是武装性质的国家治安行政力量。"

《公安学概论》认为："警察是国家政权中按照统治阶级的意志，依靠暴力的、强

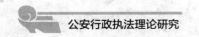

制的、特殊的手段维护国家安全与社会秩序的武装行政力量。"

《公安学基础理论研究》认为："所谓警察，指的是在国家的统治与管理中，运用武装的、行政的、刑事的手段维护国家安全与社会治安秩序的行为。"

国内外关于"警察"的概念还有很多，不再赘述。仔细研究上述种种关于"警察"的概念，用马克思主义关于国家的学说和"定义"的理论衡量一下，就会发现这些关于警察的概念都有某些不足之处。主要有：一是有的抹杀或掩盖警察的阶级性质，从所谓"福利警察""警察中立"的理论去界定警察的概念；二是有的虽强调了警察的阶级性，但是从警察的业务工作和日常行为去界定警察的概念；三是有的对警察概念的内涵与外延、时间与空间没有较完整的概括；四是有的警察概念违背了逻辑规律，用属概念去界定属概念，属、种关系不清楚。当然，并不是全面否定上述种种关于警察的概念，只是指出其不足之处。但从上面的这些警察概念，我们可以看出：一个概念的界定是一个历史发展过程，随着人们对"警察"认识的不断深化，对警察概念的界定也越来越接近科学化。

（3）界定"警察"概念需讨论的几个问题

要科学地界定"警察"的概念，有以下三个主要问题需要提出来讨论。

其一关于警察（或警察职能）的产生问题。我国警学界将警察的产生划分为：警察职能的产生和现代意义警察的产生。

当我们研究警察（或警察职能）产生的时候，很快就会想起恩格斯在《家庭、私有制和国家的起源》一文中的一段论述："我们已经看出，国家的本质特征，是和人民大众分离的公共权力。"雅典在当时只有一支国民军和一支直接由人民提供的舰队，它们被用来抵御外敌和压制当时已占人口绝大多数的奴隶。对于公民，这种公共权力起初只不过当作警察来使用，警察是和国家一样古老的，所以18世纪质朴的法国人不讲文明民族而讲警察民族。

恩格斯关于雅典国家和雅典国家警察（或警察职能）的论述，给我们描绘了一个警察（或警察职能）产生的图景。在原始氏族共产制的社会里，没有现代意义的军队，也没有现代意义的警察（或警察职能），而仅有"武装的人民"。

警察是一种警察政治，是统治阶级实施统治的一种政治形式。

警察（或警察职能）是随着国家的产生而产生的。警察（或警察职能）的产生，一是为了适应国家共和制的"文明"（或民主与法制），为解决国内错综复杂的矛盾斗争的需要；二是为了体现这种"文明"，统治阶级改变了统治的方式，把军队对内对外的双重职能分离开来，由军队和警察共同构成国家的武装力量。我国警察（或警察职能）的产生也与此大致相同。警察（或警察职能）的产生，是随着生产力的发展、社会的进步、阶级关系的变化，统治阶级为解决国内复杂矛盾而实施的一种政治统治方式。

其二，关于警察的性质问题。当我们研究警察性质的时候，所面对世界各国警察的现实是：警察机关一般都是政府的一个职能部门；警种多样，有武装（宪兵）警察（我国还包括边防警察、消防警察、内卫警察等）；有铁路、公路、民航、森林警察；有国家安全警察；有治安、刑事、监狱、法庭警察等。警察依据国家法律赋予的权力，可以侦查（包括对付间谍活动）办案，管理社会秩序，管理监狱、看守所和改造罪犯，管理边防，按照政府的要求（或指令）协助有关行政部门行政，接受群众各种救助要求，等等。警察是一支庞大的队伍，业务工作从天上到地下几乎无所不及。面对这样纷繁复杂的状况，应如何认识警察的性质呢？近些年来，我国对警察机关的性质有这样一种提法："警察机关是一种特殊的行政机关。"那么究竟怎样"特殊"？有的说权力特殊，有的说具有武装性质，等等。这些说法错不错呢？不能算错。但是，"特殊"并不说明警察的性质，社会各个职能部门都是"特殊"的，不为警察所独有。"行政"也不能全面概括警察的性质，行政只是警察业务工作的一部分，一种作用；武力控制、镇压被统治阶级的反抗，这是"行政机关"所不具有的，而恰恰正是警察的根本作用。既不能以某一方面的警种或警察某些方面的业务工作来确定警察的性质，也不能以警察隶属的部门关系来确定警察的性质。警察，是统治阶级实施国内政治统治的一种方式。必须依据马克思主义的国家学说，从警察整体、警察与国家的关系上去认识警察的性质。

警察（或警察职能）是伴随国家的产生而产生的。国家是什么？恩格斯说：这个社会陷入了不可解决的自我矛盾，分裂为不可调和的对立面而又无力摆脱这些对立面。而为了使这些对立面，这些经济利益互相冲突的阶级，不致在无谓的斗争中把自己和社会消灭，就需要有一种表面上驾于社会之上的力量，这种力量应当缓和冲突，把冲突保持在"秩序"的范围以内；这种从社会中产生但又自居于社会之上并且日益同社会脱离的力量。这就是说，自有国家以来，统治阶级总是欲求把国内的矛盾冲突保持在依自己意志建立起来的"秩序"范围以内，以巩固自己的政权。那么，统治阶级依靠什么来实现这一愿望？一是军队；二是警察。列宁说：国家"这个力量主要指什么呢？主要指拥有监狱的特别武装队伍"。"常备军和警察是国家权力的主要工具，但是难道可能不是这样吗？"当国内矛盾还没有激化到国内战争的情况下，主要靠警察的力量，以执法维护社会秩序的形式（或手段）来加以控制、镇压、平息、缓和国内的各种矛盾，以保护统治阶级建立起来的社会"秩序"。所以，警察是国家解决国内矛盾的武装队伍的组成部分，是国家力量的主要象征之一。这就是警察同国家的关系，也是警察最根本的性质。至于这种警察、那种警察，警察的这种业务工作、那种业务工作，目标都是指向控制国内矛盾的激化。

需要指出的是，到了近现代民主与法制的社会，一方面是国内各阶级、各集团以及公民之间的矛盾对立关系比以往任何社会都更加复杂化；另一方面是各阶级、各集团以及公民的各种权利与义务关系比以往任何社会都更加明确、具体。社会文明程度比以往任何社会都高。国家要求警察的服务作用越来越大。这就给警察套上了一个"和平使者"的光环，警察产生的本来色彩被掩盖起来了，似乎警察的性质改变了。但作为一个马克思主义的警学研究者，我们不应该被那种虚幻的光环所迷惑。

我国是人民民主专政的社会主义国家，人民警察的性质是什么？列宁说："无产阶级需要国家政权，集中的权力组织、强力组织，为的是镇压剥削者的反抗和领导广大民众即农民、小资产阶级和半无产阶级来'组织'社会主义经济。"毛泽东同志说："我们现在的任务是要强化人民的国家机器，这主要是指人民的军队、人民的警察和人民的法庭，借以巩固国防和保护人民利益。"这就是说，控制国内的矛盾冲突，巩固人民民主专政是人民警察的根本性质。

其三，关于警察的职能问题。职能也就是作用或功能。究竟什么是警察的职能？国内外警学界颇具分歧。分歧的焦点是，警察是以"福利服务"为主要职能，还是以维护社会稳定、巩固国家政权为主要职能。警察与生俱来就是"国家力量"的主要构成之一，是解决国内矛盾冲突的武装队伍，这本来不存在什么异议。列宁说："我已经说过，未必找得到第二个问题，会像国家问题那样，被资产阶级的科学家、哲学家、法学家、政治经济学家和政治家有意无意地弄得这样混乱不堪。"警察的职能同国家的职能紧密相连，说警察的职能是"福利服务"，实际上就是掩盖警察政治的阶级性，也就是掩盖国家的阶级性。依据马克思主义的国家学说，将警察的职能分为两个层次：一是基本职能；二是一般职能。

警察的基本职能。所谓基本职能，就是政治镇压职能和社会管理职能。

警察的一般职能。所谓一般职能，就是警察执行职务的职能。

警察的基本职能与一般职能的关系。警察的基本职能寓于一般职能之中。警察要把国内的矛盾冲突保持在国家建立起来的"秩序"范围以内，是通过警察实施一般职能而得到实现的。

人民警察的基本职能能不能得到充分发挥，关键就在于人民警察在新的历史条件下，能否把千百万群众动员起来投入到保卫人民民主专政的事业上来，这是职能方面区分人民警察同剥削阶级国家警察的根本标志。需要指出的是，西方有些国家的警察采取了一些便民的政策，是否意味着就是"动员千百万群众"，或者叫"为人民服务"？它不能等同于"动员千百万群众"和"为人民服务"。虽然警察行为有类似之处，但内含的实质各异。因为国家统治阶级的性质不同，社会制度的性质不同，绝对不能混淆。

人民警察一般职能的内涵，就是搞好社会秩序的管理，依法打击违法犯罪（间谍）活动，改造犯罪分子，维护人民群众的合法权益，救助处于危难困境中的群众，做人民群众的忠诚卫士。人民警察一般职能是否能得到充分发挥，关键在于人民警察是把自己看成是人民子弟警察、群众的忠诚卫士，还是把自己看成是人民群众的主宰者、管理者。人民警察和人民群众的这种位置关系摆不好，"动员千百万群众"投入到巩固人民民主专政事业上来就是一句空话，不仅会影响人民警察一般职能的发挥，更严重的会影响人民警察基本职能的发挥。

总之，警察的职能离都不开上述两个层次，这就是警察的一般职能。只不过是不同阶级的警察职能的内涵实质不一样罢了。

（4）对"警察"概念的再认识

上述对警察（或警察职能）的产生、警察的性质、警察职能的讨论，为界定"警察"的概念奠定了一个基础。对于警察的概念应做如是表述："警察，是由国家组织，归政府管辖指挥，以执行法律、实施社会秩序管理为手段，保护公民（法人）及其他社会组织的合法权益，打击各种违法犯罪活动的主体。"

界定警察的概念，其意义不仅仅限于创立我国的警察学，更重要的是加强人民警察队伍的建设，使警察的概念更加科学化。

2. 公安的词义梳理与概念界定

（1）"公安"称谓的由来与词源解释

我国历史上首次采用警察意义上的"公安"概念是在民国政府时期，"1921年，孙中山在广州就任非常大总统，废除袁世凯颁布的《治安警察条例》，依据《广州暂行条例》，设置广州公安局。将广东省会警察厅改为广州市公安局，隶属市政厅。将广州市警察所改为公安分局，县设公安局，并在广东逐渐推广。"我党在"八一"南昌起义之后，继续沿用此名。因此，结合"公安"一词出现的历史背景来考证其词源解释具有重要意义。商务印书馆于1931年出版的《市公安》中记载："北伐以后，天日重光，各项建设逐渐推行，各市政府与特别市政府相继成立，大有励精图治之慨，易警察厅为公安局，耳目一新。"此处说明"公安局"的出现是为适应民国政府统治的需要，以区别旧的警察机构，体现革命性与创新性。那么，结合孙中山先生"天下为公"的思想，"公安"一词最初的含义可理解为社会公共安全，"公"字代表社会公众，"安"字主要指安全、安宁之意。

（2）公安的概念界定

南昌起义以后，中国共产党基本上沿用"公安"的称谓来命名警察性质的暴力政权机构，但经过几十年的发展，"公安"所处的政治环境和社会环境已有重大改变，其本身的含义也随之发生变化。抗日战争时期，中国共产党为与国民政府黑暗警察制度划清界限并争取民族统一战线，基本上沿用了民国政府时"公安"或"治安"的体制或先例，此时"公安"的概念仍沿袭原意；新民主主义革命时期，公安局在维持治安，镇压敌特、汉奸和阴谋破坏分子，维持社会安宁和巩固抗日民主政权发挥着重要作用，此时

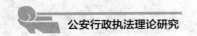

虽然仍然沿用"公安"的称谓，但其性质内容已发生了根本性的变化，"公安"一词更多体现出人民的民主性；中华人民共和国成立之后，随着各级公安机关的确立和配套制度的完善，"公安"一词的含义也不断丰富和发展，公安的主体、性质、内容和体制基本确立，逐渐形成了一套完备且具有中国特色的人民公安理论。结合我国的公安工作理论与实践，"公安"的概念基本上可以界定为以下几个方面：第一，主体构成。我国长期的公安工作表明，除了国家公安力量，社会治安力量乃至人民群众都可以成为公安工作的主体，与社会群众一起预防、制止社会犯罪和维护社会利益已成为公安工作的必然要求，这是为什么我们公安机关一直将"群众路线"作为公安核心工作的重要原因。第二，工作性质。"1962年5月23日刘少奇同志在同中央政法小组的一次谈话中讲道：'你们公安局嘛，名为公安，就是要管公共安宁，公共是谁呢？是人民。'"在"公安"的称呼上也变为"人民公安"，这就界定了公安机关体现人民性的根本性质。第三，内容。涉及维护国家安全与社会治安秩序、担负机关、团体、企业、事业等单位的保卫工作、救援、抢险、预防和惩治犯罪、教育和改造犯罪人员、管理和执行人民消防、抵御治安灾害和事故等方面。公安工作内容的界定基本上划定了公安工作的具体职责。第四，组织体制。我国第一任公安部部长罗瑞卿曾说："公安部既是政府的，也是党委的。"这说明了我国公安机关要接受政府和党委双重领导。目前，我国已形成了从中央到地方的一套完整的公安体制，即"统一领导，分级负责；条块结合，以块为主"的行政领导体制。

3. "警察"与"公安"概念辨析

通过对这两个概念的词义梳理和含义分析，可以看出两者之间有许多相同之处，这也是当前我国部分民众将这两个概念等同的原因之一。但这两个概念在理论和实践方面又表现出差异之处，存在两个概念上的大小之争。因此，区分这两个概念则显得尤为必要。具体来讲，警察与公安在概念上存在以下几点区分：

第一，词义上存在区别。"警察"既可指国家或政府建立的专门负责社会治安管理和刑事执法的专门力量，也可指警务人员的警务行为；而公安一词的本意是指社会公众的安全状态，只有和"人员""工作""机关"等词汇连用时才表达出具有警察性质的人员、职能和结构。两者在词义上存在差别，不能等同。

第二，在法律界定上，警察比公安的含义宽泛。由于公安工作在我国历史上留下的深刻烙印，现在人们仍然习惯上用公安警务人员，甚至将所有的警察统称为公安。但这样的做法并不正确，我国的警察包括武装警察和人民警察，《中华人民共和国人民警察法》明确规定：人民警察包括公安机关、国家安全机关、监狱、劳动教养管理机关的人民警察和人民法院、人民检察院的司法警察。人民习惯上称谓的"公安"（人员）主要是指公安机关（治安、户籍、刑侦、交通等部门）的人民警察。因此，在指代人时，公安（人员）只是人民警察的组成部分，警察的含义要比公安宽泛。

第三，"公安"所体现出的本质属性是"警察"概念所不能超越的。目前，我国虽然有学者呼吁与国际接轨，主张用"警察"概念替代"公安"概念，但从当前社会现实来分析，"公安"具备"警察"所替代不了的属性。我国建立公安机关至今，已经确立了一套完备的公安工作体制，公安工作也在社会公众中得到了广泛认可，虽然中华人民共和国成立后政府以"人民警察"称谓来区别于旧社会的警察，但公安工作体现"为人民服务"的本质属性却是"警察"称谓所不能代替的。当前世界各国的警察都将服务公众作为其工作的重点，我国也提出建设"服务型警务"的目标，其实质基本上都与我国公安工作"为人民服务"的本质相一致。

第四，现代警察科学的理论与方法值得我国公安工作学习和借鉴。从英国的罗伯特·比尔成立英国伦敦大都市警察开始，现代警察产生已有近几百年的历史，这期间经历了专业化、现代化和新警察模式改革等过程，逐渐形成了完备的学科理论体系和先进的警务管理技能，实现了现代科学技术在警察活动中的完美融合，并确定了良好的社会治理效果，这些都是当前我国公安工作应该加以学习和借鉴的。当然，对西方警察科学知识的学习和借鉴要充分考虑到我国的具体国情，考虑到实际的治理效果，只有这样才能进一步促进我国公安工作的长远发展。

第四节　我国警务人员的入职资格

从警察科学理论研究以及警务实际来看，我国警务人员主要包括公安机关、国家安全机关、监狱管理机关、法院和检察院中纳入行政编制和事业编制的人民警察，以及实行合同聘用制的协警。关于警务人员的来源以及入职资格，目前的主要法律依据是1995年全国人大常委会颁布的《警察法》。对于武警部队，特别是列入武警序列，归公安部管理的边防、消防、警卫部队的性质定位存在争议，在此先将武警部队人员列入军事人员范围，不归入警务人员，不对其展开探讨。

一、目前我国警务人员的入职资格

1. 纳入正式行政、事业编制的警务人员的入职资格

公安机关、国家安全机关、监狱管理机关、法院和检察院中具有正式编制的警务人

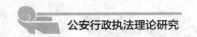

员的入职资格，主要依据《警察法》第四章二十六条关于担任人民警察具备条件的规定和第二十八条的关于担任人民警察领导职务具备条件的规定。由于现行《警察法》已颁布，加上警务实际瞬息万变，其入职资格规定存在以下几个问题：

（1）法律法规的规定与社会发展脱节。《警察法》第二十六条第（五）款规定的担任人民警察需要具有高中毕业以上文化程度。随着我国大学教育的发展以及普及，我国人民的知识文化水平有了大幅度的提高，本科学历人才济济，在政治业务素质，知识水平、社会经验上与我国社会发展相适应。警务工作效率和工作水平稳步提高，此外，第二十八条第（三）款关于担任人民警察领导职务的人员学历要求大学专科以上。随着警务工作的复杂性和技术性的增强，警务工作需要越来越多高学历的人才来掌控，以提高警务工作的效率和水平。

（2）招录警察的学校专业局限性强。从实际人民警察招考来看，公安机关招警考试的对象95%以上是要求警察学校毕业的或者公安专业毕业的学生，还有一些是军队转业干部，只有国家安全机关、监狱管理机关、法院和检察院中招收少量的警察要求法学或者其他一些专业的学生，这排斥了非公安专业的许多优秀高学历人才从事警察职位的愿望，而且目前公安机关的许多职位，像法制职位、户籍管理等职位，特别是基层派出所中的许多职位，并非公安专业毕业的学生才能胜任，政法院校毕业的学生，法学、行政学、管理学等专业出身的也完全可以胜任，而且这些专业出身的人才，在逻辑思维能力、应变能力、大局观等方面甚至可能要好于公安专业出身的人才。

2.实行合同聘任制的协警人员的入职资格

公安系统往往由于警力严重不足，所以不得不从社会上招募一些协警以解决警力不足的问题。对于协警的入职资格一般由所需机关自己规定，因为协警都是合同制的或者临时的，工资待遇往往相对低下，所以对于高学历的人才吸引力不大。另外，各个地区协警的进入渠道也都有所不同，有的地区是从退役士兵中招收，有的地区从保安中选调，有的地区则从社会招收，特别是在一些低学历的初中、高中学历的学生中招募，他们在政治素质、知识水平、工作能力、社会经验等方面参差不齐，整体素质偏低。虽然从法律角度来看"协警"没有执法权，只能协助正式警察从事一些辅助性的工作，但在实际工作中协警违法执法的情况非常严重，特别是交警中的协警，严重损害了公安机关和人民警察的形象。

二、国外关于警务人员录用采取的一些合理有效的措施

（1）为了保证警务人员具有一定的文化水平，许多国家对警务人员规定了严格的录

用考试制度，除了对身体条件有一定要求外，不少国家还要求警务人员要具有大学文化水平。日本申请当警察的人中，有约一半的是大学以上学历水平，而且日本有专门的警察统考。丹麦规定，当警察的人在入警前要考丹麦文、数学、体操、游泳等。有的国家还规定入警前要服过兵役，朝鲜则从服兵役期满者和入伍新兵中挑选人员进行培训。

（2）世界各国普遍设立各类警察学校和培训机构，加强对拟入警人员就职前的正规教育培训。

为了适应警察工作对各级各类不同层次人才的需要，许多国家设有不同种类的警察学校，既有初级的，也有高级的；既有培养一般通才的，也有培养专门业务技术人员的。泰国全国设有警官、警士学校13所，还设有审讯、后勤、医护等专门学校和专业培训中心。在这些警察学校中，各国都重视对拟入警人员的系统、正规教育，一般都设置有普通社会科学和文化、法律课，以及警察业务、技术、技能课等，使拟入警人员系统掌握警务工作所需要的一般知识和各种专业知识。此外，为了考察学员的学习情况，保证警务人员的质量，有些国家还规定了警察见习制度，经过一段时间的实际工作，被认为合格，才能充当正式警察。

以上是国外对于规范警务人员入职资格所采取的措施，对我国具有一定的借鉴意义。

三、对于我国警务人员入职资格规定及来源的改革想法和建议

1. 纳入正式行政、事业编制的警务人员的入职资格

应该将这一部分警务人员的入职资格规定的学历水平提高到大学专科以上，以保证正式警务人员的政治素质、业务素质，提高其工作水平，更好地解决充满复杂性和技术性的警务工作，鉴于目前我国还存在很多公安专科院校，暂不适宜将担任人民警察的学历水平提高到本科以上，而且目前我国公安院校教育也面临改革，将来如果取消了公安专科院校，普及了本科教育，就可以将学历水平提高到本科水平。

2. 实行合同聘任制的协警人员

要加强对于这些人员的学历水平、政治素质、道德行为、工作能力等方面的严格把关，适当提高协警人员的工资水平和福利待遇，以提高其工作积极性。这样也利于吸引一些优秀的人才加入协警队伍，特别是一些学历高、工作能力突出而又未考入正式编制警务人员的优秀人才，以此来提高协警辅助正式警务人员的工作水平，改善公安机关和人民警察的形象。此外，要加强对于拟从事协警人员就职前的正规培训教育，以提高其入岗前的工作能力，保证其符合入职资格的要求。

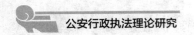

3.扩大警务人员来源

应当适当扩大非公安专业、非警校毕业的优秀人才从事警务工作的比例。特别是从政法院校毕业的优秀学生以及法律专业出身的人才，充分利用这些非公安专业出身的人才，能使警务工作开展得更有灵活性和效率性。同时，这也是与我国公安院校教育改革和公安机关招考人民警察的改革相适应的。此外，对于这一部分拟入警人员，也要加强其就职前的正规教育培训，保证其熟悉岗位的实际工作需要，做好入警的充分准备。这就需要在刑事诉讼过程中以最少的诉讼资源投入来产出最大的案件解决数量，更有效地进行纠纷解决，达到资源利用效率的最大化。

第五节 警察胜任力模型基本概念

本节中的"警察"指的是警务工作人员，俗称"公安人员"；"学生"指凡是在警察（公安）院校学习（既包括警察院校在校生的职前学习，也涵盖来警察院校的警务工作人员进行的职后培训）的所有人员。研究警察胜任力是评判警察综合职业能力的一种方式。

1. 胜任力和基本概念

美国著名心理学家McClelland在《测量胜任力而非智力》一文中最早提出了胜任力的概念。该篇文章的发表是胜任力研究的重要标志，并在世界范围内掀起了胜任力理论及实践研究的热潮。McClelland认为，胜任力是指与个体工作绩效或生活中的主要创新产品有关联或相似的能力、知识、技能、个性或特质的集合体。该文指出，复杂工作、高层次职位的工作绩效或生活中的成功并不能依靠传统的纸笔智力测验、分数等级、性向测试和一般的学术测验来准确预测。这对社会中的弱势群体存在着不公平性。因此，他强调应该从更加实际的角度出发去发掘那些能够真正决定工作绩效的个人条件和行为特征，要基于一手材料，提高组织效率并促进个人事业成功。随后，大量学者对胜任力展开了深入而具体的研究（表4-1），比较有代表性的有以下三种观点。

表4-1　　　　　　　　　　　　胜任力研究比较

类型	学者	时间/年	定义
行为观	仲理峰和时勘	2003	胜任力是能把某职位中表现优异者和表现平平者区别开来的个体潜在的、较为持久的行为特征。这些特征可以是认知、意识、态度、情感、动力或倾向性等
特征观	McClelland	1973	胜任力是与工作绩效或生活中其他重要成果直接相似或相联系的知识、技能、特质或动机

续表

类型	学者		时间/年	定义
特征观	McLagan		1980	胜任力是指足以完成主要工作结果的一系列知识、技能与能力
	Boyatzis		1982	胜任力是一个人所具有的内在的、稳定的特性，可以是动机、特质、技能、自我印象、社会角色，或是此人所能够运用的某项具体知识
特征观	L. M. Spencer和 S. M. Spencer		1993	胜任力是可以被测量或计数的、能够区分优秀绩效和一般绩效的个体特征，包括知识、技能、自我概念、特质和动机
	Mirabile		1997	胜任力是与一个职位的高绩效相联系的知识、技能、能力和特征
	Sandberg		2000	工作中人的胜任力并不是指所有的知识和技能，而是指那些在工作时使用的知识和技能
	王重鸣		2000	胜任力是导致高管理绩效的知识、技能、能力以及价值观、个性、动机等特征
综合观	Fleishman, Wetrogen Uhlman和 Marshallmies		1995	胜任力是知识、技能、能力、动机、信仰、价值观和兴趣的混合体
	Ledford		1995	胜任力包含三个概念：一是个人特质即个人独具的特质，包括知识技能和行为；二是可验证性，即个人所表现出来的、可以确认的部分；三是产生绩效的可能性，即除了现实的绩效表现，还注重未来的绩效。整合这三个概念，胜任力是个人可验证的特质，包括可能产生绩效所具备的知识、技能和行为
	Byhem和Moyer		1996	胜任是一切与工作有关的行为、动机与知识，而这些行为、动机与知识是可以被分类的。胜任力分为行为胜任力（Behavioral Competencies）知识胜任力（Knowledgeable Competencies）和动机能力（Motivational Competencies）

第一种是特征观，该种观点认为胜任力是个体的潜在特征，只要能将绩效优异和绩效一般的人员区分开来的所有个体特征都可界定为胜任力。其代表学者为提出冰山理论的Boyatzis。冰山理论（其模型如图4-1所示）认为胜任力主要包括五个层次的内容，在冰山水面以上的这部分素质容易被测量和观察，容易被模仿，称为外显的胜任力（比如通过针对性的培训获得的知识和技能）；而冰山水面以下的部分称为内隐的胜任力，它是区分绩效优异者与绩效一般者的关键因素。相对于知识和技能而言，内隐的胜任力不容易被观察和测量，也难于改变和评价。

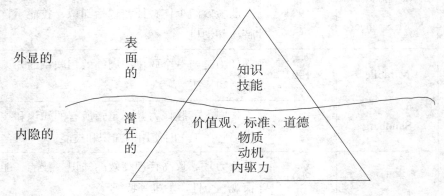

图4-1 冰山理论模型

第二种是行为观，英国学者Woodruff是其主要代表人物，该观点认为胜任力评价应该运用于与优秀绩效有着一定因果关系的外显行为，而这些外显行为往往是对工作岗位中面临不同环境下的动机、个性、知识、技能等的综合运用。胜任力是符合岗位工作要求的个体潜在的、能持续表现的个体外在行为特征与内在特征（可以是认知、情感、意识、态度、动力或倾向性等）的集合，是特性行为的描述。

第三种是综合观，该种观点认为胜任力不能用某种单一的维度去简单地概括，而应是几个方面的综合体，对胜任力内涵的界定应该是上述两种观点的结合。

以上三种观点的共同之处在于：首先，胜任力包含了个体的特征；其次，这些个体特征必须与绩效相关；最后，胜任力与特定的岗位或任务相对应。所以，胜任力的本质是驱动个体产生优秀工作绩效的各种个性特质的集合，反映的是个体通过不同方式表现出来的各种知识、技能、个性与内驱力，是决定并区分个体绩效好坏差异的重要特征总和，可以判断个体能否胜任某项工作。

不同的工作岗位对胜任力的理解不一样，比较有代表的说法是"胜任力是能够完成工作的所有特征的集合"，即胜任力既包括角色意向、特质、动机等个性特质，还包括行业岗位所需的专业知识和技能。本研究认为，胜任力不仅是胜任工作的一种能力，而是个体面对职业要求所具备的综合素养，是完成职业工作的必备条件。

2. 胜任力的特征

胜任力主要具有以下六个方面的特征：

（1）综合性：胜任力自身包括多种要素，是知识、技能、态度、动机等内隐和外显特征的综合。

（2）工作情景性：胜任力是员工高质量地完成本岗位各项工作所必备的基本特征，有效匹配了个人能力和工作情景。胜任力与员工承担的工作是紧密相关的，当员工的个人特征满足其工作需要时，才是胜任力。因为不同岗位的要求存在着差异，适用于某一工作岗位的胜任力可能并不适合其他岗位，甚至会成为工作的阻碍。

（3）工作绩效性：胜任力与员工的工作绩效密切相关，能够区分组织中的绩效优异者与绩效一般者，并可以对员工未来的工作绩效做有效预测。

（4）可衡量性：可以通过员工在工作中的具体行为和绩效表现来对其胜任力进行测量，从而明确存在的差距以及未来需要改进的方向和程度。

（5）可习得性：胜任力属于心理特征，但并不与气质相等同，往往能够通过"做中学"和培训等方式加以开发，具有可习得性和迁移性。

（6）动态性：胜任力模型中的每个胜任力要素随着组织管理水平的提高而改变。随着人们的年龄、阶段、职业生涯的层级以及环境等的不同，胜任力的变化程度也有所不同。

3. 胜任力的分类

依照不同的标准可以将胜任力分为不同的类型。其一，依据胜任力的可变化情况，一般将胜任力分为硬性胜任力和软性胜任力。硬性胜任力主要指的是人们为完成工作预期目标而达到工作标准要求的能力集合；软性胜任力则指工作岗位中表现出来的个人行为特征和属性的集合。其二，依据员工工作中表现出来的各种胜任力特征，可以将胜任力区分为管理胜任力、技术胜任力与人际胜任力。管理胜任力一般是指组织领导能力；技术胜任力通常指的是与某一特殊专业活动相关的胜任力；人际胜任力则指的是通过有效交流从而积极建立人际关系的能力。而Nordhaug认为胜任力应该从任务具体性、行业具体性和公司具体性三个维度来划分，为此，他提出了标准技术胜任力、行业通用胜任力、组织内胜任力、行业技术胜任力和特殊技术胜任力等不同的胜任力类型。

建立与运用胜任力模型的基本出发点就是划分胜任力的类别。我们可以按照不同的胜任力适用范围，将胜任力分为全员核心胜任力、序列通用胜任力和岗位特殊胜任力（即专业胜任力），如图4-2所示，这种划分方法的特点是直观性强，同时强调人与组织的动态适应过程。

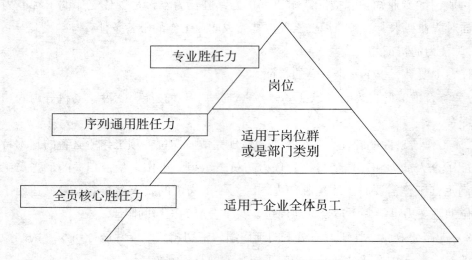

图4-2 胜任力模型的分层分类

（1）全员核心胜任力。此种胜任力是一种基础且重要的胜任力，充分体现了企业价值观、文化及业务需求。作为一种被企业公认的行为方式，它针对企业所有员工的行为要求，适用于企业全体员工。全员核心胜任力通常可用于建立以素质能力体系为核心的人才储备、选拔、激励和培养等人力资源管理体系，能有效地推广该单位的核心价值观。

（2）序列通用胜任力。此种胜任力是对序列内所有技术人员的要求，但重要程度和精通程度不同。序列通用胜任力往往指的是根据员工所在的岗位群或是部门类别不同而需要的专业知识、能力及技巧。

（3）专业胜任力。此种胜任力可看作是从业人员知识、技能、经验和行为标准的总和，体现了企业各职类、职种、职层依据企业战略及行业发展要求，大多是针对特定岗位来设定的。

4. 警察胜任力

警察胜任力是完成这种特殊职业工作的必备条件，也是从事警务工作的人员面对发展变化的职业需求所应具备的综合素养。综合而言，警察胜任力既包含外显层面的专业知识信息集合、完成特定任务的工作技能，还包含内隐的工作动机、职业特质、自我价值、社会角色等。

警察胜任力中的工作能力不仅是指专业知识和技能，因为现实中取得良好工作绩效需要多种因素的综合作用。例如，显性胜任力有知识（行业领域内指导岗位工作开展的有价信息集合）、技能（完成某岗位群工作任务所需的特殊能力）等；内隐胜任力有自我概念（个体在该职业履职过程中的价值定位及价值实现）、特质（职业赋予个体不同于其他职业的特殊气质）、动机（支持该职业持续进行的价值体现和意愿）、社会角色（通过个体行为向公众展现的职业形象）等。胜任力的特点有：第一，人的个体特征虽然是各方面因素的集合体，但并非每一种特征都能发展为胜任能力，只有当个体特征与良好业绩产生因果关系才能成为岗位胜任力。第二，胜任力只有转化为可测量、可比较、可评估的指标体系才能在岗位履职过程中发挥作用。

5. 警察胜任力模型

警察胜任力模型并非抽象的名词或符号的集合体，而是由完成警务职业工作所需的全部素养构成的结构样式，不仅可为警察院校的人才培养提供参考依据，更可通过模型中的指标体系在警察招聘与选拔中实施测量、评估、实验等，探究警察个体行为表现与岗位工作的匹配度。本研究中，警察胜任力模型由五个维度组成，每个维度由若干个指标构成。

6. 警察胜任力培养

培养既指以适当的方式对教育对象实施教育和训练，亦指教育对象在教育环境的影响下自然生成的学习过程。警察胜任力培养既包含警察院校对"预备警察"实施的警务实践所需的专业知识和业务技能方面的教育训练过程，也包含"预备警察"在警务化管理模式下的养成训练过程。本文在警察胜任力现状调查的基础上，根据实证研究结果建构警察胜任力模型，并提出警察院校人才培养过程中的策略。在警察培养过程中，根据警务组织对警察胜任力的需求来确定警察院校警察培养的能力框架体系，从而有针对性地输出合格的警察胜任力"产品"，这是警察院校人才培养的着眼点。根据警察胜任力模型中的维度和指标体系，从培养目标、课程结构、教学策略、师资队伍、文化建设等角度提出警察培养策略。

第六节　警察胜任力模型的深度分析

图4-3警察胜任力的"立方体"结构模型呈现的是警察胜任力在五个维度上的立方体效果。根据警察胜任力调查量表的统计结果显示，警察胜任力模型呈现出的五个维度分别是"政治素养""专业知识""业务技能""个性特质""身心健康"。五边形的每个面都代表一个维度，每个维度面又呈现出由低到高的递进层级趋势，分别是初级胜任力、中级胜任力、高级胜任力和特级胜任力。最底层的是初级胜任力或合格胜任力，层级越高意味着其代表的胜任力水平就越高。而本调查研究的是初级胜任力，也就是警察

入职时需要具备的合格胜任力。

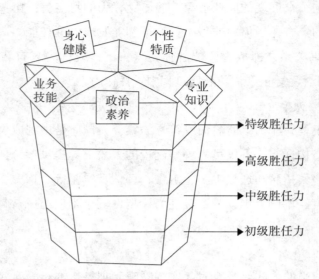

图4-3 警察胜任力的"立方体"结构模型

图4-4警察胜任力的"同心圆形"结构模型呈现的是警察胜任力的五个维度在整个警察胜任力模型中的结构样式。在警察胜任力模型的结构体系中，五个维度由于受个体、管理、物质和教育等相关因素的影响而呈现出不同的比重系数及相关度，但本研究并未分析不同影响因素下的五个维度比重系数及相关度。

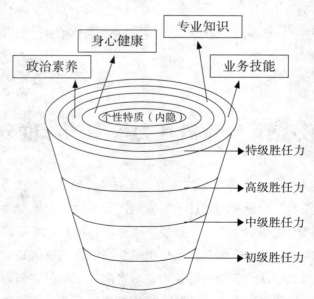

图4-4 警察胜任力的"同心圆形"结构模型

图4-4的结构模型的横切面表示整个警察胜任力呈现出"同心圆形"切面，五个胜任力维度由内至外分别是：个性特质、身心健康、政治素养、专业知识、业务技能。处于横切面最内部的是最不容易被观察和测量到的，往往也是难以评价和后天习得的，但横切面最外层的却是最容易被观察和发现的，也是最易于评价和培养的。

一、警察胜任力模型维度分析

警察胜任力模型是一个综合有机复合体，不仅涵盖了警察胜任工作岗位的方方面面，而且呈现出一定的结构特征。就整个胜任力模型来看，各个维度之间既有联系又有区别，相辅相成、缺一不可，共同建构基层警察胜任力模型的有机整体。具体而言，各个维度在警察胜任力模型中价值表现各不相同。其中政治素养维度是灵魂，个性特质维度是前提，身心健康维度是保障、专业知识维度是基础，业务技能维度是关键。

（一）政治素养维度

1. 政治素养维度的界定

从警察胜任力的"同心圆形"结构模型来看，警察政治素养维度处于承接隐性的个性特质、心理健康和外显的专业知识、业务技能之间。在警察胜任力模型中，政治素养维度是"灵魂"，也是警察具有的政治鉴别力、理想信念、道德品质、革命人生观、服从安排并与人有效沟通和责任心的综合体现。对党和法律的绝对忠诚是政治素养维度的第一指标，做好公安工作，必须具有较强的政治鉴别力、坚定的社会主义信念和共产主义理想，才能用正确的人生观、价值观来指引实际公安工作，毫不动摇党的基本方针和路线政策，并且践行全心全意为人民服务的宗旨、自觉抵御外来腐朽思想的侵蚀。

2. 政治素养维度的意义

"国家安危，公安系于一半"，国家政权中军队与警察是最主要的支柱。公安机关作为国家机器的重要组成部分，不仅是人民民主专政的重要工具之一，更是国家意志的忠实执行者。所以"政治素养维度"不仅是公安机关性质和职能的体现，更是警察职业目标"忠诚卫士"的具体化。警察执法环境会面临不同的诱因，而警察执法也会在道德决策的十字路口面临不同的抉择。警察个体要想自觉抵制"道德失范"回归"道德自律"需要比普通人更坚定的自制力。警察政治素养维度是警察胜任力的本质特征体现，因为它引导着警察从业的坐标方向。换言之，即便是警察具备了身体条件和业务能力，甚至是心理特征和个性特质都符合从业要求，但他（或她）却不具备这种道德定力的时候，随时都可能走向"执法公正"的对立面，甚至做出损坏国家利益、人民利益的事情。政治素养不仅体现出政治建警的重要原则，更是对党、国家、人民和法律忠诚的保障。

　　"爱岗敬业"的前提就是要有讲政治、忠于党的职业操守，没有绝对的政治素养就不会有"爱岗"和"服务"的现实行为表现。所以政治素养在胜任力结构体系中是"统帅"其他胜任力的"灵魂"，更是提高专业知识和业务技能的动力和源泉。警察职业的特殊性要求警察在执法活动过程中具备自觉抵御外来风险和防止腐败蜕化的能力。

　　在警务组织协同作战的大背景下，警察个体之间、警察个体与警务组织之间、警务组织与警务组织之间都面临"协调"与"沟通"的关系，所以访谈中80%以上的民警都谈到"团结协作"与"沟通协调"能力既是警察个体履职的前提条件，更是警务组织开展警务工作的重要保障。学历在硕士以上的警察较之于学历水平低的警察，更倾向于警察的服务意识一般，警龄在10年（含）以下和15年（含）以上的警察认为警察的服务意识较好，警龄在10~15年的警察普遍认为警察的服务意识一般。担任行政职务的警察相对于非行政职务的警察更倾向于较强的服务意识和提升服务水平。

（二）个性特质维度

1. 个性特质维度的界定

　　个性特质是警察个体区别于其他职业个体、稳定的心理品质特征集合，也是各项警务工作开展的前提。根据图4-4可知，个性特质处于"同心圆形"切面的核心层，对从警职业生涯的稳定性，尤其是对警察胜任力的影响作用较大。个性特质维度是警察胜任力维度中的核心层，与其他维度相比具有内隐性特点。"五因素个性理论"认为，人的个性内容主要包括外向、愉悦、自觉性、情绪稳定和经验五个方面，也有人认为依据"大五"个性理论，个性维度包括神经质、外向性、开放性、顺同性和严谨性。而警察的个性特质可概括为：社会外向性、待人随和、意志力、情绪稳定等指标内容。

2. 个性特质维度的作用

　　著名个性心理学家美国的奥尔波特提出：能够为人的内部身心系统提供强大动力支持的组织系统是人的个性特质，因为这能使人产生不同于其他个体的思想和行为。虽然个性特质与警察胜任力本身没有直接的关系，但其稳定性不仅影响警察的创造性、责任心，还对警察职业的稳定性和成就感影响深远。但由于警察胜任本职岗位工作的能力会不同程度地受到警察个体所处环境、所受教育程度等多种因素长期作用的影响，所以，个性特质维度虽不能直接对警察胜任力产生影响，但可与其他维度共同作用于警务人员的工作行为表现。例如：个性特质不仅会使警察勇于面对危险，灵活应对突发事件，甚至比普通人群承受更多的工作和生活压力。个性作为个人能力体系中的一个重要方面，西方国家早已将其作为警察选拔和晋升的重要内容，许多国家把个性特质和心理健康作为选拔和训练警察的重要内容。

　　通过行为关键事件访谈，发现个性特质与警龄和文化程度有相关性。警龄在10年以上的警察，包括从部队转业从警的军人，个性特质表现为内向和小心谨慎，情绪大多倾向于稳定，人际交往时的协作性也会表现突出。性别方面，女性警察积极、开朗的开放性特征明显高于男性警察，但男性警察在坦诚、谦虚、工作协同方面的个性特质却高于女性警察。另外，文化程度越高的警察，情绪也越倾向于稳定，个性特质中的外向、开放化程度也较高，但人际交往时往往会表现出工作中不易于合作，竞争性较强的个性特点。不同警种的警察对个性特质的认同感趋向一致，这也意味着从警的行业特征已然内化为执业人员的个性特质，而且这个稳定的气质特点将长期伴随警务人员，甚至影响其职业生涯发展。这也充分表现出"由于职业者处于相同的职业文化背景下，面临的工作环境和工作压力相似，从业者会由此产生出较为相似的行为规范和心理行为模式。"这一维度的确立可为警务人员选拔在个性特质方面的测评提供较好的测量工具。

（三）身心健康维度

1. 身心健康维度的界定

从图4-4来看，警察胜任岗位工作需要的身心健康是开展各项警务工作的保障，身心健康维度受个性特质的影响，但同时也会作用于政治素养、专业知识、业务技能三个维度。随着形势的发展和社会变化，公安工作的危险性、对抗性与日俱增，同时对警察的身体素质也提出了更高的要求。无论是抓捕、查缉，还是连续作战、长距离作战等，无不以强健的体质为条件。在强健体质基础上强调持久耐力的体能是因为公安工作具有很强的对抗性，有时会有危险的搏斗，有时需要快速的奔跑，这些无疑都是对警察体能耐力的严峻考验。从警察自身来说，养成良好的生活习惯，坚持强体健身是非常必要的，因为强健的体魄和充沛的精力不仅是警察开展业务技能的基础，更是适应不同工作环境的需要。所以，警察身心健康维度包含体能适应性、耐力持久、强健体质等方面的指标内容。

2. 身心健康维度的作用

据公安部统计，近五年来，年均441名民警牺牲，"过劳死"成首因。从数据显示来看，牺牲人数排在前五的警种有：交警、刑警、派出所民警、治安警、消防警。警察近五年因劳累过度猝死1098人，2012年因劳累过度猝死234人，分别占同期牺牲民警总数一半以上，创历年最高。所以，"和平年代最危险的职业中警察排名靠前"已成为多数职业人的共识，只有全面发展警察的身体素质，增强警察体质和适应不同工作环境的能力才是开展各项警务工作的前提和基础。由于受影视作品等媒体的宣传影响，多数人认为警察是钢铁硬汉，不会存在身心健康方面的问题。其实不然，在警察胜任力的现状调查中发现，对于从事高效率、快节奏警务工作的警察而言，身体单薄、疾病缠身会大大削弱其战斗力。根据访谈调查资料来看，一线的基层民警身体问题主要表现为：身体长期处于亚健康状况致使生理机能退化，心血管疾病、头晕、胸闷、肠胃功能紊乱等职业病层出不穷；因受高强度工作的影响，家庭生活中会面临家庭关系紧张。为建设祖国，保一方平安而增强体质不仅可以培养警察的团队精神和职业道德规范，还可以磨炼警察服从命令、听从指挥、遵守纪律、机智灵活、勇于拼搏、不怕牺牲等必须具备的精神品质和意识。所以，警察拥有强健的身体才能具有充沛的精力，从而更好地履行保护人民、打击犯罪的职责。一方面，警察个体要勇于面对工作、生活、学习等各方的压力，提高身体适应各项工作事务的能力；另一方面，警务组织内部需要引导身心健康的具体机制，例如，为警察个体提供身心健康的训练场地和训练时间。警察个体只有保持良好的身心健康水平，应对和适应不同的工作挑战，才能保障各项警务工作顺利开展。

（四）专业知识维度

从图4-4来看，专业知识维度处于业务技能维度之内，又在政治素养维度之外。可见，专业知识维度在政治素养和业务技能维度之间所起到的"承内启外"的作用，亦是开展各项业务工作的基础。

"专业知识"是实施各项警务技能的基础，特指警察在执行警务工作过程中运用到的各种知识，既包括专业基础知识，还包含各种可以转化为业务技能的专业理论知识和专业拓展知识。其中专业基础知识主要指警察执法过程中的基础法律知识，这是任何警种警察都需要掌握的入门知识。其次就是处于专业基础知识之上的专业理论知识，这部分知识主要是根据各警种业务需要开展警务工作时运用的专业核心知识。再有就是专业拓展知识，为提升本专业能力在专业理论知识之外，又能对专业核心知识形成包围的能力拓展知识。

我国著名科学家钱学森曾经对知识分类进行过精心的研究，科学知识可以分为不同的门类和层次：横向知识可以分为自然科学、社会科学、思维科学、数学科学、系统科学、人体科学、行为科学、军事科学、文学艺术理论科学等九个门类；纵向可分为哲学、基础科学、技术科学、工程技术等四个层次。基于此分类法，警察胜任力模型中的专业知识也包括纵向知识和横向知识。其中：纵向知识包括专业基础知识、专业理论知识、专业拓展知识三个层面；横向知识包括哲学知识、社会科学知识、自然科学知识、人文艺术类知识等。为避免知识的片面性和局限性，民警不仅应掌握纵向"精""深"的各警种业务知识、迅速进入本行业成为"内行"，还应具备横向广博的知识面，即熟悉与各警种业务直接或间接相关的各类科学知识，方能开阔视野、触类旁通，成为业务能手，如图4-5所示。

综上所述，专业知识维度是警察胜任力模型存在的执业基础，警察执法水平的高低主要取决于警察对专业知识的掌握和熟悉程度，业务技能水平高低也大多取决于其对专业知识的熟悉度。

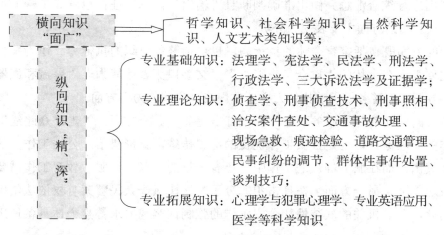

图4-5 警察胜任力模型中专业知识维度的"T"形结构图

（五）业务技能维度

1. 业务技能维度的意义

业务技能维度，顾名思义即从事警务工作所需要的各项技能集合，不懂得、不熟悉警务工作业务技能的警察是不具备岗位胜任能力的。业务技能是公安工作对警察从事本岗位工作最直接、最具体的外在要求，也是由警务工作的职业性和专业性决定的。衡量一个警察、一个警种、一个警务组织的工作质量如何，最有说服力的指标就是业务工作开展的效果如何、警务实战技能如何。所以，从警察胜任力模型的外部来看，业务技能维度对警务工作的开展具有极其重要的意义。

2. 业务技能维度的构成

综合各种研究方法，基层警察在实际警务工作中的业务技能表现可总结为："看""听""问""想""做"五个方面。

"看""听""问""想""做"表现为在警务实战工作中相互连贯的五个方面，以交通事故处置为例，从最开始"接警"到"接案"，例如：警察从"看"（观察）和"听"（接听）报案人陈述到事发地点现场"看"（勘查）"问"（询问）开始，再将信息汇总后认真"想"（分析），最后才能"做"出正确判断直至结案。

"看""听"与"问"的方面：警务实战的各项工作均要求以事实为根据，才可以做到证据充分。所以，业务技能维度中的"看"与"听"就指调查侦查的能力，"看""听""问"即调查侦查的能力是业务技能中的首要能力。

"想"的方面：警务工作的另一个显著特征就是重证据，不管是出警处理各种群众纠纷还是刑事、治安案件的处理过程，都是通过对证据的分析、审查、判断来用证据证明案件事实、还原真相的过程。然而，证据本身并不能自动证明案件如何，如果没有警

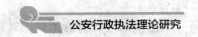

务人员对证据进行综合汇总并做出准确判断且"输出"信息，证据也就成了毫无价值的"信息"。"想"的方面主要表现为分析。

"做"的方面既包括警察个体的执行力，也包括警务组织的执行力。作为警察个体的执行力主要表现在个体的"群众工作能力""文字口头表达能力""警械和武器使用能力"三个方面；而警务组织的执行力主要体现在"实战能力"方面。

公安机关的职能就是"服务群众"和"打击犯罪"。一方面，"走群众路线"不仅是公安工作的一项原则，也是公安工作优良的历史传统。新形势下，公安工作中的群众性工作更加突出。而在服务群众的工作中，还有大量的解释、说服、教育工作需要运用文字口头表达能力。另一方面，在打击犯罪分子时法律赋予人民警察有权依法使用警械和武器，为此，公安机关的武装性和公安工作的强制性客观要求警察个体具备使用警械和武器的能力。

公安工作中警察不可避免地要与犯罪分子正面接触，由于犯罪分子实施的暴力事件具有突发性、不明确性和严重的危害性，这也就凸显出警察实战能力的"特色""特殊"和"重要"。一般来讲，警察实战能力就是警察在执法过程中直接处理各类情况的强制性能力，也表现为警察在实战过程中应对各类事件的综合能力。

警察胜任力模型中业务技能维度结构如图4-6所示：

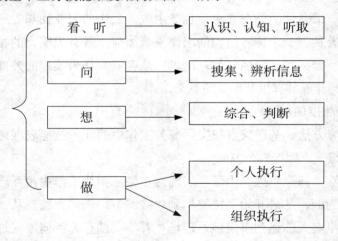

图4-6 警察胜任力模型中业务技能维度结构图

二、警察胜任力模型指标分析

根据对警察胜任力五个维度的分析，在警察胜任力模型中，各维度与所有警察胜任力指标之间的一一对应关系见表4-2：

表4-2 警察胜任力模型中各维度和指标一览表

胜任力维度及权重	胜任力指标			层级	作用
业务技能	看、听	调查侦查能力		外显层	关键
	问				
	想	分析判断能力			
	做	群众工作能力			
		突发事件处置能力			
		文字口头表达能力			
		警械和武器使用能力			
		实战能力			
专业知识	横向知识"面广"	哲学知识		中间层	基础
		社会科学知识			
		自然科学知识			
		人文艺术类知识			
	纵向知识"精、深"	专业基础知识			
		专业理论知识			
		专业拓展知识			
政治素养	政治鉴别力			次中间层	灵魂
	团结协作能力				
	理想信念				
	道德品质				
	人生观				
	服从安排并与人沟通				
	责任心				

胜任力维度及权重	胜任力指标	层级	作用
身心健康	体能适应性	次内隐层	保障
	耐力持久		
	体质强健		
个性特质	社会外向性	内隐层	前提
	待人随和		
	意志力		
	情绪稳定		

（一）业务技能类指标

警察不仅需要具备纵横交织的专业知识体系，更需要有运用专业知识解决各类问题的能力，比如：利用本警种专业知识实施接警案件的现场处置和操作能力，或现场解决突发性事件的应变能力，尤其是在事件处理过程中为控制事态进一步恶化、能综合运用各类知识进行案件分析和犯罪现场重建的能力。综合来说，人民警察须熟悉和掌握好本职工作的业务技能主要体现为"看、听、问、想、做"五个方面的能力。与之相对应的具体能力指标有调查侦查能力、分析判断能力、群众工作能力、突发事件处置能力、文字口头表达能力、警械和武器使用能力、实战能力等。

1. 调查侦查能力

现代警务活动中，调查和侦查作为公安机关获得信息、取得证据的基本手段，构成了几乎所有的行政处理或执行刑罚的处置前提或必经程序。例如：在打击刑事犯罪、治安秩序、道路交通等各项管理活动中，不进行调查或侦查就无法发现违法行为或安全隐患，没有调查或侦查就不可能做出最终行政处理、执行刑罚的决定。警察行政和刑事双重管理的职能要求警察应具备调查和侦查能力，无论是行政调查还是刑事侦查，都是以事实为依据，按照法律相关规定采用调查或侦查的方式取得证据材料。

经过艰苦、深入、细致的调查和侦查方式才能取得真实、清楚且充分的证据材料，警务活动中采取的调查或侦查方式主要有"问"（询问或讯问）"看"（勘验、检查、搜查、辨认和鉴定）"听"（搜集信息）。从刑事侦查人员的角度来看，"听"表现为运用各种侦查方式手段和组织多类侦察力量，全面掌握犯罪分子或犯罪嫌疑人的情报，从而为案件"告破"指明正确的方向。通过"看"与"听"，侦查人员才能在人群中"发现"嫌疑人的蛛丝马迹，例如：治安警察能"捕捉"群体性治安事件爆发的导火线，交警可以"识别"车牌真假，社区警察会"观察"群众困难等，这些"看"的能力无不体现警察对事物的敏感和认知。"听"的能力在调查和侦查过程中表现为警察善于发动群众，多渠道、多途径地搜集警情信息的来源，就好比长着"顺风耳"一样，不论敌情还是社情、案情或民意、地形或气候等各方面的情况都能通过各种渠道源源不断地"汇总"到警察手里。

从组织层级来看，公安领导的"看"与"听"对警务活动的正确实施意义重大。例如：通过组织指挥机关采取不同的方法及时收纳各种情报信息，只有能"看"常人所未见、"听"常人所未察，才能具备"想"常人所未想的能力。从而由表及里地辨认情报信息真伪，分析判断各种情况的内在规律和联系，抓住重点和关键信息，并做出准确判断。所以，现实出警过程中，包括与社区民众的沟通都需要警察在掌握大量信息的前提下才能做出正确的选择和判断。无论是处于警务活动的开始阶段，还是执行阶段，抑或是实施的细节过程，要想及时准确地了解事态发展变化，就得善于将看、问、听的能力结合好，尤其要善于把控外在环境对执法活动的影响，做到提前规避可能遇到的风险和困难。从而识别假象，达到全面、准确、及时了解复杂现象的目的。

2.分析判断能力

警务工作中"想"的能力主要表现为"分析判断能力"：一指警务活动过程中的思考能力，也称分析判断能力；二指调动各方资源对信息进行"研判"的能力。刑警、治安警察、交警等警种在访谈中均表示"分析判断能力"是警务人员从业技能之一，对于警务活动的正确开展具有重要的影响和意义。当警务工作人员在确定警务活动发展的方向后，只有在对前期情况进行充分分析的基础之上才能处置人、事、物，进行下一步方案。准确的分析判断为警务人员实施正确决策奠定了基础，相反，错误的分析判断将导致错误的决策。由于警务活动过程中存在很多不确定的因素，有些警务活动的客体会制造各种假象，抑或是由于外界环境因素的改变导致客体的状态或意向性都还没有真正表现出来，所以在做"研判"时要保持清醒的头脑和顽强的毅力，既要善于观察各种细节，还要善于辨别真假，以保证判断的准确性。若对信息不能适时做出研判，就会影响警务活动正常开展，甚至会由于研判不及时而贻误战机。所以，"想"的能力是警务工作人员从各种复杂易变的现象中抓住关键，并找到内在联系和规律的重要胜任力的体现。

3.群众工作能力

群众工作能力就是"三懂四会"的能力。公安部原部长孟建柱同志曾指出："各级公安机关一定要采取措施，切实提高广大民警做好群众工作的能力。会不会做群众工作，我看，关键是能不能做到'三懂四会'，即懂群众心理、懂群众语言、懂沟通技巧、会化解矛盾、会调处纠纷、会主动服务、会宣传发动。"开展群众工作不仅是党的群众路线的体现，也是公安工作的出发点和落脚点，更是社会稳定的基础。

4. 突发事件处置能力

突发事件处置能力就是指在警察现场执勤或警务活动中，面对危害社会治安秩序或公共安全的突发事件实施的一种应激性反应能力。通过突发事件处置，可以最大限度降低危害后果。由于事件的突发性和危害性，可能造成严重危及社会治安秩序和公共安全的后果，所以需要警察现场采取紧急措施予以处置。而突发事件的特点也决定了妥善处置机会"弥足珍贵"，甚至会因为现场处置不当造成人员伤亡。交警、社区警察、治安警察都提到警察处置突发事件的能力是考验警察业务技能的重要指标，因为警察在现场处置突发事件中，需要具备综合运用各种专业知识和战术技能的能力，例如：迅速收集突发事件的起因、性质和特点等情报，到现场进行分析预测，从而就事件的发展态势做出准确预估和判断，通过对现场局势的有效控制使事件朝有利方向发展。可以说，突发事件处置能力是一种警察综合业务技能的体现，是对警察心理承受能力、战术处置能力、自我保护能力、沟通协调能力综合使用是否得当的体现。

5. 文字口头表达能力

警察的口头表达能力就是指能用群众熟悉的语言沟通，达到服务群众的目的。基于新时期公安部对警察群众工作能力的要求，"懂群众心理"是开展群众工作的基础，"懂群众语言"却是关键。因为，"懂群众语言"就是指能熟练掌握并运用群众语言，表达各级警察组织或单位对群众的重视，才是推动群众工作、构建新型警民关系的警务工作技能。例如：作为与群众打交道最多的基层警务组织派出所来说，接警、出警、处警工作内容繁多，尤以邻里纠纷最多见，民警要在最短的时间内出警并且到达现场后控制、解决矛盾，口头表达能力最为关键。出警到达现场后要能尽快处理，并理清思路就需要以"听"为主，少说多听。处理过程中还要使用适当的语言发"问"，探寻当事人的心理诉求，找到疑点。处警后期，更要用规范的语言"说"出处理意见和结果。在此期间，尤其注意用语规范得体，不得带有刺激性或者挑衅语言。例如"我是警察你得听我的""你到底懂不懂呀"，这些用语极易导致当事人的对立情绪或滋生负面情绪，影响处警结果。

警察的文字表达能力是指作为行政机关的警务组织或警务个体在日常警务活动过程中运用规范的文字表述进行上下沟通的能力。在大量的警务工作中会涉及不同的文书材料处理工作，例如：对接案、询问、处理等工作的进展都需要提交大量正规化的书面材料。

6. 警械和武器使用能力

警察使用警械和武器的能力就是指警察在执法过程中合法、合理、正当使用警械和武器的能力。随着恶性犯罪、袭警案件的增加，警察有效使用警械枪支的能力显得越来越重要。我国《人民警察法》和《人民警察使用警械和武器条例》都对公安机关人民警察依法使用警械、武器做了明确规定。所以，为及时制止和打击违法犯罪、维护公共安全和公民的合法权益，同时也为维护公安民警的自身合法权益，人民警察应该具备准确使用警械和武器的能力。

　　按照《人民警察法》和其他相关法律规定的要求，"人民警察依法使用警械和武器的行为受法律保护。人民警察在遇到暴力犯罪行为的紧急情况下，经警告无效的可以使用武器。"掌握各种警械和武器使用的专门知识是保障人民警察依法履行职责的前提，只有正确把握警械、武器装备的使用才能取得执法战斗的胜利。执法过程中，警察有可能单兵作战，也有可能协同作战，但不管是哪种情况都要合法、合理、合情地使用警械和武器。尤其是当警察单独面对敌情时，既要能在第一时间对自身面临的敌情与险情及时做出科学评估，使用合法的武器装备控制局势，还要能在警务战术行动中恰当地运用武器装备。因为掌握警械和武器使用常识不仅可以在突发事件发生时保护警察自身的安全，还能起到临时震慑犯罪分子的需要。所以，如果把枪械的使用常识当作从警人员必备的专业基础知识的话，那么就可将面对暴力犯罪正确恰当地使用枪械看成是保护警察职业"生命线"的警务技能。

　　7. 实战能力

　　"广义的警务实战是指警察在执勤执法过程中处理的全部工作。狭义的警务实战是指民警依法妥善处置各种暴力抗法行为的过程。"不论是警察组织或是警察个体，在警务实战中都会面临职业风险。所以，完成任务、降低职业风险的能力是警察实战中最重要的能力。与此同时，在与犯罪分子周旋的过程中还有一种"特殊技能"对克敌制胜起着至关重要的作用。特殊技能指在防卫不法侵害和控制伤害发生时，擒拿格斗、防卫与控制的战术运用对制敌起到至关重要的作用。其实在警务实战中也有很多基层民警提到特殊技能可以起到决定打击犯罪力度大小的作用。例如：刑事犯罪暴力化趋势严峻，警察在面对穷凶极恶的悍匪时可能单兵作战，也可能协同作战。

　　总之，在当前阶段犯罪分子利用高科技手段犯罪、犯罪组织集团化、犯罪分子内部MPA管理的趋势都对警察实战技能提出了更多、更高的要求。在警务组织案件处理程序上要求"大配合"与"专管员"两极相结合。"大配合"指的是刑侦案件要求多警种联动配合办案，以求在最短时间范围内侦破影响大、破坏程度显著、群众反响强烈的大案和要案；"专管员"指的是在交通案件处置过程中车、人、路、事故从始至终均由接警员负责到底。警务工作人员需要有广博的知识面、熟悉与公安业务直接或间接相关的横向知识结构，才能提升问题解决的能力。

　　（二）专业知识类指标

　　警察需要掌握的知识体系包括：纵向知识和横向知识。

　　（1）纵向知识包含专业基础知识、专业理论知识、专业拓展知识。专业基础知识主要指基本法律知识，包括法理学、宪法学、民法学、刑法学、行政法学、三大诉讼法学及证据学等。如果不懂法律知识，离开法律的约束，警务工作就无法顺利开展。法律知识不仅是警察执法的"武器"，也是执行警务工作的"准则"。警务"执法"不仅需要知晓法律基础知识，更需要理解抽象的法律知识，这样才能将其灵活运用到实际警务工作之中。也只有掌握牢固的基础法律知识，具备法律素养，才能进一步学好各警种专业理论知识和拓展知识。

专业理论知识：虽然警察行业各警种分工明确，但"专业"知识并非就指各类"警种"知识，而是开展各项"执法"工作和"服务"工作需要掌握的所有的"基础知识"，包括侦查学、刑事侦查技术、刑事照相、治安案件查处、交通事故处理、现场急救、痕迹检验、道路交通管理、民事纠纷的调节、群体性事件处置、谈判技巧等。这些知识相互渗透，成为民警完成业务工作的"力量源泉"，也只有掌握这些专业知识才能在工作时游刃有余。警察执法水平的高低也取决于对这些专业理论知识的掌握程度。

专业拓展知识：随着警察执法环境的复杂化，警察执法工作面临越来越大的挑战，与此相适应的是要求警察具备丰富的综合知识。例如：心理学与犯罪心理学、计算机、英语、驾驶、医学等科学知识。警察的专业拓展知识包括现代科学技术知识、文史哲知识以及艺术涵养知识。这类型知识的作用在于提升警察的人文素养和求真的科学精神，还能为警察的身心健康提供智力支持。

（2）横向知识主要是围绕纵向知识的需要而展开的，可根据纵向知识的需要进行弹性化设计。主要内容包括哲学知识、社会科学知识、自然科学知识、人文艺术类知识等。

哲学知识。哲学知识是横向知识当中最高层次的知识，因为哲学可以启发人的智慧，使人变得聪明。哲学作为高级形态的思维存在，具有能动认识事物普遍性和必然性的作用，形成科学的世界观和方法论，从而指导各项警务工作的顺利进行。

社会科学知识。社会科学作为一门研究社会现象本质及其规律的系统科学，是具有多重研究范式的学科。由于立足于社会现状，通过对社会发展中的重大问题研究来客观呈现社会问题，完成建立和完善合理的社会制度可能路径的基本使命。社会科学涵盖的学科有：社会学、政治学、经济学、伦理学、心理学、教育学、管理学、人类学等。通过社会科学的学习可以用经验范式对复杂的社会事务进行主观分析和研究，增强警察专业知识底蕴。

自然科学知识。自然科学的根本目的在于发现自然现象背后的规律，自然科学基础知识的习得可以让警察更快掌握现代科学技术知识，进而转化成具备应用现代科学技术的能力，培养创新意识，不断开拓公安工作的新局面。

赫胥黎说过："单纯的科学教育确实与单纯的文学教育一样，将会造成理智的扭曲。"通过对人类生存意义和价值的关怀，可以在警察执法的理念、执法行为、执法程序方面更具有人性化，并且树立起正确的、与时代要求一致的人生观和价值观，从而建立积极向上的理想和奋斗目标。

（三）政治素养类指标

政治素养类指标包括政治鉴别力、团结协作能力、理想信念、道德品质、人生观、服从安排并与人沟通、责任心等，这类指标集中反映了警察作为社会化的职业主体，评价自身警务行为时所产生的内心体验，也是警察存在的职业价值体现。

1.政治鉴别力

"讲政治"一直被视为警察从业的"标识"，警察的"专政"职能就是人民民主专政的重要体现。警察的根本性问题在于"政治立场是否坚定"和"政治观点是否正确"，警察的政治觉悟表现为"能否自觉接受党的绝对领导""言行是否与党中央保持一致"，这是具有中国特色的警察政治能力的要求。如果没有在复杂多变的国际形势下准确地把握方向，在各种腐蚀和诱惑面前保持清醒的头脑就不是一支具有大局意识，并且值得党和人民群众信赖的纪律部队。

2.团结协作能力

团队执行力当中最重要的能力就是团队协作能力。团队协作能力就是指在警务活动过程中根据计划安排与外在环境分析，通过对警力资源的有效配置，使团队协同作战的效果大于警察个体集合的效果，即提高整体作战的效能，也就是实现"1+1>2"的价值。团队协作的能力表现为两方面：首先体现在个体与组织之间。通过制度约束、法律规范、有效监督等多种方式对不同的警察个体实行统一指挥。例如"多警种联合作战"就是现代条件下集团作战的主要形式。组织作战中会遇到复杂多变的不确定因素，加之各警力所属组织的情况、特点各不相同，要实现协作的效率和效益最优化就需要沟通协调。

3.理想信念

警察完成工作任务、克服困难都有赖于坚定的理想和信念。在警察的职业生涯当中，理想与信念贯穿于其精神生活之中，当在与犯罪分子做斗争的过程中会遇到各式各样的艰难困苦，例如：工作复杂繁重、环境恶劣、加班加点。如果没有坚定的理想信念支撑，发扬连续作战的精神，将很难适应公安工作。

4.道德品质

公安机关的性质和责任决定人民警察必须忠诚于党、国家、人民和法律。"忠诚、正义、公正"的警察形象要求其具有良好的、高尚的、被社会认可的道德品质。人民警察要遵守职业道德，在现实生活中需践行道德规范、在思想意识中应当具备职业认同、服从命令、尊重他人、勇于奉献的要素。所有被访问或问卷调查的对象都在警察道德品质的测量指标上近乎一致的趋同，调查中发现作为警察个体，既要不负重托，不辱使命，又不得不直面自己微薄的薪资收入和繁重的工作任务；作为警务组织群体，在面对

智能化装备犯罪个体或集团时还不得不应付缺少装备和经费的无奈。

5. 人生观

警察需要树立正确的人生观、价值观，将对党和人民的忠诚化为无限地为人民服务之中。正确的"人生观"是指警察作为执法管理者不能"高高在上"，而应以"服务员"的身份为公众提供各种类型的"服务产品"。首先，作为从业人员要有服务人民的热情，当人民群众求助时能够及时处理，当群众遇到危险时敢于"亮剑"；其次，为公众呈现真正有服务内涵的"产品"，比如，具备岗位所要求的胜任力就是警察提供"服务产品"的表现。以社区警察为例，"服务"群众既可以表现为破案缉拿凶手，还可以表现为解决邻里纠纷。"服务"还可以表现为：愿意独立承担群众服务问题的责任，担任可信赖的顾问角色，根据群众需要和问题提出具有独特见解的意见；以长远的眼光来解决群众的问题。

6. 服从安排并与人沟通

服从安排并与人沟通不仅要求警务工作人员服从上级组织的工作安排，还要求在个体与组织、组织与组织之间形成一种合力，这也是警务活动中各级警务组织的一项重要职能。警务管理中不仅主体是人，绝大多数的客体也是人。所以，人与人之间的交流影响警务工作的成败。无论是保护人民生命财产安全、稳定社会秩序，还是服务社区，都免不了接触各式各样的人群或个体。例如：讯问犯罪嫌疑人、询问证人和被害人时需要根据不同的年龄、性别、职业背景或者受教育程度，甚至心理特点来开展沟通工作，而沟通的效果就代表工作的效果，往往有较强沟通能力的警察能从对方的言语或肢体行为中迅速找到案件处理的关键点。与犯罪分子沟通，"威而不言、怒而不发"，可使人敬佩，从而使犯罪分子愿意主动交代问题；与普通群众沟通，"面带微笑、态度和蔼"，极具亲和力，这样群众才会主动求助，甚至自愿提供线索，帮助警察寻找有力证据。所以，不论是警察个体还是警务组织，良好的沟通协调能力可以形成合力，充分发挥集体作战功效，最终确保作战任务目标的落实。

总之，警察胜任力模型中的政治素养维度及其指标的确立，为警务管理目标"政治合格""公正执法"的实现提供了理论依据。警察执法环境存在很多不良诱因，再加上警察个体面临社会监督、工作职责、家庭责任的三重选择时，能否自觉地将"法"的实质要求自动内化为个体的职业操守，并且运用于实际行动当中，需要比平常人更为坚定的敬业精神。所以，尽管警察的政治素养指标处于指标体系的中间层，但这种职业品德决定着职业生涯规划的开端，或者说，警察政治素养指标的成熟度直接影响着"国家机器"的正常运转。

（四）身心健康类指标

身心健康类指标包含体质强健、体能适应性、耐力持久等方面的指标内容。身心健康水平不仅要达到更要超出一般个体的身心健康需要，这是公安工作的特殊要求。心理学研究表明，警察仅在任职头三年耳闻目睹的丑陋现象和感受比普通人一生中见到、感受的还要多得多。如果不能尽快消除这些"负性"因素对警务工作的影响，警察心理将长期处于不健康或亚健康状态，情绪失调，挫折、失败等消极情绪不可控的话，平日里看上去内向、稳重的警察就会变得暴躁且具有攻击性。

1. 体质强健

体质强健是警务工作开展的重要基石。当前警务工作开展有一个不容忽视的现象就是基层警察由于工作任务繁重、积劳成疾，是造成行业内因公牺牲的主要原因。警务工作的危险性和对抗性要求从警人员无论是抓捕犯罪嫌疑人、查缉毒贩，还是连夜蹲守，或是远距离奔波缉拿犯罪分子归案，不仅是对"敌我"双方智慧的较量，更是对警察身体素质的严峻考验。此外，当遭遇犯罪分子负隅顽抗、拼死逃命时，危险的格斗、近距离快速追逃都会对警察身体机能提出挑战。所以，在实现个人执行力的过程中摆在首要位置的就是警察个体拥有强健体质。

2. 体能适应性

人们对于相同的压力源所产生的应激反应和排压解压的能力是有差别的。调控力强的人员对待压力可以保持乐观、积极的态度，缓解压力，甚至将压力转化为动力，使自己保持平和的心态去面对工作。相反，调控力较弱的人在苦难面前会产生颓废、紧张的心绪，形成压力，造成恶性循环，甚至降低对打击的容忍度，造成新的职业倦怠。

3. 耐力持久

现代社会道德观、价值观的多样化特点使得部分警察感到迷茫，面对警力不足、工作环境恶劣的职业环境，再加上制度的部分缺失，警察自我实现的内部驱动力更显不足。部分警龄3～5年的年轻警察因为承受不了工作、生活的巨大压力，出现了与同龄人不相适应的内向性格，待人接物时缺乏自信心，怕做错事，有的警察还过分小心谨慎，工作之余表现出一些病理性症状，如失眠、心悸、盗汗等。面对这样的精神压力，有些警察甚至发表"为防止出事不如不干事"的言论，尽管这些说法有些偏激，但由此可见，"怕投诉、怕失误"也是警察工作积极主动性受打击的最主要方面。

警龄在5年以上的一线警察，不论什么警种（刑警、交警、治安警察）都近乎一致地表示警察抗打击能力和自我控制力有待尽快提升，因为公安工作的复杂性、艰巨性，要求警察必须具备健康的心理素质。例如：在执行公务过程中，面对极具挑衅、充满敌意的犯罪嫌疑人时有可能会无法控制住自己的情绪，甚至采取极端措施，例如开枪伤人、刑讯逼供等危害他人生命安全的行为。这种由于心理压力过大造成的行为个体失控的现象，会给公安工作的顺利开展造成严重阻碍。再加上与社会安全防范形势所要求配备的警力相比，数量严重不足，所以高强度的工作量将直接导致警察身心健康受到威胁。提

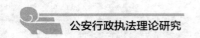

高警察的抗打击力和自我调控能力，是提升警察心理健康的重中之重。

警察的职责是"保护人民生命财产安全和维护社会稳定"，履行这些职责的应该是一支身心健康、积极向上的职业群体。身心健康是警察正常生活、开展工作和出色完成任务的前提条件。从心理学的角度来看，造成警察心理缺陷的原因不外乎心理失衡、矛盾心理失调和逆反心理失控。如何保持良好、积极的心态，增强警务组织的整体战斗力，已显得十分重要。过高的压力已成为危及警察生命安全的杀手，面对如此问题，我们要重视警务人员的身心健康。

（五）个性特质类指标

警察的个性特质维度包含：社会外向性、待人随和、意志力、情绪稳定等指标内容。在警察胜任力现状的调查当中，警龄10年以上的警察情绪稳定、处理事务的开放程度大于警龄在10年（不含）以下的警察；学历硕士以上的警察心态积极、乐观向上，敢于创新，而学历专科以下或从部队转业的军人入警后更倾向于日常工作严谨、强责任心的工作作风，处事风格较保守。由于警察职业的特殊性，外界警务管理环境会对不同性别的警察产生不同程度的影响，例如：治安情况的恶化、犯罪率上升将会给男性警察压力，导致其易于焦虑、情绪稳定性明显低于女性。这意味着个性特质与警龄、学历、性别有相关关系。

1. 社会外向性

外向性警察一般表现为善于社交活动，喜欢冒险刺激，敢于找寻机会，遇到挑战兴奋感增强。相反，内向性警察一般表现为爱独立思考、不好交际且安静稳重，严谨，办事偏于保守但可靠，善于自我控制。警龄在10年以下、学历在本科以上的警察因为刚刚接触社会，对事物充满好奇心且具有较强的上进心，其冒险程度和不按常理出牌的性格明显高于警龄在10年以上的警察。

2. 待人随和

因为警务工作需要解决的纠纷矛盾多数在事后，如果警察不能站在当事人的角度设身处地地考虑，起到稳定双方情绪、消除矛盾双方抵触心理的作用，而是高高在上地"教训"或者"训斥"矛盾双方，事件的处理将难以维持，甚至还可能引发群体性事件。"随和"的品质特点可以帮助警察与不同意见的人友好沟通，拉近双方的心理距离，从而尽快解决纠纷和化解矛盾。

3. 意志力

警察意志力属于警察心理健康范畴，是警务组织和警察个体自觉自愿确定好警务工作目标，并按照法律法规、组织安排和预先设定的工作任务来落实和调配自身的执勤警务行动，并积极主动克服困难和完成各项任务，以达到统治阶级意志和目的的心理过程。与其他职业相比，为了能抵制住各种诱惑，警察更需要具有坚强的意志力才能履行人民所赋予的神圣的职责和使命。警察组织或者警察个体的意志力不仅与自己的身心健康密切相连，并且直接关系到社会稳定。

4.情绪稳定

以窗口服务的派出所户籍民警为例，每天都可能遇到各类"问题"群众，或因手续不全无法当时办理户口迁移，或因证明材料缺失无法更改姓名等，甚至有部分群众还会因为情绪激动，将愤怒和不满发泄在窗口的户籍民警身上。对此，户籍民警如果情绪不稳定，言语稍加不注意就有可能引发群体性事件。所以，户籍民警在自身情绪稳定的情况下还必须设身处地地体谅和理解群众的心理，起到安抚群众情绪的作用。

第七节　警察胜任力模型影响因素分析

警察胜任力理论模型的建构是一个动态过程，但随着警察胜任力理念的不断更新和发展将为此理论模型的建构注入新的元素。由于警察胜任力理论模型是五个维度、二十八种胜任力指标要素之间共同作用的结果，所以，警察获取和发展胜任岗位工作的能力是一项复杂的系统工程。不仅需要关注警察个体因素对警察胜任力发展的影响，更要关注外在管理、物质和教育等因素对警察胜任力形成和发展的影响，才能实现警察胜任力理论模型在警务实践中的应用价值。

一、个体因素

在执法过程中，警察个体所表现出来在业务技能方面最凸显的问题就是执法对抗过程中体能耐力、徒手控制技能、警械和武器装备使用方面的问题；还有警察在对车辆查控、人群盘查、建筑物搜索、抓捕嫌疑人的过程中由于缺乏危险评估和安全规范意识，导致执法过程中警察个体面临危险的系数增加和警情处置失败的可能。由此可见，警察胜任力的形成及其模型建构与个体因素密切相关，且呈现出明显的个性特点。因为个体的智力因素和非智力因素对警察胜任力的形成和发展产生十分重要的影响。一般而言，个体具备警察胜任力是个体智力和非智力因素共同作用的结果。个体智力因素对警察胜任力的形成起直接作用，而个体非智力因素对警察胜任力的发展起间接作用。

（一）个体智力因素对警察胜任力的影响

通常情况下，警察的个体智力因素会直接影响到警察胜任力的形成和发展，但就智力水平而言，警务组织和警察院校可以通过设置入警和招生门槛进行控制。个体智力因素通常是指记忆力、观察力、思维能力、注意力、想象力等，即认知能力的总和，能力

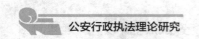

的培养和发展都依赖于个体智力因素的直接作用。从个体智力发展水平的差异来看，表现为低、中和高三个层级，也有的用智商作为衡量个体智力因素差异的指标。

如果警务组织和警察院校将智力作为招录的必备要件，那么在后续的工作或学习生活中，智力将在某个时间段呈现出一定的稳定性。但随着外在物质条件、教育水平和个人主观努力的不同，智力会表现出不同的差异性。

1. 对专业知识维度的影响

由于个体智力水平的差异，对于知识的习得、理解和吸收会呈现出明显的差异。例如：记忆力、观察力和注意力水平高的个体在专业基础知识和专业理论知识掌握方面，会表现出时间"迅速"和程度"宽广"的优势，而思维能力、想象力则是拓展知识面和拓展专业知识视野的必备前提。

2. 对业务技能维度的影响

在处理和解决问题的过程中，具有敏捷智力的个体能够尽快适应紧张的外界环境，并积极主动思考、周密地分析，继而做出正确判断或迅速得到结论。所以，在"突发事件处置能力"和"分析判断能力"方面，具有灵活智力的个体不会钻牛角尖，会从不同角度和方向，采用多种方法来解决问题。

（二）个体非智力因素对警察胜任力的影响

个体非智力因素是指智力因素以外的一切心理因素，它对人的认识过程起直接制约的作用，而且各种不同的个体非智力因素共同作用于能力的形成。如果个体智力因素能用准确的指标进行衡量，那么个体非智力因素是很难用具体的数据表示的。但这并不能否定个体非智力因素的差异性，尤其是其对能力影响的大小。

1. 个体非智力因素通过促进智力发展提升警察胜任力

个体非智力因素可提升智力水平，并作为内在因素对顺利实施警务活动起到促进作用。例如，在具体警务执行活动过程中，个体非智力因素可促进个体智力充分发挥、尽快掌握相关警务技能并且灵活运用，可使警察胜任力得到有益补充。假设个体对需要完成的警务活动没有浓厚的兴趣、高度的责任心和自信心的话，就不能高度集中注意力，保持思维的最佳状态，实现顺利完成该项警务活动的目标。

2. 各种个体非智力因素在知识和技能转化为警察胜任力的过程中起调节作用

个体非智力因素虽不能直接转化为胜任力，但却是专业知识和业务技能转化为警察胜任力的中介。良好的个体非智力因素不仅可以促进个体纵向专业知识增长和增强业务技能的熟练度，还能补偿个体在智力方面的缺陷，顺利实现胜任力的转化过程。例如：对于记忆力较差的个体而言，由于确定了正确的动机，会激发完成任务的兴趣和爱好。在对专业知识和业务技能有着强烈渴求的意识驱动下，会主动将无意识记忆转化为有意识记忆，或者不厌其烦地重复记忆，这样的话个体能补偿记忆力差的缺陷，同样能取得良好的记忆效果。所以说，各种个体非智力因素在有了正确动机的前提条件下将达到最佳的配合状态，实现良好的能力发展，而错误动机则会使某些个体非智力因素失去调节作用，甚至导致警务活动执行的失败。

此外，个体非智力因素在警察胜任力的发展过程中还具有定向、维持和强化的作用。定向作用表现在个体非智力因素对警察胜任力发展通过调节和支配个体的行为表现出来。比如：为达到预定目标，意志坚强的个体能自觉抵制不合预定目标的意识和行为，且主动从事所必需的警务行为而自觉制止不合预定目标的行为。维持作用表现在警察胜任力形成的过程中，可使个体心情愉悦、能动地完成各项警务活动，并且保持乐观向上的积极心态，以至于在整个活动的实施过程中都能自始至终地全身心投入，直至成功。强化作用表现在侦破大案要案或处理群众工作中，为提升警务工作的群众满意度而具备积极上进的精神能更好地促进个体努力开拓、团队合作，由过去的单兵作战发展为团队协作。

以上关于个体非智力因素对警察胜任力的调节作用主要从积极的影响方面来谈的，但警察胜任力的发展有时也会起消极作用。

二、管理因素

从内部影响因素来看，警察胜任力与警察个体的智力和非智力因素有关系，但从外部影响来看，有效的警务管理也是提高警察工作责任心和工作积极性的有效途径。从警务管理的角度来看，激发警察工作积极性，进而提高警察岗位工作的综合能力，也是影响警察胜任力形成和发展的重要因素。

（一）警务组织内部管理对警察胜任力的影响

现行警务组织管理的层级结构对警察个体胜任力的负面影响。警务组织结构从宏观角度来看呈现出典型的倒金字塔形，组织管理的机关化倾向严重，同时由于警务职能部门对口管理出现"大机关、小基层"的现象，致使基层警力严重短缺。所以，目前我国现行警务管理模式对警察胜任力的影响就在于没有营造警察胜任力发展的良好机制环境。突出表现在所有在编警察仅有行政级别之分，却没有专业技能的区别。不论是从事刑事侦查工作，还是从事治安防范工作；不论是政工管理还是后勤保障或办公室文书工作，尽管各业务警种有专业的区分，但实施的却是统一化、不同行政职级的公务员管理体制。这也意味着现行警务管理模式没有很好地照顾到警察个人职业生涯发展和薪酬福利待遇等价值体现。据不完全统计，全国在岗警察仅有不到10%的警察是副处级职务以上，而90%以上的警察职务层次在科级职务以下。从警察职业生涯发展通道来看，因为受岗位职数的限制，警察个体在薪资福利、职务晋升、子女教育、房贷、社会地位等多方

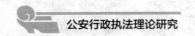

面均处于劣势，这种"付出与收获不成正比"的境遇使多数警察工作的积极性和业务提升的主动性受挫，"警务技能好与坏一个样""多做事不如少错事"的心理懈怠普遍存在。受这种职业懈怠心理的支配，警务管理中至少要回避两种不良工作倾向：一是警察个体的奋斗目标过于倾向行政职务，从而弱化岗位胜任力中的业务技能维度和专业知识维度；二是警务组织系统中团队和个体的积极性、主动性面临发展的严重障碍，也极易导致业务精英不愿意向专业的"纵深"方向发展，甚至影响到整个警务组织的绩效。

入警招录体制不完善。目前我国警务组织招录警察的来源主要有三方面，分别是警察院校的应届毕业生、转业复员军人和社会招考人员，尤其是警察院校的毕业生基本占到入警人员半数以上。参加入警考试的人员只要通过笔试、面试、体能达标测试体检就可以入警。不需要具备杰出的业务技能和"精深"的专业知识也能开展警务实战工作，那就意味着达到基础胜任力就可以了。

（二）警务组织外部管理对警察胜任力的影响

非警察职能泛化影响正常警务技能的发挥。当前，警察参与各种非警务活动的种类繁多，主要表现为：一种是出于社会综合治理的需要，在上级或其他政府机构的条件制约下被动参与的非警务活动；另一种是由于公安机关自身职能的需要，主动参与的非警务活动。前者主要表现为受上级政府职能部门委派、协助其他行政单位进行的政务行为。这些非警务工作的执行成为降低警察正常胜任力的主要原因。例如：配合文化管理部门治理流动摊贩；配合宣传部门对文娱性晚会或演唱活动进行巡逻防护；等等。"有困难找警察"是大众非常熟悉的口头禅，"非警务化职能"已成为困扰基层警察开展正常警务活动、履行岗位职责、发挥警察胜任力的重要障碍。因为从基层警察提供的"服务内容"来看，警察胜任岗位工作的能力主要表现在生活服务方面。非警察职能泛化不仅影响到警务组织根本职能的发挥，而且还将影响社会对警察个体和警务组织工作胜任力的综合评价。

三、物质因素

俗话说："巧妇难为无米之炊。"警察胜任力模型的载体就是警察个体和警务组织，当这些载体的存在受到外来物质条件的制约或限制时，警察胜任力模型的存在也将受到威胁。

（一）外在的物质条件限制了警察胜任力的正常发展

（1）由于办公费用不足，地方财政投入成为警务组织经费的主要来源，但目前由于受经济发展水平等因素的影响，地方政府对警务组织的财政预算缺口较大，难以适应警务工作的经费需要。例如：在地方政府每年的财政预算中对警务组织的安排主要在于在编警察的工资和较紧缺的部分公用经费，而警用装备、设备维护，尤其是基层公安机关的办案经费鲜有涉及，甚至根本没有安排。所以，地方各级公安机关不得不自谋出路，有的搞创收，有的自筹经费。

（2）警用装备使用受限导致警察胜任力无法正常行使；另外，基层警察使用警械和武器装备的意识不强也是导致警察胜任力无法正常行使的原因之一。虽然上级部门三令五申要求基层民警在出警和处警的过程中必须佩戴警械和武器装备，少数民警认为只要在重大案件处置现场带上就可以了，平时处置一般性的事件根本无须佩戴，加之配发的警械和武器装备有的仅有一个规格型号，而警察的体形、体力参差不齐，觉得佩戴上身反而更不习惯，甚至出现有的警察出警时会取下装备中不常用的部分，干脆放置在巡逻车上的现象，造成警械和武器装备不仅更新不及时，而且还在警务活动过程中使用率低，从而影响了警务实战中警察胜任力的正常发挥，尤其是遇到突发的危险状况时，警察胜任力就会因为警械和武器装备的原因发挥不出正常的效力，严重的可能会危及警察个体的生命安全。从某种意义上讲，正确使用警械和武器装备不仅是警察胜任力正常发挥和保护的前提和基础，更是提高警察自我保护意识的有效途径。

（二）物质保障体系无法满足警察胜任力发展的需要

由于警务组织经费实行的是分级保障体制，各级警务组织经费保障根据中央和地方事权划分的原则来分级承担。这种保障体制的最大特点就是强调经费的"分级责任化"。原来根据事权划分的原则，有力地保证了警务组织能获得充足的经费。但随着社会多元化发展，使得各级警务组织的物质保障体系难以真正建构起来，在一定程度上影响了警务活动的顺利开展，从而也导致警察胜任力根本就没有正常发挥的余地。所以，由于警务活动的实施过程受到外在物质因素的制约和限制，警察胜任力存在的环境不得已受限封闭，警察胜任力向上发展的通道就被限制。

四、教育因素

对于警察胜任力而言，教育是最能推动警察个体和警务组织发展的外在关键因素，而警察院校是警察胜任力培养的主阵地。但从目前警察院校教育的现状来看，警察胜任力的培养和发展并没有呈现出递增或渐进的趋势。

（一）教育的内容可提升警察胜任岗位工作的技能

从对警察教育培养的知识内容来看，法学基础知识、警察专业知识、政治和经济等社会学科知识、自然科学知识、人文和哲学知识都是警察胜任力模型中专业知识维度的重要组成部分。在这些知识模块中，警察专业知识占据突出位置，这也说明警察教育是专门化的职业教育，但其与法学教育、军事教育既有联系也有区别。法学基础知识占据的重要位置也说明了警务活动要以法律为基础，知法、懂法才能执法。警察虽然是执法者，但与法官和检察官又不相同，在执法过程中很有可能要与违法犯罪分子进行武力对抗，所以，体能强健是开展高强度警务工作的必要前提。再者，警察工作不仅只是执法工作，还是政治性、社会性很强的工作，在与犯罪分子做斗争和服务人民群众的各项工作当中，还与政治、经济、文化、科技等其他社会生活领域发生密切联系。所以，多方面知识的综合要求对警察应具备广阔的知识面提出了要求，而这种知识面的接收和传递都是通过教育的功能来实现的。

对警察胜任力最显性的要求就是警察业务技能，从警务工作的对象来看，由于犯罪现象的大量存在，衡量警务工作的业务技能标准就体现为是否有效控制和制止犯罪行为的发生。不论是刑事侦查、治安防范，还是交通管理、社区事务都有可能与犯罪分子面对面较量，要想克敌制胜没有过硬的业务技能是不可能的。所以，对任何一个执法警察来说，必须过警察专业知识和法律基础知识的学习掌握业务技能。这也从根本上决定了警察教育的主要目标就是培养适应实战要求的综合应用型警务人才。

（二）教育的实施方式影响警察个性特质

从教育的实施方式来看，隐性手段和显性手段同等重要。例如：《教育大辞典》对隐性课程下的定义是学校政策及课程计划中与显性课程相对的、未明确规定的、非正式和无意识的学校学习经验。通过警察院校以往常规的教育教学，个性心理方面的教育培养虽起到了一定的作用，但成效不明显。此外，警察院校还可通过建构科学合理的课程系统来培养警察健康的个性心理特质。比如：在实践教学中既可针对不同专业学生设置不同的外部刺激环境，提高个体的感知能力，还可通过心理引导、问题设置、社会实践等活动来提升学生思考问题的能力。不仅可通过学校组织例如模拟法庭、实战演练等多种多样的校外活动来激发学生的需要和提升专业学习兴趣，还可通过专业任课教师的言传身教、课后沟通来影响学生，并帮助学生树立科学的理想、信念和就业动机。甚至在有条件的学校还可通过拓展课程例如挫折训练来磨炼学生意志和提高心理承受能力，并强化学生自律意识。

（三）特殊的"警务化"教育手段影响警察胜任力形成

警察院校不仅是警务组织机构中的组成部分，还是培养警务组织预备人才的大本营，其培养方向带有职业定向性。如果没有经过警察院校的严格训练手段、艰苦磨炼和正规专业化教育，是无法完成从一个普通社会青年到警察院校大学生，直至人民警察的蜕变的。警察院校的警务化管理作为一种特殊的教育方式和手段，是警察院校将大学生培养成适应社会发展、满足家长期望、完成职业使命和发展为合格警务专业人才的必要手段。所以，警务化管理对在校学生初步具备警察胜任力的作用非常大。

警务化的教育管理手段不仅是警察院校的重要标志，更是警察院校培养特殊行业性质人才的直接表现。这种带半军事化性质的管理，除具备一般院校管理的日常性要求之外，更要求具有突出的阶级性、专业性、警务性、实战性和综合性。《公安教育概论》对警务化管理的详细定义是："公安警察院校围绕其培养目标，根据公安警察院校革命化、现代化、正规化建设的要求，依据人民警察有关条令、条例的规定，坚持从严治警、从严治校的方针，实施有目的、有计划、有组织的指挥、协调和控制活动。"

警察院校按照警务组织的要求以培养"政治坚定"的警务专业人才为首要目标，所以警务化管理就是促使学生养成自觉、自律、自省、自警、自励的政治素养，并从思想意识方面引导行为举止规范，形成纪律严明、作风过硬、品德高尚的政治品质。按照《公安机关人民警察内务条令》《人民警察法》《公安院校警务化管理规定》的相关要求，通过建立规范的工作、学习、生活秩序，警察院校的学生被置于严密的纪律规章约束之中。但通过这些严格的管理方式可以培养警察院校学生的优良作风，并使学生初步达到"看、想、做"等业务技能的要求，尽快适应职业警察的要求。

警察院校大多会根据本校实际情况，制定《警务化管理细则》以及具体的《一日生活制度》《内务卫生制度》等一系列规范，尤其会对体能训练做出特殊规定。因为警务管理中的体能训练不仅是满足日后警务实战的需要，更是迎合警察个体发展的基本要求。将来警务工作的艰苦和危险无法预知，但增强警察体质、提升身体耐力可以为提高警务技能打下基础。

总之，警察院校坚持从严治警、从严治校的方针，在培养学生坚定的政治思想、严格的组织纪律观念、过硬的专业素质和优良作风等的基础上充分发挥学生的个性，使学生逐渐发展成为具有公平和正义、坚毅和勇敢、机智和热情等良好品质的行为个体，满足警察胜任力的基本要求。

第八节 "卓越"警务人才的培养目标

2011年教育部启动"卓越计划"，2012年教育部明确提出"五个卓越人才"培养计划的目标。与工程师、农林、法律、医生、教师等职业特色鲜明的人才培养相比，"卓越"警务人才的培养也需要主动适应国家"卓越人才"计划的发展需要。

一、"卓越"警务人才的内涵和特点

"卓越"警务人才是相对于传统公安教育中"合格警务人才"的培养目标而言的，浙江警察学院侦查系的郑群和姚珍贵认为，"卓越"警务人才定位于优秀、杰出的警务人才，且在"警察政治素质、警察职业养成、警察业务能力、警察技战术水平、警察临战心理和超强体能"等六个方面具有特定的属性，尤其具备"专业能力优良，创新精神突出和国际视野"等特点。学者傅国良也认为，"卓越"警务人才培养的目标定位是以"人才培养质量和人才实践能力"为关键，培养造就的"高素质警务人才"的创新精神和国际视野主要表现在以下四个方面：政治立场坚定、职业品质优良、专业基础扎实和警务技能过硬。为此，有学者提出，警察高等教育改革的中心思想就是应反思"以知识注入为特征的本科教学传统"，重构"以学生主动学习和创造性学习为主"的现代警察高等教育新教学模式。可见，"卓越"警务人才是比传统警察教育中"合格"警务人才更高层级的人才，其"卓越"的表现特征主要包含：政治素养、警务技能、专业基础知识、警察技战术、临场事件处置中的心理和体能等多方面能力，即"卓越"警务人才并不在于其掌握的专业知识丰富，也不在于其具备的警务技能超强，而在于其综合警务素质远远高于合格层面的警务人才，因为其目标定位是与国际接轨，且与社会进步发展要求相符。此外，与"卓越"警务人才培养目标相适应的警察高等教育制度、教学模式、课程体系、教师队伍等因素都要进行相应的调整和改革。

二、实践"卓越"警务人才培养

（1）浙江警察学院通过"三合作两育人"对"卓越"警务人才培养进行探索。其特点是依托警务实战部门的优势，实施开放性办学模式，例如通过"校局合作、国际合作、校校合作"的方式来提升警务人才"联合培养"的质量。再有，为提高学生警务实战的能力，学校还积极创新实验、实训、实习和实战的实践教学综合体系。学院推行的"学生助理"制度将在校学生推向校内、校外一切实训环节，尤其是通过文化养成教育的方式使学生自我教育、自我管理的能力逐步提升。此外，还为实施"卓越"警务人才培养提供强有力的师资队伍保障，比如通过选派40余人次的青年教师出国进修或攻读学位来提升教师队伍的国际化水平，已有三分之一以上的教师具有国外交流、访学、进修的学术背景以及为外国学员授课的教学经历。

（2）江苏警官学院开办的"警务研究人才训练班"推进了"卓越"警务人才培养计划和实战化教学改革，是在培养具备研究能力和创新思维的优秀人才方面的可行性研究和实践。其具体途径是由江苏现代警务研究中心定期组织举办"公安大学生警务研究人才训练班"来推进"卓越"警务人才的培养计划。学院"卓越"警务人才培养的目标是通过实战化教学以期提升学生现代警务创新能力来实现的，定位就是"具有研究能力和创新思维的警务专门人才"。

以上实践证明，不管是通过"校局合作、国际合作、校校合作"的方式来联合培养人才，还是通过"训练班"的方式来达到对精英人才"实战化"教学改革的目的，都是有利于"卓越"警务人才教育目标的实现，同时还对学院的学科专业建设、课程体系建设、师资队伍建设、实训平台建设和学术交流提出了更高的要求。既往警察院校人才培养的效果最需要反思的地方就在于警务人才培养的目标和规格仅仅是以学科知识体系为衡量标准，忽视了警务实战部门对人才培养的真正需求。例如，在教育教学环节中继续沿袭"传统人才培养模式"，教学过程中的实践教学环节和顶岗实习、见习并未真正达到实训教学目的，反而增强了人才培养的温室效应。

综上所述，警察院校的教育过程中，以"能力本位"为中心的理解是综合社会及警务实战单位对"应用型人才"培养理念达成的共识，重点围绕警种岗位所需的各种核心能力来培养学生的"警情处理能力"，并突出警察综合执法知识和警务技能。但是警察行业及警务人才的长远发展绝不能仅仅依靠单方面的专业知识和技能，如果需要有更长远的发展，人文素养、业务知识、法治理念和创新思维构成的"综合能力"才是最终支撑起发展的原动力。所以，"能力本位"教育在"综合能力"方面很难达到法治社会对警务人才的标准和需求。而"素质本位"则是要求以职业综合素质为基础、职业能力为核心、突出警务专业技能的全面素质教育，强调其构成职业全面素质的"综合能力"因素。"卓越"警务人才教育却是在"能力本位"和"素质本位"基础上的"优秀"人才培养，同样也是不符合当前警察教育目标的。

三、做一名新时期合格的人民警察

在新时期，我们党面临各种前所未有的考验，公安机关也面对非常严峻的风险和挑战。各级公安机关必须从全局和战略的高度，深刻认识、准确把握世界发展大势和我国基本国情，切实增强历史使命感，居安思危、直面挑战、抓住机遇、乘势而上，以与时俱进的精神加强和改进公安工作，为经济社会发展创造良好的社会环境。新的形势和任务对人民警察的能力素质提出了新的更高的要求，同时也为人民警察施展才华、增长才干提供了广阔的舞台。人民警察要充分认识和把握新时期人民警察职业的规律和特点，牢记自身肩负的光荣使命，认真履行党和人民赋予的神圣职责，着力提高履职能力和水平，奋发进取，努力做一名新时期合格的人民警察。

1. 充分认识新时期人民警察职业的规律特点

任何职业都有它的规律特点，不管从事何种职业，要取得成功，一定要掌握它的规律，把握它的特点。要做一名新时期合格的人民警察，必须充分认识和把握新时期人民警察职业的规律和特点，才能在实践中遵循规律，把握自己，有所发现，有所创造，有所作为。

（1）政治性

当前，我国正处于发展的重要时期、改革的攻坚期和社会矛盾的凸显期。在新时

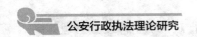

期，党面临长期执政、改革开放、市场经济、外部环境等多种考验和精神懈怠、能力不足、脱离群众和消极腐败等多种危险，推动科学发展、促进社会和谐的任务十分繁重。公安机关作为人民民主专政的工具，担负着巩固共产党执政地位、维护国家长治久安、保障人民安居乐业的重大政治责任和社会责任。这就要求人民警察在任何时候都要忠于党、忠于祖国、忠于人民、忠于法律，始终在思想上、政治上和行动上与党中央保持高度一致。

（2）法律性

公安机关是执法机关，执法是它永恒的主题。基层公安机关的基本活动是执法活动，基层人民警察的基本行为是执法行为，执法水平和执法质量的高低是衡量基层公安机关和人民警察的主要标准。在新时期，公民的法律意识不断增强，人民群众的司法需求不断增长。这就要求人民警察必须具有极强的法治意识，始终依法办事，执法为民。人民警察必须牢记：作为公民，"法无明文禁止即可为"，作为警察，"法无明文授权不得为之"，即人民警察一切权力的行使必须要有法律的明确授权、一切权力的行使必须遵循法律规定的程序、一切权力行使必须受到监督和制约。

（3）权力性

在新时期，党的执政环境和条件发生了深刻变化，但"我们权力真正合法的基础仍然来自人民的支持"。人民警察掌握着法律赋予的很多权力，而且这些权力中很多具有强制性，这是公安机关与其他行政机关的显著区别之一。新时期的人民警察更要正确对待手中的权力，牢记手中的权力是人民给的，只能用来为人民谋利益，要为人民掌好权、用好权、谋好利，不能以权谋私。如果不能正确行使权力，就可能直接侵犯人权，造成公民生命财产的损失，甚至滋生腐败。

（4）社会性

警察作为上层建筑与经济基础联系最为紧密的部分，其活动面向全社会，足迹遍布社会的各个角落，与社会的所有人员都打交道。警察不但接触正面，还经常接触黑暗面。人民群众每天总要和警察的执法行为发生直接或间接、这样或那样的联系，警察与群众联系的密切性是其他任何职业无法相比的，这就是警察职业的社会性特点。在新时期，人民警察各种警务活动（包括目前还很难避免的非警务活动）十分频繁，其职业的社会性特点更为突出。而且，公安机关作为党和政府的窗口部门，是党和政府联系群众的桥梁，基层人民警察直接面对群众，天天与老百姓打交道，他们的言行举止具有广泛的社会影响，很多时候，还代表着党和国家的形象。因此，人民警察必须坚持"严格执法，热情服务"，拒腐蚀永不沾，时刻保持良好的形象。

（5）危险性

新时期人民警察责任更加重大、任务更加繁重，经常连续作战，超负荷运转。正可谓"警察的日历里没有星期天，警察的岁月里没有年和节"。而且，警察属于高风险高心理压力的职业，它始终充满挑战和诱惑。"十一五"以来，全国每年有七八千名警察负伤，三四百名警察牺牲，同时又有七八千名警察违纪违法，三四百名警察被追究刑事责任。事实告诉我们，警察的危险包括身体受伤害和违反法纪两个方面。特别是基层人民警察，任务最繁重、环境最艰苦、待遇最低、工作最危险，最容易出成绩，也最容易出问题。因此，人民警察既要机智勇敢，不畏艰险，不怕牺牲，乐于奉献，还要站稳立场，时刻把握好自己。

（6）专业性

警察职业有着不同于其他部门的专门工作方法和专门技术，这一点，在新时期尤为突出。人民警察有诸多警种，做群众工作是人民警察要掌握的基本功，专门工作与群众路线相结合是所有警种都要坚持和发扬的优良传统。但是，除了共同的政治和业务要求，人民警察每个警种都还有它专门的工作方法和专门的技术，有的还具有极高的科技含量。可以说，新时期的警察是专业性很强的职业。这就要求人民警察必须爱岗敬业，努力学习和钻研业务，争当各项公安工作的行家里手。

2. 努力做一名新时期合格的人民警察

新时期人民警察的职业是神圣而光荣的，神圣意味着正义和尊严，光荣体现了无私和奉献。人民警察要不辱使命，勇敢承担起自己肩负的责任。根据新时期人民警察职业的规律特点，做一名新时期合格的人民警察，要从以下七个方面去努力。

（1）政治立场坚定，始终保持忠诚于党的政治本色

古人云"人无志，非人也"。毛泽东说："人是要有一点精神的"，这个"志"和"精神"都是讲人要有追求，有志气，有崇高的理想信念。理想信念是人生的指南针，是人的灵魂和精神支柱，也是人民警察立身之本和强大的精神动力。作为一名新时期合格的人民警察要始终保持忠诚于党的政治本色，始终坚持中国特色社会主义道路和中国特色社会主义理论体系不动摇。人民警察一定要深刻地理解，忠诚于党、忠诚于祖国、忠诚于人民、忠诚于法律是互为联系、缺一不可的，而在"四个忠诚"中，忠诚于党是第一位的。因为，没有共产党就没有新中国，没有共产党就没有改革开放带来的今天的大好局面，没有共产党就没有中华民族的伟大复兴。中国共产党作为中国的执政党，是历史的选择，是人民的选择，也是宪法的规定。忠诚于共产党是人民警察的政治本色，也是人民警察的首要条件。人民警察还要深刻地理解，在新时期公安机关担负的重大政治责任和社会责任中，巩固共产党执政地位是第一位的。人民警察一定要政治立场坚定，不断增强政治敏锐性和政治鉴别力，不断地增强事业心和责任感，确保在任何时候、任何情况下都能做到绝对忠诚于党，服从党的命令、听从党的指挥，始终保持饱满的工作热情和奋发有为的精神状态，始终保持蓬勃朝气、昂扬锐气和浩然正气。

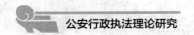

（2）勤奋学习，不断增长知识和完善人格

学无止境，知识更新速度更是十分惊人。不善于学习知识，思想会僵化、能力会退化。人们无法决定人生的长度，但可以决定它的宽度和厚度。做一名新时期合格的人民警察一定要有宽广的知识面和健全的人格。要通过勤奋学习，不断增长知识和完善自己的人格，拓宽自己人生的宽度和厚度。要牢固树立终身学习是生存前提的观念，勤奋学习，不断优化自己的知识结构。要多读一些马列主义经典著作，打牢理论基础；学习哲学，掌握辩证法；学习党的创新理论，深刻理解中国特色社会主义理论的内涵；学习钻研公安业务和信息化等前沿知识。一定要学以致用，努力在运用科学理论，掌握和提高认识问题、解决问题、不断创新的能力上下功夫。"腹有诗书气自华"，学习不但要增长知识，更要坚定理想信念，磨砺意志品格，努力树立正确的人生观、价值观、世界观，不断提高和完善自己的道德品质和人格。宽广的知识面和完善的人格是决定人民警察是否成功的根本。

（3）刻苦钻研，努力争当公安工作的专家能手

人民警察要立足本职，胸怀全局，牢固树立扎根基层，无私奉献的思想，甘当革命的螺丝钉。要干一行、爱一行、钻一行、精一行，立志在平凡的岗位上创造一流的业绩。当今世界，科技日新月异，各种高科技犯罪活动也越来越频繁，要做一名新时期合格的人民警察应及时了解最新科技信息，努力学习，不断地提高业务素质，熟练地掌握现代科技知识和技能，提高工作效率。成功的人民警察都是勤于思考善于总结的，不但要善于思考成功的经验，还要善于思考失败或挫折的教训。因为，做公安工作，失败和挫折是很难避免的，成功的过程中也可能走点弯路，也会有不足和遗憾，而几乎所有的经验都是从教训中得来的。成功的人民警察不但要十分刻苦钻研业务，还要十分善于总结经验教训，努力成为本职工作的行家里手，成为各项公安工作的专家。只有满腔热情而没有实际本领，肯定不能成为合格的人民警察。

（4）忠于法律，树立法制意识和党纪国法防线

忠于法律、依法办事、服从命令、听从指挥，是人民警察的天职。严守纪律，坚持理性、平和、文明、规范执法，应该成为合格人民警察的牢固的意识和良好的习惯。做一名合格的人民警察必须终身践行立警为公，执法为民，不断强化法制意识、公正意识和民本意识，把以人为本、执法为民、公平正义等理念根植到头脑中，落实到行动上，贯穿到执法活动的各个环节。要努力提高执法素质，树牢党纪国法红线，始终保持威武不屈，一身正气。自控能力是检验一个人成熟与否的重要标志，也是检验人民警察合格与否的重要标准。人民警察要努力磨砺，不断提高自己的自控能力。纪律散漫，有令不行，有禁不止的人不但不能成为合格的人民警察，而且迟早是要出事的。

（5）服务人民，坚持密切联系群众

　　世界上每个国家都有警察，但唯有中国的警察前面有"人民"两个字。做一名新时期合格的人民警察一定要牢固树立公仆意识，时刻牢记人民是我们的衣食父母，自觉践行全心全意为人民服务的根本宗旨，坚持权为民所用，情为民所系，利为民所谋，事为民所办。一定要亲民、爱民，主动与群众交友、交心、交流，在倾听民声、问计于民上下功夫。要深入体察群众疾苦，及时了解群众呼声，全面掌握群众诉求，积极回应和满足人民群众新期待和新要求。"对群众深恶痛绝的事做到'零容忍'""对群众急需急盼的事做到'零懈怠'"。全心全意为经济社会发展服务，为最广大人民根本利益服务，真心实意为群众做好事、办实事、解难事。

　　群众工作是我们党的传家宝，群众路线是公安工作的根本路线。和谐的警民关系是化解社会矛盾的必然要求，也是公安机关的战斗力。构建和谐警民关系关系到公安工作的成败和社会大局的稳定。公安机关也是群众工作部门，做群众工作是人民警察的基本功，不会做群众工作的民警不是合格的民警。新时期合格的人民警察"要把群众工作作为一项主业来抓"。要认真研究新形势下群众工作的特点和规律，着力提高组织群众、宣传群众、教育群众、服务群众的本领，全面提升管理服务社会的水平。要善于深入群众，发现和获取各方面的信息，在实践中不断寻找工作新路子，在深化改革中推动公安工作与时俱进。

　　（6）加强修养，坚持自重自省自警自励

　　做一名新时期合格的人民警察要加强思想政治修养，坚持自重自省自警自励。自重是当警察的根本，警察不自重就可能飘飘然，忘掉根本，犹如树之无根；警察更要有自知之明，必须天天自省，经常自我批评，真正认清自己，严防滥用职权；警察经常接触黑暗面，经常面对各种诱惑和考验，尤其要自警，即经常自我警惕，给自己敲警钟；警察任务繁重、责任重大，挫折难免，永远都要自我激励，奋发向上；警察尤其要慎独，在远离领导，独自活动，无人监督时，仍然坚持自己的政治道德信念，自觉遵纪守法，不做坏事。加强思想政治修养需要日积月累，自重自省自警自励和慎独必须持之以恒，养成习惯。良好习惯一旦养成将会成为你一生受益的宝贵财富。

　　（7）解放思想，坚持改革创新和实事求是

　　改革创新，是新时期我国发展最突出的标志和特征，也是推进公安工作发展进步的动力源泉。在新时期，强警之路在于创新，人民警察要以改革创新的精神加强和完善自己，不断解放思想、更新观念，提高创新能力。当前，国际形势正在发生复杂而深刻的变化，我国在发展过程中出现了过去没有过的阶段性特征，公安机关维护国家安全和社会稳定的工作遇到了前所未有的新情况、新问题。做一名新时期合格的人民警察要勇于变革、勇于创新，善于研究新情况，掌握新特点，把握新规律，解决新问题，破解那些制约公安工作和队伍建设的难题，不断掌握新技能、推出新举措，不断把新经验、新做法融入工作实践中去。

解放思想、实事求是是一个思想内涵丰富、理论形态完备的有机统一体，是辩证的统一。实事求是是党的路线，也是公安工作的生命线。目前，不少地方公安机关形式主义泛滥、弄虚作假严重。有的报喜不报忧，不讲实话，不如实立案，甚至搞"两本账"；有的脱离实际，不办实事，热衷于提口号定指标，搞花架子，做表面文章，玩文字游戏；有的学习、教育整顿和检查评比繁多，形式上华而不实，内容上"假、大、空"，不但实际效果差，还给基层以沉重负担；极少数人甚至不重事实、不重证据，搞刑讯逼供，造成冤假错案等。所有这些都严重损害了党的公安事业，也是与党的实事求是路线背道而驰的。做一名新时期合格的人民警察要自觉地坚持真理，以实事求是为荣、弄虚作假为耻，永远讲真话，听实话，办实事。要把实事求是牢牢地刻在脑子里，始终坚持不唯书、不唯上、只唯实，始终坚持以实事求是为指导，以实事求是为标准，做到一切从实际出发，天天实事求是、事事实事求是。

第九节 世界警务发展经验

一、警察体制

谈及警察体制，人们往往会从狭义的角度把其理解为领导体制、组织机构与编制等，其实，警察体制除了上述因素外，还包含很多方面的内容，如警察合法性的来源、警察的作用（打击与服务等）、警察风格（主动与被动等）、警察武装特性（文职化与准军事化等）、人事教育、经费、勤务等，我们可以称之为广义的警察体制。关于世界警察体制模式的种类，学界主要有以下几种分类：（1）英国人梅拜根据警察合法性的缘由、管理体制（如中央集权或地方自治）、警察性质（如军事化与平民化）、警察的作用等标准，将世界上近200个国家与地区的警察体制大致分为四种模式：即英国（盎格鲁—赛克逊）模式；美国模式；大陆（大陆法系国家）模式与殖民地模式。（2）我国学者朱启磲、王大伟根据警察的根本性质、作用职能、管理体制、警察风格与特色、变化趋势等标准，把世界各国的警察体制划分为六种：即英国模式、美国模式、欧洲大陆模式、发展中国家模式、中国大陆模式及其他模式。

依据上述分类，目前西方国家的主要警察体制模式包括：

1. 英国模式

英国是现代制服警察的故乡，具有典型性。在以前的分类中被称为盎格鲁—赛克逊模式。该种模式的主要特点有：在管理体制方面实行以地方自治为主、中央领导为辅，即"三角领导体制"，由中央内政部、地方52个警察队与各郡县警署分级制约；在财政上，中央内政部承担51%，地方承担49%，而内政部大臣只有在对警局工作检查后表示满意时，才代表中央政府提供51%的经费；警察是非武装的文职力量，特别强调非军事化，警察大部分不佩枪；具有打击犯罪、提供社会福利与服务的职能，其中特别强调服务职能。近年来，英国警察体制有一定变化，主要体现在以下几个方面：在管理体制上从地方自治为主向中央、地方分权领导发展，属于集权与分权结合的体制；警务风格上从严格的文职力量向有节制的、部分佩枪方向发展。这种由地方政府与中央政府联合管理警察工作的制度，由于兼顾了警察权强行政性和对其限制的双重必要，"保证了警察机构可以统一行使职权，而不必担心出现滥用权力的国家警察，地方影响足以防止中央政府忽略地方利益，中央政府的监督也可以防止地方政府提供法律制裁的警务服务。"

2.美国模式

这种模式源于英国模式，但也有其特色与发展。其特点主要有：在管理体制上以地方自治为主，但比英国更加地方化，而且组织机构分散、杂乱，属于典型的分权型警察体制；在警务风格方面，是具有强烈武装色彩的文职力量，武装化程度比较高。此外，在职能等方面与英国模式相近似。这种模式体现了地方自治和民主精神，不易产生警察专制和重大腐败、滥用职权等现象，但职责分散，各自为政，缺少协作，难以形成警务合作的规模效益。

3.欧洲大陆模式

该模式包括欧洲除英国以外的大部分国家，以法国、意大利为代表。在管理体制上为中央集中领导，警察立法权与执行权集中于中央政府，由国家统一设立警察机关掌管，以"条条"为主，集中权力，统一领导，属于集权型模式。在警务风格方面是典型的军事性质，配备武器装备，实行军事化领导。在性质上以武装镇压为特色。在职能方面除了打击犯罪外，承担较多的政治与行政职能。这种体制具有高度的统一性和集权性，有利于政令畅通，便于集中统一指挥，但缺少灵活性和机动性，不易发挥地方政府参与维护社会治安的主动性和积极性。

第二次世界大战后，西方警察体制正在发生巨大的变化，出现了所谓的"交融现象"与"趋同现象"，不同的警察体制互相影响，互相渗透，取长补短。各国警察之间的协调、合作逐步增加，有形成跨国、跨地区警察联邦（联盟）的趋势，如欧盟的警察合作就是典型。上述交融与趋同现象也是当前世界警务改革的大趋势。

二、警察行政强制制度

由于警察负有维护社会秩序、打击预防违法犯罪活动的特殊使命，世界各国都赋予警察机关必要的行政强制权，让警察机关拥有比其他行政机关更多的强制手段。但由于警察强制权的行使往往会对行政相对人的合法权利造成损害，因此，各国在赋予警察机关强制权的同时，对警察强制权的行使条件都进行了严格限制。根据国外有关行政强制的立法及理论，我们可以将警察行政强制分为即时强制与强制执行两种。

1. 即时强制

所谓即时强制，是指警察机关出于维护社会秩序或者保护公民人身权、财产权的需要，对行政相对人的人身、财产或者住宅等采取紧急性、即时性强制措施的行政行为的总称。德国是世界上最早对行政强制进行规定的国家。在1977年，《联邦及各邦统一警察法模范草案》（以下简称《警察法模范草案》）与《联邦边境保护法》中对警察行政强制的手段、即时强制条件做了明确规定。根据上述法律规定，德国警察强制的主要手段包括：对当场无法查明身份的人所实施的盘话；对能够提供案件事实的人所实施的传唤；对无固定住所的人或可能实施犯罪行为、以其他方法不能查明其身份的人所实施的捺印指纹及掌纹、照相、确定体外特征及量身等监视措施；为了排除危害及滋扰以确保公共安全秩序，或为了维护个人身体与生命免遭危害，而对有关人员实施的管束措施；为了排除重大滋扰或紧急危害所实施的侵入住宅及搜索措施；对有充分嫌疑的物品实施的强制保管及扣押措施等。

上述法律规范还规定了即时强制的适用条件：

（1）警察机关对于从事违法行为或者引起公共危险的人员，无法或无法及时通过给予行政处分对其科以义务，或者虽然能通过给予行政处分课之义务但没有效果的，便应当实施即时强制，以保证义务被履行。

（2）警察机关在从事行政事务过程中，为了防止紧迫危险，有必要对非引起危险的人员采取一定措施，但无法或无法及时对其以行政处分课以义务，或虽能以行政处分课以义务但没有效果的，警察机关便可直接对其实施即时强制。例如，警察机关在救火时，为避免火灾蔓延造成更重大损失而强制拆除邻居的房屋。

（3）警察机关在从事行政事务时，对于处于一定危险状态中的个人有必要采取保护措施时，便可实施即时强制，又称"救难措施"。例如，警察对意图自杀的人员进行救助就属于此类强制。

即时强制的适用条件是处于急迫状态，实有即时处置的必要。具体而言，即时强制的方法及适用条件包括：①对于人的管束。适用条件包括：疯狂或醉酒，非管束不能救护其生命、身体危险，及预防他人生命、身体危险的；意图自杀，非管束不能救护其生命的；暴行或斗殴，非管束不能预防其伤害的以及其他认为必须救护或有害公共安全之虞，非管束不能救护或不能预防危害的。②对于物的扣留、使用、处置或限制使用。警察机关为了预防危害的发生，对于军器、凶器及其他危险物品可以扣留。对于扣留的物品，除依法应没收、没入、毁弃或应变价发还者外，其扣留期间不得超过30日。③对于住宅、建筑物或其他处所的进入。此类措施的适用以人民的生命、身体、财产有迫切危害，非进入不能救护为限。④其他依法定职权所为的必要处置。

德国有关即时强制方式、条件的规定对完善我国大陆的公安行政强制制度具有一定的借鉴意义。

关于即时强制的程序，从理论上说，应当有做出处分、告诫、强制方法的确定与实施强制诸多个环节，可事实上这些环节很难划分。即时强制是集处分（告诫、执行方法确定）与实施强制手段于一体的行政措施，这本身就是即时强制在程序上的一个特点。

所谓行政管束，是指在紧急状态下，警察暂时性限制相对人的人身自由，以避免发生或者继续发生危害社会秩序的危险，或者排除对被管束人自身或者他人人身可能造成的危害。行政管束仅仅具有预防性、制止性、救助性、保护性的目的，不是一种制裁，而且时间短。根据行政管束的目的，可以将其分为预防性管束、制止性管束、救助与保护性管束三类。前两类属于安全性管束，与警察的职责有关，是警察为了维护公共安全和社会秩序而采取的。而救助与保护性管束与警察的职责并没有直接联系，更多的是出于人道主义精神和由人的生命权引申出来的警察保护义务，因此各个国家和地区对于此类措施的实施进行了严格的限制。为了社会治安秩序和公共利益的需要，采取预防性、制止性的行政管束时可以不考虑被管束人的意愿，但对于救助性的行政管束而言，带有授益性，在具体实施时，如果情况允许，应当征得被管束人的同意。

2.强制执行

强制执行是指在当事人拒不履行已生效的行政决定的情况下，有关机关依法采用强制手段，迫使其履行义务或者达到与其履行义务相同状态的强制性行为。从行政强制执行体制上看，有借助于法院实施的司法执行模式与行政机关自行执行的行政执行模式两种。目前，德国、日本等国家侧重行政执行模式，而美国、加拿大等国侧重司法执行模式。在强制执行手段方面，有直接强制手段与间接强制手段之分。直接强制主要指对人身与财产的强制。间接强制主要包括代执行（不包括行政机关自己实施的代执行）与执行罚（德国称为履行强制金）。从大部分国家的法律规定看，行政强制执行手段的规定是以间接手段为主，直接手段为辅，即在具体选择时应当尽可能使用代执行、履行强制金等较温和的间接强制执行手段，只有在采取上述手段无效或者因情况紧急、采用间接手段不可能实现行政决定内容时才可以使用直接强制手段。近年来，一些国家和地区在法律中规定了新的间接强制执行手段，对我国行政强制执行制度的改革具有重要的参考价值。

（1）受益行政行为的撤回（日本、美国、韩国行政法中存在，韩国又叫官许事业限制）。它是对禁止相对人从事某种特许活动的权利或资格的处罚。它是指行政主体依法收回违法者已获得的从事某种活动的权利或资格的证书，其目的在于取消被处罚人的一定资格和剥夺、限制某种特许权利，间接强制其履行义务。

（2）违法事实的公布（日本、美国、韩国等国行政法中存在。美国又称作制裁的信息披露，韩国又称公表制度）。它是指行政主体将不遵守行政法律的当事人的违法行为

通过一定的媒介向社会公开，依靠社会舆论间接强制其履行义务，使被处罚人的名誉权受到损害，既制裁、教育违法者，又可广泛地教育他人的一种形式。例如，公开高额税金未缴者和排放环境污染物质的企业。

（3）罚款易科拘留，是指将罚款转换为拘留的执行方式。德国《违反社会秩序法》第96条规定了转换的条件：在规定的履行期限届满之后，没有缴付罚款或者指定的罚款份额；当事人没有证明其无支付能力；当事人已经得到本法第66条第2款第3项规定的告知且未获悉表明其无支付能力的情况。拘留的期限，因一项罚款而予以强制拘留不得超过6周。

三、警察监督制度

警察监督制度是警察执法制度的重要组成部分，是现代行政法治的必然要求。当今世界大部分国家和地区都明确规定了警察执法监督制度。

1. 法国的警察监督制度

在法国，对警察活动的监督制度有多种，包括由专门设立的行政法院对警察行政活动的合法性进行监督的行政诉讼制度，由受害人利用议会进行的议会救济制度，由行政机关对警察行政活动的合法性、适当性进行审查、矫正的行政救济制度以及调解专员制度。行政救济制度相当于我国的行政复议制度。调解专员由总统任命，不得兼任任何其他职务，具有很强的独立性，可以受理当事人对警察机关活动的申诉，依法拥有调查权、调停权、建议权、命令权、报告权等，在对警察活动的监督方面起着独特的作用。

2. 美国的警察监督制度

美国警察监督机构的设置有其特点。美国在警察局长下设内务处，凌驾于巡警、侦查、行政管理等实战部门之上，它有权召开警察法庭，审理警察违纪案件并直接做出警告、停职停薪、开除、取消养老保险等处罚。这一做法对我国警察内部监督机构的完善有着借鉴意义。

第十节 公安行政执法体制改革论纲

一、我国现行公安体制的主要弊端

党的十八届三中全会《中共中央关于全面深化改革若干重大问题的决定》指出：要坚决破除各方面体制机制弊端。习近平总书记在关于《决定》的说明中也指出要"坚决破除一切妨碍科学发展的思想观念和体制机制弊端"。根据上述论断，公安体制改革必须坚决树立问题导向，以查找妨碍公安科学发展的体制弊端为突破口。现行公安体制存在以下弊端：

1.现行的公安指挥体制与犯罪全国化的形势不相适应

改革开放以来，人员、物资大流动，数以亿计的农村人口进入城市，原有的社会结构被打破，新型的社会结构尚未完全建立，再加上交通、通信的大发展以及互联网的普及，使得犯罪呈现一种全国化乃至全球化的态势，网络指挥、远程犯罪、高速移动的特点明显。而我们的公安指挥体制还经常处于上下梗阻、地方分割、分散作战、互相封锁的状况，远没有形成全国统一高效的公安指挥体制，极不适应当前复杂多变的犯罪形势的需要。地方发生紧急突发事件时，当地公安机关在第一时间首先要上报当地党委政府，是否在第一时间向上级公安机关报告取决于当地党委政府的意愿。等到上级公安机关基本掌握情况后，往往错失良机。这一现象在一些地方发生暴力恐怖案件或群体性事件时尤为突出。公安现实斗争要求必须大力加强公安机关的系统指挥功能。

2.现行的公安部门结构与一体化作战的要求不相适应

公安机关现行的部门结构存在三大问题：一是分工过细、职能分散、缺乏有效整合。二是部门林立、职能交叉、边界分明、内部协调任务艰巨。三是二级机构存在一定程度的膨胀问题。公安机关内设机构的调整与改革势在必行。

3.现行的公安领导干部管理体制与反腐倡廉的形势不相适应

改革开放以来，中央给地方大量放权，改变了领导干部管理体制，把过去的下管两级改为下管一级，使地方党委在干部管理上有了更多的自主权。但是，由于缺乏有效监督，一些地方的政治生态存在不少问题。其中，公安系统的腐败问题严重，贪污受贿突出，在各个层面、许多地方都有发生，性质恶劣，数额巨大，严重损害了公安机关的形象，给党和政府抹了黑。产生这一严重问题的原因固然很多，但公安领导干部管理体制上存在的弊端是一个重要原因。中华人民共和国成立初期，干部下管两级，现在只是下管一级，干部的任免权主要在地方党委。干部长期在一个地方成长，与当地各种力量有千丝万缕的联系，极易产生腐败。而且，目前只是一个公安机关的交流，势单力薄，不能从根本上解决腐败问题。必须把交流权掌握在上级领导机关手中，扩大干部交流的范围，凡是进入领导班子的人员都必须跨区域或跨部门交流，而且必须实行明确的任期制，五年一届较为适宜，超过两届必须交流。既为干部严格公正执法提供一个良好环境，也可以从根本上保护干部、爱护干部。

4.公安经费管理体制与强化公安机关系统管理的需求不相适应

现行的公安经费管理体制是"以块为主"的管理体制。这是战争年代传承下来的军事化的管理体制。战争年代各根据地处于分割状态，其后勤保障往往是就地取材、自我保障、以块为主。中华人民共和国成立以后特别是抗美援朝战争之后，军队逐步改变了过去落后的后勤保障体制，建立并实行了由中央政府保障军队后勤供应的体制，初步实现了军队后勤管理体制的现代化。在战争年代形成的后勤保障体制被借鉴和运用到公安系统，一直延续到现在而没有大的改变。这是我国公安保障体制形成的历史原因。需要指出的是，2003年11月第二十次全国公安会议以来，中央对公安保障体制进行了部分调整，主要是建立了中央公安转移支付制度，对地方公安机关的办案费和装备费进行必要的补助；还实行了由国家发展和改革委员会立项建设公安业务用房的制度。这两项制度的建立，对于基层公安机关的运行和发展发挥了重要作用。但也需要指出，现行的公安保障体制还存在两方面的不足：一是没有建立在合理划分公安事权的基础上，没有使支出责任与公安事权直接挂钩；二是没有与现行的中央财政收入体制直接挂钩，财政上的"分税制"没有与事权上的支付责任挂钩，导致地方钱少责任多、中央钱多责任少。要通过改革扭转这种局面。

上述四大体制弊端，都是公安体制改革需要解决的重大问题，理应通过深化改革予以克服和消除。

二、公安体制改革的总体要求

2013年习近平同志在全国政法工作电视电话会议中要求："全国政法机关要顺应人民群众对公共安全、司法公正、权益保障的新期待，全力推进平安中国、法治中国、过硬队伍建设，深化司法体制机制改革，坚持从严治警，坚决反对执法不公、司法腐败，进一步提高执法能力，进一步增强人民群众安全感和满意度，进一步提高政法工作亲和力和公信力，努力让人民群众在每一个司法案件中都能感受到公平正义，保证中国特色社会主义事业在和谐稳定的社会环境中顺利推进。"

1. 公安体制改革的目标

我国现阶段公安体制改革的目标是：完善和发展中国特色社会主义公安制度，推进公安治理体系和治理能力现代化。具体内容是：划分公安事权，合理配置职能，科学设置机构，优化部门结构，健全层级结构，完善治理体系。

2. 公安体制改革的原则

（1）坚持党的领导的原则。具体内容有：一是坚持党对公安工作的绝对领导。中华人民共和国成立伊始毛泽东同志就明确提出，要把党对公安工作的绝对领导作为根本原则。要坚决反对警察"政治中立""党派中立"的错误思潮。二是坚持党委决策制度。

各级公安机关都要设立党委会、党总支、党支部和纪律检查机构及机关党委工作机构。各级公安机关实行党委集体决策制度，党委会是本单位的最高决策机构。三是坚持党管干部原则。按照现行干部管理体制，每一级干部的考察、任免、调动都必须由党委及其组织部门决定和执行。四是坚持政治工作制度。五是坚持不搞统战。外交、国防、公安"三大部不搞统战"是一项重要的政治原则，体现在建立党的机构和发展党员上，只允许中共在公安机关建立组织和发展党员。公安政治工作制度是中国特色社会主义公安制度的重要组成部分，因此，在公安体制改革，尤其是公安机构改革中，上述五个方面是必须坚持、不可改变的。

（2）坚持法治原则。在公安职能、权限、机构、程序、责任、保障等方面法定化。近期主要有：一是健全《人民警察法》框架体系。要按照"五加二"的框架来设计《人民警察法》的结构体系："五"指的是人民警察的职责和职权、人民警察的体制编制、人民警察人员管理、人民警察警务保障、人民警察执法监督五大方面；"二"指的是总则和附则。二是制定《公安机关组织管理条例》，明确把组织机构部分扩大为《公安机关组织法》，由国务院对公安机关的职能、权限、机构、编制、体制进行具体的规定。三是制定《公安机关人员管理法》，把《公安机关组织管理条例》中的人事管理部分扩大为《公安机关人员法》。这样做也是借鉴了国家在制定《法院组织法》和《检察院组织法》的同时还制定了《法官法》和《检察官法》的做法。

（3）坚持充分发挥中央和地方两个积极性的原则。我国《宪法》第3条第4款规定："中央和地方国家机构职权的划分，遵循在中央的统一领导下，充分发挥地方的主动性、积极性的原则。"毛泽东指出："有中央和地方两个积极性，比只有一个积极性好得多。"因此，公安体制改革既要遵循确保中央集中统一领导的原则，又应遵循充分发挥中央和地方两个积极性的原则，积极借鉴联邦制国家治理的经验，在中央公安机关与地方公安机关之间探索实行公安事权划分制度，把中央和地方两个积极性都充分调动起来。

（4）坚持精简原则。我国《宪法》第27条规定："一切国家机关实行精简的原则。"因此，公安机关在横向的机构设置上要坚持精干"瘦身"，规定必设机构和选设机构，限定机构总数；反对分工过细、部门林立、内耗扯皮，最大限度地实行职能和机构整合。在人员配置上要制定各层级、各部门人员编制表，进行总额控制。在职能配置上也要精简机关，加强基层一线，确保基层权责一致，避免责重权轻。但在实际工作中，这一宪法要求远未得到有效贯彻。

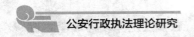

第十一节 公安体制改革的主要内容

为了快速推进我国公安行政法制化的进程，对公安行政执法制度的改进和完善主要应当在公安行政执法权的设定、执法体制、执法程序、执法监督救济、法律责任等方面采取措施，全面完善相关执法制度，最终目标是建立既能保障公安行政执法权的有效行使，又能保证这种权力的行使得到有效监督制约，最终达到以充分尊重和保障人权为主旨的公安行政执法制度体系，实现公安行政执法权力与公民权利的和谐。

一、完善公安行政强制权的设置

在我国，公安机关拥有的行政强制权力非常大，尤其是对公民人身自由权进行限制的强制措施有很多，其中有些强制措施的设置不合法、不合理，并且缺少有力的监督和制约，在实际执法中滥用公安行政强制权的情形比较突出。为了充分保护公安行政相对人的合法权益尤其是人身自由权与财产权不受侵犯，必须对现行的公安行政强制权进行重新梳理、设置。

1. 梳理、完善公安即时强制立法，明确公安即时强制手段的范围

目前公安行政即时强制措施多是在《人民警察法》《治安管理处罚法》《道路交通安全法》等法律中规定的，但有些即时强制措施由规章或者其他规范性文件规定，甚至有些措施没有任何法律依据，离我们所要求的法治社会还有很大差距。从维护法制统一、坚持法律保留、法律优先的原则出发，必须通过立法对公安行政即时强制措施进行梳理，合理确定公安即时强制措施的具体种类，其中对人身的强制必须由法律进行规定。

2. 完善公安行政强制执行手段的设置

首先，应当对现有的公安行政直接强制执行手段进行梳理，减少直接强制执行范围，只保留必要的直接强制手段，同时明确直接强制执行的条件，即情况紧急，不直接强制执行会导致以后无法执行。例如，对于那些流动人口或者其他不容易控制的人员，无正当理由拒不执行传唤决定的，警察应该有权当场实施直接强制。

其次，适当增加间接强制执行手段。参照德国、韩国、日本以有关间接强制执行的立法，在保留现有间接强制执行手段如加处每日3%的罚款、扣分等基础上，在《行政强制法》或者公安专门法律规范中规定以下执行手段，使得间接强制能够成为公安行政强制执行的主要手段：

（1）公告违法行为。通过电视、广播、报纸等形式将当事人的违法行为及其不履行行政决定义务的行为公之于众，对其声誉产生不利影响，利用公众的舆论促使其履行义务。

（2）建立罚款与拘留的转换制度。在这方面可以参照德国的罚款易科制度。如果义务人逾期拒不履行罚款的，可以按照一定的比例换算公式转换为拘留来执行，罚款不再执行。这种执行方式不受财产等因素的限制，比较容易实施，可以有效解决实践中存在的罚款执行难问题。但转换的关键问题在于如何确定转换的条件、标准与拘留的期限。转换的条件应当是：义务人有履行能力但拒不履行；在实施转换前对义务人进行告诫，使其明白不缴纳罚款即将面临的后果，并给予义务人合理的履行期限。义务人在公安机关给予的履行期限内仍然不履行义务，而且不能提供充分的证据证明其确无履行能力，转换的标准可以参照《治安管理处罚法》中有关行政拘留保证金的规定，设定为罚款200元折算1天拘留，转换后的拘留期限最长为10天，低于行政拘留的15天上限。按罚款总额折算的拘留期限超过10天的按照10天计算。如果义务人在拘留期内缴纳罚款的，剩余拘留期不再执行，已经执行的拘留期折算为罚款在义务人应当缴纳的罚款中予以扣除。

（3）中止或者撤销许可。对于从事旅馆业、典当业、公章刻制业等需由公安机关实施许可的行业的组织或者个人，拒不履行义务的，可以根据具体情况，分别做出中止或者撤销许可的决定。一般情况下应当先中止一定时间，超过一定期限仍然不履行的，再吊销其许可证。在具体强制执行手段的选择上，应当坚持间接强制为主、直接强制为辅的原则。为避免过多地对公民的人身、财产进行直接强制执行，以保障人权，应当限制直接强制手段的适用，可以在行政强制执行法中明确间接强制执行手段与直接强制执行手段的适用次序：适用代履行手段能达到强制目的的，代履行应成为强制执行的优先选择。适用执行罚手段能实现强制目的的，就不应选择对人或对物的直接强制，即只有在采取代履行或执行罚等间接强制执行手段不能达到执行目的的前提下，方可对不履行公安行政决定的当事人实施划拨存款、拍卖等直接强制手段。当然，法律应当规定例外情况，例如，在目前流动人口急剧增加、流动作案现象日趋严峻的情况下，公安机关在对流动人员做出行政拘留处罚决定后，如果不立即执行，被拘留人可能逃跑或者无法控制，因此在这种情况下，法律就应当允许公安机关直接强制执行，而不必经过间接强制执行。

二、确立公安行政执法中的比例原则

为了预防、制止、惩治违法行为，维护社会秩序稳定，国家必须赋予公安机关相应的权力，并且因其直接面对复杂多变的社会生活的各个方面，国家赋予公安机关的权力具有很大的自由裁量性。另外，公安行政执法中大部分手段与措施都是以对公安行政相对人的权益造成不利影响为代价的，因此，如何公正合理地使用公安行政权力，较好地平衡公安行政执法权行使的手段与目的以及不同手段之间的关系，确保权力行使的结果公正，便成为规范公安行政执法权行使的重中之重。对此，应当将比例原则引入公安行政执法制度，解决该问题，前文有述，此处不再赘述。

三、完善公安行政执法程序

公安行政执法权具有很大的自由裁量性，依照依法行政的要求，必须对自由裁量权的行使进行严格的限制。除了从实体方面进行限制外，还必须通过设立相应的程序规则进行限制。目前，我国法律规范对公安行政执法程序做了一些规定，但与完全意义上的正当程序原则的要求还有很大差距。因此，为了充分发挥程序对权力的控制和制约功能，保护公安行政相对人的合法权利，必须通过立法完善公安行政执法程序。

1. 完善听证制度

行政听证为公众参与公安行政执法行为的实施提供了有效渠道，充分体现了民主和人民主权原则。建立行政听证制度的最根本目的就是赋予公民参与权，从行政立法和行政执法这两个方面为公民政治参与途径的畅通提供法律保障。同时，行政听证也是对行政机关行使权力随意性的障碍和限制。韦德在《行政法》中说："随着政府权力持续不断地急剧增长，只有依靠程序公正，权力才可能变得让人能容忍。"因此，行政听证作为限制行政权力的有效手段将是不可缺少的。

（1）扩大听证适用范围，将行政拘留纳入听证范围之中，以充分保障行政相对人的人身权利。行政听证的例外越少越好，因为授予这种权利不会有什么害处。

（2）完善听证程序，健全听证主持人独立性保障制度。由于行政听证制度具有准司法的属性，主持人在一定程度上要有中立性与公正性等特征，这就使得人们特别关注听证过程中听证主持人的身份问题。主持人地位的独立能够赢得公众对听证程序公正性的信心，因此就要求主持人必须相对具有一定的中立性。美国1946年《联邦行政程序法》规定，主持听证的官员或者是机关的长官，或者是委员会的一个或几个官员，或者是听证审查官。机关长官和委员会的成员由于工作太多，很少亲自主持听证，因此，依照《联邦行政程序法》规定必须举行的正式听证，基本上全由听证审查官主持。听证审查官由所在机关在文官事务委员会确认合格的人员名单中选择任命，在生活和编制上是所在工作机关的职员，但在工资、任职等方面不受机关长官的控制，而受文官事务委员会的控制，这样能够保证听证审查官能独立地行使职权，不受所在机关的压力。1972年，文官事务委员会将听证审查官改称行政法官，对案件具有初步决定权或者建议权，但与司法官还有一定区别。听证主持人名称的演变反映了其地位日渐独立、日渐脱离行政机关控制的过程。我国的听证主持人应该贯彻职能分离原则，应当设立专门的听证主持人，该人员不能与案件调查者有任何可能的利害关系，以保证听证活动的公正。

2. 完善公安行政执法告知制度

目前，我国对公安行政处罚、公安行政许可等行政执法行为都规定了告知制度，但在强制措施、强制执行等方面还缺少告知的具体规定。因此，为了保障当事人的知情权，应当在行政强制法或其他单行公安行政法规中全面规定告知制度。具体包括：

（1）在做出公安行政执法行为的过程中，必须告知当事人相关事项，包括执法身份，行为的事实、理由、依据等，但法律另有规定的除外，如当事人是无意识人、丧失辨认能力的人等，应当及时告知其近亲属或者单位。

（2）在做出限制人身自由的公安行政执法行为时，还应当及时将限制人身自由的时间、地点、理由、依据等事项告知被限制人身自由人员的近亲属或者单位。其中对当事人进行强制约束的，还应当及时、妥善处理被约束的人员。因为限制被约束人员的人身自由并非最终目的。当公安机关对特定的对象实施了约束行为之后，必须立即采取一定的措施消除实施约束行为的原因，尽快解除约束行为。这既是出于维护当事人权益的需要，也是警察工作的基本要求。另外，实施约束行为的公安机关及其人民警察应当将约束行为发生的原因、处理结果以及行为发生的时间地点等记录在案，并按照案卷制作要求认真制作成案卷，以备查证。

（3）在实施公安行政执法行为的过程中，应当告知当事人有关权利，如陈述权、申辩权、申请听证权、申请回避权等；在做出公安行政执法行为时，应当告知当事人申请行政复议权或者提起行政诉讼权等。

（4）公安机关在采取直接行政强制执行手段前，应当事先告诫当事人不履行义务的后果，给予当事人充足的时间履行义务。经告诫，当事人仍不履行公安机关决定的，公安机关才可以再采取直接行政强制执行手段，强制当事人履行义务。

3. 完善申请人民法院强制执行程序制度

在我国现实情况下，确立公安机关向人民法院申请强制执行制度，对监督公安机关依法行政是十分必要的，但这种制度存在不少问题，主要体现为申请法院强制执行的程序烦琐，时间长，不利于提高行政效率。因此，将来的《行政强制法》应当在肯定这一基本制度的前提下，对其加以完善：首先，应当明确人民法院决定是否受理强制执行申请以及强制执行的期间；其次，应当确立申请人民法院强制执行的"紧急程序"，规定因情况紧急，为保障公共安全和社会公共利益的需要，公安机关可以申请人民法院立即执行，以提高行政强制执行的效率，保障行政决定的及时落实。同时，对一些影响公民权利比较严重的公安行政执法行为，应当规定由人民法院对其进行实质性审查。

4. 建立对教育改造性的强制措施

具体办法是公安机关作为办案部门，负责调查取证，提出处理建议，由人民法院进行审查，做出最后决定，由公安机关执行。这样做一方面可以最大限度地保证行为的公正，同时还可以加强对警察权的控制。司法权并不必然具有控制警察权的性质，但与警察权相比，由于司法权与维护治安、打击犯罪保持一定的距离，能够承担相对公正的责任。另外，司法权与行政权相比具有一套比较公开、公正和科学的程序，因而司法权比行政权更有利于维护人权。

四、完善公安行政执法监督制度

为了督促公安机关及其人民警察严格依法行使其行政职权，预防、减少公安行政执法权的滥用，以保护公安行政相对人的合法权益，必须完善公安行政执法行为的监督制度，加强对公安行政执法行为的监督。根据前述我国公安行政执法监督机制存在的问题，结合法国、美国及我国香港特别行政区在警察监督方面的经验，应当从以下几个方面完善我国的公安行政执法监督机制，建立起多渠道、全方位、多层次、高效率的执法监督制度。

（1）理顺公安行政执法监督体制，确保监督职能部门各司其职。我国香港警察监督机制的历史发展和经验表明，仅靠某一方面的监督有一定的局限性，只有方方面面的监督形成合力，才能确保执法监督工作的效果。结合我国内地公安机关监督机制存在的问题，公安机关应进一步研究论证监督机构的科学设置和职能分工，要尽快整合公安机关的内部监督力量，调整合并有关部门和职能，理顺内部监督体制。按照"工作交叉而不重复"的原则，合理整合纪检、监察、政工、法制、信访和督察等部门，可以尝试"在地市以下公安机关试行纪检、监察、督察、审计等部门合作办公"，以提高综合效率，提高监督合力。同时实行"110""119""120"三台合一，使公民不仅可以在遇到火灾、交通事故和非法侵害时做出求救，而且还可以对警察的不法行为提出投诉，使"110""119""120"成为公民监督警察执法行为的又一个便捷通道。

（2）强化督察机构的地位和作用，完善督察工作制度。目前，在公安机关内部的监督体制中，重点应放在突出督察机构的地位和完善督察工作制度的建设上。首先，应当强化督察系统垂直管理的力度，在坚持督察机构向上级督察机构和本级行政首长负责体制的前提下，理顺督察领导管理体制，通过强化系统垂直管理力度，使督察系统在上下级之间体现出组织人事、经费保障等方面的相对独立性。其次，应当参照美国在警察局内设立的内务处，提高督察机构的地位，赋予其一定的独立查处权。最后，应当建立健全警务督察工作的相关制度，细化督察机构执法监督职能的法规和规章，使警务督察的执法规范和工作制度更具有操作性。

（3）理顺和拓宽公众对公安行政执法活动的监督渠道。公安行政执法活动与公众的切身权益息息相关，而且警务工作直接面向大众并最终为社会大众服务。因此，社会公众对警察的执法工作最有发言权。"让群众来监督批评，只有好处，没有坏处。"公安机关应借鉴香港投诉警察制度的有益经验，积极拓宽监督渠道，扩大控告、申诉范围，进一步畅通公众对公安行政执法行为的控告、申诉及申请行政复议的渠道，自觉接受国家权力机关、人民政府的监督，接受人民检察院的法律监督和人民法院的审判监督，并建立健全公安机关接受国家权力机关质询、民主评议及个案监督制度，建立健全检察机关专门机构受理对警察的控告和申诉制度，确保所有投诉都能得到迅速、公正的处理，维护公众的合法权益。

（4）进一步健全警务公开制度，增强公安行政执法权运行的透明度。公安机关的权力运行从总体上讲关系到党和政府形象，关系到社会和民生大众切身利益，这是引导社会公众对警察权进行外部监督的基础。而要真正实现外部监督的目的，必须建立健全警务信息公开制度。按照公安部《关于在全国公安机关普遍实行警务公开制度的通知》要求，各级公安机关普遍建立起警务公开制度，设立警方新闻发言人，定期或者不定期地通报警情，给群众以知情权，变被动为主动，接受群众监督，发动群众参与维护社会治安，取得了良好的社会效果。在具体操作上，必须建立和强化新闻发言人制度，在坚持必要的保密原则的前提下，积极、主动、及时、准确地发布警务新闻，定期向社会公布其阶段性的执法监督成果，最大限度地满足公众的知情权，积极争取社会公众的信任和支持，自觉接受社会舆论和公众的监督；推行执法依据公开、执法程序公开和执法结果公开；注重强化公民的权利意识，使其积极主动地对公安机关及其人民警察的执法行为进行监督。

（5）重视发挥舆论监督的特殊功能。切实有效的舆论监督是健全的警务监督机制的有机组成部分。增加媒体监督的时效性、纵深度，对于监督公安行政行为无疑是有效的良方。近年来的麻旦旦"处女嫖娼案"、陕西延安夫妻"黄碟案"等案件之所以能引起人们的普遍关注，就是得益于新闻媒体的有效监督。应该发挥媒体的舆论监督作用：一方面必须保证大众传媒要有独立的工作环境和氛围，对新闻报道要有良好的保障，以利于真正发挥媒体的监督优势；另一方面应当坚持新闻报道的实事求是原则，以法律和制度为行为准则，确保媒体客观、公正的立场。

五、完善公安行政管理体制

为了保证公安行政执法权的正常、高效行使，更好地完成法律赋予公安机关的任务，必须建立一个相对独立、高效的公安行政管理体制。综合考虑上述西方国家现行警察体制（分权制与集权制）的优劣，结合我国公安机关的实际特点，应当从以下两个方面着手理顺公安行政管理体制：

1.改革警察行政管理体制

在警察管理制度上，应当改革"以块为主"的管理制度，实行"统一领导，分级负责，条块结合，省级以上公安机关实行以块为主，地市级以下公安机关实行以条为主"的管理模式。主要理由如下：

（1）有利于充分发挥基层公安机关的职能，确保政令警令畅通，优化执法环境。基层公安机关实行以条为主，有利于加大队伍内部执法监督的力度，有利于改善基层公安机关经费保障，使公安机关执法最大限度地摆脱当地政府部门领导的行政干预和地方保护主义，减少地方党委和政府的非警务命令对警务工作的影响，增强公安机关执法的相对独立性，便于高效、快捷地发挥其自身职能，真正做到依照法律行使职权，不受其他

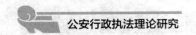

单位和任何个人的无端干涉。

（2）有利于中央公安机关统一宏观调控。省级以上的公安机关实行以块为主，可以适应我国不同地区的特殊性，有利于统一灵活地处理警务。

（3）有利于实现集权与分权的有机结合。地市级以下公安机关实行以条为主，可以做到公安工作必须坚持党的领导，而省级以上公安机关实行以块为主，则又实现了分权的灵活，这种改革充分体现了集权与分权的有机结合。

2.改革警察组织机构

在警察组织制度上，既要在横向上合理分配警察权，又要在纵向上改革权限分配制度。在公安机关的纵向组织设置上，应当明确省级以上公安机关的任务是为基层警察提供培训、技术服务和对跨地区案件的指挥协调，力求维持警察组织与警员配置和谐一致。在警察上下级组织之间，应给予下级机关对上级违法命令的消极抵抗权和对上级不合理命令的建议监督权。赋予基层警察受限制的相对独立性并不能改变警察权力统一行使的大势，反而能同时加强警察决策者与执行者的共同责任感。

六、完善警务保障制度

公安行政执法权的物质保障要素是其运行的物质基础。公安机关没有起码的物质保障，也就失掉了严格执法的基础和条件。因此，为了保障公安行政执法权的正常行使，必须解决公安行政执法权的警务保障问题。为此，需要从经费与警力保障两个方面加以完善。

1.改革现有的财政供给机制，完善公安经费保障机制

《人民警察法》设有专条对公安经费保障做了规定，但由于条文原则性过强，在实践中并未得到落实，因此，应当尽快制定公安经费保障的具体实施办法，以法规的形式确定各级公安机关经费在同级财政预算中的适当比例和最低保障标准，实现警用经费由中央财政和地方财政统一供给、全额保障，彻底打破现行的财政预算与罚没款收入挂钩的供给机制，实实在在地解决警用经费问题，奠定公安机关权力运行过程中的自律基础，有效杜绝"吃、拿、卡、要"和乱收滥罚等现象的发生，让基层公安机关在没有经费压力的情况下秉公执法。同时，公安机关必须严格经费集中统一管理，提高经费使用效益，为确保公正执法提供最大限度的经费保障。只有消除了约束警察权依法履行的经费不足因素，才能真正使警察牢固树立起严格执法的理念，排除亲情、人情、私情的影响，杜绝执法过程中的不正之风，执好法，用好法，用好权。

2.合理配置警力，保证基层公安机关的执法力量

在警力保障方面，要制定警力配置标准。公安机关不同于一般的行政机关，其承担的繁重的治安管理和刑事司法职能，决定了公安机关必须配备与其工作任务相适应的一定数量的警务人员。同时，基层公安机关是最重要的执法单位，履行大量的执法管理职责，警力不足

问题显得尤为突出。因此，要整合现有的警力，最大限度地精简机关警力，至少把2/3的警力下到一线，并根据需要撤并原内设机构和派出机构。通过合理地配置警力，做大、做实、做强一线执法单位，保证基层公安机关的执法力量，更好地实现预防、打击、服务功能。

3.切实采取有效措施，保障人民警察的执法权益不受非法侵犯

对于袭击警察等妨害公务的违法犯罪行为，必须依法及时严厉打击。各级公安机关应当设立由主要负责人牵头的保护公安民警执法权益委员会，作为专门的保护人民警察权益的机构，负责组织开展维护民警执法权益的日常工作。对于责任制不落实，保护措施不到位，指挥、决策失误，导致公安干警遭受围攻、袭击造成伤亡的，要追究有关领导及责任人的责任。

七、完善责任追究制度

现代行政是责任行政。目前公安行政执法责任追究制度不健全，违法不究，是导致公安行政执法违法行为屡禁不止的重要原因。健全的行政执法责任追究制度，是促使公安机关及其人民警察严格依法行使职权、限制公安行政执法权滥用、保障人权的必然要求。完善责任追究制度应当做到：

1.必须确立违法必究的原则

对于任何违法的公安行政执法行为，包括实体违法行为与程序违法行为，法律规范都必须规定相应的责任追究方式，防止出现责任状态的空白。

2.必须明确责任主体、归责原因及责任形式

在实际执法中，许多违法的公安行政执法行为是具体办案民警（即直接责任人员）根据上级主管领导的指示、命令而实施的，因此在追究责任时，不能只追究具体办案人员的责任，还必须根据当时的具体情况，分别追究公安机关领导、直接负责的主管人员的法律责任，建立并完善领导问责制、引咎辞职制。另外，应当在法律规范中明确追究责任的情形（即归责原因）及责任的具体形式，避免出现"依法承担法律责任"的笼统规定，增强责任追究制度的可操作性。

3.应当加强对归责主体的监督

根据有关法律规定，有权对公安行政执法行为进行监督、纠正并追究责任的机关（即归责主体）主要包括实施公安行政执法行为的公安机关自身、上级公安机关、同级人民政府、人民检察院、人民法院、行政监察机关等。对违法的公安行政执法行为进行监督、纠正并追究有关单位或个人的法律责任是上述机关的法定职责。实践中，责任追究制度落实不力的重要原因之一就是归责主体没有认真履行法定职责。因此，法律在赋予有关机关归责权的同时，还必须明确其不依法严格追究责任所应承担的法律责任，以促使其严格依法履行监督职责。

第五部分

其他公安行政执法行为

第一节 公安行政检查

一、公安行政检查概述

公安行政检查，是指公安机关的治安管理部门为了实现治安行政管理职能，掌握治安管理相对人遵守治安管理法律、法规的情况，履行治安义务的情况，由人民警察对特定场所、人员、物品、证件进行查看、了解、审查、核实、督促等所实施的行政行为。公安行政检查作为公安机关行政执法行为的重要组成部分，是公安机关进行治安管理、维护社会秩序的重要手段。

（一）公安行政检查的特征

（1）公安行政检查是一种单方的依职权的具体行政行为。公安行政检查是对相对人遵守法律、法规和规章情况的监督检查，所涉及的是特定相对人和具体的权利、义务。同时，由于公安行政检查是对相对人守法情况的监督检查，在其职权行使和行为实施的方式上，既无须以行政相对人的申请或请求为前提，也无须与行政相对人采取协商方式来实现，而是由公安行政主体根据其职能、职责的需要，并依据法定监督检查职权单方决定和主动实施的。

（2）公安行政检查影响但不直接处理和改变行政相对人的法律地位。公安行政检查的内容是对有关情况的强制性检查与了解，它对相对人的权利与义务的影响表现为：可能限制其权利的行使，或妨碍其正常活动的进行，或迫使其提供有关材料，但不直接对其实体权利、义务做出处理或改变，不创设、改变或消灭相对人的法律地位。如果公安机关在检查中发现个人、组织不正当行使权利或不依法履行义务，公安机关将另行做出相应的制裁性行政处理决定或采取某种强制性执行措施，其目的在于实现国家的行政管理职能。必须明确的是，某些检查也与实体权利相连。例如，对人身体或住宅的搜查，有权实施此类检查的是得到法律明确授权的公安机关。被授权的公安机关在实施此类检查时，还必须严格遵循法定程序，否则就是违法，是对个人、组织人身权、财产权的侵犯。

（3）公安行政检查是一种给相对人设定程序性义务和限制其权利的行为。对于公安行政主体而言，公安行政检查虽然也包含着职责与义务的要求，但就其实施的方式和过程来看，公安行政检查表现出了很强的权力性，如强制性检查、搜查、查验、询问等。对于行政相对人而言，公安行政检查不会给相对人产生权利，而只会给相对人设定某些程序性义务，对其权利进行一定的限制，如接受检查、询问、如实提供有关事实材料等。

（4）公安行政检查的主体是公安机关，其对两种情况进行监督和检查：一种情况是对个人、组织是否遵守法律、法规进行监督和检查。例如，交通警察对个人、组织是否遵守交通规则加以监督和检查。另一种情况是对个人、组织是否执行公安机关依法做出的行政处理决定进行监督和检查。

（二）公安行政检查的作用

1.公安行政检查有利于公安行政管理职能的实现

公安机关为了履行法定的公安行政管理职责，必须借助多种手段，而公安行政检查正是诸多手段中的一种。公安机关的治安管理部门及其人民警察作为公安行政管理的主体，通过公安行政检查对相对人是否违法的状况进行了解，及时发现问题并解决问题。只有加强经常性公安行政检查，才能使公安机关及时获取各种治安信息和情报，摸清治安动态，发现治安隐患，实现防患于未然的目的。

2.公安行政检查有利于保障治安管理法律、法规和规章的实施

公民、法人或者其他组织是否遵守公安管理法律、法规和规章，都需要通过公安行政检查来确认。不进行严格的公安行政检查，实现治安管理的目的就无从谈起。只有依法加强公安行政检查，才能教育群众自觉遵守法律，对有违法犯罪活动的人严格控制，对社会面及复杂场所严密控制，从而实现预防为主、管理从严、及时打击、保障安全的目标。

3.公安行政检查是做出正确的公安行政强制执行和公安行政处罚决定的前提和基础

公安机关采取公安行政强制执行和公安行政处罚等措施，一般都要以公安行政检查为前提和基础。在这里，监督检查也就是调查研究，不进行监督检查或不进行严格监督检查，就无法了解个人、组织守法和执法的情况，对模范守法和执法的个人、组织无法

表扬、鼓励，对违法者也无法惩处，公安机关的严格执法也就无从谈起。因此，必须十分重视执法中的监督检查工作，在机构设置、人员配备和监督检查的内容与程序方面做出明确规定，这将是改善我国执法活动的重要方面。

二、公安行政检查的适用范围

公安行政检查是治安管理部门及其人民警察在公安行政管理工作中经常采取的措施。因此，在《消防法》《出境入境边防检查条例》《居民身份证法》《娱乐场所管理条例》《群众性文化体育活动治安管理办法》《废旧金属收购业治安管理办法》《公安部关于加强旅馆业治安管理工作的通知》《计算机信息系统安全保护条例》《计算机信息网络国际联网安全保护管理办法》《公安机关办理行政案件程序规定》等有关的治安管理法律、法规和规章中，均规定了公安机关治安管理部门的治安行政检查权利。根据这些法律、法规和规章的规定，治安行政检查的范围包括：

1. 对公共场所的治安检查；
2. 对群众性文化体育活动现场的安全检查；
3. 对单位、居民住宅区安全防范情况的检查；
4. 对特种行业是否履行治安义务的检查；
5. 对危险物品的生产、运输、使用、购销、储存、销毁等各个环节的安全检查；
6. 对机动车辆的检查；
7. 消防监督检查；
8. 出入境检查；
9. 边防检查；
10. 计算机信息网络安全检查。

三、公安行政检查的职权

公安机关的治安管理部门及其人民警察在进行治安行政检查时，拥有以下几项职权：

（1）有权要求有关人员出示身份证件及其他相关证件。根据《娱乐场所管理条例》的规定，公安机关有权检查娱乐场所从业人员是否持有合法证件，以及持有的证件是否齐全、有效。根据《集会游行示威法》的规定，在集会、游行、示威活动现场，公安机关有权检查参加人员的身份证件。根据《居民身份证法》和《居民身份证条例实施细则》的规定，公安机关的人民警察在依法进行公安行政管理时，有权查验不特定普通公民的居民身份证，被查验的公民不得拒绝。

（2）有权检查相关的场所、物品，特种行业的业务经营情况，各单位安全管理制度和安全防范措施的落实情况等，检查中发现有违法犯罪嫌疑的人员，也可以进行搜身。

（3）在公安行政检查时，公安民警有权向被检查的单位及人员提出问题，并要求相对人如实说明有关情况，以便及时了解掌握相对人是否守法的动态。

（4）有权要求被检查的单位及人员提供有关材料、文件或资料，并对之进行核对、查证和确认，从而判明其是否存在治安问题。

（5）治安管理部门在公安行政检查中发现存在治安问题和安全隐患的，有权依法采取指正、劝阻、制止、批评教育等措施，或依法实施治安管理处罚。

四、公安行政检查的程序

公安行政检查的程序，是指公安行政检查的步骤、方式、时限、顺序。根据公安行政检查实践，进行公安行政检查在程序上应注意以下几点：

（1）表明身份。人民警察在进行治安行政检查时，必须着警服并佩戴公务标志，进入现场，必须出示行政执法证件，告知行政执法人员身份。如《消防法》第24条第2款规定："公安消防机构的工作人员在进行监督检查时，应当出示证件。"

（2）告知。人民警察在实施治安行政检查时，应当告知行政检查所依据的法律、法规和规章，并且告知公安行政检查的具体内容。

（3）公开检查。人民警察在实施治安行政检查时，应当通知被检查人在场，即治安检查应当采取公开的方式。在实施治安检查时要有被检查人在场，以保障检查过程和检查结果的公正、客观，并便于检查人员发现问题，对被检查人及时进行治安行政教育。

（4）在实施公共场所治安行政检查时，应当由两名以上人民警察共同进行。公共场所的治安问题比较复杂，人民警察对娱乐、饮食、服务场所实施治安检查时，应当由两名以上人民警察共同进行。其原因有两个方面：一是可以避免人民警察在检查中徇私枉法、不依法履行职责、故意包庇或者故意刁难；二是由两名以上人民警察共同进行治安检查，若有被检查人不接受治安检查、阻碍治安检查的情况，则可以及时采取必要的行政强制措施以保障治安检查的顺利实施。

（5）对涉及公民基本权利的某些特别检查，必须有法律的明确授权，应当符合法定的特别要件和方式。例如，进入公民住宅内进行检查时，必须持有特别检查证；对女性人身的检查，应当由女民警进行等。

五、公安行政检查中公安机关和被检查单位及个人的权利和义务

（一）公安机关的权利和义务

（1）公安机关的人民警察依据《人民警察法》等有关法律、法规和规章的规定行使治安行政检查的权力；

（2）告知当事人（检查人）依法享有的权利；

（3）公安机关的人民警察在实施公安行政检查时，应当严格、公正、文明执法；

（4）违法实行检查造成公民人身或者财产损害，给法人或者其他组织造成损失的应当依法赔偿。

（二）被审查单位及个人的权利和义务

（1）被公安行政检查的单位和个人应当予以配合；

（2）对违反法律、法规和规章的检查行为，被检查的单位和个人有权提出异议；

（3）不服公安行政检查的，可以依据《行政复议法》第6条第2项和《行政诉讼法》第11条第2项的规定，申请行政复议或提起行政诉讼。

第二节 公安行政确认

一、公安行政确认概述

（一）公安行政确认的概念

所谓公安行政确认，是指公安行政主体在与行政相对人发生争议的情况下，依法对其法律地位、法律关系和法律事实，给予确定、认可、证明并予以宣告的具体行政行为。

（1）公安行政确认的主体是公安机关和法律、法规授权的组织。

（2）公安行政确认的内容是确定或否定行政相对人的法律地位和权利、义务。其审查确定的对象是与这些权利、义务和法律地位密切相关的特定的法律事实或法律关系。

（3）公安行政确认的性质是行政主体所为的一种具体行政行为，其确认权属于国家行政权的组成部分。所以公安行政确认不同于公民的作证或一般技术人员的技术性鉴定，而是公安机关依法实施的具有法定确定力和强制力的行政行为，有关当事人必须服从。

（4）公安行政确认是要式行政行为。因为公安行政确认就其本质而言是公安行政执法主体对特定的法律事实或者法律关系是否存在的甄别和宣告，所以公安行政执法主体在做出公安行政确认行为时，必须采用书面的形式并按特定的技术规范要求做出，与公安行政确认有关的人员或者组织必须在公安行政确认文件上签名盖章，否则，很难产生预期的法律效力。

（5）公安行政确认是羁束性行政行为。由于公安行政确认最终是为了确定公安行政法律关系当事人的法律地位或者权利、义务，公安行政确认所宣告的内容是否存在的法律事实或法律关系是由客观事实和法律规定决定的，并受到有关技术性规范的制约。

（6）公安行政确认往往是公安行政执法主体做出公安行政处理决定的前提，是决定法律关系当事人权利、义务的基础，它对于依法保护当事人的合法权益，督促他们积极履行法定义务，预防和及时解决争议等都具有重要的意义。

（二）公安行政确认的特征

（1）公安行政确认是要式行政行为。由于公安行政确认是对特定的法律事实或法律关系是否存在进行审查确定和宣告，所以行政主体在做出公安行政确认时，必须以书面形式，并按照一定的技术规范要求做出。参加确认的有关人员应当在确认文件上签名，并由参加确认的公安行政执法主体加盖印鉴。公安行政确认的外在表现形式往往以技术鉴定书等形式出现。

（2）公安行政确认是羁束性行政行为。公安行政确认的目的是确定相对人的法律地位和权利、义务，是一项非常严肃的法律行为，具有严格的规范性。公安行政执法主体在进行确认时，只能严格按照法律规定和技术规范进行，并尊重客观事实，做到以事实为根据、以法律为准绳，不具有自由裁量权。

（3）公安行政确认往往是公安机关做出公安行政处理决定的前提，是确定权利、义务的基础。由此，公安行政确认与做出公安行政处理决定通常是公安机关实施的两个密切相关的具体行政行为，这就使得公安行政确认还具有鉴定、检验等甄别活动的特点。

二、公安行政确认的适用范围

公安行政确认的适用范围为：对交通事故的车辆、物品、尸体、当事人的生理和精神状态及有关的道路状态等进行检验或者鉴定；对交通事故类别的确认；对交通事故造成的伤残等级进行评定；对当事人交通事故责任的认定；对行政案件原告中的自然人、受治安行政拘留的人员、劳教人员进行精神病司法鉴定；户口登记；网吧登记、计算机信息网络国际联网登记、计算机信息网络电子公告系统的用户登记、公用账号使用登记及计算机产品安全功能检测和认定；火灾事故调查处理及消防安全责任认定等。

三、公安行政确认的作用

（一）有利于公安机关进行科学的行政管理

在行政高速发展的今天，几乎国家的各项事务都涉及行政管理，而行政管理事件都需要被确认。行政确认的本质在于使个人、组织的法律地位和权利义务取得法律上的承认。有了这种法律承认，个人或组织才能申请各种需要取得但尚未取得的权利，才能保护各种以往存在或已取得的权利，并且通过证明等手段使其权利为他人所公认。可见，确认是通过国家行政管理维护国家经济与社会秩序的一种重要手段。

（二）有利于保护个人、组织的合法权益

公安行政确认可以是事先对既有法律关系的确认，也可以是对权利之争的确定，两者都和个人、组织的合法权益有关。

（三）有利于预防各种纠纷

通过公安行政确认，使当事人的法律地位、权利义务都十分明确，不致因含混不清而发生争议，这将有利于预防纠纷的发生。

四、公安行政确认的原则

（一）依法确认原则

公安行政确认是对特定法律地位或者法律关系是否存在进行的甄别和宣告，其目的就是维护公民、法人或者其他组织的合法权益。因此，公安行政确认首先要求确认主体必须是法定的主体，即公安行政执法主体；其次，公安行政执法主体要严格按照法律、法规和规章的规定确认。

（二）客观公正原则

既然公安行政确认是对法律事实或法律关系的证明或者鉴定，那就必须始终贯彻客观公正的原则，做到"以事实为根据，以法律为准绳"，对所有当事人一律平等，不允许有任何特权的当事人存在。

（三）保守秘密原则

公安行政确认大多数是对涉及商业及个人隐私的法律事实或者法律地位的确认，尽管其程序需要公开，但同时必须贯彻保守秘密的原则，公安行政确认的结果不得随意用于公安行政管理以外的领域，防止损害公共利益或者行政相对人的合法权益。

五、公安行政确认的内容和类别

在我国行政管理领域，行政确认的种类繁多。一般来说，公安行政确认的内容可以概括为以下几个方面：

（1）合法性确认。即确认某种事项或物品是否符合法律法规的确认。

（2）等级性确认。即以评定行政相对人或某种物品、工程等的等级或级别为内容的确认。

（3）标准性确认。即确认某种事项或物品是否符合规定标准的确认。

（4）资格性确认。即确认行政相对人是否具备一定行为能力或者资格的确认。

（5）权属性确认。即以判定某项法律权利归属为内容的确认。

（6）身份性确认。即以证明行政相对人是否具有某种身份为内容的确认。如出具证明函件或证照。

在此有必要说明的是，在一个公安行政确认中，往往几项内容或属性是同时并存的，如标准性确认实际上也含有合法性确认的内容和属性，身份性确认在内容上又具有资格性确认的成分。上列对公安行政确认内容的划分只是从公安行政确认行为的主要内容和属性方面认识的，不宜将其绝对化。

六、公安行政确认的程序

目前，公安行政确认尚没有统一、明确的程序性规定。从有关法律的规定来看，主要由申请、审查、做出确认决定和确认救济等程序组成。

（一）申请

公安行政确认分为依职权的公安行政确认和依申请的公安行政确认。凡规定属依职权确认的事项，公安机关应主动进行确认。凡规定应依申请确认的事项，需要由行政相对人提出要求公安机关进行确认的申请，而且申请应当以书面形式提出。

（二）审查

审查，即公安机关对公安行政确认事项所做的审查、审核，包括对行政相对人的确认事项是否属于公安行政确认范围的审查，是否属于受理申请的公安机关管辖事项的审查；对申请当事人的要求是否合法、合理的审查；对有关证据材料的审查。

（三）做出确认决定

公安机关经审查，在充分调查、研究和掌握证据的基础上，应依法做出公安行政确认决定，并按法定形式做出相应的确认文书，及时送达有关当事人。

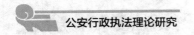

（四）确认救济

公安行政确认是公安机关行使行政权的活动，具有确定力和强制性；同时，公安行政确认又是一种具体行政行为，必然会对当事人的权利义务产生影响，当事人对公安行政确认有异议时，享有救济的权利，当事人可以通过行政复议或者行政诉讼的方式来获得救济。

第三节 公安行政调解

一、公安行政调解的概念与特征

公安行政调解，是指在公安机关主持下，依据公安行政法律法规，为解决发生在公安行政管理过程中的民事纠纷，以自愿为原则，采用说服教育的方法，促使争议双方当事人在互谅互让的基础上达成协议的诉讼外调解活动。

我国在很早以前就确立了有关调解的法律制度。在解放战争时期，根据地和解放区形成了人民调解、法院调解和行政调解三种形式的调解制度。作为行政机关的一项重要工作，行政调解对于实现行政管理目标具有重要的辅助作用。公安行政调解是我国行政调解中的一个重要部分，对于帮助解决公安行政管理工作中的问题起到了重要的作用。

（一）公安行政调解的特征

（1）公安行政调解是在公安机关的主持下进行的。它既不同于人民法院所进行的诉讼调解，也不同于民间自治组织所进行的人民调解，还不同于其他行政调解，例如，工商机关对合同纠纷的调解，劳动管理机关对劳动争议的调解，等等。

（2）公安行政调解以当事人自愿为原则。公安行政调解必须遵循自愿的原则，调解的提起，调解协议能否达成，达成什么样的协议等，双方当事人都必须是自愿的。违反了自愿原则的调解不能发生预期的效力。

（3）公安行政调解是公安机关在办理治安行政案件和进行行政管理过程中，对因交通事故或因其他违反治安管理行为而造成的损失和损害，需要赔偿或负担医疗费用等问题所进行的调解。

（4）公安行政调解的纠纷与当事人的行政违法行为相联系，当事人之间纠纷的发生必须与一方当事人的行政违法行为相联系，即是由其违法行为所引起的赔偿纠纷。

（5）公安行政调解是诉讼外调解。公安机关主持的调解仅仅是解决当事人纠纷的一种方法和手段，它并不是解决纠纷的最终手段。公安行政调解不成或调解达成协议后又反悔的，双方当事人可直接向人民法院提起民事诉讼。

（6）公安行政调解不能引起行政复议和行政诉讼。虽然公安行政调解是公安机关行使职权的活动，但是它以解决当事人双方民事争议为主要内容，公安机关在调解中的地位与当事人不同。因此，如果经公安机关调解达不成协议，或者调解达成协议后当事人又反悔的，当事人不能向上级公安机关申请复议，也不能以公安机关为被告向人民法院提起行政诉讼。在这种情况下，当事人只能向人民法院提起民事诉讼，以求通过司法程序解决当事人双方的纠纷。

（二）公安行政调解的意义

（1）有利于人民内部的安定团结。民事纠纷的当事人之间一般存在着家庭、亲属、同事、邻里或是其他关系，因为某种权益争执发生矛盾，从而引发治安案件。公安机关对这类纠纷调解处理的方式是，引导当事人正确对待自己、宽容对待他人，促使双方互谅互让，自愿达成解决矛盾的协议，从而有利于维护社会的安定团结。

（2）有利于教育公民遵守国家的法律。有的公民是因为缺乏法律知识或法制观念不强而在发生纠纷时违反治安管理条例的，公安机关在进行调解处理时，可以更好地开展法制教育，就事论事，使公民了解法律规定，增强法律意识，自觉遵守法律法规。

（3）有利于预防犯罪。当前社会上发生的某些犯罪，如杀人、伤害等，有一部分是因为民事纠纷没有得到及时妥善的解决，造成矛盾激化而引起的。如果对于因民事纠纷而引起的违反治安管理条例的行为，公安机关及时调解处理，并对当事人进行说服教育，可以消除对立情绪，化解矛盾，防止当事人铤而走险，从而有利于社会秩序的稳定。

二、公安行政调解的适用范围及法律依据

我国公安行政调解目前尚无统一的法律规定，有关公安行政调解的范围和程序散见于公安行政法律法规和其他规范性文件中。

我国《治安管理处罚法》第9条规定："对于因民间纠纷引起的打架斗殴或者损毁他人财物等违反治安管理行为，情节较轻的，公安机关可以调解处理。"

根据公安部《关于公安机关贯彻实施〈行政诉讼法〉若干问题的通知》第12项的规定，公安机关对因民间纠纷引起的打架斗殴和损毁他人财物等治安案件，除对违反治安管理的行为进行调解或裁决外，对造成的损失和伤害，需要赔偿和负担医疗费用的，可以进行调解处理。公安机关办理其他行政案件，在有损失和伤害发生需要处理的情况下，应一律采取调解的方式解决。

综上所述，公安机关负有调解发生在公安行政管理过程中的民事纠纷的职责，公安行政调解是我国行政调解的重要组成部分，对于教育当事人遵守法律法规、解决纠纷、

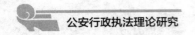

缓解矛盾具有积极的作用。

三、公安行政调解的原则

（一）自愿原则

自愿原则是行政调解的特有原则。公安行政调解必须坚持双方自愿原则，即根据双方当事人的意愿，在查清案件事实的基础上，分清是非，明确责任，进行调解。

当事人双方自愿是公安行政调解的前提，如果当事人任何一方并非出于自愿，就不能进行调解。

自愿原则包括：是否采取调解方式双方自愿选择，是否达成调解协议双方自愿决定，调解协议的履行坚持双方自愿。公安行政调解只有坚持自愿的原则，才能保证当事人双方自觉、自愿地履行调解协议，从而避免和减少纠纷的反复，彻底解决纠纷，达到调解的预期目的。

（二）及时原则

调解必须及时。对于因民间纠纷引起的打架斗殴、损毁财物等治安案件，公安机关应该及时调解，否则，矛盾有可能进一步激化，甚至发生犯罪。实践证明，调解是否及时产生的结果迥然不同。对于一方拒绝调解，或虽经调解但达不成协议的，公安机关应依法裁决，不宜久调不决。

（三）公正、合理原则

公安行政调解应遵循公正、合理原则。因为公安行政调解主要涉及损害赔偿的问题，调解人员必须立足查清事实、分清是非，严格依照法律法规，公正、合理地确定赔偿数额。公安人员在组织调解时，还要注意做到"宜解不宜结，宜和不宜激，宜缓不宜急，宜宽不宜严"，只有这样，公安行政调解才不会出现反复，双方当事人才会心悦诚服地接受调解，从而大大提高公安行政调解的效率。

四、公安行政调解的程序

公安行政调解是在公安机关行使职权进行公安行政管理过程中处理公安行政案件时，处理违法行为的一种方式。它与公安机关行使职权、处罚违法行为人相联系。因此，可以认为公安行政调解是公安机关处理公安行政案件的一种从属活动。公安行政调解不仅在内容上与人民法院调解、民间调解以及其他行政机关的调解有区别，而且在形式上和程序上也有主动调解、直接调解等特点。

目前，公安行政调解没有明确的法定程序，根据行政调解的实践，公安行政调解一般应经过下列程序：

（一）受理纠纷

当事人之间是因损失或伤害而发生纠纷的，一般与一方当事人的违法行为相联系，公安机关在行使职权对违法行为人进行处罚时，应主动受理纠纷。如果公安机关受理纠纷前，当事人申请调解，公安机关应受理，不得拒绝。当事人申请调解，可以是书面的，也可以是口头的，以简便易行为宜。公安机关收到一方当事人的调解申请后，必须征求对方当事人对调解解决争议的意愿。只有双方当事人一致同意调解时，公安机关才可以进行调解。

（二）调查取证

公安机关在受理纠纷和接受调解申请后，应当及时调查事实，了解案情。认真听取当事人的陈述，收集有关证据。

（三）调解协商

公安机关在掌握事实真相、确认纠纷性质、分清双方责任的基础上，应提出调解方案和解决纠纷的意见，并对当事人进行说服教育和劝导协商；在实施调解过程中，公安机关应坚持原则，主持公道，不得偏袒。由于公安行政调解是在自愿原则下进行的，在很大程度上取决于当事人的意愿，所以，在调解时，不得强迫当事人接受调解，而应说服当事人互谅互让，接受调解，达成协议。

（四）达成调解协议

双方当事人经公安机关主持调解，经过协商自愿达成协议后，公安机关应制作调解协议书，由主持调解的公安人员和双方当事人签名盖章，一式三份，双方当事人各执一份，一份存档备查。

五、公安行政调解的法律后果

公安行政调解是诉讼外调解，不是诉讼的必经程序。调解不成不影响双方当事人行使司法诉讼权。对不同意调解、调解不成或调解协议达成后反悔的，应告知双方当事人依照我国《民事诉讼法》的规定向人民法院提起诉讼。

公安行政调解作为公安机关的一种行政行为，具有一定的法律后果。

（一）行政处理后果

调解协议对公安机关具有约束力，即公安机关不得对同一争议另行做出处理。调解协议对双方当事人具有约束力，当事人应当自觉履行。如果当事人一方不履行调解协议，对非正式调解，另一方当事人可向人民法院提起诉讼；对正式调解，另一方当事人可依法申请人民法院强制执行。

（二）强制执行后果

正式的公安行政调解，调解书一经送达便产生法律效力，具有强制执行力。如果一方当事人不履行协议，另一方当事人可依法申请人民法院强制执行。

第四节 公安行政裁决

一、公安行政裁决概述

（一）公安行政裁决的概念

行政裁决的产生是顺应市场经济发展的内在需要，由行政机关解决特定的民事领域纠纷。因而行政裁决是在不损害当事人的自由意志（即纠纷之前的合意），或只能涉及维权性很强、个人不易得到救济的民事领域前提下，法定行政主体实践的一系列具体行政行为。 总之，行政裁决是指：行政机关或法定授权的组织，依照法律授权，对当事人之间发生的、与行政管理活动密切相关的、与合同无关的民事纠纷（特定的民事纠纷）进行审查，并做出裁决的具体行政行为。公安行政裁决作为行政裁决的一种，具有十分重要的地位。

（二）公安行政裁决的特点

1. 公安行政裁决的主体是特定的公安机关

首先，该公安机关必须是与民事纠纷有关的具有管理职权的行政机关；其次，公安机关只有经过法律明确授权，才能具有对某项民事争议的行政裁决权；最后，公安机关必须具备相应的专业技术和政策水平，才能行使对某些民事争议的行政裁决权。

2. 公安行政裁决是对公安行政管理过程中发生的特定民事纠纷的裁决

公安行政裁决的内容是发生在公安行政管理过程中平等主体之间的民事纠纷，主要有确认责任的纠纷和赔偿损失的纠纷，如对人身损害的赔偿和对财产损害的赔偿裁决等。

3. 公安行政裁决不以行政调解为前提条件

对于公安行政管理过程中发生的民事纠纷，公安机关可以调解处理，也可以裁决处理。公安行政调解和行政裁决是两种不同的解决纠纷的手段，裁决并不以调解为前提条件。也就是说，对于特定的民事纠纷，在可以调解也可以裁决的情况下，公安机关应依据自由裁量权选择适用的一种，如选择裁决，则不予调解。

4.公安行政裁决在性质上是公安机关的一种具体行政行为

公安行政裁决除法律规定的例外情况为终局裁决外，一般情况下，当事人不服裁决可依法申请复议或提起诉讼。

5.公安行政裁决程序依当事人的申请而开始

是诉讼还是裁决，当事人具有最终的选择权。当争议发生之后，争议双方的当事人可以根据法律法规的规定，在法律规定的期限内向法定的裁决机构申请裁决。争议双方当事人申请裁决首先需要递交申请书，载明需要裁决的法定事项。

6.公安行政裁决是公安机关行使公安行政裁决权的活动，具有法律效力

公安行政裁决权的行使，具有行使一般行政权的特征，民事纠纷当事人是否同意或者是否承认，都不会影响公安行政裁决的成立和其所具有的法律效力，对公安行政裁决不服的，只能向人民法院提起诉讼。所以，公安行政裁决范围不包括单纯以调解方式处理而其调解处理协议并不发生强制性法律效力的行为。

（三）行政裁决的性质

关于行政裁决的独特性质，目前理论界的研究主要包括：

（1）行政裁决实施的主体是依法成立、授权委托成立的行政机关。只有合法的行政主体才能实施行政裁决行为，才能用行政裁决的管理方式履行行政职责。

（2）行政裁决实施的基本前提是平等主体间民事纠纷与行政行为的实施有一定关系。行政主体实施的行政裁决以一定范围内的民事纠纷为特定条件，只有在民事纠纷与行政行为有关的情况下，才能行使行政裁决行为。

（3）行政裁决的首要程序是申请。在行政裁决的过程中，当事人的申请程序是裁决行为存在的必要程序和先决条件。如果在法律规定的时效期内，当事人的民事纠纷未向行政裁决主体提出申请，行政裁决主体无法实施受理、裁决等行为。

（4）行政裁决具有一定的司法特性。行政裁决是以中间人的身份出现的，在行政裁决过程中具有一定的仲裁性，突出了绝对的法律效力。此外，这种行政裁决行为中有"不告不理"等典型的司法程序，所以行政裁决具有司法性。

（5）行政裁决行为是一种具体行政行为。行政裁决对特定范围的民事纠纷进行仲裁，这种仲裁的行为是具体的、特定的；而且行政裁决内容可以申请行政复议或行政诉讼。由此可见，行政裁决行为是一种具体行政行为。

（四）关于终局裁决

根据我国《外国人入境出境管理法》和《公民出境入境管理法》的规定，受到公安机关罚款或者拘留处罚的外国人，对处罚不服时，如果选择向公安机关申请复议，则公

安机关的复议决定即是终局裁决；中国公民对公安机关拘留处罚不服的，如果选择向公安机关提出复议申请，则公安机关的复议决定是最终裁决。在这两种情况下，申请人如果对复议决定不服，无权向人民法院提起行政诉讼。

二、公安行政裁决与相关概念的区别

（一）公安行政裁决与公安行政复议

公安行政复议，是指行政管理相对方不服公安机关的具体行政行为，在法定期限内向原公安机关的上级行政机关或者法定的其他机关提出申请，请求重新审议并做出决定的制度。

公安行政复议与公安行政裁决确有某些相似之处，两者都是公安机关对纠纷的裁决，都是按照准司法性质的行政程序进行，但两者亦存在着一定的区别：

1. 二者所解决的争议性质不同

公安行政裁决的对象是法律规定的特定民事争议；公安行政复议审查的对象是不服公安机关具体行政行为所引起的公安行政争议。

2. 二者所形成的法律关系主体地位不同

在公安行政裁决法律关系中，被裁决者的法律地位是完全平等的，他们与公安行政裁决主体的关系是相同的，不存在直接的命令与服从关系或行政隶属关系；而在公安行政复议法律关系中，作为申请人的行政相对方与作为被申请人的公安机关在公安行政管理过程中的法律地位不对等（尽管申请复议后，按照法律规定二者的地位是平等的），而且他们与复议机关的关系也不尽相同。一般来说，复议机关与被申请人是监督与被监督的关系，他们之间存在行政隶属或命令与服从的内部行政关系，而复议机关与申请人是一种救济法律关系，是一种外部行政法律关系。

3. 二者所属的理论范畴和研究范围不尽相同

公安行政裁决是公安机关进行管理的一种方式，在行政法中属于行政行为的研究范围；而公安行政复议在性质上属于行政救济的范畴，它作为公民寻求权益保护的一种途径，应属于行政法中行政救济的范围。

（二）公安行政裁决与行政审判

行政审判，是指人民法院运用司法权审查具体行政行为的合法性，解决行政争议的活动。

公安行政裁决与行政审判有着较大的区别，具体表现在以下几个方面：

1. 两者的主体不同，所行使的职能也不尽相同

公安行政裁决的主体是公安机关，其行使的是依法管理社会的行政职能；行政审判的主体是人民法院，其行使的是运用审判权调整社会关系的司法职能。

2.两者的调整范围不同

公安行政裁决的调整范围限于法律有特别规定而且与公安行政管理相关的部分民事、经济纠纷；行政审判则是调整法定范围内的行政纠纷和附带行政诉讼的民事纠纷。

3.两者解决纠纷的方式和程序不同

公安行政裁决的程序和方式比较简便、灵活；行政审判程序则严格、规范。

4.两者的法律效力不同

一般情况下，公安行政裁决并非终局裁决，通过当事人起诉，人民法院可以对公安行政裁决行使司法审查权；行政审判则是终局裁决（当事人不上诉的一审判决或二审判决都是发生法律效力的终局裁决）。

三、公安行政裁决的作用

公安行政裁决的作用表现在以下几个方面：

（1）公安行政裁决可以及时、有效地解决当事人之间的民事纠纷，保护当事人的合法权益。公安行政裁决的民事纠纷都与公安行政管理事务有关，而且公安行政裁决收费低廉，程序简便，工作人员知识化、专业化程度高，为公安机关及时、有效地解决民事纠纷，保护当事人合法的民事权益提供了切实保障。

（2）公安行政裁决减轻了人民法院的工作量。公安行政裁决是解决特定民事纠纷的一条有效途径。公安机关通过公安行政裁决承担解决部分民事纠纷的任务，这些纠纷经过公安机关的裁决，大多数都得到了较圆满的解决，当事人不必再诉之于人民法院，这就大大减轻了人民法院承担民事案件的负担。

（3）公安行政裁决程序简便，费用低廉，既有利于当事人及时请求公安机关解决纠纷，也有利于公安行政管理顺利、有效地进行。

四、公安行政裁决的基本原则

公安行政裁决的基本原则，是指贯穿于公安行政执法主体裁决特定民事争议的行政管理领域内，为公安行政裁决所通常适用的基本行为准则。它主要由以下三个部分组成：

（一）公正、平等原则

这是一个基本的原则。公安机关在运用公安行政裁决权时，必须坚持和贯彻公正、平等原则。首先，裁决的公安机关必须在法律上处于独立的第三人地位；其次，裁决者应当贯彻严格的回避制度；最后，裁决的公安机关必须客观而全面地认定事实，正确地适用法律，并实行裁决程序公开。公安机关行使公安行政裁决权，必须按照法律规定，在程序上

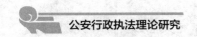
为双方当事人提供平等的机会，以确保争议的双方当事人在法律面前是平等的。

（二）简便、迅捷原则

公安机关在行使公安行政裁决权的时候，必须在程序上考虑行政效率和有效实现行政职能，在确保争议得以公正解决的前提下，尽可能地采取简单、迅速、灵活的裁决程序。

（三）客观、准确原则

公安行政裁决必须客观而全面地认定事实，根据案情的需要，有时需要组织有关调查、勘验或者鉴定。例如，在交通事故争议的案件中，必须坚决贯彻客观、准确原则，尊重事实、尊重科学。

五、公安行政裁决的程序

公安行政裁决的程序，是指保证公安行政裁决公正、有序进行的操作规程。目前，我国公安行政裁决在程序上尚无统一、明确的法律规定，一般认为，公安行政裁决的程序大致经历受理纠纷、调查取证、听证与对质、裁决、对行政裁决的复议或诉讼以及执行等阶段。

（一）受理纠纷

这是启动公安行政裁决的首要环节。公安行政裁决不以当事人申请为条件，它是公安机关在进行公安行政管理过程中，依靠法律法规的授权，针对公民、法人之间因民事权益发生的纷争，主动、直接做出的选择。

（二）调查取证

调查取证是公安行政裁决过程中不可或缺的重要环节。公安机关在裁决过程中，有权进行调查取证，当事人或相关人有义务提供证据材料，公安机关在收集证据材料时，有关单位和公民应予以支持和协助，询问证人时，证人有义务如实反映情况。调查取证是行政裁决的基础性工作。调查深入、证据充分，公安机关才能牢牢掌握行政裁决的主动性。

（三）听证与对质

听证与对质是公安行政裁决过程中最能体现公正的环节。听证就是公安机关要面对面听取当事人对纠纷事实的陈述和处理纠纷所持的意见和理由；对质就是由双方当事人进行辩论，使各方能面对相对方提出的论点、证据进行反驳或做出必要的解释。听证与对质就是客观、均等地给当事双方提供陈述与辩解的机会，也使公安机关及其行政裁决人员在调查取证的基础上进一步查清事实，分清是非，从而做出不偏不倚、客观公正的裁断。

（四）裁决

这是公安行政裁决过程中的结案环节。公安行政裁决是公安机关在公安行政领域内为当事人受到损害的民事权益提供的一种省时、快捷的行政救济。如果当事人认为行政裁决并没有实现保护自己合法权益的目的，即当事人对裁决不服的，有申请复议或提起诉讼的权利。

（五）对行政裁决的复议或诉讼

对公安行政裁决一般可以申请复议或提起诉讼。根据有关法律、法规的规定，当事人不服裁决提起诉讼应以复议为前置条件或必经程序，即当事人不服裁决，在向人民法院提起行政诉讼之前，必须先经过上一级公安机关复议，在不服复议决定或复议机关逾期不做答复的情况下，才可向人民法院提起行政诉讼。

（六）执行

当事人在法定期间内对行政裁决没有申请复议或提起诉讼的，则裁决发生效力。公安行政裁决一经生效，当事人必须履行裁决所规定的义务，如果拒绝履行，公安机关可依法强制执行。

六、我国行政裁决现状中存在的问题

1. 对行政裁决的概念界定模糊

我国行政裁决这一行为并没有在法律中进行独立、明确的规定，对行政裁决的概念多来自单行法律中的相关规定（如《商标法》《专利法》《土地管理法》《森林法》《食品安全法》《药品管理法》等）。这就使得我国对于如何界定行政裁决，如何对行政裁决进行行为的归类产生了分歧。目前我国比较认可的是前面对行政裁决的概念定义，但同时也存在着其他的理论学说，将行政纠纷、行政机关内部决定也纳入了行政裁决的概念中，且没有形成统一认可的理论。行政裁决的概念这一最基本的理论没有成形，使得行政裁决的其他理论和制度建设举步维艰。

2. 对行政裁决的性质认识矛盾

对于行政裁决的性质，我国目前主流观点认为行政裁决是一种"居间性具体行政行为"，因而其同时具备了四个特点：平等性，强制性，被动性和法定性。但行政裁决的性质不论是对司法方面还是对行政方面而言都是矛盾的。

（1）行政裁决与司法矛盾。行政裁决作为一种仲裁行为，对特定的民事领域纠纷进行司法性活动，这本来是司法机关的管辖范围，其法律授权与司法的独立性天然冲突（如房屋拆迁问题本属行政诉讼管辖，却由行政机关以行政裁决的方式代为决定）。

（2）行政裁决与具体行政行为矛盾。我国的行政法理论明确提出：具体行政行为具有"主动性、强制性"等特点，这与行政裁决中"居中平等，依法申请"原则是明显不符的。

从上述分析可以看出，行政裁决作为随着市场经济发展而产生的一种新型行政行

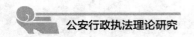

为，其性质的认知介于司法行为和具体行政行为之中，行政裁决的价值追求、目的、标准、行政救济没有完整的界定，行政裁决具体制度的开展尚比较薄弱。

3. 行政裁决的范围模糊不清

目前，我国只是依据单行法律，将行政裁决大致分为民事确权、损害赔偿纠纷、补偿纠纷和民间纠纷四类。但法律并未具体地明确行政裁决涉及的纠纷范围，上述四种特定民事纠纷包含了公共资源确权、土地纠纷、环境污染损害、食药安全损害、拆迁补偿以及民间组织调解纠纷等多个方面，这些方面的纠纷一方面国家没有明确规定其是否属于行政裁决的调整范围，另一方面其解决方式已有明确规定（如食药安全损害由行政机关处罚、由法院判决赔偿；环境污染损害属于公益诉讼等）。行政裁决范围的模糊不仅使得行政裁决的权限过大，干预了正常司法，也使得行政裁决的适用不具有确定性，不能充分发挥作用。

4. 行政裁决的主体缺陷

行政裁决的主体在法律中并没有单独做出明确规定，只是根据相关具体法律的规定或惯例设置行政裁决主体。从总体上看，我国行政裁决机构大都隶属于某一行政机关，不具备法律意义上完整的独立性，中立裁判在实践中很难执行，行政裁决难以保证能够被公平、公正地实现。显而易见，我国行政裁决主体存在一定的缺陷。

5. 行政裁决的外延纷杂、不准确

由于我国行政裁决概念的界定没有统一的理论，使得实践中行政机关对行政裁决外延的理解各不相同，且名称适用缺乏严谨性和规范性。行政裁决法定名称不尽相同，可以归纳为以下几种：①处理；②停止侵害，赔偿损失；③裁决赔偿损失；④责令恢复；⑤责令采取补救措施；⑥裁决；⑦裁定。诸多概念的混用，使行政裁决概念的外延模糊不清，使有关行政机关在处理民事纠纷时权责制度混乱，不利于理论上的归纳和制度上的规范。

6. 行政裁决的程序规定缺乏

现阶段，行政法律法规没有统一规定行政裁决的所有程序，行政机关主体根据具体行政工作的实际需要，可以依一般行政程序进行裁决活动，也可以自行制定一套行政裁决程序进行裁决活动，行政裁决的时效、程序、公示、监督、救济等程序没有明确规范。程序上的混乱和缺乏直接影响依法行政的实施效力和实体正义。

7. 行政裁决的救济缺失

任何行政行为都必须有救济制度来保障其合法权益。行政裁决作为一项行政行为，代表国家的公权力，更应该有充分的救济制度来保护相对人的合法权利。但我国行政裁决的救济制度存在着很大的缺陷，行政裁决的救济属性有很大偏差。作为一项具体行政行为，部分行政裁决却要通过民事诉讼进行救济，如《土地管理法》第16条、《森林法》第14条和《民间纠纷处理办法》第6条和第21条等都将该领域的行政裁决明确列入民事诉讼的范围。这与行政裁决的属性相悖。

七、行政裁决制度的建议

结合我国行政裁决的现状和对行政裁决理论的研究分析，对我国行政裁决制度提出以下建议。

1. 缩小行政裁决的范围

改变以类别对行政裁决进行范围界定的模糊做法，明确而具体地规定行政裁决的范围，删去与司法诉讼相重叠的部分，只保留公共资源的民事确权、劳务合同工资、环境侵权的公益诉讼等方面作为行政裁决的受理范围。

2. 独立设立行政裁决的主体

成立相对独立的裁决机构，依法在管辖范围、管辖级别、管辖职能内设立专门的行政裁判机构，使行政裁决兼具专业性和技术性。

3. 规范行政裁决的外延和程序立法

行政裁决是一种具体行政行为，因而制定统一的《行政裁决法》是大势所趋，也是非常有必要的。用一部详尽的专业法典来明晰行政裁决的范围、裁决程序、救济途径、公示制度和监督体制，使行政裁决行为纳入有法可依的执法环境中。

4. 完善行政裁决的救济制度

救济制度的完善从两个方面进行。一方面是增加救济途径。把行政裁决纳入行政复议之中，行政裁决作为具体行政行为纳入行政复议是其应有之义，同时也有利于相对人快速维权。另一方面是明确行政诉讼属性。行政裁决不应纳入民事诉讼领域，尽管行政裁决所涉领域是特殊的民事纠纷，但行政裁决的做出本身是以行政权干预民事，是一个具体的行政行为，因而对行政裁决的救济也就应该采用行政诉讼来进行，这样才符合法律的内在逻辑。

行政裁决是行政执法的重要内容，只有不断完善和探索出一套符合我国国情、我国社会发展实际的行政裁决法律体系，才能充分提高依法行政的能力，不断促进法治社会的构建。

第五节　公安行政命令

一、公安行政命令的概念

公安行政命令也称警察命令，是指公安行政执法主体依法要求行政相对人为或不为一定行为的意思表示，是行政行为的一种形式，但不是唯一形式。其中，要求行政相对

人"为"一定行为的意思表示，称为令，即狭义上的命令；要求行政相对人"不为"一定行为的意思表示，称为禁令。一般来说，公安行政命令常用于带有强制性的行政决定。

二、公安行政命令的特征

（一）公安行政命令的主体是公安行政执法主体

公安行政命令体现国家的意志，是国家命令之一，但是，它由公安机关和法律法规授权的组织做出，不同于由国家权力机关、司法机关等其他国家机关做出的命令。

（二）公安行政命令是一种意思表示行为

公安行政命令虽然就其本质而言属于公安行政执法主体的一种具体行政行为，但它表现为指令相对人履行一定的作为或不作为的义务而实现行政目的，而不是由自己进行一定的作为或者不作为。

（三）公安行政命令是一种设定义务性行为

公安行政命令其实质是为行政相对人赋予作为义务或不作为义务，而不是赋予行政相对人权利。这使公安行政命令与公安行政许可、公安行政奖励等赋予相对人一定权益或资格的赋权性行为区别开来。另外，公安行政命令虽然能够设定行政相对人的义务，但是不能直接处分该义务。这一点将公安行政命令和其他行政处理决定区别开来。

（四）公安行政命令的实质是为行政相对人设定行为规则

公安行政命令的实质是为行政相对人设定行为规则（属于具体规则），表现为在特定时间内对特定事项或者特定人所做的特定规范。

（五）公安行政命令以公安行政处罚或者公安行政强制执行为保障

行政相对人违反公安行政命令，公安行政执法主体可依法对其进行制裁，有时也可采取公安行政强制执行措施。

（六）公安行政命令是依职权的行政行为

公安行政命令无须以相对人申请为前提，而是由公安行政执法主体依职权直接做出。不过，依职权做出的公安行政命令也包括以下两种情形：一是有明文法律根据的公安行政命令；二是没有具体的法律条文根据，由公安行政执法主体基于宪法或者组织法所赋予的职权做出的公安行政命令。大部分的公安行政命令属于后一种情形。这一特征决定了公安行政命令是直接实现行政目的的有效手段。公安行政命令一经做出，相对人便承担了相关的义务，必须按公安行政命令的要求进行一定的作为或不作为，否则将承受公安行政执法主体给予的处罚或被强制执行。

（七）公安行政命令适用特定的程序

与其他公安行政处理决定相比较，公安行政命令所适用的程序呈现出较强的特殊性。例如，大多数公安行政命令都是即时做出的。当然，也不能一概而论，如责令改正、限期出境等命令，并不适用于即时做出。

三、公安行政命令的作用

在现代法治国家，作为公安行政执法权的一种表现形式，具有较强的赋课义务之特征的公安行政命令，对于公安行政执法主体及时、有效地处理不断增加的行政管理事务，适应瞬息万变的社会发展，具有极其重要的意义。公安行政命令是现代国家实行行政管理的重要手段和方式之一。

第六节　公安行政指导

第二次世界大战后，行政指导作为一种新的实现行政目标的方式出现了，并在各国经济发展中都得到了广泛的应用。自改革开放以来，随着我国市场经济的不断发展和完善，行政指导作为一种灵活且行之有效的行政行为在国家行政管理中广泛应用，因此，行政指导理论的需求迫在眉睫。政府的行政手段虽然做了一些新的调整和完善，我国的行政指导理论也在逐步建立和发展，但我国的行政指导理论发展的历史短，理论研究和立法研究相对滞后和薄弱。基于行政指导的新兴性以及研究的需求性，本节对行政指导进行了一定程度的研究。

一、公安行政指导的概念

行政指导是一种新兴的行政方式，其内涵、内容、程序、范围等基本的概念性问题还没有统一，故而对其现存问题的研究主要集中在基础性的领域。为了便于之后的分析和探讨，我们首先需要阐明行政指导的定义，基于行政指导的最高法源《宪法》第八条明确规定："国家保护城乡集体经济组织的合法的权利和利益，鼓励、指导和帮助集体经济的发展。"第十一条规定："国家保护个体经济、私营经济等非公有制经济的合法的权利和利益。国家鼓励、支持和引导非公有制经济的发展，并对非公有制经济依法实行监督和管理。"同时综合现在主流的行政指导理论，对行政指导可以这样定义："行政指导，是行政机关在其职能、职责或管辖事务范围内，为适应复杂多样化的经济和社会管理需要，基于国家的法律精神、原则、规则或政策，适时灵活地采取指导、劝告、

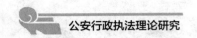

建议等非强制性方法，谋求相对人同意或协力，以有效地实现一定行政目的之行为。简言之，行政指导就是行政机关在其职责范围内为实现一定行政目的而采取的符合法律精神、原则、规则或政策的指导、劝告、建议等行为。不直接产生法律效果。"

从行政指导的定义可以概况出其主要特点：

（1）非强制性。行政指导对行政相对人不具有必需的法律约束力，行政管理相对人可以接受行政指导行为，也可以拒绝行政指导行为，对拒绝履行的行政指导行为不必承担法律约束力。

（2）行政性。行政指导是行政主体实施的行政管理行为，行政主体依法在自由裁量的范围内实现管理的目的。

二、公安行政指导的特征

（一）公安行政指导是公安行政执法主体实施的社会管理行为

公安行政指导是公安行政执法主体实施的社会管理行为，也就是说，只有具有行政主体资格的公安机关和法律法规授权的组织才能实施公安行政指导行为。

（二）公安行政指导的适用范围十分广泛，其方法多种多样

公安机关可以根据法定的职责任务和管辖事务的范围灵活采取指导、劝告、建议、告诫等方式，对行政相对人的社会生活做出干预、调节。

（三）公安行政指导是符合现代法治原则的一种具有行政活动性质的行为

尽管许多行政指导行为并无具体的法律依据，不具有法律强制力，但行政指导行为是在不违背法律原则的前提下，为实现一定的行政目的而做出的。行政指导符合积极的法治原则，是对传统依法行政原则的一种必要补充。

（四）公安行政指导是一种不具有强制力的柔性行为

与具有强制力的行政命令行为不同，公安行政指导主要以指导、劝告、建议、鼓励等柔性的、非强制性的方式进行，并辅以利益诱导机制，对行政相对人施加作用和影响，以促使其为一定行为或不为的一定行为，从而达到一定的行政目的。至于行政相对人是否接受公安行政指导，则由其自主决定。

（五）公安行政指导对行政相对人不直接产生影响

尽管公安行政指导是针对行政相对人做出的，但不直接导致行政相对人权利义务的增减，因此，不属于严格的行政行为范畴。但是，公安行政指导行为一经做出，对于公安行政执法主体则具有约束力，不经一定程序，不得"反悔"，并且如果公安行政指导不当或者违法给行政相对人造成损害的，行政主体应当承担法律责任。

三、公安行政指导的作用

公安行政指导作为一种行政管理方式，已经成为政府施政的重要手段。当前，公安行政指导在我国行政管理和建立、发展市场经济体制的过程中具有重要作用，具体来说，可以概括为以下几个方面：

（一）补充和替代作用

由于经济和社会生活加速发展等原因，难免出现立法跟不上、存在"法律空域"的现象，这时可以及时、灵活地运用公安行政指导措施予以调整，以补充单纯法律手段之不足，从而更加及时、有效地实现行政目标。

（二）辅导和促进作用

由于公安机关在掌握知识、信息、政策上的优越性和宏观性，其实施的公安行政指导能有效地指引、促使社会经济与科技健康发展，具有一种特殊的启发、导向和促进作用。

（三）协调和疏通作用

社会生活的多元主体之间的利益矛盾和冲突是难免的，在崇尚竞争、更具活力的市场经济社会，这种利益矛盾和冲突有增无减。所以，需要通过各种渠道和手段予以协调，而公安行政指导正是这样一种比较灵活、有效的协调手段。由于公安行政指导的非强制性和自主选择性，其在缓解和平衡各利益主体，即相对人之间的矛盾和冲突的过程中，具有特别的效果和作用。

（四）预防和抑制作用

在现实生活中，一些社会组织和个人为增加自身利益而不惜损害社会公共利益。对此，需要借助某种外在影响力加以适当抑制。特别是在损害社会利益的行为尚处于萌芽状态时，最宜采用公安行政指导这种非强制性的积极行政方式进行调整。它可以及时抑制可能发生的损害社会公益的行为，起到防患于未然的作用。

四、公安行政指导的基本原则

公安行政指导的基本原则主要体现在如下三个方面：

（一）正当性原则

所谓正当性原则，是指公安行政指导必须最大限度地保障行政相对人对公安行政指导的可接受性。因为，公安行政指导是一种柔性行政行为，它一般以行政相对人的接受并产生预期作用为前提条件。正当性原则的含义可以从下面几个方面来理解：首先，公安行政指导的正当性必须以其合法性为前提，没有公安行政指导的合法性，公安行政指导的正当性也就失去了存在的基础。而且，在这里，"法"作广义理解，它既包括成文的法律规范，也包括高于法律规范的法律精神。其次，公安行政指导是一种以理服人的"柔性"行政活动，公安行政指导过程本身也应该是一个说理的过程。最后，正当性可约束公安行政执法主体在实施公安行政指导过程中滥用自由裁量权的行为。

（二）自愿性原则

所谓自愿性原则，是指公安行政指导为行政相对人认同和自愿接受。因为公安行政指导不是一种公安行政执法主体以行政职权实施的，已产生法律效果的行政行为，对行政相对人不具有法律上的约束力。对于自愿性原则，可以从下面几个方面来理解：首先，自愿性意味着行政相对人接受公安行政指导完全是出于其自己的真实意思表示，而不能是在受他人意志支配下做出的"接受"。其次，自愿性意味着行政相对人对公安行政指导是否接受具有选择权。行政执法主体如何决策对行政相对人没有约束力，只有说服力。

（三）必要性原则

所谓必要性原则，是指公安行政执法主体认为采取公安行政指导比实施行政行为可能会产生更好的客观效果的一种主观认识。这一原则可以从以下几个方面来理解：首先，"必要性"是一种客观状态在人们主观上的反映，因此，指导人们去认识这种客观状态的方法是否正确，直接影响到人们能否认识必要性这种客观状态。其次，"必要性"作为一种客观状态也是在不断变化着的，这种变化可直接导致行政主体是否采用行政指导作为管理社会的一种手段。如果不能认识到这一点，必然会降低公安行政执法主体运用此种手段管理社会的有效性。最后，"必要性"是公安行政执法主体实施公安行政指导的一种客观依据，它不以人的主观意志而发生变化。

五、行政指导主要缺失

行政指导是一种新建理论，其突出的问题不仅是实践上的缺失，还包括基本理论上的缺失：

（一）行政指导的理论问题

行政指导的理论问题在于这一行政行为理论研究是分散的，不具有统一性，对行政指导的基本问题，没有一套完善的理论，具体来说有以下几个方面：

1、行政指导的内涵，即行政指导涵盖的具体内容、行政指导性质的深度总结。我们从行政指导的定义可以归纳出：行政指导具有一定的特殊性。一方面，行政指导主体有行政性的特点，行政主体依法实施的行为是为了实现管理，行政机关为了一定的行政目的而做出一定的行政指导行为；另一方面，行政指导的行为方式不具有行政性，它的手段只能是非强制性的。此外，行政指导的法律依据也不尽相同，除了法律外，国家政策也是其行为的一种依据。

行政指导是一种"非强制性的行政行为"。从理论上将行政指导归于行政领域，便于国家对行政指导进行必要的调控，这是行政指导理论研究的法律指导思想。但是，对行政指导的性质探索成果，理论上却存在诸多分歧。由于缺乏"强制性"这一主要要素的评判，行政指导并不强制相对人执行，行政指导是事实行为还是一般行政行为，是职权性行为还是非职权性行为的区分模糊。

2、关于行政指导的方式和程序，即行政指导具体表现形式，应该恪守的程序步骤的问题。现行的法律规定是总则性的章程，法律法规未对其做具体的规定，行政指导的方式、程序目前尚未明确。具体地说，行政指导采用"劝告，建议，引导"等手段应该如何体现，通过文字等形式的载体发布没有具体格式要求。行政指导的程序性规定在法律上的空白，更使得理论界的研究没有参照标准，难以深化研究。行政指导的方式和程序都属于行政机关的自由裁量范围，没有法律上的羁束性的严格规定，亟须理论上进行指导和规范。

3、关于行政指导的责任和法律救济，这是行政指导的核心性问题。首先是法律责任的承担。行政机关在行政指导中是实施行政行为，应该承担行政责任，但是，行政责任的承担形式、承担范围、承担比例等内容，理论上都没有完善的研究成果可以借鉴。在行政指导的实践中，行政指导的合理性、合法性以及行政机关在指导事项中的参与度、相对人的意思表示，都会对行政责任的承担产生不同程度的影响。其次是相对人的救济。"没有救济的权利就是不完整的"，依法行政是行政指导合法性、规范性的本质要求，行政救济是行政指导正当性的保障。正是因为在相对人权利受损时给予了救济，行政指导才能真正地维护行政相对人的利益，被公民所接收。

（二）行政指导的实践问题

理论与实践是相互影响相互作用的，一方面，理论受制于实践经验不足，行政指导实践进展缓慢且不能形成一套完善的行政指导理论体系，另一方面，行政指导的实践也因为理论的缺失而处于滞后的状态，主要体现在两个方面：

1、立法的空白。行政指导的法源比较混乱，行政指导在我国有着多层次的法律规定：在宪法层面，在普通法律层面，在行政法规层面都有对于行政指导的相关解读；至于地方性法规和规章对行政指导的规定更是数不胜数。这一原因导致行政指导的立法效力会互相冲突；另一方面这些相关法律法规都是统领性的规定，都笼统地规定了行政机关可以进行行政指导，但对具体的指导形式、指导措施、指导程序、指导责任和救济都没有详尽规定。

2、实践的异化。立法上未对行政指导行为进行规制，理论上也未对行政指导的自由裁量内容进行探讨，直接导致行政指导在实践中的异化非常严重，主要表现有三种：

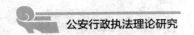

（1）强制性的行政指导；（2）规避责任的行政指导；（3）影响个体经济活动的行政指导。这些异化都是侵害相对人正当权益的行为，法律并没有相应的规定，实践中严重阻碍了行政指导的发展。

六、行政指导完善建议

基于我国的实际发展情况和国外发展成熟经验，对我国行政指导的完善提出以下建议：

（一）行政指导的内涵

从内涵中应该确定两点内容：一是行政指导是行政机关主动行使权利的法律行为；二是行政指导的作用不是强制发生的，而是关联于相对人的意思表示。

（二）行政指导的方式和程序

对于行政指导的方式，不必以一概全，用具体的某种形式来规定，但是一定要明确效力管辖权。即不同效力层级的行政指导主体应该对应着不同法律效力级别的文件，作为指导行政指导行为纲领性的章程。

行政指导的程序问题，大致包括这几个程序：

1、告知：包括告知和信息公开两个方面，保证公民的知情权和行政指导的透明度。

2、听证：在准备实行行政指导的事项前应该召开听证会，对相关利益人进行听证协调，保证公民的参与权。

3、备案：备案一方面有监督的作用，事前备案可以便于明确后续的责任承担；另一方面备案也可以起到学习的作用，事后备案对行政指导的发展有很好的促进作用。

（三）行政指导的责任救济

首先是行政指导的责任承担：1、政府不直接参与的行政指导，行政主体既不强制相对人，本身也没有参与行为，则不应承担行政责任（这是以合法的行政指导为前提条件，不合法的行政指导主体需要承担法律上规定的行政责任）。2、对于有行政机关具体参与的行政指导，应该视作是行政主体以平等主体的身份参与公民经济活动，则责任承担可以借鉴民法的原则：行政机关有过错的，承担责任；行政机关和相对人都有过错的，公平承担责任；行政机关合法合理进行指导，相对人过错或不可抗力导致的责任行政机关不负责任。

其次是行政指导的救济体系，现行法律中行政诉讼法和行政复议法的内容并未包括行政指导的行政救济内容。毋庸置疑，这是不合理的。所以，为了节约行政成本，提高行政效率，保护相对人的合法权益，应该把行政复议和行政诉讼都纳入行政指导的行政救济中。可以采取"阶梯式"的救济方式，即优先行政机关内部救济，然后采用行政复议，最后进行行政诉讼法律方法。行政相对人可以自由选择行政救济的具体方式，达到立法的救济效果，实现立法的最终目的。

总之，行政指导要纳入法制化轨道，进行"依法行政"，必须完善法律理论和具体规定章程的构建。只有行政指导符合民主化趋势，行政指导工作才能稳步进行，使其在社会生活中发挥最大效能，从而促进我国社会经济的发展和法制建设的进程。

第七节　公安行政规划

经常有这样的报道："西藏十二五投资重点建设水电交通""十二五国家支持广西林业资金×××亿元""工信部提出确保提前一年完成十二五淘汰钢铁业落后产能的任务"。"十二五"规划对我们而言是一个耳熟能详的词语，它的全称是中华人民共和国国民经济和社会发展第十二个五年规划纲要，这是一个典型的行政规划。另一个典型的行政规划就是2007年由全国人大常委会通过，2008年起正式实施的《中华人民共和国城乡规划法》（以下简称《城乡规划法》）。该法全面统筹了城市和农村的发展，推动建设城乡一体化，缓解城乡矛盾，协调城乡利益平衡，以行政规划的方式进行行政管理。随着政府角色从"守夜人"到"从摇篮到坟墓的管理者"的转变，政府的职能范围扩大到联系着我们生活的方方面面，全能政府的行政方式手段也发生了巨大的变化。行政规划作为一种行政方式是行政主体为了实现预定的目的，在未来达到一定的目标而制定出的，对行政主体和行政相对人具有一定约束力的统筹措施和实施手段。

一、行政规划研究现状

目前我国对行政规划的理论严重不足，没有统一的定论，学者们在探究争论中摸索行政规划法治化的法理基础。要研究行政规划的理论，首先要解决的是概念，没有明确的定义就不能赋予其范围和内涵，更无法深入研究相关方面的问题。我国在行政立法层面和学术理论层面都对行政规划的概念界定模糊，其中一个争议点是关于行政规划和计划的问题。行政规划和行政计划到底存在怎样的关系呢？

一种观点认为应该采用行政规划，具有代表性的是北京大学公法研究中心拟定的《中华人民共和国行政程序法（试拟稿）》；另一种观点认为应该采用行政规划和计划来表述这一概念，该观点主要体现在应年松教授主持编写的《中华人民共和国程序法专家试拟稿》。

行政规划和计划是有区别的，在汉语词义辨析中，规划，规者，有法度也；划者，戈也，有分开之意。规划是对未来整体性、长期性、基本性问题的思考和考量，设计未来整套行动的方案。而计划基本意思为合算、刻画，意指办事前所拟定的具体内容、步骤和方法。规划与计划是一个子集的关系，在一个规划中包含着无数个计划。规划的突出特点是其具有全局性，前瞻性，概括性，鼓动性。中华人民共和国成立初到1992年被称为计划经济时期而不是规划经济时期的原因在于，当时的经济是行政主体较片面地只抓某些领域的经济建设，没有考虑到产业结构的协调统一、国家社会整体水平和未来的发展前景。行政主体对经济市场采取一把抓的强制性手段，不给予市场任何自由，压制了市场主体的积极性。与之相比较的是如今的十二五规划，规划不是对细节的面面俱到，而是从整体上宏观把握全局方向，统筹区域经济发展，推动产业结构转型升级，加强国民经济的健康稳定发展。因此，吸收历史的教训，计划应逐渐被淘汰，行政规划才是符合中国特色社会主义市场经济发展和民主法治化建设不可逆转的大趋势。

二、公安行政规划概述

（一）公安行政规划的概念

公安行政规划也称公安行政计划，是指公安行政执法主体在实施公共事业及其他活动之前，首先综合地提示有关行政目标，事前制订出规划蓝图，以作为具体的行政目标，并进一步制定为实现该综合性目标所必需的各项政策性大纲。

（二）公安行政规划的特征

1. 公安行政规划具有综合性。这是公安行政规划的重要特征之一。

2. 公安行政规划具有法定性。一般来说，只有当公安行政规划具有规制私人行为的外部效果时，才需要有法律的根据。反过来说，正是因为具有法律根据，公安行政规划才具有对外部的规制效果。

3. 公安行政规划具有广泛的裁量性。关于规划，即使有根据规范，并且存在规制规范，依然应承认规划的策划制定者具有广泛的裁量权，这是公安行政规划的重大特征。一般情况下，法律只规定总体目标或者策划制定时应该考虑的要素，而将具体内容的形成委托给规划的策划制定者。

三、公安行政规划的作用

作为有效调节社会的行政手段之一，行政规划具有极其重要的地位。公安行政规划作为行政规划中重要的一种，同样具有十分重要的作用，具体表现在以下两个方面：

（一）科学、合理地实施行政的功能

公安行政规划必须设定综合的、科学合理的行政目标。但为保障行政效益，仅仅靠确立总目标是不够的，还必须在准确把握社会的现状和行政需要的动向的基础上，合理地分配可以利用的一切人力、物力资源，科学、具体地选择并设定在一定时间内能够实现的、最接近理想的状态，以此作为行政努力的具体目标。这是公安行政规划的第一项功能。

（二）调整和综合功能

国家行政跨越各个领域，若任由行政分散、独立，行政政策就会呈现出各种各样的姿态，相互之间不协调的现象便在所难免。公安行政规划的目的正是在于设定相关各个行政机关的共同目标，调整和综合各个行政政策，以达到协调一致。

第八节 公安行政征收征用

行政征收征用是现代政府为实现行政管理目的而实施的一种行政行为，例如，三峡工程中征用土地搬迁移民的工程，修建交通干线时对周边土地的征收，等等。行政主体为了实现公共利益，维护公共利益的持续发展，政府就会采取行政征收征用行为。

一、公安行政征收征用概述

（一）公安行政征收征用的概念

行政征收征用有着悠久的历史渊源，早在20世纪初，德国、日本等资本主义国家就制定了有关行政征收的基本法律。我国在行政征用征收的法律法规建设方面起步较晚。2004年，宪法中正式提出了"行政征收"的概念，行政征收征用首次出现于我国《宪法》内容。《宪法》第13条规定："公民的合法的私有财产不受侵犯，国家依照法律的规定保护公民的私有财产权和继承权。国家为了公共利益的需要，可以依照法律规定对公民的私有财产实行征收或者征用并给予补偿。"这是我国制定和完善行政征收征用立法体系的显著标志，因此，本文将从理论上分析行政征收征用的法理意义。

首先将现今的征收征用和其他一些相关的行为进行类比，从类比中了解征收征用的基本概念。

税费征收，即税收，是指依照法律的规定，无偿地、强制地对公民的所得财产征收一定的税款的行为。税收具有先定性、强制性、无偿性的特点。

行政征购，即行政合同，是指行政机关通过与当事人签订行政合同，有偿取得其财产所有权的行为。征购具有自愿性、有偿性和具体性的特点。

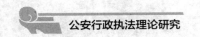

行政没收，即行政处罚的一种，是指对违法者进行财产没收以作为处罚的行为。行政没收具有惩罚性、强制性和具体性的特点。

与上面三种行政行为相比较，行政征收具有以下特点：①强制性。行政主体实施行政征收行为，究其实质是履行国家管理职能的一种具体体系，是对行政征收权的具体操作，这种权利具有强制性的法律约束力，可以使相对人无条件地服从。因此，在实施行政征收行为过程中，不需要同相对人进行协商，不需要取得相对人的同意。甚至在某些条件下，在法律允许的范围内，可以在违背相对人意愿的前提下进行行政征收征用。征收的客体、数量、金额、程序等内容，全部依据行政法律法规的规定执行。行政相对人必须服从行政征收命令，否则，应当承担一定的法律后果。②法定性。行政征收直接的指向对象是行政相对人的合法权益，由于其蕴含着强制性和补偿性的特点，决定了行政征收对相对人的经济利益始终都会产生一定程度地损害。因此，为了维护相对人的合法权益，减少、降低相对人的损失，必须在法律制度的框架下确立行政征收的特性。行政征收从始至终都被纳入法律的限制和保护范围内，使行政征收行为在法律规范上有明确的依据。③无偿性。为了维护国家的利益，实现管理职能，必须损耗一定的物质财富，而国家作为一个社会权力机构，只是行使治理的本质行为。因而，国家通过行政征收行为来获取一切所需。行政相对人的合法财产一经国家征收，其物权就视为归国家所有，国家享有对该财产的支配权和使用权。

从这三个特点来看，我们可以把行政征收理解归纳为：依据法律的规定，为了公共利益的需要，对公民的财产进行征收或征用，取得其所有权或使用权并进行补偿的行为。

行政征收和征用是对公民财产的所有权和使用权的取得，从某种意义上可以理解为是一种对公民财产权的限制。对于个人的财产权，社会经历了从古代专制社会的"王权至上控制个人财产"，到近代资本主义民主社会的"私人财产神圣不可侵犯"，再到现代社会的"个人财产权利不得滥用"（忽视—绝对保护—相对保护）的过程。行政征收征用可以看作是在相对保护个人财产权的前提下对个人财产权的一种限制，体现了权利不得滥用原则，它意味着，在公共利益确实需要的情况下，个人的财产权需要让位于公共利益，既不能消极的不作为，也不能主动的作为来影响社会公共利益。行政征收征用即是对消极行使财产权的一种限制，当社会公共利益在进行必要的发展时，强制性地征收征用个人财产并给予补偿，这就是行政征收征用的实质。

公安行政征用是公安机关针对特定的行政相对人实施的具体行政行为，它通常以强制方式为其实现的重要手段，具有直接强制性，即在法定义务人不主动履行义务的情况下，公安机关可以强制征收。

（二）公安行政征用的特征

1. 公安行政征用的主体是公安行政执法主体。只有那些依法享有公安行政征用职权的公安机关和法律授权的组织才能实施，其他机关、组织无法律法规授权，不能实施公安行政征用行为。

2.公安行政征用目的的公益性。公安行政征用的目的是满足实施国家职能和公共利益的需要，而非出自集团或商业利益。公安行政征用是国家取得财政收入，参与行政相对人财产分配，保护国家资源，保障社会公益事业，促进社会可持续发展的重要途径。

3.公安行政征用方式的强制性。公安行政征用的实质在于国家以强制方式无偿征用行政相对人的财产权益。这种具体行政行为的强制性表现在，公安机关借助国家的强制力，以强制方式最终实现征用内容。

4.公安行政征用内容的财产性。公安行政征用是公安机关依法征用行政相对人财产权益的具体行政行为，其法律后果是行政相对人的财产权益暂时性地转归国家所有，表现出明显的财产性。

5.公安行政征用的单方性。公安行政征用是有权的公安行政执法主体根据法律的规定并基于单方面的意思表示所做出的行政行为。因此，公安行政执法主体实施公安行政征用行为无须征得行政相对人的同意，不受行政相对人意志的影响。

6.公安行政征用的权属转移性。公安行政征用是公安行政执法主体强制将行政相对人（集体、个人）的财产权转移给公安机关的行政行为。这里所说财产权的转移包括财产所有权的转移和财产使用权的转移两种情形。例如，我国《人民警察法》第13条规定："公安机关因侦查犯罪的需要，必要时，按照国家有关规定，可以优先使用机关、团体、企业事业组织和个人的交通工具、通信工具、场地和建筑物，用后应当及时归还，并支付适当费用；造成损失的，应当赔偿。"

7.公安行政征用的法定性。公安行政征用属于损益性行政行为，如果不对其进行严格的法律规制，就会因征用权的滥用给行政相对人的合法权益造成严重损害。因此，对公安行政征用必须依法设定，必须在法律上对公安行政征用的主体、原则、条件、客体、对象、方式和范围等做出明确的规定。公安行政主体若无明确的法律依据，就不应实施公安行政征用。

（三）行政征收征用的法律理论

目前，我国对行政征收征用的内容阐述并不多，下面详细分析了行政征收征用的法理基本理论。

1.行政征收征用的个体权利

众所周知，公民的权利受到法律的保护，基本权利更是不可侵犯，那么我国《宪法》规定行政征收征用，强制获得公民的财产权的依据又有哪些？

首先，《宪法》第33条规定："中华人民共和国公民在法律面前一律平等。任何公

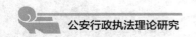

民享有宪法和法律规定的权利，同时必须履行宪法和法律规定的义务。"公民权利受到法律的保护，每个公民都具有平等的权利。公民契约组建国家不是让其管理国家而是让其服务国家，保护其权利不受侵害并保护和促进整体利益。这是现代民主法治国家的基本理念，公民的财产权保护就是对这一理念的体现。但同时，国家的建立不仅仅是维护某一个人的利益，它更是维护整体中每个人的利益。

2. 行政征收征用的公众利益

其次，我国《宪法》第51条规定："中华人民共和国公民在行使自由和权利的时候，不得损害国家的、社会的、集体的利益和其他公民的合法的自由和权利。"当多数人的公共利益与个人的权利发生冲突时，需要在这两种利益间进行衡平，然后做出选择。虽然个体有平等的权利和平等发展的机会，在不同的利益间发生冲突时应该平等地对待，但在个人利益和公共利益相冲突时，须在进行利益的"质"和"量"的比较后，选择较大一方的利益，而另一方的利益做出让步和牺牲，国家应对这一牺牲做出相应的补偿。

这就是"民主"和"个人基本权利"之间冲突的解决方法，价值衡平的选择和补偿保护贯彻其中。

二、公安行政征用与相关概念的区别

（一）公安行政征用与公安行政征收

公安行政征收是指公安行政执法主体依据法律规定的职权，依法强制性地无偿取得相对方财产权益的一种具体行政行为。

公安行政征用与公安行政征收虽然都是以公益为目的并以强制方式获取行政相对人的财产权益，但是它们之间的主要区别显而易见：第一，法律后果不同。公安行政征用的后果只是公安行政执法主体暂时取得被征用方财产的使用权，不发生财产所有权的转移；公安行政征收则是使行政相对方的财产所有权转归国家所有。第二，行为的标的不同。公安行政征收的标的一般仅限于财产，而公安行政征用除财产外，还可以包括劳务。第三，能否取得补偿不同。公安行政征收是无偿的，公安行政征用一般是有偿的。

（二）公安行政征用与公安行政征购

公安行政征购是指公安机关通过行政合同的方式取得行政相对方的财产所有权并承担相应义务的一种行政合同行为。可以说，从某种意义上讲，公安行政征购关系是一种买卖关系，但是，它是一种特殊的买卖关系。因为在一般的买卖关系中，它是发生在平等主体之间的财产关系，而在公安行政征购关系中，公安机关的意思表示占有主导地位，行政相对方的意思表示则受到一定程序的限制。在一般情况下，公安行政征购关系的发生、变更和消灭带有一定的行政强制性。可以说，公安行政征购与公安行政征收二者的目的是相同的，并且都具有行政强制性和财产性。但是，二者也有区别，主要表现在以下几个方面：第一，行为的性质不同。公安行政征用是单方行政行为；而公安行政征购是行政合同行为，虽然说行政相对方的意思表示受到一定的限制，但是从法律上说，它仍是公安机关与行政相对方的合意。第二，权利、义务关系不同。在公安行政征购关系中，公安机关与相对人的权利、义务在合同成立后应是对等的，行政机关在取得财产权益的同时必须承担相应的给付义务，相对人在付出财产权益的同时应当获得相应的利益；而在公安行政征用关系中，公安机关与相对人之间的权利、义务是不对等的，公安机关依法享有征用权，相对人依法负有缴纳义务。第三，行为拘束程度不同。公安行政征购行为的拘束程度作为双方合意行为，有一定的灵活性、可变动性，而且在一定条件下，公安机关可以变更、终止公安行政征购合同。因此，公安行政征购行为的拘束程度相对较差；而公安行政征用行为是以相对人负有法定缴纳义务为实施条件的，公安机关只能依法实施，不得随意变更或者取消，具有较强的拘束性。

三、公安行政征用的作用

公安行政征用是公安机关凭借其公安职权暂时性地征用相对方的财产或者劳务，其基本目的在于满足公安机关为实现其职能而对物质的需要，其作用主要表现在以下几个方面：第一，公安行政征用有利于公安机关进行宏观调控，具有管理经济并促进经济发展的作用。第二，公安行政征用属于经济利益的再分配，有利于缩小贫富差距，协调各种利益团体和各阶层的利益。第三，公安行政征用是公安机关实现其公安行政管理职能，满足其财政支出需要的保障。行政相对人的财产一经国家征用，其所有权就暂时性地转移为公安机关所有，成为公安机关国有财产的一部分，由公安机关负责分配和使用，以保证公安机关财政开支的需要。

四、公安行政征用的基本原则

（一）公安行政征用法定原则

现代社会是一个法治社会，公安机关凭借其政治权力进行各种强行征用，必须由国

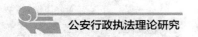

家法律予以确定，公安行政征用的具体执行机关、征用的对象、数额、程序等，都必须有明确的法律根据。换言之，公安行政征用的整个过程都是国家意志的具体体现，而不是某个公安机关或者某个公安行政官员的个体意志所能够左右的。只要没有法律根据，任何擅自决定征用的行为，都是侵害行政相对人合法权益的侵权行为，都为国法所不容。

（二）公平、公正原则

公安行政征用必须贯彻负担公平的原则，不得有所偏颇。有关的公安行政执法主体必须定期公开公安行政征用状况，接受权力机关以及广大人民群众的监督。

（三）及时、足额征用并尊重行政相对人财产权原则

公安行政征用是确保公安机关财政收入的重要途径和手段，因而必须及时、足额征用。同时，公安行政征用是典型的损益性行政行为，是对行政相对人财产权的侵害，所以，必须确立尊重行政相对人财产权的原则，公安行政征用不仅要严格按照法定标准、条件和程序进行，而且应通过法律设定必要的监督和救济途径。

（四）公共利益需要原则

所谓公共利益需要原则，就是要求公安行政征用只有在公共利益需要且为了更好地实现公共利益的前提下实施的原则。公安行政征用是强迫行政相对人向国家转移其财产的所有权或使用权的行为，因此，必须对此行为进行限制，以确保其行为只有在为满足公共利益需要时才能采用。虽然在不同的时代和不同的国家对公共利益的界定还存在一些争议，但公共利益需要无疑已成为各国征用行为必须遵守的首要原则。但是何为公共利益，怎样来确认公共利益需要的必要性和范围的大小，各个国家存在众多差异。我国法律虽然也将公共利益需要作为公安行政征用制度的首要原则，但在公共利益需要的认定方面还缺少必要的程序。

（五）适当补偿原则

各国大都在其宪法中规定了征用补偿原则。公安行政征用作为行政征用的一种，显然也包含了这种原则。公安行政征用是一种强制性行为，其实施无须得到被征用人的同意，在公安行政征用法律关系中，处于被管理地位的行政相对人无法与强大的公安机关相抗衡，因而，公平补偿被征用人损失就显得尤为重要。对于"公平的补偿"，由于法律观念的不同，大致存在以下两种认识：一种观念认为应对损害给予完全补偿，即完全补偿论；另一种观念认为应按社会的一般原则，客观地予以补偿，即适当补偿论。决定一国公安行政征用制度采用何种补偿原则，与该国的国力、经济制度以及相应的观念有关。根据我国的国情，我国公安行政征用采用了适当补偿原则。

第九节 行政许可若干问题的理性思考

在现代经济社会中，行政机关实施一种重要的行政行为——行政许可，行政许可行为在社会生活中广泛存在。行政机构实施着各种行政行为，行政许可行为伴随着社会和经济的发展发挥着越来越重要的作用。行政许可行为是行政主体管理行政事务的事前监管措施之一，行政许可行为是国家对经济宏观调控的重要手段。行政许可行为有利于市场管理从"命令式行政"向"法制化调解"转变；有利于规范和监督社会经济秩序，保障市场经济健康发展；保护合法公共利益；促进资源优化公正配置，建设和谐社会。对我国的法制化进程有着很大的进步意义。

一、行政许可行为定义

在深入研究行政许可前，我们首先了解一下其概念内容。行政许可的定义已经由立法形成了统一详尽的界定，即根据我国《行政许可法》第二条规定："本法所称行政许可，是指行政机关根据公民、法人或者其他组织的申请，经依法审查，准予其从事特定活动的行为"。这是对所有行政许可行为的概括性描述，具体来讲可以从三个方面来理解：

（1）行政主体具有法定性和特定性。特定的许可事项只有法律规定的特定的行政主体才能审查批准，许可的标准和程序也必须依据法律的规定。

（2）行政许可是一种消极行政行为。行政主体的许可必须是行政相对人主动申请，行政主体不能主动地实施行政许可行为，可以理解为"先申请后受理"。

（3）行政许可具有可诉性。行政许可是一种具体的行政行为，针对具体的行政事务，可以进行行政诉讼，故而具有可诉性。

因此，根据上述三个方面的全面研究，我们可以归纳出行政许可行为的概念：是行政主体依据相对人的申请，依法准许相对人从事某种活动，行使某种特权，获得某种资格和能力的具体行政行为。

二、行政许可行为学说

行政许可制度和"公民权利""自由""公权力""民主""社会秩序"等重要问题紧密相连，因此理解行政许可的性质，对行政活动的发展和社会的进步有举足轻重的

影响，下面我们详细地分析一下行政许可的性质。

目前，对行政许可的性质，主要有三种不同的认识，分别是"赋权说"——行政机关赋予相对人进行某种具体活动的权利和资格；"限权说"——行政机关通过审查批准对相对人的某种权利进行一定程度的限制；以及"解禁说"。

经过分析研究，认为"赋权说"以公民权利的缺失为前提，不符合政府服务的理念，忽视了对公民自由权利的承认；"限权说"只注重了行政机关对公民权利的限制，没有看到其对公权力的衡平；因此详细分析了"解禁说"的观点。

解禁说的观点分为两部分，一是"普遍禁止"，即在公民自由享有权利的基础上，为了保证社会秩序而对其权利进行限制，公民仍有一定的权利资格；二是"审批解禁"，即行政机关出于对公民权利的保护，而依法确定其具有行使权利的能力。这一学说既体现了对社会秩序的维护（行政法的目的），又有对公民权利的保护和对公权力的制衡，和现代行政的目的相一致。

三、行政许可制度的突出问题

2004年，《中华人民共和国行政许可法》（以下简称《行政许可法》）颁布实施，这部行政许可制度的单行法律，系统完整地对行政许可进行了规范，包括行政许可的设定、受理、程序、法律责任和期限等各个方面。行政许可法对行政主体实施的行政许可行为做了全面规范，但还存在一定的不足之处，主要存在两个问题：

（一）行政许可制度的立法问题

一是由于行政领域的其他部门立法相对滞后，而导致其与行政许可制度不同步，甚至相冲突。这里又包括两个方面：一方面是缺乏统一的"信息公开法"。按照行政许可法的立法宗旨，行政许可的法律依据、实施过程、行为程序和期限都必须公开透明，行政许可行为自始至终都应该在"阳光下"操作。但由于信息公开的缺失，导致其规定并不能被很好地实现。

另一方面是缺乏统一的"行政程序法"。行政许可法中有大量程序性内容的规定，然而这些程序的实施是由不同的行政主体来实践的，具体的行为细则、行为规范也是由行政部门单方来制定的。因而行政部门行政许可行为缺乏协调统一性，出现了行政程序烦琐复杂，互相冲突的现象。

另一方面是行政许可有单行法作为基本法，但各个地方根据实际需要，制定了数量庞大的行政法规，缺乏《行政许可法》的实施细则。《行政许可法》作为规范许可行为的设定和实施的基本法，其法律条文共有83条，实体性规定和程序性规定并存。如何使这些法规与《行政许可法》相适应，以及如何合理实施行政许可行为，至今还有很多尚待明确的细则。

（二）行政许可制度的实施问题

1、现存的地方行政法规中，一部分地方性行政法规没有完全与行政许可法衔接。根据构建法治社会的要求，依据行政许可法的立法目的，完善行政许可法的工作实践，是实施行政许可法的重要理论支点，是贯彻实施行政许可法的法律精神精华所在。

2、在贯彻实施行政许可法的过程中，执法观点薄弱。现代行政许可的职能目的是便民服务而非管理命令，因此必须以"为民、便民、利民"为原则开展行政许可工作。但由于行政工作人员观念上的僵化和对行政法整体把握水平的不足，导致行政许可行为的执法观念转变进展缓慢，与法治社会的发展脱节。

四、行政许可完善的前提

要进一步促进行政许可制度实践的完善，行政机关要避免行政许可中的冲突争议问题，应该理解并贯彻实施行政许可制度中蕴含的一系列基本原则。

（一）行政许可原则始终体现行政法的基本原则

行政许可的基本原则，体现了行政法的基本法律精神，主要有：

1、许可法定原则。这是对依法行政原则的体现，即行政许可必须依法进行，包括行政许可的设定、形式、范围、条件和程序等均由法律规定。

2、高效便民原则。《行政许可法》第二十六条规定："行政许可需要行政机关内设的多个机构办理的，该行政机关应当确定一个机构统一受理行政许可申请，统一送达行政许可决定。"第二十九条规定："行政许可申请可以通过信函、电报、电传、传真、电子数据交换和电子邮件等方式提出。"可见，上述行政法规定的内容是对行政效益原则的具体体现，即行政许可行为必须按照法律要求提高执法效能，用最简化快捷的程序，履行行政主体的管理职能。

3、公正公平原则。这是对合理行政原则的体现，即行政许可必须遵循法律正义，保护相对人的利益，不得滥用权力。

4、信赖保护原则。这是行政许可中最重要的一个原则，体现了行政法制的正当程序。信赖保护与民法中的"公告公示原则"相类似，即公民、法人或其他组织依法取得的行政许可受法律的保护，行政机关不得随意改变。这个原则隐含的价值在于承认了行政许可的公告形式和公示效力，政府以其公信力为担保，使得行政许可在通过法定程序获得后可以被社会所信赖和承认，顺利在社会生活中运行，这对行政许可起着根本性的保障作用。

（二）行政许可制度始终贯穿着行政许可原则

行政许可的四个基本原则渗透在行政许可制度的每一个角落，具体来说，从设立、

实施、听证到监督，行政许可基本原则贯彻始终：

1、行政许可的设立。行政许可的设立严格地遵守了许可法定的原则，《行政许可法》具体规定了行政许可设立的主体、范围、标准和程序，同时规定了各个层级行政机构的行政许可设立权限，这样使得行政许可的设立有法可依，限制了行政机关滥用权力随意设立行政许可。同时，在不同的行政许可发生冲突时也可以依照法律规定解决。

2、行政许可的实施。行政许可的实施体现了各个基本原则，兼顾了依法、公正、高效和程序四个方面。行政许可的实施程序在《行政许可法》中有明确规定，主要有如下程序：

（1）申请与受理。行政许可的申请与受理条件由法律规定，对于符合《行政许可法》要求的申请人，申请事项相对应的行政机关必须依法受理。这一过程限制了行政机关滥用权力。

（2）审查与决定。审查与决定流程中，除了法定的行政机关行使行政权力外，更重要的是审查与决定要严格依照法定程序进行，这样做有两个重要的作用：①严格的正当程序提高了行政许可的运行效率，并且赋予了行政申请人程序正义，通过程序的公平来保障申请人的实质公平与正义；②正当程序赋予行政许可公示效力，有利于维护社会秩序，切实保障申请人的利益。

3、听证。听证是指行政机关在做出行政许可决定后，告知与之相关的利害关系人，利害关系人可以申请听证会听证决定是否许可。这一流程体现了行政法的两个原则精神：一是合理行政，听证是在行政许可合法的前提下，出于合理性考虑而对各方利益的衡平与维护；二是公示公开，听证制度是公示的必然要求，也体现了民主的精神，符合现代行政的服务精神。

4、行政许可的监督。我国《行政许可法》对行政许可行为的监督和法律责任的承担做了明确的规定，对不当行政许可行为造成的法律责任按民事、行政、刑事做了分类，对应不同的诉讼，使得其具有可诉性，切实地保护了相对人的利益，使得行政许可法制化有了保障。

目前，行政许可法在实施完善过程中，各级行政主体都在逐步建立健全行政许可制度，严格许可行为，统一规范许可法律文书，推进网上许可办公审批，建立了完备严谨的管理体系，使我国的行政许可工作取得了显著的成绩，依法行政意识和思维明显增强，行政执法效能明显增加且更为规范。

总之，行政许可的基本原则不仅对行政许可制度有着重要的作用，理解贯彻四个基本原则，有助于提升行政许可的行为水平，解决行政许可冲突。研究行政许可行为的法律理论，可以促进行政许可制度的发展，有利于逐步完善行政法体系，对构建法治社会，加快法治社会进程有着举足轻重的积极意义。

第六部分

公安行政执行

行政执行是国家行政管理活动中必不可少的制度，尤其是公安行政执行，对于保障法律、法规的顺利实施，有效促使义务人履行义务，维护社会公共利益和公共秩序等具有十分重要的作用。公安行政执行的正确与否直接关系到我国法律、法规的实施和社会公共秩序的维护。因此，公安行政执行必须由法定的主体依据法定的权限、原则、方式和程序实施。

第一节　公安行政执行概述

一、公安行政执行的概念和特征

（一）公安行政执行的概念

公安行政执行又称公安行政强制执行，是指在行政法律关系中，行政相对人不履行其应履行的法定义务时，公安机关依法采取法定的强制措施，迫使其履行义务或由他人代为履行以达到同样目的的具体行政行为。

（二）公安行政执行的特征

1. 公安行政执行的主体是公安机关。根据我国现行法律、法规的规定，目前对行政相对人采取强制执行的方式有以下两种：一种是由行政机关依照法律、法规的授权对义务主体直接进行强制执行，如公安机关的强制执行；另一种是由行政机关申请人民法院强制执行。

2. 公安行政执行的前提是行政相对人不履行法定义务。公安行政强制执行对公安机关来说只是一种手段，而不是目的，只有在行政相对人不履行法定义务，使正常的行政管理活动受到影响时，公安机关才实施强制执行。这里的法定义务，包括法律、法规、规章直接规定的义务和公安机关依照法律、法规、规章做出行政处理决定中要求行政相对人履行的义务。行政相对人不履行法定义务，包括以下两种情况：一种是负有作为义务而不作为，如违法行为人应当缴纳罚款而拒绝缴纳的；另一种是负有不作为义务而作为，如应停止实施违法行为而拒不停止的。公安行政执行只能是在负有法定义务的行政相对人主观上不履行或不愿履行义务时实施。如果负有法定义务的行政相对人在客观上确实无法履行义务，则不能对其实施强制执行。此外，行政相对人履行义务一般都有期限，只有在法定履行期限届满后行政相对人仍未履行义务时，才能对其实施强制执行，如果行政相对人不履行义务的事实状态尚未持续至法定履行期限之外，公安机关则不得强制执行。

3. 公安行政执行的目的是迫使义务人履行义务或达到与履行义务相同的状态。公安行政执行的重点是为了使行政相对人的行政义务得以切实履行，这是公安行政执行的实质内容。之所以对行政相对人强制执行，是因为行政相对人不履行法定义务的行为破坏了正常的社会公共秩序，损害了社会公共利益，只有对其实施必要的强制执行行为，才能使社会秩序恢复到正常状态。

二、公安行政执行与公安行政强制措施的关系

公安行政执行和公安行政强制措施都属公安行政强制，但二者本质上是不同的。公安行政执行，是指在行政相对人不履行其应履行的法定义务时，公安机关依法采取强制执行手段，迫使其履行义务或由他人代为履行义务以达到同样目的的具体行政行为。公安行政强制措施，是指公安机关为了预防正在发生或可能发生的违法行为、危险状态以及不利后果，或者为了保全证据、确保案件查处工作的顺利进行而对行政相对人的人身、财产予以强制限制的具体行政行为。可见二者是各自独立、并存的具体行政行为。二者的区别主要体现在以下几个方面：首先，强制执行的对象不同。公安行政执行是公安机关对已生效的具体行政行为的执行；公安行政强制措施是对未生效的具体行政行为的执行。其次，法律救济的审查范围不同。在公安行政执行中，法律救济的审查范围只限于执行行为，一般不涉及被执行的具体行政行为（基础行为）；而在公安行政强制措

施中，法律救济的审查范围既包括采取的强制措施行为，也包括被执行的基础行为。再次，公安行政执行的目的是迫使拒不履行法定义务的行政相对人履行法定义务或达到与履行义务相同的目的；公安行政强制措施的目的是预防或制止正在发生或可能发生的违法行为、危险状态以及不利后果，或者保全证据、确保案件查处工作的顺利进行。最后，采用的方式不同。公安行政执行的方式主要有强制拘留、强制履行、强制划拨、强制扣缴、加处罚款、加收滞纳金等；公安行政强制措施的方式主要有盘问、检查、讯问、查证、搜查、查封、扣押、冻结、强制戒毒、疏散、封锁、强制约束等。

三、公安行政执行的作用

行政执行是行政机关进行有效管理必不可少的手段。公安行政执行的作用主要体现在以下三个方面：

（一）维护社会公共利益和社会秩序

行政权力运作的最终目的在于通过维持良好、稳定、安全的经济和社会秩序，以保护一般公民、法人或者其他组织的合法权益。如果公安机关对于损害社会公共利益、社会秩序以及不履行行政法规定义务的行政相对人的行为束手无策，无力遏制，听之任之，广大人民群众的利益将得不到维护。

（二）保障公安行政管理活动的顺利进行

公安行政管理涉及的事项多，情况复杂，个别人不履行行政法为之设定的义务和公安机关处理决定的情况时有发生，如果没有相应的行政执行手段作为保障，公安行政管理的最佳效果就难以达到。公安行政强制执行权是行政权力的有机组成部分，缺少这一部分行政权的约束，行政行为将变得软弱无力。

（三）敦促行政相对人及时履行义务

敦促行政相对人及时履行义务是行政强制执行的目的。一般来说，行政强制执行的内容，对于行政相对人而言，都是必须履行不能通融的法定义务，公安机关不能随意将其减轻或免除，公安机关在必要的情况下采取强制执行手段，只能起到敦促行政相对人尽早履行法定义务的作用，以免其行为愈演愈烈，造成对其更为不利的法律后果。

四、公安行政执行的原则

任何一部法律都是为实现一定的社会目的而制定的，而且任何一部法律都必须有自身的指导原则，它们构成了一部法律的精神和灵魂。行政强制执行也不例外，也必须遵循相应的原则，在我国，鉴于行政实践的需要，公安行政执行应遵循以下几项原则：

（一）依法执行原则

依法执行原则是行政合法性原则在行政强制执行中的具体体现，具体是指公安机关行使强制执行权必须有法定依据，强制执行必须依照法定的方式和程序，在法定权限范围内实施。这一原则主要包括以下内容：

1. 设定权法定。行政执行权的创设只能由立法机关通过法律、法规创设，其他任何机关都不得创设，尤其是公安机关更不能自己为自己创设行政强制执行手段。因为，如果行政强制执行的设定不明确，势必导致任何机关都可以创设一种新的行政强制手段，尤其是如果公安机关自己可以创设一种新的行政强制手段，必然使公安机关可以无限制地使用强制手段，而公民、法人或者其他组织的合法权益却无从保障。所以要有效地控制行政执行权，必须严格控制公安行政执行的设定权。

2. 主体法定。对行政相对人采取行政强制措施的行政主体必须法定，行政执行是行政管理中一种非常重要的手段，但并不是任何行政主体都有权行使，公安行政执行的主体应当是公安机关。

3. 手段法定。目前我国行政强制执行的手段名目繁多，举不胜举，如强制拘留、加处罚款、加收滞纳金等，对这些强制手段，必须理解其运用的对象和目的，并正确予以适用。同时，公安行政强制执行手段应是由法律、法规设定的，法律、法规没创设过的行政强制手段任何主体都不得采用。

4. 程序法定。行政强制执行除了从实体上加以规制外，更需要从程序上加以规制，以使行政相对人具有尽可能充分的防御权。如公安行政强制执行程序中必须规定告诫程序，告诫程序中必须规定向行政相对人充分说明理由和不履行义务的法律后果，只有在经过告诫程序后，行政相对人仍不自觉履行义务的情况下，方能对其实施强制执行。

（二）合理执行原则

合理执行原则是行政合理性原则在行政强制执行中的体现，这一原则要求公安机关进行强制执行时应客观、适度、理性。这一原则主要包括以下内容：

1. 程度合理。公安行政执行的实施，应以不影响义务人最低生活水准为限，否则将会使其丧失生活信心，反而会采取其他违法行为，如此也违背了行政法权力保障的宗旨。

2. 比例适当。这一原则在国外行政强制执行中均有规定，是指公安行政执行的措施和行政相对方应履行的义务应比例相当。

3. 目的合理。行政强制执行的直接目的只有一个，即迫使行政相对人履行法定义务。公安机关采取强制执行手段要符合这一目的，不能借助强制手段实现其他目的，否则就会构成不合理的强制执行。

（三）目的实现原则

行政强制执行的目的是迫使义务人履行义务，只要行政相对人能及时、完全地履行义务，公安强制执行就应立即停止。公安机关只能为了实现行政义务的目的强制义务人履行义务。任何违背义务履行目的实施的强制执行都是违法的。这一原则包括以下内容：

1.确立行政强制执行的唯一目的就是实现行政法规定的义务及公安行政处理决定中设定的义务。公安机关为行政相对人设定的义务大多数都能得到自觉、及时、完全履行，只有少数情况下才出现义务难以履行、行政相对人抵制的现象。公安机关为了保证负有法定义务的行政相对人全面地履行义务，有必要采取强制执行手段实现行政管理的目的。

2.行政相对人的义务得到履行后，公安机关应立即停止强制执行。因为公安机关强制执行的目的是迫使义务人履行义务，所以一旦义务得到履行，公安机关就应停止所有的强制执行手段。

3.在法定特殊情况下，行政法规定的义务及公安机关处理决定中设定的义务因客观情况无法继续履行时，行政强制执行应当中止。原行政处理决定被撤销或其所依据的法律、法规被废止或撤销的，也视为达到行政目的，不再继续执行。

（四）从轻从优原则

从轻从优原则，是指公安机关强制执行时一般都应选择最轻、最优的强制执行手段以达到强制执行的目的。强制执行的种类很多，其适用的轻重及强制程度也不一样，公安机关在选择适用强制执行手段时应尽可能地选择最轻、最优的手段达到行政管理的目的。这一原则包括以下内容：

1.公安行政强制执行的实施必须出于维护公共秩序和公共利益的需要。如果行政相对人的行为只涉及自己而不涉及社会公共利益和社会公共秩序，就不得对其实施强制执行。

2.在行政相对人的行为危害到社会公共利益和社会公共秩序而不得不对其实施强制执行时，必须做到公安强制执行对行政相对人权益的侵害明显小于要保护的社会公共利益和社会公共秩序。如果所实施的行政强制执行对行政相对人权益的侵害大于或等于所要维护的社会公共利益和社会公共秩序，就应更换较轻的强制执行措施。

3.间接强制执行优于直接强制执行。公安机关决定实施强制执行后，一般应先采取间接执行手段，如执行罚或代执行。只有在间接执行方法达不到履行义务的目的时，公安机关才能采取直接强制方法强制义务人履行义务或达到与义务履行相同的状态。

（五）预先告诫原则

预先告诫，是指公安机关在采取强制执行手段之前，应告知行政相对人履行义务的期限，在期限内如不履行，则将会采取对行政相对人不利的强制执行手段。预先告诫原则体现了强制与教育相结合的方针，很多国家的强制执行立法都将预先告诫作为必经程序加以规定。

第二节 公安行政执行的种类

我国在立法中还没有明确的规定公安行政执行的种类，但根据我国《行政处罚法》的规定，公安行政执行的种类可分为直接强制执行和间接强制执行两类。

一、直接强制执行

直接强制执行，是指用间接强制执行不能达到执行目的或无法采用间接强制手段时，公安机关可依法对义务人的人身或财产直接实施强制执行，迫使其履行义务或实现与履行义务相同的状态。直接强制执行以公安机关拥有的强制力为手段，直接迫使义务人履行义务，实现行政管理的目标。从我国目前的实际状况看，直接强制执行对行政效率的提高和行政管理目标的实现具有不可低估的作用。但在实施直接强制执行的过程中，如果不严格依照法定的条件和程序实施，极易造成对义务人人身和财产权益的侵害，因此，直接强制执行一般是在万不得已的情况下实施的。直接强制执行具有以下两个特点：第一，直接强制执行的适用范围比间接强制执行广。无论是作为义务还是不作为义务，也无论该义务是否可以替代履行，在必要时都可以实施直接强制执行。第二，直接强制执行的实施条件较为严格。只有在难以采用代执行、执行罚的方式，或虽可采用但却难以达到执行目的时，才能采用直接强制的方式。

直接强制执行可分为对人身的直接强制执行和对财产的直接强制执行。

（一）对人身的直接强制执行

对人身的直接强制执行，是指当义务人不履行法定的人身义务或拒不接受公安机关依法做出的人身处罚时，执行机关依强制执行程序对其采取的强制执行措施，如强制传唤。我国《治安管理处罚法》第八十二条规定："……对无正当理由不接受传唤或者逃避传唤的人，可以强制传唤。"在我国，目前公安机关可采取的对人身的直接强制执行方式主要有强制传唤、强制履行等。

（二）对财产的直接强制执行

对财产的直接强制执行，是指执行机关在义务人逾期不履行义务时，通过行政强制执行程序并依照法律、法规的规定，对义务人的财产实施的具体强制措施。根据我国法律、法规的规定，对财产采取的直接强制执行方式主要有强制划拨、强制扣缴、强制抵缴、强制拍卖、强制变卖等。

以上是我国法律、法规规定的主要行政强制执行手段，这些强制执行手段的实施，还缺乏程序上的保障和相应的法律责任，尤其是公安行政执行，在实践中还存在不少问题。对此，需要相应的行政强制立法予以规定。

二、间接强制执行

间接强制执行，是指公安机关不通过直接强制手段迫使相对人履行义务或达到与履行义务相同的状态，而是通过其他间接的措施达到强制执行的目的。间接执行又可分为代执行和执行罚两种。

（一）代执行

代执行又称为代履行，是指行政相对人逾期拒不履行行政机关依法做出的行政处理决定中要求其履行的义务，如果该义务由他人履行也能达到同样的目的，由公安机关自己或第三人代替义务人履行义务，并向义务人征收代履行费用的强制执行方式。代执行避免了公安机关直接凭借国家强制力迫使义务人履行义务，从而可以在不引起义务人抗拒心理的条件下达到执行目的。

代执行的适用应当符合以下三个方面条件：

1. 负有法定作为义务而拒不履行。代执行只能适用于作为义务，对不作为义务（如对停止实施违法行为）的履行，不能采用代执行的方式。因此，可替代的作为义务是代执行适用的前提。

2. 必须是他人能够代其履行的义务。代执行是由公安机关或他人代为履行的，因此，就决定了代执行的义务只能是可由他人可替代的义务，如清除道路障碍物的强制执行。对他人不能替代的义务，则不能采用代执行的方式，如对行政拘留的强制执行。

3. 必须由公安机关自为或请第三人代为履行。如果不是由公安机关自为或请第三人代为履行，而是由义务人本人履行的，则属于直接强制执行。此外，需要注意的是，公安机关自为或请第三人代为履行后，公安机关可采取直接强制的方式予以强制征收代为履行的费用。

我国现行法律中代执行的具体手段主要包括强制拆迁、强制拆除、强制清除、强制处理、强制修理、代为恢复原状等。

（二）执行罚

执行罚，是指义务人不及时履行他人不能代为履行的义务，公安机关为了达到使其履行的目的，科以新的金钱给付等义务的强制执行方法。这种执行方法带有责罚的意思，因此，称为执行罚。例如，根据《治安管理处罚法》的规定，被决定给予行政拘留的人交纳保证金后，逃避行政拘留的，保证金予以没收，行政拘留仍应执行。这里的没收保证金不是行政处罚，而是执行罚。因为它没有替代行政拘留义务的履行，只是通过更为不利的后果和更为严重的义务的威慑，敦促当事人履行原义务。

执行罚主要有以下三个特点：第一，从适用的条件看，执行罚一般只适用于不可替代的作为和不作为义务，对其他类型的义务采用其他行政强制方式。第二，执行罚的数额必须由法律、法规明文规定，公安机关不能自行决定。凡是法律、法规明确规定了数额的，公安机关只能依法实施，不能随意增加，也不能随意减少。例如，根据《行政处罚法》第五十一条的规定："当事人逾期不履行行政处罚决定的，做出行政处罚决定的行政机关可以采取下列措施：（一）到期不缴纳罚款的，每日按罚款数额的百分之三加处罚款；（二）根据法律规定，将查封、扣押的财物拍卖或者将冻结的存款划拨抵缴罚款；（三）申请人民法院强制执行。"第三，执行罚的数额从义务人应履行义务之日起计算，并可以反复适用。其目的在于通过加重义务人的金钱给付义务，造成其心理上的压力和精神上的负担，促使其自动履行义务。

执行罚的适用条件包括：第一，法定义务人拒不履行法律、法规规定的义务或公安机关行政处理决定中所设定的义务。第二，该义务是他人无法替代履行的义务；非本人自为不可。第三，执行罚的财产数额一般应依据法律、法规的规定实施，但法律、法规没有规定或只规定了一定幅度的，由公安机关依据被执行人的财产情况和反抗程度自由裁量，但应以能够促使义务人自动履行义务为标准。

执行罚与行政处罚中的罚款虽然都是科以行政相对人一定的金钱给付义务，但二者在性质和功能上是不同的。

1. 执行罚的主要目的不是对义务人进行惩罚，而是通过罚款的方式间接促使义务人履行其尚未履行的义务；而行政处罚中的罚款的主要目的是惩罚，是对已发生的违法行为的一种金钱制裁。

2. 执行罚可以反复多次适用，直到义务人履行义务为止；而行政处罚中的罚款只能适用一次，即必须遵循"一事不再罚"的原则。

3. 执行罚并非在行为人有违法行为时就适用，而是在行为人不履行法定义务或公安机关所设定的义务时才适用，也就是说，行政相对人的最初违法行为并不必然导致执行罚的适用；而行政处罚中的罚款，不论行政相对人是否履行了法定义务或公安行政处理决定中所设定的义务，均可对其实施。

我国现行法律中执行罚的主要手段有加收滞纳金、加处罚款等。

第三节 公安行政执行的程序

一、公安行政执行的一般程序

公安行政执行的程序，是指公安机关实施行政强制执行时所应遵循的方式、步骤、时限的总称。

目前，在公安行政执行中适用的主要是一般程序，具体包括告诫、行政强制执行决定和实施行政强制执行决定三个阶段。

（一）告诫

告诫，是指当行政相对人不履行其义务时，公安机关通过法定形式向行政相对人发出通知，期待其自觉履行，并告知其如不自觉履行义务，将产生对其不利的法律后果。告诫是行政强制执行程序中的重要步骤。在公安行政强制执行程序中设置告诫，主要是基于以下两个方面的理由：一是减轻行政相对人与公安机关的对抗情绪。行政相对人不自觉履行义务，自然有他的理由，尽管该理由可能无法律上的依据，但公安机关在没有说服他之前即强制其履行义务，必然会增加其与公安机关之间的对立情绪，行政管理的目标则难以有效实现。如果我们通过事先的告诫，让行政相对人意识到不履行义务将会给其带来更为不利的法律后果，促使其自觉履行，避免行政强制执行，那么，公安机关与行政相对人更容易合作，从而提高具体行政行为的可接受性。二是对行政相对人的尊重。尽管行政相对人不履行法定义务已构成违法，但这并不影响行政相对人应有的主体地位，其仍然有权知悉拒不履行法定义务的后果，告诫不仅可以帮助行政相对人预测、判断自己行为的后果，而且是对公安机关实施强制执行的一种监督。

告诫就性质而言，它不是一种具体行政行为，而是督促义务人尽快履行义务的一种通知行为，它是以义务人逾期不履行义务为前提的，既可以在公安机关做出强制执行决定之前进行，也可以在执行行政强制执行决定之前进行。前者主要目的是督促义务人履行义务，并通过告诫了解义务人逾期不履行义务的原因。后者除了具有告诫的上述作用外，其主要目的在于告知义务人如果不履行义务将导致何种强制执行的法律后果。

告诫原则上应当以书面形式进行，并应载明下列内容：(1)明确的期限；(2)明确的强制执行方式；(3)涉及金钱给付的，必须有明确的金额和给付方式；(4)明确的不履行义务的法律责任；(5)行政相对人依法享有的权利。

经督促、告诫，行政相对人履行了公安机关依法做出的行政处理决定的，不再实施强制执行。

行政相对人收到告诫书后有权陈述和申辩。公安机关应当充分听取相对人的意见；对行政相对人提出的事实、理由和证据，应当进行复核；对行政相对人提出的事实或者证据，公安机关必须记录，并给予答复；行政相对人提出的事实或者证据成立的，公安机关应当采纳。

目前，我国对行政机关实施强制执行时应如何告诫缺乏明确的法律规定。从实际操作来看，主要有以下三种情况：第一，在实施强制执行前进行告诫，这是大多数情况下适用的，如代执行，只有经告诫后义务人仍不履行义务，才能实施。第二，对有些在强制执行前告诫可能影响执行的，如强制拘留，可以在行政处理决定或行政强制执行决定

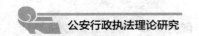

中一并告诫，不必在执行前另行告诫。第三，法律、法规规定的某些强制执行方式，在执行前可以不必经过告诫程序，一旦义务人在法定期限内不履行义务，就可以直接依法实施强制执行。这种方式在实践中适用得不多，适用范围受到严格限制。

（二）行政强制执行决定

行政强制执行决定，是指公安机关经告诫之后，因行政相对人仍不自觉履行义务，为实施行政强制执行而确定适用强制的方法及其相关内容的行政行为。

行政强制执行决定是行政执行程序的第二个阶段，是实施强制执行的根据，行政执行决定一般是要式行为，即应当以书面形式做出。同时，行政强制决定还应当以书面形式告知行政相对人，必要时应当在强制执行地公告，以取得社会和他人的理解和支持。告知行政相对人行政强制决定后，如行政相对人开始履行义务，或者公安机关认为强制执行已经没有必要，则可以撤回强制执行决定，终止行政执行程序。如果公安机关不顾行政相对人已开始履行其义务，仍然决定行政强制执行，显然就违背了行政强制执行的目的，即构成了行政违法。

行政强制执行决定的做出必须符合法定的条件和程序，在实践中应注意把握以下几个方面的内容：

1. 做出行政强制执行决定的条件。公安机关做出行政强制执行决定必须符合一定的条件，这些条件包括事实条件和法律条件两个方面。在事实条件方面，首先，行政强制执行决定必须以义务人逾期不履行其应当履行的义务为前提。从公安机关的角度来看，也就是应当以行政处理决定已经产生执行力为条件。例如，根据我国法律、法规的规定，当义务人对公安机关依法做出的行政处理决定中要求其履行的义务，逾期既不申请复议，也不向人民法院起诉和履行时，公安机关才能做出行政强制执行决定，实施行政强制执行决定。只有在这种情况下，公安机关的行政处理决定才发生法律执行力。否则，公安机关不得做出行政强制执行决定。其次，公安机关做出行政强制执行决定应当考虑义务人逾期履行义务的原因。如果义务人不是主观上拒不履行义务，而是客观上由于某种原因难以履行义务，公安机关也不应当做出行政强制执行决定。在法律条件方面，公安机关做出行政强制执行决定必须是在法律、法规的授权范围内，若超越法律、法规的授权范围，则所产生的法律后果也应由其承担。总之，公安机关做出行政强制执行决定必须同时符合上述事实条件和法律条件。

2. 做出行政强制执行决定的程序。做出行政强制执行决定前，公安机关应当对义务人逾期不履行义务的情况进行认真的调查，弄清不履行义务的原因，并对原行政处理决定是否合法、合理进行检查。如果义务人不履行义务是由于行政处理违法或不当造成的，公安机关应当及时对原行政处理决定进行纠正。如果确属义务人无故拒不履行或故意拖延履行义务的，公安机关即可做出行政强制执行决定。

行政强制执行决定一般由做出原处理决定的机关做出，须经上级机关批准的，应将行政强制执行决定报上级公安机关审批，经批准后方才有效。

3.做出行政强制执行决定的形式。行政强制执行决定应当以书面形式做出，在通常情况下，应当在实施行政强制执行决定前的一定时间内，将执行决定送达义务人。

4.行政强制执行决定的内容。行政强制执行决定原则上应当包括以下内容：(1)义务人依法应当履行的义务；(2)采取行政强制执行决定的事实依据和法律依据；(3)执行机关和时间；(4)采取的执行方式和方法；(5)申请复议和提起诉讼的途径和期限；(6)公安机关及其负责人的签名或盖章；(7)做出行政执行决定的日期。

（三）实施行政强制执行决定

在告诫期满后，义务人仍拒不履行公安机关依法做出的行政处理决定中要求其履行的义务时，公安机关的执行决定即产生执行力。公安机关可按照一定的程序实施行政强制执行决定。行政强制执行决定的实施主要包括以下步骤：

1.在执行开始时，执行人员应当首先向义务人出示证件，表明身份，出示执行文书，并说明有关情况。

2.应当履行义务的公民、法人及其他组织的法定代表人或负责人不在场时，执行人员应当邀请公民的亲属、邻居或该单位的工作人员到场作为执行见证人，并在记录文书上签名。

3.强制执行实施完毕，执行人员应当制作执行笔录。执行笔录应当包括以下内容：(1)执行机关、执行负责人和依据；(2)被执行的公民的姓名、职业、住所或被执行的组织的名称、法定代表人或负责人的姓名、职务；(3)执行的时间和地点；(4)执行的内容和方式；(5)义务的履行情况和执行标的物的现状；(6)强制执行实施的基本情况；(7)有执行证明人的，应当写明其姓名、单位及职务；(8)执行负责人、被执行人、执行证明人的签字；(9)制作执行笔录的时间。

4.需要有关单位协助执行的，公安机关可以依法请求其予以协助。

5.在执行过程中，如果遇到义务人或其他人的妨碍，公安机关可以运用法律、法规允许的适当手段予以排除，但不得超过必要的限度，更不能采用非法手段。

6.属于代执行需要在执行后征收代执行费用的，公安机关应向义务人征收必要的费用。

以上是公安行政执行的基本程序，但具体到每一个不同的执行方式时，会有不同的法律程序。

1.代执行的程序。公安机关依法做出排除妨碍、强制拆除等义务的行政决定，义务人逾期不履行的，公安机关可以委托没有利害关系的其他组织或个人代为履行。代执行的程序为：(1)送达并公告代执行的标的、方式、时间、地点以及代执行人；(2)在代执

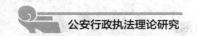

行日期前（一般为3日），催告义务人履行，义务人自动履行的，停止代执行；(3)代执行时，做出决定的公安机关应当到场进行监督；(4)代执行完毕，公安机关、代执行人、被执行人、见证人应当在执行文书上签字；(5)向义务人征收代执行费用。

对需要立即清除道路障碍或公共场所的危险物品的，义务人没有条件清除或现场无法找到义务人时，公安机关可以立即实施代执行，事后再向义务人征收代执行费用。

2.执行罚程序。公安机关做出的行政处理决定，义务人逾期不履行，公安机关又不能实施代执行的，可以一次或多次加处一定数额的罚款，直至义务人履行义务。公安机关依法做出金钱给付义务的行政决定，义务人逾期不履行的，公安机关可以按日加收罚款或者一定比例的滞纳金。罚款或滞纳金的标准应当告知义务人。

3.直接强制执行程序。公安机关采取执行罚的行政执行手段超过法定期限，义务人仍不履行的或者无法采取执行罚以及代执行等行政执行手段的，公安机关可以对不履行义务的行政相对人实施直接强制执行手段，需要有关单位协助的，发出协助执行通知。

二、公安行政执行的特殊程序

（一）协助执行程序

协助执行，是指在一定条件下，做出行政强制执行决定的公安机关请求其他公安机关或单位予以协助，以便其达到预期执行的目的的活动。公安机关依法要求有关机关和单位协助时，应当向协助的机关或单位发出协助执行书，并附上强制执行通知书的副本，以便协助执行机关了解情况。我国目前对协助执行书的内容还缺乏统一的法律规定。从总体上看，协助执行书应当包括以下内容：协助机关的名称和地址；要求协助执行的方式和理由；做出执行决定的机关名称、地址和主要负责人的姓名；被执行人的姓名（名称）、住所（地址）；要求协助执行的时间和地点。

（二）委托执行程序

委托执行，是指做出行政强制执行决定的公安机关，在一定的条件下，将该决定委托给其他公安机关执行的活动。委托执行制度有助于节约大量的人力和物力，也有助于提高行政效率。在委托执行时，应当向受委托机关发出委托执行的函件，并将行政执行决定书一并寄出，以便受托机关据以执行。委托执行的函件应当包括以下内容：受托机关的名称、地址；受托执行的理由和强制执行的主要内容；被执行人的姓名（名称）、住所（地址）；要求协助执行的时间和地点。

第七部分

关于公安行政执法中的不作为研究

第一节 公安行政不作为概述

公安行政不作为是行政不作为中的一种，它与公安行政行为相对。公安行政不作为，是指公安机关在进行行政管理工作过程中，不依法履行职责的一种表现；是公安机关在行政管理过程中，有做出行政作为的可能性，公安机关依照法律、法规规定，有进行积极行政行为的法定义务，而拖延、拒绝履行其法定义务或者不完全履行其职责的一种违法行为，即公安机关消极放弃行使行政权力的一种行为。

在我国，公安机关不同于其他的行政机关，公安机关除了相关的行政管理职能外，还兼具治安行政管理和刑事侦查的职能。公安机关的工作多与人民群众的生活息息相关，其担负的社会管理职能多，行政管理力度大，强制性比较强。公安机关行政管理职能大体可以分为：行政征收（如征收管理规费）、行政许可（如特种行业的治安许可）、行政确认（如办理居民身份证）、行政监督（如消防监督）、行政处罚（如对违反《治安管理处罚法》行为的处罚）、行政强制（如强制戒毒）、行政裁决（如调节裁断民间纠纷）等。人民警察作为公安机关的工作人员，代表公安机关在工作中行使行政职权。一些公安机关及其工作人员，在行使职权的过程中，不积极履行职责，不积极履行其法定义务，不仅损害到相对人的利益，还严重损害到了公安机关在人民群众心目中的形象。随着社会的发展，人民群众对公安机关提供行政服务的要求也越来越高，公安机关行政不作为的问题也越来越受到社会各界的关注，针对公安机关行政不作为的投诉也越来越多。因此，对公安行政不作为的概念、表现形式、构成要件、成因及对策做出具体的分析、研究，既是顺应行政法治的发展需要，也是我国法学界的一项紧迫的任务。

首先，现代法治国家大力提倡行政法制，行政法制是国家必须遵循的原则，是我国追求法治目标实现的前提。违法行政行为的产生，也与合法行政行为一样，成为行政法学理论中不可或缺的重要组成部分。在我国行政法学的研究中，始终将侧重点放在行政行为的行为方式上，而对行政不作为这种特殊的行政行为很少提及，对针对公安机关的行政不作为更没有系统的、深入的研究。这种研究上的失衡，表明我国目前的行政法学界对行政行为的研究并不完善。这也就表明，针对公安机关的行政不作为研究具有重要的理论价值。

其次，在社会生活中，公安机关行政不作为现象是大量存在的。但是，由于这种违法行为本身具有隐蔽性、复杂性等特性，所以常常容易被人们忽略、轻视。为了服务于行政诉讼的实践要求，我们必须进行公安行政不作为的成因分析、对策研究，在完善国家法制，实现依法治国，建设社会主义法治国家的战略目标起到重要作用。在目前的公安行政管理过程中，我们通常忽略了从根本上去解决问题，不能从公安行政不作为的发生原因入手研究解决办法。只有完整地、透彻地了解公安行政不作为的产生原因、产生要素，才能更有针对性。有的放矢地防止公安不作为的发生；只有真正地对这种违法行为重视起来，才能改变大家对公安行政不作为的轻视态度，加强健全、完善相关法律、法规，促使公安机关改进行政管理工作，从而更好地为人民群众提供优良的行政管理服务。从这一点上可以说，针对公安行政不作为的研究，也具有时间价值。

总之，针对公安机关行政不作为的研究，是具有理论意义和实践意义的，也是需要我们去深入探讨和研究的。

一、行政不作为释义

行政不作为是指行政主体负有作为的法定义务，并有作为的可能性，而在程序上逾期有所不为或不完全作为的行为，是对行政机关不履行职责的一般表述。行政不作为作为一种特殊的行政行为，并不具备一般行政行为的特性——有形性和有体性。从其存在的方式来说，看似不是"行为"，但是从法律、法规的规定来说，它却是具有法律规范意义的一种行为，所以它的成立我们应该以法律、法规为依据来加以认定。可以说行政不作为的前提是行政主体具有做出行为的法定义务或者其存在着一种"被期待的行为（作为）"。也可以理解为，行政不作为违反了命令性的法律、法规，或者说法律、法规规定了行为人必须做出一定行为的命令，而行为人未予履行，这种"不作为"的行为，就会被看作违反法律、法规的一种法律行为。这种行政不作为才会具有其法定的意义。

法律意义上的行为是能够引起具体的法律关系的产生、变更、消灭或具有法律意义的一种法律事实，不作为的法定义务，则不构成行政不作为。行政不作为的判定，是以行政主体是否具备法律规定义务为前提的。当行政主体具备法律规定的作为义务，那么行政主体就必须履行其义务，否则就会构成不作为，具体的法定义务也就成为判别行政行为的条件。但有时行政主体法定义务却是抽象的。这种抽象的法定作为义务，应该有待于相对人的申请，或者是行政机关的职权转化成具体法定职责义务，才能转换成具体的法定义务。所以说，行政不作为的认定，必须以行政主体有具体的法定义务为前提，并且这种义务是一种作为义务（积极义务），才能确定行政不作为的行为性。行政主体必须具备履行其相关法定义务的能力。只有行政主体具备了履行其法定义务的条件和能力而未履行其法定职责，才能构成行政不作为。而在履行法定义务过程中，行政机关对相对人提出的申请没有做出明确的决定，既没有明确的具体意思表示（如行政机关对申请不予理睬等），也没有完成其应该履行完毕的一系列行政程序的行为，尤为重要的是其没有完成具有实体性决定的最后结束性行为，就应该认为行政机关是一种行政不作为。至于行政主体依照法律、法规做出的拒绝行为，也是一种履行了职责的行为。

二、公安行政不作为的特点

（一）主体的限定性

只有代表国家行使行政权力的公安机关，才能成为公安行政不作为的主体，即国家的各级公安机关在行使其行政职权时，才可能成为公安行政不作为的主体。公安机关是政府职能部门，依法行使国家行政权，同时又兼具依法侦破刑事案件等国家司法权，具有行政和司法的双重性质。从法律的归属角度来说，公安行政不作为违反的是行政领域的法律、法规，而非民法领域、刑法领域的法律、法规。公安机关的刑事侦查行为等司法范畴内的行为，不能构成行政不作为。只有公安机关在行使或履行行政职能时，才会产生行政不作为。其他司法机关、立法机构、军事机构等国家行政机关，职能机构，都不能构成此类行政不作为。

（二）行为范围的具体性

根据法律规定，公安机关有具体的法定义务、法定职责，被要求（期待）做出具体的行为，而公安机关没有履行其法定职责或拖延履行其法定职责的行为，就构成公安行政不作为。当然，在法律、法规的明确规定下，公安机关在其法定职责所在的前提下，拒绝相对人的申请（期待行为），拒绝行使公安机关的法定职责，就构成了公安机关行政不作为。这种行政行为的具体性，体现在必须有法定的义务来源和具体的依据。例

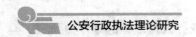
如：公安机关接到群众报火警电话，而公安机关采取不闻不问，不及时采取应对措施等行为，即构成了公安行政不作为。因为《中华人民共和国人民警察法》和其他行政管理法律、法规明确规定，对火灾险情采取果断的处理方式和采取相应的救助措施，是公安机关的职责，公安机关有对这种情况做出反应的具体义务。

（三）表现的程序性

公安机关行政行为可以区分为实质上的为和程序上的为，行政不作为在实质上则表现为不予答复，不履行职责。当相对人依法提出申请，公安行政机关对相对人提出的申请不予答复，或者拒不履行职责，那么就构成了公安行政不作为。而公安行政不作为表现的程序性，则表现在公安机关在程序上不为，即构成不作为；在程序上为，而实质上不为也构成行政不作为。程序上不为，则一定实质上不为，从而造成行政不作为。如公安机关对申请人依法提出的申请受理后，在相关的审查、审核程序过程中，拒绝履行程序，这一定是一种不作为。如果公安机关受理申请后，在履行相关的法定程序时却持着拖延的态度，使申请人迟迟不能得到最后的审批结果，那么这种表现也是一种不作，因为公安机关在程序上表现出有所为，但是从实质上来说，针对申请人的申请，公安机关并没有完全依照法律序、规履行完整的程序，做出有实质性的最后行为。当公安机关完全依照法律、法规的要求履行了法定的程序，并依照法律、法规给出了最后的决定或结果时，那么无论最终的决定是肯定或者否定，公安机关都不构成行政不作为。

（四）认定的复杂性

公安机关行政不作为表现在程序上的不作为和实质上的不作为，任何行政不作为也都表现为程序上的行为和实质上的行为。行政作为与行政不作为的区分往往是看主体的法定职责与法定义务，而职责与义务一般由当事人依法提出申请而产生，形成特定的法律关系。而行政法律、法规常常把行政实体、行政程序内容混为一体，无法明确区分各种行政关系，对行政不作为没有很好的界定，行政实体和行政程序、行政作为和行政不作为就会常常交织、混杂在一起，不能很好地被区分开来。例如：公安机关在接到群众举报有人违反《治安管理处罚法》相关规定，对社会治安造成威胁时，不予受理或受理后没有对治安隐患采取消除措施，或者对违法人员没有做出相应的行政处罚，未能彻底根治隐患，就构成公安行政不作为，而后者也构成了行政行为的错误处置行为。所以，公安机关不作为具有一定的特殊性，也是复杂性比较强的一种行政不作为行为。

三、公安行政不作为的主要表现形式

（一）对当事人提出的申请不予答复

在行政管理过程中，申请人依法向公安机关提出行政申请，公安机关在法定的时间限制内，或者在合理的期限内不做出合理的答复，属于行政不作为。公安机关不能采取不予理睬的方式解决申请人提出的问题，无论申请人所提出的申请是否符合法定条件，公安机关就其申请都应该给予正面的答复，这是作为国家行政机关的职责和法定的义务；如果申请人提出的申请在公安机关法定职责范围内，符合其他法律、法规规定的受理条件，那么公安机关就必须予以受理并答复；如果申请事项超出公安机关权限范围之外，公安行政机关应该明确告知不予受理请求或不予支持请求的答复，并告之原由，否则就构成了行政不作为。例如，某组织或个人，向公安机关提出申请办理特种作业许可证，公安机关必须在法律规定期限内予以答复，是否能够办理特种作业许可证，并告之理由，如不予理睬或不表明是否受理及能否办理，一般情况下就构成了行政不作为。但也有例外情况，如果在法律、法规的要求下，公安机关被允许采取不作为方式表明同意或不同意态度的时候，公安机关不作为不算行政不作为。例如，《中华人民共和国集会游行示威法》第九条第一款规定："主管机关接到集会、游行、示威申请书后，应当在申请举行日期的二日前，将许可或者不许可的决定书通知其负责人，不许可的应当说明理由。逾期不通知的，视为许可。"

（二）拖延履行其法定作为义务

公安机关在收到当事人合法的申请后，表示予以受理，并可能在程序上采取了行政审查、审批的一系列行政程序行为，而在此过程中，公安机关由于其主观上的故意拖延，或者存在某种过失，在法定期限内，未能完成其法定的作为义务，也构成行政不作为。公安机关主观拖延履行法定义务与其采取不予答复的态度相比，有一定的相似性，也有共同之处与不同之处。相同的是，两者都以申请人提出了申请为前提，关注要素主要都集中在：必须在法定期限内，行政主体法定程序上的法定作为义务的履行情况，忽略了法定期限以外的义务履行情况。

（三）不履行法定职责（职权）

公安机关作为国家的政府行政机关，是国家行政管理的执政工具，通过法律、法规的规定，赋予其行使行政职权的职责，即代表国家政府行使行政权力。所以，公安机关做出的行政行为是国家赋予的行政权力，而公安行政主体的行政职责（职权）具有权利和义务的伴生性，公安机关不得放弃行使或转让、推脱行使其法定职责，更不能不履行法定的必须承担的义务。公安机关的行政行为是由国家法律明确规定的，同样其法定义务也是国家法律规定的，如《中华人民共和国人民警察法》《中华人民共和国治安管理处罚法》等。法律、法规中也明确规定了，公安机关不行使其行政职责即不作为，即违法行为。公安机关行政不作为也并非必须以申请人的申请而产生，不主动履行其法定职责（职权）也可能构成公安行政不作为。如《中华人民共和国人民警察法》第二十一条规定："人民警察遇到公民人身、财产安全受到侵犯或者处于其他危难情形，应当立即救助；对公民提出解决纠纷的要求，应当给予帮助；对公民的报警案件，应当及时查

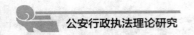

处。"这就表明了公安机关负有打击犯罪，维护社会治安的管理职责和义务。如果公安机关不行使这一职责，对社会秩序不能有效地整治和管理，在群众遇到困难和危难的时候不履行公安机关的法定义务，就会构成公安行政不作为违法。

（四）公安机关不履行行政合同中约定的作为义务

目前我国行政法研究领域对行政合同的性质还存在很大的争议，但由行政合同所创设的行政主体的义务都是客观存在的。利用行政合同形式进行公安机关行政管理是一种现代警务工作的新模式，伴随着行政合同双方的约定产生了权利和义务，而并非传统意义的源于国家法律、法规赋予或是相对当事人提出的申请而产生的权利和义务。这种权利和义务直观体现为公安机关作为行政主体在行政合同约定范围内，行使行政权力时，需要与对方协商，经双方商议达成统一后，才能实施。公安行政机关作为行政主体，不得排除行政合同产生的义务及合同的约束力，行政主体不履行其合同中约定的作为义务就构成了行政不作为；如行政合同约定出现变更事由或出于对公共利益考虑的需求，双方协商变更行政合同，不经过协商而拒绝履行合同义务则视为行政主体的行政不作为。

第二节 公安机关的职责与义务

一、行政主体的基本含义

行政不作为作为一种行政行为，其行为主体是行政主体。虽然在理论研究中对行政主体的理解存在一定的差异，但现行法律和相关的行政法理论已有明确的范围。也就是说，所谓行政主体，是指享有国家行政权，能以自己的名义行使行政权，并能独立承担因此而产生的相应法律责任的组织。行政机关是最主要的行政主体。公安机关是指国家为行使警察权，实现警察职能而设立的执行国家公安法律、法规，管理国家公安事务的行政机关。根据我国《宪法》《国务院组织法》《地方各级人民代表大会和地方各级人民政府组织法》以及《人民警察法》等有关法律的规定，我国公安机关包括中央公安机关、地方各级公安机关及铁路、交通、民航、林业、海关的专业公安机关。根据行政法学上的行政主体理论，上述公安机关均具有行政主体资格。根据国家公务员与行政机关之间的职务委托关系的表述，我们可以区分出两个关于"主体"的概念：行政机关是行政主体，而国家公务员则是依据职务委托关系行使职权行为的"行政行为主体"。行政主体承担行政行为产生的法律后果，而行政行为主体是这种法律后果的发生者或引起者，一般情况下行政行为主体并不承担这种责任，只有在法定的情况下（具有主观故意或重大过失），行政主体才能对行政行为主体行使追偿权。

二、公安机关的基本职责

人民警察在法律上包括"公安机关、国家安全机关、监狱机关的人民警察和人民法院、人民检察院的司法警察"。本节所称的人民警察仅限于公安机关的人民警察。公安机关是由人民警察集合而成的行政主体，两者之间形成一种职务委托关系。从这种委托关系可以看出，公安民警的职责职权是完全基于公安机关职责职权来设定的，前者不可能超过后者的范围。

我国《人民警察法》第二条对人民警察职责的规定是："维护国家安全，维护社会治安秩序，保护公民的人身安全、人身自由和合法财产，保护公共财产，预防、制止和惩治违法犯罪活动。"同时，《人民警察法》第六条对公安机关的人民警察承担的具体职责进行了14项规定。其中，涉及行政管理方面的职责共有10项：第一，维护社会治安秩序，制止危害社会治安秩序的行为；第二，维护交通安全和交通秩序，处理交通事故；第三，组织、实施消防工作，实行消防监督；第四，管理枪支弹药、管制刀具和易燃易爆、剧毒、放射性等危险物品；第五，对法律、法规规定的特种行业进行管理；第六，管理集会、游行、示威活动；第七，管理户政、国籍、入境出境事务和外国人在中国境内居留、旅行的有关事务；第八，维护国（边）境地区的治安秩序；第九，监督管理计算机信息系统的安全保护工作；第十，指导和监督国家机关、社会团体、企业事业组织和重点建设工程的治安保卫工作，指导治安保卫委员会等群众性组织的治安防范工作。

概括起来，公安民警行政管理职责职权共有四种类型：一是行政许可职能，对应上述第三、第四、第五项；二是赋予职能，对应上述第二、第六、第七项；三是证明职能，对应上述第二、第七项；四是保护职能，对应上述第一、第二、第三、第八、第九、第十项。

上述职责职权均为法律明确规定。由于没有类似于《海关法》这样专门的公安法，我们应当将《人民警察法》规定的职责职权视为对公安机关的职责职权之规定。公安民警基于与公安机关职务委托关系行使上述全部职权。根据行政法"无法律无行政"的原则，公安民警所承担的职责职权不能超越上述法律规定，否则将视为越权违法行政。

三、法定的公安行政作为义务

（一）公安行政作为义务的辩证分析

行政不作为中的作为义务必须基于特定的条件——法定的才能产生。所谓"法定的"是指有法律根据。"义务，无论从常识还是从法学理论看，都是指根据一定的规则应当做出或不应当做出某种行为的约束或责任。"但是，构成公安行政不作为违法中的义务则与前述不同，必须是法律上的义务，同时必须是公安行政作为义务；不仅仅是组织法即《人民警察法》规定的职责或义务，还必须有行为法上的义务。这些行为法上的义务具体来源是法律规定的公安行政作为义务。

按照行政法治原则的基本要求和权利与义务对等原理，既然公安行政权力是法定的，公安机关及其人民警察的行政作为义务当然也由法律预先设定。

第一，公安行政作为义务是否只来源于法律规定？回答是否定的。法律规范明文规定的作为义务是公安行政作为义务产生的主要根据，但不是唯一的。法律虽无对作为义务的规定而公安机关仍负有作为义务且该义务是受法律调整的，如先行行为和行政合同所引起的公安机关的作为义务，都是公安机关作为义务的来源。

第二，这里的"法律"是否仅指狭义上的法律，抑或包含其他？对于以法律、法规和规章为依据确定公安机关的作为义务，人们一般都不持异议。但是，对于在规章以下的规范性文件能否作为公安行政作为义务的依据或来源这一问题，有一种观点认为，我国《行政诉讼法》虽没有明确规定行政机关法定职责的范围，但是它规定了人民法院审理行政案件以法律、法规为依据，并参照规章。我国《行政复议法》则将行政机关法定职责的依据明确地限制在法律、法规和规章范围内。根据法治原则，行政主体的职权和职责都应该由法律（包括法规和规章）规定。因此，只有法律、法规和规章规定的作为义务才能构成行政主体的法定作为义务的依据，规范性文件的规定不能成为行政主体的法定作为义务的依据。然而在现实生活中，仅仅依据法律、法规和规章往往难以确定某些行政职责的具体归属。

（1）法律、法规和规章有时只规定行政职权或职责总的要求，而没有规定具体的内容，且法律、法规和规章的规定总是有限的。

（2）规范性文件在行政复议中是行政复议机关审理复议案件的依据，在行政诉讼领域，人民法院可以选择适用规范性文件。我国《行政复议法》规定：复议机关审理复议案件，不仅要以法律、法规、规章为依据，还要以上级行政机关依法制定和发布的具有普遍约束力的决定、命令为依据。最高人民法院《关于执行〈中华人民共和国行政诉讼法〉若干问题的解释》（以下简称《解释》）第六十二条规定："人民法院审理行政案件可以在判决书中引用合法有效的规章及其他规范性文件。"《解释》第39条规定："法律、法规、规章和其他规范性文件对行政机关履行职责的期限另有规定的，从其规定"。该《解释》从另一个角度也肯定了规范性文件作为法定义务的来源，因为既然规定了人民法院可以在行政判决书中引用规范性文件、行政机关履行职责的期限可以依据规范性文件的规定，就可以推论出行政机关应依据规范性文件的规定履行作为义务。值得提出的是，国务院可以对法律进行解释，公安部有时根据单行法律、行政法规的授权也可以取得法律、法规的解释权，学理上通常称为行政解释。对于行政解释，本身无权为公民、法人或其他组织设定权利或义务，但由于公安机关上下级之间的领导从属关系，使之对下级公安机关本身也具有拘束力，对公安机关的行政执法同样适用，同样应被视为公安机关法定积极义务的合理来源。

第三，是否仅限于法律的直接规定，法律的间接规定是否也包含？应分为两种情况：首先，法律直接规定的公安行政作为义务。如《人民警察法》第6条规定："公安机关的人民警察按照职责分工，依法履行下列职责：（一）预防、制止和侦查违法犯罪活动；（二）维护社会治安秩序，制止危害治安秩序的行为；（三）维护交通安全和交通秩序，处理交通事故；……"其次，法律间接体现的公安行政作为义务。间接体现的公安行政作为义务，是指法律规范字面上不直接表达为公安机关及其人民警察职责的行政作为义务。法定作为义务不总是使用如"应该""必须"等指令性语言。有时，法定义务是权利所隐含着的对立面。有时虽然语言表面上是允许性的，但也能从反面解释出某种义务。例如，"可以"被解释为"应该"。可见法律明确、直接规定的作为义务规范并非全部，不少是以间接的方式在法律文件中体现出来的。有时它隐含在公安机关的职权规范中。如《公安部交通民警道路值勤执法规则》（1990）第17条规定："发生突发事件、自然灾害事件以及交通事故，交通民警根据情况，可以采取禁止或者限制通行等交通管制措施；遇有遭不法侵害、意外受伤、突然患病、遇险的人员或者公共财产需要紧急保护时，交通民警可以要求机动车驾驶员立即停车，提供帮助。"这在表面上规定的是交通民警有限制交通、紧急拦车的职权，同时隐含了对公民人身、财产遇险时的积极保护职责。有时它隐含在公民、法人或其他组织的权利规范中。如《行政处罚法》第42条规定："行政机关做出责令停产停业、吊销许可证或者执照、较大数额罚款等行政处罚决定之前，应当告知当事人有要求举行听证的权利；当事人要求听证的，行政机关应当组织听证。当事人不承担行政机关组织听证的费用……"可以看出，若公安机关对公民做出较大数额罚款时，要求听证是公民的合法权利，这时公安机关相应的就负有组织听证并承担听证费用的职责。如《消防法》第14条规定："机关、团体、企业、事业单位应当履行下列消防安全职责：制定消防安全制度、消防安全操作规程；实行防火安全责任制，确定本单位和所属各部门、岗位的消防安全责任人；……"这在表面上规定的是上述单位的消防安全义务，实际上却隐含了公安消防部门的监督、管理职责。

（二）公安行政不作为违法中的义务其他内容

还必须明确的是，公安行政不作为违法中的义务不仅是一种作为义务，而且必须是一种现实的行政作为义务。现实的行政作为义务是与抽象的行政作为义务相对应的概念。抽象的行政作为义务是"法律规范层面上的作为义务"。比如，《全国人民代表大

会常务委员会关于严惩拐卖、绑架妇女、儿童的犯罪分子的决定》第5条规定："各级人民政府对被拐卖、绑架的妇女、儿童负有解救职责，解救工作由公安机关会同有关部门负责执行。"该法所规定的公安机关负有解救被拐卖、被绑架者的义务就是一种抽象的行政作为义务。现实的行政作为义务则是具体条件已经产生，公安机关必须立即履行的作为义务。如某一个被拐卖的妇女向某公安机关求救，该公安机关负有因当事人处在人身危害之中而必须立即采取营救措施的义务，这种义务就是现实的行政作为义务。

其他公安行政作为义务、先行行为引起的公安行政作为义务根据"先行行为引起的作为义务"的法学主张，先行行为是指导致法律所保护的某种利益处于危险状态的行为人自身的行为，也就是说，先行行为是使危险状态产生的原因或条件。如果由于公安机关的先行行为而使行政相对人的合法权益处于危险状态，公安机关当然负有消除这种危险的积极义务。这点虽不一定在法条中直接规定，但却是法律精神的当然延伸。如公安机关因要求公民作证而引起的对该公民的需要采取适当保护措施的义务，对此公安机关应积极进行保护，否则也构成行政不作为。又如，交警部门出于调查取证的需要，暂扣了肇事车辆，则交警部门对所扣车辆负有保管和不作他用，在调查取证完毕之后，应依法归还车辆的义务。这里的保管、不作他用和归还义务，即是由"暂扣"这一先行行为引起的作为义务。如果公安机关未尽其保管义务致使车辆损坏或违法动用、到期不归还，均构成公安行政不作为。需要说明的是，这里的先行行为既可能是由合法的行为引起的，也可能是由违法行为引起的；既可能是由作为行为引起的，也可能是由不作为行为引起的。

（三）行政合同引起的公安行政作为义务

尽管目前对行政合同的性质存在很大争议，但行政合同所创设的行政主体的义务都是客观存在的。行政主体利用行政合同进行行政活动是现代国家追求民主行政的一种表现。行政合同所生权利义务是由双方约定产生，而非源于法律直接规定。它表现为行政主体在执行公务时需要与相对人相互协商，经双方意思表示一致后才能实施。行政主体非因情势变更或公共利益之需要不得排除行政合同义务之约束力，其不履行作为义务则构成行政不作为。比如，公安机关为优化经济发展，与辖区企业、厂商、承包户等签订治安承诺协议，提供良好的治安环境，公安机关如果不履行协议中约定的行政作为义务，也构成公安行政不作为。

四、作为义务范围内的对外承诺事项

这是指公安机关基于行政法信赖保护原则，在其法定的义务和职责范围内对社会公众（行政相对方）予以承诺并实施的具体行政行为。严格意义上讲，这些承诺事项并不能独立于义务和职责以外，而是义务的一个具体内容。但是，出于提升对外办事效率、加强社会监督的目的，目前公安机关出台了大量对外承诺事项，比如，上海市公安局2003年对外承诺，公安机关接到公民信访件必须当场受理、一周答复、三周办结。由于信访件数量逐年以几何级数递增，不少地方公安机关出现拖延办理的情况，为此遭到大量社会关于公安信访工作不作为的投诉甚至起诉。

除上述三种情形外，人民法院对公安行政案件所做的已发生法律效力的判决和裁定，行政复议机关所做的已发生法律效力的决定，也可为相关公安机关设定相应的作为义务。如果公安机关一直拖延不执行，也构成公安行政不作为。

五、未履行法定的公安行政作为义务

构成行政不作为，不仅须行政主体及其工作人员负有作为义务，而且还须具有履行该义务之作为的主观意志能力，从行为法学上看，"行为的意志因素，是法律所确认的重要因素"。行政不作为必须在行政主体的主观意志能力范围内，才能予以法律上的评价和确认，因此，只有行政主体具有履行作为义务之主观意志能力，即能为而无故不为，才可构成行政不作为。这里的"未履行"，即是所谓的能为而无故不为，其典型形态是不答复，即行政相对人向公安机关提出申请，要求其履行法定作为义务后，公安机关对行政相对人的申请没有任何回复，采取放任不管的态度，超过一定期限即构成公安行政不作为。不作为还有拒绝履行和拖延履行，特做专门说明。

第三节　拒绝履行和拖延履行

一、拒绝履行

有学者认为"拒绝履行"在程序上已表现出积极的作为行为状态，无论该行为在实体内容上反映的是"为"或"不为"，都应该是行政作为。因为绝大多数行政机关在拒绝颁发许可证或营业执照前都要对相对人的申请进行一定的审查，考察其是否符合法定条件，有的还对做出拒绝颁发行为明确说明理由或发出书面通知，所以不作为从形式角度来确定才更科学和合理。

有学者认为，区分作为与不作为，不能以行为的表现形式即动态或静态为标准，而

应以实质上是否履行法定职责所要求的"特定"作为义务为标准。拒绝的言行是一种方式上有所"为",但其反映的内容则是"不为",实质上仍是不作为。

公安行政不作为是针对法定的作为义务而言的。如果公安机关应当履行某种作为的义务而拒绝履行,虽然从形式上看是做出了意思表示,但相对于其应当履行的法律义务而言,还是没有真正履行,应当属于行政不作为。这里的"拒绝履行",既包括公安机关在行政相对人提出申请的情况下明确拒绝履行,也包括行政相对人未提出申请,公安机关依法定职权应当履行而拒绝履行的情况。从主观上看,拒绝履行只能是故意的。比如,2006年3月19日下午6时许,上海市民王某驾车行驶在内环高架与南北高架匝道口时,不慎与前方车辆发生追尾事故,并造成前车乘客受伤。由于时值交通高峰时段,交警一时难以迅速赶到。此时,一辆公安警车经过,该警车停下后经询问发现是交通事故,于是警察告知王某自己是某公安分局派出所的民警,不负责处理交通事故,后离开现场。此案中,派出所民警虽然不是处理交通事故的行政行为主体,但在交警未能及时赶到的情况下,因交通事故导致交通拥堵和人员受伤的紧急情况发生时,应当履行疏导交通、救死扶伤的职责。派出所民警这种行为属于拒绝履行的不作为。执法实践中,公安机关拒绝履行法定职责的行为的具体表现形式是多种多样的,包括拒绝而不说明理由或根本就没有理由;拒绝虽附有理由,但该理由不是法律、法规等所规定或者认可的理由;拒绝虽有一定的理由,但尚不足以构成做出拒绝行政决定的根据;表面上同意,但为相对人所不能接受的履行条件或相对人根本无法具备的条件等。

二、拖延履行

这是指行政相对人向公安机关提出申请,要求其履行法定作为义务后,公安机关虽然书面或口头答复履行,但实际上未采取任何行动或任何实质性的行动去履行,采取拖延不办的做法,超过一定期限即构成行政不作为。对我国《集会游行示威法》颁布实施以来,长沙市公安机关对行政相对人提出的527宗集会游行示威的申请处理情况的调查看,没有批准一宗,而其中绝大多数就是采取拖延的办法。在此有必要把拖延履行与迟延履行区别开来。所谓迟延履行,是指公安机关在超过履行期限后才履行法定作为义务的行为,其最终结果是履行了法定的作为义务,这与拖延履行有着本质区别。

应当注意的是,我国现行法律规范对公安机关履行义务期限未作统一的规定。而公安行政不作为违法的认定一般是以一定的期限为标准的,即公安机关超过一定期限没有履行法定作为义务才构成行政不作为。那么如何认定"一定期限"?可以从四个方面考虑:

（1）一般期限为60日。最高人民法院《关于执行〈中华人民共和国行政诉讼法〉若干问题的解释》第39条规定："公民、法人或者其他组织申请行政机关履行法定职责，行政机关在接到申请之日起60日内不履行的，公民、法人或者其他组织向人民法院提起诉讼，人民法院应当依法受理。法律、法规、规章和其他规范性文件对行政机关履行职责的期限另有规定的，从其规定"。比如，公民向公安机关申报户口、迁移户口或注销户口，答复期限均为60日。如超过60日未予答复的，公民可向上一级公安机关职能部门投诉。此外，公民、法人或其他组织向公安机关提出的各类证照申请时限，绝大部分均为60日。

（2）法律、法规、规章和其他规范性文件规定的期限。例如《中华人民共和国出入境管理法实施细则》第5条规定："市、县公安局对出境申请应当在30天内，地处偏僻、交通不便的应当在60天内做出批准或者不批准的决定，通知申请人。"在法律、法规、规章和其他规范性文件的规定期限中，应优先考虑法律、法规规定的期限。在法律、法规没有规定的情况下，以规章和其他规范性文件规定的期限作为认定标准。比如，2004年5月7日，上海市某派出所接到居民李某报案，称其儿子小李因债务纠纷被人非法拘禁，并提供可能拘禁的地址，要求公安机关查处。派出所民警受理后未根据案件接报受理的时限规定开展调查，导致小李被非法拘禁时间长达10小时，李某据此要求公安机关予以赔偿。

根据上海市公安局《公安机关接报案件受理立案规定》，公安机关接到群众报案后，应立即启动调查甄别程序，并在3日内将有关调查情况向报案人进行答复，经甄别为刑事案件的，应立即予以立案并开展侦查工作。此案中，派出所民警未根据该规定要求开展调查，属于典型的不作为。

（3）实际期限。即在没有法定期限或者没有参考期限的情况下，以公安机关习惯处理同类事项实际所需和社会对此类事务的通常认识水准所需时间，确定合理期限。比如，1999年开始，上海市公安局对外宣布，全市公安机关接到110报警后必须在规定时间内到达现场实施先期处置，其中中心城区5分钟以内，城郊结合部8分钟以内，郊区15分钟以内。根据这一承诺，接警机关或民警拒绝处警或延时处警，如无法定的免责条件，都属于公安行政不作为。

（4）紧急期限。即《人民警察法》第19条规定："人民警察在非工作时间，遇有其职责范围内的紧急情况，应当履行职责。"所以，在认定公安行政不作为违法时不能简单地以人民警察"上下班"为标准，即不能认为只有在上班时间所做的行为才可能构成行政不作为。这如同我国香港特别行政区《警察条例》第21条的规定：在警察的法定职责情形面前，每一警察都被视为一直在执行职务。

要判定是否属于"紧急情况"至少应具备以下三个特点：一是突发性。即事件的发生具有时间上的突发性和偶然性，根本无法预见。当突发事件发生时，如果当时没有执行警务的人民警察，则非工作时间的警察就应采取相应的措施，制止违法犯罪活动，处理紧急事件；二是急迫性。人民警察面临的情况是重大急迫的，来不及通知或无法通知正在执行任务的警察。突发事件发生后，按照属地原则，应由发生地的人民警察管辖，但事件突然发生，来不及或无法通知当地人民警察到场，这时非执行任务的人民警察必须快速地做出反应，如不及时处置将会产生严重的或不可挽回的损失；三是威胁性。无论紧急情况是暴力犯罪还是治安事件，都对国家安全、公共秩序或公民的生命财产产生威胁，这要求人民警察必须立即采取措施，以控制事态，恢复正常的社会秩序。具体来说是指紧急制止违法、犯罪行为；紧急抓获逃离现场的违法犯罪分子或通缉在逃的犯罪嫌疑人；紧急抢救公民的生命安全；紧急抢救国家、集体或个人财产安全；紧急维护刑事案件或治安行政案件的现场秩序等。

根据上述三个条件，公安民警在非工作时间遇到紧急情况时存在三种情形：

（1）遇到法定义务以内的紧急情况时。即，当遇到国家安全、公共秩序或公民的生命财产遭受突发性、急迫性的危害或威胁时，在非工作时间内的人民警察都必须履行义务，实施保护行为。比如，某外事民警在下班途中遇到儿童落水却未积极组织救援，导致儿童淹死。该民警的行为应当认定为不作为。

（2）遇到自身职责范围内的紧急情况时。即，当遇到《人民警察法》第六条规定的十四种职责中某一种情形且情况紧急时，具体承担该种职责的警种在非工作时间内也必须履行职责。比如，某交警在下班途中遇到重大交通事故，执勤民警尚未赶到时，应当立即进入执勤状态，积极履行处置责任。

（3）遇到其他警种职责范围内的紧急情况时。即，当某警种民警在非工作时间内遇到不属于自身职责的紧急情况时，是否应当履行职责，如果不履行是否被认定为不作为。在实务操作中，针对这一类情形的争论和异议最多。比如在前文谈到"拒绝履行"问题中涉及的2006年3月19日那起案例中，派出所民警遇到发生交通事故并导致人员受伤的紧急情况，该民警以交通事故处理不属于自己职责为由拒绝处置。应当根据"损害结果是否被已经发生或能被预见到"为依据来定责。如果派出所民警遇到的交通事故已经或可能引起人员伤害或重大财产损失，则该民警的行为因为违背了第一种情形下的法定义务，应当认定为不作为；反之，如未引起人员伤害或重大财产损失，该民警的行为不属不作为，不用承担责任。

第四节 公安行政不作为的原因分析

任何法律行为都是主体的意志行为，是主体的自我意识、自我控制的行为。"无意志无意识的行为（纯粹的无意行为），不能成为法律行为"。法定作为义务的未履行，其最终原因无非可归结为两种：主观过错和客观因素。所以，只有公安机关及其人民警察具有履行作为义务之可能性，而主观上故意或过失不作为，才可构成公安行政不作为违法。

公安行政不作为是行政不作为的一种，这种行政主体的违法违规行为不会凭空而生，一定会有其产生的原因，包括各种各样的成因，包括组织的、个人的、内在的、外在的等。为了有效地制止和减少公安行政不作为现象，必须分析其产生的原因及这种现象的变化和内在发展规律，才能采取有效的、科学的、适宜的措施和对策。虽然发生现象的成因各式各样，不尽相同，但我们总是可以从其中找到它们的一般性规律，就是公安行政不作为行为发生的条件。

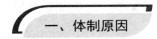

一、体制原因

（一）职能设置存在缺陷

我国进行的针对行政机关的改革，自改革开放以来，就一直在探索和实践。但机构重叠，"十羊九牧"的情况还是客观存在的。职能设置模糊，职责归属不明确，可以说，我国的行政体制还没有理顺充分，行政立法相对还不尽完善，导致行政法律法规对行政主体及行政相对人、行政关系的权利义务配置不合理，致使有些行政部门之间权职交叉，行政主体职责不清。在这样的大前提下，职责划分不清导致的相互推诿，相互扯皮，官僚主义作风死灰复燃，相互掣肘。这样一来，相关职能部门在履行法律职责义务时就会不能作为或不愿作为，行政不作为现象频发。公安机关作为行政职能机构，公安机关执法的二元特性特征，决定了公安机关的执法和社会管理工作具有广泛性的特点，由于其他因素的影响，公安机关频频被扮演或者主动扮演起"不管部门""全能部门"的角色。加之公安管理工作的内容、职能被扩大，公安机关等同于全能机关的观点逐渐发育和成长起来。随着公安机关的权责逐渐增多，和人们对公安机关全能机关观点的养成，而相关的行政法规又不能及时地对公安机关行政管理做出相应的明确的规定规范，公安机关的行政管理工作常常就会陷入比较尴尬的境地。

（二）公安警力配置尚有不足

目前，我国公安体制的基本框架还在延续老的组织机构模式，虽然一直在持续改进

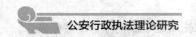

但是还存在着许多问题。公安机关的职责在改变，而且是向着越来越多的方面延伸，越来越细化。但是，许多问题也就随之体现出来。

1. 警力不足

公安行政主体实施行政职责时的代表就是人民警察，所有公安机关进行行政执法必须由其委派的代表——人民警察来实施。然而，随着社会的发展，公安机关需要承担的任务呈几何级数增长，而作为行政管理实施者的人名警察的数量增加明显跟不上社会发展和任务需要。在日常生活中，公安机关担负着处理刑事案件，查处治安案件，处理交通事故等繁重的任务，据不完全统计，全国110报警电话，平均3.5秒就要接警一次。而我国人民警察按人口的平均比是0.153%，也就是说每万人有15名人民警察，这种配置比例远远落后于西方国家。可见，我国的公安机关警力不足问题是公认的，无论现有的警力在数量上还是质量上与单纯的维护治安的需要还是相差甚远。打击犯罪是法律赋予公安机关的职责，随着社会发展的多样化，现今发生案件的恶性程度、犯罪嫌疑人的反侦察能力都有所增强，以及诸多因素带来的侦查办案和治安维护管理难度加大，都给公安机关带来不小的难题。居高不下的刑事发案量迫使公安机关在整体的工作布局中向侦查破案等方面倾斜；维护治安和基础工作等防范职能弱化，也由于这种原因影响到公安机关的行政执法。

2. 警力配置不合理

警力配置也是影响公安机关行政工作的一个重要因素。我国的人民警察警力现状明显不足，警力的配置是否科学合理，就显得尤为重要。公安机关在行政管理过程中的职能转变是否到位、机制体制是否科学、管理方式和手段是否创新，决定着公安机关本就不足的警力能否合理使用。比如：地州市公安局，及所在县市区公安局都建有看守所，各级派出所都设置"窗口"办理各种证、照；省、市、县、乡镇、基层派出所都管辖安全检查，安全监察，这种管理体制就会造成警力分散，效率低下。警力不足，配置不合理就会造成我们的民警工作量巨大，超量工作。为了减少工作量，有些地方的派出所就出现了让联防队员参与执法办案的情况，由此造成大量的行政不作为等工作失误和违法行为的产生。

（三）公安行政机关内部考核机制不合理

公安机关开展行政管理工作，想取得工作上的良性发展，考核制度是必要的手段。

目前我国公安机关的考核制度缺乏统一的、规范的标准，各级公安机关对于考核机制自成体系、各自为战，考核形式繁杂，考核方法简单，缺乏科学性，不能从公安工作的实质和实际内容出发，考核制度流于形式。而在考核过程中，考核者往往为了维护单位内部的团结，考虑个人因素等原因，不能客观的给予被考核民警以评价，考核成绩评定结果不实，不能真切地反映出民警工作情况的差距，不能突出先进，这更使考核制度起不到应有的作用。

在实际生活中，上级对下级比较常用的督促手段就是通过考核奖励先进，鞭策后进。这就要求考核的标准要明确、科学，考核的目标定位适中；作为考核者不能一味地总结经验，要采取合适的考核方法，在考核中注意客观地发现问题，解决问题；对考核结果要采取对应的奖惩措施，不能不了了之，达到通过奖惩来促使工作作风的转变，和不正当行为的纠正。反之，错误的考核，则会进一步促进公务人员的投机心理，就不能遏制行政不作为的发生。

（四）政府或上级机关的行政干预

公安机关的行政职能是国家法律赋予的，作为国家行政机构，政府在行政实施过程中扮演着最为重要的角色，而党政各级领导有时候则成为了政府的代言人。政府部门干预公安行政执法现象时有发生。我国还处于发展阶段，经济发展成为政府"理所当然"的首要任务，经济发展成了衡量政府政绩的标准。为了地方经济的发展，领导干部漠视法律法规的规定要求，人为设置障碍，强行干预公安机关行政执法，也是公安机关行政不作为案件急剧发生的重要原因。一些人以"发展地方经济，给予优待""给经济发展保驾护航"等理由为借口，超越法律法规对公安行政管理设置限制，对其行政执法实施非正常的行政干预；甚至指令公安机关采取非法手段保护地方和小团体的利益，把公安机关当做自己的防护盾。还有地方政府、领导不支持公安机关执法，甚至客观上为违法犯罪活动提供生存条件。

（五）公安行政执法的监督不到位

从我国的法律法规来看，根据行政立法的特殊性，行政主体可能就是某个行政法规的制定者、起草者，行政主体在立法时可能更多地考虑到如何扩大行政职权的方面，制定出的法规中，更多的是针对相对人应该如何做，违法后受到何种处罚，而很少涉及行政主体的行为，如果没有履行法定义务行政主体应当承担何种责任，也就更无法找到对行政不作为违法行为的法律救济程序和措施。而且，行政立法往往是多级的、多部门的立法，不同行政部门制定的行政规章、规范性文件往往会发生冲突，令行政机关对自己的法定义务、职责认识不到位，不能很好地履行职责，造成行政不作为。所以，为了避免在行政执法过程中，行政主体的违法行为带来严重后果，也为了更好的保证相对人的利益，更好的保护行政关系，我们要加强行者管理过程中的监督机制。只有在非常好的监督机制下，才能保证行政主体在行使行政权力时更好的，更合法的完成行政管理工作，更好的保证相对人的利益。但是，针对公安机关的行政监督机制，还存在以下几个问题：

1. 公安机关行政管理监督与被监督意识薄弱

公安机关是国家行政机构，是国家行使行政权力的执法机构，在公安行政管理过程中，公安机关代表的是国家，其行为代表国家行为，所以，监督在过程中往往就被忽视。个别公安机关民警甚至领导对监督，都存在抵触心理。民警的这种抵触心理，把公安行政管理与行政监督对立起来。他们往往认为，自己代表的是国家行为，自己行使的是法律赋予的行政职权，不应该受到监督，甚至在行政管理过程中，有规避、对抗监督的行为，认为监督是对自己工作的不信任，是给自己行使权力留下的一个障碍。当然这种忽视权力监督的观念是可怕的，有害的，需要更改的。同样的，在公安行政不作为的行政监督中，也表现出各级监督部门对监督对象畏难的情况，下级对上级不敢监督，同级不愿监督，上级对下级想监督却心存顾虑，怕损害下级工作单位的积极性，导致监督工作难以开展。正是这样的工作态度，致使监督工作达不到应有的效果，落实不到位，形同虚设。

2.对公安行政机关行政管理的监督制度不健全

公安机关行政管理的监督机制不健全，责任倒追机制的疲软是导致公安机关行政不作为的根本成因。从公安机关内部角度分析，首先，公安机关内部缺少完整的、系统的监督体系。公安机关指定的监督制度条文，缺乏具体实施细则，制度程序化、概念化、操作性不强，原则性较强但与实践脱节。其次，公安机关内部已经建立许多监督部门，表面上呈现出执法监督的多元化表象，但多元化的监督体系容易产生部门职责不清，职责范围不明的现象。纪检、监察、信访、法制、督察部门的权限、方式、职责、范围不明确、不具体，各个部门无法形成一个高效运转、分工合理、协作密切的监督体系。这样的监督体系呈现出比较大的松散性、无序性、随机性，不能形成配合密切、协调一直的监督合力，容易出现监督的横向交叉和空白地带，监督工作效力难以展开。再次，对于权利的行使，责任的倒追机制一直是监督权利行使的有效手段，但这种机制往往得不到有效的利用。公安机关在行政执法过程中，同样缺乏追则机制。对于行政执法不力者，公安机关在内部制定了《公安机关人民警察执法过错责任追究规定》《公安机关内部执法监督工作规定》等内部管理制度，但很笼统，执行起来比较困难。监督工作往往被忽视，监督工作流于表面形式。对于监督部门，没有明确的职责规范，督察部门、信访部门、检查部门随意放弃行使监督权，不能从根本上发挥监督部门的职能作用。最后是外部监察机构，比如公安机关党委、各级政府、人大、检察院和人民群众、新闻媒体等，从表面上来看，监督机构众多，监督力量庞大，但公安机关工作没有真正做到阳光、透明作业，公安机关行政执法铁板一块的局面，虽然监督部门、监督形式众多，但实际的作用不大，同样流于表面形式。

3.监督的渠道不畅、监督手段落后，缺乏科学性

因为公安机关行政执法监督机制不健全，监督体系不完整，同样影响到公安行政监督的渠道不畅通，不能及时起到发现问题、解决问题的作用。在公安行政机关行政执法

过程中，如果公安机关行政主体发生违法行为，或者不作为，监督部门职能通过有限的举报、投诉等渠道，对行政主体进行监督，这样监督部门的工作就有一定的被动性，不能及时的发现问题，解决问题，就可能因为行政主体的违规、违法行为造成比较严重的法律后果，侵害到他人的合法权益。伴随着这种以举报、投诉为主的监督渠道，决定的是监督部门的工作只能多数停留在事后，而监督部门对于在事中的监督、事前的预防监督的力度不够，主动性也不强。整个监督不能贯穿于行政执法活动的全过程。同时，监督部门的监督手段落后，通讯设备、调查工具、材料管理等设施相对落后，硬件条件落后于被监督部门；硬件、软件的落后，决定了监督部门难以有效地展开监督工作。监督机关对于监督工作的侧重点，经常放在事后"查"上，偏重追偿性的事后监督，忽略了事前的预防和执法过程中的违法行为发生时的消除，最终陷入被动局面。

二、经济原因

经济原因会导致公安行政不作为集中在两个方面，第一个方面是公安机关经费紧张，第二个方面是利用行政职责来做行政创收。

（一）公安机关经费不足

常言道"兵马未动，粮草先行"公安机关的经费紧张，也制约了公安机关行政管理的发展水平。公安机关作为行政机关，经费主要来自国家财政拨款，各级政府财政部门掌握着公安机关的主要经济来源。这就是公安机关的经费与地方的经济发展、财政状况有密切的联系。要确保公安机关的行政作为，必须要靠相应的行政成本投入来实现的，包括人力、物力、财力的投入。偏重于行政成本，就一定无法提高行政效率，行政成本的过高，使不作为现象的产生成为了可能。从实际情况来看，我国公安机关基层民警工作环境普遍较差，在欠发达地区，由于工作环境导致的公安不作为就相对较多。经费的不足，着重表现在办公条件差，基础建设条件差，交通条件差。同样作为行政工作人员，一线的民警享受不到优越的办公条件，在工作的同时还要忍受工作环境带来的痛苦。交通条件差则更容易直接的或者是间接的造成公安机关行政不作为。

（二）大搞行政创收而造成行政不作为

随着我国行政法律的完善，行政法律体系的发展，行政行为正在向行政服务转变。行政行为逐渐变成一种服务行为，但是服务行为的主体决定了其不同性。如果是私人机关，行政行为或者说服务行为可以是无偿服务，也可以是有偿服务；但是在我国，公安机关作为国家机关，其行政行为是一种无偿的服务行为。在实践的行政管理中，部门的利益因素成为了影响行政力行使的主动因素。包括公安机关在内的国家行政机关，近些年来因为经费不足，或者其他原因，把罚款、收费作为解决经费问题的途径，甚至作为

部门创收的一条"致富路"。受到这种观念的影响，各个行政部门间，争权、争收费、争罚款现象屡见不鲜。在实施行政行为的时候，重利益轻法律，对应当积极配合的不积极配合，要办事先讲条件，不收到利益就不办事的现象层出不穷。于是，有利可图的大家争，无利可图的大家推。在行政机关履行行政法定职责的时候，无利可图便拖延、这就造成了行政不作为。更有甚者，为了部门利益或是各人利益，主动向相对人索贿、受贿，造成贪污腐败。

三、法律原因

（一）历史原因造就"官本位"的法律文化

我国有着悠久的历史文化，劳动人民在长期的社会实践中创造了优秀的文化。我国经历过长时间的封建主义社会阶段，同样也累积了历史的糟粕，封建思想的残余仍深深的影响着我们。司法、行政的一体制度，把行政法变成了封建王侯管理臣民的鞭子，维护着"我即法"的封建统治理念。"官本位"思想把为人民谋福祉变成了对自己统治臣民的恩赐。基于这种封建思想的残余，表现在对行政不作为的态度有两种，行政机关的麻木和人民群众对行政不作为的默认；想改变这一态度，还需要时间慢慢冲刷堆积在人们脑海中的封建残余，通过宣传教育扭转这种局面。要想打破"官本位"思想束缚，必须要坚持"以人为本"，以科学的发展观为指导，以广大人民群众的根本利益为前提和出发点，提高行政机关工作的觉悟，从而更好地提高行政服务水平，提高行政服务工作效率。通过宣传教育，提高行政参与者的法律意识，对有害于社会的、不合理的行政行为，要勇于提出质疑，要敢于维护自己的合法权益，更多地参与到社会的行政管理活动中来，既保护好自己的权利，又能帮助、监督行政机关更好、更合理地进行行政管理工作，遏制行政机关行政不作为的发生。

（二）行政立法的庞杂矛盾与滞后

首先，行政管理是一项庞杂的工作，行政立法的主体众多，由人大、中央政府和地方政府颁布的行政法律、行政法规、行政规章、地方法规、条例之中罕见对规范行政行为的规定。因此，立法上容易出现矛盾、交叉和"真空"的现象。其次是我国的行政法规在对某些行政职责界定过时或过于原则，或含糊不清，造成了理解上的不一致和执行上的"漏洞"。再次，也是十分重要的表现，即在立法上对行政不作为的认定不明、补救不足、惩处不力，"违法必究"在对待行政不作为方面，一定程度上成为了一句口号。而行政立法的滞后，成为立法缺陷的主要问题。公安行政立法严重滞后于社会生活的需要。掌握着国家权力的行政机关，做出法律没有明确授权的行政行为是非法的，行政机关是不得做出超出法律法规规定范围的行为。市场经济体制下，行政法对社会的重要性逐渐增加。而现今的公安行政法领域，有许多现行的公安行政法律法规和规章都是以计划经济时代为背景制定的；在计划经济时代，法律的调控作用得不到发挥，行政领域对法律的需求就更少。随着市场经济的发展，原有的法律、法规、规章已经严重滞后于市场发展。原有的法律法规已经无法有针对性地对社会关系进行有效的调整。法律制定实施后，社会的发展使社会生活日益丰富多彩，越来越多的新的社会生活内容，使法律无所反映或无法调整，出现了应有调整对象和法定调整对象之间的矛盾。另外一种情况是，法律调整的对象随着社会的发展进步，而产生了变化，令法律不能再进行行之有效的调整，形成法律失灵。这两种情况的出现，凸显出原有法律担不起社会调控的任务。

（三）相关法律、法规内容不明确，操作性不强

1. 相关法律法规对公安机关行政职能规定不够明确

由于相关法律规定不够明确，导致有相当一部分民警对公安行政管理相关的一些法律依据认识不够透彻，在公安工作和司法实践中产生相互矛盾，似是而非。例如在本章论述公安机关行政不作为的主体中提出的关于人民警察在非工作期间是否应该承担其工作职责的问题。对《中华人民共和国人民警察法》中法条的理解分歧，理论与实践中就出现了对公安行政不作为的认定困难。对民警而言，如果在工作时间，该法条对其不产生多大影响；但如果是非工作时间，且不属于自己的职责分工的紧急情况，或超出所在机关管辖范围，当事民警就会面临两难的局面，如果进行公安行政管理违背了内部职责分工，就算越权，如果不行使职权，就构成了公安行政不作为。

2. 公安行政法律法规可操作性不强

部分公安行政法律法规对公安机关管理权责规定不细，仅做原则性的介绍规定，没有与其相适应的配套措施规定，又无制约措施，缺乏可操作性。如，"公安机关询问查证的时间不得超过十二小时，但对案情复杂，违法行为依照法律规定适用行政拘留处罚的，经公安机关办案部门以上负责人批准，询问查证的时间可以延长至二十四小时""不得以连续传唤的行使变相拘禁违法嫌疑人"此类法律、法规的出发点是根据治安案件的情况，限定传唤时间与拘留等以长时间限制相对人的人身自由为目的不同。但是实践中就会出现问题，如基层派出所在人口流动性较大的地区，外来人口打架斗殴，受害人受到伤害，而受害人的伤情鉴定在行为人被传唤时间内做不出来，到了传唤时间期限，如果派出所不放人，就会违背法律程序，属于程序违法；而如果放了人，可能会造成受害人追偿无着，导致其得不到赔偿，就可能起诉公安机关行政不作为。这样的操作性不强的法律法规反倒给公安机关依法行政做起了"绊脚石"，使得公安机关不是有意不履行其职责，而是无法履行，从而造成公安行政不作为。

3. 对执法人员的法律保障不足

民警在依法行政过程中，行政管理权益遭到侵害，需要有效的法律法规来保障。现

今社会的发展决定了中国社会处于社会治安形势比较严峻的时期，越来越多的新形式、新类型犯罪挑战着我国公安机关。可以说，我们的人民警察在与犯罪分子做斗争的第一线，公安机关人民警察在与犯罪分子做斗争的时候，容易触及社会矛盾，容易与他人产生利益冲突，危险性极大。人民警察作为国家公职人员行使国家权力时，权益遭到侵害的事件频频发生。其中，暴力袭警的情况尤为严重，人民警察的流血、牺牲是对警察职业悲壮的真实写照，而对警察进行诬告和陷害的恶意投诉比例也大幅增长。虽然目前法律法规对此类情况也有规定，但是对暴力抗法者和恶意投诉者在法律上的有效打击力度不大，损害了公安民警的执法权益，严重损害被侵害民警的身心健康，给其他民警心中造成了不良影响，严重影响了民警履行其职责的积极性。保证警察权益的法律规范条文，散见于其他法律法规条文中，随着社会发展，治安形势的变化，这类法律条文对犯罪人员的威慑力远不如前。如在刑法中，并无对袭警罪的规定，因无明确的法律条文规定，就导致针对这一现象的打击力度明显不足，缺乏足够的法律威慑力。而恶意投诉等其他行为，也同样缺乏有效的保护手段来保护人民警察权益。一般的恶意投诉很难达到追究刑事责任的案件，最多只能给予治安处罚，多数情况下则是批评教育了事。由于民警的依法行政管理不能得到有效的保护，已经影响到了人民警察的工作积极性，导致一些民警产生了消极态度，在工作中畏首畏尾，不敢开展工作，不敢积极履行公安机关的法定职责，影响对违法犯罪活动的打击力度，弱化公安机关的行政威严，更导致了公安行政不作为案件数量的上升。

四、执法者素质原因

公安机关行政管理工作，是通过组成公安机关行政主体的人民警察来实现的；也可以理解为是由作为个体的人民警察履行法定职责的行为的集合，构成了公安机关行政管理工作。人民警察作为行政执法者个体，每一个人的个性、工作生活环境不同、经历不同，而每一个执法者对履行法定职责都会有不同的理解方式。这种个体的不同，直接或间接的影响到了公安机关行政管理的水平。不同的个体处理工作的方式、态度，直接折射出该民警的个性特征、法律意识和法律价值观，也直接反映在公安行政管理活动的过程中，同时反映在公安行政管理的结果里。

（一）执法人员的职业素质不高

1. 公安机关及其执法人员文化素质不高

我国公安机关行政管理体系的文化结构明显偏低，产生这种现象的原因是我国长期以来公安机关招聘门槛过低。直到1995年，我国颁布了《中华人民共和国人民警察法》，2014年以来，公安部将修改《人民警察法》作为全面深化公安改革的重点项目，着力推动修法工作。经深入调研论证、反复修改完善，并多次征求有关部门、专家学者和地方公安机关的意见，2016年形成了《中华人民共和国人民警察法》（修订草案稿）。对担任人民警察的条件做出了明确的六项许可和两项禁止等规定，但是当中却未明确规定必须在公安院校学习合格，这就造成了一种现象，公安院校毕业的学生落实工作难，而其他非公安院校毕业的人员仍在不停地进入公安队伍，被需要的人进不来，能进来的人不能用。这也决定了公安机关行政执法人员的素质提高困难。由于文化底子薄，造成基层民警在把握法律原则的时候就会出现不准确、不清楚的现象，知识更新慢，法律理解加深难，业务工作学习进展跟不上，不善于利用高科技成果、高精尖手段处理工作，不能促进社会的发展和进步，跟不上社会格局的变化，这样的工作就难免会产生公安行政不作为。同时，执法民警的素质低，容易产生工作作风浮躁，对行政服务的理解不深刻，出现官本位思想，为人民服务的理念不牢固，职业道德低下的问题，不能认真履行自身职责；对于法律法规的理解出现偏颇，行政不作为、行政乱作为行为的出现。

2.公安机关执法人员法律素质不高

我国经历过漫长的封建主义社会，悠久的历史文化给我们留下了许多精华，同样也遗留了许多封建的糟粕残余。受封建社会的影响，行政权与法律的关系变得颠倒，这在计划经济时代尤为突出。国家在计划经济时代通过行使行政权力来推动国民经济的发展，逐渐使行政权本位突出，公民权被蚕食。法律成为行使行政权来管理经济发展的手段和工具。这一传统思想和做法，在今天市场经济大发展的大环境下还有残余影响，有相当一部分政府领导对行政管理的本质还存在行政管理就是命令与服从的关系，这一错误观点。他们觉得行政权力对于行政主体来说，是一种完全可以自主控制和做出决定的权利，为与不为全凭自己的喜好和意愿。一旦形成这种观念，行政执法者就不能正确适用法律或积极履行自己的职责，造成不作为。所以，行政执法人员的法律意识在行政执法过程当中就显得尤为重要。而一旦发生法律意识的缺失和淡薄，就会严重影响公安行政管理的顺利执行。

（二）执法者的职业道德缺失

我国特有的政治经济体制形成我国独特的社会、法律环境，公安行政管理水平与社会、法律文化的发展水平也有直接联系，而作为人民警察，既是行政执法者又是社会参与者身份的双重性，对应的行为也是双重的——公安管理行为与个人行为。无论作为哪种身份，他们做出的行为都不可避免地受到外界，也就是来自于社会其他方面的各种干扰，容易导致公安机关行政不作为的发生。而我们整个社会，对法律、法规理解不够透彻，法律意识淡薄，不能对行政执法有一个公正、客观的态度，经常会用自己的理解对执法者做出

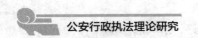

一些干扰，这些干扰从法律角度来说都是不合理的，甚至是违法的，但是有相当多一部分人为此而乐此不疲。这些行为也对执法者做出依法执行造成了相当大的影响。

1. 执法者对行政服务的理解不准确

公安行政管理机关是代表国家履行法定义务和职责的国家机构，应该认真贯彻落实我国依法行政的宗旨，全心全意为人民服务。要想更好地为人民群众提供好的行政管理服务，就要端正态度，树立良好的群众观念，坚决杜绝官本位思想，不能和人民群众走到对立面上来，要有明确的公安行政管理目的，正确的价值取向。当前在公安行政管理的过程中，有一部分民警受到享乐主义、拜金主义和个人主义等腐朽文化思想的侵蚀，产生特权思想，背离了全心全意为人民服务的宗旨，忘记了国家赋予公安机关及其个人的神圣职责。在行使权利的时候，以管人者自居，违反法律法规，破坏法律程序，行政管理个人化、商品化，把自己凌驾于群众之上，法律之上，国家之上，不愿为群众谋福利，办实事，工作作风简单、粗暴，从而造成公安行政不作为。

2. 易受现实社会的功利诱惑

公安机关行政执法人员作为社会参与者的存在，身边往往充斥着功利诱惑。功利诱惑一般是指物质和精神的需求，这种需求是在现实生活中避免不了的。这与自身层次的需求相关，不同的层次，不同的需求，会产生不同的功利观。市场经济社会大前提，导致了利益主体多元化和等价交换的观念向社会生活领域的扩大。金钱、权利、物质等方面的诱惑对人们的吸引力越来越强，并且不断升级变换花样，甚至被披上了"理所应当"的外衣。社会上一些心怀不轨的人，往往为了个人利益，向那些责任感弱，自律性较差的执法者身边靠拢，把这些诱惑作为武器，拉其变质。一旦执法者与之达成默契，就会形成以权谋私、权钱交易等腐败现象，促使了行政不作为的产生。作为执法人员，公安民警在工作当中应该树立正确的价值观，加强学习，抵制来自外界的种种功利诱惑和干扰。牢固树立服务社会的工作理念，端正工作态度，提高自身的修养，更好的抵御住腐蚀。

3. 易受社会"说情风"影响

执法者具有双重身份，作为社会生活的参与者，无法避免的要与社会中的其他人交往。人情和关系往往却成为了一张束缚行政执法者依法行政的网，是一种对依法行政的无形干扰和威胁。来自社会方方面面的"说情风"，内容众多，形式多样，层次复杂，渗透力强，对执法者的干扰无处不在。这种风气，使公安机关在行政执法过程中经常遇到"惹不起""顶不起"的情况，无奈选择放弃执法职责，不敢作为，从而造成行政不作为。而面对着来自社会或者说来自自己身边的方方面面的压力（如同学、同事、朋友、上下级等这些与自己生活息息相关人的说情），个别意志薄弱的执法者很可能被这种关系左右，致使简单的工作复杂化，久拖不决，造成行政不作为。

第五节　公安行政不作为的对策研究

公安行政不作为作为一种违法行为必然带来不良的法律后果，由此产生的影响也是相当恶劣的。因此对公安行政不作为不能等闲视之，而是要进行积极的预防与控制，对已经产生给法律主体的合法权益带来损害的，要及时进行法律救济。

一、公安行政不作为的法律救济

法律救济作为一种事后控制措施，是在公安行政不作为已成事实，造成不良后果后，行政相对人为了挽回本人合法权益遭受的损失通过向司法机关提出诉求，借助司法的力量获得补救。

（一）目前我国公安行政不作为法律救济的方式

法律救济指法律关系主体的合法权益受到侵犯并造成损害时，获得恢复和补救的法律制度。目前在我国通过行政复议、行政诉讼和民事诉讼等方式来实现法律救济目的。

1.行政复议

行政复议，是指公民、法人或者其他组织认为行政主体的具体行政行为违法或不当侵犯其合法权益，依法向主管行政机关提出复查该具体行政行为的申请，行政复议机关依照法定程序对被申请的具体行政行为进行合法性、适当性审查，并做出行政复议决定的一种法律制度。在公安行政不作为产生影响后，行政相对人可以选择以行政复议的方式要求由主管行政机关对公安机关的相应行为进行审查，以确定该后果是否是由公安机关行政不作为的行为所导致，并依据审查结果做出行政复议决定。行政复议不存在调节，做出的行政复议决定即具有法律效力。

2.行政诉讼

行政诉讼是个人、法人或其他组织认为国家机关做出的行政行为侵犯其合法权益而向法院提起的诉讼。从狭义的角度讲就是我们通常所讲的"民告官"。"民"包括自然人、法人和其他社会组织，"官"也不是单独的官员个人，而是泛指国家行政机关。民与官相比，处于弱势，在传统认识里一直认为民不与官斗，在个人利益被侵犯时一般也选择逆来顺受。但如今我国《宪法》中明确指出：公民的合法权益神圣不可侵犯。任何组织和个人都不得侵犯他人的合法权益，公安行政机关也不例外。由于公安机关的行政不作为对客体的合法权益造成侵害，客体均可以向人民法院提起行政诉讼。《行政诉讼

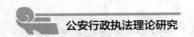

法》第3条第1款的规定："人民法院依法对行政案件独立行使审判权，不受行政机关、社会团体和个人的干涉。"

3.民事诉讼

一般是指在对行政机关提起行政诉讼的同时请求人民法院一并解决与该行政行为密切相关的民事争议，人民法院在审理行政案件，解决行政争议的过程中，附带解决相应民事争议的活动。2000年3月10日实施的《最高人民法院关于执行〈中华人民共和国行政诉讼法〉若干问题的解释》第61条规定："被告对平等主体之间民事争议所做的裁决违法，民事争议当事人要求人民法院一并解决相关民事争议的，人民法院可以一并审理。"公安机关行政不作为在给行政相对人造成权利损害的同时，如伴有经济利益损害，相对人可以提起民事诉讼，以保护自身的经济利益。

以上三种方式是我国目前采用的主要公安行政不作为法律救济方式。通过这三种方式，可以确认公安机关行政不作为与行政相对人合法权益受侵害间的因果关系，以及关系的紧密程度，并能在一定范围内对行政相对人的合理诉求进行认可与补偿。但是，通过对以往案例的总结不难发现，从行政相对人提出请求或诉讼到最后的判决结果的执行到位，往往要经历数月甚至数年的时间。在经历漫长的时间后任何赔偿与当时造成的损失相比都显得微不足道。诚然任何一个法律行为都要遵循其既定的法律程序，但缺乏明晰的法律做支撑的尴尬也不能被忽视。

公安行政不作为的法律救济手段无论多有效毕竟是属于亡羊补牢式的补救，要从根本上杜绝行政不作为现象的发生，还是应该从预防上下手。凡事预则立不预则废，因此，对于公安行政不作为的预防显得尤其的重要。

（二）公安行政不作为的防范

公安机关行政不作为的预防，应从多方面下手，才能更好地做好公安行政不作为的预防工作，减少公安行政不作为现象的发生。

1.理顺体制遏制公安行政不作为

（1）明确职责

有许多公安行政不作为是由于立法上的不完善（如存在法律漏洞的情况）等诸多法律因素造成的。因此，要完善立法体制，健全立法程序，还要从立法上对行政职权进行合理的分工和定位，规范其职责权限范围，在内容上要做到清晰和有操作性。要坚持立法的全局观念和群众观念，以维护人民群众的意志和利益为宗旨，反对以部门的狭隘利益损害行政立法的整体形象。在行政立法过程中，要避免行政主体作为行政执法的执行人，成为行政立法的起草人，防止在立法过程中掺入部门利益从而影响到法律、法规的公正性和全局性，要将执法者转变成立法的参与者，而不是起草者。

从公安行政法治来讲，要想摆脱公安行政执法面临的困境，完善公安法制是公安行政执法发展的必经之路。完善公安法制，必须坚持实事求是、一切从实际出发的思想路线，建立一个科学、完善的公安行政法律法规体系，在制定研究一套统一的行政程序法、行政组织法的基础上，以人民警察法为主体，涵盖公安机关执法的各个门类、由公安法律法规、规章和地方性公安法律法规、规章组成一个完善的公安法律法规体系，才能让公安民警在执行行政管理活动时真正做到有法可依、有章可循，让整个行政执法过程更加清晰、明确和规范化，才能从根本上杜绝公安行政不作为的发生。

（2）公安机关应该争取社会对公安工作的理解

公安机关在履行行政职责的同时，应该更多地向社会宣传相关的行政法律法规方面的知识，提高人民群众的法律水平，在不影响行政管理工作开展的同时，积极地与外界沟通，引导舆论方向，传递正能量。争取通过舆论传播，形成良好的行政管理舆论环境，争取社会各方面对公安机关工作的理解和支持，也能促进公安行政管理人员积极地履行其职责。向社会宣传公安机关的职责与义务，不能避讳自己的义务，向人民群众普及公安机关的工作职能，说明自己的工作范畴。什么该做，什么不该做，应该怎么做，让人民群众对公安机关有一个比较深刻的认识。这样，就能避免一些公安机关职能范围之外的工作，而不分散、占用有限的公安行政资源，进一步明确行政机关的职能。

（3）提供足够的警务保障和生活保障

解决警力不足、机构职能配置不合理的问题。一方面，要积极争取增加人民警察编制，补充警力，扩充队伍，使公安机关具备与其所承担的义务相配的警力，并跟得上社会发展带来的行政义务增加的速度。另一方面，要加强机构改革，充分挖掘潜力，将职能明确、细化。减少警察层级，充分利用现有的警力资源，减少机构繁冗造成的警力浪费。可以考虑将一部分职能分离给其他机关，这样就可以充分减负，从而更好地履行公安机关的职责。建立良好的人员内部考核机制，合理地对公安人民警察的工作做出考核。奖惩结合，对于工作积极突出的应该予以奖励；对于工作不合格的民警，就应该及时做出处理。只有有效的考核机制，才能更好地鞭策公安民警出色完成工作，让民警对工作更有积极性。

设立行之有效的保健、奖励机制，调节民警心理压力。比如，对民警八小时工作时间之外的加班工作做登记，以此作为考核依据，或给予奖励；保证民警享受休息的权利，包括法定假日和作息时间等；针对民警身体健康情况安排体检，防止民警工作时间超长而出现体力透支，对身体造成严重损害；在不影响工作的前提下，定期轮岗，调整民警的岗位职责。同时开展警察心理健康保健工作，进行警察心理保健教育，聘请心理专家对警察心理问题提供咨询，保证民警在工作中保持一个良好的心理状态。

（4）完善公安机关考核制度

完善公安机关的考核制度，首先要科学制定目标考核标准，并且要切合实际。切合实际的考核标准是考核工作开展的前提。在考核时，应该听取广大民警的意见和建议，与工作者沟通后，对考核岗位的职责有一个清楚的、明确的了解，对岗位的工作量、工作情况有一个客观的分析，不能脱离实际，纸上谈兵，主观臆断地考核条件。岗位职责明确后，根据相关法律法规关于纪律作风、职业道德等方面的要求，还有单位内部实际工作情况制定考核标准。其次，还要加强考核办法的科学化、合理化、人性化及准确性。考核制度只有做到公平、公正、公开、准确定位，才能起到激励、鞭策的作用。公安机关应该设立专门的考核机构，并加强对考核人员的教育，提高考核者的工作素养，树立公正、公开的工作态度，在工作中对事不对人，能够完成好考核工作。同时加大对考核工作的监督力度，注意考核工作期间资料的保存，对考核工作起到辅助的作用。最后，考核工作要处理好考核者和被考核者的关系，让被考核者能从心理上接受考核工作，并受到触动。考核工作结果应该与被考核者的工资福利、晋职晋级、立功受奖等奖励机制建立联系，一方面充分调动公安民警的工作热情，从经济上和工作上予以足够的刺激，通过奖励优秀工作者来带动其他工作者的工作热情；另一方面，当单纯的奖励不足以刺激工作者的热情时，就要体现考核制度的威严。当工作人员不符合考核要求时，就要采取行动和措施，督促其端正工作态度，如果不能促使其改正，就要对其进行相应的惩罚，比如末位淘汰制等，只有真正触动其切身利益，才能让被考核者对考核工作重视起来。

（5）抵制外部干预

对国家行政机关的工作人员，尤其是领导干部加大宣传教育，使其不能受特权思想和封建残余的专制意识影响，杜绝官本位思想，彻底分清"人治"与"法治"的关系。法律高于一切，行政机关的一切行政权力都是由国家法律赋予的，权力范围绝对不允许超出法律规定的范围，杜绝任何国家机关、任何组织、任何个人有超越法律范围之外的行为。当行政机关或领导个人的意志与法律冲突时，个人意志必须服从法律，绝对不允许发生以权压法现象的发生，不能以任何名义对行政机关的正常行政执法加以干预。作为行政机关，在依法履行职责的同时，要敢于面对来自各方面的行政干预，顶得住压力，要维护法律在行政管理活动中的绝对权威。同时，要处理好与各级政府、各级领导之间的工作关系，寻求组织、领导理解，主动排除"首长意志"的干扰而导致的公安行政不作为。

（6）建立、健全公安行政管理监督制约机制

首先，强化监督意识，树立正确的监督观念。要想防止个人的官欲、贪欲、权力欲等欲望的膨胀，仅仅靠个人的自律显然是不够的。尤其作为行政机关的行政执法人员，

必须通过监督，来防止权力的滥用和权力的利己化。对公安机关来说，各级公安机关的民警，尤其是各个级别的领导者更应该树立正确的公安行政管理监督理念，更应该认识到有权力就应该有监督，应该自觉接受监督。要树立正确的权力观，牢记自己手中的权力是人民群众通过法律赋予的，要牢记以为人民服务为己任。权力、义务、监督是相互统一的，有权力就要被监督。要摆正公安行政管理监督工作的位置，各级公安机关领导和广大民警要处理好行政管理工作与接受监督的关系，使监督工作能够与行政管理工作并行。

其次，要借助外部力量更好地做好公安行政管理监督工作。要做好监督工作，就必须借助公安机关外部的力量，从而有效地防止腐败、违法行为的滋生。公安机关应该形成一个全警式的、全社会参与的公安行政管理监督网络，它应该是一个广泛的、能够辅助履行监督的权威机制，包括把党内监督、机关内部监督、人大监督、群众监督、媒体监督等有机结合起来。作为公安机关内部的督察部门，要按照自身的职能，做好自我检查监督，并开展评议活动，组织听取国家机关、社会团体、人民群众等其他社会参与者的意见，并重视听取、采纳，对公安机关的工作提出修改、完善，起到真正的监督作用。同时，对人大、人民检察院的监督，提出的违法违纪情况要及时查处，当有要求时要积极配合上级机关审核、审批、复议、检查等，及时发现公安行政管理中出现的问题，坚决纠正，减少损失和影响。

2. 加大资金投入，解决办公经费问题，加强公安行政管理的物质保障。

（1）科技是第一生产力，要想提高公安机关行政执法管理工作的效率，也适用这一发展规律。高科技的运用，能够大大解放警力，提高警察工作的办公效率。

从目前来看，公安机关民警对高科技意识淡薄，用高科技装备武装我们的民警，是科技是第一生产力的集中体现，抓好科学知识普及教育，是适应科技时代的要求，也为增强警力、开发警力资源提供了巨大的空间。

（2）加大资金的投入，也有利于公安机关改善办公环境、改善民警的工作环境。在保证了公安机关的硬件设施等前提下，才能确保公安机关的收支平衡，杜绝行政创收的现象。

3. 完善立法

（1）以法律为准则，破除官本位的思想

要破除官本位思想，就要求我们的领导干部正确处理"做官"与"做事"的关系，处理"奉献"与"索取"。能否坚持以人民群众的利益为重，是衡量我们的领导干部工作的标尺。领导干部手中的权力，应该是为人民服务，坚持我们国家我们党的宗旨，真正为民所用。领导干部如果做官只是为了自己，而忽视、伤害到人民群众的利益，就会成为一个腐败的干部、为人民所唾弃的干部，并且会受到法律的制裁。所以领导干部要树立为人民服务的根本思想和以人民群众利益为先的服务宗旨，广大的领导干部也要充分认识到，手中的权力是党和人民给予的，既然选择了这份职业，就要对党、对人民、对国家忠诚，要有无私奉献的精神。当然，不能光提倡无私奉献而摒弃个人的合法利益，领导干部也不能活在真空中，也要参与社会生活。随着社会生活水平的发展，社会上的物质、精神诱惑也越发多样，这对领导干部也是一种考验。领导干部应该知道什么是自己应得的，不能随着社会大潮，相互攀比、追求名利、追求享受，如果不能抵御住诱惑，就会走上以权谋私、以权致富的腐败道路。

（2）完善、清理法律法规

为了完善公安行政法制化，应该对公安行政法律、法规、规章及其他规范性文件进行清理。随着社会的发展、时代的进步，有许多法律、法规、规章等规范性文件已经不能适应社会主义市场经济发展，跟不上公安行政管理发展的脚步，这些与时代脱节的规范性文件应该及时被废除或修改，避免随着社会发展而出现的新法难以衔接，甚至产生矛盾、抵触，成为公安行政执法过程中的羁绊等情况的发生。所以，针对这一部分法律、法规、规章等，国家应该组织力量，对其逐步开始完善和修改，保持法的统一。

（3）加强执法人员的法律保障机制

对于像《人民警察法》等行政主体法，须明确人民警察的职权，加强对人民警察行政执法过程中合法权益的保护，明确界定侵犯人民警察职权应该承担的法律责任等。只有这样，公安机关民警在行政执法过程中，才能丢掉思想包袱，充分发挥积极性，更好地履行行政管理职责，减少行政不作为的发生。

4.加强公安教育培训，提高公安机关行政主体整体素质，正确定位警察角色

（1）提高公安民警法律、文化水平

在社会生活的各个领域，人才都是该领域发展的决定性因素。同样，在公安行政管理领域，人才决定着公安行政管理水平的高低。要使公安行政管理水平不逊于社会发展，不落后于时代的进步，就必须有一支法律素质强、政治素质强、具有专业精神、公正廉洁的行政执法队伍来冲锋陷阵。我们要树立以人为本的思想，以科学发展观为指导方向，统筹安排公安机关各项工作，尤其应该高度重视民警的素质教育。要想提高民警素质，必须大力加强公安教育培训。教育培训也是提高民警素质的直接途径。教育培训工作的优劣，直接影响公安机关民警素质的养成和提高。所以，各级公安机关应该结合新时期公安工作和公安队伍建设的实际需要，有针对性地组织公安教育培训，有计划性地组织各警种、各岗位民警进行学习，有重点地学习和掌握法律法规内容。通过公安教育培训，使广大公安民警摒弃封建思想残余，树立全心全意为人民服务的宗旨，树立以

事实为依据、以法律为准绳的公安行政执法理念，秉公管理，文明执法。要使接受培训的公安行政管理者构筑起与社会发展、时代进步相适应的职业道德堡垒，具备过硬的法律素质、文化素质和职业道德素质，与其承担的执法任务相适应。通过公安教育培训，提高公安机关民警的整体素质，使其能开展更高效、合法的行政管理活动，正确、合法、合理地使用公安行政法律、法规等工具，认真履行公安行政管理职责，减少公安行政不作为的发生。

（2）正确定位警察角色，提高职业道德素养

首先，公安机关民警应该正确定位警察角色，严守全心全意为人民服务的宗旨，摆正位置，端正态度，积极履行自己的工作职能。在以全心全意为人民服务为宗旨的前提下，理清公安机关的法定权责，将"有难必帮、有求必应"这些混淆公安机关权能的观点清晰起来；剥离不应该属于警察行政管理范围的职能，减少警力的滥用和浪费，充分、高效地使用有限的警力资源。在明确职责后，要加强公安民警工作的服务理念。随着时代的进步，广大人民群众对公安机关的服务要求也越来越高，不仅仅限于公安机关维护社会治安、行政审批等固有的行政职责，而且要求公安机关以人民的诉求为导向，建立服务型公安行政管理模式，并加强公安民警的服务意识。"顾客导向"应该成为未来服务型公安行政管理模式的发展方向，而作为公安机关的工作人员，更应该恪守"为人民服务"的工作理念，端正工作态度，摆正工作位置，做好对广大人民群众的服务工作，以提供更优质的行政管理服务工作为目标，体现公安机关行政管理工作的人文关怀。

其次，作为国家公务人员，公安民警在履行行政管理职责的同时，应该抵挡社会上充斥的种种诱惑。公安民警应该树立正确的人生观、价值观。在生活中，严于律己，保持良好的生活心态，克服拜金主义、享乐主义，养成良好的生活作风。坚决避免以权谋私、权为私用等腐败现象。要常怀律己之心，常思贪欲之害。自觉抵制各种功利诱惑，自重、自省、自励、自警，筑建一条抵制腐败的防线。"树廉洁自律之心，行廉洁自律之事，做廉洁自律之人"。在工作中，要树立法律至上的观念，努力提高依法行政的自觉性，必须坚持以人民群众的利益为重，坚持对法律负责、对人民负责、对党和国家负责的统一，依法执法，提高行政执法质量，规范执法行为。坚持法律面前人人平等，体现法律的公平和正义。秉公执法、廉洁奉公、不畏强权、不被功利诱惑，要努力做到不滥用职权，不越权，不枉不纵，也不能消极不作为，用公平、公正的执法维护法律的威严。

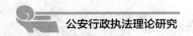

第六节 警察自由裁量权

一、警察自由裁量权的概念

　　1862年，"行政裁量"首次出现在德国学者梅耶所著的《行政法之原则》一书中。以色列希伯来大学法学院教授、最高法院法官A·巴拉克指出："自由裁量权是在两个或更多的可选择项之间做出选择的权利，其中每一个可选择项皆是合法的。"《布莱克法律词典》解释司法自由裁量权："自由裁量权的行使条件是存在两种可供选择的具有适用力的法律规定，法院可以根据其中任何一种规定行事"。此后，"行政自由裁量"学说不断发展和完善。我国最早界定"行政裁量"的概念，是1983年在《行政法概要》中明确的。书中说："行政措施是凡法律没有详细规定，行政机关在处理具体事件时，可以依照自己的判断采取适当的方法。"自由裁量权含义基本内核之一是：自由选择的权利。

　　综上所述，警察行政裁量权通常是指在法律、法规对警察行政行为的范围、方式、手段、内容未做明确具体的规定的情况下，警察行政主体基于法律、法规的明示授权或消极默许，根据自己对法律、法规的理解，依据立法目的和公正合理的原则，自行判断行为的条件、自行选择行为的方式和自由做出行政决定的权力。它是行政权力的重要组成部分，是行政主体提高行政效率所必需的权限，也是现代行政的必然要求。

二、警察自由裁量权的积极意义

　　在这个科技大爆炸的时代，各类社会事务迅猛发展，随之而来的社会关系也更加错综复杂，社会多元化事务要求行政主体扩大控制范围，增加行政职能，实现警察主体为人民服务的宗旨。所以，警察的自由裁量权的存在是顺应时代发展的产物，具有非常深远的积极意义。

（一）警察的自由裁量权便于实现行政目的

　　纵观国内外，现存所有的法律、法规都不可能做到"凡事巨细"的规定，警察行使行政权力，要实现对国家和社会的管理，却没有详尽的法律规范指导其行为。所以，警察的自由裁量权能适应社会发展的需要，可以在一定程度上实现行政目的。

（二）警察的自由裁量权能提高行政效率

　　警察执法效率是尽可能在短的时间，动用尽可能少的警务人员，采用尽可能低的经济消耗，办理尽可能多的事情，并将之办得尽可能好。即以最少的投入争取最大的收益。警察在执法过程中，必须有一定的效率，否则就会导致违法行为扩大，甚至引发严重的犯罪行为。警察的自由裁量行为，是警察主体依法在一定程度、范围、条件、形式上的自主选择，可以做出及时有效的反应，体现效率性原则。

（三）警察的自由裁量权能激发警察的积极性

自由裁量权赋予警察一定的选择权利，这种"权利"潜移默化地影响着警察，警察要有能够灵活有效处理各类案件的权利，充分调动了警察的工作热情，达到行政执法的预期效果。

三、警察自由裁量权的消极影响

警察的自由裁量权是为了实现法律授权的目的和意愿，但是这种自由裁量权的不当行使或违法行使，会严重干扰和破坏法律执行，严重损害法律的威严，严重影响公安机关和人民警察的威望和形象，妨碍依法行政的目标实现，并带来许多负面影响。主要表现为：

（一）会引发社会秩序的动荡

警察自由裁量权主观意志性较大，就类似的情况，由于时间、场合、社会环境等因素的变化，警察主体无法做出统一的行政行为，但也不能做出截然相反的执法行为。警察自由裁量权的错位行使，违反执法的同一性与平等性，往往会令人无所适从。警察权行使的强制性、单方性，决定了在自由裁量的执法过程中，警察无需征得行政管理相对人的同意，就可以直接实施各种强制措施。警察自由裁量权的实现，使得行政管理相对人的权益容易遭受损害，这种情况会引发警民的对立情绪，会产生不配合警察管理国家和社会职能的行为，导致社会秩序的动荡，引起人民群众的不安。

（二）成为腐败的温床

历史学家阿克顿勋爵说："权力趋向腐败，绝对的权力绝对的腐败。"公安机关的贪腐行为，有一部分与警察自由裁量权的滥用有关。在某些不良因素的利诱下，为了达到非法动机、满足私欲，警察通过行使自由裁量权得以实现，行使自由裁量权成了滋生"腐败"问题的温床。"权钱交易、权色交易、权情交易"造成了贪污腐败的违法违纪行为，严重影响了国家和社会公众的利益，严重妨碍了中国共产党的执政能力。

四、警察自由裁量权的控制

孟德斯鸠曾说："权力有滥用的趋势，权力如不加制约，必然滥用，这是历史的经

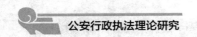

验"。警察自由裁量权具有极端性，用得好，就能实现管理职能；用得不好，就会极大地妨碍我国法制进程的脚步，甚至会引发激烈的社会矛盾。要合法合理行使警察自由裁量权，要体现警察自由裁量权的法律精华，就应该加强对警察自由裁量权的控制。主要有以下几方面内容：

1. 完善警察自由裁量权的立法体制

对警察自由裁量权的立法应该摒弃"宜粗不宜细"的传统准则，在立法上应该详尽细化，使警察自由裁量权有一个依据的相对客观的尺度。面对新环境、新背景、新形势，立法机关必须不断完善警察自由裁量权的实体内容和程序内容。目前，各级机关已经颁布的关于警察自由裁量权的法律规范文件近千部，但这还远远不够，必须通过建立健全公安法律规范体系，使人民警察的职责和权限得到全面、科学的履行，从而有效地规范人民警察自由裁量权的实践。以《道路交通安全法》为例，在限制警察自由裁量权方面做了大胆有益的尝试，特别是对处罚对象、处罚标准、处罚内容等都做了详细的规定，其第91条规定："饮酒后驾驶机动车的，处暂扣六个月机动车驾驶证，并处一千元以上二千元以下罚款。"道路交通管理部门的人民警察在实践中，有了执法依据。其处罚的原则是打击酒驾行为；处罚的对象是饮酒驾驶员；处罚的内容是扣证和罚款；警察自由裁量权的合法额度是罚款最低一千元至最高二千元的金钱处罚。可见，对于饮酒后驾驶的立法规定，不仅实现了法律目标，而且使警察自由裁量权的行使获得了令人满意的效果。

2. 强化警察的职业道德建设

加强人民警察职业道德建设，是有效保证警察自由裁量权的有效方式。警察自由裁量权广泛存在，且具有一定的自主性、选择性、灵活性特点，警察的道德素养通过能否正确行使被形象地赋予外在表现。人的行为，都受其思想意识支配，要使警察在行使自由裁量权时摒弃利己、滥用权力、违背程序等不良的思想意识，就必须牢固树立"立警为公、执法为民"的职业道德意识。如果警察在行使自由裁量权时，从个人利益角度出发，那么必然就会造成违反执法或不当执法。警察的主观形态决定了执法行为的效果，虽然警察的执法能力与执法学识有一定关联，但是能起到决定性因素的还是思想道德。教学、培训、宣传等方法可以科学地构建警察自由裁量权的执法道德体现，制定的内容和标准切实详尽合理，使警察能够自觉遵守，克己为公，秉公执法。如果没有思想道德作为执法基础，警察自由裁量权的行使只是威慑于法律被动执法，而不是主动积极地履行执法目的，内化的职业道德会从始至终存在于警察自由裁量权实践中。

3. 完善警察自由裁量权的监督作用

对警察自由裁量权进行监督，是约束和管理警察自由裁量权的有效方式。现存的法律法规中，对警察行政权的监督，有明确具体的规定。例如，《人民警察法》第46条规定："公民或者组织对人民警察的违法、违纪行为，有权向人民警察机关或者人民检察院、行政监察机关检举、控告。受理检举、控告的机关应当及时查处，并将查处结果告知检举人、控告人。对依法检举、控告的公民或者组织，任何人不得压制和打击报复。"第47条："公安机关建立督察制度，对公安机关的人民警察执行法律、法规、遵守纪律的情况进行监督。"可见，法律赋予了公民、组织对警察自由裁量权监督的权利，使警察自由裁量权的监督有法可依，切实可行，公民、组织的合法权利得到了合理维护，执法机关的公信力也显著提高。将警察自由裁量权纳入公民或组织监督中，也是大力推进警察"阳光执法"的具体体现，警察执法工作的"公开、透明"提高了公众的满意程度。新闻媒介的监督是公民或组织的重要组成，新闻媒介对警察自由裁量权的监督有以下几方面：一方面，新闻媒介应当积极承担起舆论监督的责任，利用新闻媒介的话语权，从客观角度，审视警察自由裁量权的行使；充分运用舆论的压力，监督警察裁量权的行使；合理采用跟踪报道的方式，对执法效能进行反馈，增强监督的力度。对警察自由裁量权的偏颇行为，及时纠正整改。另一方面，新闻媒介要用自身职业广泛传播的特点，传播社会正能量，牢固新闻人的历史使命，对警察裁量权实践中的善意性行为、舍生取义行为、顾全大局行为等进行宣传，以此来扩大正面效应对警察裁量权的影响。倡导警察裁量权的合法合理行使，弘扬警察裁量权的法律精华。媒体人要摆脱当今社会的种种诱惑，不因金钱、利益、权力影响自己的职业行为，牢固责任和使命。警察裁量权的存在具有重要价值，但是缺乏监督的权力最终将损害相对人的权益，通过对警察行政裁量权力外部控制的研究，希望这种权力能在可控范围内更好地服务法治社会。总之，外部控制只是一种制约警察裁量权的途径，控制本身也是为了权力更好地履行，因此，外部控制应当同警察行政主体的自我约束结合起来，内外结合，促使警察更好地履行职责。

第七节　公安行政执法权的实施方式探讨——以"钓鱼执法"为例

2009年在上海市，河南青年孙某在某公司工作，负责驾驶金杯面包车接送该公司的工人到工地上班。一天他偶然遇到一名年轻人，这名年轻人对他说："哥们 帮个忙，我打不到出租车也没有公交车，有急事要办。"孙某出于怜悯让他上车了。上车后那名乘客主动谈价钱，但孙某并没有理会。不久乘客让其驾车停靠在闸航路188号。正在孙某缓慢停车时，那人掏出10元钱往仪表盘右侧一扔，随后就伸手拔出车钥匙。此时，上海浦东区交通行政执法大队的人突然出现了，认定孙某涉嫌非法营运，扣下金杯面包车，对他处1万元的行政罚款。孙某认为自己是被冤枉的，情急之下，孙某选择断指以示清白，并向上海市浦东区政府上诉。上海市浦东区政府宣布：孙某涉嫌非法营运行为情况属实，并不存在所谓的执法问题。然而，孙某断指证清白的行为、执法部门钓鱼执法的行为立刻引起了新闻媒介的热烈关注与报道。在强大的跟踪报道与行政监督行为下，上海市浦东区政府宣布，行政部门在执法过程中使用了不正当取证手段，此前公布的结论与事实不符，为此向社会公众公开道歉。

近年来，我国社会类似的钓鱼执法事件频繁发生，钓鱼执法已成为行政执法机关的一种手段。在钓鱼执法的情况下，我国相关地区惩处"黑的"数量逐步增加，执法机关获得的罚金总额也相应提高了许多。钓鱼执法在人们的讨论中存在很多不同的观点，其中存在的问题慢慢浮出水面，尤其是从孙某断指以证清白的事件开始，越来越被大众所关注。

一、钓鱼执法概述

钓鱼执法，英美叫执法圈套（Entrapment），这是英美法系的专门概念，它和正当防卫等一样，都是当事人无罪免责的理由。从法理上分析，当事人原本没有违法意图，在执法人员的引诱之下，才从事了违法活动。

但是，国外在运用这种手段实现对案件的侦破工作时，主要是应用于刑事侦查领域，并且是限于特定种类的案件，并不与我国类似，把这种特定刑事侦查领域的手段广泛运用于行政执法领域。从这个意义上来看，毫无疑问它是执法机关在行政执法过程中滥用权力的一种表现，是严重违法行政的一种行为。

从大量的钓鱼执法事件中，我们可以总结出：首先，钓鱼执法的行为对象在主观上并不具有故意违法的意图，在客观方面一般也没有实施违法的行为。其次，在行为上，虽然是未经审批批准的车辆进行营利，但是，前提是出于道德、善心，而被带入执法人员的埋伏地点，车费不是车主主动索要的，而是"乘客"主动给予的，才导致行为主体因为"非法营运"被实施强制措施并予以行政处罚。

（一）钓鱼执法合法性论证

对于钓鱼执法的合法性问题，我们可以根据我国行政法的相关规定，从以下方面进行论证：

1、程序合法性方面

虽然执法者想尽一切办法去掩盖钓鱼执法背后的利益，试图从某些角度说明钓鱼执法是正当行为，但是实质上和程序上的违法性，是无论如何也不可能说通的。钓鱼执法存在的主要原因在于经济利益。在经济利益驱使下，必然会导致有关部门利用"钓鱼执法"从事违法的行政工作。"违法者"迫于各种压力，会选择破财免灾、多一事不如少一事的心理而缴纳一定数额的罚款。上海的张先生是一名私家车车主，竟因为好心帮助路人，而引来"非法营运"这样的莫须有罪名。某日，上班途中，张先生因一路人胃疼动了恻隐之心，让其搭乘上路，结果张先生被突然从车外窜出的七八个身着制服的人拖出车外，被"乘客"拔了钥匙甚至像被罪犯一样对待。这些身着制服的人告知张先生他们是城市交通执法大队的人员，张先生被处罚上万元的罚款，迫于各种压力与无奈，张先生选择了破财免灾。最近几年执法部门的"钓鱼"执法使守法公民"被违法"，从而被处罚的案件有所增加，甚至造成严重后果。由此看来，仅在程序方面来看，钓鱼执法是一种违法行为。

2、证据搜集的合法性方面

在通常的钓鱼执法案件中，不存在真实的证据，执法人员也无法取得相关证据，"协查员"应该是最直接的证人，但由于特殊合作关系的存在（执法人员与"协查员"之间），"协查员"的说法是不能作为证据的，同时，在一般情况下车主本身没有要求"乘客"交付车费，因而是否非法运营并不能由"乘客"的一面之词来定论。因此会导致执法人员无视车主的正当权利，拒绝车主的合法陈述与申辩。因为双方各执一词，结果是非法营运还是钓鱼执法的结论相对模糊。向社会及公众公开证据链条，毫无疑问是执法部门的责任和义务。基于"法无授权不可为，法不禁止即自由"，作为公民没有任何义务证明自己的清白，但是法定的程序，却是对任何违法行为、违法嫌疑人的惩罚所必须经过的一环，而程序中最重要的部分就是证据，举证责任是执法办案机关必须要承担的。通过上述分析，可以得出这样的结论：在取证方面，钓鱼执法是一种违法行为。

3、我国行政法的界定

我国行政法的立法宗旨指明，立法是为了规范行政执法的设定和实施，保护公民、法人和其他组织的合法权利，维护公共利益和社会秩序，保障和监督执行管理有效落实，根据宪法，制定相关行政法规、规章等。然而钓鱼执法行为，违背了行政法律法规审查的基本原则，执法人员采取形式多样的"违法者"无法拒绝的道德上或道义上的原因——亲人生病、孕妇待产、家中发生了急事等，当"违法者"按照"钓钩"的要求到执法人员埋伏地点，"钓钩"便会强行取出车钥匙，强制性留下"车费"（甚至于很多车主并没有要求他们支付车费），而后车主将被执法人员扣下，对其进行行政处罚，然后执法人员还会支付给"乘客"一定量赔偿，因为在这个过程中，法律认为"乘客"的利益是受到非法侵害的。金钱的诱惑使很多失业或酬薪较低的人们，愿意来做这样违背道义的事情，这就会导致更多无辜的车主受重罚。根据立法的宗旨，钓鱼执法本身也是违法的。

经过以上三个方面的分析，可以得出这样的结论：钓鱼执法是不合法的。个别案件的维权有可能回归公平、公正，但动摇不了"钓鱼执法"权力滥用的源泉。要杜绝"钓

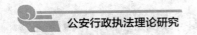

鱼执法"这种行为，必须从源头上取缔"执法效能"，并且严格限制权力机关以各种方式在社会上"聘用"社会人员。虽然在1996年施行的《中华人民共和国行政处罚法》明文规定：任何行政部门都没有权力私自处理罚没款，都要上交国库。但各地财政部门仍会按一定比例，将罚没款返还给执法部门，结果受害的只能是普通公民。

二、钓鱼执法解决建议

首先，解决钓鱼执法的问题，执法机关应该作为第一切入点。执法时要坚决按照行政法的规定，同时废除返还罚款的"潜规则"，严格按照法定程序进行。并且，行政机关对非主体所实施的处罚，应做到证据充分、完整、客观，符合相关法律、法规、规章和条例的规定，对被处罚者的疑义能在短时间内答复，而不是含糊其辞，滥用行政权力。

其次，应该逐步完善举报激励制度。举报违法行为能获得有关部门发放的奖金，额度为几十元到几百元，或许这并不是很高额的奖励。最大的问题在于，利益的诱惑蒙蔽了他们的双眼，事件的真实性不能得到根本上的保证。一方面履行职权的行政管理秩序无法正常开展，另一方面会侵害公民合法权益，而真正需要帮助的人却得不到应有的帮助。为了让社会秩序的安稳得到维护，人民大众的利益得到真正的保障，严厉打击乱举报的现象已然成了当务之急。

因而，亡羊补牢，为时不晚。我们及时认识到钓鱼执法所产生的严重危害，便应该不断完善行政监督，规制行政权力。我国应该加快推进法治政府建设的进程，真正做到避免行政权力的滥用。

第八节 公安行政执法与程序法治概说

一、程序控权理论

无论是实体控权还是程序控权，都只是一个手段问题，其目的在于规范国家权力的正当运行，防止和减少权力滥用给国家和社会可能造成的损失。但实践告诉我们，实体控权往往是在权力的行使已经给国家和人民造成危害结果或不安定的因素之后，而采取的各种补救和惩罚措施。弹劾（或罢免）、违宪审查和行政诉讼等制度的启动，预示着实体控权的滞后性和被动性。显然，实体控权只是一种消极的被动的控权模式。而程序控权则不一样，因为它是在众目睽睽之下，展示权力运行的过程，具有较大的开放性和较强的透明度。

因此，权力运行过程中出现的问题容易及时被发现并予以纠正，将权力运行可能造成的危害限制在萌芽状态中。在非诉讼程序中（包括立法程序、行政程序等），程序一经展开，程序参与者利用平等沟通的场合和充分的发言机会以及程序中获得的信息资料，做出理性的判断，选择合理的结果，从而减少和杜绝了不公正程序可能给国家、社会和人民带来的危险与损害。在诉讼程序中，裁判官处于中立地位，与案件结果没有利害关系，裁判官基于职业的知识、经验和良心并在程序参与者和公众的监督之下做出的裁判容易被争议双方当事人理解、支持和接受。同时，作为案件当事人各方，随着程序的展开、事实和证据的再现以及平等而充分的辩论，对相互的争执点逐渐吸收和消化，形成一致意见，服从裁判官的判决。因此，程序控权是一种积极的能动的保权模式。

程序控权和程序法治的理念和制度源于英国1215年的《自由大宪章》，完善于美国宪法第5条修正案。以英美为代表的普通法系国家重程序法制建设，形成了一套完备的程序控权制度。

在英国，正当程序原则，也称为自然公正原则，具体是指英国政府机关在行使公权力可能造成对相关当事人不利后果时，应该遵循的原则。这一原则包含两个基本的程序规则：一是任何个人或团体在行使权力而可能使别人受到不利影响时必须听取对方意见，每一个人都有为自己辩护和防卫的权利。二是任何个人或团体不能作为自己案件的裁判官。自然公正原则比越权无效原则还要古老，它的具体内容随着时代和国别的不同而不同，在适用上也有很大的灵活性，并非固定不变，在古代和中世纪，它是自然法、万民法和神法的基本内容，当今，它成了英国普通法上最基本的程序规则。

美国行政程序法的最典型原则要数正当程序原则，正当程序原则是指法律的实施必须通过正当的程序进行。美国宪法修正案第5条规定，不按照正当的法律程序不得剥夺任何人的生命、自由和财产。宪法修正案第14条把正当程序扩张到限制州政府的权力。尽管正当程序没有固定的内容，它所要求的程序随具体情况而异，具有很大的灵活性，然而它的适用范围很广，约束了整个政府的活动，是保护公民权利的有效手段，构成了美国法治的一个特点。除宪法以外，最集中体现了正当法律程序的法律首推1946年的联邦行政程序法（Administrative Procedure Act）。这个法律对行政机关制定法规，进行正式裁决，以及司法审查和行政公开，都规定了应遵守的程序和标准。美国法院在司法审查中亦非常熟练地利用这一"指挥棒"，调整被审查对象的活动。几年前弗兰德利法官就说过："我们看到过去五年中程序上的正当程序的扩大，比在美国宪法批准以来的整个时期来得大。"

在中国，关于程序价值的独立性问题的研究起步较晚，而且学者的研究多限于介绍分析国外程序法制的理论和制度问题。至于如何建构中国的程序法制，又如何通过程序

控制权力，以及程序正当性的构件是什么等问题，中国学者的研究方兴未艾，并且现有的研究成果也仅限于诉讼法和行政法等方面的内容。从法律实践上看，近年颁布的《立法法》《行政处罚法》和《行政许可法》等逐渐引入了国外的听证程序等制度，从中看到了中国程序法制中程序正当的闪光点。

二、程序控权与程序法治的实证分析

一般认为，程序是行为的一个侧面，它与行为密切相连，程序是行为从起始到终结的长短不等的过程，其构成不外乎是行为的方式和行为的步骤。《辞海》将其定义为："按时间先后或依次安排的工作步骤"。从法律学的角度来看，法律程序一般应指按照法定的顺序、方式、手续来做出决定。法律程序有诸多种类：立法程序、执法程序、诉讼程序、行政程序等，它们作为权利义务实现的手段和方式而存在，具有法定性和法律强制力。程序对实体有着修正、弥补缺漏的作用。程序是联结实体与个案的枢纽，当实体规范面对错综复杂、千差万别的具体个案时，通过程序的规定它们才产生法律化结果。在这个过程中，正当性程序能自觉地订正、弥补实体规范的不足，使得矫正后的实体内容适用于个案。程序的实质是公正的化身。从这个意义上讲，程序更应该作为一种精神，指导主体在执法过程中有理性选择的使然，甚至能够冲破实体规范框架，纠正"恶性"之果，"程序正义能使结果正当化，并吸收不满"。

对行政权力行使的程序性要求最初源自英国古老的自然公正理念，即任何权力都必须公正地行使。"有制约和有监督的权力，必然来自法律的授予并可合法撤销，履行权力的机构和个人行使权力必须有合法程序，并且它受到与它有同等权力甚至大于它的立法或监督机构或舆论的监督。"这同样也应是当代法治观念的基本原则。行政实体内容的公正解决，有赖于行政程序的公正。作为一种操作技术，行政程序又是一种明确的规则，可以由人们依正义和效率的双重标准来加以设计并脱离其实体内容而存在。因此，行政程序在构建"法治行政"秩序方面意义重大。从这个意义上分析、探究"依法行政"，更主要、更必要的还是依公正程序行政；"违法行政"更多则是体现在违反了行政程序和具体操作规程。

西方对于现代行政程序在促进法治、保护人权方面的重要性有深刻的认识。20世纪40年代中期和50年代初期，美国有两位大法官就曾对现代行政程序的价值做过极富启迪性的评价："自由的历史基本上是奉行程序保障的历史""权利法案的大多数规定都是程序性条款。我国长期以来受"重实体轻程序"的传统观念的影响，对于行政程序问题未能给予应有的重视。近两年来，随着行政法制建设和行政法学研究的深入，行政程序问题已经引起学术界和有关部门的高度重视。有学者认为，"所谓依法行政，是指依行政程序法行政，离开行政程序法无以言依法行政。""在我国依法行政原则之所以长久等同于一句标语口号，不对行政行为产生实质性的作用，乃是因为在行政法体系中，缺少一个由外在力量制定的，专为行政机关设定具体行为守则的组成部门，这便是行政程序法。"

现代国家的民主性质决定了国家行政管理必须是法治行政和科学行政。在民主政体下，人民是国家的主人，国家的一切权力来源于人民通过法律的授予，国家行政权也不能例外。行政权力是有限的，它不得超越法律授权的界限，对于行政权力来说，法无授权即禁止，只有当法律对其进行明确的授权时，才能实施相应的行为，否则，缺乏法律的授权，行政机关就不得为之。一切行政机关都不得自我设权，这是在根本上杜绝行政权的膨胀。法治行政的首要目标就是确保行政主体在法律授权的范围内活动。科学行政则是指在法治行政的前提下，行政活动必须合理，即行政活动的决策是按照科学的原则和方法进行的，而不是片面的经验、不可靠的感觉以及冲动的产物；行政活动具有较高的效能并且结果公正。

如何才能保证国家的行政活动沿着法治和科学的轨道进行呢？首先要通过法律确定法治行政和科学行政的标准，确定行政管理的任务和目标，理顺行政管理的职、权、责的关系。这些都是行政实体法所要解决的问题。如果没有上述实体规定，行政权力就会失去方向和目标，只靠行政程序是根本不可能控制住它的。道理很简单，当行政行为侵犯了公民的合法权益时，纵然有完备的行政救济程序，假若缺乏是否侵权的实体标准，救济程序实际上也是无法操作的。在我国，行政诉讼中就发生过多起因实体法律规定不明而使行政诉讼无法进行的实例。但是，仅仅依靠行政实体法律控制手段去实现法治行政和科学行政的理想也是不可能的。从理论上讲，如果不要行政程序而又不想让行政官员在行政执法过程中肆意妄为，只有由立法者对行政事项的每一个细节考虑到位并且非常详细地规定每一个具体情况下的行政标准，不给行政人员留下任何自由裁量和解释法律的余地，但实际上这是不可能的。立法上无法取消行政执法人员的自由裁量权和法律解释权，而能否规范和控制住这两种权力对于法治行政和科学行政至关重要。如前所述，仅凭通过实体法实现目标控制的方法解决不了这个问题，要解决这个问题必须同时依靠程序的规范和控制作用，而且这里所说的程序必须是现代行政程序。因为只有现代行政程序才具有对行政主体的反向约束作用，只有通过现代受公开监督的行政法解释程序才能保证行政法律与适用的准确性与公正性，才能随时弥补行政实体法之不足。

法治行政和科学行政离不开现代行政程序，建立健全现代行政程序是我国实现法治行政和科学行政的必由之路。

三、程序对公安行政执法的意义

行政程序的作用表述如下：①行政程序体现"权利制约权力"。行政程序的公正性最集中体现为相对人和相关人的参与。程序的平等就是参与的平等，参与的平等是平等的一个重要方面，而平等是正义的核心。行政程序相对人和相关人的参与，实际上是个人权利的参与，以个体的"权利"来监督"权力"的运作轨迹。个体"权利"（Right）在"权力"（Power）面前总是表现为羸弱和难以抗衡，于是，只能通过行政程序来对权力进行牵制和约束。②行政程序是防止行政专横和行政机关滥用权力的屏障。它的程序性、操作性是行政主体用以自律的内控装置，从而起到防患于事先，遏止于内部的作用。

行政法上设定行政程序的价值取向：一是限制权力，二是保护合法权益免受非法侵害。设定行政程序是为了更好地保证行政权正当地行使和运用，使行政行为符合法律规则的要求，既符合实体法上的要求，也符合程序法上的要求。"法律程序能给人以信任感，法律要使人信仰必须通过法定的程序。因为再正义的实体法律如果程序是非正义的，仍然是不被人们认可和依赖的。"理性化的法律制度需要借助于一套程序合法规则来实施实体合法规则。我们认为，正当程序是约束行政机关行政活动的基本原则，其意义在于行政权力的行使应当遵循最低限度的程序要求，如果说行政权力在其源头上已经遵循了行政法定原则的话，那么接下来的任务就是严格按照既定的正当程序行使行政权力。是否遵守正当程序应当成为权力型政府与权威型政府、感性政府与理性政府的分水岭。事实上，程序公正是实体公正形成、实现的必经过程和形式，而实体公正只不过是遵循公正的程序对争议案件进行法律处理所必然形成的特定结果。程序公正应作为公正的前提和基础，使实体公正成为程序公正下的实体公正。简言之，程序是为实体服务的，程序合法能保证实体合法。如果程序违法，实体公正、合法则会大打折扣。

公安行政执法作为政府执法的一个方面，也应当积极向着开放性、互动性等方向努力。公安行政执法在很大程度上依赖于行政相对人和行政相关人的参与，离开他们，公安行政执法只会是"纸上的将军"。

公安机关及其人民警察应深刻认识到程序的重要性，正确把握实体与程序的关系，在公安行政执法中，树立实体合法与程序合法并重以及程序合法优先的观念，要认识到行政执法是一个寻求公正、实现公正的过程，是在程序公正之内寻求最大限度的实体公正的过程，尽管程序公正实际上不能绝对保证每一个案件处理的绝对正确，但是却可以为绝大多数案件的公正处理提供制度性保障。从终极意义上讲，实体公正与程序公正应该是统一的，但如果重实体，轻程序，漠视程序合法性规则，使程序可有可无，则是危险的，行政执法水平只能是低层次的。要提高行政执法水平，就必须遵循程序合法性规则，以规范行政执法行为，严格按法定程序运作，以保证行政行为公正、合法。

由此可以看出，行政执法程序是公安行政执法的生命线，在没有程序保障的地方，是不会有真正的公民权利保障的。而法定程序保证了公安机关不得使用专横、反复无常和不合理的执法手段来侵犯当事人权利。同时，行政执法程序也有助于提高公安机关的行政效率，有助于公安机关公正执法，反对腐败，维护公安机关的良好形象。

第九节　公安机关行政权力运行程序分类

一、公安行政程序的概念与价值功能

公安机关行政权力运行程序，也就是公安机关代表国家行使行政权力时所应遵循的程序，也是法律程序的一种，故有的学者将其概括为公安机关行政程序，以下简称公安行政程序。

要了解公安行政程序的概念，首先应界定何为行政程序，目前各国行政法学界尚未达成统一观点，我国在这一点上也存在分歧，主要有以下三种观点：一是认为行政程序贯穿行政行为（包括行政立法、行政执法、行政司法）的全过程；二是认为行政程序即行政诉讼程序，程序法为诉讼活动所专有；三是认为行政程序是行政机关行使行政权力，做出行政行为所应遵循的方式、步骤、顺序和期限的总和。行政程序实质是行政主体的行政行为在时间和空间上的表现形式。

公安机关是国家行政机关之一，根据上文行政程序的定义不难得出，公安行政程序的概念，即公安行政程序是公安机关行使公安行政权，实施公安行政行为时所应当遵循的方式、步骤、顺序和期限的总和。方式是指公安行政行为的实现形式，包括行政行为的表现方式和该行政行为结果的表现方式，前者如公安行政行为的决定方式是会议决定方式还是非会议决定方式，后者如公安行政行为决定结果是书面方式还是口头方式表达等；步骤是指公安机关做出行政行为所要经历的阶段，行政程序一般由程序的启动、进行和终结三个阶段组成。例如，公安机关做出行政处罚一般经过受理、调查、决定、执行等几个阶段；顺序是指实施公安行政行为各个步骤的先后关系安排，即各个步骤谁在前、谁在后、谁进行等；期限，也是一项重要的程序制度，有利于促进公安机关积极行使权力，同时也有助于提高行政效率。

因公安机关的职权具有双重性，故需要特别强调的是，在其做出的两种性质的行为中，只有行政行为所应遵循的程序才是公安行政程序。

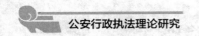

公安行政程序的价值功能在于保障公安机关正确行使行政权力并且保护行政相对人的合法权益。公安行政程序作为一种法律程序，是公安机关在行使行政权时必须遵循的，否则，公安机关将承担违反法定程序的法律责任。现代法治与传统法治最重要的区别在于：在方式上，传统法治注重的是组织法控权，现代法治则更注重通过程序法规范权力运行；在手段上，传统法治强调的是以权力控制权力，现代法治则更强调以权利控制权力。现代民主法律制度的建立决定了在以行政实体法规定行政权力的同时，必须制定行政程序法规范行政权力，以确保其正确运行。在现代，行政主体实施行政行为往往离不开行政相对人的参与，因此，行政相对人参与行政程序是现代行政程序的应有之意。这更有利于保障行政相对人的合法权益不受侵犯。其他国家的公安行政程序立法也都不同程度地规定了行政相对人参与行政行为。

二、公安行政程序的分类

根据不同的标准，对公安行政程序可以做如下分类：

（一）强制性程序与任意性程序

以公安机关及其人民警察遵守公安行政程序是否具有一定的自由选择权为标准，公安行政程序可划分为强制性程序和任意性程序。强制性程序是指法律对某一公安行政行为实施的程序做了具体明确的规定，公安机关及其人民警察必须严格遵守，不能依据自己的主观意志进行选择适用。公安行政程序大多是强制性程序。而任意性程序是指法律对某一公安行政行为实施的程序仅做了概括性的原则规定，公安机关及其人民警察可以根据自己对法律的理解和实际情况的考虑，决定适应何种程序。这种任意性并不是无任何法律规定的无限制的自由裁量，而是在法定范围内的自由裁量，也是法律允许的自由裁量。法律通常规定了自由裁量的幅度和范围，公安机关不能超越该幅度和范围。

这两种程序在进行司法审查时会存在区别，对强制性程序主要审查合法与否，对任意性程序则要审查合法性与合理性两项；另外，经司法审查后，违反强制性程序的公安行政行为应被撤销或要求重做，而违反任意性程序的，只有在超出法定选择范围或选择不合理的情况下，相应的行为才会被撤销或要求重做。

（二）主要程序与次要程序

它是以公安行政程序对相对人合法权益是否产生实质性影响为标准而划分的。

主要程序是指公安机关对该程序遵守与否会对相对人合法权益产生实质影响的行政程序，如告知程序、听证程序等。若公安机关违反了主要程序，将直接导致整个公安行政行为违法，归于无效，所以，有权机关应予以撤销。次要程序是指公安机关对该程序遵守与否不会对相对人合法权益产生实质影响的行政程序，若公安机关违反了次要程序，只导致该行政行为存在瑕疵，并不一定需要撤销该行为，可以予以补正。

这种划分的学理基础是行政效益对行政权的必要性和程序权利与实体权利的关系。其法律意义是为司法审查提供一个更为合理的、可操作性的规则。我国至今还没有明确规定主要程序与次要程序的划分标准，在行政执法实践中，划分标准是行政程序对行政相对人合法权益的影响是否具有实质性。

（三）公安行政处置程序、公安行政处罚程序、公安行政强制程序和公安应急程序等

实施各种公安行政行为所适用的程序并不尽相同，根据公安行政行为在内容和形式上的差别，做出不同的程序规定，具有一定的合理性。

公安行政处置程序，根据程序是否由公安机关主动启动，又可分为积极程序与消极程序。由公安机关依职权做出行政处置行为，启动行政处置程序的为积极程序；公安机关基于被管理者的申请而做出行政处置行为，启动行政处置程序的是消极程序。如公安机关做出命令、禁止行为时就必须遵守积极行政处置程序，公安机关做出许可行为时适用消极程序。

公安行政处罚程序是公安机关及其人民警察依据国家相关法律、法规和规章，对违反公安行政法律规范或危及社会秩序和公共安全面不够刑事处罚的行为人给予的行政制裁，如警告、罚款、没收、扣留、停产停业整顿等多种处罚形式。不同的处罚形式，在程序设置上就会有所不同，比如，警告在程序设置上就会特别强调"必须是书面的，由公安机关做出决定书，不能以口头做出"，对罚款数额会有相关的规定。

公安行政强制程序，是公安机关依法进行国家治安行政管理和实施行政处罚时，对不覆行法定义务或不服从行政处罚的人所采取的对人身和财产的强制手段，以使行为人履行法定义务或接受处罚，如强制传唤、强制拘留、强制戒毒、强制没收等。同样的，不同的行政强制程序应规定不同的行政程序，以规范公安机关的行政行为，保护相对人的合法权益，例如，对于强制传唤程序，应侧重规定传唤的方式，并"必须经公安派出所所长以上的领导人批准，并记录在案"。

公安应急程序，是公安机关及其人民警察为了维护国家安全和公共秩序，保护人民生命财产，对突发的重大暴力犯罪、重大治安事件和特大治安灾害事故，依法采取非常措施和特殊办法的公安行为，如紧急征用、紧急排险、交通管制等。一方面，客观形势和法律要求不允许拖延，要求公安机关必须做出快速反应，迅速消除威胁，恢复常态。另一方面，人民警察（负责指挥的领导干部）在必须采取应急行为时，致使公共财产、国家和人民利益遭受严重损失的，应免除法律责任；当人民警察实施正当应急行为超过

必要限度，并造成不应有的危害时，要负法律责任，但在处理时可酌情减轻或免予处罚。正是由于这些行为有其明显的特殊性，所以有必要对每一种应急行为都设置相应的程序，保障应急行为能迅速有效地被实行，也能防止公安机关滥用职权。

第十节 公安机关行政权力运行的现状

近年来，我国不断通过完善公安行政法制建设来规范公安机关行政权力的运行，并取得了一些成果，但仍存在许多不足之处，需要我们慎重对待。

一、我国公安机关执法观念落后

（一）人权意识和法治观念淡薄

中国经过了漫长的封建"人治"社会，民众受孔子"无讼"观念影响，法治意识相对淡薄，突出表现在不是用法律而是用教化的手段来规范社会行为，维持社会秩序，人们缺乏平等、民主和人权意识。长期以来，公安执法工作人员存在以下问题：第一，习惯把预防违法、惩罚犯罪作为执法工作的唯一价值目标，而忽视了人权保障。第二，在理解"稳定压倒一切"等方针政策时出现偏差，为了达到一时的、局部的稳定，不惜采取集中大清查等手段对付进城务工的农民工和上访人员，并没有从根本上解决问题，反而制造了潜在的社会矛盾。第三，法治观念淡薄，"权大于法"的思想占上风，不严格依照法定程序办事，片面强调对领导负责而不是对法律负责。第四，特权思想严重，把公安机关的职责、权限当作自己的特权，把人民赋予的执法权力作为谋取小团体利益和个人私利的工具，直接侵害人民群众的利益。

（二）存在"重实体、轻程序"的思想观念

受"人治"观念影响，我国公安机关及其人民警察仍保留着许多传统观念，包括"重实体、轻程序"的观念，程序观念较为淡薄。传统观念认为，公安机关是阶级统治的暴力工具，"命令—服从"是其唯一的活动形式，只要行政行为的实体合法、正确，即使程序有瑕疵，也不影响行政行为的效力。认为严格程序，就是限制了办案手段，减少了办案途径，束缚了办案手脚，从心理上不自觉地加以抵触，在办案中不能坚决执行程序规范，这些与依法治国的理念相距甚远，也严重影响和制约着依法履行公安行政程序的行为。现代"法治"社会则要求程序公正，并以此为保障，美国大法官威廉·道格拉斯说过："权利法案规定的大多数条款都是程序性条款，这一事实绝不是无意义的。正是程序决定了法治与人治之间的基本区别。"

二、公安行政程序法制建设不完善

（一）我国宪法对行政程序法制缺乏明确的规定，公安行政程序法律体系也就不完善

具体而言，我国公安行政程序立法上存在以下问题：第一，由于我国目前没有制定出统一的行政程序法典，更无统一的公安行政程序法典，现有的规范在公安行政程序上规定较零散，缺乏严密统一性，只是散见于一些行政法律、法规和规章中，如在某些行政实体法中规定了若干公安行政程序规范，就存在实体规定与程序规定界限不明确的问题，例如，《治安管理处罚法》中规定了办理治安处罚案件的一系列程序；还有一些规范不同性质行政行为的单一的行政程序法律也对公安行政程序有所涉及，如《行政处罚法》《行政许可法》等。另外，在一些公安部规章中规定了公安行政程序方面的内容，典型的是2003年8月公安部制定并于2006年8月修订的《公安机关办理行政案件程序规定》，对公安行政程序做了专门规定，但这只是部门规章，且只对公安行政处罚及行政强制措施做了规定。第二，公安行政程序法律解释滞后。行政法律法规具有稳定性特点，为了适应不断变化的社会现实情况，只能依靠及时做出的法律解释，但事实上我国在这方面处于滞后状态，致使部分程序规定过于模糊，不利于具体操作。同样的，对公安机关行政执法的程序也缺乏统一规定，只能根据现有的行政程序法规结合公安执法工作的实际情况做具体解释与补充规定，通常都是原则性的规定，对于实践的指导性不强。第三，现有的公安行政程序法律规范效力层级较低，致使公安行政程序约束力不够，而且存在大量公安行政程序没有以法律的形式规定下来的问题。

（二）在现有的公安行政程序立法中，存在重事后程序，轻事前和事中程序的问题

在我国现有的行政法律法规中，对公安机关行政程序的规定往往更侧重于对事后程序的规范，而忽视了对事前和事中程序的规定。例如，《治安管理处罚法》在处罚程序中往往强调的是行政复议和诉讼及事后备案、送达等程序，而对警务公开、告知、听取意见等这些事前和事中程序规定的不详细或不完善之处，给权力主体留下了较大的自由裁量空间。还有部分公安行政行为则完全缺乏对行政程序进行规范，例如，公安行政强制、公安行政调查、检查和行政确认等大量行政行为尚未被纳入行政程序的法治轨道上，这也给公安机关留下了很大的自由裁量权，使公安机关及其人民警察滥用职权的可能性大增。

（三）部分公安行政程序的设置存在缺陷

如前所述，我国目前主要在行政处罚、公安行政许可以及部分公安行政强制措施如传唤、询问、扣押、检查等公安行政行为的程序规制上比较完善，而其他公安行政执法

行为如强制约束行为、公安行政强制执行等行为的程序却缺少法律明确规定，例如，有的公安机关在实施强制约束行为时，不履行告知义务，因为根据公开原则，公安机关在做出对当事人不利的行政行为之前，应告知当事人有关行政行为的事实、理由、依据等，告知当事人享有的陈述权与申辩权，并应听取当事人的陈述与申辩，当事人提出的意见合理的，公安机关应当予以采纳。正如英国的丹宁勋爵所说："如果被听取意见的权利要成为有价值的真正的权利，它必须包括让被控诉人了解针对它而提出的案情的权利。它必须知道提出了什么证据，有些什么损害它的说法；然后必须得到纠正或驳斥这些说法的公平机会。"归结起来，最大的问题就是我国没有全面确立公安行政执法的相关程序制度，缺少全面的程序制约与保障。

（四）在我国公安行政程序立法中，对程序违法的法律责任规定得过于原则化

我国目前尚未制定统一的行政程序法典，对违反公安行政程序所应承担的法律责任的规定主要散见于各行政法律规范中，而大多又不够详细、具体。《行政诉讼法》规定，司法审查中对行政行为程序合法性的审查也是审查该行为是否合法的内容之一。该法第三十三条规定："在诉讼过程中，被告及其诉讼代理人不得自行向原告、第三人和证人收集证据。"这对行政主体做出具体行政行为的顺序进行了规定，必须先取证后裁决，否则就是程序违法。

1996年10月1日起施行的《中华人民共和国行政处罚法》可以说是我国在行政程序立法上的又一个进步，它不仅规定了行政处罚的具体程序，还在总则部分明确规定，不遵守法定程序的，行政处罚行为无效，另在第七章也规定了程序违法的法律责任，比如第55条规定，违反法定程序的行政处罚，由上级行政机关或者有关部门责令改正，可以对直接负责的主管人员和其他直接责任人员依法给予行政处分。将责任落实到个人的做法可以避免执法人员不重视行政程序，推卸责任的发生。该法对减少公安机关在行政处罚中的程序违法现象起了很大作用。

《行政复议法》第28条规定，具体行政行为违反法定程序的，决定撤销、变更或者确认该具体行政行为违法；决定撤销或者确认该行政行为违法的，可以责令被申请人在一定期限内重新做出具体行政行为。这一规定与《行政诉讼法》的相关规定一样，采用"一刀切"的方法，未对违反程序的各种具体情形做出说明和区分，而是将所有程序违法行为统一对待。国外对程序违法的法律责任机制的设立就比较灵活，比如，根据不同程序规定不同的法律后果。与国外的有关规定相比较，我国现行法律所规定的行政程序违法责任的实现形式显得过于原则化和简单。国外的经验未必都可以应用到中国来，但是，对行政程序违法的分析、判断与处理确实不宜过于简单化，我国行政程序包括公安行政程序违法责任的实现形式还有待完善。

（五）公安行政程序的公开性、透明度低，相对人参与的程度不高

公安行政程序的公开性、透明度、参与性以及公安机关接受监督的程度，都是成正比的。公开性、参与性强，透明度就高，公安机关接受监督的广度和深度也会提高；公安机关及其工作人员无法随意违反程序进行执法，也防止随意增加或减少已有的程序性规定的行为发生。然而，我国现有的大多数公安行政程序都是公安机关单独制定或起草的，缺乏行政相对人的参与，还往往不对外公开，导致相对人因不了解程序规则而处于被动不利地位，无法维护自身合法权益。整体来说，我国公安行政法律制度及其运作程序，与WTO基本法律制度所提出的透明度原则仍存在较大的差距。

三、公安机关在行政权行使过程中存在严重的程序违法问题

我国公安机关行政权行使的领域非常广泛，包括治安、交通、消防、出入境等各领域，一方面，长期实践积累了丰富的行政管理经验，各级公安机关及其人民警察的程序意识有所增强，公安行政程序更加规范，在各项工作中取得了显著成效，但另一方面，公安机关行政程序违法的现象仍大量存在。

（一）从程序构成要素的角度分析，公安执法过程中在执法方式、步骤、顺序、期限方面存在的程序问题

1. 方式违法

方式违法是指公安行政行为不具备法定的方式要件。公安行政执法实践中对这方面的问题主要体现在以下几个方面：一是公安行政行为没有采取法律所要求的方式。例如，《治安管理处罚法》第八十二条规定："需要传唤违反治安管理行为人接受调查的，经公安机关办案部门负责人批准，使用传唤证传唤。对现场发现的违反治安管理行为人，人民警察经出示工作证件，可以口头传唤，但应当在询问笔录中注明。"但在执法实践中，经常出现警察不出示传唤证或工作证的情况，构成了方式违法。二是公安行政行为采取了法律所禁止的方式。例如，《治安管理处罚法》第八十九条规定，公安机关办理治安案件，对与案件相关的需要作为证据的物品，可以扣押；对扣押的物品，应当妥善保管，不得挪作他用。但经常出现警察私自将扣押物品不进行登记，私自挪用的现象，构成了方式违法。三是公安行政行为虽采取了法定方式，但存在瑕疵。在具体执法实践中，有的公安行政行为虽然总体上符合法定形式，但在某些具体环节上存在欠缺，与法律规定的方式不完全吻合。在此列举几个实践中常出现的违法情形：（1）法律规定的应记载的重要事项未记载或记载不全面。如《治安管理处罚法》第九十六条规定："公安机关做出治安管理处罚决定的，应当制作治安管理处罚决定书。决定书应当载明下列内容：被处罚人的姓名、性别、年龄、身份证件的名称和号码、住址；违法事

实和证据；处罚的种类和依据；处罚的执行方式和期限；对处罚决定不服，申请行政复议、提起行政诉讼的途径和期限；做出处罚决定的公安机关的名称和做出决定的日期。"公安机关在制作过程中往往欠缺其中的一项或多项，导致该治安管理处罚决定书存在瑕疵而不合法。（2）未盖印章。如《治安管理处罚法》第九十六条规定，治安管理处罚决定书应当由做出处罚决定的公安机关加盖印章。未盖公安机关印章的行为构成方式违法。（3）未履行告知义务。如书面文件上应写明做出行政行为的具体理由，而没有说明理由的构成方式违法；行政行为做出后应告知当事人寻求救济的方式和期限，而没有履行告知义务的，构成公安行政程序违法。

2. 步骤违法

公安机关行使行政权未按照法律规定的步骤进行，即构成步骤违法，在公安执法实践中通常出现两种违法现象：一是减少或遗漏法定步骤。法定的公安行政程序各环节之间是行政行为的必经阶段、步骤，少了其中任意一环都不能构成一个完整的行政程序。《治安管理处罚法》第八十九条规定，公安机关办理治安案件，对与案件有关的需要作为证据的物品，可以扣押；对扣押的物品，应当会同在场见证人和被扣押物品持有人查点清楚，当场开列清单一式二份，由调查人员、见证人和持有人签名或者盖章，一份交给持有人，另一份附卷备查。在公安执法实践中，经常出现民警不按步骤行事的现象，直接将物品拖走，开清单、签字盖章的程序一概省略，这是严重的程序违法。二是增加无法律依据的步骤。主要是指公安机关及其人民警察在法律规定之外随意增加程序环节。例如在警察行政许可领域，公安执法机关在受理特种行业许可证时要求申请人提供与许可事项无关的财产证明，就属于任意增加无法律依据的步骤，给相对人造成不当损害，构成程序违法。

3. 顺序违法

立法在设置公安行政程序各环节的先后顺序上，对相关各方面都进行了综合考量，例如，有的是按照客观的、规律性的需要而安排的，有的是出于保障公安行政行为合法、公正、合理的需要，所以顺序不能随意颠倒。但在行政执法实践中，由于各方面的原因，比如基层警力不足，一线民警超负荷工作等客观情况的存在，在治安管理处罚时存在先处罚后补充提交证据材料等现象，显然违反了行政行为"先取证，后裁决"的基本原则，违反了顺序规定，构成了顺序违法。

4. 期限违法

行政行为的期限是具体的、法定的，违反了法定期限，同样会导致程序违法。如《治安管理处罚法》第九十九条规定："公安机关办理治安案件的期限，自受理之日起不得超过三十日；案情重大、复杂的，经上一级公安机关批准，可以延长三十日。"公安机关超过上述的，就属于期限违法。

（二）从各类公安行政行为的角度分析，公安执法过程中在行政处罚、行政许可、行政强制等方面存在的程序问题

1. 行政处罚程序违法

在《行政处罚法》和《治安管理处罚法》颁布后，公安行政处罚程序不规范的现象较之前减少了许多，但仍存在程序违法的问题，在实践中多表现为：(1)执法人员数量不合法，如调查、询问只有一位民警进行。(2)执法过程中不出示表明身份的有效证件。(3)未充分合法地履行告知义务。在做出行政处罚前，有的未告知行政相对人处罚的事实、理由和依据；有的未告知行政相对人有陈述、申辩权或者本应处罚前告知的却在处罚后告知；有的是对具备法定听证要件的处罚案件，未在处罚前告知听证权利，或行政相对人要求听证的而不举行听证或超过法定期限举行听证；有的未告知行政相对人不服处罚决定享有行政复议或诉讼等权利。(4)处罚顺序颠倒，有的先做出处罚决定再搜集证据，存在严重的程序违法。

2. 行政许可程序违法

根据前文所述，公安行政许可行为属于行政处置行为之一，是指公安机关根据行政相对人的申请，依照有关法律法规的规定，通过颁发许可证和执照等形式，只允许特定行政相对人，行使某项权利，从事某项活动，获得某种资格和能力的公安行政执法行为。公安机关行政许可行为违反法定程序，在实践中主要体现在：(1)拒绝接受许可申请或接到许可申请后应该受理而不予受理。(2)审查超出法定期限。(3)剥夺申请人的陈述和申辩权利。(4)案件符合听证要件却不告知申请人或利害关系人有听证权。(5)对许可申请做出不予许可决定后未告知相对人理由和依据。(6)做出许可决定或送达许可文件超出法定期限等。

3. 行政强制程序违法

行政强制是指行政主体为实现行政目的，对相对人的财产、身体及自由等予以强制而采取的措施。行政强制执行是现代法治国家中行政强制的最基本类型，此外行政上的即时强制、行政调查中对相对人施加的各种强制措施，都可以归结为行政强制的范畴。由于我国法律对公安行政强制程序尚无统一规定，在实践中，强制行为的随意性很大，侵害行政相对人合法权益的情形时有发生。比如，查封、扣押的财物不制作清单，不开具收据；私自占有被查封、扣押的财物；随意查封、扣押本不应被查封、扣押的财物；不妥善保管查封、扣押的财物，造成财物的不当损失。这些都是法律无严格的程序规定，才造成了公安机关滥用行政权的发生。

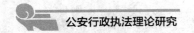

四、警务保障不力

警务是人民警察在工作岗位上履行职责、行使公安行政权的活动过程和状态。警务保障是指公安机关依法履行职责所必需的人力、物力、财力和制度条件。警务保障的内容非常广泛，包括：有充足的警力；警察执行职务所需的物质和技术保障，如经费、设施、装备以及人民警察的工资、福利和优抚保障；法律保障人民警察依法执行职务，公民和组织应当支持和协助公安执法，妨碍执法的行为应承担法律责任等。但是，目前我国警务保障不力现象严重，特别是基层警力不足、经费短缺、执法权益缺乏保障等问题凸显，已经严重制约了公安机关执法工作的正常开展。

虽然我国目前警察队伍人数众多，但分析我国的警力分布情况可知，大部分警力都分布在省级、地市级、县级公安机关（包括城市公安分局），并且警察数量呈现逐年递增的趋势，而派出所这些基层公安机关却只有少数的警察人员，但事实上，派出所承担的是公安机关大部分一线日常工作，所需要的警力也应更多，可见我国警力配备严重不合理。在这一点上，美国的做法值得我国借鉴。美国的城市警察作为美国警察系统中最重要的组成部分，其聘用的专职警察约占全美专职警察的四分之三。

另外，公安机关的执法经费无法得到切实保障，制约了公安机关行政权的行使。纵观世界其他发达国家和地区的做法，其警察经费均由国家财政统一发放，保证有足够的资金供公安机关使用，而我国由于各地经济发展水平不一，很多地区财政困难，导致公安机关经费严重不足，影响了公安工作的正常进行和公安队伍建设的顺利开展。有的地方政府为了确保公安机关正常运转，便出台了一系列特殊政策，如返还罚没款、经费全年包干等，来补充经费的不足，维持正常运转，造成基层公安机关的民警受利益驱动，滥收滥罚现象严重，违法违纪案件时有发生。

此外，警察自身的执法权益保障也存在问题。当前社会治安形势日趋复杂，少数违法犯罪分子袭警、妨害警察执行公务的事件时有发生。而目前我国一方面警察的装备依然十分落后，另一方面在公安行政执法权力保障和对袭警者惩罚的立法方面十分滞后，仅规定"非开枪不能制止时，方可使用枪支"，让民警很难把握好尺度，而部分警察从自身安全角度出发，不敢大胆地与违法分子做斗争，不敢依法行使权力，这样不利于其严格执法，也不利于维护社会秩序、保护大多数人的合法权益。

五、公安行政执法监督制度不完善

我国目前虽然建立了多种公安行政执法监督制度，但在这方面还存在一些缺陷。

（一）法律对监督制度缺乏明确规定，操作性不强

法律对行政执法制度规定还不够完善，对公安执法监督制度的规定也存在缺陷，仅

笼统地规定了有权对公安行政执法行为进行监督的部门及其职责范围，但未对具体的监督途径、方式以及监督失职后的法律后果等具体问题做出详细具体的规定，致使许多监督形同虚设，也不能激发监督部门和监督人员的职责意识。

（二）多种监督未形成统一工作机制，内部监督与外部监督杂乱无章

目前，我国在公安行政执法监督方面存在多种监督方式和监督主体并存的情形，内部有行政机关的行政监察，有政法委和纪委的监督，有党内的纪检机制；外部有相对人提起的行政复议和行政诉讼方式，有信访方式和新闻媒体的监督。相应地，在公安机关内部设有法制、督察、监察、纪委、审计、信访等多个部门分别负责各项监督工作，但这些部门都各自行使职权，没有集中在一起对监督领域和分工合作进行沟通协商，导致现有的监督工作存在交叉，有的又会有遗漏的现象，甚至还出现相互推卸监督职责的情况。根源就在于没有建立统一的执法监督工作机制，所以不能形成监督合力，影响了监督效果。

另外，除了内外部工作分工配合方面存在主要缺陷外，内部监督和外部监督各自也存在仍未解决的问题。如在内部监督中，有些公安机关内仍没有设置专门负责公安执法监督的科室，有的即使设置了，但要么人员不足，不能正常运转，要么与被监督部门平级，无直接处分权，不能充分发挥其监督职能。在外部监督中，通常又由于公安机关警务公开制度不完善，制约了外部监督的实现。比如，可供公民进行外部监督的渠道没有完全开放，目前，公民对公安机关执法行为的投诉途径主要采取信访、拨打110报警服务电话、行政复议、行政诉讼等形式，这些少量的投诉渠道不足以满足公民监督的需要，而且也没有形成相关的投诉反馈制度。

第十一节　我国公安行政权运行的程序规制

一、逐步完善公安行政执法制度体系

自20世纪80年代社会主义法制重建以来，我国公安行政程序法治建设也在不断推进。1982年我国第四部宪法规定，国务院有权制定行政法规，公安部等部委有权制定行政规章，这是对行政立法做出的首次宪法性确认。随着1989年《行政诉讼法》的出台，中华人民共和国第一部行政司法救济的法律诞生，为合法权益受到行政行为侵害的行政相对人提供了救济的法律途径。之后，我国相继颁布了《行政复议条例》《国家赔偿法》《行政处罚法》《行政监察法》《行政复议法》《立法法》《行政许可法》和《信访条例》等，这些一般性的法律规范对公安行政执法行为的设定、实施、监督及救济等做出了规定。

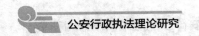

公安行政是国家行政管理的重要组成部分，行政程序的法制建设为公安行政程序法制建设打下了坚实的基础。改革开放后，我国加快步伐完善包括公安程序在内的公安立法。在1995年2月，第八届全国人大常委会第十二次会议通过了《中华人民共和国警察法》，这部法律的颁布实施，对法律规范人民警察的执法行为具有里程碑式的意义，开启了公安法制建设的旅程。为统一规范公安机关行政执法程序，进一步构建公安行政程序法律制度，公安部于2003年8月26日颁布了《公安机关办理行政案件程序规定》，该规定进一步扩充并完善了我国公安行政程序法律规范体系。随着改革开放的深入发展，市场经济的日益开放，社会治安问题逐渐突显并且复杂，而《治安管理处罚条例》对处罚程序的规定极其简单、笼统，仅仅原则性地规定了传唤、讯问、取证、裁决等程序性内容，而未涉及案件管辖、回避、证据种类、调查以及对违法物品的扣押等基本程序，无法解决公安行政执法实践中的问题，于是，十届全国人大常委会17次会议对原有《治安管理处罚条例》进行了修改，通过了《中华人民共和国治安管理处罚法》，并于2006年3月1日起正式实施。《治安管理处罚法》对上述问题做出了回应和完善，明确、具体地规定了对违反治安管理的行为进行调查、决定、执行和救济的程序。根据《治安管理处罚法》的原则和精神，公安部又于2006年8月对《公安机关办理行政案件程序规定》做了修订，以适应新形势下程序法治的要求。

我国目前在公安行政执法的各个领域如治安管理、消防监督管理、道路交通管理、出入境管理、户籍管理等方面都有了相应的专门的法律规定，如《治安管理处罚法》《消防法》《道路交通安全法》《集会游行示威法》及其实施条例、《外国人入境出境管理法》《公民出境入境管理法》《居民身份证法》等。在已有的公安行政程序法律体系中，还包括《户口登记条例》《边防检查条例》《公安机关督察条例》《强制戒毒办法》《公安机关办理行政案件程序规定》等公安行政法规、地方性法规、规章及其他规范性文件。这些专门性法律规范都具体规定了公安行政执法权的范围、行使程序、监督救济等内容。

二、加强规范公安行政执法程序

在我国公安行政程序规范发展的现阶段，关于公安行政处罚和公安行政许可程序的规章制度还比较完善。《行政处罚法》对行政处罚程序做出了规定，包括简易程序和一般程序，已形成了相应的制度，这些制度同样适用于公安行政处罚，例如：(1)表明身份制度，即执法机关在实施行政执法行为前，要向相对人出示身份证、工作证或授权令等其他相关证明文件，用以证明其行使行政处罚权的资格的程序制度。(2)告知制度，即执法机关在执行处罚时，必须告知相对人处罚的理由和依据等，凡是涉及相对人权利的，执法机关就有职责履行其告知义务。(3)听证制度，即执法机关在做出责令停产停业、较大数额罚款处罚等处罚决定前，必须告知相对人有申请听证的权利，相对人申请听证的，应当举行听证会。《行政许可法》有关行政许可的实施程序也同样适用于公安行政许可的实施，具体包括申请与受理、审查与决定、变更与延续等内容。之后，我国颁布了专门的公安行政法律法规，如《治安管理处罚法》《公安机关办理行政案件程序规定》，具体规定了公安机关办理行政案件的程序。例如，《治安管理处罚法》就确立了告知、陈述、申辩、回避、听证等处罚程序制度，规定了治安处罚的简易程序与一般程序。同时以法律形式首次确立了公安行政执法中的非法证据排除制度，强调严禁刑讯逼供或者采用威胁、引诱、欺骗等非法手段搜集证据，以非法手段收集的证据不得作为处罚的依据。

三、构建完善的公安行政权力运行监督体系

为了更好地维护处于弱势一方的相对人合法权益免受非法行政行为的侵害，有必要对公安行政行为进行更加严格的制约、规范和监督，建立更加完善的执法监督制度。在这方面，我国已取得了一定成效，建立了相应的内部监督与外部监督机制。

（一）内部监督

为了完善对公安行政权的内部监督制度，我国通过颁布一系列相应的法律规范来加强对内部监督的规定。自国务院颁布《公安机关督察条例》后，公安机关便设立了专门的内部监督机构，公安部先后制定了《公安机关内部执法监督工作规定》《公安机关人民警察执法过错责任追究规定》《公安机关追究领导责任暂行规定》等规范性文件，对公安机关内部实施监督的主体、监督的权限和方式及应承担的法律责任做出了明确规定。这些规范性文件也促使我国形成了由纪检、监察、政工、法制、信访和督察等部门所组成的监督制度。

（二）外部监督

我国现行法律规范中有关对公安行政权的外部监督的规定是实行外部监督的法律依据。现行《宪法》第41条提供了宪法性依据：中华人民共和国公民对任何国家机关和国家工作人员，有提出批评和建议的权利；对于任何国家机关和国家工作人员的违法失职行为，有向有关国家机关提出申诉、控告或者检举的权利。《行政监察法》赋予行政监察机关享有对公安机关的监督权。《道路交通安全法》也规定，行政监察机关有权对公安机关交通管理部门及其交通警察的行政执法活动依法实施监督。根据宪法规定，《行政诉讼法》《行政复议法》《国家赔偿法》《治安管理处罚法》《道路交通安全法》等法律法规赋予了相对人的救济途径：相对人认为具体公安行政执法行为违法的，有权向公安机关或者人民检察院、行政监察机关检举、控告，也可以依法申请行政复议、提起行政诉讼，由收到检举、控告的机关依职权做出处理，或由复议机关或者人民法院对具

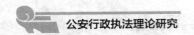

体行政行为进行审查后做出裁决；如果违法公安行政行为侵害相对人合法权益并造成了实际损害的，受害人可以通过依法申请国家赔偿来寻求救济。这些法律法规促进我国建立起了以国家权力机关、检察机关、行政监察机关、社会团体、人民群众、新闻媒介等为主体的外部监督体系。

四、致力于构建比较完善的程序违法追究制度

公安机关及其人民警察在行使行政权的过程中存在程序违法的，应承担法律后果，这也是违法必究在公安行政执法上的体现。一般性法律包括《行政诉讼法》《行政复议法》《行政处罚法》《国家赔偿法》《行政监察法》等，规定了包括公安机关及其人民警察在内的行政机关违法行政应承担相应的法律责任，并对责任主体、责任形式等内容做出了规定。而专门性的公安行政法律法规包括《治安管理处罚法》《道路交通安全法》等，也明确规定，公安机关及其人民警察行政违法的，应对直接负责的主管人员和其他直接责任人员给予相应的行政处分，造成损害的，应当依法承担赔偿责任；构成犯罪的，依法追究刑事责任。

第八部分

人民警察规范化执法

第一节 人民警察规范化执法的概念

一、人民警察规范化执法内涵的界定

（一）我国公安机关执法的法律性质及特点

1.我国公安机关执法的法律性质

纵观世界，无论是大陆法系还是英美法系国家，警察都是作为政府的一个组成部分存在。政府承担着保障社会生活有序进行的方方面面工作，而警察机关是这一切中的最后一道防线，它担负着保障稳定社会秩序的重要任务，因此警察机关属于行政机关，这是普遍共识。同时，政府作为社会的保护者，一旦有危害社会利益的犯罪行为发生时，其势必要加以对付。至此，作为行政机关的警察机关，其权力又染上了刑事侦查的色彩，从而与司法结下了不解之缘。然而，"司法"一词在中西方有着截然不同的意义。国外的司法机关仅指法院，但在我国，司法机关同时包括刑事诉讼过程中的检察院，甚至不少人将行使侦查权时的公安机关也纳入司法机关的范畴。可见，明确我国公安机关执法行为的性质，有助于我们对其运行中产生的问题进行研究。依据我国有关法律的规定，当前我国警察执法在性质上体现出双重性，即警察执法的行政性与司法性。在国外，警察机关一般划分为行政警察和司法警察。如日本学者田口首一曾指出："警察

活动，大体分为行政警察活动和司法警察活动"，由此可见，行政警察活动与司法警察活动具有性质上的差别。一些学者这样论述这种差别：行政警察的主要作用在于预防犯罪，而司法警察的主要功能在于制裁犯罪，前者主要适用各种行政法规，而后者主要适用刑事诉讼法律。在我国，公安机关行使了绝大部分警察权，虽然我国在组织机构上没有具体划分行政警察与司法警察，但在警察职权上，却实在地划分了警察行政权与警察司法权。目前在我国，警察的这两种职权是由同一个机关——公安机关行使的，只不过在其内部存在部门分工而已。相应地，我国公安机关在执法的行为性质上，既表现出作为行政机关的行政性，又表现出作为打击犯罪行为等司法机关具有的司法性。正确区分公安机关在不同环境下的不同执法行为，屡清其行为的法律性质，是正确适用法律与进行法律监督、探讨规制手段的重要环节。

执法按照字面意思理解可以是法律执行，即按照法律做事。而公安执法就是指公安机关依照我国相关的法律法规履行职责。经过多年的发展，"执法"一词的含义在不断完善和发展，对其的定义也有狭义与广义之分。狭义的执法是指法的执行，即国家行政机关及其公职人员，依法行使管理职权、履行职责、按照法律实施活动的行为，是一种以国家的名义对社会进行的全面管理。广义的执法是指社会主义法治的全部活动，包括国家司法机关、行政机关及其公职人员按照法律实施活动的行为，其主体包括范围较广。而对于公安执法来说，公安机关既是司法机关又是行政机关，其执法行为应属于广义的执法范畴。公安执法就是指公安机关及其公职人员在执法过程中依照国家法律法规履行职责、行使管理职能、实施法律活动的行为，公安作为执法队伍的一员，相对于其他行政机关，执法范围更广、执法手段更严、执法标准更多。

2.我国公安机关执法的特点

（1）执法范围广

我国公安机关的职责涉及国家安全、社会稳定，打击违法犯罪，保护公民人身、财产安全等各个方面。可以说，大到国家安全和社会的稳定，小到公民的生老病死及衣食住行，都是公安机关的管辖范围。警察执法既涉及刑事司法方面的侦查、预审、刑罚执行等，又涉及治安行政方面的户籍、身份证、交通、消防、公共场所、特种行业管理等，执法范围广是我国公安机关执法的突出特点。

（2）执法手段特殊

我国公安机关的执法手段较为丰富，法律在赋予公安机关刑事强制措施权、治安行政处罚权、行政强制措施权、紧急状态处置权、使用武器警械权等各项权力的同时，也设置了财产的扣押、查封、没收，人身的传唤、留置、拘留、逮捕等各项执法手段，特别是强制限制人身自由，是公安机关所独有的。

（3）执法过程较为自主

职责范围较广和执法环境的复杂对公安机关执法能力提出了非常高的要求，而执法过程最终是由每个警察"个体"自主地根据其对法律、法规的认知和对具体情况判断来落实到每一个案件，由其"自主决定执法的性质、种类、时间和限度"。

（二）执法规范化的内涵和特征

规范指经过生活实践约定俗成或法律法规明文规定的标准，它能调整人们的行为准则。随着社会的发展，生活中产生了许多社会规范，如大众普遍都能接受的道德准则。这些规范使得人民的生活有章可循，能够维护每个人的合法权益，并形成井井有条的社会秩序。法律作为社会规范具有特殊性，它是由国家颁布的，由国家强制力保证实施的准则。法律不仅约束、规范着公民的行为，还规定了国家机关及其公职人员需要履行的职责，作为行使国家权力的公职人员，既要按照法律法规工作、办事，又要承担因为违反规定所造成的法律后果和责任。公安机关作为国家机关的组成部分，在行使国家权力时也应遵循法律法规对其的规定和约束。公安机关作为暴力机关，更应严格遵守合法行政的原则，规范化地进行执法。公安执法规范化不仅仅是公安机关及其公职人员依照法律法规执法办事，还包括其执法理念、执法制度、执法监督的规范化。在新时期对公安的要求超出了以往的只要抓捕犯罪人员就行，其他都可以不管，而现在的执法规范化要求提高执法人员的素质和对法律的理解认识，遵循文明执法，构建完善执法监督体系，促使公安执法的规范化发展。

1. 执法概念

执法，《周礼·春官·大史》载："大丧，执法以莅劝防。"指执行和执掌法令。而在《史记·滑稽列传》："执法在旁，御史在后。"和《后汉书·伏湛传》："（伏湛）至王莽时为绣衣执法。"中，执法则指执法的官吏。在日常生活中，执法通常有广义与狭义之分。广义的执法或法的执行是指国家行政机关、司法机关及其公职人员依照法定程序实施法律的活动。狭义的执法指法的执行，专指国家行政机关的公职人员依法行使管理职权、履行职责、实施法律的活动。人们把行政机关称为执法机关，就是使用狭义执法的概念。执法，就是指在"以事实为依据，以法律为准绳"的前提下，运用演绎推理导出结论的过程。执法活动的基本步骤就是：查明事实、寻找法律、适用法律。

2. 执法规范化概念

关于"规范化"。按《说文》："规，有法度也。""范，法也。"从古人关于规范的解释来看，规范就是指有法度。而"规范"与"化"联系起来，则要求法度不仅仅成为可遵行的具体模式，而且要成为一种常态。在经济、技术、科学及管理等社会实践中，对重复性事物和概念，通过制定、发布和实施标准（规范、规程、制度等）达到统一，以获得最佳秩序和社会效益。

"执法规范化"一词首先来源于公安部的政策要求，是公安部提出的"三项建设"中的一项，指"公安执法主体为了实现公正、文明、严格、高效的执法目标，在法律的框架内，对公安执法活动进行程序化与标准化建设的一项系统工程"。执法规范化作为法治的一项最一般要求，也是对执法民警最根本的素质要求。对于执法规范化可以有广义及狭义之分。狭义的规范化即为执法行为的规范化，而广义的执法规范化包括执法理念、执法制度、执法行为、执法监督的规范化。推进公安机关执法规范化，不能仅仅靠完善制度、规范执法行为，而应该探求影响执法规范化的深层次问题。从端正执法思想、转变执法理念入手，坚持依法办案，提高执法素质，加深对法律的理解，为执法规范化打实基础。在此基础上，进一步完善程序设定，细化执法规则，提高执法质量，公开执法信息，加强执法监督，建立执法信用，才能保证执法规范化真正落到实处。

公安机关作为在我国历史进程中始终存在的执法机关，是有着保障公民合法权益不受侵害、合法财产不受侵犯、采取暴力等手段打击违法犯罪活动的重要组织部门。相区别于其他行政机关，公安机关的主要职责是维护社会秩序稳定，坚决与违法行为做斗争。作为司法机构的组成部分，公安机关分布在全国各省、市、县、村，尤其是基层公安更是直接接触违法犯罪的首要部门。与一般的行政机关不同，公安机关是以国家强制力为坚强后盾的，在执法过程中，面对狡猾的犯罪分子拒捕、抵抗等行为，公安机关就需要以暴力手段制服犯罪人员。所以对于公安机关来说，时时刻刻都在保护公民合法权益不受侵犯，受新时代发展的影响，越来越多影响社会不稳定的因素产生，这就更加要求公安机关在执法过程中会应对并解决这些出现的问题和情况，而公安机关的执法越规范，也越有利于社会的稳定和谐发展。

公安执法规范化是我国依法治国的内在要求，是依法行政的重要体现。公安执法规范化是迎合现今社会飞速发展的必然要求，执法更规范也就意味着生活、办事更规范，它是一种在法律的框架内，重新界定公安工作，将公安工作细化、量化的活动进程。

执法规范化在我国有着深厚的历史渊源，并非新出现的概念。早在古代我国的先哲们就已经看到了执法规范化的重要意义，"执法""规""范"等词语在各类史料和典籍中早已出现。

改革开放以后，基层公安机关在实践领域中，存在着超越职权、滥用职权、违法履职等问题，为了进一步约束公安机关不当行使职权的问题，实现公正、文明、严格、高效的执法目标，公安部党委于2008年9月在"南京会议"上做出了加强执法规范化的重要决策，特别是在2014年党的十八届四中全会通过了《中共中央关于全面推进依法治国若干重大问题的决定》后，进一步深化执法规范化建设，对于不断提升公安机关的执法能力和执法公信力的意义更加重大。执法规范化的重点在于"规范"，辞海中对于"规范"的解释是"标准、法式、规范、典范"。执法规范化从广义上讲，应当属于公安法制建设的内容，而且是实现公安工作法制化的重要组成部分。从狭义上来说，公安机关执法规范化建设就是指公安机关通过技术性的操作，对执法观念所蕴含的内容进行程序性设计和执法活动的设计，使其在法律规定的范围内，依照现代法治理念的要求，以实现公平正义为终极目标，对执法活动、执法程序，尤其是对其权力、义务、责任等方面进行标准化设计。这是一项包括对执法机关的思想、主体、制度、管理和保障进行建设的系统工程。对于公安机关来说，执法规范化可以界定为基层公安机关以法律法规和内部规程为依据，在办理各类案件、执行警务活动的过程中形成基本框架结构，是公安机关必须遵循的标准，是依法行政、依法治警理念在警务活动的集中体现，也是公安队伍正规化建设和现代警务机制的重要组成部分。执法规范化的内涵主要体现在以下三个方面：

（1）执法规范化以"法治国家"理念为理论基础

党的十八届四中全会指出全面建成小康社会、实现中华民族伟大复兴的中国梦，全面深化改革、完善和发展中国特色社会主义制度，提高党的执政能力和执政水平，必须全面推进依法治国。面对法治的要求，公安机关行使警察行政权应当受到司法权的制约，还应当受到如沉默权等公民权利的制衡，将其置于社会的监督之下。因此，我国警察行政权的合理构建应当以法治国家理念为基础，在执法过程中体现为"依法治权"。这就要求公安机关做到以下五点：第一，权力法定。公安机关执法活动的来源和行使必须有法律进行明确的规定，无论是公安机关还是警察个人都应当在法律法规规定的范围内从事警务活动。第二，法律至上。公安机关及其干警在行使警察权的时候，应当以宪法和法律作为最高标准，不得以与宪法和法律相抵触的部门规章或地方性法规为其行使权力的依据。第三，程序正当。在行使警察权时，公安机关及警务人员必须严格遵循法律规定的方式、步骤、顺序、期限等，否则将被追究相应责任。第四，权责统一。公安机关的执法活动具有双重性，它既是一种权利，也是一种义务，不能够滥用，也不能放弃。第五，监督权力运行。公安机关行使执法权力必须有相应的法律监督与制衡机制，具体包括权力机关与司法机关的监督、公安机关的自我监督、行政监察审计机关的监督、舆论监督与社会监督等。

（2）执法规范化以"依法行政"理念为理论依托

"依法行政"本意指的是政府应当依照宪法和法律的规定行使行政权力或者行使行政管理职能，实质上是规范政府行为，保护公民权利，是依法治国的本质体现。纵观我国警察活动执法的主要依据，可以说不论是《治安管理处罚法》《行政处罚法》《行政复议法》还是《国家赔偿法》，无一例外，都是行政法的范畴，而刑事司法活动作为警务活动的重要组成部分，究其本质，也是警察行政权的延伸。

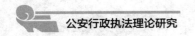

（3）执法规范化以"以人为本"理念为最终归宿

警察行政权的最根本原则是人权原则。中华人民共和国成立初期，周恩来便赋予我国公安机关以"人民警察"的称号，这充分体现了其人民属性。因此，公安机关的执法行为也应当本着"以人为本"的理念，来维护和保障广大人民群众的利益，这也是执法为民的核心意义，是建设执法规范化的最终归宿。

由此可见，公安执法规范化既是公安机关队伍建设和日常工作进步的重要标志，也是构建社会主义和谐社会的必由之路，是进行社会主义法治国家建设的必然趋势。公安执法规范化建设在"三项建设"中处于承上启下的重要地位，是"三项建设"的核心任务和关键环节。

3.公安执法规范化的特征

公安执法是按照已经制定好的法律法规及相关政策，对公民日常生活中遇到的与之相关的各类问题进行执法的活动，其中执法的内容既包括突发性的打击违法犯罪活动，也包括交通、户籍等日常事务的管理。但是，在日常生活中，随着经济的发展，社会生活复杂多变，各种新情况、新手段、新犯罪类型层出不穷，也使得执法人员要随时应对这些情况的发生。如何能够快速合理地处理这些问题，切实保障社会秩序的稳定和公民的安全是公安执法面临的一大难题。面对飞速发展的社会，法律不可能做到对随时出现的新情况进行规定和完善，这就要求公安执法人员在尚且没有法律规定的情况下有一定的自由裁量权，以便能够灵活、高效地处理问题。然而正是因为在执法过程中的自由裁量，导致部分公安案件处理得不规范，使得人民群众对执法结果不信任。公安执法规范化就要求按照公安执法规范化的特点，在遵守法律法规的基础上行使自由裁量权。其特征有以下几点：

一是法定性。公安执法活动需要依照国家法律法规和规范性文件进行，通过国家强制力保证实施，是以人民群众的基本意愿来管理国家事务的一种手段。

二是公正性。这是公安执法规范化体系建设的基本衡量标准和既定目标，也是公安民警执法活动的基本追求，为了真正做到依法治国，维护社会公平正义，公安执法应始终将公平作为履行职责的标准线。

三是程序性。公安执法要依照法律法规有序开展，根据制定好的严格、标准、明确的操作程序履行职责、行使职权，不能按照自身所想随意执法。

四是互动性。公安执法不能脱离执法主体和客体单独存在，执法活动的发生必然会影响社会的发展、人民的生活，也跟执法体系硬件和软件建设有相应关系，是互为影响、相互促进的关系。

第二节 推进人民警察规范化执法的背景分析

一、推进执法规范化建设的社会背景

执法规范化是党和国家对公安工作的一贯要求。1978年，邓小平同志在中央工作会议上提出"有法可依，有法必依，执法必严，违法必究"的社会主义法制原则。执法公信力来源于严格、公正、文明执法，来源于全心全意为人民服务的良好形象。"十八大以来，习近平总书记反复强调必须坚持严格执法，切实维护公共利益、人民权益和社会秩序。党的十八届四中全会通过的《中共中央关于全面推进依法治国若干重大问题的决定》推进国家的治理体系和治理能力现代化，深刻认识坚持严格规范公正文明执法的具体要求。党和国家领导人的精辟论述和中央的明确要求，为公安机关执法规范化建设指明了方向，并提供了强大的理论支撑。

2008年9月，公安部在南京召开全国公安厅局长座谈会上明确提出了"三项建设"任务，即加强执法规范化建设、推进公安信息化建设和构建和谐警民关系建设。时任公安部部长孟建柱指出：坚持严格、公正、文明执法，是公安工作的生命线，也是公安机关和公安民警最基本的履职要求和价值所在。要严格、公正、文明执法，必须首先做到规范执法。各级公安机关要把加强执法规范化建设、提高执法公信力，作为一件事关公安工作全局的大事来认识，作为当前一项十分重要而紧迫的任务来落实。加强执法规范化建设，涉及公安工作全局，既是当前十分重要而紧迫的任务，也是需要持续推进的长期任务。2008年12月19日，公安部在北京召开全国公安厅局长会议。会议强调，各级公安机关要切实把加强"三项建设"作为夯实公安工作根基的重要载体。在执法规范化建设方面，各级公安机关贯彻公安部《关于大力加强公安机关执法规范化建设的指导意见》，进一步规范执法主体、完善执法制度、改进执法方式，配合立法机关推动出台了8个公安部规章，制定了100余件规范性文件。

现阶段我国公安执法规范问题越来越受到社会各个领域的关注，近年来因为公安执法而产生的社会事件也在不断增多，公安执法问题被推到了风口浪尖上。公安机关内部也在不断深化改革、开拓创新，通过多种方式在各个方面进行规范化建设。2005年中央政法委提出了"规范执法行为，促进执法公正"的方针，推动公安执法规范化建设。2008年9月，公安部结合当时全国公安发展实际情况，做出了"切实加强执法规范化建设"的重要部署。同年11月，制定出台了《关于大力加强公安机关执法规范化建设的指导意见》《全国公安机关执法规范化建设总体安排》，公安执法规范化建设正式在全国的公安系统内全面开展。近年来，中央以及公安部不断出台相关的法规、文件来规范和约束公安执法行为。2016年3月1日，《公安机关人民警察执法过错责任追究规定》的出台，进一步从法律的层面对人民警察执法提出了"终身负责制"的要求。

公安部门先后提出了"法治公安""文明公安""阳光公安"等一系列执法理念，并通过开展各类专项活动进行规范执法的教育和宣传，取得了很好的效果。在公安系统工作，对公安执法规范化建设的发展和演变有切实体验和认识的国家工作人员，深刻感受到作为一名执法者在自身执法理念、执法方式、执法语言以及执法程序等多方面的进步，同时也能感受到人民群众对公安执法的质疑、不信任以及理解、支持等情绪，希望随着公安执法规范化建设的推进，公安执法能够得到更多的肯定和认可，为建设社会主义法治国家打下牢固的基础。

经济社会加快发展、快速走向现代化的时期，往往也是社会利益深刻调整、人们心理容易失衡、社会矛盾急剧增多的时期。当前，征地拆迁、工资待遇、企业改制等问题引发的不稳定因素集中爆发，公安机关疲于应付种种群体性事件，成为社会矛盾的转嫁者，被置于群众的对立面，各项工作开展得极为被动。而警察作为一种高风险高付出的职业，其辛苦程度并不为群众所知。一方面，基层一线民警长期处于超负荷状态，加班加点成为常态，80%以上的基层民警平均每年加班近90个工作日，60%以上的民警处于亚健康状态。另一方面，群众往往只看到公安机关手握重权、回报丰厚，对公安工作了解甚少，甚至抱有"仇权"心态，导致警察在执法过程中遭到群体对抗和暴力阻碍的情况时有发生。据统计，2008年，仅广东省就发生暴力抗法、袭警、诬告、侮辱等侵害警察正当执法权益的案件901起，1071名警察的正当执法权益受到损害。与此同时，随着社会进步和人民生活水平的提高，人民群众对安全的需求、对警察执法的期望也越来越高。而随着社会治安形势日趋复杂严峻，公安机关执法观念落后、执法水平有待提高的情况大量暴露了出来，"府谷事件""孟连事件""瓮安事件"的连续曝光，造成人民群众对公安机关的极大不满，严重损害了公安机关的执法公信力，也从另一个角度表明我国公安机关的执法规范化任重道远。公安部在《关于进一步加强和谐警民关系建设的指导意见》中也明确指出："执法思想不端正、执法行为不规范、执法过程不透明、执法方式不文明、执法制度不完善、执法监督不严密以及非警务活动过多、违法违纪案件频发等，成为导致人民群众对公安执法活动不满意、警民关系不和谐的直接原因。"

但是，与之相反，对如何加强新形势下公安机关的执法规范化却很少有从学术角度进行的探讨。体制和机制的完善作为执法规范化的不懈追求固然重要且必要，但是再完美的体制和机制，也有待于每个执法个体发挥其主观能动性，以适合的手段将其落实到某一具体执法活动当中。公安工作纷繁复杂且责任重大，公安机关执法规范化作为一项系统的工程，仅仅从体制和机制上寻求突破并不能取得很好的效果。而且，作为一种政策宣导和要求，执法规范化与相关的法律规定并不能想当然地接轨，如何把政策要求转化为执法理念、执法方法及执法技术，以契合法治思想、法治原则、法律规范和执法实践的方法打通执法规范化的道路，是一个摆在我们面前不得不研究的课题。公安机关的执法规范化不仅是事关公安工作全局的一项重大战略任务，也是一项十分紧迫的现实任务，要实现公安工作的执法规范化，既要有创新的思路，又要有创新的举措，还要有创新的路径。

二、执法规范化建设的必要性和现实意义

（一）规范化执法的必要性

1. 执法规范化建设迎合了我国依法治国的基本国策

我国是社会主义法治国家，法律具有绝对的权威性，任何人都不能凌驾于法律之上，都要遵守法律法规。公安机关作为维护社会秩序稳定的有效力量，法律赋予了其依法行政的权力。但首先公安机关自身要遵法守法、按照法律规定照章办事处理案件，才能让人民大众信服，才能提高公安机关的公信力，才能更好地进行执法活动。因此公安机关执法规范化的建设也更迫在眉睫，只有在执法过程中纪律严明、态度严谨、执法方式严格才能更好地保障执法活动规范化的进行。我国公安制度正在经历一次重大改革，更依靠法制、更贴近人民、更好地服务社会，是现今公安改革的基本原则。虽然我国社会现今基本稳定，但来自国内恐怖主义分子的威胁和国外敌对势力的虎视眈眈仍然让我们不能放松警惕，随着人民群众法制意识增强，警民关系也面临新的危机，这些都要求公安机关要有直面困难的勇气和迎难而上的挑战精神，坚决贯彻落实依法治国、依法行政的理念，将执法规范化建设贯彻到底。

2. 执法规范化建设是树立公安良好形象的必然要求

公安机关在执法过程中与人民群众接触广泛，既离不开人民群众的支持，也要时刻接受来自社会舆论和人民群众的监督。公安机关作为法律的执行机关，要严格遵守法律，按法律规定办事，如果做出违反法律法规的事情，或是在执法过程中徇私舞弊、执法不规范，都会受到法律的制裁，也会给社会造成极恶劣的影响，会直接导致法律权威性受质疑，让人民群众在今后的生活中失去对公安机关的信任，也大大破坏了公安机关一贯的"执法为民"的良好形象。所以推进执法规范化建设，能够让公安机关真正践行有法必依、执法必严、违法必究的法治原则，认真履行职责，公安民警将树立公安机关的良好形象，作为自身所必须维护的荣誉，牢固树立好公安机关始终"为人民服务"的良好形象，从而更好地推进执法规范化建设。

3. 执法规范化建设是保证社会和谐的基本方略

我国正处于经济飞速发展时期，人民生活水平的提高体现在方方面面。解决了温饱问题，生活基本达到小康水平，更多的人开始关注社会文化生活。对社会上的各种新闻进行评论并积极参与，对自身合法权益的积极维护，对发生在社会上的不公平事件的积极回应和通过法律手段解决问题，这些都表明人民群众有了更高的理想追求。这就导致在这样的社会环境下，对公安执法的要求也越来越高。对公安执法过程主动监督的群众增多，对公安执法滥作为现象举报的群众增多，对公安执法过程中侵害了人民权益要求赔偿的人数增多，这些情况的出现也为公安执法的进行增加了难度。因此，公安执法规范化建设就更为重要，只有公安队伍时刻将人民群众的事情放在第一位，把维护社会和谐牢记在心，用更规范化的执法方式，才能稳定社会、稳定人心。

4. 公安机关要妥善应对当前社会形势，规范执法是必然要求

首先，刑事犯罪高发、对敌斗争复杂的社会形势下，公安机关执法必须规范。当前，我们的政治制度和司法体制，往往被境内外敌对势力以执法不规范，侵犯人权为借口进行攻击，制造社会对立面，严重危害了我国国家安全和社会稳定。伴随着改革的深入和利益结构的调整，非法集资、劳动就业、征地拆迁、移民补偿、医疗卫生、环境污染甚至个人恩怨等多种因素，导致社会矛盾不断地沉淀、聚集，稍有偏差、越位、缺位和不到位的公安机关的执法行为都有可能激化社会矛盾，激发人民群众的不满情绪。

其次，公安机关必须适应国家民主法制建设快速发展的新形势，规范执法行为，提高执法水平。第九届全国人大二次会议通过的宪法修正案，把"依法治国，建设社会主义法治国家"这一治国方略载入国家根本法。《中共中央关于进一步加强和改进公安工作的决定》中明确提出："严格、公正、文明执法是公安工作的总要求。"第十届全国人大二次会议通过的宪法修正案，规定"国家尊重和保障人权"。国务院《全面推进依法行政实施纲要》确立了建设法治政府的目标。党的十八大提出，"确保到2020年实现全面建成小康社会宏伟目标……人民民主不断扩大。民主制度更加完善，民主形式更加丰富，依法治国基本方略全面落实，法治政府基本建成，司法公信力不断提高，人权得到切实尊重和保障。"从这个意义上讲，公安机关要做到紧跟国家民主法制建设步伐、符合民主法制建设要求，只能不断加强执法规范化建设，提高执法能力和水平。

最后，舆论监督、社会监督的力度进一步加大，公安机关执法必须规范。以前，老百姓最多打个电话，发泄一下对公安机关不满意的情绪；现在，随着人民群众的法律意识、维权意识不断增强，执法工作甚至执法态度稍有差池，他们就可能到信访部门反映情况、打政府公开电话，甚至到法院提出行政诉讼。特别是全媒体时代的到来，公安机关已经处于一个全面开放、高度透明的社会，每一个网民都可能是记者、评判者，公安机关在一些案件、事件稍微应对不妥、处置不当，就有可能被互联网炒作、发酵、放

大，迅速演变成社会热点问题。

5. 实现公正与效率，必然要求规范执法

依法治国，建设社会主义法治国家，一个非常重要的目标就是在全社会实现公平与正义。目前，有的基层公安机关领导对规范执法没有正确的认识，意识不到规范执法是搞好社会治安、维护社会公平正义的最有效手段，甚至认为，执法的目的是维护辖区的社会治安，对于辖区内发生的治安问题，无论采取什么手段，只要把事情摆平、搞定就可以。这种认识是十分错误而且非常危险的，不讲程序、不按制度办事，必然会导致执法中出现问题甚至造成无法挽回的损失。因此，从根本上讲，执法不规范不但不利于维护社会公平正义，而且会降低执法效率，浪费执法资源。例如，涉案财物管理不规范，可能使重要物证灭失，影响案件事实认定；调查取证不规范，该收集的证据没有收集，该勘查的现场没有勘查，案件就会诉不出去，诉出去了也会被退回来，最终导致案件处理不下去；有时就是执法办案中语言、动作不规范，也会引起当事人强烈不满，长期上访告状。

6. 构建和谐社会，必然要求规范执法

警民关系也是构建和谐社会的重要内容之一。实行专门工作与群众路线相结合，一直是我国公安工作的特色和优势。近年来，在一些地方因执法不规范已经引发了不少问题，严重挑战了公安机关的执法公信力和执法权威，导致警民关系非常紧张。在新的历史条件下，为做好新形势下的社会稳定工作，公安工作必须继续坚持走群众路线，从群众中来，到群众中去，努力构建新时期的和谐警民关系。警力有限，民力无穷。公安机关只有规范执法，才能得到群众的理解和信任，才能得到群众的支持和配合。

7. 促进公安队伍正规化建设，必然要求规范执法

胡锦涛曾深刻地指出，在全部公安工作中，队伍建设是根本，也是保证。公安机关的基本活动是执法活动，公安民警的基本行为是执法行为。近年的实践说明，规范执法既保护了群众利益，更是保护了我们每一位公安民警的执法安全。因为如果执法中出现了问题，民警就会被追究责任，这将严重影响公安队伍的正规化建设。执法不规范带来的一系列后果，不但严重侵害了群众利益，也给公安队伍、民警个人及其家庭造成很大损失。

（二）规范化执法的现实意义

公安执法规范化建设是涉及公安机关各部门、各警种以及广大民警改变以往执法理念、执法手段、执法模式、执法制度建设、执法监督机制等，转变为更具规范化、系统化的建设工程。我们要学习和借鉴国外优秀警察队伍的先进执法经验，坚持依法治国、依法行政的基本方略，摒弃以往执法者高高在上、权力大于一切的落后思想，结合现今时代发展的新观念、新要求，以人民群众的根本利益为出发点，将全面提高公安机关的执法公信力和执法能力为目标，切实良好地解决人民群众生活中遇到的与执法者发生冲

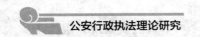

突的突出问题和难点问题，逐步解决，不贪功、不冒进，一步一个脚印将以往存在的不良执法现象全部消除，真正建立一支素质高、专业水平强、职责明确、监督机制完备、管理手段先进多样、执法规范化、始终为人民服务的优秀公安执法队伍。

1. 有利于公安机关执法水平的提高

虽然公安机关整体执法质量和执法水平也在稳步提升，但是，从近年的年度执法质量考评来看，从行政复议、国家赔偿案件来看，从信访案件来看，公安机关执法中还存在一些不容忽视、必须解决的问题，例如法律文书使用混乱，条款引用错误。对于执法过程中的搜查、询（讯）问，提取和扣押物证、书证使用的法律文书不规范，概念模糊，经常是一人取证办案；询（讯）问笔录不按规定和要求签字的情况仍然存在，对证据材料的收集不到位，固定保全不规范也时有发生。这些现象都表明我国目前执法水平仍然较低，好多执法都是凭经验去做而不是根据规章制度执行，只有加强公安执法规范化建设，才可以有效杜绝以上问题的发生。

2. 有利于强化民警队伍建设

公安执法的规范和严明依靠的是具有高素质和文明执法理念的公安民警队伍，公安队伍的总体素质是通过日常执法体现出来的。在执法规范化建设中，对执法队伍的建设是最为重要的，因为实施执法的主体是有主观思想的人。即使法律规范制定的标准细化，执法设施配套齐全，没有高素质的执法主体还是会使公安工作的开展大打折扣。然而现阶段我国部分公安民警在执法中依然存在消极怠工现象严重、为人民服务意识不强、工作不积极主动、对人民群众不冷不热、执法出错率高以及粗暴执法等情况，因此，要从根本上杜绝这些现象的发生，努力提高公安机关整体执法的水平，严防执法过程中的随意性和司法腐败，要以建设一支规范、严谨、团结、高素质的公安警察队伍为目标，更新治警观念，靠法制来规范警务活动和民警行为，实现警务工作的规范化。

3. 有利于及时、高效地开展执法监督

以往公安机关执法监督的方式基本采用调阅案卷、专项执法检查、执法质量考评、日常个案考评等形式来进行。随着科技的日益发展，公安机关可以通过互联网建立健全公安办案的网络执法机构，对公安执法过程进行网上监督，随时查看案件进程和处理结果，对各部分案件卷宗分类调阅，由专业人士针对所办案件的问题及时提出整改意见，切实做到对执法过程的每一步都实时监督。在年终对部门执法质量和执法效果考评时也可以建立专门系统，统一抽取案件，制定好规范化的考评标准，通过电脑进行统计、分析和研判，得出的考评分数和结果，更让人信服也具有可对比性。以此能更好地确定工作重点。

4. 执法规范化有利于促使法律从文本走向实践，发挥法律的社会调节功能

依法治国，建设社会主义法治国家，是党领导人民治理国家的基本方略，是宪法规定的基本原则。在这一方面，我们已经取得了巨大的成就，初步形成了以宪法为核心的

有中国特色的社会主义现代法律体系，为实现法治提供了法律基础。但是，法律只有通过使用才能体现其生命力，才能变成现实的具有活力的一般行为规范。而执法作为司法、执法、守法极其重要的一环，其状况好坏，直接关系到法律的实现程度。如果说无法自然没有法治，那么有法不依、执法不严，则比没有法律更加可悲。前者只是社会秩序得不到法律的调整，后者却直接影响了法律的权威。无法可依，尚可信法；执法不严，等同于毁法。公安机关作为我国重要的执法机关，其发挥社会调整功能的手段就是执法，"其一切对外活动都会对当事人产生权利义务关系"。当前，我国公安机关的执法水平仍有待提高，随意执法、消极执法、偏差执法、简化执法、单一执法、盲目执法等现象严重背离了人民群众对公安机关严格、公平、文明执法的期待与要求，使法律的社会调整功能难以完全发挥。执法规范化，不仅可以确保公安机关能够严格依照实体法和程序法来处理公务，确保公安机关执法活动的合法性及正确性，更能确保法律在现实生活中得到普遍遵守，使法律发挥其社会调整功能。

5.执法规范化是依法行政的基本要求和题中之意

现代社会是一个法治社会，依法行政构建和谐执法环境是构建和谐社会的前提和保障。是否以公平正义为价值尺度、调整社会关系、平衡社会利益、整合社会资源、维护社会秩序，是公安机关依法行政的本质要求，也是公安机关执法规范化的目的所在。然而，当前公安机关依法行政还存在不少差距。有法不依，执法不严，违法不究的现象时有发生。一些违法或者不当的执法行为得不到及时有效的制止或者纠正：部分民警依法行政的观念还比较淡薄，依法行政的能力和水平有待进一步提高。这些问题的存在，在一定程度上损害了人民群众的利益和公安机关的形象，妨碍了社会经济的全面发展。公安机关作为政府的重要组成部分，担负着保护人民生命财产安全，维护社会稳定的重任，在贯彻依法治国方略、建设法治政府中承担着重要的职责，发挥着重要的作用。重新审视公安行政执法工作，及时总结经验教训，以执法规范化建设为载体，着力更新执法理念，完善执法制度，规范执法行为，强化执法管理，是提高公安机关依法行政的水平和公信力，努力为经济社会又好又快发展创造公平正义的法制环境的必由之路。

6.执法规范化是公安机关树立良好形象的有效途径

法律制定颁布后，最关键的问题就在于执行。然而，任何法律都有被违反的可能性，公安机关作为执法机关，一旦知法犯法，执法不规范，必然会产生极其恶劣的社会影响，动摇人民群众对于法律的信任，影响法律的权威性。推进执法规范化，把执法行为周密地纳入法律程序中，确保公安机关能够严格依照宪法和法律的规定，认真行使职权，真正践行有法必依、执法必严、违法必究的法治原则，从而树立起公安机关"为人民服务"的社会形象，获得社会认同，促进执法活动的有效开展。

三、新时期警察执法理念的转变

随着我国政治、经济、文化等各个领域的巨大变革，原有的执法环境已经发生了很大的变化，已有的传统警察执法理念中的不良倾向导致其无法适应现代社会，最终催生了现代警察执法理念。新时期警察执法理念的转变与规范化执法是在理论和实践上迫切需要解决的课题。现代警察执法理念以尊重和保障人权为核心，以提高程序意识、证据意识、诉讼意识为重点。要实现现代警察执法理念，必须将人民警察为人民服务的宗旨落到实处，切实加强人民警察执法的规范化建设，同时加强人性化执法的实施。

（一）警察执法理念概述

1. 警察行政执法的界定

"警察"一词，最早起源于古希腊，起初的含义是城市管理及城市统治方法。在14世纪，"警察"一词引入德国、法国等国家，其含义则变为"良好秩序"，用来统称国家的整个政策，将警察作为国家政务活动的总称。可以说，警察自诞生以来就是阶级统治的暴力工具，是带有武装性质的国家暴力机关，是维护国家安全以及社会稳定的重要社会力量。本书所说的警察都专指我国公安机关的人民警察。人民警察的基本职能是维护国家公共安全，维护社会安定团结，保护公民的人身及财产安全，保护公共财产，预防、惩治各种违法犯罪活动。

所谓警察行政执法，是指国家公安机关以及人民警察作为国家的一种武装性质的力量，为了维护社会公共利益、公共秩序而依据法律规定在程序上采取的主动干预社会的生活，单方面限制个人权益和自由等行政行为，内容主要包括警察保卫、治安管理等方面。警察行政执法权是一项最重要也是最典型的国家基本权力，同时又是一种影响大、范围广、强制力强的行政执法权力。

2. 警察执法理念的界定

所谓执法理念，就是执法的指导思想，是指影响和制约执法行为的思维或意识。在现代法治社会中，任何执法行为都是在一定的执法理念指导下所进行的理性的、规范的有序活动，旨在保证执法行为不偏离执法目的和方向，以实现执法行为的正当性与合法性、公正性与权威性。社会意识决定执法理念，并进一步确定执法行为的运行方向，因此执法理念应顺应社会的发展而发展。先进的执法理念可以产生优良的执法运行机制，并促进执法工作的顺利开展，而滞后的执法理念则不仅无法产生良性的执法运行机制，还会影响执法的进程及其效果。因而，执法理念成为执法行为的重中之重，其地位不言而喻。

警察的执法理念是一种高层次的执法意识，它是指人们关于警察性质、宗旨、功能、政策、职责、权力、策略等一系列问题的思想认识、心理态度以及价值取向。

　　警察行政执法权的主要特性以及主要手段是限制公民权利。从权力行使方式来看，警察行政执法是限制自由而不是提供服务，警察通过限制自由的方式来控制公民的行为，以强制方法以及其他特殊手段履行其职能，即通过限制权力来达到维持社会秩序的目的。但是，警察执法理念却要树立一种服务型的执法方式。因此，警察的执法理念和警察的执法行为包含着深刻的内在矛盾，即服务者的职责是监控和制裁其服务的对象，以暴力为服务工具。我国《人民警察法》第三条规定："人民警察必须全心全意为人民服务"，但是，我们应当明确的是，警察执法中的"服务"并非指直接的帮助，而是特指通过制止危害社会秩序的行为、管理，为公民提供一个安全的环境，从而间接地为人民服务。

（二）传统执法理念的缺陷

1.执法理念中存在的问题

（1）宪政及人权意识缺失

　　宪政作为一种文明，是从近代西方社会成长起来并在全球范围内逐渐盛行的一种政治文明。毫无疑问，在当今世界，宪政已经成为人们判断社会现代化程度的重要标志。宪政理念可包括两个层次：一是作为主体的宪法中所蕴含的宪法精神和宪法价值取向，以及特定时代主体对这一宪法精神与宪法价值的解读方式；二是指宪法在实际运作过程中即宪政实践中，特定时代主体对宪法政治的普遍心态以及惯常的行为方式。我国警察执法理念在宪政理念方面的缺失主要体现在两个方面：一是由于受到国家权力本位理念的影响，宪法和法律一直没有获得相应的尊重。警察在执法过程中，有一种普遍对于法律的认识，那就是片面地把法律当作是"为统治阶级利益服务的工具"，制定法律的目的就在于管理，警察存在的最大意义就是"治理"与"管理"社会；二是警察执法形成了浓厚的特权观念，用权、管人、治人等是其突出表现。

　　近年来，我国在人权保障方面取得了很大的进步，但是当警察的公权与公民的私权发生碰撞时，形势就不容乐观了，这是警察执法人权意识缺失的直接结果。"躲猫猫"事件、云南蒙自县警察开枪杀人案等事件的发生都体现了我国警察在人权保障方面存在着一些问题。这具体体现在以下几个方面：一是对公民生命的侵犯，警察在执法过程中与违法者发生矛盾冲突属于正常现象，个别警察采取暴力的方式解决矛盾，对犯罪嫌疑人进行严刑逼供，体罚、虐待罪犯的事件也时有发生；二是侵犯公民的人身自由，由于在监督体制上还不够完善，警察侵犯公民自由权的行为时有发生；三是侵犯公民的财产安全、人身安全，造成公民合法权益的损失、损害。

　　（2）程序意识淡薄

　　目前，警察执法程序意识淡薄，主要表现在一些一线执法的警察身上，集中体现为执法过程中不重视程序公平及正义，存在"重实体、轻程序"的倾向。他们却不知道，对于实体公平及正义而言，程序公平及正义也有其积极的意义和独立的价值。在法治国家，往往需要通过对权力的运作进行一系列的程序设计，使权力的行使有法可依，有规可循，从而避免因权力失控、出轨而造成对公民权利与社会公共利益的双重损害。

程序意识淡薄映射在具体的办案过程中，主要表现为两个方面：一是侦查措施不符合程序要求，有些甚至为了破案不择手段，掩盖事实真相，导致冤假错案的出现。目前，我国在关于警察执法程序方面的法律法规的规定过于原则化和笼统，即便是这样，现有的规则仍未能得到很好的遵守。以轰动一时的"佘祥林案"为例，在该案中，跟案警察不按程序侦查办案，没有对尸体与佘祥林妻子的特征进行认真的统一认定，也没有对佘祥林的辩解进行细致核实，导致佘被无辜判处有期徒刑15年，造成冤假错案。二是违反法定办案程序，少数警察为尽快结案，违反法律规定，盲目轻信"口供"，往往听从证人的一面之词就下定论。三是办案期限观念不强。这些都是警察执法中程序观念淡薄的具体体现，是长期以来人治思想在行政执法过程中形成的"惯性"，正当程序理念的缺失直接影响了警察行政执法的质量。

（3）自由裁量泛滥

目前，在行政自由裁量权的概念界定上还存在着一定的争议。美国的布莱克法律词典将行政自由裁量权解释为：在特定情况下依照职权以适当和公正的方式做出行为的权力。而在我国的行政法规中，则将行政自由裁量权定义为："行政机关在法律明示授权或消极默许的范围内，基于行政目的，自由斟酌、自主选择而做出一定行政行为的权力。"警察行政自由裁量权渗透了警察行政执法的全过程，他们在权力的行使上具有主观随意性，在日常行政执法工作中，存在滥用职权、越权办事，不正确适用行政执法自由裁量权的现象。事实上，警察在行政执法的许多领域中存在不正确适用行政自由裁量权的现象，这种滥用自由裁量权的具体表现有以下几种：

①适用自由裁量权时，被相关因素干扰

这主要表现为警察做出行政执法方式或执法决定是为了给个人或某部门带来利益或好处；或者为了表现其才能、政绩，以邀功请赏；为了挟私报复；或者为了迎合领导，办人情案等。

②适用自由裁量权时没有考虑到应该考虑的相关因素

这表现为警察在做出自由裁量行为时，不顾实际情况，随心所欲，将自由裁量变成了胡乱裁决，如同一类案件违法情节差不多，罚款数额相差悬殊；当事人态度不好，就提高罚款额；多人违法的案件情节基本相同，罚款数额高低不等。

③对于有"弹性"的法律法规，在行使权力过程中根据本部门或个人的利益随意扩大缩小，使法律、法规变成一种很随意的东西。比如，有些法律规范规定对违法相对人没有明确处罚的种类，但规定可以根据情节给予行政处罚。许多执法人员受利益驱使，不论情节轻重，一律做罚款处理，如对超载的车辆罚款放行等。

（4）公平及正义的缺乏

公平及正义是宪政及法律追求的价值之一，公平及正义理念也一直是传统宪政及法律理念的重要组成部分。在法治社会中，人们把以公共意志为基础制定出来的法律作为公平及正义的判断标准，法律作为普遍认可的标准是在司法、立法、执法过程中发挥其评价功能及意义，因此，人们常把法律作为公平及正义的象征。在法治较为良好的国家和社会里，执法者与司法者已经成为民众心目中公平及正义的化身。在我国，警民关系一直不太理想，群众对警察不够信任，警察在执法中的权威得不到肯定，这在很大程度上与警察缺乏公平及正义理念以及执法不公有关，其具体表现有：

①不能平等对待，对相同的违法行为给予不同处罚

如一些警察在查处赌博、卖淫嫖娼等治安案件时，对同一案件当事人，有的处以治安罚款，有的处以治安拘留，而且罚多罚少各不相同。

②暗箱操作

出于方便或私利等各方面原因，不少公安机关和警察在执法时，暗箱操作。如有的警察，在对涉嫌违法的财物进行罚没时，或不告知相关申述的权利，或不给予相关单据，或是使财物长期处于扣押状态，最后不了了之。

③野蛮执法甚至暴力执法

受自身素质等诸多因素影响，不少警察在执法中技术落后、观念落后、手段落后，发生一些野蛮执法甚至暴力执法的事件，与以人为本、保护人权的现代执法理念格格不入，也大大地损害了警察的形象。如在驾驶警用车辆出行时，随意拉警报、打警灯，却只是为了行驶更顺畅，完全不顾及是否扰民。"扫黄"后召开"公处大会"，让卖淫女等涉黄人员在大庭广众之下"亮相"等。

2.传统执法理念的倾向

（1）执法主体思想观念陈旧、僵化

在计划经济时代，因一切均有其特殊性，许多警察有着一套适应当时社会发展的执法思维方式和套路。当社会已经发生了翻天覆地的变化以后，这种执法的主导意识仍被作为一种固有的做法或经验沿袭并传承，有些甚至在社会变化中产生了异化的倾向。主要表现在：①认为执法就是专政，动辄把当事人当作专政对象，采用野蛮、粗暴的手段执法，甚至滥用职权，在执法中漠视甚至严重侵犯当事人的生命权和健康权；②认为执法就是执权和管人，习惯以管人者自居，执法过程中特权思想严重，个别领导甚至以权代法，以权压法，形成了以人治为重要特征的思想观念；③认为执法就是一种单纯的职业，并将市场经济意识融入执法意识当中；④执法讲究利己和实用，在执法过程中以自我为中心，争权夺利、取利弃责，有利则争趋之，无利则争避之，唯领导批示和上级意志办事，不以法律意志执法。

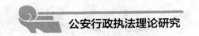

执法主体观念上的偏差和错误在一定程度上显示了传统执法理念的滞后性。

（2）执法工作的内外监督制约机制不够完善和规范

目前，各公安机关内、外部的监督制约机制不够完善和规范。部分单位内部的监督部门没有形成合力，监督工作远离基层一线，没有落到实处，存在着监督工作流于形式和机关化的问题。虽然按照规定，警务工作需要公开，但一些单位警务工作没有真正实现公开透明、阳光作业，使得群众监督、社会监督和媒体监督缺乏足够的渠道和途径。虽然某些媒体可能在某些时候因某种原因而曝光一些不良现象，但多数时候外部监督都只是流于形式。监督制约机制不利的直接后果是导致少数民警纪律观念淡化、执法责任意识不强；有的民警无故迟到、早退、旷工、擅自脱岗、出勤不出力、工作不作为，执法意识淡漠；有的民警警容不整，举止不端，执法形象不佳；有的民警"说不过、写不来、追不上、打不赢"，执法业务素质、体能素质低下。

（3）执法工作不能顺应时代的发展

在计划经济时代，传统的执法理念普遍存在"重管理、轻服务""重权力、轻监督""重办案、轻保护""重公权、轻私权"等问题。而现代社会，尊重和保障人权已成为一种必然，公开公平处理、保障公民知情权、法无明文规定不为罪、疑罪从无等以保障人权为基本理念的执法观念已深入人心，传统执法理念的弊端日益显现，人们需要一种与原来不同的符合时代发展要求的新的执法思维意识。

（三）现代执法理念的转变

面对日益复杂和动态化的治安形势，人民警察执法的职能、内容和方法等范围都明显扩大了。警察打击违法犯罪、保护人民的职能没变，但是社会治安行管理的职能范围却扩大了；警察的根本法律地位没有变，但执法环境发生了很大变化；警察全心全意为人民服务的宗旨没变，但人民群众对警察工作服务的内容、形式和质量要求变得高了。现代的执法理念以尊重和保障人权为核心，以提高程序意识、证据意识、诉讼意识为重点的执法理念，包含"管理与服务"并重、"办案与保护"并重、"权力与监督"并重和"公权与私权"并重等理念。现代执法理念的提出具有重大的社会意义：

1. 由传统执法理念向现代执法理念转型，是我国进一步深化改革和落实科学发展观的需要，也是人民警察队伍与时俱进的体现。公安机关的工作应在科学发展观的指导下健康发展，执法理念也概莫能外。随着社会经济改革，人们的思想意识随之改变，警察执法理念也应随之变化，并与时俱进。这样既促进和规范公安机关的执法、管理和服务工作，提高公安机关的战斗力、工作效率和服务水平，建立廉洁高效、公正文明、运转协调和行为规范的警察管理体制，也有利于深化人民警察工作的改革，使工作不断适应新形势，从而在科学发展观的指导下健康发展。

2. 由传统执法理念向现代执法理念转型。既可以更好地体现人民警察为人民服务的宗旨，也可为构建和谐社会创造更好的社会环境。人民警察的宗旨是全心全意为人民服务。作为执法主体，人民警察的服务方式是多样的，打击和预防犯罪都是服务的方式。人民警察转变单一的管理理念，树立管理与服务并重的理念无疑是一剂良方。人民警察只有增强宗旨意识，树立为民服务的理念，才能更好地履行自己的工作职责，不断提高执法水平和服务质量，认真思考和研究工作中遇到的新情况、新问题，改进工作方法，完善服务态度，提高办事效率，才能更好地为人民群众服务，让人民群众满意，创造出和谐的社会环境。

现代执法理念中涉及的主要观念包括：

（1）将人民群众的利益置于首位解决了人民警察的执法动机问题，即解决了警察为谁而执法的问题。古人云："民为邦本。"无论古今，人民都是国之根本，系社稷于一身。中华人民共和国成立以来，人民已成为国家真正的主人，且中国共产党领导人民建设社会主义现代化国家的目的也在于让人民当家做主。我国宪法规定，中华人民共和国是工人阶级领导的、以工农联盟为基础的人民民主专政的社会主义国家。这些都说明了人民警察在执法当中应该把人民放在第一位，因为人民是他们的主人，而他们是人民的公仆，执法的核心都必须是以人民的利益为重，为人民而执法。

（2）将人民群众的利益置于首位使得人民警察的执法只能为公。公安机关的基本活动是执法活动，人民警察的基本行为是执法行为。从宏观角度来看，公安机关是人民民主专政的国家机器，必须有强大的执法能力，以保证国家的顺利发展，而这种发展是对人民非常有利的。同时，国家的发展进步需要一个和谐稳定的社会环境，这使得推动公安工作发展创新的增长点在于增加社会的和谐因素，而这种和谐因素对于人民来说也是非常重要的。从微观层面来说，中华人民共和国的一切权力属于人民，要求公安机关在日常执法工作中要着力维护好人民的权益，从内心深处打牢维护人民权益的思想根基。群众利益无小事，而和谐因素也是在为民执法和服务的过程中形成的。从根本上来说，人民警察执法的权力是人民赋予的，为了追求社会的公平正义而执法。

（3）将人民群众的利益置于首位令人民警察的执法如鱼得水。将人民群众的利益置于首位，这种理念体现在人民警察的执法中就是以解决人民群众最关心、最直接、最现实的利益问题作为重点，着力发展社会事业、促进社会的公平正义、建设和谐文化、完善社会管理并增强社会创造活力，推动社会、经济、政治和文化建设的协调发展。在和谐的环境下，人民群众是不会轻易违法犯罪的。而警察如果固守陈旧的观念，不主动亲近人民群众，将自己与人民群众相隔离，将人民群众摆在自己的对立面，甚至视其为仇敌的现象是无法跟上时代的步伐的，最终只会被人民群众孤立，陷入孤军奋战、单打独斗的尴尬境地中。中华人民共和国成立初期军民鱼水情的现象可以借鉴到这里。现在，人民群众是水，而警察是鱼，鱼离开了水是无法独立生存的。人民警察无论在何时何

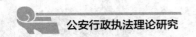

地，都应该充分认识到这一点，都要与广大人民群众同呼吸、共命运，这样才能形成警民鱼水情的局面。

（4）警察执法规范化

2009年，公安部提出了"三项建设"，其中之一便是"执法规范化建设"。规范就是有相应的法律法规条例等规定可以参照和依从。规范执法是指公安机关在执法活动中，严格按照法定程序进行执法，通过程序规则、制度设计来保证执法行为的正当性与合法性。警察执法规范化在执法内容上解决了警察以何执法和缘何执法的问题，对于现代执法理念的践行有着重要的意义。

现代执法理念蕴含着法治意识，即每位警察作为执法人员，都必须严格依法办事，坚持有法可依。目前，我国已经有一套以宪法为根本大法的社会主义法律制度体系，但法治最终实现与否的关键不在于法律制度层面的建构是否完善，而在于执法人员是否有法必依和依法执法。不依法办事，就没有执法质量；不按法定程序办案，也就不可能有规范执法。要提高警察的执法质量，就必须遵循法定的程序，按程序办事。只有规范执法，才能克服和杜绝执法的无序行为。

警察执法规范化要解决以何执法、缘何执法的问题即为执法规范的内容，包括实体规范和程序。

（5）人性化执法

2010年7月，武汉洪山警方在大街小巷贴出公告，实名曝光抓获的卖淫嫖娼人员，而几乎同一时期，一张卖淫女子戴着手铐、赤脚，被绳牵"游街"的照片在网上曝光，原来是东莞清溪镇三中派出所带嫌疑人指认现场。这些都令网民在网上进行了热议，并引来了民众的质疑。事实上，许多执法行为并不存在根本性的执法错误，既无实体违法，也无程序违法，但仍会引起当事人对警察、公安机关的不满。这是因为公安机关的执法不够人性化。现代执法理念要求人民警察在执法方式上必须关注执法对象的心理感受和实际情况，注重执法细节，真正以人性化的执法方式实现执法的法律效果、社会效果和政治效果的统一。人性化执法在一定程度上解读了警察应该怎样执法的问题。

所谓人性化执法，就是执法者遵循法律的具体规定，在尊重当事人合法权利的前提下，依据正当的程序进行非歧视的、理性化的执法活动。这种执法方式可以最大限度地增加和谐因素，同时最大限度地减少不和谐因素，所以被现代执法理念纳入。人性化执法的特点在于：①把握尊重法律和当事人合法权益的前提；②执法必须坚持在法律面前人人平等；③在法律规定有缺漏时，参照立法精神，达到公正执法和执法效果的最佳统一。

推行人性化的执法举措，既是对公民合法权益保护和尊重的需要，也是有效落实执法措施、实现最佳执法效果的需要。人性化的执法活动寓情于法，使强制性的执法行为增强了说服力，在执法主体与执法对象之间架起沟通的桥梁，更容易唤醒人性善的一面，从而使执法活动更容易为对方所接受和认同，并起到警示教育的作用。

四、执法理念转变与执法规范化建设探究

（一）促进警察执法理念的转变

思想是行动的指南。观念、意识对一个人、一个单位、一个系统的工作具有很强的引导作用。推动警察执法规范化建设，首先要解决认识问题，特别是转变警察执法理念，使之与现代社会的执法状况相适应。主要是基于以下几点考虑：

1. 坚持依法行政，树立法律信仰

依法行政指的是各级政府及其工作人员应当在法律法规所规定的范围内活动，其行政行为不得超越法律法规的规定。坚持依法行政首先应该严格执法程序。可以说，严格执法程序是依法行政的关键。在现实社会中，警察滥用自由裁量权、恶意执法，违背执法程序是造成警察与群众发生冲突的重要原因，对于如何防止警察在执法过程中不按法律程序办事，首先，应当在立法上不断完善，增强法律实施的可操作性，堵上得以产生的法律上的漏洞，让警察的执法行为有法可依。其次，便是在执法过程中要严格按照执法程序执法。警察在日常执法过程中，尤其是在面对犯罪嫌疑人或当事人时，必须身着统一的制服，出示相关证件表明自己的身份，然后根据法律法规和具体情况分别做出处理。对于触犯了法律法规的人，需要给予处罚的人，须告知对其做出处罚的相关依据，最后做出相应的行动，这样才能真正实现规范化执法。

树立法律信仰则是一个长期而又艰巨的过程。警察作为处于一线的执法主体，树立法律信仰尤为重要。虽然在全体社会成员中树立法律信仰条件尚未成熟，但在警察中树立法律信仰，则应该是现实可行而且是迫在眉睫的一件事情，对法律的信仰应该是每一位警察所应具有的基本素养。因为警察是法律工作者，是执法者，不能等同于一般民众，更应强调树立法律信仰。警察的执法工作从一个方面来说就是为了保证法律法规的正确实施，维护法律权威和尊严。树立法律信仰应该加强法制教育，提高警察队伍的法律意识；完善我国法律体系，司法中严格依法办事，执法必严、有法必依、违法必究；公安机关决策层重视法治，改变人治观念和做法。

2. 肯定"以人为本"的执法理念

人是一个国家，一个社会的主体，为这些主体服务的警察，应当把以人为本作为服务理念。关于以人为本的内涵问题，学者韩庆祥认为，以人为本既是一种价值取向，更是一种解决问题的思维方式，以人为本就是要尊重和关怀人性发展的要求，使发展成果惠及全体人民；就是强调公正，关注弱势群体；就是要把尊重人、解放人、依靠人、为了人和塑造人的价值取向落实到社会实践中，要求人们在分析、思考和解决一切问题

时，确立起人（或人性化）的尺度，实行人性化服务。

以人为本的执法精神在警察的执法工作中应该表现在以下方面：首先，应该坚持三个有利于的标准，即有利于发展社会主义社会生产力，有利于增强社会主义国家的综合国力，有利于提高人民的生活水平。要在执法目的上符合最广大人民的利益，把广大人民的利益放在首位。其次，在执法工作中要文明执法，人性化执法，充分保障和尊重执法相对人的合法权益。再次，树立服务意识，关心、帮助弱势群体，拉近与人民群众的关系。最后，坚持政务公开，在执法过程中理应树立起以人为本的精神，把"依靠人、解放人、尊重人、为了人和塑造人"的精神充分贯彻落实到实际执法工作的全过程。

3. 和谐社会和谐执法

和谐社会需要警察有和谐的执法方式、和谐的执法内容以及和谐的执法理念。和谐执法首先确保执法方式、内容与法律法规和谐相对，在和谐社会中警察执法还应树立和谐理念。具体来说，要确保执法权力与执法责任的和谐、执法方式、内容与法律法规的和谐、执法行为与政府形象的和谐、执法人员与执法对象尤其是弱势群体的和谐、执法目的与群众利益的和谐。和谐执法应该体现在执法过程中，警察部门应摒弃"一竿子打死"的做法，将"禁止"逐步变为"请不要"或"请勿"，把"惩罚"和"教育"结合起来，反对"野蛮执法""暴力执法"，倡导"人性化执法""人本化执法"。

此外，要确保实现社会的公平正义。这就需要警察让各方面的矛盾得到正确处理，社会各方面的利益得到妥善协调。在利益分配的过程中，注重公平，注重效率，注重对于弱势群体的保护，在处理矛盾的过程中坚持"以人为本"，真正实现人与人之间的和谐相处。

4. 树立执法规范化理念

"对行政机关而言，遵守程序会耗费一定的时间和金钱，但如果这能够减少行政机关运转中的摩擦也是值得的。因为程序促进了公正，减少了公众的怨言，其作用是促进而非阻碍了效率""各国法治的发展史已经表明，法律程序是人治与法治的分水岭，是防止专横和权力滥用的屏障，公正合理的程序是法治现代化的基石。行政程序则是人治行政与法治行政的分水岭，是现代市场经济、民主政治和法治观念不断发展的产物，行政程序具有自身独立的价值。"对于警察行政执法程序的规范，最主要的是注意对强制措施的执法程序进行规范、行政强制措施的实施很容易造成行政相对人的利益损失；二是对于行政强制措施的实施，一定要通过立法制定合理、严格的执法程序。但是，目前我国对于强制措施的执行就缺乏相应的执法程序的规定，公安部门自己制定的行政强制措施执行程序往往倾向于从自己的工作需要出发，制定的程序往往忽略了行政相对方的权利。因此，立法机关应当根据行政处罚"公平""公正"的原则制定强制执行程序，真正确保体现公正与兼顾效率。

（二）推进执法规范化

1. 正确把握推进执法规范化建设的思路和原则

加强执法规范化建设、提高公安机关执法水平是一项系统工程，涉及方方面面，必须全警参与，作为一项长远建设，必须持之以恒。同时，公安机关面临的繁重艰巨现实任务和种种实际困难，又要求我们在工作中必须坚持统筹兼顾。因此，正确把握推进执法规范化建设的思路和原则十分重要。

其一，进一步明确推进执法规范化建设的目的。在执法规范化建设中，建立健全各项执法制度和机制，有效防止和大力解决执法中存在的突出问题，不是为了限制、束缚公安机关、执法民警的手脚，而是以此为牵动，找准症结，对症下药，综合治理，祛病强身，把建设与治理结合起来，提高依法履职的能力，保障公正廉洁执法，更好地维护社会主义法制的统一、尊严和权威，保障国家安全和社会稳定，促进社会和谐；更好地防范和打击违法犯罪，维护社会公平正义；更好地发挥社会管理职能，服务和促进经济社会发展、执法规范化建设必须以此为目的来统筹谋划"围绕完成好各项本职工作来展开"，并以此为标准来检验建设成效。

其二，在不断解决执法突出问题的过程中推进执法规范化建设。纠错求进，是推动各项工作的一般思维方法。公安部党委之所以高度重视加强执法规范化建设，一个重要的原因就是，一些地方、警种还不同程度地存在着执法不规范、不公正等问题。是否提高执法规范化建设水平的一个重要参照，就是是否有效地防止制约执法问题的发生。

其三，多策并举、系统推进执法规范化建设。执法规范化建设的全局性、系统性特点，要求我们在组织发动时要坚持全警参与、上下互动，而不能将其仅仅视为某个部门、某个警种的任务；在工作措施上，要把软件建设同硬件建设紧密结合，把整治突出问题与加强基础建设紧密结合，把汲取反面典型的教训与发挥榜样的示范作用紧密结合，把完善制度与保证制度执行紧密结合，把严格监督与加强教育培训紧密结合，切实防止单打一、片面性。

2. 规范警察行政立法

首先，在立法的过程中遵从公平正义的立法精神。这就要求我们一方面对行政执法涉及的执法的各种行为、各个环节、各类情况都做出相应的规定，力求做到具体、明确、详细、可行，合理限制警察在行政过程中的自由裁量权；另一方面遵从"三个有利于"的立法观念，真正地做到"一切从人民的根本利益出发"，而不能以执法者认定的公民利益需要出发制定法律法规。同时，在制定法律的时候要坚持科学性与民主性的统一及法律之间、法律与社会之间相互协调。此外，制定警察行政执法规范应在科学、民主的基础上，围绕调整全社会秩序、社会全面进步的目标进行，使任何规范都在遵循"三个有利于"，代表公平、正义及人民的利益，使其成为人们所信仰，并为人们自愿接受，进而成为生活中的一部分的法。当然，最重要的是将立法过程民主化、透明化，让社会公众广泛参与，使立法程序民主化。

其次，完善规范行政执法行为的制度。对警察在执法过程中的自由裁量权范围的限制，根本目标就是要消除在执法过程中过于泛滥的自由裁量，设定范围并将其限制在边界内活动。立法机关虽然明确制定"细化"的标准对行政执法过程中的自由裁量权行使做出原则性的规定，但是很多都不具备可操作性，因为后者需要以行政的实际经验为基础。从法律实施的实际过程看，行政机关为了执行法律而制定的每一个法规或者规章，都应该对其所拥有的自由裁量权之范围产生限制作用。

3. 完善警察行政执法程序

促进警察执法规范化最现实也是最行之有效的措施是完善警察执法的程序。行政执法程序"作为一种预先设定于行政系统内部的防错纠错机制"，与其本身所持有的公开性，能够有效地限制自由裁量权使用不当的现象，防止自由裁量权的滥用。因此，"行政程序成为自由裁量权运行的红绿灯"，警察执法程序中的听证制度即是最有效的典型体现，而说明公开、理由、回避等制度中所蕴含的程序上权利与义务分配，进一步提高了行政相对人制约行政意愿的能力。听证制度作为现代行政程序法的核心内容，对防止警察自由裁量权的滥用和行政执法专横，保持警察执法权与相对人权利的制衡，保证警察高效、公正执法起到了举足轻重的作用。

4. 细化警察执法环节

当前，警察执法在程序上没有引起足够注意，在执法过程中不讲究执法程序的现象时有发生，而对执法程序规范方面的工作也浮于表面，浅尝辄止，难以真正落到实处。再加上一些素质较低的警察的不良影响，广大人民群众对警察的印象较差，具体表现在"门难进、脸难看、话难听、事难办"以及"冷硬横推"等。在执法程序上，随意性大、"不作为""乱作为"问题还时有发生，这些都会给公安执法工作带来危害。要进一步促进公安工作的精细化、标准化、规范化，从接处警到案件办结的每个过程都设定严格的规范，并抓好落实；从警情调度、现场处置、盘查、勘查到行政管理以及信访工作都必须有严格的、可操作可执行的程序，使民警看了就懂，懂了就能用。要以完善执法制度为保障，以建立健全执法管理体系为抓手，一方面做好积案处理，一方面抓好执法规范，源流并举，标本兼治，扎扎实实地解决存在的突出问题。

5. 健全执法监督

对警察执法行为进行监督应该包括内部监督和外部监督两个方面。内部监督方面，可以参考西方的监督体系，通过上下级监督，不同部门相互监督，还可以设立专门警务监督部门对警察执法进行监督。外部监督则是相对于内部监督而言的，是除了警察机关以外具有监督权的主体，通过各种监督形式对警察执法行为进行监督。对警察行为的外部监督，应该包括国家行政机关的监督、权力机关的监督、社会的监督、司法机关的监督以及公民的监督等等。多种监督渠道多管齐下，在自己权限范围内对警察的行为予以了解、监督，共同维护法律的尊严，进一步强化执法监督，把执法监督渗透到执法活动的各个阶段、各道工序和各个环节中去，及时发现和纠正违法问题。具体来说，首先提高专门监督工作人员的素质能力水平，增强责任心，解决不敢监督、不会监督的问题，满足群众对执法工作的高要求。其次，大力解决以案件形式表现出来的社会矛盾，通过个案集中监督，改正错误执法理念，纠正错误执法行为，通过为群众树立对执法监督的信心和参与积极性，使外部监督发挥实效。再次，设立网络监督中心，实行网上执法办案，"三位一体"考核（个案考评、实时考评、专项考评），通过晾晒执法执勤、实时监督考评等措施，强制入轨，实现阳光执法。全方位监督，使执法者心中警钟长鸣，将规范执法、执法为民逐步转变为执法习惯、执法原则，达到法理情的结合，实现执法社会效果、法律效果、政治效果的统一。

我国的警察行政执法改革已走过了数十年的历程，在实践中取得了一定的成就，但鉴于我国国情，随着我国经济的高速增长，人民素质的不断提高，对于执法理念的不断转变以及规范化执法的要求越来越高，我们也清楚地认识到，我国执法理念以及规范化执法方面还存在着诸多问题，特别是在执法理念、执法程序的规范方面与成熟的警察体系有着一定的差距。我们除了要继续深化警察行政机制改革外，相关法律的建立和完善、警察执法观念和素质的进一步转变和提高也都应提上议程。

当前，我国警察的执法环境比以往更为复杂，执法任务更为艰巨，人民群众对警察执法的要求也越来越高。所谓铁肩担道义，人民警察肩上承担的更多的是一种责任和使命，只有树立科学、正确的执法理念，才能更加有效地发挥警察执法和服务的职能。

在践行警察现代执法理念的过程中，我们必须坚持把落实为人民服务的宗旨、执法规范化和人性化执法三者紧密地结合起来，三者缺一不可，抓住了这三个问题，也就抓住了现代警察执法理念的关键。

（三）将人民警察为人民服务的宗旨落到实处

1.全面倡导"以人为本，执法为民"的核心价值观

核心价值观（Core Value）又称为"关键信念"，是指为实现组织使命而提炼出来的、一个组织所拥护和信奉的、指导组织成员共同行为的永恒的准则。人民警察的核心价值观就是公安机关想成为什么、为什么价值而存在的定位，是公安机关生存的基础和灵魂。它告知每一个警察应该具有什么样的做人、做事的最高标准。它是一种深藏在警察心中的东西，决定和影响着警察的行为方式。核心价值观直接决定着警察行为的具体

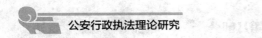

内容，有怎样的核心价值观，就会产生怎样的行为。要培养警察的现代执法理念，就必须确立"以人为本，执法为民"的核心价值观。只有真正做到"权为民所用，利为民所谋"，把实现、维护和发展好广大人民群众的根本利益作为执法工作的出发点和落脚点，把人民群众满意作为警察执法的最高标准，才能构建和谐的警民关系。这就要求警察摒弃权力至上的思想，改变唯领导意志办事的习惯，重视法律规定，做到法律面前人人平等，切实从保障人权、维护公民合法权益角度执法，杜绝以权代法。同时，还要认识到，保护公民的合法权利才是执法的最终目的，任何认为只要是打击犯罪或维护大局就可以侵犯一些人的权利的想法和行为都是错误的。

2. 正确处理好管理与服务的关系

"以人为本，执法为民"的核心价值理念体现在警察执法中，要求警察把人民群众利益放在首要位置考虑，一切从人民群众出发，执法的出发点和目的都是更好地为人民服务。打击和预防违法犯罪实际上都是从人民的利益考虑的。事实上，警察职能既包括执法职能，也包括服务职能，二者之间并不矛盾。尽管二者间对象不同，但又互为前提，目的一致。执法是为了保护人民群众的合法利益不受侵害，而服务则是为执法提供群众基础，也是为了更好地保护人民群众的合法利益不受侵害。虽然警察的基本职能是管理与服务，但实际上警察的一切工作、一切活动、一切行为都是为人民服务。

因此，警察在执法实践中，必须坚持"严格执法，热情服务"。既要坚持严格执法，依法惩治违法犯罪、管理社会治安，又要充分发挥警察服务职能的作用，积极主动、满腔热情地为国家经济建设和人民群众提供更多更好的优质服务。只有这样，才能最终"让人民满意"，达到新的历史时期人民群众对警察提出的新要求。

（四）切实加强人民警察执法的规范化建设

加强警察执法规范化建设是社会主义政治文明建设的根本要求，是公安机关落实科学发展观的必然要求，也是公安事业长远发展和进步的决定性因素。执法规范化建设是一个长期的、渐进的系统工程，涉及人民警察工作的各个方面，主要应从以下几方面进行：

1. 建立健全各警种的执法执勤规范

规范执法执勤是人民警察队伍建设的重中之重，也是检验人民警察队伍建设成效的一个重要标准。人民警察执法时要切实做到严格、公正、文明，可从以下几方面来实行：(1)规范执法主体，建立并完善人民警察执法资格考试制度，清理整顿非执法主体人员；(2)规范执法程序，针对不同警种部门的警务特点，加强执法教育，完善执法制度，落实执法考评，强化执法监督，解决执法突出问题，细化制定明确、严密、标准和具有可操作性的工作程序规范，使各警种开展执法执勤活动有章可循，减少工作中的随意性；(3)切实转变执法观念，端正执法思想，坚持依法办案，文明执勤；(4)强化证据意识、程序意识、诉讼意识和人权意识，规范执法执勤，取信于民；(5)积极探索科学高效的勤务制度，建立顺畅有序的勤务指挥系统，建立与新型社区相适应的社区警务工作机制，对报警求助、刑事案件现场勘查和突发事件的先期处置等接处警工作，从出警时间、处警程序、现场勘查等方面做出严格具体的规定，提高处警效率，并在刑侦中队、派出所等基层一线实战单位推行案件受理、接待群众首接责任制。

2. 从制度管理、组织机构、教育训练和内务管理等多方面加强规范化建设

规范、科学、系统、完备且体现人民警察特色的规章制度可以使队伍建设的各个方面和环节都规范有序，有法可依，有章可循；科学合理的机构设置、明确的职责和顺畅的指挥关系是确保政令、警令畅通，充分发挥公安机关整体效能和警察高效执法的重要保证；教育训练的针对性和实效性以及经常化、制度化和规范化，是警察政治、业务、身体和心理等执法素质提高的一种十分重要的方式；内务管理的养成教育可以提高警察的执法形象并最终提升整体形象。从各个角度对警察进行的规范化建设是警察执法规范化的前提和基础，在警察执法规范化建设中起着无可替代的重要作用。

3. 建立良好的监督制约机制

执法理念需要践行，监督制约机制是非常重要的一个环节。虽然《人民警察法》《公安机关人民警察内务条令》、公安部"五条禁令"等法律、规章相继出台，约束、规范了民警的各项行为（包括执法行为），但如果没有健全的监督机制，也是空中楼阁，无法落到实处。

（1）整合内部监督力量。全面落实纪检、督察、信访、法制部门合署办公，形成人民警察内部大监督的格局，发挥监督合力。特别要加强警务督察工作，警务督察部门要加强现场督察、暗访检查和突击检查工作，要建立健全对民警热点执法岗位和重点执法环境的监督机制，对检查中发现的问题要责成相关单位认真整改，做到不查明原因不放过；不查清责任不放过；不做出处理不放过。针对容易出现问题的执法环节，要研究措施，堵塞漏洞。

（2）加强信息公开制度，主动接受社会各界和舆论的监督。一方面健全定期联系人大代表、政协委员制度和开门评警制度，规范和完善特邀监督员制度；另一方面建立并规范新闻发言人制度，积极拓宽外部监督渠道，构筑全方位、多角度的外部监督体系。

在当前情况下，人民警察持之以恒地进行规范化建设，势必对于现代警察执法理念的形成起到推动并最终促成的效果，这应该是人所乐见的最佳结果。

（五）正确实施人性化执法

构建和谐社会是公安工作的大目标、总要求，公安机关的每一项执法活动、每一个执法环节都要体现对党、对法律和对人民负责的高度统一，这是现代执法实践意义的最高演绎。现阶段越来越多的执法实践表明，人民警察的工作就是在"情、法"二字上做

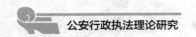

文章。如何将法外情、情内法有机融合，已成为执法为民的最高艺术。

（1）实施人性化执法时应强调尊重人的权利，适当应用处罚方式和制裁措施。这既不是对违法行为放任不管，或者对重的行为轻罚，也不能将人性化执法理解为对当事人的要求可以无原则地照顾，或一味迁就无理纠缠的当事人，甚至向违法者低头让步。事实上，人性化执法是指在不违背法律规定的前提下，执行法律时采取一些灵活的方式来体现法律的人文关怀，如拘捕犯罪嫌疑人时在其手铐外面戴上手铐罩等。人性化执法应坚持一定的法度，善良的执法者不能代替严肃的法律本身。严格依法办事，才是人性化执法的本源。

（2）实施人性化执法时应注重对违反法律规定的行为的制裁或惩治。对当事人依法享有的权利、基本需要和利益应予以尊重与保护。公安执法实践中出现的刑讯逼供、超期羁押等现象就是一种非人性化的执法行为。尊重和保障人的法定权利与严格执法是一致的、统一的，而不是相互矛盾的。人性化执法是人权的根本保障，是从执法层面上对执法对象彰显法律的人文关怀。

（3）实施人性化执法必须刚柔相济。警察在执法过程中必须有刚性，即必须严格依法办事，只有这样，才能保障法律的权威性。警察执法若失去了刚性，必将失去法律应有的权威。人性化执法只是在法律规定的范围内转变执法态度和手段，变过去的野蛮、粗暴执法为文明、说理执法，它并不意味着降低法律的标准和强度，弱化法律的刚性和强制力，该执法时不执法，而是在法律框架内，采取文明、合理的执法方式，更好地适用法律，维护法律的权威。只有深刻领会和把握人性化执法的内涵，才能更好地将人性化执法与严格执法有机地结合起来，从而更好地发挥法律的功能。

实践证明，在具体执法过程中，在法定的执法权限内，切实尊重执法对象的人格，维护其正当权利，体恤其要求，顾及其感受，考虑其个人、家庭实际情况和悔罪表现等，往往可以达到执法的最佳效能，实现执法的法律效果、社会效果和政治效果的统一，这正是现代执法理念在我国现阶段追求的根本目标。

第三节 人民警察规范化执法的理论基础

一、基于善治理论和依法行政理论

（一）善治理论

善治（Good Governance）即"良好的治理"。20世纪90年代以来，在英语和法语的政治学文献中，善治概念的使用率直线上升，成为出现频率最高的术语之一。善治是治理的理想状态，它是使公共利益最大化的社会管理过程，其本质特征就在于它是政府与公民对公共生活的合作管理，是追求实现国家与社会良性互动的正和博弈关系的一种理论。俞可平先生综合各家在善治问题上的观点，整理出了善治的六个基本要素：

（1）合法性，它指的是社会秩序和权威被自觉认可和服从的性质和状态。

（2）透明性，它指的是政治信息的公开性。

（3）责任性，它指的是人们应当对自己的行为负责。

（4）法治，指法律是公共政治管理的最高准则，任何政府官员和公民都必须依法行事，在法律面前人人平等。

（5）回应，指公共管理人员和管理机构必须对公民的要求做出及时的和负责的反应，不得无故拖延或不予应答。

（6）有效，主要指管理的效率。

总之，善治实际上是国家的权力向社会的回归，善治的过程就是还政于民的过程。

（二）依法行政理论

我国已经确立了依法治国的治国思路，依法治国的关键在于依法行政。依法行政是指具有行政主体资格的行政机关必须根据法律、法规的规定做出行政行为，并对其行政行为的后果承担相应的责任的原则。依法行政有以下几点基本要求：

（1）合法行政。行政机关实施行政管理，应当依照法律、法规、规章的规定进行；没有法律、法规、规章的规定，行政机关不得做出影响公民、法人和其他组织合法权益或者增加公民、法人和其他组织义务的决定。

（2）合理行政。行政机关实施行政管理，应当遵循公平、公正的原则。要平等对待行政管理相对人，不偏私，不歧视。行使自由裁量权应当符合法律目的，排除不相关因素的干扰；所采取的措施和手段应当必要、适当；行政机关实施行政管理可以采用多种方式实现行政目的的，应当避免采用损害当事人权益的方式。

（3）程序正当。行政机关实施行政管理，除涉及国家机密和依法受到保护的商业秘密、个人隐私的外，应当公开，注意听取公民、法人和其他组织的意见；要严格遵循法定程序，依法保障行政管理相对人、利益关系人的知情权、参与权和救济权。行政机关工作人员履行职责，与行政管理相对人存在利害关系时，应当回避。

（4）高效便民。行政机关实施行政管理，应当遵守法定时限，积极履行法定职责，提高办事效率，提供优质服务，方便公民、法人和其他组织。

（5）诚实守信。行政机关公布的信息应当全面、准确、真实。非因法定事由并经法定程序，行政机关不得撤销、变更已经生效的行政决定；因国家利益、公共利益或者其他法定事由需要撤回或者变更行政决定的，应当依照法定权限和程序进行，并对行政管理相对人因此而受到的财产损失依法予以补偿。

（6）权责统一。行政机关依法履行经济、社会和文化事务管理职责，要由法律、法规赋予其相应的执法手段。行政机关违法或者不正当行使职权，应当依法承担法律责任，实现权力与责任的统一。依法做到执法有保障，有权必有责，用权受监督，违法受追究，侵权须赔偿。

二、警察执法规范的发展

警察职能是动态发展的，不同方面的职能发展，对于执法规范化会提出不同的要求。公共服务职能在当代社会中的扩张，要求立足于以提供更多的服务、更好的服务为目标，以执法规范化来保障服务职能的实现。在社会管理与维护秩序职能方面的收缩，要求以执法规范化尽量约束警察在社会管理与维护秩序方面不必要的参与，从而节制警察权力对社会的干预。预防与打击犯罪职能的扩张，又要求执法规范化更突出对警察权力的支持与监督，既要在面对紧急情况时提供大胆行动的规范，又要能够在事后有效监督和审查。当代中国社会的要求，决定了应以多样的形式实现执法规范化。

探索公安执法思维方式变革与执法规范化，是公安实践中的一个重要问题。在近年来的公安实践中，这一方面的制度建设与观念推广都取得了显著的进展。2013年国务院的专题报告中指出，公安机关执法规范化建设取得阶段性成效，公安执法制度体系基本形成，执法办案场所面貌焕然一新，执法管理更加科学、系统。在已经取得的成绩的基础上，要想进一步推进公安执法规范化，就需要从理论方面为实践提供更有力的指导。从理论方面来看，所谓执法规范化，是为了实现警察职能而提出的，对规范化的具体要求离不开对于警察职能的理解。通过对警察职能的梳理与中西对比可以发现，警察职能并非一成不变的，而是动态发展的，不同方面的职能对于执法规范化会提出不同的要求。

（一）当代中国的警察职能

对于警察职能的历史梳理，显示出警察职能的形成适应于社会要求，在不同时期表现出不同内容。而同西方社会一样，中国社会中的警察制度也经历了漫长的历史发展。在传统中国社会中，军队、胥吏、地方官员的私人幕僚、业余参与的民众，都以各自方式起到某种类似于警察的作用。而随着社会的变迁，同样也产生了对于现代警察制度的需求。但同西方国家相比较而言，现代警察制度在中国起步较晚，并且是作为舶来品引入的。清末的变法运动中，中国移植了西方警察制度，并在民国时期得到延续。

中华人民共和国的警察制度，则在传统基础上有了根本性的重构。新的制度建立在革命战争时期基础上，同政治保卫、情报、军事等方面工作都有密切联系。中华人民共和国成立之际，以中共中央华北局社会部的全体人员加上中共中央社会部的部分机构组成公安部，原红一军团政治保卫局长、中国人民解放军十九兵团政委罗瑞卿出任首任部长，下设各局局长均从各野战军调任军政委、副政委级干部担任，并从部队调入师级干部100名、团级干部300名作为公安队伍骨干。公安机构一建立，首先就凸显出其保障安全与秩序的职能。最形象的表述，便是周恩来总理所指出的"国家安危公安系于一半"。但强调维护国家安全与秩序这一职能的同时，也没有完全偏向打击敌人工具这一面，仍然指出了公安机关的服务职能。按照首任公安部长罗瑞卿的表述，就是"负起保卫国家、保卫人民利益、保卫经济建设的任务，为老百姓当好勤务员"。

总体而言，在中华人民共和国成立之初，警察职能表现出自己的特点，更突出政治职能，无论是在预防和打击犯罪还是为公众提供社会服务方面，都带有鲜明的政治色彩。对犯罪的打击强调了阶级斗争与维护国家政权的一面，而提供社会服务强调的也是"为人民服务"这一政治要求，不仅对于服务的对象进行了政治标准的区分，而服务的内容也是非常广泛的，没有明确的职责限定，对于一切可能的需求都需要提供服务。

在改革开放之后，随着社会结构的变迁与经济基础的重构，对于警察的社会需求也产生了变化。由于社会主义制度的确立已经延续了较长时期，国际形势也趋于缓和，社会中的"革命"与"反革命"之间的对抗大幅度减少，更普遍的是解决一般的犯罪与治安问题的需求。因此，从公安机关分离出独立设置的国家安全机关，更进一步明晰了公安机关的职能。对于公安机关而言，所要维护的公共安全，范围就更精确地被限定为预防和打击普通刑事犯罪，并处理不构成犯罪的一般社会治安问题，维护社会的安全秩序。与此同时，"服务"的内涵也被重新界定。随着社会变迁，需要由政府提供的社会公共服务日益丰富，并且内容更为细致明确，不再像过去的"为人民服务"那样不确定，根据个别性的需求来随机地提供服务，而是需要提供普遍化的、一致的公共服务。在这样的背景下，"服务型政府"的理念得到确立，公安机关也同样强化了自己的服务理念与服务职能，全方位地扩展自己的服务领域。当代中国的警察职能，仍然保留"为人民服务"的独有特色，服务职能不只限定于法律上所要求的服务，而是全方位地为人民服务，其核心思想脱胎于战争年代人民军队的建军宗旨和中国共产党的建党宗旨。

在经历了历史的变迁之后，当代中国的警察职能也基本得到了明晰，并且以法律形式得到了确立，体现于《人民警察法》，第二条规定："人民警察的任务是维护国家安全，维护社会治安秩序，保护公民的人身安全、人身自由和合法财产，保护公共财产，预防、制止和惩治违法犯罪活动。"第二十一条："人民警察遇到公民人身、财产安全受到侵犯或者处于其他危难情形，应当立即救助；对公民提出解决纠纷的要求，应当给予帮助；对公民的报警案件，应当及时查处。人民警察应当积极参加抢险救灾和社会公益工作。"这就明确概括了当代中国的警察职能。

总而言之，经过历史发展中的不断尝试与经验总结，警察职能的范围已经基本上确

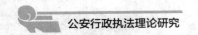

定下来，集中在预防和打击犯罪、行政管理与提供社会福利性服务三个方面。其中，预防和打击犯罪这一职能更为显著，是警察的标志性职能，但提供社会福利性服务则事实上在日常工作中占到更大比重，现代警察权总体上是以公共服务为导向的。

（二）明晰警察职能，推进执法规范化

回顾梳理我国警察职能的变迁，可以发现其中根据社会需求而收缩与扩张的动态平衡。而当这种平衡达到一个较为稳定的状态时，职能的内容与范围也就可以比较明确地得到确定。当职能的内容和范围比较确定时，就可以通过法律形式对这些职能的实现手段加以明确规定，从而以法治原则对公安执法加以约束。因此，理解警察职能的发展变迁，正是为公安执法规范化提供相应的理论基础。

理解社会变迁对警察职能所提出的需求，对于理解执法规范化有着非常重要的意义。因为警察执法所要遵循的规范，同警察职能有着密不可分的联系。要实现怎样的职能，就会有怎样的法律规范对执法活动进行规制。法律规范不是僵硬的、一成不变的，不是仅仅为了执法的规范化而制定的，应当是通过规范化的执法来更好地实现警察职能。因此，警察职能的动态调整，就会使法律随之变迁，执法规范化的标准也随之调整。例如，在美国警察职能的收缩与扩张过程中，作为执法规范化依据的法律也表现出其动态调整的过程。当需要在预防和打击犯罪这一职能上收缩时，最高法院往往通过判例来加强人权保护，尤其是对犯罪嫌疑人的程序性权利保护。最为典型的例子，就是1961年沃伦法院在Mapp v. Ohio案件中将非法证据排除规则确立为联邦规则，适用于各州，对警察的取证行为做出了更高的法律程序方面的要求；1966年极具争议的Miranda v. Arizona案件中，最高法院不再将"供词自愿"作为理由，而是直接诉诸宪法第五修正案，确立了极为严格的"反对自证其罪"的操作性规则，形成了著名的"米兰达警告"。到了需要强化社会秩序、保障社会与国家安全的时期，尤其是在恐怖主义成为国家面临的重大威胁时，对犯罪的预防和打击这一警察职能就得到了扩张，法律变迁的钟摆就向着更倾向于国家权力一侧运动，公民的宪法权利受到更多限制，而警察权力则得到了强化，能够更多地对公民进行监视与调查。

西方国家的警察职能与执法规范化之间所表现出来的这种关联，对于当代中国的执法规范化建设也具有借鉴意义。公安执法规范化建设的根本目的，就是为公安执法者确定其职业的"内在准则"，职业的内在准则要求公安执法必须有客观的、公正的统一标准。要形成这样的准则与标准，前提就是明晰警察职能。只有明确了社会需要警察做什么，才能够在此基础上进一步来制定规范，要求警察应该怎么做、做到什么程度，符合规范地实现其职能。因此，公安执法化、规范化的进一步推进，就应当对当代中国的警察职能做出更为准确的定位。从相应的理论研究出发，理解在当下的社会背景中，社会对于公安机关有什么需求，应当如何行使警察职能来回应这种需求，从而在此基础上确

立执法规范化的标准。

基于上述的分析，对当代中国警察职能基本内容做出的概括，其动态调整会提出不同的执法规范化要求。通过更进一步的分析，探讨当前的动态调整趋势，分析要回应当前的社会需求，警察职能应当在哪些方面收缩，在哪些方面扩张，对警察职能不同方面分门别类加以分析，其目的是发现各自最有效的执法规范化建设道路，更有针对性地实现执法规范化。从当前中国社会的基本状态来看，高速发展的社会中往往会产生更多的风险，既包括科技的发展带来的技术风险，也包括社会变迁中人员的交往方式与组织形式转变带来的人为风险。要防范和解决这些风险，处理在风险社会中不断出现的大量新矛盾、新问题，公众需要求助于执行力最为强大的行政机关，因而往往会寻求公安机关的服务。主观上，警察随叫随到的快速反应机制，加上他们必要时可以使用武力解决问题的能力，使得警察成为解决各种问题和困难最理想的救助人员。所以，当人民群众面临紧急事件或其他困难时，必然毫不犹豫地与警察联系，寻求警察帮助或指导。因此，警察的服务职能，在当前的社会背景下会表现出扩张的趋势，需要警察比过去提供更多的公共服务。

既然服务职能在当代社会中面临扩张的需求，那么，从执法规范化的角度来看，就应当立足于以提供更多、更好的服务为目标，以执法规范化来保障服务职能的实现。从这一思路出发，执法规范化建设首先在于形成加强警民联系的规范，例如以法律规范明确公安干警贯彻群众路线的原则要求，对于服务群众的重要性在法律上进一步明确，并且将警力下沉到基层，放在街面、社区，及时回应群众的要求。通过这样的规范使得群众与公安机关之间有通畅的沟通渠道，群众需要的服务能够及时表达，服务的效果能够及时反馈，从而使公安机关履行服务职能，坚持从群众中来，到群众中去，以群众路线贯穿始终。其次，需要加强提供服务的程序性规定，通过明确的程序节点，提高服务的效率。这样的程序，需要以法律形式明确下来。法律程序的重要意义，就在于确定行为的各个重要节点，一旦程序启动，即由自身力量向下一个节点前进，直至达成法律效果，中途不会受到外界力量的干扰。因此，程序不仅仅具有约束意义，也具有提高效率这一重要价值。通过法律形式明确公安机关向群众提供公共服务的程序要件，使得群众的服务要求能够及时得到程序性回应，并且按照程序节点顺利推进，应该成为在实现服务职能时重要的执法规范化要求。再次，服务需要向社会公众公开。警察的服务职能之所以重要，就在于其行使的权力，在行政权中反应最为迅速，手段最为多样，能够产生强有力的效果。正是由于这一点，公安机关在进行提供公共服务的执法时，就要注意是否合理地运用了自己的权力，需要明确所提供服务的对象、内容确实有法律依据，所提供的服务应当平等向各界开放，避免强大的警察权为某些个人或组织谋求私利而使用。要防止这一点，就要通过法定的信息公开要求，使公安机关在行使服务职能时的执法活动，合乎规范地加以公开，让其他机关与人民群众能够加以监督。最后，要提供对于服务结果的救济性程序，能够纠正不规范的服务。如果出现不及时回应群众要求，怠于提供服务的现象，或是不能按照要求的效率与质量完成服务的现象，需要服务的群众应该有便捷的救济渠道，通过这一渠道使得执法活动能够回到合乎规范的轨道上来。

在警察职能中的社会公共服务扩张的同时，在当代中国，进行社会管理、维护社会秩序这一警察职能应当适当收缩。警察职能的扩张不应该是无限的，不能超出警察权行使的规律过度扩张。过度扩张不仅会导致警力的过度消耗，社会中的资源也不合理地被配置，而且可能导致警察与社会中其他部分之间的关系趋于紧张。警察代表具有特殊强制力的公安机关进行执法，发生了一些越权执法和滥用警察权的现象。这样的现象如果持续下去，无疑会既导致公安机关的工作压力过大，又造成警民关系的紧张。从社会变迁这一基本背景来看，在当代中国社会中，中国特色社会主义法律体系已经基本建成，公民的民主法制意识有所提高，多元的社会组织结构与社会控制形式也已经形成，因此，社会管理与维护社会秩序的形式，也可以有所创新，不再是以行政机关的强制力为主，而是利用社会自身的力量，寻求更有活力的社会自我管理。而在这样的背景下，警察的社会管理与维护秩序职能也就可以适当收缩，将这方面的任务交给社会中的其他机构与组织，以更好地集中精力处理其他警察职能。

从警察职能在社会管理与维护秩序方面的收缩来看，执法规范化的目标，就是尽量约束警察在社会管理与维护秩序方面不必要的参与，从而节制警察权力对社会的干预。从这一目标出发，执法规范化首先就要明确警力动用的边界，以严格的法律规范界定可以动用警力的情形与条件。不符合规范时，不能因为地方利益、部门利益乃至某些个体利益而动用警力去进行社会管理与维护社会秩序。例如，针对地方政府动用警力进行"维稳"这类现象，执法规范化就要做出严格约束，提高使用警力的门槛，除非必须使用警力的情况，否则应当以其他的手段加以解决。习近平总书记指出"维权是维稳的基础，维稳的实质是维权"，这更进一步强调了在维护社会稳定方面，应该重视法律在化解矛盾中的权威地位，以法律手段来定分止争、维护稳定，而不是一味地使用警察力量来维稳。其次，执法规范化的要求，还要求简化警察实施的社会管理，通过法律规范的明确规定，提炼出必须由警察执法来实施的社会管理项目，设定规范化的管理条件和流程，按照规范的要求来高效率地实施管理。对于警察进行社会管理所必需的各类认证、审批程序，按照执法规范化的要求，都应当尽量简化，使之能够高效完成。最后，执法规范化还要求警察在实现社会管理与维护秩序职能时，积极同其他政府机构与社会组织之间密切合作，各尽其责地完成最适合的工作，从而最优化社会资源配置。要避免警力的过度使用，就需要依据社会的需求类型和数量，重新审视政府各个职能部门的职责，并建立健全以分工为基础的基本规则。对于实施社会管理与维护社会秩序这一职能，有些情况下其他社会组织与政府机构更有效率。通过设定科学合理的分工与合作机制，警察在执法中所遇到的一部分问题，可以依据执法规范化的要求交给其他社会组织与政府机构来处理，另一部分问题则可以依据执法规范化的要求合作解决，使社会管理与维护秩序的警察职能得到更有效的实现。

　　最后，回到预防与打击犯罪这一最为传统的警察职能来看，当前的社会背景，对其提出了更高的要求。这一背景使得人民群众对于社会安全的需求更加强烈，需要公安机关对犯罪进行更有效的预防和打击。随着中国在国际社会中发挥着越来越重要的作用，更深入地参与到国际交往之中，安全形势变得更为复杂，还面临着过去很少遇到的恐怖主义威胁，公安机关也必须对此做出有力回应，以保障国家安全和社会安定，维护人民群众生命财产安全。因此，警察职能在预防与打击犯罪方面不能收缩，仍然需要扩张，尤其是在针对某些特定的犯罪方面更要加强。预防与打击犯罪领域的警察职能扩张，并不意味着警察权的无限度强化，而是对执法规范化提出了更高的要求。越是在面临紧急状态、需要动用强大的国家权力时，越是需要以法治思维和法治手段将国家权力约束在合理的轨道内，不因为安全需求而牺牲公民的自由。因此，执法规范化正是保证自由与安全之间的平衡的关键，其目标是让警察权力在特定方面能够更加集中，作为一种强大的暴力行使，又不溢出到其他方面导致对公民自由的侵害。要实现这样的目标，首先，要以法律形式合理界定公安干警在进行应急处置时的自由裁量权。由于犯罪的复杂性，特别是恐怖主义犯罪，有着类似于战争的不确定性与高端危险，不可能对于警察在预防和打击犯罪中的活动事先做出事无巨细的统一要求，必须授予一定的自由裁量权。执法规范化的要求，就是明确在什么样的情况下可以进行自由裁量、有多大限度的自由裁量，从而由实施执法活动的公安干警依据面临的形势做出反应。其次，要有规范化的标准来动用一切合法而必要的手段来预防和打击犯罪。按照执法规范化的要求，公安干警在需要采取特定的手段时，就必须果断采取，才是符合规范的行为。例如，对枪支的使用，如果面对严重威胁到人民群众生命安全的暴力、恐怖犯罪，不敢果断使用，优柔寡断、贻误战机，就违背了执法规范化的要求。最后，需要有严格的内部与外部监督机制。由于在预防和打击犯罪时，公安干警拥有自由裁量权来灵活运用所拥有的强大暴力手段，这种执法活动的外部性相当明显，其后果可能是负外部性的溢出，甚至是严重的损害。从保证执法的效率来看，不能在事前进行过多限制，但在事后必须有严格的监督机制来审查是否规范执法。这种监督，应该是公安机关内部监督与其他机构与社会力量的外部监督相结合，监督本身必须于法有据，依法进行。

　　总而言之，警察职能的具体内容，决定了执法规范化的建设方向，执法规范化的有力贯彻，是警察职能有效实现的重要保证。例如，公共服务职能的扩张，要求执法规范化更突出效率，以规范化来要求更有效率的服务；社会管理与维护秩序职能的收缩，则使得执法规范化更突出对警察权力的限制，以规范化的执法来减少警察权力对社会的干预；预防与打击犯罪职能的扩张，要求执法规范化更突出对警察权力的支持与监督，既要在面对紧急情况时提供大胆行动的规范，又要能够在事后有效监督和审查。当代中国社会的要求，决定了应以多样的形式实现执法规范化。通过这样的视角，将警察职能作为推进执法规范化的理论基础，放在当代中国的具体背景下加以分析，这一研究虽然主要立足于理论出发点，但也具有重要的实践意义。从理论分析出发，可以更好地以不同形式实现执法规范化，把握公安机关在社会中的角色定位，使其有所为有所不为，更合理地进行警力资源的配置，从而能够更好地满足人民群众的需求，和谐警民关系，在社会中发挥更重要的作用。

三、基于"理想类型"方法和权力视角

（一）"理想类型"方法

"理想类型"方法论是德国著名社会学家马克斯·韦伯于1904年明确提出的。建构一个"明晰的概念"的愿望是驱使马克斯·韦伯提出"理想类型"方法的主要动机。马克斯·韦伯认为，自然科学的对象是客观物体。客观物体具有在相同条件下可重复再现的特点，客观物体有规律性，那么对客观物体的研究方法就是进行科学实验。科学实验的目的是将经验的东西还原至"规律"这种意义上，从而对不断重复出现的自然现象加以总结，形成普遍的概念。但社会科学不同于自然科学，社会科学的研究对象是文化事件或精神事件。一是因为文化事件或精神事件的人文环境不可能重复再现，二是因为即使在相同的人文环境下，也产生不了相同的文化事件或精神事件，那么文化事件和精神事件不具有规律性。"无论在哪一种情况下，生活实在无论何时都不能从那些'规律'和'因素'中推导出来"，"对社会规律的认识不是对社会现实的认识，而只是对于我们的思想为了达到这个目的而使用的种种不同手段；除了根据始终个别地发展的生活实在在某些个别关系中对于我们所具有的意义这个基础之外，文化事件的认识是不可设想的"。马克斯·韦伯认为文化事件或精神事件包含两个基本要素：价值和意义。社会现象是通过价值关联在一起的，同样的事件，本身就包含着不同甚至相反的价值判断。因此，社会科学的研究方法，决不能如自然科学一样通过科学实验去寻找"规律"，而应是通过建立"理想类型"去对对象加以理解。

至于什么是理想类型，马克斯·韦伯称其为一种"理想图像"。"这种理想图像将历史活动的某些关系和事件联结到一个自身无矛盾的世界之上面，这个世界是由设想出来的各种联系组成的，这种构想在内容上包含着乌托邦的特征，这种乌托邦是通过在思想中强化实在中的某些因素而获得的。它与经验地给定的生活事实的关系仅仅在于：凡

在由这种抽象的结构所描述的关系就是依赖于'市场'的各种事件被发现或被推测到实际上在某种程度上发挥作用的地方，我们就能够根据理想类型、根据实际情况来说明这种关系的特征，使它便于理解。""理想类型的概念将训练研究中的归源判断：它不是'假设'，但是它将指出假设构成的方向。它不是现实的一种描述，但它能给描述提供明确的表达手段。因此，它也是历史地给定现代社会交换经济组织的'观念'。"著名的德国社会学界研究马克斯·韦伯的专家迪尔克·克斯勒教授后来对"理想类型"归纳了五个要点：

（1）"理想类型"是一个"创生的概念"，即它是从一组被认作属于某种"文化意向"的原初要素品质的集合中生发出来的。

（2）"理想类型"自身不是一个假设，但是它可以为假设的形成指示方向。因此，它是从检验历史真实得来的非"虚构"：一个非常严格的对经验环境"恰当相应"和特别的询求线索。

（3）"理想类型"作为一种"启发手段"指导着经验研究，同时它组构成解释个人自己或他人的社会行为的可能观点。由此，通过参考一种观念"理想的"形态的方式，一种可对杂乱无意义的、复杂多样的经验材料加以区分的战略计划由此可能建立起来。

（4）"理想类型"用于对经验——历史真实——的"系统化"，在此系统化过程中，经验——历史真实——与类型化结构之间的距离被解释性地加以"衡量"。"理想类型"是一种结构，但是这种结构有别于真实实在，并通过运用"想象"和研究者的图解知识的方式，不断为真实实在所比照检验。"理想类型"的不断重构和新的发展，会使接近得到一个纯图式的和表意符号式的方法以及一种纯因果式解释的和纯个体化解释的方法成为可能。

（5）借助"理想类型"程序解释和说明历史现象，其结果支持的是一种永无止境的"再诊释的过程"。历史真实的"理想类型"秩序的建构成功，取决于给定社会本文环境中的行动者的类型及概念组成形式与考察研究这些事情的科学家的类型与概念组成形式之间协调符合的程度。

对以上描述和解释，我们可对"理解类型"做如下理解：

第一，"理想类型"类似于自然科学的"实验室"，是人为搭建的，而非自然形成的。只不过"实验室"里的组成要素是物质的，而"理想类型"的组成要素是人文的、精神的，是非物质的；"实验室"可实实在在地存在于现实之中，"理想类型"是虚幻的，只存在于人们的想象之中。

第二，现实社会不仅无法再现，而且因错综复杂而无法如实描述，"理想类型"是对社会的历史与现实现状的简化。"理想类型"虽然是虚构的，但这种虚构并非毫无根据，而是以历史或现实为基础的，既是对历史或现实的简化，也是以历史、现实为基础

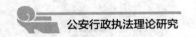

对未来的架构。

第三，"理想类型"中的人文、精神要素可按照人们的理想去安排，是可重复再现的。这些人文和精神要素间具有关联性，系统地组成在一起。

第四，"理想类型"是以概念或范畴的方式表达的，这些概念或范畴的内涵与外延是特定的、稳定的。

前文所概括的各种警察角色，诸如"暴力者""执法者""和平官"等都是一种理想类型，是人们从杂乱无意义的、复杂多样的警察现象中抽取某些具有独特性的关系和事件，通过价值关联在一起，组成一个无矛盾的"警察世界"。这些警察角色不是"虚构"的，而是来源于真实实在，但不等同于真实实在，是用"想象"的方式对真实实在的"系统化"。

（二）权力与权利关系视角

警察角色的"理想类型"是从警察手段、警察身份和警察功能的视角进行"系统化"的。但问题在于，警察在国家与公民间是国家暴力的象征，代表国家对公民进行管制与保护，是国家统治性、强制性的外在表现。警察权力的大小决定着警察组织及警察个体能在多大程度上支配、限制或影响公民的权利。警察权作为一种公共权力，在人们的权利冲突中充当协调者，其对公民权利既时刻予以保护，又时刻与公民权利产生抵牾。警察与公民之间永远存在着权力与权利的对话、自由与限制的对话。公民权利既是警察权力的来源，又是警察权力的界线，决定着警察权力行使的空间和范围，超越这个界线便构成对公民权利的侵害，当属无效。警察权力与公民权利间的关系其实就是警察与公民间的权利与义务关系，是警察法律关系的核心。因而我们认为，建构警察角色的关键是把握好警察权力与公民权利这一对关系。

第四节　新时期人民警察执法规范化的要求和内容

一、新时期规范化执法的总体要求和基本原则

（一）规范化执法的总体要求

加强公安机关执法规范化建设的总体要求是，高举中国特色社会主义伟大旗帜，以邓小平理论和"三个代表"重要思想为指导，深入贯彻落实科学发展观，坚持依法治国基本方略，从积极满足人民群众的新期待、不断适应时代发展的新要求出发，树立全面

提高公安机关的执法能力和执法公信力的目标，大力解决人民群众最关心、反映最强烈的执法突出问题。通过深化社会主义法治理念教育，在执法实践中实施规范执法主体、完善执法制度、规范执法行为、强化执法管理、推进执法信息化建设等多种措施，全面推进执法规范化建设，争取在更大范围与更高水平上实现执法思想端正、执法制度健全、执法主体合格、执法行为规范、执法管理科学，确保各级公安机关和广大民警严格、公正、文明、理性执法。

（二）规范化执法的基本原则

1.执法为民

执法为民是公安执法思想的核心。所谓执法为民，就是在社会主义法治实践活动中，必须以广大人民的利益为出发点，反映广大人民的意志与愿望，在各项执法工作中，实现好、维护好、发展好最广大人民的根本利益，切实做到执法公正，一心为民。

（1）执法为民是社会主义法治的本质要求

执法为民理念是社会主义法治的宗旨和目的的具体体现，它的根本意义在于它科学而明确地界定了社会主义法治的性质、本质和目的，即一切为了最广大人民的根本利益。

首先，执法为民是中国共产党始终坚持立党为公、执政为民宗旨的必然要求。坚持立党为公、执政为民，落实到执法工作中，就是要立足自身职能，牢固树立执法为民的理念，为人民用好权、执好法，具体到每一项执法实践中，要求广大公安民警忠实践行执法为民理念，切实维护人民群众利益。

其次，执法为民是"一切权力属于人民"的宪法原则的具体体现。行使公权力的公安机关本身并不具备权力所有者的身份，它仅仅是权力的行使者，其存在的目的就是合法行使人民赋予的权力。"一切权力属于人民"必然要求公安机关在行使公共权力时保持其纯洁的为民目标，广大公安民警不能有特权思想或者以管理者自居，不能损害人民利益。

再次，执法为民是社会主义法治始终保持正确政治方向的根本保证。执法为民理念所要解决的就是公安机关在执法法律过程中应该如何对待人民群众的问题。公安机关与人民群众之间不是分离关系，而是源流关系；不是对立关系，而是合作关系。解决好这二者的关系，要求公安机关把维护人民群众利益的要求放在第一位，全心全意为人民服务。

（2）执法为民是公安机关执法思想的核心

《中共中央关于进一步加强和改进公安工作的决定》指出："执法为民是公安机关执法思想的核心。"其主要原因在于：

一是坚持执法为民，是公安机关贯彻落实"三个代表"重要思想的本质要求。贯彻"三个代表"重要思想，坚持立党为公、执政为民，具体到公安队伍，落实到公安工

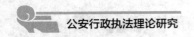
作，就是要坚持执政为民。

二是坚持执法为民，是解决公安执法活动中突出问题的实际需要。如个别民警滋生了特权思想，有的执法谋私、权钱交易、贪赃枉法。这些问题的发生，不仅损害了公安机关和公安民警的形象，严重影响了公安机关的执法权威，而且也严重损害了党和政府在人民心目中的地位。公安机关要很好地解决执法活动中存在的上述问题，必须在执法思想上与时俱进，始终坚持执法为民。

2.严格、公正执法

党的十八大指出，全面推进依法治国。法治是治国理政的基本方式。要推进科学立法、严格执法、公正司法、全民守法，坚持法律面前人人平等，保证有法必依、执法必严、违法必究。增强公安机关执行力和公信力，树立公安机关良好执法形象，维护人民群众合法权益，实现社会公平正义，必须要做到严格、公正执法。

（1）严格执法

严格执法，是指公安机关及广大公安民警必须在法律规定的职权范围内，依法、全面履行职责，自觉接受监督，并依法承担不严格执行法律的法律责任。

严格执法的基本要求如下：一是主体资格合法，执法者素质合格。在执法实践中，公安机关及广大公安民警应当判断某项执法是否属于本单位管辖的范围，是否属于本人的职责范围，不存在想当然的执法权力，否则，就是越权执法，违法执法。二是积极履行法定职责，防止不作为和消极作为。从服务群众的角度来说，对于涉及群众切身利益的事项，公安机关及广大民警必须高度负责，积极服务群众，帮助群众排忧解难；从打击违法犯罪的角度来说，公安机关对所有的违法犯罪都要依法打击处理。三是严格遵守法律规定，坚持实体、程序并重。法律规定，既包括实体法的规定，也包括程序法的规定，二者是内容与形式的关系，是辩证统一的关系，严格遵守法定程序是实现实体正义的重要保障。四是主动接受监督，确保执法权力不被滥用。法律在授予公安机关行使一定执法权的同时，一般都规定了监督制约措施。在执法活动中，如果存在滥用职权、玩忽职守、徇私枉法等不严格依法办事的情形，就要被追究法律责任。

（2）公正执法

公平正义，是社会主义法治的重要目标和价值追求，是构建社会主义和谐社会的基本要求和重要任务。公正执法是依法治国的基本要求，是实现公平正义的基本保障。

公正执法需要正确处理好实体公正与程序公正、执法公正与执法效率和个案公正与社会公正这三对关系。其中，近年来暴露出来的冤假错案大多与执法人员不严格遵循法律程序有关，违背了实体公正与程序公正的关系，教训十分深刻。执法公正包括实体公正和程序公正，在强调程序公正的同时，也应当注意防止矫枉过正，不能机械理解，为程序而程序。目前，在一些执法人员中一定程度上还存在着"重实体、轻程序"的观念，只重视案件的处理结果，却忽视了案件的处理程序。另外，个案公正与社会公正二者在一般情况下是统一的，但是，由于法律自身的局限性，个案公正与社会公正也可能存在冲突。个案公正是社会公正的具体体现，没有个案公正的积累，就没有全社会的公正，如果法律确实有违一般公正，适用法律无法实现个案公正，应当通过立法活动来纠正，而不能通过执法活动来纠正。在执法公正与执法效率的关系上，公正是评价法律效率的基本尺度，公正与效率都是法治社会所追求的重要价值，而效率是实现法律公正的重要条件。实现二者的统一，必须保持它们之间的平衡，公正合理的程序有利于减小执法机关与当事人之间的"摩擦力"，从而提高程序的效率。当然，也应当视面临情势的紧急程序而定，越是紧急的情况越是应讲求效率，但是紧急措施的采用必须以事后充分的救济为保障。

3. 理性、平和、文明、规范执法

理性、平和、文明、规范执法，是对执法方式的新要求。当前各级公安机关和广大公安民警面对的是空前开放、高度透明、情况复杂的社会环境，只有坚持理性、平和、文明、规范执法，不断改进执法方式，提高执法质量和执法水平，才能真正实现法律效果、政治效果与社会效果的统一。

理性、平和、文明、规范执法，就是要求公安民警和武警官兵切实增强政治敏锐性、鉴别力，识大体、顾大局，自觉维护人民警察执法为民的形象、党和国家的形象，特别是在遇到挑衅时等各种复杂的情况下，既要有效维护正常的社会秩序，又要最大限度地防止因执法不当、处置不妥而授人以柄，不说过头的话，不做过激的事，避免引发媒体炒作，造成负面影响。

无论是刑事执法工作还是行政执法工作，公安执法活动的成效如何，最终要看能否维护社会公平正义，促进社会和谐稳定。理性、平和、文明、规范执法，是奥运安保工作留给全国公安机关的一笔精神财富。在当前复杂的社会环境下，公安机关执法活动应当切实改进执法方式，仅仅强调于法有据、程序合法是远远不够的。广大民警在执法活动中，要树立实现法律效果与社会效果相统一的执法目标，坚持理性、平和、文明、规范执法，准确把握当前的社会心理和群众情绪，使人民群众通过案件的办理、事情的处理，既感受到法律的权威、尊严，又感受到公安机关的关爱、温暖。要怀着对人民群众的深厚感情去工作，去执法，在遇到挑衅和复杂情况时，避免因态度粗暴、语言生硬而激化矛盾，扩大事态。

4. 尊重和保障人权

人权是公民的各种权利的总称。公安机关必须牢固树立宪法观念和法律观念，严格遵守法律，切实尊重和保障人权，实现保障人权与打击犯罪相统一。

（1）人权的内涵

人权指人基于生存和发展的需要所应当享有的权利，主要体现为宪法和法律赋予公民的各种权利。马克思指出："人的本质在于他是一种社会存在物。"人权源于人的本性，包括人的社会属性和人的自然属性。根据我国宪法的规定，公民享有的人权主要有：平等权，选举权和被选举权，言论、出版、集会、结社、游行、示威权，宗教信仰自由权，人身自由权，人格尊严权，住宅不受侵犯权，通信自由权，批评和建议权，劳动权，休息权，社会保障权，受教育权，文化自由权，婚姻自由权等。此外，民法、物权法、民事诉讼法、刑事诉讼法等诸多法律都从不同方面对公民的人权做了详细规定。

（2）保障人民群众共同的普遍人权

生存权和发展权是首要的基本人权，反映到执法工作中，就是要切实保障人民群众的生命健康权和财产权。具体来说，就要做到：

一是要及时有效地预防和打击各种违法犯罪活动。违法犯罪活动是对人民群众合法权利的直接侵犯，只有及时有效地予以打击，才能保障广大人民群众的人权。二是要公平公正、及时高效地处理人民群众的权益争议。要保障人民的生存权、发展权等最基本、最重要的人权；大力开展矛盾纠纷排查调处活动，及时妥善处置各种群体性事件；妥善处理群众上访问题，完善信访制度，使处理人民内部矛盾和群体性事件的工作规范化、制度化。

（3）尊重和保障个人人权

执法机关在执法、管理和办案过程中要依法办事，尊重和保障当事人的合法权利，发挥执法机关对社会主义人权保障事业的推进和保障作用。

第一，保障行政管理相对人的合法权利。通过规制行政机关的行政许可、行政强制、行政处罚等行为，防止行政管理权的滥用，既为行政管理相对人的人权提供事前、事中保障，同时通过行政复议、行政诉讼、国家赔偿等制度，为权利受到侵害的行政管理相对人提供有效的权利救济途径。第二，保障违法犯罪嫌疑人、被告人、罪犯的合法权利。执法机关要正确处理打击违法犯罪与保障人权之间的关系，切实树立维护社会秩序与保障人权、打击违法犯罪与保障人权并重的观念。第三，保障被害人的合法权利。保障被害人的诉讼权利，保护被害人隐私，为被害人提供物质、医疗、心理及其他社会援助。另外，被害人因违法犯罪遭受财产损害、身心健康等伤害的，有权得到赔偿。

（4）保障特殊群体的人权

未成年人、妇女、老年人、残疾人等群体的权利易受侵害，对他们的特殊保护十分重要，也是社会文明进步的标志。我国加入或批准了《消除对妇女一切形式歧视公约》《儿童权利公约》等国际公约，发布实施了《妇女权益保障法》《未成年人保护法》《残疾人保障法》《老年人权益保障法》等专门法律、行政法规。刑法、刑事诉讼法、治安管理处罚法等法律也为保护特殊群体人权做出了特别规定。

5. 宽严相济

各级公安机关和广大公安民警在执法活动中坚持宽严相济，是实现执法的法律效果与社会效果统一的必然要求，执法活动在任何时候都应当将二者有机统一。公安机关是社会主义和谐社会的建设者、保障者和促进者，必须认真贯彻执行宽严相济政策，积极预防、依法打击违法犯罪活动，维护社会政治稳定和治安稳定；同时注意执法的社会效果，坚持教育、感化、挽救的方针，从根本上缓解社会冲突，最大限度地减少社会对抗，促进社会和谐稳定，努力化消极因素为积极因素。具体来讲，坚持宽严相济，对公安机关有以下要求：

第一，科学界定"宽"与"严"。宽，即宽大、宽缓，就是要坚持区别对待，本着以人为本的精神，本着更利于最大限度地减少不和谐因素、增加和谐因素，更有利于对违法犯罪人员的教育挽救，更利于体现社会效果的方针，对案件进行全面衡量，追求积极的社会效果，最终实现打击犯罪与保障人权、严格执法与热情服务、执法形式与执法目的的统一。严，即严厉、严格，既要使法网恢恢、疏而不漏，又要集中力量依法严厉打击严重刑事犯罪，对罪行严重、恶性较深的罪犯依法给予较重的刑罚，维护良好的社会秩序和人民群众的安全感，同时起到震慑和预防的作用。

第二，"宽"与"严"都必须以严格执行法律为前提。执法实践不能违背法律的基本精神，必须坚持罪刑法定、罪刑相适应、法律面前人人平等原则，实现政策指导与严格执法的有机统一。执法的宽与严，主要是指处罚力度，而不是指执行法律的程序有差别，无论是对哪种违法犯罪行为，都要严格执行法律规定，一视同仁地去发现、调查、处理，不能只着力打击严重的行为，对较轻微的行为就放任自流。执法再"严"，也绝不能违背法律规定的程序，不能剥夺当事人应有的权利，更不能超出法律规定的处罚幅度而予以无限加重，对需要从严惩处的违法犯罪人员的合法权益也必须依法予以保护。

第三，宽与严要协调、平衡。宽严相济，最为重要的还是在于"济"，也就是要协调一致、总体平衡。一方面，要求宽与严相互结合、协调运用，从而形成合理的刑罚结构。不同罪名之间的刑罚量要整体平衡，不能轻罪重刑，重罪轻刑。不同地区、不同阶层、不同背景的犯罪人在相同条件下所受的惩罚应基本相同，以确保国家法制的统一和法律面前人人平等。另一方面，任何犯罪人都可能既有从重处罚的因素，也有从轻处罚的因素，对此要全面考虑，不能一味突出从重或者从轻。

第四，执法的基本政策要具有稳定性。执法政策特别是刑事执法政策如果朝令夕改、忽轻忽重，会严重损害法制的严肃性。宽严相济政策作为一项基本的执法政策，不能因为客观环境的变化随意更改，要持之以恒地坚持下去。犯罪形势在不同时期会有不同的特点，需要重点打击的犯罪也会有所不同，但不能因为一段时间某种犯罪严重，就一味强调打击，忽视法律化解社会矛盾的功能，更不能以忽高忽低、忽轻忽重的刑事政

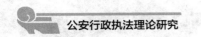

策破坏法律的公正性和公信力。

6. 和谐执法

构建社会主义和谐社会，为从源头上化解社会矛盾、维护社会和谐稳定创造了更加有利的条件，同时也对公安执法工作提出了新的、更高的要求。和谐执法既是各级公安机关所要追求的目标、价值取向，也是对公安执法工作的评价标准。公安机关作为构建和谐社会的建设者、促进者和保障者，必须通过进一步加强和改进公安执法工作，提高公安机关执法工作的公信力，以促进社会和谐稳定。

和谐执法的主要内容包括公安机关与社会的和谐、公安机关与执法对象的和谐、公安机关内部的和谐以及执法目的与执法手段、执法过程与执法结果、实体执法与程序执法的和谐等。

和谐理念、和谐目标、和谐要求真正贯彻落实到执法工作的每个方面和每个环节，要做到"两个坚持"和"四个统一"，即坚持对法律负责与对党负责、对人民负责的一致性，坚持严格执法、公正执法、文明执法的一致性；把打击犯罪与尊重保障人权统一起来，把追求效率与实现公正统一起来，把执法形式与执法目的统一起来，把维护稳定与促进和谐统一起来。

在公安行政管理工作中，提升服务质量和服务水平就要最大限度地为人民群众服务，最大限度地为经济社会发展服务，增强公安行政管理工作成效。在行政处罚工作中，坚持预防教育为主，处罚惩戒为辅，将宣传法律、法规，引导、劝诫当事人自觉守法贯穿于执法行为的始终。在刑事执法工作中，要坚持宽严相济的刑事司法政策，最大限度地遏制、预防和减少犯罪，化消极因素为积极因素。在具体执法活动中，要防止因为强调严厉打击就忽视保护人权甚至随意侵犯人权，不能因强调加强管理就忽视热情服务，不能因为强调保护人权，就削弱严厉打击，不敢执法。总之，在每项执法工作中要统筹考虑矛盾的两个方面，使公安执法工作均衡发展，协调发展，持续发展。

二、规范化执法的主要内容

1. 正确、自觉的执法思想

执法规范化建设的思想基础和前提条件是执法思想。没有自觉的和正确的执法思想，执法规范化是做不到的。执法为民是公安机关执法思想的核心，包括以下九个方面的主要内容：

一是依法履行职责的观念。第一，在法定权限内履行职责。公安机关的执法权力是有限的、有条件的，民警的执法活动要在法律规定的范围内进行。公安民警可以做什么、不能做什么要严格按照法律的规定，不能想干什么就干什么。不能因为自己是执法者就为所欲为,不按法律办事。第二,不能因为出发点、执法目的和动机是好的,就可以不依法办事。实际工作中,少数民警认为只要出发点、执法目的和动机是好的,就不会有问题。但往往对这一点认识上的偏差,导致执法中出现问题。必须明确的是,即使是为了把案件办好,把治安管好,也不能突破法律的规定,超越法定的权限。第三,不能随意不作为。公安民警必须履行法定职责,不能因为没有利益、怕承担责任或者其他原因,对群众的报警不受理、不立案。

二是法律面前人人平等的观念。其主旨是反对任何超越法律或者凌驾于法律之上的特权,实现公平、公正。公安机关在执法中要平等对待每一个执法对象,不能把执法对象分为三六九等。同时,执法者和执法对象作为执法者,可以依法拘留、讯问犯罪嫌疑人,但也要承担保护犯罪嫌疑人合法权利的义务。同样,违法犯罪分子应当承担法律责任,但也享有法定的权利,如辩护权、人格权等。在享有法定权利、承担法定义务这一点上,执法者和执法对象也是平等的。

三是尊重和保障人权的观念。首先,不能为了打击犯罪而任意侵犯人权。1978年党的十一届三中全会后,党的工作中心转移,我们国家的主要矛盾已经不是阶级斗争,而是人民群众日益增长的物质文化需求和落后的社会生产之间的矛盾,中央确立以经济建设为中心,执法工作的观念必然随之转变。公安机关不但要强调打击犯罪,也要强调保护人权。为了打击犯罪,公安机关可以限制犯罪嫌疑人的人身自由,但不能随意限制,而应当按照法律规定的条件、期限进行。其次,即使是犯罪嫌疑人、被告人甚至是法院已经判决的罪犯,公安机关也应当尊重和保障其应有的受法律保护的权利。再次,在打击犯罪和保护公安权利发生冲突的时候,要依法办事。处理好打击犯罪和保护人权这一对矛盾,需要在两者之间取得一个最优平衡点,这个平衡点应该由法律来规定。总体上的平衡点就是综合考虑国家的利益、群众的利益与社会方方面面的要求。最后,在有效打击犯罪的同时减少对公民权利的限制。要从维护社会稳定和促进社会和谐的大局全面权衡,在办案中是否适用强制措施以及适用何种程度的强制措施,在有效打击犯罪的同时,要依法尽可能少地限制公民的权利。

四是证据意识。公安机关和民警办案不能仅凭个人直觉和经验,仅凭犯罪分子口供,而是要依靠确实、充分的证据。当前,从面上看,公安民警证据意识的重视程度还不够,主要有以下两个问题:第一,少数民警执法的侧重点还是抓人,不重视全面、细致地调查取证,认为把人抓到就算破案了,导致案件因为证据存在缺陷无法处理。第二,在获取、保管、保用证据的环节上还有薄弱之处。人民检察院不批捕,或不能移送起诉,就在于办案粗糙,证据方面存在问题。

五是程序意识。为解决多年来公安机关"重实体、轻程序"这个比较突出的问题,必须牢固树立程序意识。第一,执法行为必须按照法定的程序实施。例如,有一把刀是一起故意杀人案的作案工具，既要证实是犯罪嫌疑人用过的，还要证明公安机关提取这把刀的程序是合法的。第二，程序在执法规范化中具有重要意义。在某种意义上，人民群众对公安执法工作的满意度直接与公安机关是否按照法定程序执法办案有关。

六是自觉接受监督的意识。在法治社会里，公安机关的权力必然要受到监督，权力必然伴随着监督，国家法律赋予公安机关权力的同时，也必然伴随着对公安机关权力的监督。

七是坚持对法律负责与对党负责、对人民负责的一致性。公安民警必须要有这种具有中国特色的执法思想，这与坚持"党的事业至上、人民利益至上、宪法法律至上"是一致的，这就要求公安民警在执法中要讲究方式方法，努力提高执法水平。

八是坚持带着对人民群众的深厚感情执法办案。党代表的是人民群众的根本利益，执法必须要对群众有感情，这是公安机关的政治本色，也是执法的法律效果与社会效果统一的基础。

九是坚持专门工作与群众路线相结合。公安工作的社会性强，要想保持公安工作和队伍建设又好又快发展，必须相信群众，依靠群众，得到群众的理解、信任和支持。公安机关要牢固树立专门工作与群众路线相结合的执法思想，始终保持并不断发扬群众路线的优良传统。

2. 规范化的执法理念

透明、责任。"态度官司"大多发生在群众与公安机关接触之始。换言之，很多问题就出在案件受理之前。在处警的过程中，没有及时固定证据，没有及时调处，没有及时沟通，导致案件后期难以办理，久拖不决，逐步扩大升级，甚至不良的处警言语也产生了不小的麻烦。可以说，在群众的眼里，公安机关就是执法机关，任何的执法活动都具有权威性和示范性。因此，从某种意义上说，执法的规范性不再是案件办理过程中的规范性，而是公安所有工作的规范性。不管是窗口的服务单位还是一线执法办案单位，都必须注重自身工作的规范，提高执法的透明度，树立执法工作的责任感，因为每一位公安民警都是在执法，都是代表公安机关的形象。

3. 健全、明晰的执法制度

公安机关执法不规范的重要原因之一就是在执法操作层面缺乏具体、明确的规定。要确保公安机关的执法质量、执法效果和执法公信力，就必须有效执行健全、明晰的执法制度。第一，公安机关各部门、各警种要制定具体、明晰的执法制度。公安部制定全国统一规范，具体执法制度应当主要由公安机关以及各部门、各警种结合本地、本部门、本警种的实际情况，按照法律的规定积极主动地制定各类程序性和实体性规定。第二，严格按照制度办事，确保执法行为规范。每位执法人员遵照健全、明晰的执法制度去执行，不论其经验、能力、情绪差异，都可以保证执法水平大体一致，执法质量就能得到有效保障。

4. 理性、文明的执法方式

执法方式的基本要求是理性、平和、文明、规范，执法方式直接关系到执法效果。各级公安机关和广大公安民警在执法过程中，要以法为据，以理服人，以情感人，将法、理、情融于一体，实现执法的法律效果与社会效果、执法形式与执法目的的有机统一。

处于社会转型时期，社会的发展总会打破传统公安执法方式与社会治安之间博弈的平衡关系，"困则穷，穷则变，变则通，通则久"，要立足于社会治安实际情况，在综合各地经验的基础上，研究制定处警巡逻一体化机制，即有警出警，无警巡逻，把警力摆在路面上不仅可以提高见警率，更重要的是可实现零距离服务群众、零距离打击违法犯罪。在警力资源无法大量增加的情况下，如何实现警力资源的挖潜增效显得极为重要。这也关系到公安工作能否真正实现科学管理和持续发展的战略性问题。实现警力资源挖潜增效的关键就是改革现有的勤务机制。勤务机制改革，公安机关已经提出了很多年，也探索积累了很多经验和方法。但受警力资源和警情差异的影响，到底什么才是成功的勤务机制显得莫衷一是。甚至很多人认为，在警力资源没有保障和队伍结构无法改善的情况下，要实现挖潜增效是不可能的。可以说，科学合理的勤务机制就是能在激发所有人潜力、淘汰落后者的基础上，将队伍的活力、潜力加以最大限度的激发。

5. 专业、标准的执法素质

执法素质实际上是执法能力问题。公安工作具有强制力，可以依法剥夺或者限制公民的人身权、财产权，具有特殊性，这就要求公安民警必须具有专业、标准的执法素质。首先，要有专业素质。公安机关执法活动中的每一个执法领域、每一项执法活动，都具有高度的专业性，无论是哪个警种和部门，都必须具备政治、业务、法律、道德、体能、技术等方面的素质。其次，要有专业态度。从实践中发生的执法问题可以看出，执法不规范很大程度上是由缺乏专业素质尤其是专业态度造成的。专业态度要求公安民警无论服务对象身份高低都一视同仁，无论案件大小都认真对待，无论心情好坏都不影响工作，对自己所从事的工作要有高度的认同感。

6. 恪尽职守的职业精神

首先，公安机关的执法活动与人民群众的利益息息相关，公安工作的特殊性决定了公安民警必须具备恪尽职守的职业精神。其次，职业精神主要包括敬业、忠诚、敬畏、热诚，是指公安民警在从事执法活动中表现出来的职业价值观与精神状态。再次，职业精神应当具备符合公安工作职业特点的道德准则、道德情操、道德品质等符合公安工作职业特点的职业操守。

7. 科学、精细的管理体系

缺乏执法管理的理念和机制使公安执法工作越来越突出地表现出"有法不依、执法不严、执法不公、执法不文明"等问题。这就要求必须加强执法管理，主要包括三个方面的内容。

第一，执法管理不仅仅是事后的责任追究，是对执法活动全过程的管理，要实现对执法工作稳定的、系统的、全方位的、全过程的管理。

第二，执法管理是流程式的管理。流程式管理需要让执法的每一个环节都纳入管理体系中，及时解决出问题的环节，同时，要有信息反馈渠道，领导者能及时了解流程运行情况，通过设定管理制度，形成一个自动运行的机制。

第三，执法管理是综合性管理体系，包括岗位、人员、制度、守则、目标、任务、标准、待遇、奖惩、监督、运作模式等多个方面。公安机关要依靠科学、系统的管理体系来将执法管理落到实处。要有明确的管理目标、基本原则、岗位职能、工作标准、过程记载、质量监控、考核激励、责任追究机制，以确保管理体系连贯、自动地运转、生效。

8. 加强执法硬件建设，落实责任意识

公安机关是为人民服务的机关，公安机关职能部门众多，所涉及的区域十分广泛，被社会普遍认为是管理社会事务的"万金油"。为了更好地服务人民、便利群众、实现高效，使公安民警在执法的过程中自觉遵守规范化程序，将责任意识落实在公安执法的各个环节和过程，仅仅提升公安民警规范化执法的思维意识还不足以发挥好公安规范化执法的社会效果。要又快又好地发挥出公安规范化执法的真正效果，还需要提升公安规范化执法的硬件设施，提高公安规范化执法的保障。在以前，公安机关的大门乃至整个办公区域都是开放式的，尤其是基层派出所在上班时间整个派出所的办公楼内都是前来办事的群众。虽然开放式办公便利了人民群众，也起到了务实高效的效果，但是开放式办公也有其不利的一面，就是在公安机关内大量的流动人群可以来去自由，危险分子亦可混杂在办事人群中进入公安机关，这样就大大降低了公安机关内部的安全系数，大大提高了公安机关内部危险性事件的发生率，特别是在2008年上海闸北区公安局内发生了震惊全国的杨佳袭警事件后，充分暴露出公安机关以往的开放式办公存在内部安全防范严重缺位的问题，内部安全防范问题才得以被全国公安机关广泛重视，最终促使在全国范围掀起一场公安机关办公区域规范化建设的效能革命。

9. 依靠技术提高公安规范化执法工作效率

随着科学技术，尤其是网络技术的迅猛发展，网络技术已经渗透到公安执法的每一个环节，并对公安规范化执法起到了推动的重要作用。

首先，信息化促进民警规范化执法能力提升。以网络为依托搭建网上学习平台，开辟网上执法预警通报栏目，全面实施网上审核预警和提升民警执法水平相结合的长效练兵机制，不断提高民警的法律素养和执法能力；坚持网络互动，提升了网络审核通报效

率，实现民警执法和学法相结合，及时全面掌握最新的法制动态；建立网上执法奖励制度，有效地调动了民警提升自身法律素养和执法能力的积极性和主动性。

其次，信息化促进执法行为规范建设。证据采集信息化，目前一线出警民警基本上配齐录音笔、数码相机、摄像仪等信息化装备，对接处警活动做到全程录音，保证证据效力，避免无理投诉，维护民警的合法权益。办案中形成的笔录材料、法律文书要全部录入电脑系统库内，并由标准执法软件制作。

再次，以信息化促进执法质量建设。办理所有的刑事、行政案件从受立案、处理到执行的各个执法环节，都必须在网上呈报、网上审批，要求办案信息必须在规定的时限内录入公安执法信息平台和打防控信息平台，录入信息不能缺项、漏项和错项，信息的录入情况，省、市两级公安机关会随机进行抽查；要建立网上三级研判体系，法制部门对网上执法要进行专业研判，发现苗头性、倾向性问题上网发布预警信息。

最后，以信息化促进执法监督体系建设。充分发挥视频监控系统作用，在基层科所队的值班室、办公区域、候问室等处安装监控探头，视频终端设在公安局机关内，由公安局纪委、督察派专人对基层科所队的值班人员、窗口人员的执法行为进行不定期的监督管理，完善内部执法办案监控网络，规范民警的办案行为，杜绝刑讯逼供。

第五节　人民警察规范化执法的若干问题分析

一、现实困境

1.民警思想不重视

一支队伍力量发挥得好不好，队伍能不能健康地发展，靠的是作为基本单位元素的人员能不能自上而下形成统一的思想意识。公安规范化执法建设的推行在民警的思想领域遇到了严重的阻力，目前不管是老百姓还是地方政府，衡量公安机关的业绩主要集中在打击犯罪、破获案件的基数上，打击犯罪、破获案件其实只是公安机关业绩的一部分。由于随着对公安机关业绩要求的偏移，对公安机关职能的要求也就变得片面集中，不能正视公安机关的业绩，使得公安机关的着力点也发生偏移，部分公安机关的领导也不得不投群众之所好，由此演化为重打击结构、轻执法程序的结果。也有部分领导认为，公安规范化执法的推行只是上面部门的一阵风，雷声大雨点小，不会产生实际的效果，只是走过场而已，于是在思想上不重视，在客观方面就出现了上有政策、下有对策的表现，对公安规范化执法的建设也只停留于公安机关的内务台账上面。除了领导政绩观的偏失外，普通民警在思想上也存在一定程度的不重视，上面不重视，下面肯定不能形成"上面一支针下面千根线"的统一局面。另外，一些民警认为公安规范化执法建设的推进是上面领导的事情，与自己无关，更认为自己的职责就是做好手头工作，自己的成绩主要出在打击犯罪数量和破案数量上，执法规范化建设做得再好也是给领导做嫁衣，而且出力不讨好，没有必要为了一棵树放弃一片森林。一些民警对公安规范化执法建设的重要性也没有形成统一的认识，认为公安规范化执法是将原来"简便的执法方式复杂化"，是对原有公安执法行为的束缚，使原本捉襟见肘的警力愈加紧缺，在提倡从优待警的背景下无疑增加了民警的工作量，使原本已经不堪重负的民警雪上加霜，成天埋头于案件、规范化执法条文之中。这样不仅降低了原来执法办案的效率，也牵制了打击犯罪基数的提升，有负于政府和人民群众对公安队伍的新期待。

在公安执法过程中，个别民警执法宗旨意识不强，主要表现为以下三个方面：一是执法思想不端正，不秉公执法，办关系案、人情案；二是漠视群众疾苦，对群众冷、硬、横、推，对群众不负责任；三是执法民警以管人者自居，对案件当事人态度粗暴，蛮横执法，造成这边执法办案，另一边上访告状。

2. 非警务活动基数大

根据公安部统计，公安业务量每年按10%～15%比例增长，而其中大量是非警务活动，并且已经占到公安机关全年工作量的60%左右。有数据统计表明，全国各县市公安机关的非警务活动主要有以下几个方面：第一，被积极安排参加非专属于公安机关职责范围内的行政执法活动。由于公安机关本质上具有暴力性特征，某些县市行业，用公安机关的名号充场面，威慑执法对象乖乖就范。因此，很多非公安机关职责范围内的行政执法活动，都要求公安机关参加。第二，服务性事务递增。为了落实好宗旨意识和服务理念，促进向服务型公安机关形象的良性转变，全国许多县市公安机关对外界公开承诺："有事找警察。"因此，群众一遇到事情，不考虑事情的大小、性质，就先向公安民警求助。当然，这一方面反映了老百姓对公安民警的信任，也充分体现了老百姓对公安工作的支持，但另一方面，却增加了公安机关的非警务活动量，妨碍了公安机关正常警务工作的有序开展。过多的非警务活动，直接阻碍了公安执法规范化效率的发挥。另外，非警务活动的无限扩大也会不断激发民警以权谋私的欲望。

3. 公安机关规范化执法监督乏力

从公安实际执法工作存在的问题中，反映出有些民警尚未真正树立正确的执法监督理念，从表面上分析是民警对执法监督存在着抵触的情绪和错误的理解，更深层次的分析就是没有意识到执法监督是执法规范化中不可或缺的重要部分。具体而言，主要是一些民警重视公安执法权力，不愿被执法监督束缚，认为执法监督是对自己的不信任，执法监督将对自己正常、正确的执法造成束缚，于是采取各种方法、手段逃避监督，甚至有些民警把公安执法行为与执法监督对立起来。还有些公安民警把执法监督与公安执法行为、公安执法队伍规范化建设独立开来，认为在目前警力与经费都不足的情况下还进行执法监督，是对本已捉襟见肘的警力的极大滥用，打击数、破案数是领导的政绩体现，是第一位的，所以盲目、过多、放肆地施行执法行为，置公安监督于不顾。另外一些公安机关的监督部门自身不仅没有充分认识到执法监督对执法规范化建设的重要意义，更没有意识到执法监督是对民警执法最有力的保护。于是，在具体的执法监督工作中，自身的监督部门对执法监督存在顾虑，怕得罪人，特别怕得罪比自己级别高的人员，对不规范的执法行为，不敢严于深究，喜欢大事化小、小事化了，自觉不自觉地把执法监督工作流于形式，以致事实上形成了执法监督工作可有可无的尴尬局面。

近年来，我国公安执法监督渠道呈多元化，内部有纪委、监察、审计、法制、督察、信访等部门，外部有人大、政协、检察机关乃至社会舆论的监督。从表面来看，对公安执法监督的社会多元化交织形成了一个"严密"的执法监督网络。但不容回避的是，在实际公安执法监督中，由于各监督主体的着力点不同，又缺乏必要的沟通和协调，没有形成统一的执法监督工作机制，不仅内部各监督主体各司其职，外部监督主体间也缺乏统一的协调指挥，在这样的情况下，不仅不能协调一致、密切配合，而且削弱了执法监督网络的监督合力，因而常常出现对监督事项相互推诿、扯皮等现象，导致一些群众常年投诉上访，盲目耗费了执法监督资源，妨碍了执法监督效能的有效发挥。

在当前公安执法监督工作中，执法监督乏力，制度落实缺位，是一个突出的问题，表现在多个方面。一是执法监督主体缺乏独立性、权威性。特别是在内部执法监督中，执法监督权不仅没有高于多数被监督主体的权力级别，而且还要接受同样需要被执法监督的同级公安机关行政首长的领导，缺乏必要的独立性，从而削弱了执法监督的权威性，使执法监督应有的效果不能有效地发挥。二是警务公开的范围和层次不够。警务公开制度宣传落实不到位，广大人民群众对公安执法及公安执法监督过程的内容缺乏必要的了解，取而代之的是对公安机关的惧怕，怕给自己带来打击报复的隐患，不愿参与到公安执法监督的队伍中来，削减了群众参与执法监督的热情，也在一定程度上影响了公安机关的执法公信力。三是责任追究乏力。尽管公安机关为了改善执法状况、加强执法过错责任追究力度，有针对性地出台了一系列规章制度，但是执法过程中的程序违法、放弃执法监督、不认真履行执法监督等行为导致部分公安机关领导害怕内部问题的暴露，影响到自己的政治前途，往往采取用纸包火的方式，将问题在内部进行消化，最后演变成督察部门应履行的监督职能转变成修正职能。

4. 公安机关规范化执法建设缺乏保障

"工欲善其事，必先利其器"，有了后方的保障，前线的战争才能有序开展，公安机关规范化执法建设也是基于同样的道理，要有充沛的后勤保障，才能有序健康地推进公安机关规范化执法建设。但是在现实执法中，公安机关的经费制度却遵循"条块"管

理模式，没有自上而下独立的经费来源，经费主要靠地方政府的划拨。地方政府划拨的经费要用于公安工作的各个方面，包括社会治安维护、刑事犯罪的打击等，其中公安机关规范化执法建设也是划拨款项涉及的一个方面。可是碍于前面提及偏激的政绩观，大部分划拨过来的经费被用于社会治安维护、刑事犯罪的打击两个方面，而公安机关规范化执法建设的经费只是冰山一角。在部分领导的意识中，规范化执法的推进不需要太多的经费，只要执法监察部门严把审核关，执法办案的水平就会向公安机关规范化执法建设的要求靠拢。

公安机关规范化执法建设是一个从执法理念到执法配套设施更新的过程，这些方面的更新都需要经费的划拨，如民警的规范化执法的专项培训、执法办公功能区的建设等方面。马斯洛提出了人类需求的5个层次：（1）生理需要，是个人生存的基本需要，如吃、喝、住处；（2）安全需要，包括心理上与物质上的安全保障，如不受盗窃的威胁，预防危险事故，职业有保障，有社会保险和退休基金等；（3）社交需要，人是社会的一员，需要友谊和群体的归属感，人际交往需要彼此同情、互助和赞许；（4）尊重需要，包括要求受到别人的尊重和自己具有内在的自尊心；（5）自我实现需要，指通过自己的努力，实现自己对生活的期望，从而对生活和工作真正感到很有意义。同样，公安机关对于职能发挥的需求也可划分为几个层次，其中最本质的需求层次就是公安机关的本质天性，即打击违法犯罪活动，只有在完成最本质的需求层次的任务后才会去追求上面的需求层次。目前我国经济迅猛发展，人均GDP突破1000美元大关，根据欧美发达国家的历史经验，这一经济发展阶段后，我国便开始进入社会矛盾多发期。社会治安形势严峻，因此在该阶段公安机关还是以打击违法犯罪为主要活动，政府划拨的公安经费主要还是用于社会治安维护、刑事犯罪打击方面。

5.民警素质参差不齐

部分地区民警封建特权意识浓厚。现场出警宗旨意识、群众观念淡薄，以执法管理者自居，重视法律的结果，不讲究执法的过程，也不注重执法的政治和社会效果，对群众颐指气使，呼来喝去，行动上不免有"居高临下"和"爱理不爱理"的姿态。面对群众咨询时，解释不到位，导致与群众语言冲撞造成谩骂，更甚者会恶化、升级为与群众发生肢体摩擦等冲突。

少数民警应知应会能力差、业务不精，缺乏解决实际问题的能力。以前对公安民警的招录条件要求比较低，文化程度达到高中水平就可被录取，还有些公安民警是部队退伍军人，没有受过专门的执法培训就进入公安队伍，处理新发的事件显得有些生疏。如，面对醉酒滋事的警情时，民警处置不科学，对策简单，方法粗暴，时机把握不准，造成工作被动。

在一些特种行业、公共场所安全管理的工作中，有的民警思想观念、方式方法落后，没有根据行政审批改革、行政许可法实施后出现的新情况主动采取积极有效措施，没能正确找准管理与服务的结合点，仍然偏重于依靠执法强制力来实施管理；有的还存在一些特权思想。还有的民警缺乏必要的法律知识和社会管理经验，不少基层民警在办案中忽视法定程序；在侦查审讯方面还欠缺一些必要的谋略和手段，使得通过正常的程序途径不能有效地查清犯罪事实，间接减弱了公安机关震慑违法犯罪行为的作用，助长了违法犯罪分子的嚣张气焰。还有一些民警由于法律素质的缺失不能准确把握罪与非罪、此罪与彼罪的界限，有的甚至还不知为违法嫌疑人制造假立功证明是犯罪行为。不少民警不懂在工作中坚持群众路线，没有在思想上意识到群众路线是我党工作的基本方式。因此在日常工作中，不少民警对待群众态度冷、硬、横、推，以管理者自居，对人民群众居高临下，不愿意跟群众接触，不懂和群众沟通，不想跟普通群众交朋友，也不愿意听取群众的意见，因而他们的信息不灵，工作吃力；不论遇到普通的纠纷还是发生一般的案件，工作上都得不到群众有力的支持。

6. 公安队伍中腐败问题严峻

中国社会正处在经济体制转型时期，社会利益观念呈多元化格局。民警的本质是人，人就会有自己的欲望和追求，按照布坎南提出的公共选择理论，在目前的社会条件下，民警是"经济人"，经济人从事社会活动的目标就是使自己的价值在社会活动中实现利益的最大化。而民警在社会活动中实现利益的最大化的方式无非就是合法和不合法两种，基于实现利益的最大化目标，民警在执法过程中往往规避公安规范化执法的标准，"动小聪明，做小动作，走偏门"，采用一些不合理却合法的行为以实现自己利益的最大化。

7. 公安总体执法质量不高

人民公安的主要职责是依照法律、法规的规定全面行使相应职权，全方位打击违法犯罪，维护社会秩序稳定，切实保护人民群众自身的合法权益。但是在实际的执法过程中，存在很多的执法不文明、不规范、不履职、不作为、"慵懒散"等现象，尤其是作为与人民群众接触最频繁的基层公安，存在着不严格执法、不公正执法、有案不立、立案不实、违法延长留置盘问时间、违规独自一人办案、刑讯逼供等现象，完全不把人民群众的危难疾苦放在心上，严重地影响了我国公安执法的质量。这一系列的不规范行为一方面会产生"跟风效应"和"连锁反应"，形成一种不良的工作风气，让一些公安民警，尤其是新入警的年轻警察在潜移默化中偏离了执法标准，降低了执法质量；另一方面会侵害人民群众的切身利益，影响了整个公安执法形象，降低了人民对公安工作的信任度。近年来，关于公安执法的行政复议、行政诉讼案件的变理、撤销和复查率在逐渐增高，由此也可以看出公安执法质量问题已经受到社会的关注，而公安机关的执法水平会直接地影响到社会秩序的稳定。

8. 公安执法手段单一僵化，蛮横粗暴

中共"十八大"上习近平总书记指出，"新形势下……我们一些党员干部中发生的贪污腐败、脱离群众、形式主义、官僚主义等问题，必须下大气力解决"。公安机关作为执法机关，在现实的执法过程中，尤其是在侦破刑事案件过程中很可能要使用暴力手段。暴力手段运用得合理得当，能够制止违法犯罪行为对公民和社会权益的损害；运用得不恰当甚至是违反规定而使用暴力手段，则会对人民群众造成更大的损害。比如，在现阶段依然存在公安民警执法简单粗暴、蛮横的现象，尤其是基层民警在执法过程中有刑讯逼供、强硬执法、执法用语不标准、执法程序混乱、运用法律错误等行为，对事件阐述不清，法理不明，当事人提出质疑后更是态度恶劣，个别民警甚至出言不逊。除此之外，一些民警执法手段单一僵化，对法律、法规生搬硬套，不能根据实际具体问题具体分析，灵活运用执法手段，重结果轻程序，重口供轻证据。

有些民警依然未能很好地理解"宽严相济"政策的深刻内涵，不能从服务大局的高度上把握执法工作，不能准确理解维护社会和谐稳定与严格公正文明执法的密切关系，对法律条文理解过于僵化和机械，执法中不考虑不同执法对象的承受力，不区分不同执法环境的敏感性，执法手段僵化单一。这不仅容易引发执法相对人的抵触情绪，而且也难以争取群众的理解支持，无形中弱化了执法的法律效果和社会效果。

有些民警由于政策水平不高、法制观念淡薄或缺乏办案经验等因素，在案件多、时间紧或久押不决、久查无证的情况下，求助于打骂体罚，或者骗供诱供，甚至用刑讯等非法手段诱使或逼供迫使犯罪嫌疑人招供。在一些办案民警中甚至存在着一种"不打不会招"的错误思想，认为外来人员案犯非常狡猾，抗拒心理又强，不施加压力是不会开口的。因此，只要被抓获的案犯是外来人员，往往不问青红皂白，先让其进行所谓的"体验生活"。

9. 执法程序不规范，执法流程不完善

"重实体，轻程序"是现阶段很多公安部门和警种在执法过程中常常存在的问题，也在一些办案民警和基层所队领导的思想中根深蒂固，只要求得到结果而忽视执法过程。《中华人民共和国刑事诉讼法》中明确规定了公安局、检察院等执法机关在搜集证据时要按照相关的法律程序进行，如果违反相应的法律程序搜集证据，则该证据不予采纳。公安部、各省公安厅针对这一问题也出台了很多相应的规章、条例，根据当地实际执法情况要求，各个部门制定了完善可行的执法流程，但是实际在执法中依然存在执法程序不规范的现象，如接处警制度不认真落实，例行盘查、治安检查不规范，审批审核制度不严格，有案不立、立而不查的现象时有发生，甚至由此引发了一些被社会公众传播关注的事件。

一些单位执法态度不严谨，存在"重实体，轻程序"的错误思想，在接处警工作、立案调查取证以及涉案物品管理等重要环节上存在程序不规范的问题。主要表现在：一些办案单位执法程序不规范，有案不立、插手经济纠纷；还有一些单位对涉案财物管理不严格，处置不规范、不妥当，造成涉案财物的损毁或丢失，由此引发不必要的争议。在调查取证中，工作不细，应付了事，收集证据不全面、不细致，证据链条不完整、不充实，导致工作处处被动，甚至使违法犯罪嫌疑人无法受到应有的惩罚，严重影响执法办案的质量和效率。

更严重的是，强制措施使用不当。限制人身自由直接关系到公民的人身权利，因而法律上都规定了严格的适用条件和审批程序。但一些民警对此认识不足，往往采取将一些有轻微违法行为对象或犯罪嫌疑人进行关押作为处理的方法，侵犯了其合法权利。

10. 执法工作不透明

公开执法过程是我国依法治国方针对公安工作提出的重要改革要求，也是建设社会主义法治社会的必然趋势。随着国人法制意识的增强，信息公布渠道的多样化和信息传播速度的加快，更多的人开始关注执法过程和执法细节。而在实际公安工作中却不能实现真正的透明，首先是在实际公安执法过程中存在不规范行为，甚至存在干预执法的现象，公安机关故意隐瞒执法侦查过程；其次，执法公开内容简单、滞后，在案件发生后几天甚至几周才做第一次通告，而且经常只有几句简单的通告内容，让人很自然地产生怀疑心理；再次是执法公开工作不专业，在公开的过程中程序混乱，用词不准确、不规范，从而使案件产生不良的社会影响，严重的还易酿成社会群体性事件。

"上访妈妈唐慧案件"是近几年来公安执法不规范、不透明最具影响的案例。唐慧因对女儿被强迫卖淫案件判决结果不满意开始走上上访之路，但是中途她却被处以了一年半的劳教，结果一年后被上级机关决定撤销劳教，唐慧申请国家赔偿一审判决未获得支持，最终在各界人士的帮助下，在对正义的坚持下，经二审获得最终胜利。而在整个案件中，当地派出所副所长成为违法犯罪分子的保护伞，当地民警对唐慧上访采取粗暴的方式阻止，看守所民警为犯罪分子通风报信，暗中串供，当地市劳教委对唐慧违法处以劳教，并且在唐慧上诉过程中想通过花钱"私了"的方式解决问题。这一案件，暴露出公安民警在执法过程中利用手中的权力徇私舞弊，暴力执法，而作为弱势群体代表的唐慧对执法过程甚至是在一无所知的情况下就成了受害者。这个案件就是因为执法不透明、隐瞒执法在全国范围内产生了恶劣影响。

二、警察执法中的突出问题

1. 未严格依法搜集证据，对一些违法犯罪分子打击不力

由于一些民警在办案过程中未严格依法搜集证据，致使对一些违法犯罪分子未能依

法惩处。具体表现有：一是不重视办案过程中的前期调查取证工作，给后期案件审理工作造成困难；二是不注意按法律程序取证，以致证据丧失证明力；三是在办案讯问过程中，一人办案现象很突出，严重违法，导致取得的证据不能发挥证实犯罪的作用，造成打击不力。此外，还存在着对案件的管辖问题不认真审核，未成年犯罪嫌疑人因缺户籍资料而不能提请批捕，立破案表迟迟不移交导致影响批捕、移诉等问题。

2. 未准确把握法律、政策界限和案件构成要件，办案质量不高

办案质量不高不仅反映在证据方面，而且表现在以下三个方面：一是不能准确把握法律、政策界限，定性不准。有的民警不能正确把握法律、政策，不能准确区分此罪与彼罪、罪与非罪、既遂与未遂的界限。二是不能全面把握案件构成要件。一些民警由于欠缺法律知识，对案件提出处理意见时，往往不能全面把握案件构成的诸项要件，无法正确进行处罚。三是片面追求打击数字。由于目前严打斗争不断，基层的破案打击指标较高，有的单位为完成指标任务，片面追求打击数字，在办案过程中不重视案件最终能否处理，草率批案，错把一些无罪的人当作犯罪嫌疑人追究。

3. 执法效能尚不高

在执法办案中，有些单位和民警作风不实，缺乏主动开展工作的主动性，办事拖拉，行动迟缓，效率不高，工作积极性不高，对违法犯罪线索不及时组织查证，错失宝贵战机；更有少数单位在查破案件过程中，深挖违法犯罪的力度不够，在执法办案中，就事论事，疲于应付，未能深入总结分析，及时查缺补漏，有效堵塞日常管理中的防范漏洞，致使一些矛盾问题久拖未决，不利于社会矛盾的化解，不利于社会治安环境的稳定，不利于社会经济的发展。

4. 执法裁决还比较随意

少数基层办案单位在执法办案中，该立案的不予立案，该查处的不予查处，甚至对一些刑事案件也降格处理。有的单位执法功利性，随意性过强，当宽不宽，该严不严，甚至宽严失度，行政处罚畸轻畸重，不利于社会和谐稳定。还有一些单位和民警责任心不强，态度不够认真，主观性过强，对案件缺乏全面深入调查，对案件事实掌握不全，粗放执法，草草结案，甚至有违公平正义原则。

5. 裁定执行不够到位

少数基层单位在治安裁定的执行环节上出现纰漏，落实裁决的力度不够到位，致使一些行政裁决成为一纸空文，不仅无形中降低了法律的权威性和公安机关的公信力，而且还容易引发案件相对人的不满情绪，甚至诱发新的社会问题。

三、警察不规范执法成因分析

人民公安执法在实际操作中存在着很多的困境和问题，这些困境是建设社会主义法

治国家过程中不可避免的，其既是历史发展的产物，也与特定历史的客观条件有关。其中，主观的人为因素在执法中也产生了很多负面的影响。具体地分析公安执法规范化现实困境的成因，其主要有以下几方面：

（1）少数民警的法制观念和群众观念淡薄，未树立执法为民、依法治国理念是造成执法不规范的源头。

近年来，通过持续开展教育整顿等各项活动，人民警察的整体素质不断提高，执法能力不断增强，但部分民警执法不规范、不公正、不文明、不廉洁的问题仍然存在。而从深层次上分析，产生这些问题的原因，很多都与执法思想不端正、执法观念落后有关。传统的"重打击轻保护""重实体轻程序""重口供轻证据""重法律效果轻社会效果"等一些错误观念在一些民警思想里根深蒂固。习惯于老办法、老套路，结果导致执法不严格、不公正甚至冤假错案的发生。还有少部分民警经不起腐朽思想的侵蚀而道德失范，与不法分子同流合污，世界观、人生观和价值观扭曲，宗旨意识淡化，以权谋私，权钱交易，办关系案、人情案、金钱案，利用职务之便，在社会上摆事平事，甚至充当黑恶势力的"保护伞"。因此，执法出现问题，很重要的原因在于社会主义法治理念树立不牢、更新不够。

（2）日趋严峻的治安形势及警力不足、公安民警健康状况不佳的现状，是民警无法继续提升自身素质及出现众多执法问题的一个重要原因。

随着改革开放和经济建设的飞速发展，刑事案件和治安案件的总量不断增加，客观上使不少单位将工作的重点投向打击严重刑事犯罪活动上，在调查违法犯罪事实、取证、处罚等环节上追求速度，因而影响了办案质量。警力不足和对现有警力资源过度使用，使相当一部分民警带伤、带病工作。在高风险、高负荷、高压力下，警察的身心不堪重负，极易出现职业倦怠，工作积极性、主动性不高，必然出现办案质量差、服务态度差、职能履行不到位的问题。尤其是基层执法办案单位，因为警力不足，单人调查取证、单人讯问的程序违法问题屡禁不绝，协警等人员参与执法，执法主体不符的现象也时有发生。警察经常与社会阴暗面打交道，容易对心理产生较大的负面影响，如果不能及时、有效地得到缓解，很可能发生执法偏差。有关部门对宁夏201名公安民警进行无记名心理健康状况问卷调查后发现，在所有的应急性职业中，民警心理压力最大、心理障碍最多，属于高风险、高负荷、高强度的"三高人员"。尤其是长期在基层一线的民警，由于经常加班加点，没日没夜地超负荷工作而得不到应有的休息，导致90%的民警不同程度地存在各种心理疾病。这项调查显示，43%的民警承认自己有焦虑状态；17.9%的民警缺乏从警信心；12.4%的民警性格执拗；12.4%的民警心理恐惧；另有6.7%和0.5%的民警分别存在冷漠和行为失控。不仅如此，在回答"是否热爱、喜欢警察这个职业"问题时，仅有34.8%的民警填写了热爱、喜欢；而认为干警察这一行太危险、没意思的占23.4%，想离开警察队伍的居然占了近一半。这说明民警的心理和身体健康状况都存在非常严重的问题。警察待遇的好坏对其执法活动也有影响。研究表明，良好的职业待遇有助于培养工作者对职业的热爱，并使其有效地发挥工作潜能。待遇不仅包括金钱，还包括相关的福利制度、晋升激励机制等。

（3）法律法规不健全、不完善。

法律、法规是公安执法的基础和前提，人民警察按照国家赋予的权力行使执法行为需要依据相应的法律法规，但是在现实执法中存在法律的空白和真空地带。这里提到的法律空白或者法律真空，就是指在我国现行的法律法规还涉及不到的领域或方面。然而在日常的执法过程中又出现了必须有法律去约束和解决的情况，这就会出现"法律漏洞"。尤其是近几年随着社会的进步发展，新现象新事物的出现伴随着新矛盾和新违法行为的产生，人民警察在执法的过程中经常出现无法可依的"尴尬"场面，有一些行为虽然属于违法行为，但是却处于一种法律规定的模糊范畴，从而造成了人民对公安执法规范化的质疑，对执法民警的不信任，同时也使群众的利益受到侵害。比如，在社会上比较受人关注的知识产权保护问题、遗体捐献问题、与人民日常生活息息相关的销售骚扰电话问题、新出现的"代孕"纠纷、"代驾"纠纷等等，民警在执法过程中对这些案件的处理往往会让报案人或受害者不能得到满意的结果。

（4）执法主体不规范。

公安民警是执法的主体，执法是否规范化，与公安民警自身的素质和特点有关。

①公安队伍组成复杂，来源广泛，执法主体素质参差不齐。我国公安队伍由于历史原因，其人员来源非常广泛。客观原因也导致了部分执法主体素质不高，特别是近几年人民群众对公安工作提出了更高要求，部分民警对新的法律法规不熟悉、对常用的业务知识不熟练，致使案件破不了、罪犯抓不到、群众满意率不高。

②公安民警日常工作负荷大，工作激情减退。社会在不断发展，法律法规也在不断完善，相应的公安执法要随着社会的发展而不断进步和完善。一方面对公安执法程序要求变多，各个方面的考核更加严格，同时社会治安形势依然严峻，但很多地区仍存在警力不足的问题，要维护好社会治安，广大民警不得不加班加点来履行公安职责。另一方面因为经常的超负荷工作和熬夜加班，民警的身心健康令人担忧，尤其是近几年每年都有年轻的民警因疾病牺牲在工作岗位上，据2015年相关数据统计，全年在我国共计有438名公安干警牺牲在他们所热爱的工作岗位上，与2014年比较增长了11.5%，而他们的平均年龄仅仅46.3岁。在这中间，有71名公安干警是在一线的抢险救灾中倒下的，有205名公安干警是在自己的工作岗位上因为各种突发疾病去世。面对这些沉重的数字，不少民警

难免出现倦怠厌战情绪。

公安职能划分不清、定位不准，使公安机关陷入不作为、乱作为的困境。《人民警察法》对公安机关职能范围有明确规定，即预防、制止和侦查违法犯罪活动；维护社会治安秩序，制止危害社会治安秩序的行为；维护交通安全和交通秩序，处理交通事故；组织、实施消防工作，实行消防监督；管理枪支弹药、管制刀具和易燃易爆、剧毒、放射性等危险物品；对法律、法规规定的特种行业进行管理；警卫是国家规定的特定人员，守卫重要的场所和设施；管理集会、游行、示威活动；管理户政、国籍、入境出境事务和外国人在中国境内居留、旅行的有关事务；维护国（边）境地区的治安秩序；对被判处管制、拘役、剥夺政治权利的罪犯和监外执行的罪犯执行刑罚，对被宣告缓刑、假释的罪犯实行监督、考察；监督管理计算机信息系统的安全保护工作；指导和监督国家机关、社会团体、企业事业组织和重点建设工程的治安保卫工作，指导治安保卫委员会等群众性组织的治安防范工作；法律、法规规定的其他职责。但由于历史原因和"条块管理"行政体制束缚，长期以来，公安机关职能定位不准，职权界限不清，使一线执法办案民警经常误入"不作为"和"乱作为"之中。例如，前几年提出的"有困难找警察"等承诺，使警察的职责泛化，除了侦查破案、治安防范外，公安机关把大量的精力投入到非警务活动中，而每当警察对其职责之外的事情无能为力时，群众便会认为其推诿、扯皮、不负责任，使公安机关无端蒙受失信于民的代价。非警务活动牵涉了公安机关太多的精力，势必造成公安机关快速反应能力下降，处理一般案件和侦破大要案能力下降，也降低了执法效率和质量。

（5）执法监督落实不到位。

阳光是最好的防腐剂，有权力运行的地方，就必须有政府相应的监督部门和社会各界的监督。应该将监督置于任何可行使权力的地方，使权力的行使始终受广大民众的监督，执法过程更加透明、公开，这是保障权力合法行使，有效运行的重要手段。在公安执法中也是如此，公安机关及其公职人员负有特定的职责，其执法过程与公民的日常生活、生命健康以及财产安全有密切的联系，对社会秩序的健康稳定发展有重大的影响。因此，对公安执法的监督必不可少，现阶段我国也建立起了很多监督措施。

执法监督未落到实处。各级公安机关，尤其是各级领导对公安内部执法监督检查的重要性缺乏足够的认识，在执法监督中，多以突击性、临时性监督检查居多，缺乏系统的、经常性的监督检查。检查工作流于表面，并不能与执法工作紧密结合，监督与执法严重脱节。执法监督未能有效地渗透到各个执法环节中。除此之外，法律法规的滞后性也容易造成执法不当。随着我国改革开放的逐步深入和市场经济的不断发展，公安工作在执法实践上不断遇到一些新的问题，一些新的违法犯罪行为难以依据现有的法律法规进行处罚，客观上使执法产生难以操作的问题。

从外部监督来看，在执法过程中，人民检察院是公安日常执法的监督检查部门，针对其工作中存在的不规范现象应予以督促。但是在实际的生活中，由于公安和检察院之间的密切关系，其在监督过程中碍于人情或嫌麻烦等原因，对不规范现象采取回避态度时有发生。在立法监督上，缺乏对于公安执法规范的相关法律法规，导致目前对公安执法过程中各阶段步骤的监督依然起不到良好的效果，往往处于失控状态。此外，虽然我国各级人民代表大会享有对行政机关的监督权，但是因为制度不够健全，监督程序和监督方式都没有明确规定，使得人大的监督落实不到实处，不能有效发挥。除此之外，社会监督、群众监督也是公安执法规范化的重要手段。随着社会的高速发展，各种网络信息技术的发达，媒体和网络主体的重要作用对事件的处理解决起到了很大的作用。近几年来，媒体舆论的监督不当对公安工作的负面影响也非常大。许多不良媒体为了炒作新闻，赢取大众的眼光，歪曲事实，煽风点火，激起民众愤怒的报道时有存在。这样不仅起不到监督作用，还使部分公安在社会舆论的压力下执法不规范。从内部监督来看，各级公安机关在日常的执法工作中，对内部监督缺乏必要性的认识，并且在日常的执法工作中，对公安内部的人出于情理考虑，浮于表面，采用突击性、临时性的监督，不能与执法活动紧密联系起来，这是相关的政府机关对其监督没有落到实处的表现。总结现阶段我国公安部门内部监督检查工作，主要存在三种典型情况：一种是个别地区发生重大执法事故，在全国、全区范围内必然会开展安全大检查、大整顿，全体公安机关针对这一问题做临时突击整改，在此期间等待各级领导监督检查；第二种是上级领导对下级部门进行日常检查，绝大部分都会提前通知检查单位，单位做好各项准备，如整顿内务、加强警容风纪、临时补充各类材料、规范各项日常工作，甚至有的单位要到收费站、岔路口等提前迎接，让检查成为走形式；第三种是有针对性的检查。

（6）执法保障体制不完善。

①公安机关在日常维护社会和谐稳定时所面对的形势复杂多样，确保社会安定的任务艰巨，人民群众对文明执法的期望值升高，要求也越来越高，而我国现阶段绝大部分地区警力短缺，尤其是基层警力更是成为制约警察执法的一大因素。长期的强压力、超负荷工作难免会导致执法质量下降、执法效率降低情况的出现。比如，在公安监管场所的被监管人员出所就医时按照规定，必须由两倍以上警力警戒陪同，如果出现在押人员住院手术情况，至少需要六人三班倒替值班陪床，直接导致监管场所的警力出现严重危机。

②公安物质保障协调机制不完善，经常出现部分地区警用物资长期富余闲置，造成浪费，而部分经济条件相对落后的地区却出现紧缺、无装备可用的现象，没有形成一个成熟的协调机制全局把握，总体调配物资。

③公安机关经费不足。虽然当前我国公安经费有所改善和增加，但仍满足不了现今

巨大的资金缺口，办案经费困难，跨区域办案增多使得成本直线上升，公安部门只能靠"以案养案"来维持日常的工作。有的民警在案件当事人身上打主意，求得收益，为了金钱而办案，为了增加案件数量办案。在执法过程中，出现了只要交罚款就可以不拘留甚至不负法律责任等问题，公安执法手段扭曲，执法理念、目的存在偏差。

经费保障不足，在一定程度上扭曲了公安机关执法的根本目的。长期以来，一些地方由于经济条件的限制，公安机关缺少基本的财政支持，运转不畅，往往要靠自筹资金和罚没款来解决。

第九部分

国外警察规范化执法的模式经验总结及我国警察执法规范化的构建

第一节 美国的警察执法规范化模式

　　美国警察权的配置分属于不同的执法机构。不同层级、不同部门的执法机构之间互不隶属，高度自治。尽管美国的执法体制分散，执法主体和运作模式多元，且全国没有统一的执法规范，但执法的权威性和公信力却得以基本确立。这既得益于执法理念和专业精神的有效培植，执法培训和内部管控的切合实用，也得益于法律规制和司法干预的适度制衡，法制环境和社会公众的有力支撑。借鉴美国的经验和做法，我国公安机关的执法规范化建设应秉承限制执法权力与保证执法效率并重，打击违法犯罪与服务人民群众并重，严格规范与严格训练并重，保障公民合法权利与维护警察执法权益并重的原则，着力加强执法主体的思想建设，提升执法培训的针对性、实用性，加强内部执法监控和管理，营造良好的法治环境和舆论氛围。

　　没有规矩不成方圆，美国警察十分重视执法的规范和程序。每个警察在工作中可能遇到的所有情况，有关部门都会事先设计好应对的措施，先做什么，后做什么；什么可以做，什么不可以做，非常具体、细致和符合实际。这成为警察的一条工作纪律，唯规范是从，唯程序是从。一切都必须照规范不折不扣地执行，不允许任何人自作聪明、随意变动，更不允许自作判断、自由发挥。警察的个性在严肃的规范面前毫无活动的余地，可以说，美国警察就像执法的机器人，程序早就设计好了。可以说，规范执法是每个美国警察头脑中永不动摇的观念。

一、美国警察的执法体制和职责划分

美国警察的执法体制较为复杂而且独特，这主要与美国警察形成的独特经历有关。美国警察产生于民间，由民间的"巡夜队"和"守夜人"转化而来，一开始采取由当地人轮流值勤担当治安人员的方式，没有很正式化的管理体制，且由当地居民根据当地的治安情况决定其去留。随着社会分工的不断深化和社会物质财富的不断积累，慢慢地一部分人将自己的值勤义务以金钱或者其他物质财富做交换而让渡给专职治安维护人员，于是就出现了专职的治安和警察人员，并慢慢形成了独具地方特色的美国警察管理体制。

（一）美国警察的执法体制

美国联邦的分权体制决定了美国警察执法体制的模式。为了防止公民权利遭受强大的州和联邦政府的侵犯，美国警察的执法体制充分反映了宪法分权制衡原则，分为联邦、州、县、市镇四级，呈现出典型的分权、分散、多元化特点。

（1）执法权力分散。美国是警察执法权极度分散的国家，警察实行高度的分权制衡制度。这种极度分散的执法体制是和美国人的民主、自由、人权观念相契合的，是《人权宣言》思想的直接体现。从警察权限的横向分配来看，在同一层级政府中，不单是警察机关行使警察权，其他一些行政机关也承担警察职能。这些拥有警察人员与警察权限的机关被统一称为执法机构。因此，同一地区，甚至同一事务，会同时有不同警察权限的组织介入。从警察权限的纵向分配来看，美国没有一个统领所有警察机构的国家级机构，即使诸如联邦调查局（FBI）之类的联邦执法机构，与地方警察机构也没有领导和被领导的关系，而是协作和伙伴关系，同时在州和地方警察机构之间也没有层次分明的等级关系，各个警察机构相对处于一种独立和各自为政的状态。

（2）执法主体众多。美国警察执法权力高度分散，决定了执法主体多样化。美国共有1.8万个执法机关，其按照法律授权不同大致分为：一是联邦执法机构。联邦执法机构拥有逮捕与使用武器等完整的警察权，履行警察职能，但不都是警察机构。联邦执法机构分别隶属于司法部、财政部、国土安全部、内政部和国防部等部门。二是警察机构。美国除夏威夷外，各州都设有至少一个州级警察机构和地方警察机构。从名称上来看，有的叫州警察局，有的叫州公路巡警队，有的叫州执法局，有的叫州公共安全局。这也在一定程度上反映了美国分散型警察体制的特点。三是特定社会机构。在美国，一些社会机构如保安公司、私人侦探以及很多机构的安全保卫部门等也依法享有一定的警察职能。

（3）执法高度自治。美国的警察管理体制继承了英国警察体制地方自治的一贯传统，且更强调地方自治，几乎是一种地方"完全自治"状态。联邦执法机构无权干涉和过问州和地方警察职权范围内的事。州警察只对本州政府负责，不对联邦执法机构负责。地方警察主要执行地方法律，只对市长负责，不对州警察或FBI负责。对州警察或FBI请求，地方警察只有协调、协助的义务，没有服从的必要。各警察机构包括执法机构无论大小，无论层级，相互之间是平等的伙伴关系，互不隶属，各自在本辖区内享有独立的执法权。这种高度自治的执法模式大大增加了协调统一行动的成本，有时往往会贻误时机。

（4）执法模式不统一。联邦、州和地方警察的职责任务和执法运作存在程度不同的差异，呈现多元性特点。美国联邦执法机构主要采取的是单一的侦查办案的专门执法模式。尽管联邦执法机构的辖区遍及全国，甚至海外，但其只负责法定的专属管辖事务，不像各州及地方警察机构有维持秩序、犯罪预防或服务公众的执法功能。联邦法律赋予各联邦执法机构的权力不尽相同，但都必须遵循宪法确定的正当法律程序。美国州警察机关主要有三种执法模式：一是高速公路巡警模式，实施州交通法规，调查和预防交通事故，纠正和处罚交通违章行为，保障公路安全，如德克萨斯州警察局。二是普通执法模式，负有完全的执法职责，包括犯罪侦查、维护治安、公路巡逻等。三是两元模式。这种州警察机关分为两个独立的实体，一个负责公路巡逻，一个负责一般执法工作。地方警察机构的执法模式包括县级和市镇两级。全美约有3100个县警察机构，有两种执法模式：一种是治安办公室模式；一种是警察局模式。目前，仅在一些县市合一的地方采用这种模式，数量上不到100个。前者是美国传统的县级执法模式，治安官是执法长官，负责本县警务。后者是一种较新的县级执法模式，警察局局长是执法长官，负责本县警务。这种县警察局的体制与一般市镇警察局的体制相同，警察局负有完全的执法职责，包括犯罪预防和侦查、维护秩序、公路巡逻、服务公众等。

（5）执法管理层级少。美国警察机构设置无一定之规，其设立与否及怎样设计由地方或各部门根据法律与本地本部门的实际需要而定，市镇警察机构的设置更是如此。警察机构规模大小不一、形式多样，有的警察局如纽约市警察局有人员上万人，其机构设置比较全面，功能也比较齐全，而大多数警察局规模较小，警员不足30人。有的警察局甚至没有办公室，只有警察局局长1人，因而其结构比较简单。在局长、副局长下面一般设有巡警、犯罪调查、行动、人事及培训等几个部门，大多数警察直接面对一线执法工作，其警力的75%是巡警。这一方面使美国警察较少具有组织性，尤其是在跨州跨县等跨地区的警务活动中体现得很明显，但另一方面也使其具有反应快速和灵活应变的特点。

（二）美国警察的执法职责划分

美国警察机构分别隶属于联邦、州、地方政府，通常只在各自的管辖范围内执行相应法律。除联邦执法机构受联邦政府直辖外，其他警察机构都受州和地方政府领导，它们与联邦政府没有直接的隶属关系，与联邦执法机构也没有上下级关系。因此，尽管它们同属警察机构，但由于各自实施的法律不同，其执法职能和权限也不尽相同。即便是同一类型的机构，其职责范围和执法权力也有差异。警察管辖权多样性造成了警察职能多样性，这是美国警察执法体制的一个特点。

（1）联邦执法机构的执法职责。美国没有中央统一的警察机构。联邦执法机构是根据法律的授权履行职责。联邦执法机构的主要职责是执行各项联邦法律，打击全国性的重大违法犯罪活动。在打击刑事犯罪方面，除了要侦破那些跨州界的凶杀案、抢劫案和强奸案之外，还要负责侦破和打击有走私、逃税、伪造嫌疑的违法犯罪活动以及反间谍工作。例如，FBI主要负责调查违反联邦法律中有关危害国家安全条款的犯罪、反恐、美国国内的反间谍和重特大刑事案件的侦破工作。

（2）州警察机构的执法职责。美国州警察属于一种自治体警察，不受联邦的领导和约束，除必须遵循美国宪法外，主要执行所在州的法律。通常，州警察有以下职责：依照本州法律调查犯罪；为本州集中保管犯罪记录；在本州内公路上巡逻；管理本州犯罪实验室；培训本州警察和地方警察。尽管各州警察根据其管辖权限履行其维护公共安全的职责，但他们的执法职责不如地方警察那样综合，活动范围也不大，主要在县、市地方警察机构都不管的地区履行职责。如在州界公路上的巡逻、处理交通事故等等。

（3）地方警察机构的执法职责。美国的县是二级行政区。作为美国地方警察机构，县警察局在法律地位、职能作用方面具有独特之处。它根据美国各州的法律成立，主要负责维护本县和特殊区域治安秩序。美国的城市一般都建有自己独立的警察机构，其人数约占美国警察总数的四分之三，是美国警察的最主要力量，主要负责对所在城市的犯罪调查和治安管理以及交通管理等综合执法工作。与州、县警察机构相比，城市警察的工作要复杂、繁重得多。

二、美国警察的执法理念

除了根深蒂固的规范执法理念外，美国警察也非常重视公正执法、服务大众理念的构建。《美利坚合众国警官道德宣言》就有这样的内容："我将永远不会因个人的感觉、偏见、憎恶或友谊而影响我的执法。"走在洛杉矶大街上，可以看到每一辆警车上都喷涂着这样一句话：To protect and to serve（保护和服务）。洛杉矶警察局为指导和激励警员的言行，共确立了六条核心价值观，其中一条就是"服务社区"。在他们看来，打击犯罪并不是警察的唯一任务，维护秩序和提供服务也是警务工作的重要组成部分。预防为主也是美国警察执法理念的一个突出特点。美国政府认为，犯罪造成国家和人民直接和间接损失难以估量，导致纳税人的钱被无止境地浪费，从而在一定程度上损害国家实力，只要成功预防犯罪，就等于全国每年凭空增加几百亿乃至几千亿美元的财富。

同时，美国理论界和警方已形成共识：逮捕是容易的，但应该有更好的方法来预防和减少逮捕，也就是防止和减少犯罪的发生。美国警方非常重视执法安全，警察只有保护好自身才能完成任务，因此警察始终把自身安全放在首位。在执法过程中，按程序和规范谨慎操作，不蛮干，不做无谓牺牲。据统计，美国警察平均每年因公死亡只有163人，这在一个公民拥有枪支合法化的国家里是相当低的。

由于美国各州发展先后不一，加上政治多元复杂等因素影响，美国警察的执法运作模式呈现多元化特点，但美国警察机构秉持的执法理念基本一致。

（一）依法执法

经过两百多年的摸索与实践，美国的法治已经相当完备。在美国，上至总统下至普通老百姓，法治的观念都比较强。"我不同意法院的判决，但我服从法院的终审判决"可能是最能说明美国人法治观念的一句话。依法执法不仅已经植根于美国警察的头脑中，而且已经贯穿到美国警察的执法实践中。美国警察在入警时都要承诺做遵守宪法、法律和警察机关内部规定的模范。他们深知，如果不依法执法，不仅会受到社会和良心的谴责，最终还会受到法律的制裁。

（二）公正执法

美国法律和警察机构内部管理要求，每个警察都要尊重宪法赋予每个公民的自由、平等及享受司法公正的权利，不因个人的感觉、偏见、憎恶或友谊影响执法。例如，FBI公布行为规范明确要求探员要做到"忠诚、廉洁、勇敢、尊重个人权利"。在美国人（包括警察）看来，警察执法的本质就是维护社会的公平与公正。

（三）保护和服务公众

美国警察乃至公众都认为，警察的存在就是为了保护和服务公众。这可以从美国警察的誓词看出来。美国警察的誓词是："作为一名警官，我最基本的职责是为公民服务，保卫他们的生命和财产，保护无辜的人不受冤屈，保护弱小者不受欺压，打击暴力，维护和平的社会秩序，尊重宪法赋予每个公民的自由、平等及享受司法公正的权利。"在美国，有研究表明，警察80%的警务活动与刑事执法无关。在各类公众报警中，绝大部分属于服务性求助。这与美国地方政府以及学者和公众普遍把警务视为一种服务产业有很大关系。事实上，每当社区有新的社会问题出现时，警察就会被应召前去处理，因为通常没有其他更合适的机构来处置这些问题。

（四）保护自己才能完成任务

为有效打击犯罪和保护公民利益，美国警察在执行任务时把保护自己放在第一位，不做无谓牺牲，无论是执法规范还是日常训练。例如，华盛顿、洛杉矶市警察局使用枪支的操作规程均明确规定，当警察有合理理由预见自身或者他人可能受到死亡或者严重身体伤害的即时性威胁时，就可以使用枪支。训练中注重训练警察对现场状况快速反应、快速判断能力，确保警察在遇到生命威胁时能够快速反应、快速射击。一位FBI探员开玩笑地说，他们每天要对自己说的三句话是"我自己的安全""我自己的安全""我自己的安全"。这也是美国警察因公牺牲数量较低的重要原因。

三、美国对警察执法的控制与规范

美国法律要求，警察维持社会秩序，无论是打击犯罪还是预防犯罪，都必须遵循法治原则。政府机构（包括警察）必须对公众负责，是美国法治的一条基本原则。然而，对公众负责是一个非常复杂的问题。首先，警察为什么要对公众负责？其次，如何才能对公众负责？20世纪60年代前，尽管美国法律要求警察对公众负责，并要对自己的行为承担后果，但由于缺少具体规范和必要程序，对公众负责并没有真正落实到警察的执法行动上。20世纪60年代美国发生的民权运动，导致美国立法、司法和行政部门开始关注并反思作为政府全权代表的美国警察的执法行为的合法性和正当性，尤其是联邦最高法院在其中发挥了关键性的作用。同时，1979年成立的旨在推动警察专业化、提高公共安全服务水平的执法机构认证委员会虽非官方性质，但越来越多的警察机构接受了机构认证，对警察机构制定一套全面的执法指导规定做了明确要求，一定程度上推动了地方警察机构执法规范的建立和完善。正是在这样的历史背景下，美国警察的执法控制和执法规范才逐步建立并完善起来。

美国警察执法的内涵与我国有较大不同。在美国，所谓执法，通常是指执行与犯罪有关的刑事法令。美国警察机构基本上不执行行政法令。美国警察的刑事执法规范分为实体规范和程序规范。刑事实体规范，是依据联邦和州刑法规定确立的，界定了哪些行为应当受到联邦政府或各州的刑事处罚。由于各州刑法规定以及法律用语不尽相同，警察的刑事实体规范因州而异，但其刑事执法程序全国基本一致。刑事执法程序规范，主要是依据联邦宪法权利法案和联邦最高法院相关的判决、裁定确立的。美国对警察执法行为的控制和规范的主要途径是：立法规制、司法干预、行政干预、内部规范和内部控制。

（一）立法规制

美国警察执法活动的最高准则是宪法，特别是宪法权利法案。1789年，美国联邦宪法是现代社会历史上的第一部成文宪法。1791年美国国会又通过了十条保护公民权利、限制国家权力的宪法修正案，明确保障公民的言论、出版、集会、请愿和宗教自由，允许百姓拥有武器，规定不得强迫任何人自证其罪，不得因同一犯罪两次受审，不依正当法律程序不得剥夺任何人的生命、自由或财产，被告人享有迅速、公开、公正审判和得到律师为其辩护的权利，刑事案件和价值超过一定限额的民事诉讼由陪审团审理，不得对公民进行无理由搜查和扣留，不得对犯人施加残酷惩罚等。此宪法修正案统称为"权利法"，其中的大多数规定都是程序性条款，这既为防范警察滥用权力提供了法律依据，也为警察执法确立了程序性规则，从而有效限制了警察权。

除了美国宪法及其修正案外，美国国会和各州制定的法律也不同程度地起着规范和控制警察执法行为的作用。如，许多州将警察执行的各类刑事法律法典化，并制定逮捕和起诉违法者的程序标准。一些州还针对高速公路追击和家庭暴力案件处置等具体警察行为出台法律规范。

（二）司法干预

美国是普通法系国家，法官的判例特别是联邦最高法院的判例是美国法律最重要的源泉之一。联邦最高法院享有最终的司法审查权，有解释宪法的权力。联邦最高法院不仅对警察执法是否违反宪法有最终解释权，而且也有权宣布国会通过的法律、总统颁布的行政命令、行政机关发布的规章条例，以及州法律违反联邦宪法而无效，不得实施。因此，美国法院的司法审查，特别是联邦最高法院通过判决对美国警察执法活动的规范和影响作用巨大。美国联邦最高法院就搜查、扣押、讯问等涉及公民宪法权利的警察权力的行使建立在非法获取的证据必须排除在审判之外的裁定法则、犯罪嫌疑人在不了解自身权利的情况下所做供词无效的判决（米兰达警告）、滞留与搜拍权限，是美国警察刑事执法程序规范的三大基础规则。

（1）排除规则。美国宪法第四修正案规定："人民的人身、住宅、文件和财产不受不合理搜查和扣押的权利，不得侵犯。除依据可能成立的理由，以宣誓或代誓宣言保证，并详细说明搜查地点和扣押的人或物，不得发出搜查和扣押状。"1961年联邦最高法院在审理马普诉俄亥俄州案件时判决：任何违反宪法第四修正案所扣押的证据，都不得递送到州或者联邦的任何法庭。非法获取的证据必须被排除在审判之外，无可能原因的搜查是非法的。从此，排除规则成了全美警察执法必须遵守的程序规范。

（2）米兰达警告。美国宪法第五修正案规定："任何人不得因同一犯罪行为而两次遭受生命或身体的危害；不得在任何刑事案件中被迫自证其罪；不经正当法律程序，不得被剥夺生命、自由或财产。不给予公平赔偿，私有财产不得充作公用。"1966年联邦最高法院在审理米兰达一案时裁定，为确保宪法第五修正案中保护公民不被迫自证其罪的权利，警察必须把犯罪嫌疑犯的权利通告他们。该裁定还规定，当实施逮捕和审讯嫌疑犯时，警方应及时而有效地宣读下列提醒和告诫事项：第一，你有权保持沉默，你对任何一个警察所说的一切都将可能被作为法庭对你不利的证据。第二，你有权利在接受警察询问之前委托律师，律师可以陪伴你接受询问的全过程。第三，如果你付不起律师费，只要你同意，在所有询问之前将免费为你提供一名律师。第四，如果你不愿意回答问题，你在任何时间都可以终止谈话。第五，如果你希望跟你的律师谈话，你可以在任何时候停止回答问题，并且你可以让律师一直伴随你询问的全过程。上述提醒和告诫事项后来被统称为米兰达警告，这就是大家对好莱坞警匪片中耳熟能详的一句话："你有权保持沉默。如果你放弃保持沉默的权利，你说的一切会作为呈堂证供。你有权获得律师。如果你希望有律师，但没钱请律师，警方询问开始前可为你找一位律师。"

（3）滞留与搜拍权限。1968年，美国联邦最高法院在审理泰瑞诉俄亥俄州一案时，根据宪法第四修正案中"人民的隐私权不得侵犯，没有可能成立的理由，不得任意搜查公民"的规定，对警察当场搜查和审问的合法性提出了质疑。该案确立了只要有合理的怀疑，即可以搜拍公民的外衣以寻找武器的权限，并确立了合法滞留和搜拍的基本要求：警察观察到足以使其合理推断犯罪已经发生或就要发生的异常行为；警察要对付的人可能随身携武器并具有危险性；在调查过程中，警察须表明自己的身份；警察应询问合理问题以帮助其认定或排除怀疑；在与该人遭遇的最初阶段，没有任何迹象消除警察对安全的合理担心；在上述条件同时具备的情况下，警察才有权谨慎有限地搜查嫌疑人的外部衣服，以查看其是否带有武器，确保自身及他人的安全。

（三）行政干预

美国总统可以通过任命司法部长和联邦执法机构负责人来影响联邦执法机关的政策，其对州和地方警察的执法的影响很有限。但自1994年国会通过《暴力犯罪控制和执法法案》授权美国司法部起诉"典型或惯常"侵犯公民权利的警察机构以来，情况有所改变。该授权已成为联邦政府推动地方警察改革的重要工具，也是联邦政府限制和约束地方警察执法活动的有力手段。例如，司法部于20世纪90年代曾多次起诉洛杉矶市警察局在执法中过度使用武力、执法腐败等行为，其中最有名的是罗尼。本案件中联邦最高法院从监狱中释放了100多名无辜群众，并要求该局规范警察执法行为、雇用更高素质警察、建立内部调查机制等，使洛杉矶警察局成为具有良好公众形象的警察机构。

比较而言，美国州级政府对警察执法的影响最小，而县、市级地方政府通过提供财政支持和任命警察机构首脑的方式对警察执法的影响力和控制力最强，也最直接。当一个城市的警察滥用职权、腐败现象十分严重时，地方政府常常会成立特别调查委员会来调查取证。以纽约市为例，就成立于20世纪30年代的科伦调查委员会和西伯里调查委员会以及20世纪70年代的纳普调查委员会调查纽约警察的腐败行为，每次调查的结果都会有一批警察被清除或受到惩处。

（四）内部规范

为提高警察执法的规范性、专业性，无论是市镇警察机构还是FBI（FBI专门的律师团队制定探员指导手册），几乎所有的警察机构都制定了适用于本机构的警察执法行为

规范，对每个岗位的任务、职权、责任和工作程序做出明确规定（FBI指导手册由司法部长批准，地方警察的指导手册一般由地方政府的警察委员会批准）。从我们了解的情况看，各警察机构的内部执法规范虽有一定的差异性，但都具有以下特点：

（1）严格根据宪法、法律和法院判例制定。

（2）兼顾实体和程序规定。例如，上文提到的阻滞与搜拍的实体规定和程序要求。

（3）规范的可操作性和实用性强。以使用枪支为例，美国警方确定的原则普遍易于掌握。例如，华盛顿警察局规定，有合理的理由相信其面对死亡或者严重身体伤害的即时性威胁时，警察可以使用武器，同时规定：禁止进行警告射击；禁止向人群射击；不得仅因为犯罪嫌疑人可能逃跑而对其开枪；不能仅因保护财产而开枪；不得对移动车辆开枪等。

（4）以针对性和实用性强的严格培训保证执法规范的落实。美国警察在举手投足之间充分显示了其专业性，这不仅得益于警察具有较高的法律素质和操作性强的执法规范，更应归功于严格、针对性强、实战性强的培训。据洛杉矶市警察局介绍，美国警察执法要求中70%体现在法律、法院判决和内部规范中，30%是通过培训固定的，可见培训对规范执法所起的重要作用。美国警察在培训中，不是为了练而练，更不是为了看而练，而是将培训与法律规范、执法需要紧密结合起来。统一的执法要求形成了统一的训练模式，训练严格按照执法规范的要求进行，而且必须按照要求练，否则就不能通过考试、考核，更不能上岗执勤。严格的培训使执法规范真正落实到警察的日常执法行为中，真正使警察按规范执法成为执法习惯。同时，美国警察学校的训练均采用情景模拟和解析实际案例的方式，突出针对性和实战性。例如，据统计，美国每年因公牺牲的警员中，大约40%死于交通事故，因此，驾驶是美国警察培训的主要训练科目，主要内容包括高速行驶状态下控制警车、防滑训练、夜间驾驶以及拦截车辆等。另据统计，美国70%以上的警匪枪战发生在7米至15米之内，因此，美国警察手枪射击科目侧重设置在这个距离，不去训练50米外的射击。

（5）以信息化保证执法规范的落实。为了保证警察严格按法律规范执法，确保其专业性，美国警察还注重运用高科技确保执法规范的落实。例如，加州Sacranentc警察局开发信息系统，不仅保证一线警察随时通过移动数据终端查阅执法规范，而且警察必须按规范执法，否则其执法行为无法通过信息系统传送，无法实现其执法的有效性。

（五）内部控制

在美国，大多数人认为造成警察不当执法行为和腐败的根本原因是警察内部管理不善。因此，美国警察机构一直试图通过内部控制来消除和减少警察不当执法行为及腐败的发生。

1. 纪律管理

美国警察执法规范中关键的一环是严格的纪律管理规范。传统的美国警察纪律通常是一般性的指导、教训或训练性的要求措施，而现代警察纪律已经从过去的指导转换成为一种控制，更加严格。例如，1930年至1990年初，美国共制定了三个指导警察执法行为职业道德建设的文件。这三个文件虽然都是以誓词的形式出现的，但内容所涉及的范围越来越广泛、具体。1957年，美国制定了《执法道德规范》；次年，又制定了《执法人员职业道德规范》；1991年，修订出《警察行为规范》，它在大量吸收1957年《执法道德规范》的内容基础上，又增加了许多新内容，使其对警察执法行为的规范更加具有可操作性。现在，美国警察机关通过纪律约束来达成必要平衡控制的倾向已愈发明显，这足以说明纪律在美国警察执法规范中的重要地位和作用。

2. 组织控制

为了实现有效的管理和控制，实现执法的规范化和专业化，美国警察机构的内部执法规范普遍要求各层级警务人员必须准确无误地履行其分内职责，凡违犯者必究其责。警察局局长的职责是确定目标和政策，次一级的职责是把握上一级的旨意，并确定完成这一旨意的目标；再次一级的职责是执行，并确保每一执行者在执行过程中认真负责。

3. 内部监督

近年来，美国一些警察机构特别是大城市警察机构，已开始在内部设立特别部门来查证警察的不当执法行为。例如，洛杉矶市警察局设立了内部事务，由其处负责调查警察的不当行为。FBI有专门的律师团队负责对联邦探员的调查行为进行审查，确保其行为更加符合法律规定，并设有内部监督部门，由经验丰富的法律工作人员组成，负责调查联邦探员的不当行为，并直接对局长负责。美国司法部公务人员刑事犯罪监察办公室负责对全美所有执法人员可能涉及刑事犯罪行为进行调查。为了加强内部监控，美国警察部门除了强调各单位加强内部监督外，还将执法部门的侦查手段运用到各单位内部。

四、美国警察的执法权威与权益保障

美国警察作为国家法律执行者，在执行公务时具有绝对的权威性，没有半点讨价还价的余地。例如，当警察处理交通违章时，当事者若不服气，可以事后凭警察开具的记录和罚单去法庭上诉，但绝不可与警察争辩，更不能伴有任何肢体动作，否则会被认为有妨碍执行公务和袭警的嫌疑，轻者被戴上手铐，送进监狱，重者会遭到警察的枪击而丧命。美国警察的执法权威，源自警察依法执法的权益能够得到切实的保障。

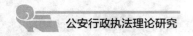

（一）法律保障

美国联邦和州政府对警察使用合法暴力给予了强有力的法律保障。如，美国在刑法中单设了袭警罪并规定："在警察执行公务时，任何与其身体上的接触都被视为违法，警察有权在保护自己的前提下，对对方采取行动。"在对侵害警察正当执法权益的处罚幅度上，美国法律规定的处罚也非常严厉。美国法律还规定："警察对罪犯实施合法逮捕时遇到反抗，使他有理由相信被逮捕者即将对他进行人身伤害致死或致伤，并且合理地相信了对被逮捕者使用适当暴力是制止其反抗的唯一办法，在这种情况下警察适当使用暴力是法律许可的，视具体案件可包括致命暴力。在重罪犯逃避逮捕或者从监所逃跑的情况下，抓捕者对其使用暴力也是许可的。"在美国，随时准备依法开枪是警察的必备素质。很多案例都从一个侧面反映美国警察对袭警的警惕性和法律对警察依法开枪的支持。美国警察在执法过程中必须时刻保持警惕，随时准备依法开枪，而且其开枪的动作往往十分迅速。

（二）组织保障

警察合法权益单靠法律保障是不够的。一些代表警察机关的组织在维护警察权益方面也起到了十分重要的作用。如洛杉矶警察联合会和警察委员会通过区分投诉性质的严重程度，采取不同的解决方法，有效保护了警察的工作积极性。同时，美国警察机构还建立了警察因公牺牲领导问责制度。据介绍，任何一名警察的死亡都必须有人负责。如果是指挥问题导致警员牺牲，当然是领导的责任；如果是装备问题，还是领导的责任；如果是训练的问题，依然是领导的责任。

（三）能力素质保障

针对性强、贴近实战的教育培训对保证美国警察专业性起到了重要作用。美国警校只组织业务培训，不搞学历教育。警校训练课程完全按照岗位要求设置，上岗后用什么，在警校就练什么。新警培训的学制因州而异，一般为5个月至6个月。其课程主要包括基础课，除有关警察道德与纪律的内容外，还有司法文书写作、与不同文化背景的人打交道以及如何接触媒体等内容，法律课程紧紧围绕警察执法有关的刑事法律和典型案例讲解，警务技能训练、擒拿格斗、武器与器械的使用、高速驾驶警车、急救等，哪一项不能通过考试都将被淘汰。洛杉矶市警察学校的新警淘汰率高达40%。新警被分配工作6个月后还要回到警校培训，主要针对岗位要求进行专业培训。每个在职警察每半年在警校接受40学时培训，警察局是80学时继续教育，主要内容是其从事岗位的专业技能和枪械、驾驶技能。注重通过贴近实战的教育培训强化警察自我保护意识和能力。美国有些警校射击、驾驶课时占培训时间比例达到70%。培训结束后进行严格考核，考核不合格不得上岗。例如，华盛顿警察局在职警察的射击考核射中率达不到84%就会被取消配枪资格，不能再执行职务。如果经过再培训，仍达不到上述要求，就会被开除。

（四）安全防护保障

美国警察机关本着保护好自己是完成任务的先决条件的理念，特别注重警察的自我保护和安全防护。如，美国警察执勤时的武器和器械配备基本上可应对各种复杂情况。一般情况下，每人配备1支射程较远、杀伤力较强的GIG17半自动手枪（18发子弹）、2个备用弹夹（C34发子弹）以及折叠警棍、胡椒粉喷射器和手铐等。个别警察由于工作需要，还可配备2支手枪。这些器械不仅能有效保护自己，而且对刑事犯罪起到了威慑作用。如果警察在执勤时开枪，要在任务完成后迅速进行弹药补充，恢复到52发子弹，以保证随时出现场。

美国警察机构要求警察在执法过程中既要按要求办，又要讲究方法，不蛮干，不做无谓牺牲。如警察在路上拦住一个违章的司机，警察出于自身安全的考虑，并不是让司机下车，而是自己小心翼翼地走到违章车旁，认真观察司机的一举一动，手则时刻放在手枪的上方。然后警察请违章者出示驾驶执照和行车证，待回到警车上用电脑核对后，再回到违章车旁，依法做出裁决。整个过程中，不允许司机下车行动，以免发生意外。

（五）营造良好的社会氛围

通过法院的判决、媒体的报道、学校的教育，美国公民非常了解自己权利的界限，守法的公民绝不会去挑战执法者的权威，但如果警察有侵权的行为，解决之道不是当场和警察产生言语或肢体冲突，而是事后进行行政或司法救济，因为言语或肢体的冲突不但不能澄清问题，反而有可能因此妨害公务而被逮捕。同时，美国作为头号"枪国"，每年殉职的警察为数不少。首都华盛顿中心的司法广场上有一座"国家法律执行官纪念碑"，是为纪念殉职警察而建，碑上刻着1794年以来的所有因公殉职警察的名字。每年5月的国家警察周，新殉职警察的名字被增刻到碑上。1991年建碑时，老布什总统参加了奠基仪式，对牺牲警察之敬重，由此可见一斑。

美国警察执法规范与监督制约做法对我国公安机关相关工作具有一定的启示。公安执法规范化建设是一项系统工程，涉及公安工作、队伍建设以及执法环境等方方面面。针对目前我国公安机关执法状况和存在的深层次问题，借鉴美国的经验和做法，推进执法规范化建设在指导思想上要牢牢把握限制执法权力与保证执法效率并重，打击违法犯罪与服务人民群众并重，实体规范与程序规范并重，制定规范与严格训练并重，保障公民合法权利与维护警察执法权益并重的"五个并重"原则。

五、美国警察执法规范化主要特点

（一）严格入警标准，加强教育培训。美国警察的招募标准比较严格，主要有四条：①学历水平：高中（或相当于高中）以上学历；②年龄、身体或仪表：年龄21至34

岁，身高1.8米以上，相貌端正；③家庭住址：上、下班的路程越近越好；④品行：主要包括历史表现和品德修养水平。如果以上四条标准具备，则由警察相关部门按照初步申请、笔试、身体灵敏度测验、身体检查、心理测验、品质调查等程序逐项进行检录，合格后正式录取，即送警察培训中心进行为期半年的学习培训。新警员培训的主要目标就是要学会在一线如何巡逻、正确执法，对警员的培训具有针对性和实用性，体现实战要求。除了理论课外，有很大一部分是实用技能的训练，如射击，每年每人要完成900至1000发子弹任务。同时，在对警员的教育中注重突出敬业精神，经常开展职业道德教育、警察荣誉教育、正反典型教育，培养警员的"荣誉、责任、服务"意识。每个警局都设有荣誉室，将警局的历史沿革、取得的荣誉、殉职的警员照片和实物等展出，以激励每个警察的爱岗敬业精神。对新警员的学习培训在管理上非常严格，实行淘汰制，奖惩分明，经补考不及格的一律辞退。此外，在职警员每年必须有累计的脱产培训，并严格考试，使在职警察的综合素质和执法能力不断提高。

（2）严密程序规范，注重过程记载。美国警察的执法程序设置十分完备，警察培训的重要内容之一就是警察面对犯罪嫌疑人执法时应当说什么话、做什么动作，保证有效执法又不侵犯其公民权利。在这套执法程序的制约下，执法的警察就像工厂流水线的工人一样，每种场合采取的行动都是固定划一的，任何人都不能改变。美国警察执法始终是程序至上，结果则在其次。如果一个警察不按程序执法，即使事情处理得很圆满也不会获得肯定。在他们看来，对警察权力的限制，开始于行为发生之前，而不考虑行为的结果。如果以成败来衡量警察权力的范围，就会在事实上鼓励警察滥用权力。同时，美国警察无论从事什么执法活动，每走一步都要有一记录（填表），这样做一方面是收集、固定证据，另一方面也是出于自我保护，以争取在当事人投诉或起诉中处于有利地位。

（3）防止权力滥用，强化内外监督。鉴于美国警察在执法中的权力很大，因此美国把防止权力滥用作为警察执法监督的重点。美国对警察执法的监督主要分为内、外两个方面。在内部监督方面，美国大多数警察机关都设有监察部门，接受警局内部关于腐败、不当性行为、滥用职权行为的举报，同时也接受市民关于警察违法违纪行为的举报。有时其他警察机关、州及联邦政府机关也会向警察部门反映警察涉嫌违法违纪行为。对有关警察的投诉，由警察部门组织调查，如果确有证据证明警察构成犯罪，监察部门将把案件移送给地区检察官，由该检察官决定是否对涉案警察提出刑事指控。在当事警察被判有罪或与检方达成控辩交易后，案件将被送回监察部门决定是否对涉案警察做出辞退、降职或其他行政处分（通常为强制性的不带薪休假）。为了调查警察的犯罪行为，监察部门的调查人员有权使用刑事侦查中所能运用的所有手段和措施，有些警察机关的监察部门还会设下陷阱考验警察（诱惑侦查或钓鱼行动）。美国对警察执法的内部监督的另一个有效做法是，运用信息系统加强警务工作中的风险管理。如针对1991年黑人青年罗德尼·金遭警察殴打案件发布的克里斯托弗委员会报告反映的问题，洛杉矶警察局引入了信息管理系统来记录警察的违法违纪情况，由这些系统生成的数据促使主管部门留心"问题警察"，找出滥用执法权力问题发生的规律。在外部监督方面，主要是市政府设立市民监督委员会（一般由8名市议会成员和市长各任命1位市民组成），负责调查处理公众对警察的投诉。在伯克利，市民如有对警察不满，可向市民监督委员会投诉，市民监督委员会会开展独立的调查，召开听证会时，被投诉的警察须到场陈述。

（4）注重外部评价，开展质量认证。由于美国警察体制的分散性，对警务执法质量的考评目前没有一个统一的标准，但他们普遍看重外部各方面对警务工作的评价，特别是美国执法机构认证委员会（CALEA）的质量管理认证。该委员会成立于1979年，由国际警察局长协会（IACP）、美国黑人执法行政长官组织（NOBLE）、美国治安官协会（NSA）、警察行政长官研究论坛（PERF）四大执法组织创建，是一家专门从事执法和培训认证活动的单位，其认证对象主要是北美地区的执法和公共安全机构，也有相关的国际组织。自1984年该委员会授予第一份认证开始，执法机构认证方案就已经成为各执法机构自愿展示其优秀的执法行为的主要手段。

六、美国警察执法规范与监督制约做法对我国公安机关相关工作的启示

（一）限制执法权力与保证执法效率并重

根据美国法律，警察在执法中对于实施违法犯罪行为者必须予以制止、纠正，追究其法律责任。同时，为防止警察滥用自由裁量权，法律又要求警察必须严格按照法律规定的职责、条件、步骤、时限、形式等进行执法活动。由此可见，在美国警察的执法活动中，公正和效率也始终是一对矛盾。为妥善处理好这对矛盾，美国法律特别是联邦最高法院在注意适度兼顾两者的平衡。如，1961年联邦最高法院确立了排除法则，不允许法庭采用以侵犯被告人宪法权利的方式获取证据。根据这一法则，如果警察以非法的方式搜查和扣押证据，法庭对这些证据将不予采信。这在美国引发了长期的争议。持赞同意见的人认为，对警察权力的程序制约是民主宪政的标志之一。如果听任代表政府的警方执法犯法，无视正当的法律程序，那么政府的信誉必将会受到损害。持反对意见的人认为，这虽然保障了公民权利，却使犯罪分子有机可乘，让许多案件由于技术原因无法起诉，因而损害了受害人和守法公民的权利。为避免矫枉过正，1984年联邦最高法院通过判例规定了排除法则适用的三个例外，即善意的例外：若警察利用搜查令扣押证据后，方才发现搜查令因技术原因或错误信息而无效的情况下，如果能够证明搜查是合法的、善意的，那么所获取的证据也可采用；必然发现的例外：在证据已被非法扣押的情况下，如果正在进行的合法搜查必然会发现该证据，该证据就具有了合法性；独立来源

的例外：如果通过适当的搜查令将先前非法扣押过的证据再次扣押，那么该证据可以采用以减少排除规则的负面影响。

美国联邦最高法院的排除法则规定例外情形表明，对警察执法行为的规范不应单纯从限制、约束执法权力出发，还应该合理兼顾执法的效率。因此，在执法规范化建设中，从我国国情出发，充分发挥我国法律制度的优越性，正确处理好限制执法权力与保证执法效能的关系，既有效防止执法权力被滥用，又切实保证执法效能；既有效解决现阶段的问题，又不超越发展阶段而提过高要求，对于从根本上实现社会的公平和正义至关重要。

（二）打击违法犯罪与服务人民群众并重

在警察职责中，美国警察强调为公众服务的功能。几乎所有的城市和县警察机构在承担执行刑事法律、维持社会秩序任务的同时，都承担着向公众提供各种各样日常服务的职责。例如，洛杉矶警察局的执法理念就是"保护和服务"，这种服务功能更多地体现为美国警察的专业精神。

公安机关作为政府的重要职能部门，其行政行为与社会公共利益和公民个人利益联系十分密切。借鉴、吸收美国的理念和成功做法，在执法规范化建设中进一步强化警察公共服务职能具有十分重要的现实意义。第一，要制定警察公共服务的职责规范，明确界定警察公共服务的职责范围。在美国，对警察的公共服务职能也没有统一的规定。具体提供什么服务，要看警察对警察职业的理解、公众对警察的需求以及法律规定的影响。第二，要区分不同层级，根据事权、财权、人力、财力的不同，自上而下地分解警察的公共服务职责，建立上下衔接、各司其职、各负其责、统一规范的警察公共服务职责体系。该上级承担的，就由上级负责到底；该下级承担的，就由下级独立承担，有职、有责，有必要的人力和财力保证。第三，要着力强化县（区）、市级公安机关的公共服务职能。美国人认为，提供警察服务是地方政府的职责。事实上，地方财政的职责主要是提供公共服务，这已被公认为是西方发达国家划分中央与地方事权的基本原则。在我国，县、市级公安机关与老百姓接触最直接、最密切也最广泛。强化县、市级公安机关与城乡居民日常生活密切相关的公共服务职能，不仅便捷、高效，而且运行成本低。

（三）实体规范与程序规范并重

在美国，联邦最高法院通过判决和裁定，对警察执法行为设立规则，既有程序规则，也有实体规则。如，由联邦最高法院审理特瑞诉俄亥俄州案可以看出，美国联邦最高法院确立的合法阻留和搜拍的规则融实体规范和程序规范于一体，尽管复杂，但具体、明确，可操作性强。

长期以来，公安执法活动中存在着重实体、轻程序的现象。在执法规范化建设中，加强执法程序上的规范化建设，具有特别重要的现实意义。但绝不能因此走向另一个极端，轻视实体的公平正义。要确保严格公正文明执法，实体规范化建设也极为重要。第一，实体规范化建设要讲究制度的统一性、可操作性和科学性。否则，自相矛盾、含糊不清或者不切实际，就难以达到规范执法的目的。第二，由于制度规定的抽象性和执法活动的复杂性，实体的规范化建设还必须包括必要的配套解释，确保规范的明确、具体，以便统一规范全国的执法标准。第三，实体规范化建设要达到规范执法行为的目的，关键在于统一执法岗位民警对于制度规范的正确理解和运用。另外，为确保执法规范成为民警的执法习惯，建议全面推广网上执法监督系统（公安部法制局已开发），充分利用科技手段确保执法规范的落实，确保执法规范由应然状态真正落实为民警日常执法行为的实然状态。

（四）制定规范和严格训练并重

美国警察的执法规范在有些方面实际上不如我们的执法规范具体，但是，美国警察将培训作为规范执法的重要手段的理念和做法值得我们学习。在美国，警察接受培训是一项强制性义务。从警必先培训，上岗必先培训。培训内容与执法需要和执法规范融为一体，针对性和实用性很强。例如，实践中的大量统计数据表明，警察鸣枪不仅不能起到震慑作用，而且适得其反，鸣枪之后，犯罪分子逃跑得更快，攻击警察的行为更猛。因此，法律规定警察禁止鸣枪警告，必要时直接瞄准歹徒要害部位射击。

我们的教育培训，有很多需要改进的地方。一是要把统一的执法要求转变为统一的训练标准和规范动作，而且具有强制性，必须这么练，否则就不能通过考核，就不能上岗执勤。这样，才能训练出有较高专业水准的执法队伍。二是要进一步提高培训的针对性和实战性。无论理论课、实践课，还是综合演练，都要将执法规范和要求与实际操作结合起来，将课堂讲授与实际案例和情景模拟训练结合起来，使得培训内容与实战需要融为一体，而不是相互脱节、相互分离。三是加强警校教师与实战部门业务骨干的交流。为确保培训的实用性和实战性，确保培训质量，安排警校教师定期到实战部门锻炼，并安排实战部门的骨干到警校任教。

（五）保障公民合法权利与维护警察执法权益并重

美国法治高度发达，法律除了对公民权利保护非常严密外，对警察的合法权益也同样予以高度关注，提供强有力的保障。一方面，法律允许警察利用自由裁量权和适当的行动保护自己；另一方面，法律对侵害警察正当执法权益行为的处罚比针对普通公民的同类不法行为的处罚要严厉得多。例如，在美国警察执行公务时，向警察扔一张罚单就有可能被逮捕甚至被判处刑罚。同时，美国警察机构也非常重视对警察执法活动的人身安全保护。在美国，"保护好自己是完成任务的先决条件"的理念已经融入强制性的教育训练、执法认证、执法规范和勤务运作中。

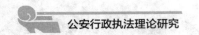

在我国，保障人权已被载入宪法。公安机关执法与保障人权密切相关，在执法规范化建设中自然必须高度自觉地贯彻落实宪法保障人权的规定。凡是合法的权利，无论是犯罪人的还是被害人的，都必须毫无例外地、一视同仁地依法保护。与此同时，还应当借鉴美国的做法，注重对民警执法权益的保障。公安民警是代表国家执行法律，要站在维护国家法律尊严和法治权威的高度，从立法、司法、执法以及内部管理、教育训练等多个层面，采取强有力的措施保障民警免受不法侵害，维护民警的合法权益。

第二节 新加坡的警察执法规范化模式

2013年9月4日，《2013—2014年全球竞争力报告》（以下简称《报告》）对全球148个国家和地区进行了全面的量化分析，基于大量数据对各国做出相关预测，判断国情走势。在《报告》中，新加坡在全球竞争力中名列第二，其中，警队服务可靠性排名第五。新加坡警察部队以高效运转的组织、良好的公共关系、多元的警力构成、素质过硬的队伍为优化本国制度框架、提升国家综合竞争力做出了不可磨灭的贡献。

一、新加坡警察制度演进与现状

新加坡的政治制度是遵守儒家伦理道德的价值理念建设现代国家，奉行"好政府主义"，实现精英治国与现代民主相结合的半竞争性一党执政体系。新加坡警察部队担负维护新加坡法律、维持国内的秩序及和平的责任，其制度设计中也渗透了精英导向、政府强力、外强内儒的政治倾向。

（一）传承与借鉴：新加坡警察制度演进脉络

新加坡作为英属殖民地于1819年2月6日开埠，作为新加坡警察部队雏形，地方警察治安队仅有14名成员。新加坡警察部队在一百多年的发展进程中，可划分为三个历史阶段：1819—1900年，警察部队创建与职责范畴完善阶段；1900—1965年，警察部队执法探索与组织成长阶段；1965年至今，警察部队综合竞争力全面提升阶段。

1819—1900年，是警察部队创建与职责范畴完善阶段。此时的新加坡警察部队警力有限，无法有效遏制人口膨胀带来的犯罪率上升。1826年，新加坡警察部队并入了英属海峡殖民地警察，警察部队的成员逐步增至近150名。20世纪初，是新加坡警察部队组织机构基本完善和警力快速扩张的时期，在职责范畴方面，新加坡警察部队基本建立了犯罪登记库制度、指纹信息录入制度，在组织建构方面，设立警察部队总部，建立海洋事务分部、犯罪情报部门、交通管理部门，警力训练部门、通信部门，组织架构进一步健全。1857年，《新加坡警察法》颁布，新加坡警察部队维持社会和平与确保公众生活平稳有序的能力有了显著提升。

1900—1965年，是警察部队执法探索与组织成长阶段。在这一阶段，新加坡政局经历了英属殖民地时期、日据沦陷时期（1942—1945年）、自治并迈向加入马来西亚时期（1945—1963年）、脱离联邦独立建国时期（1963—1965年）。在这个动荡时期，易引发社会不稳定的主要因素是种族冲突和罢工运动，对此，新加坡警察部队分别从扩充警队人力、增加公共服务项目、增设针对性处置机构三个方面来应对紧张的社会治安形势。1946年，警队以特殊警察的形式参与到社会治安治理中，以弥补警队人手不足。1948年，增加公共服务项目，警队设立警局电台及警方紧急热线"999"；针对海盗的猖獗设立海上巡逻人员，即现今海上警察前身；1949年，新加坡警察部队增设以快速处理突发事件能力闻名的廓尔喀特遣队，平息种族冲突、工人罢工等社会不安定事件。

随着国家政治经济发展，人口增加，社会治安情况日趋复杂，1958年新加坡警察部队的职权范围得到扩大。警察条例第8条规定，警察的职责是维护法律和社会秩序、维护社会安宁、防止和侦查罪案并逮捕违法犯罪人；第37条规定，警察具体执行整顿交通，维护港口和机场秩序，保护公共财产不受损失或伤害等。

1965年至今，是新加坡警察部队综合竞争力全面提升阶段。新加坡脱离马来西亚联邦成立新加坡共和国，新加坡警察正式更名为新加坡共和国警察（Republic of Singapore Police）。建国初期，外有马来西亚联邦及东南亚各国环伺，内有政府腐败高发，社会分配不公，官民间对立情绪严重。本就匮乏的社会资源在二次分配的过程中被浪费或贪污，贫困与腐败威胁着新加坡的政治稳定和长远发展。新加坡警察部队通过完善警员选拔机制，增加警员背景调查及心理评估，提升薪酬待遇；加强警务人员培训，提升警员素质；关注警员个人信贷情况等预防措施，有力打击警队内部腐败。

20世纪80年代至90年代中期，新加坡警察部队立足本国现实情况，在实用主义思想指导下，多方借鉴各国警察制度建设经验，充实、完善自身组织建设。在社会治安基本稳定的背景下，新加坡警察部队以维护社区治安为主要战略，警力下沉至社区，提高街面见警率，有效实现由打击犯罪到预防犯罪的目的。1983年参考日本警察制度，建立了无处不在的邻里警岗；1997年借鉴中国派出所制度设立社区居民服务"一站式"的邻里警局制度；借鉴欧美经验，创立在社区以徒步及自行车巡逻为主要形式的勤务模式。在组织建构模式不断创新的同时，警察部队也引入了绩效考核制度，建立"工作表现管理系统"，其考核程序为：设定目标，监控进度，评估绩效，反馈沟通，工作改进；基础目标是：下级能够从上级处明确了解其工作职责、任务目标。在绩效考核后，依据标准对每位警员的表现做出总体评价，并进行本年度内统一综合排名。纵观本阶段，新加坡警察部队从组织建构、组织监督、组织文化等方面全面提升自身综合竞争力，适时调整

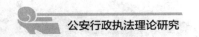

警队发展战略，借鉴各国较为成熟的警队建设经验，成功实现经验的本土化。2002年至今，新加坡警察服务水准及可靠性在全球竞争力排名中始终名列前五，并维持了10多年的罪案发生率历年递减的优秀成绩。

（二）组织架构与职责范畴：新加坡警察部队概况

根据《新加坡警察部队年鉴2012》（下称《年鉴》）统计显示：目前新加坡警察部队共有警力35816人，由正式警力与战备警察两部分组成，正式警力中有正规警员8469人，文职人员1262人，特殊志愿警察1146人，国民服役警察4722人，战备警察（每年只从事2周警务工作）20217人。

组织架构。新加坡警察部队隶属于内政部，与中央肃毒局、内安局、民防局（消防、安保）和监狱局平行。新加坡警察部队组织机构简明，分工精细。设有13个职能部门，以保障警队行政事务正常运行：行政和财务部门、国际事务部门、警员注册部门、警用技术研发部门、公共关系事务部门、志愿警察部门等。同时还设有15个一线单位：7个警署（6个地方警署、1个机场警署）、廓尔喀特遣队、海岸卫队、保安指挥处、特别行动指挥处、警官学院、培训局、交通警察。针对特殊领域犯罪及专业性强的需求，设立有经济犯罪调查局、刑事罪案调查局、警察情报部。在纵向管理上实行警署—邻里警局—邻里警岗三级管理，全国共有35所邻里警局，邻里警岗由于正在合并、重组之中目前并无确切统计数字。

职能及职责范畴。根据《新加坡警察法》第4条第1款警察机构的职责规定，新加坡警察队伍主要履行以下职能：维护法律及秩序；维护治安；预防、侦查犯罪；逮捕罪犯；行使《新加坡警察法》及其他成文法所赋予的所有其他职能。第4条第2款规定了新加坡警察队伍应履行以下职责：维护治安；逮捕被授权逮捕的罪犯；管理在公路、公共场所或者闹市区的集会、游行；管理交通要道的交通，排除公路上的障碍物；维持公共场所和闹市区的大型集会和演艺活动的秩序；协助贯彻执行国家法律；协助维持新加坡的口岸、港口和机场的秩序；执行由法院和治安法官做出的传唤、拘捕、羁押及其他诉讼命令；向公众发布相关信息和告知，提起诉讼；保管无人认领和遗失的财物，并查找失主；发生火灾时，协助保护公民的生命财产；保护公民人身生命及公共财产免受由于犯罪行为及其他原因造成的损伤或伤害；出席刑事法庭，如有特殊命令，也可以出席民事法庭，维护法庭秩序；押解和看守狱犯（包括还押人员）；执行其他成文法赋予警察的职责。

综上可以发现，新加坡警察部队的职能与职责有一定的重合，他们是法律的执行者和维护者，其职能职责可总结为：依法运用法律所赋予的权力，维护社会公共秩序及治安，保障公众人身安全免受突发事故及犯罪行为的威胁，并配合其他职能机构确保相关法律程序进行。

二、新加坡警务运转机制与特点

（一）精细化作业：基于社会动员模式的社区治安运转机制

亨廷顿将社会动员定义为：一连串旧的社会、经济和心理信条全部受到侵蚀或放弃，人民转而选择新的社交格局与行为方式的过程。现代社会中，社会动员本质上是一定的国家、政党或社会团体，通过思想发动充分激发和调动社会成员的积极性、主动性和创造性，广泛参与社会实践，共同完成社会任务的活动。基于此，社会动员的基本模式可以总结为：以一定的目的为切入点，以思想动员为初始驱动，由公共部门有组织、有步骤地引导社会大众参与到一定的公共事务实践中，形成协同合作的合力，共同推动目标的实现。新加坡警察部队的社会动员策略，其重点项目就是当前正在实施的"社区安全与保障计划"，这是新加坡新型社区警务的重要内容，以社会成员参与和更多关注自身安全及保障为目标，通过自助和互助的形式，引导社区成员做一个"积极公民"。截至2012年，新加坡已成立邻里守望小组2600个，已有525位居民加入了社区巡逻小组，成为社区安全与保障的重要力量。推广至今，在警民合作的框架下，已组成7000个邻里守望小组、600个居民巡逻队。

社会治安一线工作主要由邻里警岗与邻里警局承担，邻里警岗制度是出于改善警民关系，其核心是增强居民和警察在预防和打击犯罪方面的合作，立足社区一线，承担基础性警务工作。1997年，新加坡警察部队着手改革邻里警岗制度，通过整合、重组邻里警岗，建设功能更加强大、组织更加严密、服务更加高效的机构，即邻里警局。进一步突出对公众的服务属性，通过服务承诺，走访入户，听取意见，为社区制定安全计划，提供一站式警务服务。在社区治安方面精细化运转主要体现在三个方面：首先，建立警察质量管理体系。新加坡警察部队根据ISO9000标准建立质量管理体系，规定统一的服务流程和工作标准。承诺"999"报警电话10秒钟应答，紧急事故接警15分钟后到达现场，非紧急事故30分钟到达现场，对社会投诉、意见或建议必须于五个工作日做出反馈，对于罪案受害者必须七个工作日内告知案件进展情况，民众在邻里警局的业务等待时间不得超过15分钟等。其次是警务实践规范与创新。为了更好地开展警社互动，增强对社区治安情况的把握能力，邻里警局主要以徒步、自行车巡逻的方式进行，每个警务人员在执行勤务中都会配备一本工作手册，对于各情形下的警务均有明确规定。警务人员必须按规定提交工作记录与报告，反映实际工作情况，并由一线指挥官进行逐项批阅，指出工作方向和工作中的漏洞与不足。在警务实践的创新方面，新加坡警队提倡"工作7+1"的工作模式，即七小时用以执行警务，最后1小时用以警员自修，提升警员综合素质。最后，升级技术配置保障。为更好地侦破罪案、打击社区犯罪、提供更好的公共安全保障，在全国安装高清警用摄像头，主要安装区域有楼宇大堂、楼梯口、车辆进出入口。

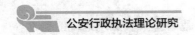

（二）正规化管理：立足法治的内部监察与对外执法

新加坡警察部队的管理，可由管理对象不同区分为对内监察与对外执法两大部分，严格的监察制度保证了警队廉洁，树立执法权威为警队依法维护法律秩序与社会治安提供了保障。警察腐败意味着拥有公权力的警察通过公权力而产生为自己或他人谋取不合法利益、损坏社会利益、破坏法律危险的不道德行为。新加坡警察部队形成了一套完整的反腐监察机制。在法律法规方面有《防止贪污法》《公务员法》《公务员指导手册和纪律条款》等作为反腐监察的制度保障，外部监督机构有调查权限极大的贪污调查局。在警察部队内部，主要依靠3个方面来构成完整的反腐体系：首先，严把进口，以高标准甄选警务人员，进行彻底的背景调查：家族史、社会背景、个人品德、周边评价、心理评估。严格审查制度能够从源头上基本筛掉一些道德不良的人。通过审查和面试后，必须申报个人财产，包括负债情况，借款额不得超过警务人员3个月工资总额等。其次，广泛发动社会公众，形成强有力的舆论监督氛围，接受服务投诉并承诺在规定时间内给予反馈。最后，以职业培训的形式向警员灌输职业价值观。新入警人员必须在入警初期接受6个月的警察基础课程培训，该课程的一项重要内容就是价值观培训，树立"国家至上，社会为先，服务民众，关注民生，廉政勤政，高效质优"的职业价值观。

新加坡的法律以"严刑峻法，铁面无私"著称。严重的量刑与高额的罚款有效震慑了犯罪分子，同时最大限度将公民的行为制约在法律范围之内。依据《新加坡警察法》等相关条例法规，新加坡警察部队坚持以严刑峻法对抗违法犯罪，相关法律内容详细，界定明确，处罚和规定异常严厉，适用条件完备。新加坡警察在执法过程中具有相当大的权力：根据《新加坡警察法》第25条规定，警察可不为受命所为负责，即在对警察的诉讼案件中，如当事人有证据表明是按照上级主管授权所为，法院应当做出有利于被告人的判决；在处置突发事件的过程中，若罪犯暴力拒捕，警察拥有依法使用武器的自决权；在执行行政处罚的过程中不直接与被罚人接触，而是通过书面传达的形式，若被罚人拒绝执行，警察不得强制执行，需向法庭提出检控，经法律程序进行判决。不直接与行为人接触确保了执法的公正性，通过法律过程裁决争议进一步确认了处罚的权威性。

（三）多元化警力构成：完善的辅助警察制度，弥合警力短板

辅警制度最早发源于海洋法系国家。海洋法系国家认为社会治安应该由政府和民间共同维护，创立辅警队伍与正式警察协作维护社会秩序平稳运行。辅助警察是新加坡警察部队的重要组成部分，主要目的是弥补警力不足的短板，扩大在社会上的警力覆盖范围，达到预防犯罪、侦查犯罪、打击犯罪的目的。

根据《新加坡辅助警察条例》规定，辅警的雇用方即设立主体只能是政府部门、公司、法人或其他组织。公司和其他组织对辅警的雇用性质类似于私人安保公司，新加坡警队通过雇用资格审查、控制对雇用单位高级管理人员任命、控制雇用单位工作规程三

方面，限制雇用主体范围及其行为，如若经调查认为雇用单位的行为违反相关条例规定，新加坡警察部队可立即撤销其设立辅助警察机构的授权并处以经济处罚。

新加坡辅助警察具有较高的机动性。当正规警力不足时，经内政部长批准，总监可行使职权，调动辅助警察执行规定内容的勤务。在此期间，辅助警察享有与正式警察相同的职权，履行相同的义务，且享受同等的豁免权及保护。在履职过程中，辅助警察必须通过考试并参加专业培训才可正式履职，并设有类似正式警察的警衔，可通过工作表现获得雇用单位下晋升委员会提名晋升的机会，当通过晋升考试，并符合总监认为适宜的其他标准后，就可获得晋升，并且享有优厚的薪金、福利等保障制度。尽管是非正式警察，辅助警察也有一套完整严格的纪律管理制度，用以应对辅助警察的违纪违法行为，如，辅助警察可能涉嫌违纪的情况下，纪律研训程序就会启动，这一程序由级别高于被调查对象或与其平级的纪检警察主持。纪律研训期间，被调查者有权为自己申辩，纪律研训程序结束后，出具调查结论，无罪则撤销案件，有罪则向雇用单位提出处罚建议。

（四）社会化定位：搭建良好的公共关系平台，提升警队社会形象

警察公共关系战略是指警队的长期发展轨迹和目标确定，以及为实现这一目标所需要开展的具体工作和警务资源配置，是警队战略的一个组成部分，为实现警队的总体战略服务。新加坡警察部队负责公共关系的专门机构是公共事务部，其主要职责是：向公众展示警察形象，积极推动预防犯罪，向公众公示及提供非机密警队信息，宣传并维护警队发展战略，搭建警队与公众联系的媒体与社会平台，确保警民沟通渠道顺畅，维持警民良好关系，促进社会治安质量提升。

一方面，由公共事务部运营的新加坡警察部队官方网站上，主要内容有：每日警讯、电子服务、社区警务概况、经济犯罪警示、犯罪情况月报、寻人启事等。除各职能部门的年终总结报告外，还将公示本年度警队经费使用及分配情况、民众反馈情况统计，如2011年共收到反馈50460条，2012年共收到反馈72325条，2012年较之2011年反馈量上升了42.8%，以统计数据的形式使之更具比较意义和说服力。

另一方面，通过现实社会中的警务实践加以巩固。新加坡警队在警民关系实践方面的主要做法是：其一，警察与社区居民进行一对一交流，以网络和手机短信方式发布犯罪预防简报和罪案预警，通过全国学生警察团开展宣传推广活动，鼓励警务人员积极参加义务工作和社区工作，实现警民关系良好互动。其二，与媒体保持顺畅的沟通，警队主动与媒体接触，通过与媒体建立各种长期和短期的合作，搭建良好的警察与媒体关系的平台。如有突发事故或罪案，新加坡警队并不会选择全面封锁信息，而会经过研究及评估后，向媒体提供相关信息的同时还会向媒体提供全面的背景资料，便于媒体全面权衡后做出较为全面的报道，同时将背景资料列为秘密，不得向公众提供，这样既避免了突发事件下造成的媒体信息混乱，发出不实报道引起恐慌，同时规范了媒体的报

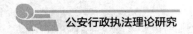

道行为，不为后续调查造成阻碍。其三，与社会组织及机构开展广泛合作，调动社会力量积极性。新加坡的全国学生警察团既类似于志愿者性质，同时也是警务人员的"延长臂"，类似组织还有全国罪案防范理事会。

三、新加坡警察制度对中国警察制度改革的启示

（一）公安派出所的完善

转变警察服务理念。目前，中国派出所民警仍然是以打击犯罪为其工作重心，认为维护好社会治安就必须严厉惩治违法犯罪，而对于普通民众的来访有时却报以"横眉冷对"的态度。却不知要维护好社会治安，必须团结民众，以民众为基础。新加坡邻里警岗制度就很好地解决了这一问题，他们不仅要提供柜台式的服务，而且还要入户走访、巡逻以及参加社区服务等。所以，我国派出所民警必须转变工作理念，以服务民众、为民众提供无犯罪服务为工作重心；与此同时，民警应该深入社区、农村了解治安状况，了解民众对警察服务的需求，不断提高警察无犯罪服务质量，为民众创造更安全、舒适的生活环境。

警力外放。警力外放要求民警走出派出所，走入社区、农村与民众进行面对面的交流，让民众能够切身感受到警察的存在，这种做法能够很好地增强民众的安全感，并且在一定程度上起到预防犯罪和制止现行犯罪的作用，但其自身也存在一定的问题即需要大量的警力来参与此项行动。而目前中国派出所多处于案件很多却人员不足的状况，补充警力特别是基层民警数量就成为待解决的事情。所以，在警力充足的情况下，派出所民警不应再坐在办公室里，而应走上街头为民众服务，提高街面民众与警察交流的机会，做到警力外放于社会街面之上。

（二）协警制度的完善

中国的协警作为警察的辅助力量，不同于新加坡的特殊警察、临时警察，仅在聘用制度方面与新加坡的临时警察有相似之处。《警察法》第13条明确规定，总监可以任命临时警察，无须书面签约；并且规定临时警察与正式警察行使同样的权力，享有相同的特权，受相同的纪律约束和相同当局的管理。中国的协警，他们享有的只是协助警察执法的"权力"。在具体执法过程中，协警只是属于专业的群防群治队伍，其必须在在编民警的带领下开展各项工作。所以，是否可以考虑适当给予协警以民警的警察执法权，让其在执法过程中享有警察的权力，同时也相应承担警察执法过错所应承担的责任，并与警察一样接受相关部门的管理和领导。这样既可以解决警力不足与协警执法权的问题，同时，由于协警是采用聘任制招入公安队伍，公安局相关领导在任何时候认为继续聘任会影响公共利益时可以辞退相关协警，此种做法不仅能够完善协警制度，还可以

在一定程度上保证协警执法权的正当行使。

（三）设置警务调查官

目前，中国的行政官员违纪违法主要由纪委和检察院反贪局处理，此处设置警务调查官主要是针对警察内部一般违纪违法案件和由警察的行政违法行为而产生的行政复议或行政诉讼案件展开调查。警务调查官应采用垂直领导而不接受本级公安局局长以及政府其他领导人的领导，这样才能保证其办案的公正性与独立性。警务调查官在案件侦查完结以后，只有在认为案件事实属于无中生有或者证据不足的情况才能不进入诉讼程序，而在事实不清楚的情况之下则应该对涉案人处以罪责相当的行政处罚。警务调查官参与警察违法违纪的调查不仅可以减轻检察院及相关部门的工作量，对于由警察行政违法而产生的行政诉讼或者行政复议，还能排除警察自我监督而给予行政相对人一个公平合理的答复。

第三节 英国的警察执法规范化模式

英国是现代警察制度的发源地。历史上，英国的现代警察制度对很多国家都产生过重要影响。然而，自20世纪70年代以来，英国的警察工作开始出现危机，各地接连发生反对警察的骚乱事件。导致这些事件的直接原因是警察在刑事侦查活动中的违法行为以及因此而产生的冤假错案，根本原因则是普通法中关于警察权力配置的模糊和不确定状态。为此，英国国会成立专门委员会，对警察权力问题进行改革，并于1984年颁布《警察与刑事证据法》。该法是英国历史上第一部专门规定警察权力的成文法，它不仅为英国警察权力奠定了法制基础，而且提供了一种追求利益平衡的新型法律模式。

1829年，罗伯特·皮尔所创建的伦敦都市警察被公认为是现代警察诞生的标志。一个多世纪以来，英国现代警察以其"预防性""服务性""平民化""最少动用武力"等建警原则和工作理念为世人所称道，包括我国在内，许多国家的警察制度均直接或间接地受到过英国的影响。然而，自20世纪70年代以来，英国的警察工作开始出现危机，各地接连发生反对警察的大规模骚乱事件。导致这些事件的直接原因是警察在刑事侦查活动中的违法行为以及因此而产生的冤假错案，根本原因则是普通法中关于警察权力配置的模糊和不确定状态。为此，英国国会成立专门委员会，对上述问题展开调查，提出了重新设定和规范警察权力的改革方案，并于1984年颁布《警察与刑事证据法》。在这里拟从历史的角度出发，介绍英国警察权力法制变革的社会背景，并在此基础上对该法的基本内容及其法律价值进行概括与评价。

一、1984年《警察与刑事证据法》的立法背景

（一） 英国警察刑事侦查职能的历史演变

当1829年罗伯特·皮尔在伦敦创建新型警察的时候，其初衷显然不是为了从事侦查犯罪的秘密活动，而是要建立一支以预防犯罪为主要追求目标的文职队伍，这一点在罗伯特·皮尔所提出的建警原则中体现得十分充分。他要求警察"要对所有人彬彬有礼，礼貌相待，绝不可以傲慢蛮横、粗暴无礼……要特别当心不得采取无聊的或不必要的干涉行动。在所有场合，他都应使他的行为有足够的合法性支持"。按照皮尔的设计，警察应当是一种文职形象，不必承担与犯罪侦查有关的各种工作。皮尔之所以确立这样的建警原则，主要是为了回避公众对秘密警察的恐惧，希望英国警察能够以一种公开化和文职化的正面形象与当时欧洲大陆一些国家的秘密警察相区别。但是，随着警察工作的深入开展，要想继续将其与抓获罪犯的刑事侦查工作完全分割开来，显然是不可能的。

19世纪50年代，伦敦街头开始出现一种令人恐怖的"勒杀抢劫"犯罪。犯罪分子是一伙监狱刑满释放分子，他们作案手段凶残，而且身手隐蔽，给警察预防犯罪的工作带来很大难度。至20世纪60～70年代，一个以争取爱尔兰独立为目的的政治恐怖组织开始在伦敦从事恐怖活动，他们以公共建筑物为目标，制造了多起爆炸事件，使大量无辜民众受到伤害。为了对付这些较为隐蔽的和有组织的犯罪，警察开始考虑"建立一支统一的、与众不同的侦查力量，作为警察机构中的一个特殊部门"，并且，"这个特殊部门的构成人员应当具有较高的级别，其地位要优于着装警察和犯罪预防机构中的警察"。1878年，经过英国内政大臣批准，伦敦都市警察厅犯罪侦查处正式成立，按照预先的设想，犯罪侦查处可以从都市警察厅的任何一个部门招聘成员，从事刑事犯罪侦查工作的警察被认为是警界精英，而犯罪侦查处也逐渐发展成为一个庞大的、独特的、公认的刑事犯罪侦查专家组织。警察在侦查刑事犯罪方面所取得的成就赢得了社会的广泛认可和尊重，与此同时，警察队伍也得到迅速发展和壮大。

但是，警察队伍的发展壮大在为维护社会治安和侦查犯罪提供了基础与保障的同时，也给社会带来了另外一种隐患：这样一支规模庞大、工作手段特殊的队伍，如果管理得不好，就会对公民、社会乃至于国家政权造成严重威胁。因此，如何管理好警察队伍，如何正确处理警察权力与公民权利的关系，如何维持警察与公众之间的和睦，成为英国社会所普遍关心的问题，其核心是如何认识和理解警察权力，始终都是英国政治改革的一个热点。

（二） 普通法中关于警察刑事侦查权力的传统观念

在普通法的观念中，任何人都不能拥有超出他人的特殊权利，警察也不例外，从根本上说，警察之所以可以在特定情况下动用武力，并非出于法律的特殊授权，而是出于

公众的支持，即所谓"公众同意而治"。对于警察权力的这种定位，是自罗伯特·皮尔创建新警察以来一直为英国社会所乐于接受和认可的观念，也是英国人认为英国警察不同于欧洲大陆警察的一个重要方面。"在英国，无论从法律规定看还是从传统习惯看，警察与任何一个普通的公民组织都是一样的，他们没有任何特权。尽管法律为警察规定了很多必须履行的义务，但是，从基本原则上看，警察不过是一个拿着薪金来履行某种义务的人，如果他确有尽义务之心，那么他完全可以不要报酬来完成这些工作……事实上，警察的权利并不比一个普通市民更多。

正是基于这样一种基本观念，无论在1829年《都市警察法》还是在1856年《郡市警察法》以至于1964年《警察法》中，都没有关于警察权力的明确的具体规定，长期以来，英国警察的权力基本上没有超出普通法对于普通公民权利的规定。例如，警察实施逮捕权来源于普通法赋予每一个公民的逮捕权，警察对罪犯提出起诉权则来源于普通法的私人起诉权，"警察在这样做的时候并没有依据任何作为警察的特殊权力"，因此，他实际上仍然是在行使作为一个公民的个人权力。

但是，毕竟刑事犯罪的侦查工作具有极其特殊的属性，警察在发现和抓获罪犯的过程中，常常需要动用一些特殊的方法和手段，如搜查、逮捕、拘留、讯问等，而这些方法和手段在普通公民的日常生活中并不常见。为了弥补普通法在警察权力方面的空缺，也为了对付罪犯的实际需要，一些成文法开始赋予警察以普通法之外的权力。例如，关于警察盘问检查的权力，在1984年《警察与刑事证据法》出台之前，英国警察并没有普遍的盘问检查权，他们只能根据一些专门法律的授权，在特定场合下实施盘问检查，如1968年《偷窃法》、1971年《滥用毒品法》等。这种权力规定的零星分散状态，不仅给警察的执法活动带来不便，使警察经常处于权力不明确的法律真空状态，同时也不利于保护当事人的利益。由于各地警察在执法水平和执法观念上的差异，常常会出现执法标准的不统一，使当事人的权益不能得到正常维护，其结果是来自两个方面的抱怨：一方面，投诉警察的案件越来越多，公众认为警察践踏了他们的权利；另一方面，警察认为他们维护法律与秩序的工作受到严重束缚，就如同被一只手卡住了脖子。

（三）20世纪70～80年代警察与公众关系的危机

警察权力的模糊性和不确定性造成了警察权力被滥用的可能性，并进一步引发了警察与公众关系的危机。20世纪70～80年代，英国警察与公众之间的关系开始变得微妙而紧张，全国各地陆续发生多起以警察为袭击目标的公众骚乱事件，同时，媒体也开始对警察刑事侦查活动中的违法行为和因此而导致的冤假错案进行广泛曝光，由此引发了公众对警察的信任危机，其中影响比较大的三次事件是：

（1）麦克斯韦尔·康菲特案。1972年4月22日，消防队员在伦敦地区一所燃烧的房屋内发现了一具被勒死的男尸，死者名叫麦克斯韦尔·康菲特。三名青少年很快作为本案的嫌疑人被逮捕，他们当中一个只有14岁，另外两个均为低智商者。警察在没有成年监护人在场的情况下对他们实施了讯问和殴打，三人被迫承认自己有罪，并被判处刑罚。1975年，英国上诉法院重审此案，证明该案中当事人的供述是不真实的，而这些虚伪供述来源于警察的不适当的压力，三名当事人被宣布无罪释放。此案在英国引起轰动，克里斯托弗·普莱斯（Christopher Price）和乔纳森·卡普兰（Jonesthan Lapland）两位学者专门为此案撰写并出版了《康菲特供述》。此书一经出版，就成为当年的畅销书，书中对于三名青少年不平遭遇的描述，激起了公众对警察的强烈不满。

（2）伯明翰六人案。1974年11月21日，伯明翰的两个酒吧同时发生爆炸案，死伤共计二百多人。警方初步确认此案系爱尔兰共和军的极端团体所为，并将侦查目标锁定在一些具有可疑行为的爱尔兰人身上。当晚，警察在伯明翰火车站逮捕了六名爱尔兰人，后来媒体统称其为"伯明翰六人"。当天对其实施了刑讯逼供，致使六人被迫承认有罪，并被判处终身监禁。1991年，上诉法院重审此案，新的证据表明警察在该案中伪造有罪证据，同时隐匿无罪证据。

（3）布莱克斯通骚乱。1981年4月，伦敦布莱克斯通地区街头抢劫案件大量增加，当地警务指挥官组建了一支便衣警队，主要针对黑人青少年实行街头盘问检查，警察的这次行动引起当地黑人的极大反感，并最终酿成骚乱，很多建筑和车辆都被点着烧毁，四百多名警察和市民在骚乱中受伤。

（四）对警察权力进行改革的准备工作：斯卡曼调查报告和菲利浦斯调查报告

如何解决社会上不断出现的各种骚乱，如何缓解公众对警察日益高涨的不满情绪，这两个问题成为20世纪80年代初保守党政府所面临的两个重要问题。为此，国会成立了两个专门委员会，分别针对骚乱事件和警察违法办案问题展开调查，其中，斯卡曼委员会的直接目的是调查布莱克斯通骚乱，菲利浦斯委员会则是针对康菲特案等一系列警察违法办案事件而成立的，目的是要对警察的刑事司法权力进行一次具有普遍意义的调查研究。两个委员会分别对两起事件本身以及事件背后的社会矛盾进行了深入的调查研究，并提出了一系列解决对策。菲利浦斯委员会的调查报告认为，法律中关于警察权力的规定过于分散和随意是造成警察滥用权力以至于酿成冤假错案的根本原因。据统计，当时除了普通法的规定之外，英国还有七十多部成文法中都涉及警察的拦截搜查权、逮捕权、羁押权等，这种分散凌乱的法律状态，显然给警察执法带来不便，警察们很难一一掌握这些法律。此外，委员会还指出，在这些案件中，警察没有认真遵守法律程序，没有对被告人权利给予应有的保护。鉴于此，委员会提出应该对现有刑事司法程序进行一次彻底改革，改革的目标就是要在将犯罪人提交司法审判的社会利益和犯罪人的个人利益之间寻找一个平衡，只有达到了这种平衡的刑事司法程序才算是公平的、开放的和负责任的。

斯卡曼委员会的调查报告首先对布莱克斯通骚乱的性质做出了客观的认定，指出："发生于1981年的布莱克斯通骚乱不是一次有组织的、旨在推翻现政府的叛乱，而是一场出于对警察的不满而突然爆发出来的愤怒，愤怒的背后所隐含的是黑人长期以来受到的政治上和经济上的压迫。不断增加的失业率和不同程度上对于黑人社区的歧视是导致这一事件的根本原因。在此基础上，斯卡曼报告将大量精力用于分析警察执法活动中存在的问题，指出这是一次反抗警察的暴力行动，当地社区和警察应当共同为此次事件承担责任。由此可见，斯卡曼报告并没有将骚乱的责任完全归咎于骚乱者，而是从事实出发，对事件做出了较为客观的、实事求是的结论，显然，这样的结论不仅具有说服力，而且有利于矛盾的化解。在此基础上，斯卡曼报告提出了今后避免类似事件再次发生的若干条建议，其中最重要的一条就是要通过立法明确警察的权力。

菲利浦斯委员会和斯卡曼委员会的两份报告得到了英国国会的充分认可，其中许多建议都被转化为1984年《警察与刑事证据法》的内容。

二、1984年《警察与刑事证据法》的法律价值

1984年《警察与刑事证据法》是英国历史上第一部系统规定警察权力的成文法，这部法律的出台，不仅彻底扭转了普通法在警察权力配置问题上的模糊状态，而且创立了一种全新的立法模式，在形式上和内容上都颇有值得称道之处。以下分别加以评述。

（一）1984年《警察与刑事证据法》的立法模式

1984年《警察与刑事证据法》在形式上十分独特，它采用了动态的立法形式，由一部1984年《警察与刑事证据法》包括的若干实施细则，共同组成一个动态的法律体系。其中，《警察与刑事证据法》的性质为国会立法，实施细则的性质为行政规章，由内政部根据原法的授权而制定。之所以采取这样的立法方式，主要是考虑到实施细则的修改程序比国会立法简单，以实施细则的方式来指导原法的执行，能够比较灵活地适应实践中的各种变化。虽然实施细则不具有成文法的效力，警察违反实施细则的规定并不构成犯罪，但是在实践中，公众可以因为警察违反实施细则而提出投诉，警察将会因此受到纪律处分。更重要的是，法官可以以警察的行为违反实施细则为由，拒绝采信由此产生的证据。

到目前为止，英国内政部一共制定了七个关于《警察与刑事证据法》的实施细则，分别称为实施细则A-H。它们的基本内容如下：实施细则规定了警察对人身和车辆实行盘问检查的权力和程序；警察搜查住宅以及扣押财物的权力和程序，非恐怖行为犯罪的犯罪嫌疑人在警察局羁押期间应当享有的各项权利，警察在刑事犯罪侦查过程中进行人身

识别的各种方式和程序，关于在警察局内对犯罪嫌疑人问话时必须进行录音的规定，关于在警察局内对犯罪嫌疑人问话时进行录像的规定，因为原法中没有要求警察在对犯罪嫌疑人进行问话时必须录像，因此，这一项规定由警察自由裁量是否适用，如果问话的警官认为有必要进行录像，则应当按照实施细则的规定进行。

（二）1984年《警察与刑事证据法》的基本内容

1984年《警察与刑事证据法》不仅在形式上独具特色，而且在内容上也实现了质的突破：它既是一部确认和规范警察权力的法律，同时也是一部保护犯罪嫌疑人权利的法律。首先，该法详细列举了警察在刑事侦查活动中的各项权力，并对每一项权力的行使规定了严格的适用范围以及条件和程序，概括如下：

（1）盘问检查权。根据1984年《警察与刑事证据法》规定，盘问检查必须建立在"合理怀疑"的前提之下。实施细则八对于"合理怀疑"的解释是："盘问检查不能在没有可靠的情报信息或者某些特定行为的情况下，仅仅凭警察个人因素决定进行，例如，一个人的种族、年龄、外貌或者具有犯罪前科，这些因素都不能作为盘问检查的理由；同样，对于某一特定群体具有某种犯罪倾向的固有观念也不能作为盘问检查的理由。"关于盘问检查的程序，该法规定，在实施盘问检查之前，警察应当首先告知被盘问检查人他们的身份和所属的警察机构，还要告知被盘问检查人盘问检查的理由。如果是便衣警察，应当出示其身份证件。警察可以使用合理的强制力，但是不能要求被盘问检查人在公众场合脱去外衣（外套、夹克和手套除外），警察必须问清楚被盘问检查人的姓名、住址和种族。

（2）逮捕权。根据1984年《警察与刑事证据法》的规定，警察可以在下列四种情况下不经法院批准而直接实行逮捕：一是具有"可逮捕犯罪"的合理怀疑，包括主观上的怀疑和客观上的合理基础；二是具有"一般逮捕条件"如正在犯罪或者正在试图犯罪等；三是具有"其他法律规定的条件"，如1994年《警事司法与公共秩序法》规定，着装执行公务的警察对于有证据表明试图或者准备在公共场所中咆哮的人可以实行逮捕；四是因为"破坏安宁"而逮捕，这是普通法中警察的一项传统权力。

（3）拘留权。在1984年以前，英格兰和威尔士警察没有权力为了调查的需要或讯问的方便而拘留当事人。1981年，皇家刑事司法程序委员会的报告中建议警察应当具有因为讯问需要而实行拘留的权力，当然同时要有相应的规定以确保该权力不被滥用，这一建议在1984年《警察与刑事证据法》中得到认可。根据该法的规定，警察在不起诉的情况下可以对犯罪嫌疑人拘留最长达到四天时间。

（4）讯问权。1984年《警察与刑事证据法》规定，警察有权因为侦查活动的需要而对犯罪嫌疑人进行讯问。但是，该法同时又用大量篇幅规定了警察讯问的程序规则，为嫌疑人提供了较为充分的法律保护。对此，本文将在犯罪嫌疑人权利的问题中予以详述。

（5）逮捕后的人身搜查权。《警察与刑事证据法》规定，警察可以在实行逮捕之后的非警察局的场所里进行搜查，也可以对已经被逮捕的人在其到达警察局之后进行搜查，对于搜查中发现的任何物品，只要警察有理由认为犯罪嫌疑人可能用其伤害他人、逃跑，或者该物品本身就是犯罪证据，都可以予以扣押。

（6）人体检查权和提取检验标本权。《警察与刑事证据法》规定，警察有权力对嫌疑人实行人体检查。检查必须由具有注册资格的医疗专家进行；该法还规定，警察有权对于犯罪嫌疑人提取指纹以及血液、唾液或者精液在内的人体标本。

（7）住宅搜查权。1984年《警察与刑事证据法》规定，搜查有经过批准的和不经批准的两种。通常情况下，搜查应当经过法官的批准，法官批准搜查时应当确信警察具有合理的理由认定发生了可逮捕的犯罪行为，而且提请搜查的住宅里藏有与犯罪相关的证据或者对于调查工作至关重要的物品。下列情况下，警察可以不经法官批准而直接进入并搜查公民住宅：一是执行法官的逮捕决定；二是不经法院批准而实行逮捕；三是抓捕非法在逃者；四是为了保护他人免受伤害和避免重大财产损失。关于搜查的程序，实施细则中规定，搜查应当在合理的时间内进行，可以使用合理的强制力，但是对于房屋主人的财产和个人隐私，警察应当显示出适当的周到和有礼貌。

以上是1984年《警察与刑事证据法》关于警察权力的规定，在规定警察权力的同时，该法还赋予了犯罪嫌疑人以各种权利，其中除沉默权制度有所变化以外，其他各项权利都具有现实的法律效力，具体内容包括：

（1）沉默权。1984年《警察与刑事证据法》对普通法中的沉默权制度予以认可，并且从警察刑事侦查的角度为被告人沉默权的实现提供了法律保障。根据该法实施细则规定，警察在执行逮捕时以及讯问之前都必须对当事人进行告知，即向当事人宣布，对于警察的提问，他可以不做任何回答，控方也不能以此为由向法庭指控其有罪。

（2）录音。《警察与刑事证据法》规定，讯问的过程必须录音。这一规定的目的是为了防止在讯问过程中警察对嫌疑人施加压力或者威胁，以及防止警察制造假口供。

（3）律师援助。《警察与刑事证据法》规定，犯罪嫌疑人在被逮捕或拘留之后，有权获得律师的咨询和援助。根据该法实施细则规定，警察应当在当事人受到逮捕或拘留后明确告知其具有获得律师援助的权利，并且应当为那些无力聘请律师的人提供免费律师服务。

（4）通知。《警察与刑事证据法》规定，当嫌疑人因逮捕或拘留而到达警察局之后，他有权要求警察局通知由他指定的人（例如他的亲属）有关他被拘留的情况，警察应当毫不拖延地负责通知。

（5）一个"独立"的成年人。《警察与刑事证据法》规定，青少年、精神病患者以及弱智人在接受警察讯问时，除了具有一般法律规定的权利以外，还必须有一个适当身份的成年人在场。实施细则规定，这个人可以是其父母亲，也可以是一名社会工作者。

（6）犯罪嫌疑人在警察羁押期间的待遇。《警察与刑事证据法》规定，犯罪嫌疑人在警察羁押期间，有权利受到良好的、符合人道主义的待遇。实施细则对此做出进一步规定，例如，被讯问者在每24小时内应当享有连续八小时的休息时间，如果可能，休息时间应安排在夜间，在被讯问者休息时间中，须保证其不被干扰；讯问室必须保证具有采光、通风和保暖设施；在讯问过程中，嫌疑人应当有权利坐着，还要保证其按时吃饭等。

（7）讯问笔录。《警察与刑事证据法》规定，警察对犯罪嫌疑人进行讯问的过程中，应当同步制作讯问笔录并存档备查。实施细则要求警察制作的讯问笔录必须是对所说的话一字不差的记载，如果确实无法做到一字不差，至少也应当是对讯问过程进行准确而且充分的概括性叙述。不允许事后补做问话笔录。

（8）专职羁押官和审查官。为了确保犯罪嫌疑人在警察局羁押期间能够获得法律所规定的各项权利，《警察与刑事证据法》规定，警察在对某人实施逮捕并将其带到警察局以后，应当将其移交给专职羁押官，由羁押官决定是否实行拘留。另外，在当事人被羁押后，应当由审查官在最初六个小时之后进行审查，以判断是否有继续羁押的理由，而后这种审查每隔九个小时进行一次。审查可以通过电话方式进行。

（9）证据排除规则。这是《警察与刑事证据法》中对犯罪嫌疑人最重要的，也是最后的保护性措施。根据证据排除规则，如果某一项供述是出自于折磨、非人道的或不尊重的对待、使用暴力威胁以及其他容易产生不可信供述的环境，法庭有权力拒绝采纳。此外，该法还授权法院可以拒绝采用任何一种证据，如果这种证据的采信将会导致对于公平诉讼的负面效应。如果警察违法的目的就是为了定罪，那么这种排除违法证据的做法对于防止警察违法行为无疑是有效的。

为了确保上述规定能够在警察执法活动中得到贯彻执行，英国内政部制定了专门的《权利告知书》，并翻译成法、德、意、中、日、韩、印等各种文字，由警察送达给每一名受到羁押的当事人，只有当事人在《权利告知书》上签字确认之后，方可认为其知晓了法律所提供的各项权利。

（三）1984年《警察与刑事证据法》的影响和评价

1984年《警察与刑事证据法》是一部关于警察权力的"大宪章"，是现代英国警察权力的奠基之作，它不仅克服了传统法律中警察权力的不确定状态，实现了警察权力的规范化发展，而且在警察权力与犯罪嫌疑人权利之间实现了基本平衡，提供了一种利益平衡的法律模式，对未来英国的刑事司法改革方向具有重大影响。以下从三个方面加以评述。

（1）《警察与刑事证据法》使原来分散的、不确定的警察权力变得相对集中和确定，为警察权力的正确行使奠定了法制基础。

如前所述，长期以来，在普通法中没有，也不可能有对于警察权力的专门规定，普通法中诸如逮捕权、起诉权等重要的刑事司法权力都具有私人性，实践中，英国警察对犯罪行为的侦查和起诉活动均以警察个人的名义进行，而犯罪嫌疑人接受警察的讯问以及其他调查活动则是出于"自愿的原则"。这种自动生成的权力和自愿接受的义务根源于英国传统意识形态中的自由和民主思想，在资本主义发展初期具有明显的反封建意义，对于法治的形成和发展起到了重要推动作用。但是，随着社会的发展变化，特别是现代社会中犯罪活动的日趋复杂化，原有的关于警察权力的观念越来越显示出不适应性。一方面是在打击有组织犯罪、恐怖主义犯罪和毒品犯罪等新型犯罪活动的过程中，警察需要拥有更多的强制力，另一方面却是原有法律中关于警察权力的规定不仅在形式上表现得十分零星分散，而且在内容上也显得模糊和不确定，两者之间的矛盾所导致的后果，要么是警察被不明确的权力所困扰，无法与犯罪分子展开周旋；要么是警察利用法律的不确定性，为了完成上司交给的任务而钻法律的空子；还有更坏的一种情形，就是警察以规定不明为由而将法律玩弄于股掌之中。事实上，一些警察的确选择了后面两者，虽然警察表面上是在执行"自愿地"接受讯问的原则，但是犯罪嫌疑人实际上根本没有离开的自由，甚至在被捕后也没有关于羁押的官方的时间限制……制度公正的实现几乎完全依靠警察们自觉地遵守这些法律的精神。

1984年《警察与刑事证据法》的最大贡献就是将原本分散的、零星的、不确定的法律规定变得相对集中、统一和确定，为警察权力建立了一个基本的法律框架，结束了以往普通法、国会立法以及地方附属性立法并用的混乱局面。这种变化为警察正确行使权力奠定了法制基础，对于从整体上提高英国警察的执法水平具有重要意义。

（2）《警察与刑事证据法》通过合理设定警察权力与犯罪嫌疑人权利，实现了二者之间的基本平衡，缓解了因为警察刑事侦查活动而引起的社会矛盾。

20世纪七八十年代，英国媒体所揭露出来的一系列司法错案是导致1984年《警察与刑事证据法》出台的直接原因。在这些案件中，警察忽视甚至践踏当事人的权利，不仅直接导致冤假错案的发生，而且引起整个社会的不安，公众对此反应极为强烈。在政界和学界，围绕着如何平衡国家利益与私人利益的问题发生了激烈争论，形成"法律秩序派"和"民权自由派"两个不同的阵营。"法律秩序派"更多关注的是犯罪率的增长以及职业罪犯的出现，认为传统的刑事诉讼程序帮助了屡教不改的罪犯和一个数目庞大的并且还在不断增加的成熟的职业罪犯群体，他们熟知其法律上的权利，并且在被抓获的时候，利用所有可能的方法来逃避有罪判决，因此，"法律秩序派"主张应当赋予警察更多的自由以实现对犯罪行为的有效控制。"民权自由派"关注的焦点则是不断增长的冤假错案以及警察腐败问题，主张法律应当为犯罪嫌疑人提供更多的保护，以确保对抗制的传统诉讼模式能够贯彻于刑事司法制度的始终。

1981年，皇家刑事司法程序委员会对上述两派观点采取了折中的态度。面对国家利益和个人利益之间的"根本性平衡"这样的挑战，皇家刑事司法程序委员会在1981年的报告中指出，应当同时加强警察权力和嫌疑人权利，而不偏废任何一个方面。1984年《警察与刑事证据法》采纳了上述建议，通过合理设定警察权力与犯罪嫌疑人权利，实现了二者之间的基本平衡，缓解了因为警察刑事侦查活动而引起的社会矛盾，使由此产生的危机得到化解，英国社会再一次转危为安。

（3）《警察与刑事证据法》通过立法上的探索与尝试，提供了一种利益平衡的新型法律模式。

追求警察权力与当事人权利的平衡，是1984年《警察与刑事证据法》突出的特点，这一特点从该法法律设定的内容、法律条文的数量，以及法律规定的细致程度和可行程度等各个方面都得到明显体现。从内容上看，《警察与刑事证据法》扩展了警察盘问检查、入室搜查、扣押和逮捕的权力，并增加了拘留权。与此同时，该法也注重刑事诉讼中被追诉者权利的保护，创设专职羁押官和审查官等职位，并明确规定了犯罪嫌疑人被羁押期间所应当获得的各项权利；从法律条文的数量来看，1984年《警察与刑事证据法》中赋予犯罪嫌疑人权利的法律条文数量与该法中确认警察权力的法律条文数量大致持平；从法律规定的细致程度和可执行程度来看，1984年《警察与刑事证据法》与其他法律有一个明显的区别，即这部法律中关于犯罪嫌疑人权利的规定更加具有可操作性，并且更加具体、更加细致。上述这些表征充分反映了该法的价值追求，同时也为我们提供了一种追求利益平衡的新型法律模式。最后应当指出的是，1984年《警察与刑事证据法》不仅为警察权力的规范发展提供了基本法律框架，同时也开启了英国刑事司法改革的闸门。自该法实施以后，英国便没有停止过刑事司法改革的步伐，在从1984年至今的三十多年中，刑事司法改革始终是英国社会各界所关注的热点问题，政府也一直在努力探索进一步改革的方向和具体方案，并陆续出台了如1994年《刑事司法与公共秩序法》、2003年《刑事司法法》、2005年《严重有组织犯罪和警察法》以及2006年《反恐怖法》等重要法律。但是，所有的改革都没有脱离1984年《警察与刑事证据法》奠定的法制基础，在过去和未来相当长的一段时间内，这部法律都将在警察的刑事侦查活动中发挥重要的规范和引导作用。

三、英国警察执法规范化模式

英国现代警察坚持"预防性、服务性、平民化、最少动用武力"的建警原则和工作理念，并对警察的执法活动进行全方位的监督，因此，对警察执法规范化建设主要从立法、司法、内部规范和控制几方面进行。

（一）立法规制

英国是判例法国家，在20世纪80年代之前，没有成文法规定警察权，因此，警察权的配置处于模糊和不确定的状态。自20世纪70年代以来，英国的警察工作开始出现危机，各地接连发生反对警察的大规模骚乱事件。导致这些事件的直接原因是警察在刑事侦查活动中的违法行为以及因此而产生的冤假错案，根本原因则是普通法中关于警察权力配置的模糊和不确定状态。为此，英国国会成立专门委员会，对上述问题展开调查，提出了重新设定和规范警察权力的改革方案，并于1984年颁布《警察与刑事证据法》。该法采用一种独特的形式，由一部原法1984年《警察与刑事证据法》和若干实施细则组成。其中，《警察与刑事证据法》是国会立法。实施细则为行政规章，由内政部根据原法的授权而制定，修改程序简单，便于应对发展变化的各种情况。该法第一次对警察的执法权限、行使条件和程序做了明文规定，规范了警察权力的行使，克服了传统法律中警察权力的不确定状态，实现了警察权力的规范化发展。

（二）司法干预

英国法院通过非法证据排除和司法审查来规范警察的执法活动。一是根据《警察与刑事证据法》中的非法证据排除规则，如果某一项供述是出自于折磨、非人道的或不尊重的对待、使用暴力威胁以及其他容易产生不可信供述的环境，法庭有权力拒绝采纳。如警察拒绝或无正当理由延误犯罪嫌疑人接近律师，或者通过欺骗手段使犯罪嫌疑人供述，或讯问过程没有录音，法官都倾向于排除相关证据。二是司法审查。公民对警察的执法行为不服或因警察的执法行为受到了伤害，都可以向法院寻求司法救济。警察对犯罪嫌疑人拘留时间超过36小时，则需要报告治安法官审查批准。

（三）内部规范和控制

对英国警察执法的内部控制，除了进行层级组织管理外，最重要的是职业标准委员会的监督活动。每个警察局内部都设有职业标准委员会，专门负责警方内部的监督和反腐败工作，其基本职责是：制定职业标准，促进警务人员对腐败问题的广泛认知、预防腐败问题发生，受理投诉和对警察不当行为进行调查。对警察的内部规范主要包括行为标准和执法规范。行为标准主要是警察的职业道德规范，各地大同小异，主要内容包括：诚实正直、公平公正、礼貌自控、忠于职守、服从命令、严守秘密、爱护公物、仪容整洁、行为端正、不滥用职权和武力、当班不得饮酒等。英国内政部根据《警察和刑事证据法》的规定，制定了《警察操作规程》，对警察的主要执法行为，如盘问和搜查、逮捕、拘留、讯问、辨认等的操作程序做了具体规范。

(四) 其他监督和控制

除上述监督和控制方式外，英国还设有独立警察投诉委员会，专门负责受理投诉和警察违法违纪行为的调查。该委员会是根据2002年的《警察改革法》成立的，它独立于警察部门。独立警察投诉委员会有权要求警察局提供有关信息或者协助调查，对于一般的投诉和违法违纪行为，委员会可以委托警察局自行调查；对于严重违法违纪行为，特别是因警察执法行为导致人员死亡的案件，独立警察投诉委员会要独立开展调查。经过调查，涉嫌构成犯罪的，移送皇家检察署依法追究刑事责任；若属一般违纪行为，则移交警察局给予警告、开除等纪律处分。

可以看出，英国警察执法规范化建设的特点体现在执法制度设计科学，执法程序严密细致，执法方式文明平和，执法管理科学精细，拘押管理严格规范等方面。

第四节 在国际法背景下的警察规范化建设

警察执法规范化建设不仅应遵循国内法的规定，而且应将国际法作为执法规范化的基本考量因素之一。从警察执法规范化建设与国际法的关系入手分析，论证其应遵循的国际法基本原则的具体要求，提出国际法视角下我国警察执法规范化建设的对策，对推动我国警察执法规范化建设有重要意义。

一、警察执法规范化建设与国际法的相关性

(一) 经济全球化及犯罪行为国际化的趋势决定了警察执法规范化建设应遵循国际法

随着经济全球化的发展，各国政府间的对外交流、国际贸易机会增多，以直接调整政府行为而达到维护国际交往秩序、经济贸易环境的国际法也得到世界各国政府的青睐和认同，无论是涉及国家领土主权、外交关系、国际组织、海洋权益、人权保护、外层空间等领域的国际公法，还是涉及国际货物买卖、销售、运输、保险、投资等领域的国际私法或国际经济法，整个国际法对世界各国政府的执法理念、执法职能、执法方式等等皆做出了国际统一规定，这就要求一国内的警察执法规范化建设不仅应该遵循国内法规范，而且应该遵循国际法中对一国执法活动的相关规定，这是经济全球化时代的客观要求。同时，在跨国犯罪、恐怖主义、网络犯罪等日益猖獗、犯罪行为日益国际化的全球大背景下，跨地区、跨国界的警务合作、司法协助等制度也随之加强，各国警察在执法过程中需要一套统一的体系进行规制和制约。

（二）国际法与国内法的关系决定了警察执法规范化建设应该遵循国际法

随着国际法学界对国际法和国内法关系的研究逐步深入，国际法与国内法之间关系的"联系论"愈来愈得到学者的普遍认可和赞同。国际法与国内法相辅相成，共同发展。在国内法发展和实施的过程中，国际法也发挥了积极的作用。例如，国际法中的引渡制度就是在为了使国内刑法得到有效实施的过程中产生的。在经济全球化和网络国际化的今天，国际法对国内法的影响更加明显。一些领域的国际法规则要有效实施，必须依靠国内法的相关补充规则。一些领域的国内法规则要有效实施，必须符合国际法规则。例如，2003年《联合国反腐败公约》所确立的控制腐败犯罪的国际法规则对成员国的国内法有直接影响，促进了相关国家控制腐败犯罪的国内法规则的形成和统一。因此，从某种程度上说，国际法对于国内法完善和发展的作用不可小觑，在警察执法规范化建设过程中，应该遵循国际法。

（三）公安机关的基本属性决定了警察执法规范化建设应该遵循国际法

在国际法上，"主权意味着责任"，一国违反其国际义务，那么将意味着产生国家责任。通说认为，国家责任的产生必须具备两个基本构成要件：一是该行为违背了该国所承担的国际义务，即有国际不法行为；二是该行为可归因于国家，即可视为"国家的行为"。其中，一个国家的任何机关，不论是立法、行政、司法或其他权力机关，以及国内地方政治实体机关和虽非国家或地方政治实体正式结构的一部分而经该国的国内法授权行使政府权力的实体机关，他们行使政府权力的行为视为该国的国家行为。公安机关是国家行政机关、公权力机关的基本属性，决定了其警察的行为可归因于国家，若在执法过程中不遵守国际法规范，那么即意味着违反了国际法规定的基本义务，属于国际不法行为，必然将产生国家责任。因此，警察在执法规范化建设过程中，应遵循国际法的规范和要求。

（四）我国警察以人为本、执法为民的理念与国际人权保护具有内在的契合性

警察法律制度是人权法律制度中的重要组成部分，有关警察执法行为的规定，往往也成为国际人权公约的重要内容。"全心全意为人民服务"是我国公安机关的工作宗旨，《中华人民共和国人民警察法》第3条明确规定："人民警察必须依靠人民的支持，保持同人民的密切联系，倾听人民的意见和建议，接受人民的监督，维护人民的利益，全心全意为人民服务。"其中蕴含着一种"以人为本、执法为民"的基本执法理念，这与国际人权公约所强调的保护公民个人法律地位和基本利益，实现控制公权力和保护私权利之间最大平衡的目标具有高度的一致性。我国警察执法理念与国际人权保护的契合性，正是警察执法规范化建设应遵循国际法规范的内在动因之一。

二、我国警察执法规范化建设遵循国际法的具体要求

（一）警察执法应遵循国际法的基本原则

国际法基本原则是构成现代国际法的基础，是现代国际法的精髓和核心。因此，一国警察在执法过程中除了遵守国内法之外，首先要遵循的是国际法基本原则。具体说来，我国警察执法规范化建设过程中应该遵循以下国际法的基本原则：一是国家主权原则。由于主权是国家的基本要素之一，是国家的基本属性，所以国家主权原则就成为现代国际法最重要的一项基本原则。一国警察执法规范化建设遵循国家主权原则应注重以下两方面内容：一方面，行使国家主权原则赋予的权利，在执法时坚持"国家主权至上"的原则，对于损害国家主权的行为予以坚决拒绝和制止。另一方面，履行国家主权原则项下的义务。在国际司法协助从传统的域内管辖权向域外管辖权发展的趋势下，一国警察执法与他国进行司法协助、警务合作时，应充分尊重他国主权。二是国家平等原则。警察执法规范化建设过程中遵循国家平等原则的一个具体要求是应该统一国内执法标准，针对不同公民在相同领域内的事项或相同公民在不同领域内的同一事项应该有统一的制度规定。同时，针对外国人与本国国民之间，应当秉持"国民待遇"原则；对于外国人与外国人之间，应当遵循"最惠国待遇原则"，对于外国的行政相对人一视同仁，给予同等的对待。三是不干涉内政原则。不干涉内政原则是基于国家主权、平等原则的一项基本权利，同时，也是国家和国际组织等国际法主体所必须承担的一项基本义务。我国一向坚持不干涉内政原则，既坚决反对别国干涉中国事情，也切实奉行对别国事情不干涉的政策。具体到我国警察执法过程中，一方面，一国警察在遇到域外调查取证、境外追缴犯罪利益等执法问题时，应该严格遵守对方国家的程序要求和司法规范，不得干涉其内政、外交事务，不得损害对方国家利益；另一方面，一国警察在执法过程中，应摆脱他国的外在压力，在诸如出入境管理、外国人犯罪等涉外警务问题的处理时，不受任何国家干涉，独立执法。四是遵守国际条约和参照国际惯例原则。"条约必须遵守"是一项古老的国际习惯，也是传统国际法中的一项重要原则，由此演变为现代国际法中的善意履行国际义务原则。公安机关作为国家重要的公权力执法机关，其行为可直接归因于国家，国家在国际法中有善意履行国际义务的原则，因此警察在执法活动中遵循国际法的基本要求之一就是遵守国际条约和国际惯例规范执法。

（二）警察执法应保障最基本的人权

以人为本，保障人权，既是现代法治社会的基本精神，也是现代警务制度的基本特征；既是现代警务制度价值取向的重构，也是社会生活中公民对警务活动的评价标准。保障人权是得到国际社会普遍认可的一项基本精神。我国警察在执法过程中应保障最基本的人权，具体可以从以下几个方面着手进行：（1）尊重当事人的人格尊严，不得以任

何理由和方式侵犯当事人的人格权。（2）依法行政，任何非法证据不得作为定案依据。（3）严格遵循法律的程序性规定，讯问时间不得超过8个小时。（4）讯问未成年人时，应该通知其监护人或教师到场。（5）尊重当事人对鉴定结论的知情权。（6）为当事人保密，尤其是注重保护证人、被害人等的隐私、人身安全，保障犯罪嫌疑人的隐私、合法的诉讼权利。（7）慎用行政强制措施。警察只能对极少数违法犯罪分子行使某些具有强制性的权力，绝不能随意扩大强制措施，绝不能滥用职权侵犯人权，更不能把强制措施转换成管理手段。

（三）警察执法应注重国家之间的交流合作

随着经济全球化的发展，各国政府间的对外交流、国际贸易机会增多，跨国犯罪、恐怖主义、网络犯罪等日益猖獗。因此，对警察执法过程中跨地区、跨国界的警务合作、司法协助等制度就提出了新的要求，各国警察应该在国际法框架下注重国家之间的交流与合作，加强国与国之间、地区与地区之间的警务合作。在执法规范化建设过程中应该包括以下内容：（1）树立全球视野，建立我国国际警务执法合作机制。（2）落实外派我国警务联络官，继续推进维和工作。（3）加强与周边国家的警务交流，达成司法协助的双边或多边协议。（4）发展与世界各国的警务合作，打击恐怖主义犯罪。（5）以《联合国反腐败公约》等为依据，完善我国的引渡、资产追回等相关的司法制度。（6）开展外警培训和对外援助工作，加强公安队伍建设，提高警务合作的整体水平，巩固我国负责任大国的形象和国际地位。

三、警察执法与遵守国际法基本原则之间的关系

当前，跨国家、跨地区犯罪日益猖獗，警察执法已不仅仅局限在一国国内，已经开始向国际层面延伸，但若国家间没有一定的合作机制，一国警察在打击犯罪过程中必然会遇到执法权力的限制问题，即当犯罪嫌疑人在其他国家流窜时，对案件有管辖权国家的警察根本无法对其进行抓捕，而若在未经他国同意的前提下进行执法活动，是违反相关国际法基本原则和侵犯他国主权的行为。具体而言，我们可以从现实与理论两个方面来论述警察执法要遵循国际法上某些基本的原则的必要性。

（一）现实中的困境导致的必然性

（1）世界全球化的出现，人员跨国流动性加快，为外国人犯罪提供了前提。

安哥拉警方联合执法专项行动的目标也着实凸显出了这一点。人员的跨国流动带来的不仅仅是输入国人口数量的增加，同时也造成他国公民在输入国中的犯罪情况的加剧。而在中国，自2004年至2010年，就北京地区而言，北京市司法机关查处外国人犯罪案件累计386件479人。具体而言，2004年共17件24人，2005年16件25人，2006年19件27人，2008年87件107人，2009年101件121人，2010年70件80人。而自2013年1月至2014年4

月，仅仅是北京市朝阳区检察院就办理外国人犯罪案件38件42人，提起公诉36件39人，不起诉1件1人。分析这些数据可以得出，全球化加剧了外国人犯罪情况的出现，与此同时，其产生的问题也非常之多。比如，增加了人员输入国的警务执法困难，这里不仅包括与外国人国籍、犯罪地、犯罪对象有关的管辖权问题，还包括一系列的侦查、讯问以及强制措施中对犯罪嫌疑人个人权利的保护问题等。这些问题的解决不能只依靠一国国内法的相关规定，还要受到一国所签署的国际条约的制约。

（2）各国的联合执法合作在打击跨国犯罪中意义凸显。

跨国犯罪是全球化背景下所产生的必然结果。为有效打击犯罪，跨国的警务执法合作应运而生。在跨国警务执法合作中，为及时、有效且合法地侦破案件，必然需要一套统一的规范机制来协调各国警察机关的行为。如在2011年湄公河"10·5"大案中，中、老、缅、泰四国为及时侦破案件，就同意建立中、老、缅、泰湄公河流域执法安全合作机制达成共识，同意建立情报交流、联合巡逻执法、联合整治治安突出问题、联合打击跨国犯罪、共同应对突发事件合作机制，以有效维护湄公河流域航运安全秩序，保护四国国籍船舶、人员的生命财产安全。可是，尽管建立了四国执法安全合作机制，但这并不意味着允许我国警方可在他国实施侦查、讯问、抓捕等一系列的行为。因为尊重与维护一国主权是开展多国刑事执法合作的必然前提。所以，开展警务合作打击跨国犯罪，在前提上就已经要求警方要遵循国际法上尊重他国主权的基本原则。

（二）理论上的要求导致的必然性

1.由警察机关自身的特殊性决定

由于国家的不法行为，便会造成法律意义上的"国家责任"。国家责任的产生包含两个基本要素：一方面是指国家的行为违背了该国所要承担的国际义务。另一方面是指这种不法行为的实施主体是国家，即国家行为与国家责任间具有因果关系。而国家行为是指一个国家内，任何国家机关包括立法、司法、行政或者其他权力机关以及地方上的实体性政治机关，或者虽不是国家权力机关，但经过国内法授权而行使政府相应权力的机关或者个人代表国家行使相应权力的行为。警察机关自身是国家行政主体中的重要组成部分，警察又作为警察机关中的重要有机体，本身具有国家公职人员的身份，其履行职责的行为自然是代表着本国。既然国家已经签署并批准了某国际公约，其本国的警察如果不按照国际公约的要求去履行职责与义务，违反国际规定，其行为必然属于不法行为，从而产生相对应的国家责任。

2.国内法中适用国际法的实践之必然要求

"转化"与"采纳"是国内法适用国际法的基本方式。转化是指当一国国内法与其所签署批准国际公约上的具体规则发生冲突时，如果对某项条约没有声明保留，其必须通过国内相关的立法活动将其纳入自身国内法律体系中，成为本国法律，或者使其具有国内法律效力。采纳是指当两者并未存在冲突时，相关公约或多边条约则可以直接被采纳到国内法律规范当中。这两种适用方式导致了国际法的相应原则能够直接体现在一国国内法规范当中。而警察机关必然要严格按照国内法律的相应规定来进行执法，此时则同样要受到相关国际条约的约束。例如，我国签署批准的《联合国禁止酷刑公约》第2条第1款规定，每一缔约国应采取有效的立法、行政、司法或其他措施以防止在其管辖的人和领土内出现酷刑的行为。与此对应的是，在2013年我国新修订的《中华人民共和国刑事诉讼法》第121条中规定，侦查人员在讯问犯罪嫌疑人的时候，可以对讯问过程进行录音或者录像。这一款规定所体现出来的保障犯罪嫌疑人的合法权利与《联合国禁止酷刑公约》的规定是一致的。所以，国内法中适用国际法的现实实践也要求警察在执法过程中要适用国际法的基本原则。

3. 保护人权理念发展的必然要求

《世界人权宣言》明确规定对任何人不得加以酷刑，或施以残忍的、不人道的或侮辱性的待遇或刑罚。《公民权利和政治权利国际公约》对有关酷刑也做了总则性规定，即不允许对任何人施行酷刑或残忍、不人道或有辱人格的待遇或处罚。人权的核心是人的生命与尊严，保护人的尊严是被国际条约和国际习惯承认的普遍性原则，如果一个人遭受酷刑、被迫受奴役，或者被迫过贫穷的生活，即没有最低标准的食物、衣物或者住房，其尊严就受到了侵犯。保护人权的思想已经在世界各地得到普遍的承认，众多国际条约的制定为一国国内人权的保障提供了相当完备的法律借鉴。而"国家尊重和保障人权"又在2004年被写入我国的宪法修正案当中，这必然要求我国警察机关在执法过程中要严格按照相关的保障人权的法律法规规定来保障犯罪嫌疑人的合法权利。

（三）警察执法规范化建设的需注意的几方面

第一是警察执法过程中应遵守国际法相关基本原则。

1. 严格遵守国家主权至上的原则

主权至上是国际法的基本原则之一，尊重国家主权是国与国进行合作的基础。我国警察在执法过程中要注意以下两方面的内容：一是行使国家赋予的警察权利，严格依照《中华人民共和国警察法》《治安管理处罚法》以及《刑事诉讼法》等相关的国内法律和其他相关国际公约的规定，在执法过程中坚持国家主权至上，抵制各种侵犯国家主权的行为。二是在维护自身主权权益的同时，也应该自觉履行国家主权原则下的对应义务。我国警察在与他国警察机关进行联合执法合作中，如在境外追逃犯罪嫌疑人，调查取证、讯问羁押以及其他有关的警务合作过程中，要遵守他国国内的法律法规，不违反他国法律，不侵犯他国的主权利益

2. 严格遵守国家平等原则

遵循国家平等的原则在警察执法中的具体实践，就是要求在国内要有一个统一的执

法标准，具体的表现就是要针对不同国籍的公民在相同的事项以及相同国籍的公民在不同领域的相同事项建立一个统一的执法标准和制度上的规定。同时，就外国人与本国公民针对同一事项而言，我国警察应该根据国家签订的国际公约或者多边条约的规定，依照法律上的"国民待遇"原则对待。而针对不同国籍的外国人之间，自然也需要根据我国签订的相关公约和多边条约，依照法律上的"最惠国待遇"原则，给予相同的对待。

3. 严格遵守互不干涉内政原则

互不干涉内政原则是尊重国家主权原则的延伸，其具体含义是指任何国家以及国际组织都无权干涉其他国家本质上属于本国国内管辖的事物。这一原则是尊重国家主权和国家平等权的必然要求，也是基于上述两个权利的基本国际法原则，是国际上国家与国际组织必须遵守的基本原则之一。我国一贯坚持互不干涉内政原则，在反对他国干涉我国内政的同时也不干涉他国内政。在警察执法过程中具体表现为：一方面，在境外执法过程中严格遵守他国的司法程序与法律法规，不任意执法，禁止采取非法的强制措施以及其他非法取证行为，不干涉其外交事务，不损害他国利益。另一方面，警察在执法过程中，在遇到外国人出入境问题或者在我国实施犯罪行为的情形时，我国公安机关也应根据我国法律规定，严格执法，坚决打击，避免受到其他任何国家的干涉，独立执法。

4. 严格遵守善意履行国际义务的原则

善意履行国际义务原则是指一个国家应该善意履行其签署并批准的公约或者条约所规定的各项义务。我国公安机关的执法行为是国家行为，在涉及域外合作或者打击在本国内的外国人犯罪之情形时，若我国公安机关的执法行为违反了相关的国际公约或多边条约的规定，国家会因此产生国际法上的国家责任，受到国际的制裁。因此，我国公安机关必须要遵循善意履行国际义务的原则。

第二是坚持以人为本，加大对人权的保护。

尊重与保障人权的理念已经在世界各地得到了重视，人权的保护不仅是当代法治社会建设的基本精神，更是当下警察在执法过程中的价值追求。而我国警察执法过程中仍存在许多侵犯犯罪嫌疑人个人权利的问题，对犯罪嫌疑人刑讯逼供，打骂、体罚、虐待在押人员情形的出现不仅损害了犯罪嫌疑人的人身权利，同时也消减了其执法公信力。

因此，警察在执法过程中应当坚持以人为本的理念，在具体的执法程序中要注重对人权的保护。按照相关法律的规定，我们可以做到以下几点：(1)尊重犯罪人的人格尊严权，禁止刑讯逼供或者使用其他酷刑手段获得非法证据。(2)依法讯问犯罪嫌疑人，讯问的时间不能超过法律的规定时间。(3)注重证人、鉴定人、被害人个人信息安全的保护。我国《刑事诉讼法》规定，公安机关应当保障证人及其近亲属的安全。不公开真实姓名、住址和工作单位等个人信息；对人身和住宅采取专门性保护措施。(4)注重对儿童、妇女权益的保护。《刑事诉讼法》规定，对于未成年犯罪嫌疑人、被告人应当严格限制适用逮捕措施，对被拘留、逮捕的未成年人与成年人应当分别关押，分别管理，分别教育。另外，当需要搜查女性犯罪嫌疑人人身时，应由女性执法者来进行。(5)强制措施的适用必须要严格遵守《刑事诉讼法》等相关法律的规定。例如，就拘传而言，我国《刑事诉讼法》第117条规定：不得以连续传唤、拘传的形式变相拘禁犯罪嫌疑人，应当保证犯罪嫌疑人的饮食和必要的休息时间。《人民检察院刑事诉讼规则》第195条又规定了侦查机关的两次传唤、拘传间隔时间一般不得少于12小时。

第三是内外结合，完善执法监督机制。

内外结合要求从行政与司法两个层面上对警察执法过程进行监督。这不仅需要完善现阶段我国执法监督机制，更需要我们拓展国际视野，从他国的执法监督机制中吸取经验。在司法层面上，可以非法证据排除和司法审查两方面来监督警察执法活动。在行政层面上，对警察执法的内部控制，除了进行层级组织管理外，最重要的是职业标准委员会的监督活动。

就我国而言，近年来我国关于刑事案件办理的相关法律的修改，对公安机关在执法过程中的权利进行了明确，对其行使权力的监督有着很大的进步。这其中包括2012年《刑事诉讼法修正案》中关于非法证据排除规则的确定，以及公安部颁布的《公安机关办理刑事案件程序规定》第6条中规定的公安机关进行刑事诉讼，依法接受人民检察院的法律监督。而在内部行政监督上，结合英国警察内部监督经验，我们一方面要重视警务督察部门的现场监督以及法制部门的内部执法监督作用，另一方面也要积极发挥公安机关内部纪委监察的作用，抵制腐败。

第四是增加对外交流，积极开展国际警务合作。

加强与他国（地区）之间的警务交流与合作也是我国开展执法规范化建设的重要途径，以交流促提高，吸取他国（地区）执法经验，不仅有利于自身发展，同时也对加强国家（地区）间警务合作、有效打击犯罪有着重要意义。为此提出如下建议：

（1）派驻警务联络官，加强与国外执法部门的直接联系，及时达成有关打击涉外犯罪的双边或多边条约。

近年来，我国积极开展与他国之间的合作，开展"警察外交"，通过与他国制定有效的警务执法合作协定，克服涉外案件处理过程中的案件管辖权的争议、强制措施适用的差异、对犯罪事实定性的异议等问题。例如，2013年签署《中华人民共和国公安部与俄罗斯内务部2013—2014年合作议定书》等11项国际警务执法合作协定，2014年签署《中华人民共和国公安部和大韩民国警察厅关于打击跨国犯罪合作协议》等22项国际警务执法合作协定。相关资料显示，我国已经与189个国家建立了警务合作关系，向27个国

家的30个驻外使馆派驻了49名警务联络官。

（2）定期组织开展国际警务论坛，为国家（地区）间的警务系统交流提供良好的平台。

自2009年以来，由中国人民公安大学举办的国际警务论坛为世界各地的警察之间的交流提供了重要的平台。如2014年10月在北京召开的以"反恐和打击网络犯罪国际合作与人才培养"为主题的第六届国际警务论坛吸引了来自澳大利亚、古巴、丹麦、法国、德国、匈牙利、以色列、荷兰、西班牙、美国、中国香港和中国内地警察院校、警务部的100多名专家、学者及有关国家驻华警务联络官。类似这样的国际警务论坛为进一步加强相互之间的交流与学习，促进警方打击恐怖主义和网络犯罪的执法合作以及培养专业人才，提升国内警察执法水平，提高国际警务合作水平提供了重要渠道和途径，政策上应当积极鼓励和支持，形式上也可以多种多样。

第五节 人民警察执法规范化的实践导向与模式构建

一、人民警察执法规范化建设的对策研究

公安执法规范化是现今公安改革的重要内容，对我国的经济和社会发展有很大的推动作用。如何更好地完成新时代公安工作，一项重点内容就是贯彻落实好公安执法规范化建设。公安执法活动更多的需要维护社会的公平正义，公安执法规范化就是程序正义在执法活动中的体现，是公安队伍的"软实力"建设，其不仅能够让社会中的执法活动更高效有序地开展，还符合我国依法治国的基本方略，是关乎全局的长远性任务。而近年来发生的多起有关公安执法的社会性事件也充分说明我国公安执法工作水平仍然较低，在执法过程中存在很多违规行为，只有下定决心进行执法规范化建设，才能弥补这些不足。这也是目前我国公安工作推进的中心任务。

（一）树立正确的理念和意识

忠实践行"依法行政"理念。从邓小平同志于20世纪提出"有法可依，有法必依，执法必严，违法必究"十六字方针时就意味着我国已经逐步迈入社会主义法治社会，党的十五大确立依法治国、建设社会主义法治国家的基本方略，1999年九届全国人大二次会议将其载入宪法。作为依法治国的重要组成部分，依法行政也取得了明显进展。1999年11月，国务院发布了《国务院关于全面推进依法行政的决定》（国发[1999]23号），将"依法行政"理念归纳为：（1）合法行政，（2）合理行政，（3）程序正当，（4）高效便民，（5）诚实守信，（6）权责统一。党的十八大以来，以习近平同志为核心的党中

央从坚持和发展中国特色社会主义全局出发，从实现国家治理体系和治理能力现代化的高度提出了全面依法治国这一重大战略部署，"依法治国，依法行政"开启了中国法治新时代。公安机关是法律的执行者，公安机关工作人员是人民群众的公仆，依法行政不仅可以使公安执法行为被人民群众所自觉接受从而提高公安机关的权威性，同时也可以使公安执法行为朝着规范化的方向发展。在公安规范化执法建设的过程中贯彻依法行政理念，通过依法行政的理念来提升公安执法行为的规范性，公安规范化执法推行和"依法行政"理念两者是相辅相成、密切联系的有机统一整体。

执法理念是执法过程中的主要思想，是制约和影响执法行为的意识和思维。所以，公安执法规范化建设首先要解决的问题就是端正执法理念，认识到执法规范化建设是要求执法主体从根本上提高执法为民的服务意识。而在我国现阶段的公安执法中，很多民警的执法意识淡薄，执法理念不端正，存在之前分析中提到的侧重于处罚而忽略教育，侧重于取得结果而不注重程序，侧重口供而不重视证据等不规范现象。.

1. 转变执法理念

规范执法首先要从改变理念入手，改变以前的"官本位"思想，把"尊重和保障人权"放在第一位，让"服务意识"深入大脑中，落实在行动上。尤其是基层的窗口单位，时时与人民群众接触，一定要摒弃"冷、生、硬"的工作态度，改变"门难进、脸难看、事难办"的工作方式，规范执法语言，以耐心、微笑和周到的服务赢取人民群众的认可。

树立正确的执法思想的途径是教育培训。正确的执法思想是加强执法规范化建设的重要保证。

（1）深化社会主义法治理念教育。

理念是行动的指南，没有正确的理念就没有正确的行动，没有正确的执法理念，再好的法律在执法实践中也会被扭曲，甚至会走向反面。一些单位和民警在"为谁执法""为谁服务"等问题上还缺乏正确的认识，为人民服务的宗旨意识不强，执法指导思想模糊不清，以致在执法办案过程中，单纯为了完成处罚的硬性指标，执法畸轻畸重。要通过坚持不懈地进行社会主义法制理念教育，对照社会主义法治理念的要求，进一步解放思想，更新观念，与时俱进，开拓创新，自觉地把思想意识从那些不合时宜的观念、做法和体制的束缚中解放出来，真正树立起正确的执法观念，特别是要把依法维护社会稳定、依法打击违法犯罪与尊重和保障人权有机统一起来，把严格执法与热情服务与自觉接受监督和提高执法办案效率等有机统一起来，自觉抵制、纠正错误执法观念，以正确的执法理念指导执法工作，确保严格执法，切实保护群众的合法权益。树立"党的事业至上、人民利益至上、宪法法律至上"的观念，克服特权思想和地方、部门保护主义思想，杜绝漠视群众疾苦、伤害群众感情、损害群众利益等问题，使公安民警

成为忠于党、忠于祖国、忠于人民、忠于法律，有除暴安良之志，有恪尽职守之德，有规范执法之能，以维护公平正义为己任的模范执法者。

（2）加大执法培训的力度。

提高民警的自身素质是加强执法规范化建设、提高公安机关整体执法水平的根本途径。一些民警在执法细节上经不起分析、推敲，甚至出现冤假错案，就是因为他们平时不注重加强学习，知识陈旧，既不关注近期出现的热点新闻，也不主动去学习掌握新出台和修订的法律、法规，更谈不上理解其中的法律精神，还按原来的法律、法规执法，甚至依然存在"重实体、轻程序""重结果、轻过程""重口供、轻证据"等思想问题。由此可见，制约公安执法水平提高的瓶颈问题是当前民警综合能力的欠缺。

当前，一方面是警力严重不足，另一方面公安机关工作任务日益繁重，压力巨大。一些民警甚至出现职业倦怠和厌战情绪。这种状况更需要加大执法培训力度，教育和引导各级公安机关领导和广大民警科学规范执法。比如，在提高民警学习兴趣上动脑筋，在增强培训实效上想办法，在遵循传统的教育模式的同时，更要在创新培训机制上做文章。为了解决培训时间有限的问题，在执法培训中要重点围绕执法中的突出问题，把法律要求、制度规范、案例剖析和实战训练紧密结合起来，有针对性地开展教育培训。同时，要将集中教育与岗位自学自练有机结合起来，边工作，边学习，养成良好的学习习惯，建立学习绩效机制，不断提高领导干部和广大民警的法律素养和执法能力。

（3）树立执法先进典型。

在一些基层单位，主动学法用法的氛围还不够浓厚，导致在执法一线，缺乏专业人才的引领示范作用，出现问题得不到指认、纠正。为此，需要各级宣传部门及时发现、挖掘在执法实践中表现突出的典型集体、典型人物，并组织好新闻媒体进行宣传。同时，各单位也需注重在各执法领域培养、创建不同层次的执法示范单位，及时总结推广执法示范单位的先进经验，并将其上升为制度、规范；培养、树立一批基层公安机关和广大民警身边看得见、学得到的执法标兵，通过巡回交流、现场观摩等形式，以典型引路，引导民警们自觉查摆、评议执法中的偏差，激发广大民警推进执法规范化建设的自觉性与主动性，全面提高公安民警的执法素质和综合素养，提升公安机关规范执法化建设的水平。

2.树立规范执法意识

以树立规范意识为抓手，加大法治理念教育和思想政治理论教育，提高执法主体的理论素质水平，增强对执法规范化建设的情感认同，使规范执法深入执法主体的内心，从而指导执法行为。规范的执法意识不是几天、几周、几个月形成的，而是要依靠日常执法中的点点滴滴养成，平时牢记规范意识，执法中经常提醒自己，同时也提醒同事，久而久之，形成一个规范执法的工作环境和工作氛围。

3.加强法律知识培训

作为执法主体，首先要有正确的法律观念，熟知法律法规，加强法律知识培训，培养良好的法律修养，开展多种法律知识竞赛等活动，让执法者会运用法律解决问题，从而在执法中从容规范。如作为派出所民警要面对和处理的情况复杂多样，从出警处理紧急案件，到为所管辖区居民办户口、登记身份证明，需要对《刑法》《民法》《治安管理处罚法》等法律法规做到非常熟悉，这样才不会让群众感到办事困难，才能规范正确地去行使执法权。

（二）健全法制和制度建设

1.对现有法律规定进行完善

公安执法虽然有一些相关法律法规的支撑，但随着社会的进步，经过多年的发展，当时的法律规定已经不能满足现今公安执法工作的实际要求，当时的法律规定只是初步对公安民警执法内容、程序做了总结，并没有将公安执法上升到如今为人民服务、为社会服务这个较高的层次上来，更多的执法过程中的标准和针对不同案件如何处理这样的问题都没有准确地标明，所以法律规定有明显的滞后性和不完善性。在我国的基础法律中，对公安执法规范化进行明确规定，能够提升公安民警的实际重要地位，也能够引起更多人的重视，以促进这项工作更好地开展。

2.创建有关公安执法规范化的专门法律

公安执法和公安规范是现今公安工作的重点、难点内容，目前我国对公安民警有明确的法律规定，而对于公安执法规范在法律法规上应加以整合完善。制定专门的《公安执法规范条例》或《公安工作规范法》，规定公安执法规范化的概念、性质、内容、模式、程序、监督机构、规范化标准、公安执法对象的范围和权利义务等，为公安执法提供完备的法律依据。同时根据执法规范化条例，对公安执法工作中所需的配套设施进行完善，让公安工作无障碍地开展。同时，规范和制定公安机关处理案件程序规范，对每一类型案件都规定相应处理模式，对每一执法步骤都确定标准化的操作规范，这样使得公安在执法过程中既能够有理有据，快速有效地完成工作，又保证了有法可依，规范化地执行工作。

从某种程度上讲，导致执法问题出现的重要原因是法律体系不健全，相关制度不完善。加强执法制度建设，可以全面规范执法行为，提高执法质量和执法水平，确保公安机关严格依法办事。制度建设的不完善主要表现在法律法规滞后、规章制度不明、相关规定相冲突上。相对于社会主义民主法治建设进程不断推进，执法实践中不断涌现各类新情况、新问题、新任务，这些制度的不完善导致民警在执法实践中无所适从，人民群众对公安工作的误解越来越深。为减少和杜绝执法的随意性，确保严格、公正、理性、文明执法，广大民警必须养成规范执法的习惯，必须制定、健全和完善覆盖各个执法领域、各个执法环节的程序规定和实体规定。加强执法制度建设的基本要求，一是必须依法进行，保证社会主义法制的统一；二是执法制度内容必须明确具体、可操作性强；三是执法制度必须健全，尽量能够涵盖执法的每一个环节，在逻辑上予以系统化，确保整个执法制度体系的和谐统一，避免造成执法制度上的冲突。具体到各级公安机关和各部门、各警种，就是要通过梳理现行制度，修改或废止不当制度，来建立一整套既符合现代法治精神又符合执法实践、预防或纠正执法过错的管理体系。针对当前执法活动中立案、采取强制措施、涉案财物和非涉案财物管理、武器警械使用等最容易发生问题的环节，制定明确的操作程序和执法标准，健全各个执法领域、执法岗位、执法环节的程序性、实体性制度，明确各执法岗位的职责要求，完善防止随意执法的各种管理制度，将执法行为和执法动作纳入有效约束之中，明确执法职责界定，切实从源头上遏制执法的随意性，为执法工作提供法律上、制度上、规范上的保障和支持。

（1）要严格规范执法主体。

规范执法首先要做到主体规范。执法行为的实施者是执法主体，"合法、合格"是对执法主体的总体要求。具体包括以下三个方面：

一是依法合理使用辅助力量。辅警参与部分工作确实可以减轻民警的工作负担，但是如果让辅警直接从事执法活动，不仅容易引发严重问题，而且也不合法，甚至会造成恶劣影响。辅助人员不能在没有民警的带领下独立从事执法活动，不能行使执法权。

二是执法人员要具备基本的法律知识和执法技能。公安民警要经过基本的执法培训，掌握基本法律知识和执法技能，才能上岗执法，避免引发执法不规范的问题，确保其规范执法，提升执法队伍规范化、职业化、专业化水平。

三是执法行为、职权要与法定的岗位、职务相一致。公安民警的权限只是在某个具体岗位上的权限，不能越权行使。

（2）要统一执法标准和执法流程。

在执法实践中，各警种、各部门应当制定从接警、立案、调查取证，到采取强制措施、裁决并执行各项细化而统一的规章制度，防止滥用执法权和案件随意升格、降格处理等不规范现象出现，切实解决公安执法中证据标准、程序规定等不够一致的问题。对于治安巡控盘查、涉案财物管理、处置群体事件等容易出现偏差的执法环节，更应抓紧制定执法标准，规制执法流程。

同时，充分利用各类信息化平台，大力加强信息化建设。信息化建设是规范执法制度和流程的重要途径和手段。现阶段，执法工作信息化处于瓶颈期，各类先进运作模式，如网上执法质量考评、动态巡查、网上审批、实时研判和数据分析等，仍在逐步摸索建设中，还没有完全形成。要尽可能实行网上审批、考评、监督，把信息化手段渗透到执法办案的各个环节，逐步实现网上执法与监督，执法办案的网上流程管理、网上审批、网上监督和网上考评的信息化建设目标，同时，建立网上公安局，建立执法网页，设置法律功能板块，搭建网上执法工作平台，以信息化规范执法程序、落实执法制度、强化执法监督、提高执法质量。

（3）要切实做好执法保障工作。

注重执法保障，改善执法环境，是执法规范化建设的重要方面。

一是要确保工作经费的投入。近年来，各级政府尽管对公安工作的投入加大，公安机关装备建设得到了很大改观，但是，经费不足仍然是制约公安发展的重要瓶颈因素，与实战需要相比，执法装备相对滞后的问题仍然存在。在经费的使用上，要多向基层倾斜，如为执勤民警配备单警装备和执法必需设备，便于采集现场证据，确保民警人身安全。同时，也要严格经费管理，坚决执行"收支两条线"，避免因小失大，出现因经费不足而背离执法规范的问题。

二是保证公安机关依法独立、公正行使执法权。在复杂的社会环境、巨大的执法压力和严峻的执法环境面前，要顶住"人情""关系""金钱""权力"的压力，坚决不办人情案、关系案，拒绝钱权交易，坚决抵御非警务活动、地方保护主义等非执法因素和外力因素对正常执法活动的干扰。

三是设立专门维权机构和心理疏导机构，依法维护民警正当的执法权益，及时排解民警的心理压力，坚决维护民警的执法权威和执法公信力。当前暴力抗法时有发生，民警的正当执法权力得不到有效保障，导致有的民警执法时缩手缩脚，给执法心理造成很大冲击，甚至有些民警容易激动冲动、防卫过当，一定程度上影响了执法办案质量。

四是牢牢把握舆论的主动权，加强同新闻媒介及社会各界的沟通，尤其是在敏感案件的处理上，要把握好原则，及时公布事件真相，寻求媒体支持。平时要注重增加正面宣传，积极宣传公安工作和队伍建设中涌现的好经验好典型，为公安执法规范化建设营造一个良好的社会舆论环境。

（4）充分发挥法制部门职能，加强案件的法律审核工作。

执法规范化建设离不开法制、纪检、督察、信访等部门的密切配合。法制部门要严格、认真、细致地对案件进行审核把关，充分发挥"主导"部门的作用，积极承担"质检"职能，及时发现和纠正存在的执法问题，积极指导办案部门规范办案。

①强调法制部门的责任并加强人员配备。

各单位一把手是执法工作的第一责任人，对于法律部门，要配齐配强法制干部，在所有承担执法任务的基层所队，应当确定一至两名法律素质较高的民警担任兼职法制员。各单位一把手必须部署法制工作及其业务建设，责权明晰，主要领导、分管领导、内设机构负责人和执法民警个人等不同层级的执法责任必须明确，执法办案的呈报、审核、审批、执法等各个岗位、环节的责任必须明确。对于法制干部，坚持高标准严要

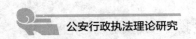

求，确保其具有较高的法律素养与业务能力。兼职法制员是法制部门职能的延伸，其职责是在各自的岗位上开展内部执法监督，并参与执法检查来推动全局的执法工作。

更为重要的是，法制部门应定期组织培训，以健全整体性法制工作网络，不断推动整体执法质量和执法水平的提升。

②严格执行案件审核的规定。

在执法实践中，要建立不同意见备案制度，记录法律审核、案件审议中的不同意见，作为执法检查和责任追究的依据。未经审核的案件，上级领导不能审批，法制部门必须明确法律审核把关的主体、确定把关的案件范围和执法环节，完善案件法律审核把关制度，履行好案件的法律审核，坚决不得出现领导先审批，再补签法律审核意见的情况。对于逃避、拒绝法律审核以及不履行审核职责的，要坚决追究其责任。

借鉴经验、健全法制：善治理论中提出，法律是公共政治管理的最高准则，任何政府官员和公民都必须依法行事。首先，通过深入走访调查研究，积极借鉴和吸收国外警察执法工作的成功经验和企业内部管理的激励机制，不断探索和完善具有中国特色的公安规范化执法工作程序、机制，要立足于法律角度，明确界定公安机关的职责，明确规定公安规范化执法工作要求。要在法定职责范围内最大限度地授予公安机关完成职责任务的必要权限，为民警的有效执法提供有力的法律保障，在组织上要勇于支持民警合法合理的职务行为；其次，抓紧出台针对惩处袭警抗法行为的法律规定；最后，结合公安工作的实际需要，制定保护警察执法中正当权益的法律规范。同时在实际工作中，各级公安机关要做好同人民法院、人民检察院的沟通、协调，切实保障民警的合法权益，对妨害人民警察依法执行职务的违法犯罪案件要严惩不贷，通过从快、从重的处理，有力震慑违法犯罪分子，树立公安机关人民警察的威严形象。动员社会资源以实际行动落实从优待警的各项要求、措施，为公安民警的合法执法行为营造良好的执法环境。

（三）加强监督和公开化

执法监督体系是公安机关执法规范化不可或缺的重要部分，是推进执法规范化建设的保障。现阶段，我国公安执法监督过程中存在着领导干预监督、监督落实不到位、监督过程流于表面形式等问题，严重影响了执法规范化建设，健全完善的执法监督体系成为当务之急。目前，公安执法监督体系主要分为机关内部监督和外部监督。

完善内部监督体系，需做到创新监督手段，提高监督效果。公安机关内部监督机构主要由督查部门、纪检部门以及法制部门共同组成，首先要明确好各部门的职责，不能出现脱离监督的部分，尽量减少监督的交叉部分，让各部门发挥好职能作用，不出现推诿现象。二是完善监督考评机制，制定切合实际的考评标准。当前大部分地区公安机关制定的监督考评标准都比较笼统，不够具体和细化，标准过多地强调结果而忽略执法效果，注重破案率、立案结案数、出警速度等，轻视甚至是忽视执法过程监督、执法质量考评。三是丰富监督手段，与时俱进，充分利用信息化技术开展网上监督，现阶段我国正在推进开展全面的网上监督工作，通过远程监控手段实时发现执法漏洞和不规范执法，如督察支队可以通过网上监督平台检查基层刑警审讯过程是否存在刑讯逼供、暴力执法，监管场所是否存在管理不规范，监区监室内部是否存在违禁物品等。

积极引入外部监督，健全社会监督体制。公安机关的执法权力是人民群众赋予的，所以接受民主监督既是推进公安执法规范化建设的要求，更是推进依法治国的基本保障。公安执法公开化，执法办案场所对社会开放工作正在逐步推进，但仍然存在部分开放、开放不彻底现象，部分民警存在抵触心理，不愿意把执法过程暴露在阳光下。这些都阻碍了社会监督体系的建设，要将执法现场、执法场所、执法手段对外公开，才能使人民群众更了解公安工作，为公安工作的开展提更多的意见和建议，才能让社会监督没有死角。

2013年1月22日，习近平总书记在中纪委全会上指出，要加强对权力运行的制约和监督，把权力关进制度的笼子里，并要以踏石留印、抓铁有痕的劲头抓工作作风。要保障严格执法，必须让执法权力在阳光下运行，完善制约和监督机制，全面落实执法监督的各项措施，保证人民赋予的执法权力始终用来为人民谋利益。多年来的执法实践证明，执法监督既是执法管理的继续，也是执法管理的保证。今后的执法实践中，要建立健全、不断完善责权明确、奖罚分明的执法质量监督机制，有力推进执法规范化建设的进程。

1、深化执法质量考评

现阶段，执法质量考评的方式过度依赖审核把关、集中突击检查、行政复议审核以及信访案件处理，特别是在案件的审核中，有些审核人员不怕歪曲事实、不怕执法不公，怕得罪同事，得罪部门领导，即便看出了问题、出现差错，也不严肃批评指出，也不督促整改，导致问题一而再、再而三地出现，形成了恶性循环，全程性动态执法监督平台没有充分发挥作用，过程性监督机制不可能一朝一夕形成。

执法质量考评工作作为执法监督的重要抓手，考评不再是由上级考评为主，而是单位自我考评与上级考评相结合；考评的形式应当改变单一的年终考评方式，做到年终考评与日常考评相结合。当然，必须以尽量客观而合理地设定考评的指标为前提。在年底的绩效考评工作中，将执法质量的高低作为重要的考评依据，并与领导和民警的评优受奖、职务升降紧密挂钩，实现执法质量考评工作动态化、全程化，激励民警在严格执法的前提下多办案，办好案，在办案时注意严格执法。

2、完善内部监督

执法内部监督机制的不健全，很容易导致权力上的失控。现阶段，很多地区和单位存在着法制、信访、纪委、督察等相关职能部门没有形成工作合力的情况，在某些执法环节上存在"监督空白"的现象。要抓好执法办案的事前、事中、事后每一个环节的监督检查。比如，与事中环节不同，事前环节要注意避免执法偏差，重点审核那些定性有很大分歧、程序存在重大疏漏、处罚前后很容易畸轻畸重的案件。与事中环节中重点监督复议应诉的案件不同，主管局长应全程跟踪，既要坚持执法的严肃性，又要保护当事人的合法权益，事后环节则要侧重于组织每季度和全年的执法质量检查，及时纠正执法过错。法制部门借助合适的平台和机会，及时归纳出执法有误的案例，总结执法中的经验教训，通过以案说法等多种形式点评、警示各执法单位。

3、强化外部监督

要以公开促公正，进一步完善警务公开制度，提高执法工作的透明度，自觉接受外部监督。依法公开执法依据、执法程序、执法进度、执法结果和执法文书，依法公开执法的范围、依据、程序与结果等，积极推行治安案件公开调解、交通事故公开认定、劳动教养公开聆询、行政复议公开审理等规定，自觉接受人大、政协、检察机关、新闻媒体和社会各界的监督，保障管理相对人、利害关系人的知情权、参与权和救济权。同时，建立完善信访、投诉、举报等的受理、调查、处理和反馈机制和执法投诉的回应制度，及时给当事人以明晰、满意的答复，解决执法过程中的遗留问题。

4、严格执行执法过错责任追究

从责任追究上看，虽然目前执法责任制基本完善，但是仍然存在执法过错追究落实难、责任落实到领导难的问题，尤其是在执行上力度不够，导致了在执法过程中出现错误、检查发现后整改、整改后又犯的恶性循环。

要健全个案监督程序，完善个案监督和执法过错责任追究制度，对出现问题的个案要及时立案调查、做出认定，并依法处理，绝不姑息纵容，坚决纠正执法过错，追究审批人、审核人和承办人的责任。对于执法的直接过错，要严肃追究案件的承办、审核、审批等直接责任。推行执法办案首问责任制、终身责任制，以强化民警的责任意识。

加大监督力度，为公安规范化执法护航。公安执法规范化建设是一项系统工程，加强公安机关的执法监督既是执法规范化建设的一项不可或缺的重要内容，也是推进公安执法规范化建设的重要保障。针对当前公安执法监督中存在的突出问题，结合公安执法工作实际需要，建立完善执法监督措施，对于深入推进公安执法规范化建设而言是具有深远意义的。

（1）树立正确的执法监督理念。

只有端正广大民警对执法监督的认识，才能真正把以人为本、执法为民等各项社会主义法治理念落实到行动上，要端正广大民警对执法监督的认识，就必须树立正确的执法监督理念，将宗旨服务理念根植于广大民警的大脑里，从根本上保障公安执法的规范化。广大公安民警首先要深刻理解执法监督与公安执法规范化建设的内在关系，明确执法监督是深入推进执法规范化建设的重要内容，使公安民警自己在执法的过程中愿意、勇于接受内外部的监督,把执法监督的作用体现在促进提高公安执法质量和水平上。其次,要协调好执法监督与执法权力运行的关系,明确公安民警是为人民服务的,公安民警的执法权力是人民群众所赋予的,接受执法监督、规范执法权力运行,使执法行为置于阳光之下,是建设公平、公正、合理的社会主义法治国家的必然要求,是立警为公、执法为民的本质要求。根据马克思主义哲学理论,执法权力的行使与执法权力的监督之间是辩证统一的关系,如果执法权力不能在阳光下运行,就体现不出权为民所用,利为民所谋。再次,要把执法监督的作用与加强执法主体建设的推进结合起来,以大力开展执法培训大练兵活动的形式为载体,努力实现法律效果与政治效果、社会效果的有机统一。

(2)建构完善的执法监督体系。

要将提高公安执法水平作为重要目标,坚持以科学发展观为指导,统筹兼顾完善执法监督制约机制,协调好内、外部监督资源,形成强大的监督合力,真正发挥出执法监督体系本应有的效能。首先,要组建一个由党委书记、公安局长任组长的领导小组,协调公安机关内部的政工、纪检、监察、督察、法制、审计、信访等多个执法监督机构之间的分工合作,在此基础上理顺内部执法监督体制,建立起各部门相互配合、交叉监督的公安执法大监督格局。同时,加强执法监督的规范化建设,制定和完善执法监督的规范性文件,加大公安执法监督力度,树立公安执法监督的权威性;其次,建立健全内外部执法监督的衔接机制,畅通外部监督渠道。再次,借鉴国外警察执法监督的先进经验和做法,如瑞典警察把新闻舆论和公众的监督与自己的工作有机组合起来,每个警察局都设有新闻发言人,每天到广播台、电视台介绍警务情况,提醒公民警惕和防范的事项;将警察执法各个方面的程序规定和流程都制成册子,放置在警局大厅供公民免费取用。我国也应把新闻传媒发布引入公安日常执法工作当中来,使公安警务通报常态化,欢迎新闻传媒对公安执法中的问题进行建议、监督,主动接受新闻媒体和社会公众的监督,并加强舆论沟通和引导,减少群众对公安执法的误解,取得人民群众对公安工作最大限度的支持。

(3)严格落实责任追究制度。

善治理论中要求每一个政府工作人员都必须对自己的执法行为承担相应的责任,作为政府工作人员之一的人民公安也是如此,只有确保广大民警严格按照法定权限公平、合理、民主地行使权力、履行职责,才能真正做到执法规范化,收到执法规范化建设的预期效果。在具体的公安工作实践中,要坚持科学发展观的根本要求,忠实践行以人为本的执法理念,全面统筹把监督事与监督人结合起来,改变以往执法监督很少落实到责任人的问题状况,避免因责任追究不到位而使责任追究制度流于形式,以达到强化执法监督的作用。要积极按照"谁办案谁负责、谁审核谁负责、谁审批谁负责"的原则严格落实好执法过错责任追究，切实做到责任明确、权责一致，才能谨防公安队伍执法问题的发生。要加大执法过错责任追究执法力度，对公安队伍内的一些"顶风作案"人员起到震慑作用，使他们时刻警示自己"莫伸手，伸手必被抓"，对执法工作中发生的错误，要逐案倒查，分清责任，并依照有关规定追究相关责任人的执法过错责任，防止责任追究制度停留于口号，防止出现"责任止于领导"的现象，真正使责任追究制度的作用深深嵌入在公安执法的各个环节，从思想上奠定执法规范化的基础。

（4）提高执法透明度，深化公安规范化执法。

第一，树立"服务型政府"理念。

一件事情想能做成功，仅有实施方案和人员还不足够，还要有统一的思想意识，公安机关有一只庞大的公务员队伍，自上而下，统一的思想意识是引领这支队伍克难攻坚的重要法宝。要切实加强公安执法的透明度，首要的还是应继续深化"服务型政府"理念的推广，提高公安执法的透明度，增加公民参与执法的积极性，充分保障人民群众对公安执法行为的知情权，因此公安机关执法人员作为政府的公职人员，必须树立为人民服务的意识，加强自身修养，提高自身素质，严格依法行事，及时公布公安执法行为的内容和依据，真心实意地为群众办实事，干好事，促成事。在公安执法方式上的具体体现就是文明执法、规范化执法，即执法时严格遵照相关的法律法规，保证执法的公平、公正和及时；在态度上要与民为善，平等温和，绝不可趾高气昂，高高在上，要充分尊重人民群众的知情权；在方式上要宽严适当，禁止执法的暗箱操作和不告知权利的执法行为，要充分保证行为相对人的权利知情权和申诉权。在执法过程中，公安民警要以人民公仆自律，坚定奉行"服务型政府"理念，使自己的公安执法权利运行在阳光下。

第二，加大部门协作。

社会问题一般都牵涉到社会的各个角落，因此，解决错综复杂的社会问题，不是公安机关一个部门的职责，单单靠公安机关一家的力量是不够的，不仅不能有效回应人民群众提出的合理要求，而且在目前警力紧缺的窘境下也会因此使小问题因不能及时妥善的处理而扩大化。只有通过完善健全社会各部门协同作战机制才是应对社会和人民群众日益更新的新期待和新要求的根本出路。因此，根据公安机关对口的上下游部门需要，协调政府各部门以公安机关对口岗位为原型建立健全与公安机关相适应的为民服务、打击违法行为的机构，调动社会各类资源将公安机关的一些工作内容分解落实到其他政府部门的职责范围内运行。另外还要明确警务活动范围，提高公安机关为社会和公民提供公共服务的能力。最后对于公安机关的职能还要进行重新定位，使群众能从实质内涵上把握公安机关的职责，避免"有困难找警察"肆意滋生出的非警务活动。这样不但提升了公安机关的工作效率，而且也摆脱了警力不足的窘境，最重要的是使公安机关本身单一的行为转变为联同行为甚至是社会行为。

第三，牢固树立"立警为公、执法为民"的执法观念，明确"为谁执法"。

善治的过程就是一个还政于民的过程，就是要在法律允许的范围内保证人民群众的知情权的实施。首先，逐步提升公安执法的透明度不是一蹴而就的过程，一方面是公安机关对社会、对群众该有什么样的承诺，这个承诺包括是否完成了宪法、法律规定的职责，是否规范、文明、清廉执法；另一方面是群众对公安机关的信赖，也就是群众的信任度、信赖感。以上几个方面都是建立在警民鱼水情的基础之上，感情是需要慢慢培养的。从执法透明度根本上来讲，必须由群众去评判执法工作，真正做到人民群众参政议政，如俞可平先生所讲，善治的过程就是一个还政于民的过程，因为公权力必须要有透明度才能被人民群众所接受和认可，才有得以存在的基础，必须接受外界评判，这是执政规律，也是执法规律。宪法明确写着一切权力属于人民。所以要正确对待群众的评价，要勇于面对，勇于担当。提升公安执法透明度问题，是构建和谐社会的要求，它统领着公安工作的全局，它包括牢固树立大局意识、服务意识、创新意识，进一步规范执法行为，充分发挥职能作用，为构建和谐社会创造稳定的社会环境和公正的法制环境等方面。"为谁执法"，这是方向问题和宗旨问题。"人民公安为人民"，既是公安机关的基石和灵魂，又是党的全心全意为人民服务宗旨在公安工作中的具体体现，更是贯彻科学发展观、构建和谐警民关系的基本要求。要解决"为谁执法"的问题，就要彻底摒弃将权力凌驾于人民之上的特权思想，坚决纠正为部门经济利益而执法、为谋取私利而执法、为徇私情而执法等错误。我国的法律体现了人民群众的利益和意志，公安机关必须把为广大人民群众执法、服务作为一切行动的出发点和归宿。最后，积极推行执法监督，执法如果没有监督，容易产生违规。因此，必须继续强化强有力的公安执法监督机制，采取切实可行且又有效的措施，切实施行对执法工作各个环节的监督，改变普遍存在的事前、事中监督不力或监督形同虚设，片面注重事后查处的倾向。

（四）加大执法保障

公安执法保障体系的建设是执法规范化的前提，涉及政府以及其他部门间的相互协作配合，是一项综合的系统性工程。执法保障分为对警用执法装备设备等的后勤保障以及对民警本身生活待遇等的保障。

现阶段，我国的公安执法过程中依然存在着物资保障不到位、经费不足等情况，执法主体为了节省物资，在日常的执法过程中便捷执法、缩减执法，尤其是在与人民群众接触最频繁的基层单位，这种现象尤为严重，十分不利于执法规范化建设。相比其他国家和地区的执法保障，我国的执法保障体系还有很多需要完善的地方。第一是在保障基本执法需要的装备上进行深入的研发创新，向科技要战力，加大特种装备、专业装备的研发投入，如警务通信设备、侦查检测设备、特种警务车辆等高科技产品。第二是完善保障体系，加强各部门间、警种间的物资协调，确保物尽其用。应该在省、市一级公安部门完善物资协调机制，成立统一的物资调配机构，发生紧缺时能够及时支援。

作为执法主体的人民警察个人待遇、生活保障也是公安执法规范化建设中不可忽视的一个环节。完善的奖惩体系、晋升制度，国家法律规定范围内的津补贴发放，牺牲民警遗属的安置政策，因公负伤关怀机制等政策的健全落实都能让民警在执法过程中少些后顾之忧，对集体有更多的归属感和认同感，把更多的精力投入到执法中。

规范执法保障有如下方面：

1、规范经费保障

第一，建立"条块结合，以条为主"的领导管理机制。在保证党对公安工作绝对领导的基础上，进一步强化公安内部垂直管理力度。要最大限度地保证公安机关整体协同作战的效能发挥；尽量避免或减少地方和部门保护主义的干扰，尽可能避免非公安职责范围内的非警务活动，这样，既有利于落实队伍管理监督的措施，不断提高队伍建设水平和队伍整体素质，又有利于调动民警工作积极性。第二，建立起规范化的财物保障机制。规范公安经费的保障体制，就需建立由中央、省、市、县四级财政分项落实保障制度。具体是：全国公安机关装备费和服装费，由中央财政统一划拨；各省的公安机关行政经费，包括民警工资、医疗保障、特别业务费等由省级财政主要负责；各市公安机关办公、办案经费等由市级财政负责；县级财政主要负责县级公安机关的基础设施建设。公安经费实行分级分项负担，可以缓解目前地方负担过重，经费保障乏力的状况。

2、依靠科技规范硬件保障

通过"隔离区""流程图"实现规范执法。近年道路拥堵问题显得特别突出。尤其是在上下班高峰时段，或者节假日时期。在执法的过程中，公安机关依靠"数字勤务室""电子巡逻"等科学技术手段，实现对道路资源的最大化利用。将路面上的勤务室变成"数字勤务室"搬到电子监视屏上，可以清晰地看到交警在各交通路口的有序指挥。另外，公安机关还可以通过"数字勤务室"交通监控系统巡逻，与路面民警执行的"五个必查"（即驾驶证、机动车牌证等检查）形成互动，执法的准确性有了很大的提高，对查获被盗车辆和有力地震慑犯罪行为起到了至关重要的作用。

如果说科技手段为公安规范执法提供了一双"电子眼"的话，那么派出所功能区划分和制度建设则为各种不规范行为划定了一个"隔离区"。就是将派出所科学合理地划分为办事、办公、办案、生活四大功能区，互相隔离。在办案区放置醒酒椅、声像监控、涉案财物保管电子锁柜等设施，派出所的合理科学规划是公安规范化执法的直接体现，是方便群众、维护群众权利的行为表现。

规范化执法意味着每个环节都有流程。根据案件的性质和案件受理的部门程序划分，制定出不同的"执法流程图"，针对具体的情况在"执法流程图"上，逐一明确盗窃、伤害等常发案件的接处警现场取证基本标准，还可指定"人身安全检查流程图"，通过形象的图例示范使民警在人身检查、制作笔录等过程中杜绝出现不规范的现象。这些清晰的流程图既可以杜绝民警随意执法，又教会民警工作方法，把好接警第一道关口，从源头上提高办案质量，不断推进公安执法规范化建设的深入。

（五）提高警察队伍素质和管理水平

执法主体的整体水平决定了公安执法的综合水平，可以从以下几方面强化执法队伍建设，提高执法主体的综合素质。

1、逐步拓宽学习平台

2003年，公安部在全国公安机关全面实施"三个必训"制度，部署基层和一线民警进行实战集中训练。三个必训，即民警上岗前必训，职务、警衔晋升前必训，基层一线民警每年实战必训。2016年7月公安部组织全国百万民警接受规范化视频演示培训，面对执法难点和困惑清晰回答"应该怎么做""不应该做什么"不断提高队伍执勤执法能力。各单位可以采取自行组织法律辅导、案例点评、选择典型案例旁听庭审等多种形式，及时更新民警知识结构，着力提高民警执法技能和现场处置能力，促进民警职业能力发展升级。

2、不断激发学习动力

领导干部要带头学习、鼓励学习，在实际工作中，可以推行领导干部任前法律知识考试制度，提高领导干部学法、用法的积极性，从而推动民警的学习兴趣；全面推行执法资格等级管理制度，大力推行主办民警制，从而督促民警主动开展法律学习，努力培养一批执法办案的行家能手。

3、主动开展执法帮扶

法制等业务部门要深入基层，深入一线，主动为基层执法提供法律服务，特别是对群众反映强烈、基层感到困难、处理较为复杂的突出违法犯罪问题，适时为基层提供业务指导，提前介入指导办案，提升基层执法质量和执法水平。结合执法示范单位和示范点活动，开展后进赶先进的帮扶活动，总结推广典型经验，引领和促进全市公安机关整体执法质量和执法水平的提高。同时，要紧紧围绕公安实战，主动加强对法律法规适用的分析研究，围绕各警种执法的基本环节各流程，研究制定具有要点性、原则性、指导性的公安机关执法大纲，指导基层民警正确执法、规范执法和高效执法。参照中央政法委和国务院办公厅相关意见和要求，梳理、细化法律赋予本级公安机关的执法职责，并分解落实到每个执法单位和每个执法岗位。

警察执法规范化水平的高低，在某种程度上取决于警察队伍管理水平的高低。当前警察队伍管理中，存在诸如管理意识有偏差、管理制度不严密、用人机制不完善、绩效考核不科学、从优待警落实不够、监督制约乏力等问题。正确认识并有针对性地研究相应对策，无疑有利于进一步推动和深化公安执法规范化建设。

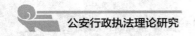

1、树立正确的管理意识

警察队伍管理是提升队伍建设水平的有效手段，是队伍建设的软实力，也是当前执法规范化建设的重要保障。树立正确的管理意识，首先，公安机关尤其是领导干部要从思想上把队伍管理工作始终摆在警察队伍建设的重要位置，增强队伍管理的责任意识，"业务""管理"两手抓，两手都要硬。其次，公安机关要真正认识到队伍管理是一门科学，它涉及思想建设、制度建设、用人机制、奖惩机制、保障机制、监督制约等一系列环节和过程，管理者不能满足于粗放式的管理模式，更不能把警察队伍管理简单地等同于整纪刹风、教育学习，要有计划、有步骤地学习管理科学和领导科学，掌握现代化管理方法和科学的领导艺术，要主动管、会管、善管、大胆地管。再次，队伍管理要有求真务实的作风。警察队伍管理不能走样子、摆形式，要实实在在地扑下身子去抓，坚决杜绝教育整顿一阵风，管理制度一本书，检查资料一大摞，累了内勤，累了基层，却没有实质性效果的现象。第四，公安部门的领导要有端正的管理态度。俗话说，火车跑得快，全靠车头带。领导的模范带头作用在警察队伍管理中很重要，领导干部要以身作则，才能更好推动工作的开展。

2、增强管理制度的严密性

建章立制是实施警察队伍管理的重要环节，但是，管理制度要具有严格的逻辑性、可操作性。管理制度不仅要包括指示民警如何作为的"行为模式"，而且要有民警不按照"行为模式"去作为的"法律后果"，以及如何落实这些"法律后果"的明确的、具有可操作性的规定。否则，制定再多的管理制度都将形同虚设，达不到预期效果。因此，在执法规范化建设实践中，行为标准一定要细化、行为责任一定要明确、责任落实一定要有可操作性，努力建成一套系统、严格、详尽、具有严格的逻辑性和可操作性的规章制度体系。尤其要针对执法办案中违反程序的种种问题，制定保障程序法执行的各种规章制度和严格的处罚办法，采取有效措施约束执法人员的执法行为和行政行为。同时，还要大力维护规章制度的权威，各级领导干部要带头遵守执行，努力实现"制度面前人人平等"和"有章必循"。对违反规章制度的行为，要坚决纠正和查处，切实维护规章制度的严肃性。

3、完善公安机关用人机制

针对目前在用人机制方面的问题，公安机关的当务之急是在现有的公安管理体制下，以改革用人机制为核心，建立一套充满竞争激励的动态用人机制，营造一个奖优罚劣、优胜劣汰的动态用人环境，打破"铁饭碗"，端掉"铁交椅"，切实做到"能者上、平者让、庸者下"。具体而言，一要坚持实行竞争上岗，以素质、能力和实绩定职务。除个别特殊职位外，按照《人民警察法》《公务员法》和《公安机关组织管理条例》等法律法规的规定，实行"阳光作业"，民主、公开、公正地竞争。二要健全和完善公安机关领导干部协管、交流制度，加强领导班子建设。在坚持"统一领导，分级管理，条块结合，以块为主"的原则基础上，由上级公安机关和地方党委共同做好基层公安领导干部异地交流工作。三要尽可能地畅通公安民警的"出口、入口"。严把"入口"，提高录用民警质量，疏通"出口"，及时依法清理不合格人员，不断纯洁公安队伍。四要坚持公开、公平、公正、择优的原则，建立和实施后备人才的培养和选拔制度。

4、健全绩效考核制度

为了克服当前公安绩效考核方面存在的不足，建立符合警务工作特点的公安绩效考核机制，发挥公安绩效考核在执法规范化建设中的积极作用，应该重点做好三个方面的工作。首先，要科学设置绩效考核指标。在设置考核指标前先进行调研，根据公安机关的特点，以及各部门、各警种、各岗位之间的差异性，扩大民主参与，定性与定量相结合，合理地设置考核指标。其次，要切实保证考核结果的客观性和公正性。绩效考核要发挥应有的激励效应，就必须做到公正、公平，保证考核结果的可靠性和可信度，进而做到优劣分明，以"绩"服人。再次，坚持将考核结果与奖惩机制、用人机制相结合，真正发挥绩效考核的正激励作用，引导广大民警自觉推动当前的执法规范化建设。上述三个方面不是孤立的，三者有机结合、灵活运用是优化绩效考核制度的有效途径。如广东省充分利用公安信息化优势，"依托各类公安业务信息系统，科学设定考核方案和指标体系，对民警的绝大部分工作和执法质量由电脑自动抽取数据进行考核，适时公布考核结果，并将考核结果与民警的经济奖励、评先评优、提拔晋升挂钩，充分体现以绩为准、多劳多得、优劳多得"，极大地调动了广大民警的工作积极性，激发了队伍的活力。

5、彻底落实从优待警方针

为了切实做到从优待警，公安机关和相关部门首先应该提高对从优待警的认识，明确从优待警也是提高警察队伍整体战斗力的重要途径；其次，要根据各地的具体情况，积极协调当地政府部门制定相应的配套措施，切实落实从优待警的各项规定；再次，要加大对民警合法权益的保障力度，关注民警心理健康，强化民警心理危机干预。另外，还要积极推动从优待警的法律、制度建设，使从优待警进入规范化、制度化、法制化轨道。

6、强化监督制约

针对监督制约乏力的问题，公安机关应该多措并举、合力解决。首先，要整合内部监督资源、畅通外部监督渠道，建立健全内外部监督制约的衔接机制，形成监督合力，构建多层次、多角度、全方位、高效率的执法监督体系。其次，要以公安信息化建设为

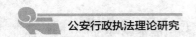

契机，借助警务信息综合应用平台，建立执法数据综合研判、信息共享、即时监督机制，提高网上执法监督系统应用水平。再次，要健全执法考评机制。要进一步改进考评方法和内容，加强随机性考评和个案考评，实行专项检查与专案调查相结合，考评与讲评、整改相结合。严格落实各项"一票否决制"和诫勉谈话制度。最后，要进一步建立健全责任追究机制。加大执法过错责任追究的力度，对符合执法过错责任追究情形的，及时开展执法过错责任认定工作，并根据有关规定，由法制、纪检、督查、人事部门或责成所属单位负责追究相关责任人的执法过错责任。

（六）加强宣传和舆论引导

人民群众对公安工作的认知一方面是来自于自己在办理业务、请求帮助等方面与公安执法人员接触过程中了解到的，另一方面是通过各种新闻媒体渠道以及从别人的口口相传中接收到的信息。不实的报道会给公安队伍带来非常大的负面影响，许多群众对公安机关不信任或有误解都是因为不了解实际真相，所以加大公安工作的宣传力度，引导人民群众走进公安工作、了解公安工作、支持公安工作是公安执法规范化建设工作不可或缺的。

1. 借鉴国外优秀经验，设立专门宣传机构

欧美等国家的警察部门很早就有新闻官角色的存在，针对人民关心关注的案件、事件，第一时间发布最新消息，用专业的语言与群众沟通会避免很多的误解和猜测。当前我国发达城市的部分公安局设立了新闻发言人，但是大部分的公安部门都是通过领导、办案人员之口向社会传递信息，很多时候不到位、不标准的表达反而会造成不好的效果。加强公安宣传工作第一要设立专门的对外宣传机构，改革过去公安宣传部门发简报、登报纸、建网站的传统方式，招聘和培养专业人才，设立新闻官，及时发布最新信息，解答人民群众的心中疑惑，传播和解释最新的法律法规。

2. 建立多渠道宣传平台，促使公安执法公开化

利用最新的信息科技平台，通过开通微博、设立微信公众号、建立网上公安局等方式公开办事办案流程，加深与群众的交流，通过网上公安局使人民群众可以不出家门实现提前咨询、预约、办理等，一方面规范了执法流程，另一方面也方便了人民群众。还可通过这些信息平台，向大众发布公安工作的最新举措，公安改革的具体流程，优秀公安民警的背后故事等，拉近公安队伍与群众的距离，也推进公安宣传工作的规范化。

二、对人民警察规范化执法模式的思考

警察执法规范化建设的关键在于如何防止或减少失范的执法行为。要实现警察执法

规范化建设，其路径有三。一是理念路径，涉及执法者的思维方式和思想、观念与意识，既要严格、公正、文明执法，又要理性、平和、规范执法；二是管理路径，涉及标准化管理、精细化管理、程式化管理，标准化管理是对执法行为的模式管理，精细化管理是对执法行为的细节管理或定量管理，程式化管理是对执法过程的规范管理；三是技术路径，涉及执法启动、调查、决定、执行流程的各个步骤、各个阶段、各个环节的行为方式运作工序，实施对执法办案流程的全程化、实时化、动态化监督，避免或减少失范的执法行为。

1. 现状与问题：警察执法规范化建设的症结

警察履行职责的活动由警察的执法行为和执法过程所构成。对于执法行为，法律设定了执法的行为模式，明确了哪些是可以行使的权力，哪些是应当履行的职责或者义务，划定了警察权行使的边界，明确了执法行为的活动范围。所谓执法过程，是警察机关及警务人员依法管理公共事务、解决法律纠纷或处理法律事务所要达到的法律规制的目的的过程。法律设定了执法行为的步骤、阶段、环节与程序流程，明确了执法的手段、措施与方式。只有弄清楚决定警察执法行为的原因，把握警察执法行为的运行规律，谙熟警察执法过程，才有可能自觉构建警察执法行为模式。警察的执法行为和执法过程有其特殊性，根据法律授权并依法采取强制措施对社会进行公共管理和处理法律事务，以达到立法者设定的目的，保证法律的正确实施。只有认识和把握警察执法行为和执法过程的运行规律，才能有针对性地解决和防止执法中的失范行为。

规范的执法行为是与失范的执法行为相对应的一对矛盾范畴。有规范的执法行为就有失范的执法行为，正如有文明执法就有野蛮执法，有善意执法就有恶意执法一样，规范的执法行为总是与失范的执法行为相伴相随。失范的执法行为是指公然违反法律规定或者超越法律规定的行为，其后果是对法律秩序与权威的损害。失范的执法行为可以表现为违反法律设定的义务性规则，也可以表现为违反法律设定的禁止性规则，失范的执法行为是警察执法中的反常行为。提出警察执法规范化建设源于警察执法中存在失范的执法行为，其目的在于防止或避免失范的执法行为，提升警察执法公信力。失范的执法行为使警察执法无公信力可言，应当说，失范的执法行为是对警察执法公信力最大的"伤害"，是警察执法规范化建设的阻碍因素。要实现警察执法规范化建设，就必须解决执法行为如何由无序执法到有序执法、随意执法到规范执法、粗放性执法到精细化执法的转化，从而保证和提升执法质量。

（1）从无序执法到有序执法。

在警察执法实践中，从无序执法到有序执法是从宏观或整体的层面解决违反法律规定、不依法办事或者乱执法等执法混乱状态到严格依法办事的转变过程。无序执法与有序执法关注的是执法行为的状态与秩序，无序执法是指执法行为的混乱状态，破坏了应有的执法秩序；有序执法指执法行为在法制范围内始终保持良好的运行状态和稳定的运行秩序，体现了执法主体严格依法办事，维护法律权威，持续发展的良好氛围。无序执法的前提，一是源于法律制度设计的缺失，而法律制度设计的缺失必然导致执法行为的无序性甚至混乱状态。对警察执法行为的法律规制经历了一个从不健全、不完善到逐步健全与完善的循序渐进的发展过程，如在刑法规范中，我国第一部刑法典于1979年7月1日通过，于1997年3月14日修订，其后又经过8次修改补充，形成了较为完备的刑法规范；在治安管理处罚法律制度规制中，1957年国务院制定公布了第一部《中华人民共和国治安管理处罚条例》，1986年第六届全国人大常委会第17次会议通过了《中华人民共和国治安管理处罚条例》，1994年5月12日第八届全国人大常委会第7次会议对该条例进行了修订，并重新公布施行，2005年8月28日第十届全国人大常委会第17次会议通过了《中华人民共和国治安管理处罚法》，进一步健全与完善了治安管理处罚的实体法规则和程序法规则。有序执法则来自于法律制度的健全与完善，没有法律制度的健全与完善，就难以做到有序执法，可以说，法律制度的健全与完善是有序执法的基础或前提。二是从法律的执行层面，无序执法表现为执法的目的不明确，为"执罚"而执法。由于利益驱动，致使执法权力利益化、部门化，执法主体利用行使权力的机会或条件寻租，热衷于办人情案、关系案和金钱案，搞权钱交易，甚至放纵违法犯罪，有法不依，执法不严，执法行为与执法过程处于混乱状态。有序执法则表现为执法主体在理念上视宪法、法律至上，以法律为准绳，忠实于法律，不折不扣地严格执行法律，依法办事，使执法行为始终处于稳定的、良好的运行状态。

（2）从随意执法到规范执法。

从随意执法到规范执法，是从执法行为的视角解决执法行为的程式化问题。随意执法与规范执法关注的是具体的执法行为是否遵循程序法规则。不按法定程序办案，执法行为表现为随意执法；严格按照法定程序办案，执法行为表现为规范执法。随意执法与规范执法划分的界限在于：一是程序法规则的设置是否适度、可行。程序设置的缺失，必然导致随意执法；程序设置过于严密，在执法实践中就可能出现规避程序的现象；程序设置过于刚性，缺乏剩余空间，执法则无所适从，难以执行到位。警察的执法实践表明，程序设置过于严密或者过于刚性，都可能出现随意执法现象。如2003年8月26日公安部制定并施行的《公安机关办理行政案件程序规定》，在执行中普遍反映该规定设置的办案程序过于繁琐，使办案民警无所适从，规避程序或者厌恶程序以至公然违反程序屡屡发生，宁愿办刑事案件，也不愿意办治安案件，一度出现治安案件与刑事案件倒挂的不正常现象。到2006年8月24日，公安部在对原规定修改、补充和完善的基础上，对一些明显设置不合理的程序进行了简化，公布并施行新的《公安机关办理行政案件程序规定》，办案民警逐步适应了办理行政案件的程序流程，治安案件与刑事案件倒挂的不正常现象也得到了改变，回归常态。法律对程序的设计，包括分配权利、明晰相互关系、划分不同角色、利益主体之间的交涉性以及参与、对话、交流、协商机制等应当适度、可行。程序以其特有的公正性、效率性、秩序性、安定性的价值和功能构建了执法行为秩序，营造了一种平等表达、自由选择的参与机会，通过程序的设计，限制警察的随意执法空间，遏制其恣意专横，防止其权力滥用。二是由于程序设计的可操作性和评判执法行为的客观性、公正性，为随意执法与规范执法的评判提供了一个检测考量的标准，可以及时发现和纠正执法中的随意性，排除任意性因素，创造并形成一个规范执法的氛围和长效运行机制。

（3）从粗放性执法到精细化执法。

从粗放性执法到精细化执法，是从内部管理的视角或者技术层面解决执法行为从启动、调查、决定、执行等流程中的各个步骤、各个阶段、各个环节的操作标准问题。通过细化执法流程，对执法行为定量化，如制定接出警操作标准、现场处置操作标准、传唤操作标准、调查取证操作标准、讯（询）问操作标准、告知权利操作标准、收缴操作标准、扣押物品操作标准、处理（罚）决定操作标准、处理（罚）决定执行操作标准等，实现执法行为由粗到细的发展过程。

2.探索与转换：警察执法规范化建设的路径

如前所述，警察执法规范化建设要着力解决和减少、避免警察执法中的失范行为，实现警察执法行为由无序执法到有序执法、随意执法到规范执法、粗放性执法到精细化执法的问题，保证执法行为的正当性和合法性，提升执法质量。警察执法规范化建设的路径是指通过何种途径或方案解决警察执法中的失范行为。它既要关注执法行为的规范研究，也要设计执法行为运行模式的秩序建构，同时，从技术层面对执法行为操作流程进行严密监控，进而寻求破解执法中失范行为的对策性方案。探究警察执法规范化建设的路径，应从以下几个方面入手：

（1）理念路径：严格、公正、文明执法到理性、平和、规范执法。

从一般意义上说，任何执法行为是在一定的执法理念引导下所为的行为，有什么样的执法理念，就有什么样的执法行为，执法理念制约或规制执法行为的走向。执法理念关注的是执法者的思维方式和思想观念，一经确立与形成，必将对执法行为产生持续性的影响，执法理念具有前瞻性、先进性和时代性的鲜明特色。多年以来，严格、公正、文明执法作为警察的执法理念，始终起着引导和规制警察执法行为的功效。严格、公正、文明执法体现了对警察执法行为运行规律的认识，符合警察执法行为固有特性，是对警察执法行为的基本要求与规制。随着社会政治、经济和文化教育的进步与发展，执法理念也在不断变化中。当前，我国正处于社会转型时期，在利益格局调整和社会结构发生深刻变化的过程中，由于利益关系的多样性和价值取向的多元化以及新旧体制转型时期所带来的震荡与摩擦，不可避免地引发一些新的社会矛盾，如失业与就业、失地与失房、贫富分化、房屋拆迁、社会保障引起的矛盾与冲突以及恐怖袭击事件、民族宗教事件、经济安全事件、涉外突发事件和群体性事件等不断凸显，这些矛盾与冲突在局部地区有的"比较突出，比较尖锐，有的个别地区甚至因处置不当而演变成对抗性冲突，影响或者威胁到社会的和谐与稳定。社会矛盾与冲突的现实，对警察执法理念、执法行为与执法方式必将带来碰撞与转变，从严格、公正、文明执法到提出理性、平和、规范执法就是对现实变化的回应，也是对警察执法行为的新要求，执法理念的变化必能带来执法行为与执法方式的转变。理性执法强调的是执法者的思维方式，它要求警察在执法过程中，其出发点应从执法为民、以人为本、尊重和保障人权、人性化执法和构建和谐社会的大局出发，在处理法律纠纷和社会矛盾与冲突引发的事件中，恰当地采取刚性与柔性的措施或者刚柔并济，妥善处理法律纠纷，依法化解社会矛盾与冲突，以实现社会的和谐与稳定。平和执法关注的是执法态度和执法艺术，它要求警察在执法语言、行为举止、执法方式、执法技巧等方面做到以礼相待，说话和气，举止文明，态度和蔼，以情动人，以理服人，力戒语言粗鲁、态度蛮横、行为粗暴，使法律效果与社会效果相统一。严格、公正、文明执法与理性、平和、规范执法是执法理念的一个整体，两者不可偏废。警察在执法过程中，应当牢固树立严格、公正、文明执法与理性、平和、规范执法的理念，并融入和体现在外在的执法行为中。需要说明的是，在警察执法实践中，作为执法主体的警察机关及警务人员，他们的执法理念、思想观念、认识能力和道德素质等状况如何，都是制约或影响执法规范化建设的重要因素。要推进和实现警察执法规范化建设，提高警察的素质与能力是根本性要素，而支撑这一根本性要素的核心则是执法理念的确立。

（2）管理路径：标准化管理、精细化管理与程式化管理。

警察执法涉及警察的行为和过程，"作为行为，主要是指一种行为模式；作为过程，是解决问题和达到某些目的的过程。"警察的执法行为不同于一般的社会行为，这源于警察的职能是预防犯罪、控制犯罪、服务社会、维护秩序，这种定位规制了警察存在的价值以及行为的方向。从统治行政、管理行政到服务行政的转变，体现了现代行政管理的进步与发展的轨迹。现代行政管理更加强调或关注政府的职能应由管理行政转变为服务行政，并强化政府的服务职能，这是社会发展的必然要求。在警察执法实践中，从管理层面应当是管理行政与服务行政并存，既要体现管理行政的特色，提高警察行政管理的实效，又要彰显服务行政的本色，充分发挥警察机关服务社会的功能。然而，在以人为本和构建和谐社会的时代背景下，尽管也要求警察机关要不断强化服务职能，但从警察机关对社会的管理与控制的现实来看，更多地表现为管理行政的层面。警察的执法行为具有浓厚的命令和强制色彩，可以说，命令和强制不仅是警察执法行为的基本运行模式，也是警察机关对社会进行管理与控制的常态性治理模式。管理行政的层面关注的是对警察执法行为如何进行标准化管理、精细化管理与程式化管理，以达到警察执法规范化建设的目的。标准化管理注重的是对执法行为、执法语言、执法动作、执法方式等根据法律规则、既定的目标要求和标准体系设计科学、合理的一套相对稳定和统一的模式，使其具有示范与效仿的功能与价值，包括执法行为模式，如盘问、检查的行为标准，巡逻执勤的行为标准，对醉酒的人采取约束措施的行为标准，行政拘留处罚的执行行为标准等；执法语言模式，如文明执勤语言标准，咨询解答语言标准，讯（询）问语言标准等；执法动作模式，如指挥交通手势标准等；执法方式模式，如受案登记标准，法律文书送达方式标准等。标准化管理的鲜明特征是模式化或示范性管理，着力解决实体标准统一问题，是从源头上堵塞或防止失范的执法行为的发生。精细化管理关注的是对执法主体、警种划分、岗位职责、管理制度、质量监控、绩效考核等流程进行细化、量化、分解与落实，使之实现标准化、流程化、协同化管理。精细化管理包括规划、设计与细化执法主体的权力与责任；规划、设计和量化各警种岗位职责，明确其权力与责任；规划和制定各警种岗位管理制度；规划和制定各警种执法流程质量监控标准体系；规划和制定各警种绩效考核标准体系等。标准化管理和精细化管理都是现代先进的管理理念和管理艺术，如果说标准化管理是模式化管理，那么，精细化管理则是细节管理或者量化管理，着力解决岗位职责的统一问题，是从各警种行使权力、履行岗位职责的细节发现和纠正失范的执法行为。程式化管理的鲜明特征是规范性管理，它关注的是根据法律规定进行规划和设计规范执法行为的办案程序规则，着力解决执法中办案程序的统一问题。如将《公安机关办理刑事案件程序规定》的操作要求分解、细化到警察办理刑事案件的各个具体执法环节中；将《公安机关办理行政案件程序规定》的操作要求分解、细化到警察办理行政案件的各个具体执法环节中。办案程序制度设计的科学性、合理性，既可以规范警察的执法行为，同时也是警察执法行为获得合法性的依据；办案程序的制度设计绝不仅仅是对警察执法中失范行为的回应，而是在更高的层面上着力提升警察队伍的素质与能力以及在社会、公众、媒体和人民群众中的执法形象。

（3）技术路径：执法启动、调查、决定、执行流程。

从技术层面关注和分解执法流程，规划与设计执法流程的运作工序，表明警察执法规范化建设突出了工具理性的特色，这种工具理性的鲜明特征在警察执法行为与执法过程中必须注重控制的技术和技巧，对执法启动、调查、决定、执行流程追求操作层面的定量化，通过设计执法流程的运作模式和追求定量化，以达到建立一套科学的、严密的对执法行为模式的控制技巧。技术路径关注的是个案的执法质量，借助现代科技手段，利用网上执法平台，受理的每一个案件都在网上流转（包括案件的所有证据上传）、网上审核、网上审批、网上监督、网上结案。通过动态的考评、检查，及时发现办案中的瑕疵，及时加以纠正。在哪一个阶段或哪一个环节发现的问题，就在哪一个阶段或哪一个环节纠正，做到早发现，早纠正，通过网上流转工序"生产"出来的个案，结案时成为"合格产品或者优质产品"，杜绝或减少个案的"废品"，确实保证执法质量。技术路径最重要的是搭建网上执法监督平台，对执法流程进行事先、事中与事后监督，实现对执法办案的全程化、实时化、动态化监督，避免或减少失范的执法行为。

3. 展望与期盼：警察执法规范化建设的持续良性运行

如果"理念路径"规制的是警察的思想、观念与意识，那么"管理路径"规制的则是警察的执法行为、执法方式、执法程序以及执法主体、警种划分、岗位职责、管理制度、质量监控、绩效考核等标准或制度设计。而"技术路径"则涉及执法启动、调查、决定、执行流程的各个步骤、各个阶段、各个环节的行为方式运作工序。警察执法规范化建设的路径既要立足现实，注重警察执法行为常态性、对策性设计，也要考虑展望未来的战略性规划。要把现实的警察执法行为的常态性、对策性设计与展望未来的战略性规划有机结合起来，建立健全警察执法规范化建设的长效机制，使其持续发挥作用。强化警察执法规范化建设的养成教育和常态的系统训练，培育执法规范化建设的氛围，形成执法规范化建设的良性运行机制。

第十部分

公安行政复议

　　我们所处的现代社会是高度发展和高度复杂的社会，国家行政机关为了保证社会生活的稳定和促进经济的发展，行政权呈现扩张的趋势。行政权的这种发展趋势为社会发展进步所必需，因为日益复杂的社会关系需要行政权的介入。然而，随着行政权的膨胀和积极行政的兴起，行政纠纷也日益增多，公民的基本权利受到诸多威胁，因此，现代世界各国普遍面临这样的两难选择：不扩大行政权，繁杂的社会秩序就无法管理；扩大行政权，公民的基本权利就可能受到威胁。面对这种两难选择，各国的普遍做法是，一方面不断扩大行政权，以维护社会的良性发展，建立各种监督制度；另一方面建立健全行政救济机制，以防止行政权的滥用。行政复议制度在世界各国的普遍建立与发展正是适应了这一需要。

　　在我国，公安机关作为一支重要的社会行政管理力量，担负着纷繁复杂的社会管理事务，涉及社会生活的方方面面，发挥着其他行政机关不可替代的作用。正如周恩来同志讲的："国家安危，公安系于一半。"可见公安机关在我国社会生活中的地位之重要。但是，也正是由于其行政权面广权宽，随时随地有侵犯相对人权益的可能。权益一旦受损，就应当获得救济。公安行政复议作为我国行政复议制度的重要组成部分，既是公安行政救济的一条重要途径，也是公安机关内部进行自我监督的有效机制。因此，掌握公安行政复议的相关知识，对公安行政复议现状进行分析，探索发展和完善我国公安行政复议制度的有关内容，意义重大。

第一节 公安行政复议概述

一、行政复议制度在我国的建立及其对公安行政行为的影响

所谓"复议"是指"对已定的事再讨论研究"，就是对已经决定了的或者已经下了一定结论的问题或情况，基于一定的理由，提出来再讨论、再研究，达到辨明真伪，更正错误或者不当，挽救不利的目的。"行政复议"从字面上理解就是关于"行政"的"复议"或者"挽救"。

根据我国现行《行政复议法》的规定，行政复议是指公民、法人或者其他组织认为行政主体的具体行政行为违法或者不当，侵犯其合法权益，依法向主管的行政复议机关提出复查该具体行政行为的申请，行政复议机关依照法定程序对被申请的具体行政行为进行合法性、适当性审查，并做出相应决定的活动。可见，行政复议作为一种行政救济制度，纠正的是违法的或者不当的行政行为，救济的是这些行为侵害的权益。

我国的行政复议制度在20世纪50年代就产生了，但这一时期法律法规关于行政复议没有明确规定，所以这个时期即中华人民共和国成立初期只是行政复议的萌芽和初步发展时期。20世纪50年代中后期，随着国家行政事务管理逐渐走上正轨，行政管理的法规也越来越多，行政复议的范围和领域越来越广泛，行政复议制度有了很大的发展。这时候，涉及公民、法人和其他组织切身利益的，与他们关系密切的治安管理活动，也明确规定了行政复议的条款，当然，这一时期的行政复议制度还很不完善。

20世纪60至70年代国家法制发展停滞不前，行政复议制度几乎消失。

党的十一届三中全会以后，我国社会主义民主法制建设开始走上健康发展的轨道，为行政复议制度的恢复和进一步发展提供了契机，行政复议制度作为社会主义法制建设的一项重要内容重新被提到议事日程上来，关于行政复议的法律法规大量出现，涉及公安行政管理的有《治安管理处罚法》《中华人民共和国外国人入境出境管理法》《中华人民共和国公民出境入境管理法》等。这些法律法规都采用了复议制度的规定，根据这些规定开展的复议活动对公安行政管理发挥了重要作用。据有关方面统计，从1991年1月至1998年年底，全国各级行政复议机关受理的行政复议案件中，公安行政复议案件占整个复议案件总数的70%多。《行政复议法》于1999年的出台更是促进了我国行政复议制度的发展和完善，深远影响着我国公安行政复议活动。我国行政复议制度伴随着我国公安行政管理制度的建立而建立，对公安行政行为产生了深远的影响，既为维护公民、法人和其他组织的合法权益做出了贡献，又对监督公安行政管理行为，促进公安机关的法

制建设，提高公安机关依法管理社会的水平，改善和密切警民关系起到了不可替代的作用。

二、公安行政复议的概念与特征

（一）公安行政复议的概念

公安行政复议，是指公民、法人或者其他组织不服公安机关或者法律、法规授权的组织做出的公安具体行政行为，依法向公安行政复议机关提出申请，由受理的复议机关依照法定程序对引起公安行政争议的具体公安行政行为的合法性或适当性进行审查并做出裁决的活动。

公安行政复议随着我国行政复议制度的建立而建立，仅从我国公安行政复议案件占整个行政复议案件的比例便可见其在我国行政复议体系中的分量，不能不说公安行政复议是解决公安行政争议的一种有效方法。

全面理解公安行政复议这一概念，须从以下几个方面予以把握：

（1）公安行政复议是由有公安行政复议权的行政复议机关主持的一种行政执法活动。公安行政复议权是由《行政复议法》以及相关法规授予的有权对引起公安行政争议的具体公安行政行为进行审查并做出裁决的权力。只有拥有公安行政复议权的行政机关才有权行使公安行政复议。我国现行的法律、法规及规章对有权行使公安行政复议的机关均做了明确规定。有权开展公安行政复议的行政机关必须严格依照法律、法规授予的权力行使公安行政复议权。

（2）公安行政复议是公安行政复议机关对引起争议的公安具体行政行为的合法性与适当性进行审查并做出复议决定的活动。公安具体行政行为，即涉及公安行政管理活动而实施的具体行政行为。最高人民法院在《关于贯彻执行〈中华人民共和国行政诉讼法〉若干问题的意见（试行）》中有一个解释，"具体行政行为"是指国家行政机关和行政机关工作人员、法律法规授权的组织、行政机关委托的组织或者个人在行政管理活动中行使行政职权，针对特定的公民、法人或者其他组织，就特定的具体事项，做出的有关该公民、法人或者其他组织权利义务的单方行为。根据《行政复议法》，对这些具体行政行为的合法性和适当性都可以进行复议审查。另外，公民、法人或者其他组织认为公安机关做出的具体行政行为所依据的规定不合法，在对公安具体行政行为申请复议时，也可以一并向复议机关提出对该规定的审查申请；复议机关在对被申请人做出的公安具体行政行为进行审查时，认为其依据不合法，也有权主动审查和处理。

（3）公安行政复议是一种依法定程序进行的活动。公安行政复议活动是在公民、法人和其他组织认为处于管理者地位的公安机关的具体行政行为侵犯其权益，基于对复议

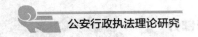

机关的信任而后申请发起的。作为公安行政复议机关必须严肃认真地对待，严格依照法律、法规规定的程序进行。在国家制定颁布《行政复议法》之后，公安部于2002年制定了《公安机关办理行政复议案件程序规定》。这些法律法规中关于行政复议程序的规定都是在处理公安行政复议案件时应该严格遵循的。

（二）公安行政复议的特征

公安行政复议除具有行政复议的共同特征外，还具有自身明显的特点：

（1）主体复杂。不论是公安行政复议的申请人还是被申请人，由于公安行政事务的复杂性，利益可能受损的当事人相对变得复杂。被申请人除了公安行政主体——公安机关，还有法律、法规授权执行公安行政管理事务的组织和个人。

（2）范围宽泛。《行政复议法》所列举的11类情形，涉及公安行政管理行为的占了80%。除了财产权，还有人身自由权等。

（3）程序详细规范。公安行政复议程序比其他行政复议程序规定的内容更详细，安排更具体，环节、步骤也更规范。

三、公安行政复议现状分析

（一）公安行政复议的现状以及存在的问题

公安行政复议既是保护公民、法人和其他组织合法权益的公安行政救济制度，也是对公安机关进行监督和公安机关系统内部进行自我监督和约束，及时纠正错误或不当行为的有效机制。

有关公安行政复议的规定从散见于公安行政法规到《行政复议条例》的实践总结，再到《行政复议法》的颁布以及《公安机关办理行政复议案件程序规定》的配套实施，可以说有关公安行政复议的法律、法规已经比较齐全。从前面谈到的公安行政复议占整个行政复议案件的比例就可以看到公安行政复议在解决公安行政争议中所起的重要作用以及其在整个行政救济机制中的重要地位。但是，我们必须清醒地认识到公安行政复议在实践中还存在着诸多问题：一是打压公安行政复议申请人。公安行政复议申请人在一般情况下就是公安具体行政行为的相对人，有时也可以是相对人的近亲属。不管是相对人还是其近亲属，由于主体地位的不平等性，相对于公安机关而言，他们都处于被管理者的地位，敢于提起公安行政复议已属不易，而公安行政复议实践中却存在不少打压复议申请人的情况，主要采取威胁、恫吓、利诱等手段，使相对人不敢申请复议或者即使申请了复议也不是出于主观意愿地撤回复议申请，从而达到不让复议申请人申请公安行政复议的目的。有的基层公安机关在了解到当事人已经申请了公安行政复议时，不是立即检查自己的行为，及时纠正错误，而是通过各种手段，打压当事人。一方面，当事人可能出于对公安机关的敬畏或者对公安管理机关的强势主体地位的认同而屈从；另一方面，也有不少当事人本身"常在河边走"，即使一次利益受到侵害，也担心下次落到公安机关手里招致报复而不敢不从。更何况，极少数公安机关如果硬的手段不行，还会来软的。

二是拖着不受理。公安行政复议机关接到公安行政复议申请，认为合法的，理应受理并认真对待。但实践中，有不少公安行政复议机关对一些行政复议申请拖着不受理，有的认为有明显错误受理了，也不及时做出复议决定。之所以如此，一方面是因为公安行政复议机关往往与公安具体行政行为的实施机关有着这样那样的联系，另外一个很重要的方面就是根据《行政诉讼法》第25条第二款的规定，公安行政复议机关如果改变原具体行政行为的，如果当事人不服，公安行政复议机关就要成为行政诉讼的被告。当然也有怕麻烦的，于是对公安行政复议申请推脱，敷衍，不负责任，拖着不受理。

三是不依法办事。公安行政复议机关受理了复议申请，理应按照法定的程序，审查并做出决定。但实践中，有的公安行政复议机关在复议过程中"官官相护"，对违法的公安具体行政行为该撤销的不撤销，对不当的公安具体行政行为该变更的不变更，能够维持的就维持，不能维持的也想办法维持，同时还避免了自己当被告。

（二）公安行政复议存在问题的原因分析

产生上述问题，针对个案可能有这样那样的特殊情况、具体的原因，但综合分析，主要包括三个方面：

(1)公安机关以及公安行政复议机关对公安行政复议缺乏正确认识。公安行政复议除了具有防止和纠正违法或者不当的公安具体行政行为，保护公民、法人和其他组织的合法权益的功能外，还有保障和监督公安机关依法行使职权的作用。我们必须从不同角度认识问题。依照《行政复议法》认真开展公安行政复议活动，绝不是为了发动群众来告政府，更不是为了让群众与人民利益和国家安全利益的守护神——公安机关——作对。认真依法进行公安行政复议，保护当事人合法权益，与公安机关依法履行职责保护人民利益，从根本上讲是一致的。保护公民、法人和其他组织的合法权益，需要公安机关以及公安行政复议机关的共同努力。监督公安机关依法行使职权，也是为了更好地保护这些相对人的合法权益。

有学者从维护社会稳定的高度来认识行政复议的重要性。为了维护社会稳定也必须认真开展公安行政复议活动。众所周知，公安机关是维护社会稳定的一支重要力量，如果公安机关的行为违法或者不当而侵犯了当事人利益，公安机关自己都不能正确认识，更不可能正确认识开展公安行政复议的重要意义，长此以往，必将在不同程度上削弱公安机关和政府在人民群众中的威信，降低人民群众对公安机关的信赖。只有在公民、法人和其他组织的合法权益得到充分而切实的保护时，人民才能安居乐业，社会才能稳定和谐。如果是一种通过打压或者欺瞒而形成的社会暂时稳定，只能是一种虚假的、非正义的稳定。

公安机关的职责是为了维护社会稳定，公安行政复议的最终目标也是为了维护社会稳定。因此，公安机关和公安行政复议机关都应对公安行政复议的社会功能有正确科学的认识，公安行政复议机关在复议过程中不能偏袒具体行政行为有错的公安机关，尤其不能偏袒自己的下级。公安机关也没有必要因担心被提起复议或者其行政决定被撤销觉得影响形象、怕被追究责任而打压相对人，否则不仅不能达到维护社会稳定的目的，而且还会破坏社会正义与心态平衡。

(2)公安行政复议机构缺乏相对独立性。我国公安行政复议机构分别隶属于各级人民政府和各级公安机关，并且在实践中主要隶属于公安机关的公安行政复议机构，可见其相对独立性很有限。没有相对独立的公安行政复议机构，要想公正地进行公安行政复议，绝非易事。因为主持复议的公安行政复议机构要完全听命于其所属的行政首长（市长或局长），没有自主决定权。而其所属的公安行政复议机关又与做出具体公安行政行为的公安机关有着千丝万缕的联系。

(3)法治意识、权利意识不强。"官本位"观念不同程度地在广大社会民众的意识形态领域存在着，甚至作为国家公务员的公安民警以及领导干部也在一定程度上受到这一观念的影响。然而，要正确地进行公安行政复议，必须树立起牢固的法治意识、权利意识。一方面，要提高公民的法治意识，让他们学会运用法律手段来维护自己的合法权益；另一方面，要增强公安民警以及公安行政复议人员依法行政的观念，自觉自愿地保护相对人合法权益，而不是有意打压相对人、规避法律、逃避责任。

（三）对我国公安行政复议现状的总体评价

我国是随着社会的发展和需要，逐步建立完善行政复议制度的。比较完善的行政复议制度的建立应以1999年《行政复议法》的颁布实施为标志。而我国开始真正意义上的公安行政复议，不过是20世纪80年代的事情。在这短短三十余年的时间里，我国行政复议法治建设取得的成绩有目共睹，关于公安行政复议的配套规定也可算详细和可具操作性。但是，公安行政复议实践中暴露出来的问题，既有制度层面的因素，也有人员素质层面的因素，立法者制定法律时的良好愿望难以在现实生活中兑现。在公安行政复议实践中，真正实现切实保护公民、法人和其他组织的合法权益，监督公安机关依法行使职权的目标，还有一个制度完善和观念转变的过程，还有相当长的路要走。

第二节　公安行政复议的基本原则及其完善

一、确立公安行政复议基本原则的依据

　　法律原则，即"法律的基础性真理或原理"，其在法律体系或法律部门中居于基础性地位。而法的基本原则，则是体现法的根本价值的原则，"是整个法律活动的指导思想和出发点，构成法律体系或法律部门的神经中枢"。行政复议也有自己的基本原则。

　　行政复议的基本原则，是由宪法和法律规定，反映行政复议的本质和基本特点，必须在行政复议活动全过程加以贯彻的具有普遍意义的指导思想和基本准则。行政复议的基本原则，可以用来解释行政复议条文的具体含义，而且在行政复议法对某些具体问题缺乏明确规定时，可以依据基本原则体现的精神来加以处理和解决。

（一）公安行政复议的基本原则要符合宪法的精神

　　宪法是国家的根本大法，任何法律原则、规则甚至法律条文的确立、制定，都必须以宪法为依据，符合宪法的精神。我国的宪法是社会主义性质的宪法，规定国家的一切权力属于人民，人民通过各种途径和形式管理国家和社会事务，并且宪法明确规定国家对公民的众多权益予以保护，同时还赋予人民监督任何国家机关和国家工作人员，提出批评和建议以至申诉等权利。公民、法人和其他组织提起公安行政复议正是宪法赋予的，人民行使保护自己权益、行使宪法权利的体现。公安行政复议涉及国家行政法制和公民民主权利的保护，其基本原则的确立必须首先符合宪法的精神。

（二）公安行政复议的基本原则要反映公安行政复议的本质和基本特点

　　公安行政复议依公安行政相对人的申请而提起，本质上是一种行政司法行为，由公安行政复议机关居间主持，判明真伪，依法处置，类似于司法程序。但公安行政复议毕竟不是公安行政诉讼，其程序不及诉讼程序严格，过程也没有那么烦琐、规范。正是基于公安行政复议的准司法性，所以在强调其行为合法的基础上还要强调其行为的公正、公开。也正是由于其只是具有司法性的行政行为，必须具有灵活性、及时性和简便性，以便迅速解决公安行政争议。

（三）公安行政复议的基本原则要符合行政复议法律的规定

　　公安行政复议在符合宪法精神，反映其行为本质和基本特征的基础上，还必须要以现行法的规定为依据。现行《行政复议法》第4条规定了"合法、公正、公开、及时、便民的原则"。相对于《行政复议条例》有较大的变化，删除了一些与行政复议本质特征不相适宜的内容，使现有原则内容既精练，又合乎实际及法理。《公安机关办理行政复议案件程序规定》第6条原原本本地贯彻了《行政复议法》的原则精神，是公安行政复议

行为必须遵守的原则规定。

二、法律、法规关于公安行政复议基本原则的具体内容

根据《行政复议法》第4条及《公安机关办理行政复议案件程序规定》第6条的规定，公安行政复议所应遵循的基本原则包括：合法原则、公正原则、公开原则、及时原则和便民原则。

（一）合法原则

合法原则是指承担公安行政复议职责的复议机关，必须严格按照宪法和法律所规定的职责权限，以事实为依据，以法律为准绳，对公安行政相对人提出的申请复议的公安具体行政行为，按照法定程序进行审查和裁判，一切行为必须符合法律的要求。具体包括以下内容：（1）承担复议职责的主体合法，即必须是依法成立并享有法定复议权的公安行政复议机关，并且受理的案件应当是依法属于该复议机关管辖；（2）公安行政复议机关审理案件的依据合法；（3）审理公安行政复议的程序合法，公安行政复议机关必须严格遵守《行政复议法》的规定，如果是公安机关作为公安行政复议机关，还应该遵守《公安机关办理行政复议案件程序规定》规定的具体步骤、顺序、时限等内容，不得与之相违背，更不能随意变更。

（二）公正原则

公正原则是指公安行政复议机关对被申请的公安具体行政行为不能仅仅审查其合法性，还要审查其合理性，看其是否公正、合理。也就是公安行政复议在保证合法的前提下，需尽可能做到合理、充分，不偏不倚。因为绝大多数公安具体行政行为都有一个自由裁量的成分，如果公安行政复议机关不审查被申请的公安具体行政行为的合理性，相对人就会认为其合法权益得不到充分保护，就会对行政复议失去信心，达不到行政复议的目的。因此，在公安行政复议中，对被申请的公安具体行政行为的审查，不仅要考虑其合法性，也要顾及其合理性。只有坚持这样的原则，才能真正有效地监督公安机关依法行使职权，使相对人的合法权益获得充分保障。这一原则具体包含以下内容：

（1）公安行政复议机关应当公平地用一个标准对待复议双方当事人，不能有所偏袒。特别是上级公安机关作为下级公安机关的复议机关时，更要把握合理的分寸，不能自觉不自觉地偏袒下级公安机关，否则相对人会对这种上级对下级的复议彻底失去信赖。

（2）公安行政复议机关应当查明所有与案件有关的事实，并做出准确定性；对被申请的具体公安行政行为所适用的法律条款应当做出准确判断，如果有不确定、不明了的法律用语或概念，应当根据立法目的和立法指导思想做出公正合理的解释。

（3）公安行政复议机关应当正当、合理地行使行政复议自由裁量权。这是最终保证公安行政复议决定公正、合理的基本保证，比如对"明显不当"的公安具体行政行为的界定就应当合理、适当。

（三）公开原则

公开原则是指公安行政复议机关在复议过程中，应充分透明，不搞暗箱操作，要采取阳光作业。当然涉及国家秘密、个人隐私和商业秘密的应当除外。除此之外的整个公安行政复议过程都应当向公安行政复议当事人和社会公开。这一原则主要包含以下内容：

（1）公安行政复议过程公开。要求公安行政复议机关尽可能听取申请人、被申请人和第三人的意见，让他们更多地介入公安行政复议程序。为此，《行政复议法》第22条规定："行政复议原则上采取书面审查的办法，但是申请人提出要求或者行政复议机关负责法制工作的机构认为有必要时，可以向有关组织和个人调查情况，听取申请人、被申请人和第三人的意见。"这是行政复议过程公开的一个具体规定，公安行政复议机关应当遵照这一规定体现的原则展开复议活动。

（2）公安行政复议资讯公开。要求公安行政复议机关在申请人、第三人请求下，公开与公安行政复议案件有关的一切材料，以确保他们有效地参与公安行政复议程序。对此，我国《行政复议法》第23条第二款规定："申请人、第三人可以查阅被申请人提出的书面答复、做出具体行政行为的证据、依据和其他有关材料，除涉及国家秘密、商业秘密或者个人隐私外，行政复议机关不得拒绝。"据此，公安行政复议中的主要案卷都应当对当事人公开，公安行政复议机关不得无故隐瞒或者拒绝。

（四）及时原则

及时原则是指公安行政复议机关应当在法律规定的期限内，尽可能快地完成复议案件的审查，并做出相应的复议决定。这一原则是对公安行政复议机关工作效率的要求。公安行政复议作为一种权利救济手段，具有一定的司法性，需要体现公正的要求，但它毕竟是一种行政行为，因此也要符合行政行为的特点，也就是要符合行政效率的原则。由于公安行政复议一般并不是终局的，相对人还可以申请司法救济，因此不仅在设计复议程序时要考虑行政效率，在处理复议案件时也要考虑行政效率，要在法律、法规规定的时限内及时做出处理决定。所以公安行政复议机关自己应当严格遵守法定的期限，确保每个公安行政复议行为都能在法定的期限内完成，还应当敦促公安行政复议当事人遵守法定期限，尽快完成有关行为。

（五）便民原则

便民原则是指公安行政复议机关在复议过程中应尽量为复议当事人，尤其是申请人提供必要的便利，从而保证当事人参加公安行政复议目的的实现。行政复议作为公民权利的一项救济措施，其应有的最大特点就是简便、快捷。这一制度能否深入人心，能否被广大人民群众认可、接受，其中一个很关键的因素就是看其是否便民，是否能够节省时间、精力和费用。否则，相对人不选择这一救济途径，创设这项制度也就起不到其应有的作用。现行《行政复议法》对比《行政复议条例》，增加了许多体现便民原则的规定。比如申请行政复议期限改为一般情况60天，申请方式书面或者口头均可，明确规定行政复议不得向申请人收取任何费用等。这些规定突出了行政复议相比行政诉讼更为简便、经济的优点，更有利于保护公民、法人和其他组织的合法权益，同时还可以鼓励、吸引更多的人选择行政复议来解决行政纠纷，进而发挥行政复议应有的解决行政争议的重要作用。因此，公安行政复议机关在公安行政复议过程中应当很好地贯彻这一原则，使公安行政复议真正成为人们保护自己权益的经济、迅捷、有效的救济手段。

三、树立司法的权威性，确立公安行政复议司法最终裁决原则

"司法越具有权威性，则表明法律越有权威性；司法的作用范围越大，则表明法律在国家政治生活和社会生活中的地位和作用越突出。"我国在进入以市场经济为基本构架的社会以后，各种社会冲突影响社会稳定的冲突，是现今社会要经常面对的问题，然而公正的司法，正是解决社会冲突制度化的手段，它可以使各种民间的怨恨得到及时的化解，政府与人民之间的矛盾得到及时的解决，各方面利益的尖锐对立可以得到平衡。

我国现今社会正处于转型期，通过诉讼和审判制度可以把各种社会矛盾和冲突予以吸收和中和，把尖锐的矛盾转化成技术问题，通过一定的程序使它们都得到公正解决。

目前，我国已将依法治国，建设社会主义法治国家作为宪政原则确定下来，这必然要求提高司法机关在社会生活中的地位，使司法成为解决社会冲突和争端的最彻底、最权威和最具有约束力的裁决方式。人民法院应当成为解决利益纠纷的最为主要的和终极的机关。

司法机关对争议的行政纠纷做出最终裁决，是现代法治的一条重要原则。司法是社会实现公平、正义的最后屏障，而公正则是司法的最高价值追求。因此，在行政纠纷的处理过程中，更需要司法机关的介入，因为它所面对的案件是作为社会弱者的相对人与拥有强大权力和优越地位的行政主体的对抗。

众所周知，只有公正的司法才能够真正维护民众对公共权力机构的信任。即使公民、法人和其他组织的权利受到了公安机关的侵害，也可以通过公正的行政诉讼，使遭受侵害的权益得到充分救济。这正是公民和政府之间的良好关系可以通过公正的司法来维系的真正原因。如果连作为社会正义最后一道防线的司法也不为当事人提供保护或者遭到阻碍，则社会民众将会对整个法律体系和社会正义失去信心。正如博登海默先生指

出的，"如果一个纠纷根本得不到解决，那么社会机体上就可能产生溃烂的伤口；如果纠纷是以不适当的和不公正的方式解决，那么社会机体上就会留下一个创伤，而且这种创伤的增多，又有可能严重危及人们对令人满意的社会秩序的维护"。

所以，我们在制定公安行政复议法律、法规，践行公安行政复议制度的同时，要注意维护司法的权威，这也是维护国家法律权威的必然要求。我们要站在维护国家稳定的高度，站在维护国家整体利益和社会利益的高度，正确认识公安行政复议的社会功效。确立公安行政复议司法最终解决原则不仅有利于正确处理公安行政复议与公安行政诉讼的关系问题，而且可以增强社会民众对国家法律统一性、严肃性的认识，还可以确立法律在人们心目中的公正形象。

所谓公安行政复议司法最终裁决指的是公安行政复议机关的复议决定不是最终发生法律效力的决定，只要相对人认为公安机关的具体行政行为侵犯了其合法权益或者认为公安行政复议机关的复议决定不合法、不公正甚至对其不满意，即可以寻求司法的最终保护，提起行政诉讼。

司法最终裁决能否作为公安行政复议的基本原则，涉及国家法律是否授予以及在多大程度上授予公安行政复议机关终局裁决权的问题，如果授予或者在一定范围授予终局裁决权，甚至隐性的、事实上的终局裁决权，都将破坏司法最终裁决。根据现行《行政复议法》及相关法律法规，设立行政复议最终裁决的主要是涉及国家主权、国家根本利益问题的裁决或者是国家最高行政机关做出的裁决。早先制定的少数单行法如专利法、商标法，进行法律修改后已经取消了行政机关终局裁决的制度。而且在我国加入世贸组织以后，新的法律规定行政机关有最终裁决权的情况将越来越少。确立司法最终裁决是司法权对行政复议进行监督的体现，也是西方主要国家有关行政复议制度发展的普遍趋势。因此，除了涉及国家根本主权的国家行为问题可以设立行政复议最终裁决外，其他部门的、局部的具体行政行为引起的行政复议都不应设立行政复议最终裁决，即使是国家最高行政机关做出的裁决也应如此，以此来体现司法权对行政权的监督，从而树立司法的权威性。因为司法裁决权才是社会真正公正的最有力的保障。

因此，有必要也完全可以在公安行政复议制度中确立司法最终解决原则，这样一来，一方面可以使各级公安机关、公安行政复议机关克服逃避司法监督的侥幸心理，严格依法行使行政职权、行政复议权，从而树立公安机关、公安复议机关的社会公正形象；另一方面可以为处于弱势地位的相对人提供司法的最终保障，从而为他们的权益获得更加有利有力的保障。

当然司法最终裁决只是作为一个原则，一种指导思想，指导公安行政复议机关正确行使公安行政复议权，正常开展公安行政复议活动，以充分保护相对人的权利和自由。

司法最终解决原则并不意味着任何被提起公安行政复议的公安具体行政行为都必须

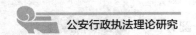

通过司法来最终裁判、衡量、解决，而只是把它作为一个指导思想贯穿始终，既监督、督促公安机关、公安行政复议机关的行为，也为相对人建立权利救济的最后屏障。如果相对人选择了公安行政复议，并认为复议裁决合法、公正，表示接受和满意，公安具体行政行为引起的行政争议获得解决，相对人的权益从而获得救济，当然也就根本没有通过司法来最终解决的必要。

第三节 公安行政复议范围及其完善

公安行政复议不仅在整个行政复议案件中所占的比重大，而且相对人可申请公安行政复议的范围也相当宽泛。要对公安行政复议有一个全面的认知和把握，很有必要了解公安行政复议范围的相关知识，分析有关问题。

一、公安行政复议范围的概念

公安行政复议范围，即公安行政复议受案范围，是指公安行政复议机关受理公安行政复议案件的权限范围，也就是告诉相对人对公安机关的哪些具体行政行为不服，可以申请公安行政复议，我国现行《行政复议法》及相关法规对公安行政复议的范围有比较具体的规定。

二、公安行政复议范围的法律界定

（一）可以申请公安行政复议的范围

根据《行政复议法》第6条的规定，公安行政复议的范围包括以下几个方面：

（1）对公安行政处罚不服的。公安行政处罚根据公安行政管理的内容不同可以分为：治安管理处罚、道路交通管理处罚、消防管理处罚、出入境管理处罚和边防管理处罚等。公安行政处罚的种类主要有警告、罚款、拘留、没收违法所得，没收非法财物、责令停产停业、暂扣或者吊销许可证和执照等。公安行政相对人对以上公安行政处罚不服的或者认为处罚侵犯其权益的都有权依法申请行政复议。

（2）对公安行政强制措施决定不服的。公安行政强制措施包括两个方面：一是限制人身自由的强制措施，公安机关常用的限制人身自由的强制措施有强制传唤、对吸毒人员的强制戒毒、对患性病的卖淫嫖娼人员的强制治疗、对治安拘留处罚的强制执行、本人有危险或者对他人有安全威胁的醉酒的人的强制约束、对肇事的精神病人采取保护性约束措施或监护等。被公安机关采取行政强制措施的人不服的，可以依法申请行政复议。如果是未成年人或精神病人，可以由他们的监护人代为申请公安行政复议。二是对财产的强制措施，主要包括对财产的查封、扣押、冻结等。

（3）认为符合法定条件，申请公安机关颁发许可证和执照，或者申请公安机关审批、登记有关事项，公安机关拒绝颁发，不予答复或者不予审批、登记，行政相对人均可提起行政复议。根据有关法律、法规、规章，公安机关要核发各种许可证和执照，如《特种行业许可证》《驾驶执照》《网吧经营许可证》《爆炸物品经营、运输许可证》等。除此之外，公安机关还要对有关事项进行注册登记和开业的审批备案，如对机动车辆的登记，对旅店业、刻字业的审批等。

（4）对公安机关做出的有关许可证、执照等证书变更、中止、撤销的决定不服的。公安机关不仅有权决定许可证或者执照的颁发与否，还有权对已颁发的许可证、执照予以变更、中止或者撤销。比如，某公安局经审批，核发了某旅店的开业许可证，又因公安消防部门安全标准提高而不符合开办条件而中止经营许可，当事人认为不合理，即可以申请行政复议。

（5）申请公安机关履行保护人身权利、财产权利的法定职责，公安机关没有依法履行的。根据《宪法》《人民警察法》和相关法律、法规的规定，公安机关有保护相对人的人身权利、财产权利的法定职责，如果公安机关未能履行或未能很好地履行这些职责，保护相对人权益，构成违法失职，相对人认为权益受损的有权申请行政复议。比如，某甲与某乙存在生意上的竞争，并因此而产生过纠纷，某甲甚至扬言要砸了某乙店铺，要搞某乙的人，直至将其撵走。某乙很害怕，即向当地派出所报案，要求寻求保护，但派出所没有及时履行职责，一个星期后，某甲找人把某乙打伤花费医疗费2000余元，并将其店铺砸坏致财物损失3000元。此案中派出所完全有充足的时间去履行职责，对某甲实施训诫、警告等防范措施，但派出所没有履行。这是一起典型的公安机关不履行法定职责的案例。某乙有权就此申请行政复议并可同时提请国家赔偿。又如，某高速公路施工路段，用于路边铺压路基的小块混凝土预制件被周边农民哄抢，凌晨2点报案，所在辖区派出所接警后说："这么晚了，天亮再说。"没有立即出警，导致预制件被抢5000余块，损失1500元。派出所本应24小时值班备勤、出警处警，保护公私财产安全，而此案中派出所接警后以天晚为由不作为，致使损害发生，施工单位自然可以就此提起行政复议并附带要求赔偿损失。

（6）认为公安机关违法征收财物、摊派费用或者违法要求履行其他义务的。比如，有的公安民警并非紧急公务而征用公民的机动车辆，或者向服务的单位、个人拉"赞助"，巧立名目收取所谓的治安管理费、安全保卫费等。对于这些违法征用、摊派增加相对人负担的行为，侵犯相对人利益，相对人便可依法提起行政复议。

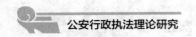

（7）认为公安机关的其他具体行政行为侵犯其合法权益的。这是一个为了防止列举不足或随形势发展而做的补充概括，如果法律未能列举的其他公安具体行政行为侵犯公民、法人和其他组织的合法权益，这些相对人依然可以据此申请行政复议。同时随着形势的发展，新的公安行政法律、法规、规章及司法解释也可能将一些公安具体行政行为纳入复议范围。

此外，根据《行政复议法》第7条的规定，公安行政复议机关对公安机关做出具体行政行为所依据的规定不合法的，在对具体公安行政行为申请行政复议时，可以一并向公安行政复议机关提出对该规定的审查申请。同时，根据《行政复议法》第27条的规定，公安行政复议机关在对被申请人做出的公安具体行政行为进行审查时，认为其依据不合法时，有权主动审查和处理。这些规定，实现了对部分公安抽象行政行为的复议审查，意义重大。公安部根据《行政复议法》的这些规定，在《关于贯彻实施〈中华人民共和国行政复议法〉若干问题的意见》第9条规定：公民、法人或者其他组织在对具体行政行为申请行政复议时，认为该具体行政行为所依据的县级以上公安机关制定的具有普遍约束力的规范性文件不合法，可以一并向行政复议机关提出对该规范性文件的审查申请。

（二）不能申请公安行政复议的事项和不属于公安行政复议范围的情形

根据《行政复议法》第8条及公安部有关的规定，不能申请公安行政复议的事项有两类：

（1）不服公安机关对公安民警做出的行政处分或者其他人事处理决定的，公安民警只能依法申诉。

行政处分是国家行政机关依据行政隶属关系，对有违法失职行为的国家公务员的一种行政制裁。人民警察属于公务员的一部分，对人民警察的行政处分，适用国家公务员行政处分的规定。对人民警察的行政处分分别由任免机关或者行政监察机关做出决定，人民警察对行政处分决定不服，根据现行法律规定，不能申请行政复议，只能根据《国家公务员暂行条例》的规定，向行政监察机关申诉。

公安机关的其他人事处理决定，指依照《国家公务员暂行条例》《人民警察法》等法律、法规，由公安机关负责人或者人事部门依照法定程序，对人民警察的考核结论、奖励、职务升降、职务任免、职务交流、辞职辞退及其他有关人事方面的决定。人民警察对公安机关的这些人事决定不服，根据现行法，也不能申请公安行政复议，只能根据《国家公务员暂行条例》及有关规定，向原处理机关申请复核，或者向同级人民政府人事部门申诉。

另外，根据公安部《公安机关内部执法监督工作规定》第23条以及《公安机关人民警察执法过错责任追究规定》第27条的规定，有关单位和人民警察对执法监督决定不服或者公安民警对执法过错责任追究不服，也不能申请行政复议，只能根据这两个规定依法向本级或者上级公安机关提出申诉，由他们受理并做出答复。

（2）不服公安机关对民事纠纷做出的调解或者其他处理的，可以依法向人民法院提起诉讼，不得提起公安行政复议。

为了及时处理民事纠纷，化解矛盾，我国相关法律、法规、规章规定公安机关可以对有些民事纠纷予以调解处理。比如，《治安管理处罚条例》第9条规定："对于因民间纠纷引起的打架斗殴或者损毁他人财物等违反治安管理行为，情节较轻的，公安机关可以调解处理。"又比如，对交通事故损害赔偿的调解等。公安机关在双方当事人同意调解的前提下，实施调解行为，在双方协商达成协议彼此接受的情况下，双方基本上都能按调解协议执行，及时化解民事纠纷。但也有不少当事人对调解协议不服或达不成协议，作为对调解协议不服的当事人只能向人民法院提起民事诉讼，而不能申请行政复议。这是因为调解行为必须经双方协商达成一致意见，一方或双方完全有充分的自由选择是否接受调解协议，公安机关的调解行为完全不具有行政强制性。即使违法行使职权，当事人也可以不接受，因此调解行为不存在侵犯公民、法人和其他组织合法权益的可能，与行政复议宗旨不符，所以对公安调解行为不能申请公安行政复议，只能根据具体情况提起诉讼。

根据公安部《公安机关办理行政复议案件程序规定》第28条的规定，还有以下几种情形不属于公安行政复议范围：①对办理刑事案件中依法采取的刑事强制措施、刑事侦查措施等刑事司法行为不服的；②对处理火灾事故、交通事故以及办理其他行政案件中做出的鉴定结论等不服的；③对申诉被驳回不服的；④其他依法不应当受理的行政复议申请。另外，申请人认为公安机关的刑事司法行为属于滥用职权、超越职权插手经济纠纷的，公安行政复议机关应当在做出不予受理决定之前，及时报上一级公安行政复议机关。

三、公安行政复议范围存在的问题及其完善

（一）公安民警认为自己的合法权益受损时得不到行政复议的救济

《行政复议法》将内部具体行政行为排除在行政复议范围之外，公安民警的合法权益受到内部具体行政行为侵犯时不能通过公安行政复议得到及时、有效的救济。公安机关的具体行政行为按照其行使职权的范围和与公安行政管理相对人之间的关系来分类，可以分为公安内部具体行政行为和公安外部具体行政行为。内部具体行政行为最大的特点是管理者与被管理者之间具有行政隶属关系。《行政复议法》规定，行政机关工作人员对行政机关的奖惩、任免等行政处分或者人事处理决定不服的，不能申请行政复议，依照法律法规申诉。在理论上和实践中，这些行政处分和人事处理行为并不局限于奖

惩、任免，而是将其扩充到全部的内部具体行政行为。实际上，保护公安民警的合法权益与保护普通公民的合法权益一样，两者都应该有充分的救济途径和救济手段。公安民警虽然可以通过行政申诉来维护自己的合法权益，但申诉与行政复议制度的功能不可同日而语，公安行政复议的救济应当是更为有效的。公安机关作为国家的强力机构，其从业者——公安民警——理应拥有相应的救济途径，如果只是一味地对其念紧箍咒，从优待警在制度上都不能予以落实，应该受到保护的合法权益得不到充分保护，那么其应有的社会地位和职业的权威性必将受到社会民众的怀疑。《行政复议法》将公安民警的合法权益的救济排除在公安行政复议之外，不能不说是我国行政复议制度的一大缺陷。

同时认为，要建立我国统一的独立的行政复议制度，就应当尽可能多地将行政行为纳入其中，内部行政行为也不例外。因为对于内部行政行为，相对人可以寻找的救济途径本身就很少，只能申诉，但申诉缺乏固定的法律程序，这很不合理也不公平。行政复议作为行政系统内的一种层级监督，应当为内部行政行为的相对人提供救济。况且，将公安民警的合法权益受损纳入公安行政复议救济也是行得通的。《行政复议法》既然可以将公安民警及家属对于公安机关无正当理由拒绝发放抚恤金的行为纳入公安行政复议的范围，那么将其他公安内部具体行政行为纳入公安行政复议就不应存在体制上的困难。权益一旦受损，就应该获得救济，而且可供当事人选择的救济途径越多，选择的自由度越高，权益获得最好救济的可能性就越大。要想从根本上改变这一状况，只要在修改《行政复议法》时将内部具体行政行为纳入行政复议范围，相应的问题即可迎刃而解。

（二）公安行政复议只能对部分公安抽象行政行为实施有限的监督

《行政复议法》第7条增加了对行政规范性文件的一并审查，该条规定使得行政复议范围在一定意义上扩展到抽象行政行为，是我国行政复议制度的一个重大发展。公安行政复议与之相应，复议范围也当然得到扩展。这虽然是一个进步，但并不彻底，只限于同具体行政行为一并审查，而且排除了对规章的审查。对抽象行政行为进行复议监督，是法学界、实际工作部门以及社会公众十分关注的问题，早就有人主张将抽象行政行为纳入复议范围，在现有法律规定的模式下，对抽象行政行为的监督是十分有限和薄弱的，一并审查的规定更是阻碍了程序的发动者，使其缺少了监督的原动力。公安抽象行政行为由于其涉及的权广面宽，对其进行复议监督十分必要。如某市为了解决某些路段的交通拥挤问题，制定地方法规禁止外地车辆通过路经该市的某一国道。该市公安局相应出台了具体的罚款、扣证的红头文件。外地车辆出于交警部门的威慑力，即使给对自己不能进入市区带来很大不便，也没有敢于闯红线的。这样一来，车主利益受损，但没有受具体行政行为直接利益侵害的，按规定不能对这一抽象行政行为提出复议申请，不仅不能对地方规章提起，也不能直接对抽象行政行为提起，这是很不公平的，也是很不合适。要建立社会主义法治政府，就应当完善我国的司法监督体制，修改我国《行政复议法》的相应内容，扩大对抽象行政行为的审查范围以及设置直接审查制度。

（三）公安机关滥用刑事司法权，超越职权插手经济纠纷的，应当纳入行政复议范围

根据我国《行政复议法》的规定，公民、法人或者其他组织只有对公安具体行政行为不服，才能申请公安行政复议。公安行政复议机关经审查，只有申请复议的执法行为是公安具体行政行为才会被受理。对于公安刑事司法行为，公民、法人和其他组织无权申请公安行政复议。《公安机关办理行政复议案件程序规定》第28条更做了具体规定。出于对刑事司法权的充分保护的考虑，避免行政权对司法权的干预，这是对的，但问题在于我国公安机关职责行为究竟是刑事司法行为，还是具体行政行为，本身极易混淆，再加上刑事司法权在执法活动中的滥用，更增加了区分的难度。

公安机关具体行政行为与刑事司法行为易于混淆的主要原因包括：

（1）公安机关具有双重职权身份。双重身份合一带来了行为主体上识别两类行为的困难。

（2）两类行为在外部表现形式上有相似性。行政强制措施等具体行政行为与刑事侦查措施虽有性质的不同，但在外部表现形式上却有很大的相似性，即都具有强制性，都可以限制人身自由和财产的流通使用等，如果未按法定程序依法办理，则很难从形式上加以区分。

（3）行为适用的对象往往处于行政违法与犯罪嫌疑的两可之间，为公安机关解释其实施行为性质的两可性提供了可能，这更易混淆两者的使用。虽然两种行为有易于混淆的各方面原因，但是可以说，只要公安机关依法正常行使职权，区分两类行为并非很难，将合法的刑事侦查行为排除在公安行政复议范围以外也应当没有争议。然而，在实践中，公安机关存在不少滥用刑事司法权，超越职权插手经济纠纷的情况，有学者对其表现形式以及特征进行了深入分析。认为对这些行为的违法性没有疑义，其实质更是公安机关借刑事侦查之名，采取非法手段，干预经济纠纷的解决和处理，是超越公安机关职权范围的违法行为，应认定为具体行政行为。因此，这类行为就应当纳入行政复议的范围，允许相对人享有提起行政复议的权利，而不是公安部《公安机关办理行政复议案件程序规定》第28条第二款规定的"公安行政复议机关应当在做出不予受理决定之前及时报上一级公安行政复议机关"，这一规定应予以修改完善。

（四）公安机关对道路交通事故责任的认定，应当纳入公安行政复议范围

公安机关对道路交通事故所做的责任认定是公安机关在查明交通事故原因后，根据当事人的违章行为与交通事故的因果关系以及违章行为在交通事故中的作用，或者根据交通事故发生后当事人的特定行为，依照事实和法律划分责任或者推定责任的判定结果。

交通事故责任认定是否应当纳入公安行政复议范围，法学界和行政复议实践部门争议颇多，存在两种对立观点。公安机关的交通事故责任认定属于行政法学理论上的行政确权行为，是交通事故处理的核心问题，直接影响当事人的人身权和财产权。《道路交通安全法》第73条规定，"公安机关道路交通管理部门应当根据交通事故现场勘验、检查、调查情况和有关的检验、鉴定结论，及时制作交通事故责任认定书，作为处理交通事故的证据。"可见，交通事故责任认定是对交通肇事者进行行政、刑事处罚的依据，事实上已经对交通肇事者做了定性。交通事故责任认定与纯粹的技术鉴定有明显的区别。因此，当事人对交通事故责任认定不服从而提起行政复议申请，公安行政复议机关应予受理。

第四节 公安行政复议与公安行政诉讼的衔接

一、行政复议与行政诉讼的关系

（一）行政复议与行政诉讼的联系与区别

（1）二者的联系。行政复议与行政诉讼都是解决行政争议，对行政机关的行政管理进行监督，对行政相对人遭到违法或不当行政行为侵害给予救济的法律制度，它们之间的相同点有：

①产生的根据相同。二者都是基于行政争议的存在，用以解决争议的法律制度。

②目的和作用相同。二者都是为了防止和纠正违法不当的具体行政行为，保护公民、法人和其他组织的合法权益，监督行政机关依法行政。

③审查的对象基本相同。二者都要对具体行政行为的合法性进行审查，只是复议机关作为行政机关，所以审查范围要宽一些，可以同时审查具体行政行为的合理性，以及作为具体行政行为依据的规章以下的规范性文件。

④产生的条件相同。二者都是依申请启动的活动。

⑤法律关系相似。在解决争议的过程中，行政复议机关和人民法院都应居中裁判。

⑥审理、审查的原则、程序也有不少相似之处。

（2）二者的区别。行政复议与行政诉讼是两种不同的法律制度，它们之间的主要区别有：

①性质不同。行政复议是一种行政活动，受理复议的行政复议机关是行政机关，它是一种行政机关内部的层级监督制度，对相对人来说，这是一种行政救济的手段；而行

政诉讼则是一种司法制度，是人民法院对行政机关的监督活动，也是人民法院行使司法权对行政行为的司法审查。对行政相对人来说是一种诉讼救济的手段。

②程序不同。行政复议与行政诉讼在程序上有相类似的地方，但它们毕竟是两种不同的程序。人们称行政复议为"准司法程序"，要比诉讼程序简便。比如在审查方式上，行政复议主要采取书面审，一般实行一级复议制；而行政诉讼程序则较为严格，采取两审终审制，审理方式一般不是书面审，而是采用开庭审理方式。

③受案范围不尽一致。《行政复议法》规定的受案范围要比《行政诉讼法》规定的受案范围广。行政诉讼的受案范围限于人身权和财产权方面，行政复议的受案范围除行政行为对人身权、财产权的侵犯外，还包括对其他权利的侵犯。

④审查范围不同。行政复议是行政机关内部上级对下级的监督制度，是高层级行政权对低层级行政权的监督。所以监督是全面的，不仅限于对具体行政行为合法性的审查，还包括对具体行政行为合理性的审查；甚至不仅包括对具体行政行为的审查，而且在对具体行政行为审查的同时，还可以审查作为具体行政行为的依据的规章以下行政规范性文件。而行政诉讼是行使司法权来审查行政行为，一般只审查具体行政行为的合法性。对行政机关行使自由裁量权的合理性，不属于审查范围。

⑤法律效力不同。行政复议一般没有最终的法律效力，相对人对行政复议不服，还可以提起行政诉讼；只有在法律规定复议裁决为终局裁决的情况下，行政复议才具有最终的法律效力，相对人不能再提起行政诉讼。只有全国人大及其常委会制定的法律才有权规定哪些案件的行政复议能够有终局裁决权。行政机关自己制定的行政法规和行政规章，不能为自己设定终局裁决权。地方法规也无权规定行政复议的终局裁决权。行政诉讼则具有最终的法律效力，无论有没有经过行政复议的案件，一经行政诉讼，诉讼的裁判结果就是有最终效力的结果，不能再由行政机关复议。

（二）行政复议与行政诉讼衔接的一般情况

行政复议和行政诉讼的衔接问题是实践中常常会碰到的问题，二者的衔接，一般有如下几种情况：

（1）行政复议前置。即法律、法规规定行政相对人认为具体行为侵犯其合法权益，引起争议的，必须先申请行政复议，对行政复议决定不服，可以再提起行政诉讼，由人民法院通过审判程序解决争议。

（2）选择复议。相对人既可以先申请行政复议，对行政复议决定不服的，仍可申请行政诉讼；也可以直接申请行政诉讼。先申请行政复议还是直接提起行政诉讼由当事人自由选择。当然，如果直接申请行政诉讼，就不能再申请行政复议。

（3）行政复议为终局裁决。这里分为两种情形，一种是法律规定相对人可以在复议和诉讼两者之间做出选择。既可以选择行政复议，也可以选择行政诉讼，但是如果选择

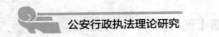

了行政复议就不能再提起行政诉讼，行政复议裁决为终局裁决。另一种是法律规定只能复议，复议裁决就是终局裁决，不能提起行政诉讼。

二、现行法对公安行政复议与公安行政诉讼的衔接方式的界定

在我国现行的公安行政法律、法规和规章中，对公安行政复议大多规定为必经复议，即公安行政复议是公安行政诉讼的必经和前置程序。公民、法人和其他组织对公安行政行为不服必须先申请公安行政复议，对公安行政复议决定不服，才可以依法向人民法院提起公安行政诉讼。目前，对公安行政行为不服申请公安行政复议，法律、法规和规章规定了以下三种情况：

（一）公安行政复议为必经前置程序

如《治安管理处罚法》第102条："被处罚人对治安管理处罚决定不服的，可以依法申请行政复议或者提起行政诉讼。"虽然这类规定没有明文表达必须先经行政复议，对行政复议决定不服才可以再提起行政诉讼，但是这些法律、法规规定的意见倾向很明显，同时综合分析我国有关行政复议的法律规定，如果准许当事人做两可选择，往往表达得很明确。《行政诉讼法》第37条虽然规定"也可以"直接向人民法院提起诉讼，但仍然倾向于先向行政机关申请行政复议；同时第二款特别指出法律、法规规定应当先向行政机关申请复议，对复议不服再向人民法院提起诉讼的，依照法律、法规的规定。基于这一指导思想，我国众多公安行政法律、法规都规定公安行政复议为必经前置程序，即对公安行政行为不服，当事人必须先向公安行政复议机关申请复议，如果当事人未经公安行政复议而直接向人民法院起诉，人民法院将不予受理。在司法实践中，也都是这样在处理。例如，赵某因参与聚众赌博而被某县公安局治安科当场查获，最终处以15日拘留并罚款3000元，赵某不服某县公安局的治安处罚，接到治安处罚裁决书的第三天由其直系亲属直接向该县人民法院提起公安行政诉讼。该县人民法院接到赵某的行政起诉状后，认为其对治安处罚不服，应以申请公安行政复议为前置程序，未经复议的，不得直接向法院提起诉讼，于是裁决不予受理。

（二）选择公安行政复议

当事人对公安行政行为不服，既可以申请公安行政复议，也可以直接向人民法院提起公安行政诉讼。《行政诉讼法》第44条"对属于人民法院受案范围的行政案件，公民、法人或者其他组织可以先向行政机关申请复议，对复议决定不服的，再向人民法院提起诉讼；也可以直接向人民法院提起诉讼。"

（三）公安行政复议终局裁决

规定当事人既可以申请公安行政复议，也可以直接向人民法院提起公安行政诉讼，

如果当事人选择了复议，则复议机关经复议后做出的复议决定就是最终决定，是终局裁决，当事人不得再提起公安行政诉讼。如《中华人民共和国出境入境管理法》第64条"外国人对依照本法规定对其实施的继续盘问、拘留审查、限制活动范围、遣送出境措施不服的，可以依法申请行政复议，该行政复议决定为最终决定。"

三、公安行政复议与公安行政诉讼衔接存在的几个问题

（一）法定公安行政复议前置问题

根据《行政诉讼法》第37条的规定，应该说我国绝大多数复议都属选定复议，一般情况下，当事人如果经济条件比较困难而又希望及时解决行政争议，则可以选择行政复议作为救济途径；当事人如果希望由独立、权威、公正的机关来解决行政纠纷，就可以选择行政诉讼作为救济方式，请求人民法院依法审理，再做决断。但是，正如前面谈到的，法学理论上的行政复议前置倾向使得众多公安行政法律、法规规定公安行政复议为必经前置程序，在公安执法、公安行政复议实践中由于各种因素影响，不经公安行政复议，公安行政争议便不能得到人民法院的受理。

从理论上讲，一般认为，赋予当事人过多的自由选择权，必将使大量的行政案件涌向法院，然而由于司法资源的有限和司法程序的特殊，又使法院无力承担这么多案件，导致许多行政案件久拖不决，严重影响行政效率。但是，行政复议，由于其提供的行政裁决的办法比法院行政诉讼的办法程序更为方便、简捷，成本更为低廉，过程更为简单，并且行政复议机关办案人员往往由于专业知识强、经验丰富、更善于解决行政纠纷，所以理论上倾向于让制定法限定当事人先申请行政复议，以作引导。

这些理论上的分析应该讲是非常有道理的，但是我们不能因此而去刻意限制行政相对人的自由选择权。因为：

首先，司法资源的有限和司法程序的特殊是肯定的。随着时间的推移，法制社会的日臻成熟，人们法律意识、法律水平的不断提升，当事人必然会根据情况做出自主而适当的选择。基于人类趋利避害的本性，相信当事人不会去无谓地耗费司法资源，也不会随意地启动繁杂的司法程序。

其次，不服具体行政行为的行政相对人基于成本核算，也不会轻易地选择行政诉讼。由于行政复议不收取任何费用，同时由于行政复议的程序简捷，过程迅速，与行政诉讼相比较，当事人所耗费的时间和精力都要少得多。从成本核算的角度来讲，当事人一定会根据自己的实际情况，做出理性的选择。当然这需要以社会公众认为行政复议与行政诉讼差不多都能达到社会公正为前提。如果行政复议缺乏社会公正，即使成本再低当事人也不愿选择它以获救济。如果行政复议缺乏公正性，即便是法律强行规定了行政

复议为必经前置程序，也只能是走过场，为当事人增加了一个程序上的负担，最终当事人还是要诉至法院。

再次，法定行政复议前置剥夺了当事人选择救济途径的自由权，也与宪政精神和民主自由理念相违背。因此，可供当事人选择的权利救济途径越多、越自由，当事人利益获得最好救济的可能性就越大，至少当事人会认为通过自主选择的救济会是最好的救济方式。赋予当事人自由选择权也是对当事人人权的最好尊重，是法治社会民主自由精神的体现。

从实践来看，有不少基层公安机关是很乐意甚至希望公安行政复议法定前置的。虽然也不乏利用这个机会进行自我检查及改正错误的。但是在我国现有行政复议运行体制下，行政复议机构独立性不够强，相关监督制约机制不够健全，公安行政复议机关还是摆脱不了"做自己案件法官"的嫌疑，有一些公安机关明知自己的行政行为有误，当相对人提出复议申请，公安行政复议机关受理后，他们首先想到的不是怎么改正错误，消除影响，积极想办法保护、维护相对人的合法权益，而是想到利用这个机会与公安行政复议机关沟通，想办法做工作，使当事人息议罢诉。《公安机关办理行政复议案件程序规定》第14条规定，"对公安派出所依法做出的具体行政行为不服的，向设立该公安派出所的公安机关申请行政复议。"为本来存在紧密联系的公安行政复议机关（一般是县市公安局或者分局的法制部门）与派出所之间提供了"官官相护"的可能。

曾经有一个被公安派出所处罚的当事人，其被处罚前曾参与聚众赌博，另外在派出所调查取证时发现其在八个月前其还参与过一次赌博活动，并且当时赢了20000元，于是派出所报公安局裁决对其罚款3000元，同时派出所要求其退还20000元违法所得。当事人对此处罚不服，根据现行法，当事人只得先到市公安局法制部门申请公安行政复议，市局公安法制部门站在公正的立场上通过正常程序调查处理当然可以。但是正如前面所说，市局法制部门与公安局以及派出所往往存在千丝万缕的联系。在该案中，市局法制部门受理后立即通知该派出所办案人员迅速做当事人"工作"，否则按公安机关内部错案追究制度要追究相关责任人的责任。于是，派出所具体办案人员找出各种社会关系对当事人软硬兼施。本案中派出所具体办案人员怕被追究责任，甚至不惜采取非法手段；作为公安行政复议机关的市局法制部门也有自身利益的考虑，其兼具法制监督部门，上级公安机关主要对本年度的执法情况进行考核测评，其中有无或具体数量被申请行政复议被视为重要指标中的一项。这样的公安工作与设立公安行政复议前置程序的本意大相径庭，侵害的是当事人的合法权益，损害的是政府的形象。

由此看来，不如直接赋予当事人自由选择公安行政复议和公安行政诉讼的权利，让当事人基于自身情况，自由衡量，自己更信赖更需要哪一种救济途径就选择哪一种救济途径，给予当事人更加充分的自由，从理论上并无太大障碍，实践上会更有利于保护当事人合法权益，同时也会促使公安机关改善执法状况，反过来促进法制进步。

从立法技术上讲，解决这一问题也并不困难，只要在修改法律、法规和制定新的法律、法规时，多以选择复议为立法模式，尽量少选择或者不选择法定复议前置即可。

（二）公安行政复议范围与公安行政诉讼受案范围的衔接问题

我国的行政复议制度最初是作为行政诉讼制度的配套制度建立起来的，随着《行政复议法》的制定出台，在很大程度上完善了行政复议，摆脱了行政诉讼法的影响和束缚，但同时也造成了行政复议制度与行政诉讼制度的脱节。行政复议范围与行政诉讼受案范围的脱节表现得就十分明显。

公安行政复议范围与公安行政诉讼受案范围也同样存在脱节的情况。首先表现在具体行政行为方面，公安行政复议范围要比公安行政诉讼的范围宽泛。《行政复议法》第6条、《行政诉讼法》第11条明确列举了纳入公安行政复议范围而未归入公安行政诉讼受案范围的行政争议案件，包括：①认为符合法定条件，申请公安机关颁发许可证和执照，或者申请公安机关审批、登记有关事项，公安机关拒绝颁发、不予答复或者不予审批、登记的；②对公安机关做出的有关许可证、执照等证书变更、中止、撤销的决定不服的。此外，为了防止列举的不足，还在《行政复议法》第6条第十一项中规定认为行政机关的其他具体行政行为侵犯其合法权益的。这样一来，公安行政复议已将所有有关的外部具体行政行为纳入复议范围。而公安行政诉讼，除上述两项外，概括规定也仅限于"认为行政机关侵犯其他人身权、财产权的"情况。

公安行政复议范围与公安行政诉讼受案范围的脱节还体现在公安抽象行政行为方面。行政复议法将部分抽象行政行为纳入行政复议的范围，而行政诉讼将抽象的行政行为完全排除在行政诉讼的受案范围之外。

这种受案范围上的衔接出现脱节，直接导致当事人对公安行政复议不服时不能提起行政诉讼，当事人获得有效权利救济的途径被中断，于公民、法人和其他组织的合法权益的保护非常不利，同时也破坏了司法最终裁决原则的贯彻实现。要解决这一问题，只能在法治观念转变的基础上，通过修改法律来完成。

（三）公安行政复议终局裁决问题

从理论上讲，行政复议不应具有最终解决争议的性质，只有行政诉讼才是最终的裁决，当事人如果对行政复议决定不服，都应该有权提起行政诉讼。但是，我国的行政机关包括公安机关是享有一定的终局裁决权的。

一是法定的公安行政复议终局裁决，也就是法律明确规定公安行政复议决定为终局裁决。根据《行政复议法》第14条"对国务院部门或者省、自治区、直辖市人民政府的具体行政行为不服的，向做出该具体行政行为的国务院部门或者省、自治区、直辖市人民政府申请行政复议。对行政复议决定不服的，可以向人民法院提起行政诉讼；也可以

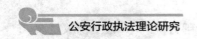

向国务院申请裁决，国务院依照本法的规定做出最终裁决。"根据《外国人入境出境管理法》第29条第二款的规定，"外国人受公安机关罚款或者拘留处罚不服可以向上一级公安机关申请公安行政复议，上一级公安机关做出的复议决定为最后的裁决。"二是公安行政复议终局裁决，也就是法律虽然没有做明文规定，但是根据行政复议法和行政诉讼法的规定，当事人只能申请公安行政复议，并以此做出最终裁决，而不能申请公安行政诉讼。主要包括：①公安行政复议机关对公安抽象行政行为所做的复议决定；②公安行政复议机关对不当的具体公安行政行为所做的复议决定。

公安行政复议裁决也是对司法最终裁决的破坏，因此对早期制定的关于公安行政复议终局裁决的规定应通过法律的修改予以取消，新制定的法律应该尽量少设置甚至不设置公安行政复议终局裁决权，让公安行政复议与公安行政诉讼很好地衔接起来，并且把司法最终解决作为处理公安行政复议与公安行政诉讼关系时的一项原则。

四、公安行政复议与公安行政诉讼的完善

我国《行政复议法》以及公安部《公安机关办理行政复议案件程序规定》为权益受损的相对人确立了比较具体和操作性很强的程序规则，为相对人寻求公安行政复议救济途径提供了保障，如对公安行政复议机关、具体复议机构、复议参加人、复议的申请与受理、审查与决定都做了详细规定。当然，公安行政复议程序仍有需要进一步完善的地方。

（一）增强公安行政复议机构的独立性

行政复议机构独立行使职权是发达国家推行行政法治所得出的经验之一。行政复议裁决权的根本性质是要求具有相应的公正性，为了公正地进行行政复议，世界各主要国家均注意增强行政复议机构的相对独立性，尤其以英美法等国家为甚。目前，我国的行政复议机构和行政复议人员缺乏相对独立性，与其他行政机构一样听命于行政首长，这样一来就抵消了组织上专门设立行政复议机构，使之超然于具体行政执法过程，以便公正地进行行政复议的意义。

目前，我国行政复议机构的独立性无法马上扩大到诸如英国、美国等裁决所具备的独立性程度，但是加强行政复议机构和人员行使职权的独立性是健全我国行政复议制度必然的发展方向。因此我们可以创新和借鉴其他国家的一些做法，避免我国行政复议因缺乏独立性而带来的弊端。一是可以考虑建立相对独立的行政复议委员会，委员会中的外聘专家要超过委员会人数的二分之一，并赋予委员会相对独立的裁决权。行政首长对委员会的行政复议的领导只具有象征意义，主要定位于事后的监管，从而改变以往的事先、事中的命令与服从。二是对行政复议人员予以特别保障，应明确规定没有法定事由

不得做对复议人员不利的工作调动和职务变迁，不得降低待遇等，增强其抗干扰的能力，解除其后顾之忧。三是建立行政复议人员的统一选拔制度，提高他们的法律职业素质。四是增加行政复议的透明度，使行政复议行为置于阳光下，经得住历史和人民的考验；增强其公正性，使行政复议行为体现立法宗旨——法律面前人人平等。独立性是公正性的保证，在努力增强行政复议机构独立性的同时，还要促进公正性的实现。任何人或者团体在行使权力可能使别人受到不利影响时，必须听取对方意见，每个人都有为自己辩护的权利；任何人不能做自己案件的法官。

公安行政复议与一般行政复议是一脉相承的，只有增强公安行政复议机构的相对独立性，遵守相应的程序规则，才能保证公安行政复议的公正性，才能真正发挥公安行政复议的功能，及时解决公安行政纠纷和争议。

（二）增设公安行政复议监督机构

有权力就应该有监督，为了防止权力的滥用就应该相应地加强对权力的制约。公安行政复议本身也是一种权力的体现，对于公安行政复议的违法或者不当，如何监督、制约和补救是一个需要思考的问题。通过司法审查来纠正违法或者不当的行政复议活动是解决问题的方式之一，因为司法权具有终局性，它对争议的处理和判断也最具有权威性。但是，我们应当看到，我国的公安行政复议有一部分是被排除在司法审查之外的，修改法律将其纳入司法审查固然好，寻找其他的补救途径也未尝不可。

同时，《行政复议法》对行政复议机关的行政复议受理行为制定了监督措施，主要体现在第20条的规定"……行政复议机关无正当理由不予受理的，上级行政机关应当责令其受理；必要时，上级行政机关也可以直接受理。"并且在第34条、第35条中还明确规定了行政复议机关无正当理由不予受理依法提出的行政复议申请，或者不按照规定转送行政复议的申请或者在法定期限内不做出行政复议决定，或者其他渎职失职行为的法律责任。

在此之外，还应该增设一个行政监督机构，由特定的机构对司法不能监督的或者对已经发生法律效力的行政复议决定确有错误的，再次做出处理决定。效仿英美国家建立行政复议委员会，让其行使这一监督职能应该是可行的。

（三）改进公安行政复议审查方式

根据《行政复议法》第22条的规定，公安行政复议的主要审理方式有两种：一是在一般情况下，原则上采取书面审查的办法。公安行政复议机关在这种情况下只根据全部案卷材料进行审查，并做出复议决定。也就是不要求复议参加人全部到场，不进行调查和辩论，只就公安行政复议申请人在申请中提出的事实、理由及相关证据材料，以及被申请人（公安机关）做出具体行政行为所搜集的证据、适用的依据和答复意见进行审查，然后做出复议决定。二是在必要时，公安行政复议机关可以进行调查，听取当事人意见。所谓必要时，根据法律规定，应该是在申请人提出要求或者公安行政复议机关认为单纯采取书面审查的方法难以对争议的具体公安行政行为的合法性及适当性做出正确判断时，向有关组织和人员调查情况，听取申请人、被申请人和第三人的意见，最后再做出正确的行政复议决定。

《行政复议法》对行政复议审查方式做出的书面审查办法的原则性规定，主要是考虑到行政复议的及时、便民原则，也是行政效率原则的体现，但是难以顾及行政复议的公正、公开原则，只是在"必要时"才调查情况、听取意见。在实践中也正因为有这种原则性的规定，往往主动调查情况听取意见的不多，当事人提出要求而采纳意见的就更少，这对于公平、公正地处理公安行政争议，充分保护公民、法人和其他组织的合法权益显然不够合理。

为了做到两者兼顾，对审查方式可以做选择性规定，给当事人以选择的自由，相信如果案件的违法性或者不适当性简单明了，证据充分，做出具体公安行政行为的公安机关积极配合、改正错误，当事人是不愿耗费时间和精力来要求采取非书面审查方式的。否则给当事人选择书面审查方式的自由也是应该的，所以说不应该对审查方式做出这种原则性规定。同时对于这种非书面的审查方式也可以效仿听证程序，设计一种简易程序对审查行为予以规范，增强公安行政复议的公正与公开。

（四）建立和完善律师参与公安行政复议制度

根据《行政复议法》第10条第五项的规定，公安行政复议申请人、第三人可以委托代理人代为参加行政复议。但是对于律师能否介入以及如何介入行政复议活动没有明确规定，限制了律师在行政复议中积极作用的发挥。

实际上，律师参与公安行政复议有着非常重要的作用和意义：一是有利于制约公安机关，促使其依法行政，防止违法或者不当的公安具体行政行为的发生而侵犯相对人合法权益；二是有利于更好地保护公民、法人和其他组织的合法权益，因为律师职业的特殊性，他们更精通法律；三是有利于监督公安行政复议机关依法做出公正的行政复议裁决。公安行政复议申请人或一般的代理人在这方面就逊色得多，由于现代社会法律、法规、规章多，他们的法律知识一般又很有限，往往不懂或者不是很善于通过公安行政复议来维护自己的合法权益，但律师在这方面就优越得多。

因此，我国亟须对律师代理行政复议案件的规则做出规定，尽快通过立法明确律师在行政复议中的权利和义务，规定律师介入公安行政复议的时间、程序和方式。因为依法行政，建设社会主义法治国家需要律师的积极参与，公安行政复议功能的充分发挥离不开律师的介入。

第五节　交通事故责任认定书的可诉性

交通事故是日常生活中最常见的事故，造成交通事故的原因多种多样，事故导致的损害有轻重之分，事故原因分析也复杂繁多。《道路交通安全法》第三条规定："道路交通安全工作，应当遵循依法管理、方便群众的原则，保障道路交通有序、安全、畅通。"第五条规定："县级以上地方各级人民政府公安机关道路交通管理部门负责本行政区域内的道路交通安全管理工作。"

一、交通事故处理内容

按照法律法规赋予公安机关道路交通管理部门的行政权力，在一般条件下，对交通事故的处理程序是：第一，报案人向公安机关道路交通管理部门报案，公安机关道路交通管理部门按照法律规定的管辖范围出警。负责受理案件的交管部门即刻派交通警察赶赴交通事故的现场，紧急抢救受伤人员和财产损失，对现场进行勘查并收集相关的证据。第二，公安机关道路交通管理部门以客观事实为主要依据，直接做出交通事故原因的判断。制作并出具交通事故责任认定书是公安机关道路交通管理部门必须要履行的一项工作职责。第三，公安机关道路交通管理部门依职权按照《道路交通安全法》第八十八条的规定，"对道路交通安全违法行为的处罚种类包括：警告、罚款、暂扣或者吊销机动车驾驶证、拘留"。最后，公安机关道路交通管理部门组织双方当事人进行调解。关于交通事故造成的人员伤亡和经济损失，按照有关规定，协商赔偿标准和事故责任认定的划分比例的赔偿。

可见，当事人对事故是否承担责任和应承担的责任范围主要依据公安机关道路交通管理部门所做出的交通事故责任认定书。如果当事人对交通管理部门做出的认定书持有异议，应当根据我国《道路交通安全法》的规定，可以向做出该认定书的上一级公安交通管理部门提出书面的复核申请。公安交通管理部门受理后，应该做出维持原认定书的决定；或是当事人认为交通事故责任认定书存在错误的，做出复核申请决定。《公安机关办理行政案件程序规定》第七十二条规定："违法嫌疑人或者被侵害人对鉴定意见有异议的，可以在三日内提出重新鉴定的申请，经公安机关审查批准后，进行重新鉴定。重新鉴定以一次为限。"法律看似确定了当事人对道路交通事故认定不服的只能提起复核，不能提起行政诉讼。但是在复杂的实践中，立法模糊导致了不同法院对交通责任认定书的可诉性问题采取了不同态度和做法，对认定书的起诉受理不一致。

二、关于交通事故责任认定书诉讼行为的观点

在法理学中，如何认定交通事故责任认定书的性质一直饱受争议，学者们莫衷一是，概括起来看，主要观点有两种。

（一）交通事故责任认定书不具有可诉性

交通事故责任认定书不可进行诉讼，其本质是作为交通事故案件纠纷解决的证据的一种，应当归类为书证。支持这一观点的学者，主要是根据我国《道路交通安全法》第七十三条的规定，"公安机关道路交通管理部门应当根据交通事故现场勘验、检查、调查情况和有关的检验、鉴定结论，及时制作交通事故责任认定书，作为处理交通事故的证据。"这种观点存在严重缺陷。交通事故责任认定书是公安机关道路交通管理部门对交通事故出具的非常客观的专业结论，是对交通事故再现的科学分析，可以充分证明交通事故的违法、犯罪的责任确定。

（二）交通事故责任认定书具有可诉性

1. 交通责任认定书是一种具体行政行为，具有可诉性

具体行政行为是指行政主体依法代表国家，基于行政职权所做出的，针对特定的对象或特定的事项，能直接或间接引起法律效果的公务行为。交通管理部门所做出的交通事故责任认定书完全符合具体行政行为的构成要件。理由如下：第一，做出认定书的主体是行政主体。《道路交通事故处理程序规定》的第二条规定，处理道路交通事故由公安机关道路交通管理部门负责。公安机关道路交通管理部门作为公安机关的内部机构，根据行政法规和公安部门规章的授权取得了依法处理交通事故的行政执法主体资格。依据《道路交通安全法》的规定，公安机关道路交通管理部门是做出交通事故责任认定书的唯一部门。第二，做出交通责任认定书是在交通管理部门行使行政职权的行政活动中发生的。行政行为是行政主体行使行政权力的行为，如果行为人具备行政主体资格，但是没有行使行政权力，做出的行为也不是行政行为。很明显，交通事故责任认定书是在交通管理部门履行管理交通安全职责的过程中，行使行政管理职能而做出的，并且会对道路交通事故责任人产生一定法律后果。第三，认定书针对的是特定的对象和特定的事项。交通事故责任认定书是针对发生交通事故的责任人，事故认定书只能鉴定一次；申请重新鉴定的机会也只有一次，明显区别于抽象行政行为的普遍性。第四，认定书的做出是单方行政行为。公安行政机关完全按照自己的单向意志做出，不需要行政管理相对人的同意或者接受。交通事故责任认定书是在交通管理部门接到报案后，对事故现场进行勘查，收集一切证物及与交通事故有关联的材料，整合分析后，无须与交通事故当事人任何一方进行协商，就可直接做出的一种行政行为，明显符合行政行为的单方意志

性。第五，认定书能直接或间接引起法律效果。根据《道路交通安全法》规定，"交通事故责任认定书应当载明交通事故的基本事实、成因和当事人的责任，并送达当事人。"交通事故责任书的内容中明确了交通事故的责任划分，必然会对交通事故处理结果产生直接的影响，所以对交通事故当事人法律责任的承担产生不同程度的影响。综上所述，交通事故责任认定书是公安机关道路交通管理部门依照法定职权做出的具体行政行为。2000年最高人民法院公布施行的《关于执行〈中华人民共和国行政诉讼法〉若干问题的解释》中对人民法院行政诉讼受案范围做了明确解释，其第一条规定是"公民、法人或其他组织对具有国家行政职权的机关和组织及其工作人员的行政行为不服，依法提起行政诉讼的，属人民法院行政诉讼的受案范围"。《解释》同时还列举了不属于人民法院行政诉讼受案范围的六种类型，而公安交通管理部门做出认定书的行为不属于这种。因此，交通事故责任认定书是具有可诉性的具体行政行为。

2. 交通责任认定书不具有上位法证据的性质

《道路交通安全法》把认定书定位为证据，但是这个证据的概念明显和诉讼法中证据的概念不一致，不属于法定的证据种类。从法理的角度来看，行政诉讼法是上位法，人民法院、公安部的批复是下位法。《立法法》明确规定了在适用法律规范的时候如果出现下位法和上位法冲突，应当优先适用上位法。处于上位法的《行政诉讼法》应当优先，因此交通事故责任认定书不能定性为行政诉讼法中的证据。此外，值得强调的是，交通事故责任认定书与工伤认定、审计认定等认定书在本质上应当是相同的。但是后者却早已在其他部门规章中被认为具有可诉性。例如，劳动部发布的《关于贯彻执行〈中华人民共和国劳动法〉若干问题的意见》第八十条规定："劳动者对劳动行政部门做出的工伤或职业病或因工负伤后，对劳动鉴定委员会做出的伤残等级和护理依赖程度鉴定结论不服，可依法提起行政复议或行政诉讼"。审计署在《关于审计行政复议问题的通知》中规定，审计机关的审计结论是可复议、可诉讼的具体行政行为。审计认定、工伤认定等在司法实践中作为行政诉讼的对象并没有什么争议。所以，将交通事故责任认定书仅定性为证据，是有瑕疵的。

3. 交通事故责任认定书的法律效力难以保障行为人权益

交通事故是人民群众日常生活中发生率颇高的一种事故，公安机关道路交通管理部门依法做出了交通事故责任认定书，认定书与事故分析有非常重要的因果联系。在《最高人民法院、公安部关于处理道路交通事故案件有关问题的通知》中规定，"当事人对做出的行政处罚不服提起行政诉讼或就损害赔偿问题提起民事诉讼的，以及人民法院审理交通肇事刑事案件时，人民法院经审查认为公安机关所做出的责任认定、伤残评定确属不妥，则不予采信，以人民法院审理认定的案件事实作为定案的依据"。人民法院极有可能不将交通管理部门所做的认定书视为证据，那么交通管理部门应当更改、撤销错

误的交通事故责任认定书，承担法律责任，对受侵害的行政管理相对人的合法利益予以赔偿。如果认定书不具有可诉性，仅仅是只能申请上一级交管部门复核，就很可能存在上一级行政机关"包庇"下级行政机关过错，官官相护，最终损害行政相对人的合法利益。因此，如果由行政司法权对行政权执法权进行有效的监督和约束，就一定会真正地控制行政权力的膨胀，促进公安机关行政权的依法高效行使。

通过上述探讨与分析，得出这样的结论：交通事故责任认定书是一种可诉性行政行为。应该构建立法机关对交通事故责任认定书的性质规范体系，避免实践中的混乱与矛盾，保障法治社会的进程，促进和谐社会的建设。

第六节 行政机关首长应诉制度研究

化解行政诉讼纠纷、树立法治政府形象、维护社会和谐稳定已经成为行政审判工作的重要使命，当前，大力推行行政首长出庭应诉制度对于满足人民群众合理诉求、实质性解决行政争议、优化行政审判环境等方面更具有重要的推进作用。因此，法律实务界和学术界都把行政首长出庭应诉制度当作破解当前行政审判工作难题的重要突破口。然而，要让行政首长出庭应诉制度的理论基础更加坚实，运行机制更加完善，使其成为一项比较成熟稳定的行政诉讼制度，仍然需要对行政首长出庭应诉现状有清醒的认识并进行客观全面的分析。

伴随国家大力推进法治政府建设，行政首长出庭应诉工作已经在全国多个地区逐渐制度化。但是，要让行政首长出庭应诉制度具有坚实的理论基础和完善的运行机制，成为比较成熟稳定的行政诉讼制度，还需要在对其现状做出更加清醒认识和客观分析的基础上，挖掘其所具有的积极意义和现实可能性。

一、行政首长出庭应诉制度的概念及存在的问题

行政首长出庭应诉制度主要是指行政相对人认为行政主体的具体行政行为违法或侵犯了其合法权益，以该行政主体为被告向人民法院提起行政诉讼，被诉行政主体的法定代表人，或者是主持单位全面工作的负责人，或者是分管具体工作的负责人出庭参加庭审活动的一项诉讼制度。行政争议发生在行政机关同行政相对人之间，双方当事人的地位不平等，这种官民现实的地位悬殊让由什么人来代表行政机关出庭应诉具有非常强的形式价值和象征意义。虽说当前行政诉讼法还没有对行政首长是否需要亲自出庭应诉做出较为明确的规定，但是，全国已经有多个地方相继通过制定各种规范性文件来对行政

首长出庭应诉制度予以确立，并且得到了最高人民法院和国务院的高度认可。

（一）相关概念

1.行政首长

行政首长，一般意义上指行政机关的最高领导人，行政机关及其活动的最高指挥者，是行政机关的法定代表人，从数量上讲每个行政机关只能有一个行政首长。而行政首长出庭应诉制度中行政首长的范围则比较宽泛，主要包括三类：一是行政机关或法律授权组织的法定代表人，即行政正职；二是主持行政机关全面工作的负责人；三是分管具体工作的副职，包括分管负责人。

2.出庭应诉

行政首长出庭应诉，一般指行政相对人向人民法院提起行政诉讼，被诉行政机关的法定代表人或主持工作的负责人或分管负责人作为委托代理人出庭参与诉讼活动。而一些案件尚未开庭，已经由被告的负责人出面协调化解了行政争议，原告的诉求得到满足后主动到法院撤回起诉，案件办结。如按一般理解，案件没有开庭，也就不存在行政首长出庭应诉问题。如此类情形不计算到行政首长出庭案件中，势必影响行政首长出庭应诉率考核指标，影响行政首长出面协调解决问题的积极性，也与推行行政首长出庭应诉制度化解行政争议的初衷相违背。从法院立案起，不论行政首长参加庭审还是参加协调，不论案件是否需要开庭审理，只要行政首长积极参与到行政争议解决过程中，就可以归入行政首长出庭案件进行统计，最大限度地调动行政首长协调解决行政争议的积极性，这样也有利于减少行政案件判决率高、上诉率高、申诉率高的问题。

（二）历史演进

1.国外行政长官基本理论

英国的内阁负责制。英国是最早实行宪政的国家之一，英国的内阁制度发源于都铎王朝时期枢密院的外交委员会。内阁首相由在议会当中获取多数席位的政党或政党联盟的领袖担任，首相以及部长就自身的决策对议会负责。内阁集体负责制意味着首相以及其领导之下的政府享有强大的行政权力，任何内阁成员不能投票反对政府的决策，也不能不明确支持内阁的政策，而且必须准备为所有的政策负政治责任。除了政治责任以外，首相及其部长们还应对其行为承担相应的法律责任。虽然说，政府责任主要是一种政治方面的责任，但法律责任的追究对于完善英国政府责任体系来说是一种必要补充。

美国的总统负责制。美国通过选民选出的选举人投票，由得票最高的政党候选人当选为总统。美国宪法规定行政权属于总统，总统是国家最高行政长官，享有极大的人事权力。美国联邦政府高级官员主要是由总统提名、参议院同意后任命的，高级官员参与重大政策的决定，必须得到总统的信任。对于隶属于总统行政机关的官员，总统具有免职权，不管是该官员在任命的时候是否需要获得参议院同意，总统都可以单独行使免职

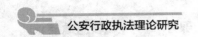

权力。总统对于独立的行政机构官员，如对那些履行准立法职能或者是准司法职能的官员的免职受到了一定的限制，要求必须具有正当理由。

2. 我国行政长官的提出

我国行政诉讼法自1989年颁布以来，人民群众的依法维权意识逐渐增强，"民告官"行政诉讼案件逐年递增。然而，与行政诉讼案件数量增长相反，被诉行政主体的行政首长却鲜有出庭的，甚至连一般工作人员都不出庭，只委托专业律师出庭应诉，人民群众戏称之为"民告官不见官"。为了扭转"官民不同审"的局面，全国各地积极探索行政首长出庭应诉的具体办法，纷纷制定规范性文件，甚至有的地方人民代表大会出台地方性法规或地方人民政府制定政府规章，尝试推行行政首长出庭应诉制度。

3. 我国行政长官制度的出现

我国最早推行行政首长应诉的是陕西省合阳县。1998年6月，合阳县人民法院为扭转行政诉讼中"民告官不见官"的局面，提出有关行政首长出庭应诉方面的司法建议。合阳县委、县人大和县政府收到司法建议后非常重视，合阳县人民政府不但将行政首长出庭应诉制度列入了该县"依法治县三年规划"，还联合县人民法院一起制定了《关于贯彻行政首长出庭应诉制度的实施意见》，将关于行政首长出庭应诉的司法建议制度化。

4. 我国行政长官制度的自发推行

辽宁省沈阳市人民政府于2002年7月制定的《关于建立行政机关法定代表人行政诉讼出庭应诉制度的通知》，要求沈阳市各级行政机关出台相应的法定代表人出庭应诉工作办法。浙江省温州市鹿城区人民政府于2003年9月制定的《行政诉讼法定代表人出庭应诉规定》，要求被诉行政机关法定代表人在人民法院开庭审理本单位作为被告的行政诉讼案件中应当出庭，而且规定每年行政首长出庭率不能低于50%。随后，广东省深圳市也出台了相关文件要求行政首长出庭应诉。2004年之前，出台行政首长出庭应诉相关文件的地区仅限于上述城市，这足见行政首长出庭应诉工作的自发推行，步履维艰，困难重重。

5. 我国行政长官制度的现状

国务院于2004年3月出台《全面推进依法行政实施纲要》，"民告官不见官"的现象才真正开始有所好转。《全面推进依法行政实施纲要》虽然明确指出，对人民法院受理的行政案件，行政机关应当积极出庭应诉、答辩，但并没有对何人代表本单位出庭应诉做出规定。为此，各地陆续出台了行政首长出庭应诉的相关规定，把推行行政首长出庭应诉作为建设法治政府的一项重要改革举措。南通市人民政府办公厅于2005年率先在江苏省出台《关于建立行政机关负责人行政诉讼出庭应诉的通知》，开江苏省行政首长出庭应诉工作之先河。河南省人民政府办公厅于2007年5月做出的《关于加强和支持行政审判工作的意见》指出：各级行政机关要自觉履行法律规定的义务，积极参加行政诉讼活动，倡导、鼓励行政机关法定代表人亲自出庭应诉，支持、配合人民法院的行政审判工作。四川省人民政府于2008年4月出台的《全面推进依法行政工作的2008年度安排》，把努力推行行政首长出庭应诉工作作为有效化解社会矛盾的重要举措。国务院《关于加强法治政府建设的意见》第二十五条规定："完善行政应诉制度，积极配合人民法院的行政审判活动，支持人民法院依法独立行使审判权。对重大行政诉讼案件，行政机关负责人要主动出庭应诉"，该规定进一步推动了行政首长出庭应诉制度在全国的实施进度。

2012年，苏州大学法学院章志远教授曾通过百度等方式进行搜索，共收集到153个关于行政首长出庭应诉制度的规范文本。据此估计，全国有超过153个市、区、县在推行行政首长出庭应诉制度，但这仅仅是行政首长出庭应诉制度的一些初步发展，该制度还需要在法律层面上不断完善与深化。

（三）存在的问题及成因

1. 立法层面的问题

缺少法律依据，政策规定也较少，目前仅有以下相关规定：

（1）《中华人民共和国宪法》规定，国务院实行总理负责制，各部、委员会实行部长和主任负责制，同时还规定了地方各级人民政府实行省长、市长、县长、区长、乡长和镇长负责制。

（2）《中华人民共和国行政诉讼法》规定，当事人、法定代理人可以委托一至二人参加诉讼。

（3）《最高人民法院关于加强和改进行政审判工作的意见》对行政首长出庭应诉制度进行了比较详尽的规定，规定人民法院肯定并且支持行政首长出庭应诉；规定人民法院只能建议行政机关负责人出庭应诉，不宜对行政首长亲自出庭应诉提出刚性要求；规定人民法院可以选择一些社会普遍关注的重大案件或者具有教育规范意义的案件，建议相关单位行政首长出庭应诉。

（4）最高人民法院于2009年出台的《关于当前形势下做好行政审判工作的若干意见》明确提出，要通过推动行政机关法定代表人出庭应诉工作，为行政诉讼案件的协调解决提供有效的沟通平台。

（5）《国务院关于加强法治政府建设的意见》第二十五条规定，对重大行政诉讼案件，行政机关负责人要主动出庭参加诉讼。

2. 规范文本方面的问题

目前，全国各地约有200个行政首长出庭应诉方面的规范文本，但文本内容比较庞杂，冲突非常明显。

（1）出庭行政首长界定不一

从多区域推行行政首长出庭应诉的情况来看，在出庭首长方面的界定上缺乏相关统

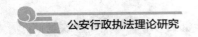

一规定。有的规定要求行政一把手出庭，有的则规定相关行政负责人出庭即可。

（2）出庭案件类型冲突非常明显

行政首长究竟是主动选择部分案件出庭，还是立法强制规定出庭案件类型，这方面存有较大争议。很多专家学者都不赞同直接规定行政首长出庭应诉案件类型，认为不应做出出庭案件百分比方面的硬性要求。然而大多地方文本都规定了行政首长出庭案件类型，具体类型达到10多种。但这些规定不同程度地存在一些问题：首先，出庭案件类型规定重复性比较高。行政首长出庭应诉制度的生成模式是自下而上的，而实行模式又是自上而下的，自然无法避免照抄照搬的情况出现。各地文本关于"社会影响非常重大"和"本年度本单位第一起行政诉讼案件"规定均超过了50%，这就意味着我国大部分区域不约而同地认可此两种类型的案件行政首长必须出庭。其次，界定出庭案件类型缺乏可操作性。例如，被诉具体行政行为涉及金额达到一定数额的案件，这里的"一定数额"如何判断，标准是什么，是否会由于各区域间经济水平方面的差异而有所不同，这些都无法得到准确结果。另外，规定出庭案件类型缺乏合理性依据。关于"本年度本单位第一起行政诉讼案件"行政首长必须出庭应诉的规定，显然是主观臆断，为什么选择的是第一件而不是第二件或是最后一件要求行政首长出庭应诉，这显然无法得到合理解释。

（3）应出庭案件数量比较多

在众多的规范文本当中，有许多文本对行政首长出庭应诉的案件数量进行了规定，截至2016年已经占到了总数量的33%以上。然而相关规定依然存有以下问题：首先，规定出庭案件数量的比较少。其次，各区域的规定不统一，随意性比较大。第三，下限设立得不是非常合理，假如一年之内行政诉讼案件达到了10件以上，那么依照规定行政首长出庭应诉的案件数量不可以少于2件，这就是意味着行政首长只需要出庭满2件就可以完成出庭指标。此种片面强调行政首长出庭应诉率，严重忽视实际出庭效果的做法，更加容易造成一种表面虚高、实质背离的繁荣景象。

（4）出庭的具体要求不是非常明确

在实践当中，行政首长出庭应诉通常是出庭而不出声，或者只宣读律师或法务人员提前写好的行政答辩状，这对行政争议的有效化解难以起到实质作用，因此行政首长出庭是为应付上级或法院，被指"走过场"。但是最近几年，在一些地方政府和人民法院的共同推动之下，被诉行政主体的行政首长不但需要亲自出庭，而且还需要在法庭上发言，与原告当面辩论。然而相关方面的规范文本并没有对此直接提出具体要求，没有规定行政首长出于解决争议的需要，出庭之前应主动掌握案情和了解相关法律知识。

（5）不出庭责任的规定比较模糊

各区域规范文本对行政首长不出庭责任方面的规定可谓是五花八门，各有特点。很多区域规范文本没有行政首长不出庭责任方面的规定。在众多的规定中，对行政首长不出庭或者是拒绝出庭的处理办法，主要是由法制、监察部门和政府或上级部门依法追究相关单位责任人的行政责任。不过，政府的法制部门是否拥有问责的权力还有待明确，相关的行政过错责任、行政责任方面的表述也比较陈旧模糊，严重缺乏可操作性。

3.实践层面的问题

（1）出庭率低，各地发展不平衡

通过最高人民法院司法统计分析可以看出，全国各级法院审理的行政首长出庭应诉的行政案件占行政案件总数的比例还不到1%，且各地区推行行政首长出庭应诉工作的进度很不平衡。2003—2007年上半年，河南省某市两级人民法院受理行政诉讼案件近6000件，行政首长出庭应诉的比率仅占受理案件的0.4%左右。根据湖北省高级人民法院司法统计分析，2002—2006年，湖北省各地人民法院审理的行政机关负责人出庭应诉的案件有132件，占全省行政诉讼案件数量的比例仅0.7%。广东和长江三角洲地区行政首长出庭率较高，如广东省佛山市2011年两级人民法院共受理一审行政诉讼案件673件，其中行政机关负责人应当出庭应诉的案件为122件，实际出庭应诉的为86件，负责人出庭应诉率为70.5%；佛山市两级人民政府2012年上半年按规定行政首长应出庭应诉的案件为119件，实际出庭112件，出庭率高达90%以上。又如江苏地区，2009年南通、盐城、扬州、宿迁等9个省辖市的行政机关负责人一审出庭应诉率超过50%，其中南通市达到100%；有近一半的县（市、区）超过80%，其中海安县连续5年保持100%，形成行政诉讼著名的"南通现象"和"海安样本"。

（2）一把手难见，出庭不出声

有着多年行政诉讼经验的律师梅春来告诉《工人日报》记者，在他接触过的行政诉讼案中，他发现按规定出庭的部门领导非常少，而一把手更是罕见，"出庭的多是部门的处长或者科长，一把手非常少见。就算行政首长出庭，也多数坐在一边，一声不吭。"大多数行政机关被告上法庭后，往往找一名律师和行政首长共同出庭，行政首长常常是坐在被告席上默不作声，质证答辩全由代理律师完成，行政首长这种出庭不出声的出庭方式对行政争议的化解难以起到实质作用，因而被指为"走过场"。

行政首长既然坐在法庭的被告席上，就应该积极发言，为本机关的行政行为合法性做出合理解释，不能像"花瓶"一样被摆在法庭之上。人民群众作为原告，除了希望在法庭见到被诉行政机关的官员之外，更希望能与之当面"对话"，"出庭"只是形式，"对话"才是实质。在当今社会法治环境下，一般百姓会认为，只有被告的负责人亲自出庭答辩，才表明相关领导真的注意到了原告的诉求，才会重视这个案件，而不是为了迎合上级文件的要求，象征性地出庭应诉，至于具体行政行为是否有问题、百姓的权益是否受到了损害，行政首长则全然不知。如果行政首长只是为了作秀而出庭，大可没有必要。

4.问题成因分析

（1）缺乏强制性规范，出庭具有随意性

严重缺少法律层面的强制性规范，我国《行政诉讼法》没有对行政诉讼中被告法定代表人必须出庭应诉做出强制规定。目前行政首长是否出庭应诉，一般由被告自行决定，作为被告单位的法定代表人大多数都不会决定自己亲自出庭应诉，这就造成了行政首长出庭率普遍较低的现象。

（2）行政首长事务繁多，无暇顾及出庭应诉

行政首长不出庭的主要借口是行政事务、行政程序较为烦琐，没有闲暇时间顾及出庭应诉事务。随着行政管理体制的膨胀化和技术化发展趋势日益增强，现代政府包括其职能部门，行政首长需要处理面广量大且日益复杂的行政事务，尤其是那些涉诉较多的政府部门，行政首长行政事务更是冗杂。出庭应诉占用的时间与精力会比较多，不但需要出庭行政首长看案卷材料了解案情，还要其熟悉相关法律知识。再者，行政首长大多并非法律专家，对法律知识特别是行政诉讼程序不是特别了解，而且行政首长不具体经办执法案件，实施具体行政行为的大多是行政机关的普通工作人员，其对行政争议纠纷事实的了解程度远远低于具体办案人员，就更不愿意出庭应诉了。

（3）人民法院相对弱势，无权强制行政首长出庭

我国制定《行政诉讼法》的主要目的是切实保护行政相对人的合法权益不受行政机关的侵犯，把行政机关的具体行政行为纳入司法审查范围，以司法权来监督行政权。由于我国司法独立程度不高，司法权相对行政权还比较弱势，再加上现行法律没有硬性规定行政首长必须出庭应诉，这使行政首长不轻易出庭应诉有了借口。行政首长是否出庭，一靠自觉，二靠上级部门的行政压力，人民法院对此也无能为力。

二、行政首长出庭应诉制度的必要性和可行性

（一）关于行政首长出庭应诉制度的相关争议

1.合法性之争

有人认为，行政首长出庭应诉欠缺合法性，与《立法法》的规定相互冲突。根据我国《立法法》第八条规定，诉讼制度作为司法制度的一部分，只能由法律加以规定。据此认为，现行的行政首长出庭应诉的做法还没有法律方面的依据。

关于行政首长出庭应诉制度是否具有合法性的问题，诚然，我国司法制度只能由法律进行规定，行政首长出庭应诉制度作为诉讼制度的一个重要组成部分也不例外。但是，这最多只能说明行政首长出庭应诉制度应该由法律进行规定，换句话说，这是立法技术层面上的问题，假如行政首长出庭应诉制度可以经受住实践考验，符合我国行政诉

讼实践需求，那么就应该对其进行立法规范。我国《行政诉讼法》尚未规定行政首长必须出庭应诉，但《民事诉讼法》规定，法人由其法定代表人进行诉讼活动。行政机关作为机关法人，规定作为法定代表人的行政首长在特定的行政案件中出庭参加诉讼也未尝不可。虽然我国法律还没有正式出台行政首长出庭应诉的相关规定，但可以从行政首长负责制中为推行行政首长出庭应诉工作找到一定的理论依据。

2. 出庭模式之争

行政首长究竟是自己决定出庭还是被动强制出庭在理论界和实务界都有较大争议。我国《行政诉讼法》第二十九条规定了当事人、法定代理人可以委托一至二人代为诉讼，那么行政首长委托其他人代表本单位出庭诉讼是其法定的权利，如果再强制要求其出庭应诉则违反《行政诉讼法》的上述规定。同时，行政首长是政府或相关职能部门的负责人，如果要求其每个案件必须出庭应诉，则其一定会受诉讼之累，从而影响到被诉行政机关日常管理工作的正常运行。再者，行政首长并不具备行政诉讼的专业知识，而且对涉诉的具体事务有时也未必熟悉，如果强制要求其出庭，则其应诉效果可能会适得其反。所以，行政法理论界和实务界大都主张采取倡导行政首长出庭应诉的模式。

行政首长大多作为被诉行政机关的法定代表人，其主持的是单位全方面的工作，对具体执法工作进行的是全面宏观领导。如果让行政首长在每一个行政案件中都出庭参加诉讼活动，客观上一定会降低行政管理效率，影响单位行政执法活动的正常开展，所以不能一味地以行政首长出庭率来评判该制度实行的效果，有些地方追求百分之百的高出庭率是对行政首长出庭应诉制度的误读，是从"民告官不见官"的一个极端走向"民告官必见官"的另一个极端。但是，属于规范性文件文本中规定行政首长必须出庭的行政案件，人民法院可以下发应诉通知要求相关行政首长出庭。对于文本中未规定的行政案件，可由行政首长视情况自主决定是否亲自出庭应诉，对出庭案件的百分比不应做强制要求。

3. 司法独立之争

有人认为，行政首长出庭应诉可能会在无形中给法官施加一定压力，加剧行政权干预司法权的力度。有些行政首长对本单位成为被告的行政诉讼案件还持有比较激烈的对抗情绪，认为人民法院立案受理其单位的案件就是故意给其添麻烦，影响行政执法效率，妨碍行政权威。由此，有些行政首长就会与案件主审法官比地位、比职权，甚至会在背后采取不正当手段阻碍当事人正常行使行政诉讼权利，更甚者还利用行政机关掌控的人财物各方面的权力来故意刁难受理案件的人民法院。这样一来，将会使人民法院处于非常尴尬的境地，极大地损害了司法权应有的尊严和权威。

目前，中共中央已经注意到了我国司法权运行的不畅，正在努力推动省以下地方人民法院人财物由省一级统一管理，积极探索与行政区划适当分离的司法管辖制度。所以

在当下，一些地方政府和人民法院出台举措逐渐完善行政首长出庭应诉制度，正是努力提高司法权的一种表现，至少在一定程度上满足了司法的形式性权威。随着我国法治政府建设进程的加快，这种形式性权威必定逐渐过渡到实质性权威。民主法治的理念逐渐深入人心，政府也在转变行政职能，逐渐从管理型向服务型过渡，这些都要求行政首长主动出庭参加诉讼，同百姓在法庭上平等对话。

4. 行政效率之争

有人认为，行政首长出庭应诉有悖于行政高效原则。如果让被诉行政主体的行政首长出庭应诉，客观上可能会降低行政管理和行政执法效率。效率是我国行政法的一项重要原则，我国宪法也规定了精简原则。假如说让行政首长每一个行政诉讼案件都出庭应诉的话，个人有限的时间和精力无法应对工作中的每一个环节，可能会降低行政效率。

要求行政首长出庭应诉将会极大影响行政效率的观点并不能成立。如果行政首长没有到庭，有些当场就可以解决的矛盾，由于被告的出庭人员没有权力当场做出决定，还需向相关领导请示汇报，反而延误了行政案件的及时解决。如果行政首长亲自出庭应诉，则能省略请示汇报过程，能及时发现纠正被诉具体行政行为违法或不当之处，对原告的诉求及时给予回应，也便于法院及时高效审结案件。从整体上而言，行政首长出庭应诉不但能提高司法效率，也有利于行政机关及时纠正违法行为以减少日后本单位涉诉案件，反而提高了行政效率。推行行政首长出庭应诉制度虽然不能有效解决宪政危机，但能够在一定程度上缓解阵痛，有利于进一步弘扬法治精神、妥善解决行政争议、促进行政主体依法行政，这也是行政效率原则的一种重要体现。

（二）必要性

我国最高人民法院原院长肖扬指出，行政审判工作是社会主义法治国家的晴雨表，直接反映民众的法治意识，直接体现依法行政的水平，直接衡量公民权利的保障程度。我国当前正处在社会转型时期，各个方面的利益诉求千差万别，社会矛盾凸显，民众依法维权意识提高，对政府依法行政水平有着新的期待，这就为我国建立行政首长出庭应诉制度提供了良好的机遇。从现实情况来看，多个地方和区域实行的行政首长出庭应诉制度，也确实收到了良好的法律效果和社会效果。

1. 维护司法权威和法律尊严的需要

有些行政机关的负责人对行政诉讼不了解、不支持，甚至有的抵触情绪强烈，对行政诉讼案件从立案时起即百般阻挠，更不用说让其出庭参加诉讼，坐上被告席了。行政权力对司法的干预，让法律尊严和法院权威丧失殆尽。在西方司法较为独立的国家中，三权分立原则在民主政治生活中发挥出极大作用，究其本质，无外乎各种权力的相互分开和相互制约。当然，也不是说权力必须分离才能受到制约和监督，才可以实现司法权威的目的。然而，我国人民法院在人财物等方面均受制于行政机关，行政首长不但是行政机关的负责人，实际上其地位和职权均高于人民法院的院长，故人民法院很难独立行使司法权，特别是在审理行政诉讼案件时，独立行使司法权难以得到保障。如果实行行政首长出庭应诉制度，通过主审法官对案件审理节奏的有效控制，行政首长与百姓同堂受审，至少能够在一定程度上实现司法的形式性权威。当下中国，司法权威的树立不可能一蹴而就，只能先从形式上的司法权威做起，逐渐向实质权威过渡。

2.提高依法行政水平的需要

21世纪，从世界范围来看，法律对公权力的规制要比对私权利的规制更为严格。行政机关带头遵守法律，严格依法行政，把法律作为其行政执法的最高准则，而不是一切遵循领导意志。行政机关负责人亲自参加庭审活动，通过庭审对具体行政行为执法主体、内容、程序、结果以及法律依据等的全面审查，有利于出庭行政首长全面了解本单位具体行政执法情况和及时听取行政相对人对本单位工作人员在执法过程中存在的问题提出的意见和建议。如果行政机关一般工作人员执法行为存在问题，必然让出庭的行政首长在法庭上难堪，从而倒逼行政首长回到本单位及时加大力整改力度，其工作人员必然不会再犯或少犯类似错误。如果行政首长不亲自出庭，只是通过一般工作人员或专业律师对出庭情况的汇报，其就非常难以直接深入了解本单位本部门的具体执法情况，也就难以对出现的问题进行针对性整改。如果不能把个案的得失及时转化为一定的经验教训加以吸取，不但不利于行政水平的提高，反而会妨碍百姓对政府的信任程度，影响政府公信力的树立。

3.及时有效化解行政争议的需要

行政相对人提起行政诉讼的目的在于纠正行政机关的违法行为，满足行政争议背后的利益诉求。行政首长出庭应诉，开庭审理为行政相对人和行政首长创设了直接当面说理的机会，对行政相对人的一些合理诉求，行政首长可以当场拍板决定是否满足。反之，行政首长若不亲自出庭应诉，则原本可以当庭就能够解决的行政纠纷不能得到及时化解，因为出庭人员没有决定权，只能向相关领导请示汇报后再给予答复。在审理行政首长出庭应诉的案件时，明显感觉到原告和行政首长的对立情绪没有那么强烈，双方能比较平和地交换意见，案件判决结果也比较容易得到当事人认可，行政相对人信访、闹访的概率大大降低。所以，让行政首长出庭应诉，从整体而言，将会极大有利于及时化解行政纠纷，有效扭转行政案件立案难、审理难和执行难的局面。

（三）可行性

1.有坚实的理论基础予以支持

行政首长出庭应诉制度的理论基础应当定位于行政首长负责制。换句话说，行政首

长负责制本身含义就包括行政首长代表本单位出庭参加行政诉讼。行政首长负责制的主要含义在于，行政首长对其所在单位的行政管理行为、本机关组成部门以及公务人员的行政执法行为、下属组织的具体行政行为负全面领导职责。行政首长负责制作为行政首长出庭应诉制度的理论基础，为其在法律层面的进一步完善和发展提供了坚实的理论支撑。

（1）行政首长是被诉具体行政行为的知情者

实践当中存在这样一种看法，认为具体行政行为一般由具体执法人员做出，行政首长作为单位领导总揽全局，对具体执法行为不知情，所以要求其亲自出庭应诉是强人所难。然而，做出上述理解的人对我国行政权运行机制还不是特别了解。在我国行政管理权力运行实践当中，没有行政机关负责人的批准或是领导的集体讨论，一般是不会做出影响行政相对人切身利益的具体行政行为的；即便依照简易程序当场做出的行政决定，事后也要及时向行政负责人汇报。比如，我国行政强制法律就规定了行政机关实施行政强制措施以前需要向行政机关负责人报告并且经批准。我国《行政处罚法》中也规定了对于情节比较复杂，或者重大的违法行为给予比较严厉的行政处罚，行政机关的负责人可以开会集体讨论决定。可见，不论是通过所属机关或部门具体执法人员的事后汇报，还是事先领导班子集体讨论决定，行政首长对本单位做出具体行政行为的内容和依据的事实法律应该是知情的，其亲自出庭应诉是先前行政程序义务的自然延伸。

（2）行政首长是行政纠纷源头预防的责任者

各级人民政府高度强调社会稳定，妥善化解矛盾纠纷对社会和谐稳定具有重大影响。当前我国社会矛盾较为突出，如果处理不慎，极易引发社会冲突，甚至会让转型时期的社会陷入无序状态。正是由于对社会和谐稳定的重大关切，中共中央和国务院办公厅出台了《关于预防和化解行政争议健全行政争议解决机制的意见》，确立了从源头上预防和减少行政争议的行政管理理念。为此，面对信访数量居高不下以及维稳工作的现实压力，具体行政执法机关和一线执法人员就必须切实肩负起从源头上预防行政纠纷发生的重大任务。被诉行政机关的主要负责人亲自出庭，同行政相对人当面辩论，同办案法官进行有效沟通，就可以更全面掌握行政纠纷产生的内在机理，避免一些新的行政纠纷的产生。

（3）行政首长是行政纠纷实质性化解的决断者

我国已经处于社会矛盾多发时期，老百姓打官司，不但需要得到一个说法，更加需要获取一定的经济补偿，讲究的是"案结事了"。但由于《行政诉讼法》解决行政纠纷的方式先天不足，只能"结案了事"，而不是"案结事了"，这就使得不少诉讼只是程序"空转"，不能解决实质问题。据统计，2013年合肥市两级人民法院受理的行政案件中，做出实体裁判的案件比率只有60.05%，还有近40%的案件进行程序性处理。这些程序性处理的案件裁判虽然并不一定存在问题，甚至完全合法，但实质争议未能解决，实现的只是形式上的公正。当前全国行政审判工作比较突出的问题是"一高一低"，即行政相对人申诉上访率高和服判息诉率低的问题。作为各种行政资源的掌控者和被诉具体行政行为的知情者，行政纠纷能否得到实质解决，可以说行政首长的态度发挥着举足轻重的作用。行政首长出庭应诉不但可以利用庭审契机就具体行政行为的合理性和合法性向行政相对人和人民法院进行充分解释说明，同时还可以就行政争议的解决提供一些具体方案。尤其是在被诉行政行为违法或存有瑕疵，原告的合法利益受到实际损害时，行政首长的态度就更加重要了，其若能亲自出庭应诉将更利于在实质上化解行政争议。

2.有良好的实践效果予以佐证

我国行政诉讼法已经走过了30多年，行政首长出庭应诉工作在有些地方也实施了10多年，有众多法学专家在行政首长出庭应诉的模式、范围、原则和监督考核机制等方面进行了深入的研究，可以说行政首长出庭应诉制度有了一定的理论基础。

3.有广泛的民众积极予以支持

在处理行政案件过程中，经常有原告主动向法院提出申请，要求被告行政首长出庭应诉。行政诉讼的原告一般情况下见不到行政机关的负责人，其对具体行政行为提起诉讼，有时并没有涉及经济利益，而主要是对一线执法人员的态度和行为不满。如果行政机关负责人能出庭应诉，在法庭上原告与被告负责人直接对话，原告就有了向被告负责人倾诉其对一线执法人员态度不满的机会，原告的不满情绪得以释放，相应的行政争议便易于化解。2010年山西大学法学院在太原市就行政首长出庭应诉制度对依法行政的影响效果进行了问卷调查，74.36%的人认为行政首长出庭应诉可以使问题得以更好解决，这说明公众对推行行政首长出庭应诉制度的态度是支持的。

第七节　完善行政首长出庭应诉制度的具体措施

被诉行政机关的行政首长不出庭，甚至连一般工作人员也不出庭，只委托专业律师出庭应诉，这种现象的大量存在不仅无助于人民群众对行政机关的监督，也挫伤了司法机关的权威，更难以及时化解行政争议。值得欣慰的是，越来越多的地方政府和人民法院认识到行政首长出庭应诉制度在解决行政争议方面的价值，越来越多的地方政府以规范性文件的形式对行政首长出庭应诉制度做出规定，但离完成行政首长出庭应诉制度体系的构建还有很长的距离。在我国建立行政首长出庭应诉制度，必须从我国的实际情况出发，遵循循序渐进的原则，既要从思想上高度重视，又要扎实稳步推进，不能采取"一刀切"的做法。

一、完善立法

1. 全国人大或其常务委员会修订行政诉讼法提供法律依据

修订我国现行《行政诉讼法》，在法律层面为行政首长出庭应诉制度提供坚强支持。根据我国《立法法》第九条规定，司法制度属于法律保留范围，行政首长出庭应诉作为一种诉讼程序，属于司法制度范畴，应该由全国人大或其常务委员会制定法律加以规定。

目前，行政首长不愿意出庭应诉，被诉行政机关一般都委托律师或普通工作人员出庭，行政首长大多在事后听取汇报了事，出现上述情形的一个重要原因就是我国行政诉讼法对行政首长是否出庭应诉没有做出强制性规定。我国行政诉讼法规定了被诉行政机关享有出庭应诉人员的选择权，行政首长可以主动出庭应诉，也可以选择自己不出庭，只委托一至二人代表本单位出庭应诉。因此，要在全国全面推行行政首长出庭应诉制度，必须在立法层面寻求突破。建议在修订《行政诉讼法》时，将第二十九条"当事人、法定代理人可以委托一至二人代为诉讼"修改为"当事人、法定代理人可以委托一至二人代为诉讼；重大复杂案件，或应人民法院通知，行政机关的法定代表人或其他负责人必须出庭参与诉讼"。

2. 最高人民法院或国务院出台配套司法解释或行政法规界定层级和案件范围

为了配合修订后的《行政诉讼法》的实施，最高人民法院可以出台相关司法解释或国务院出台行政法规，界定出庭行政首长的层级和出庭案件范围，以便更有效地推进实施行政首长出庭应诉制度。

（1）界定出庭应诉的行政首长层级范围。结合我国当前的行政体制层次和行政审判实践经验，目前比较可行的一种做法是，出庭应诉行政首长规定到市、县、区级及以下的政府和相关部门的行政首长为宜，省部级的行政首长工作非常繁忙，省级政府和国务院各部委大多进行宏观决策，做出的具体行政行为较少，故作为行政诉讼被告的机会也比较少，当前还不适宜被纳入行政首长出庭应诉制度的设计范围。

（2）明确行政首长出庭应诉的案件范围。从各区域的法律法规中可以看出，各地关于行政首长出庭应诉的案件范围规定比较混乱。行政首长不是逢案必出庭，应当考虑行政首长事务繁重程度和行政执法效率，对行政首长出庭应诉的案件范围做出明确限定。行政首长承担的责任重，日常工作繁忙，所有的诉讼案件都去亲自应诉，不太可能，也没有必要。对于行政首长出庭应诉的案件范围，司法解释或行政法规可以规定以下两种类型的案件：一是辖区内比较典型、重大、疑难复杂的或者是群体性案件。关于案情繁简和案件影响程度的认定可以参考被诉具体行政行为的受众面、涉案诉讼标的额以及适用法律的复杂性等诸多方面，特别是涉及人大代表、政协委员作为原告或者新闻媒体关注、多人要求旁听的行政案件。二是人民法院建议行政首长出庭应诉的案件。人民法院根据案件的具体情况和审理案件的需要，认为某个案件由行政首长出庭效果比较好，可向行政机关提出建议，要求相关单位行政首长出庭应诉。第二种情形应当为最主要的案件类型，把行政首长是否出庭应诉主要决定权赋予人民法院，人民法院可以主动下发《行政首长出庭应诉通知书》要求被诉行政机关的负责人出庭应诉。

二、制定配套制度

1. 建立行政首长出庭应诉前准备制度

各地几乎都在推行行政首长出庭应诉制度，有的地方行政首长出庭率屡创新高，但形式化却日益严重。例如，浙江省某市2011年行政首长出庭应诉率达到87.4%，但某市中级人民法院相关负责人称，行政机关在执行出庭应诉方面存在"走过场""重形式"的现象，九成以上的行政首长"出庭不出声"。行政首长由于出庭前不了解案情，没有做足出庭前准备工作，迫于压力，为了完成出庭指标而出庭，当然在开庭时"无话可说"或敷衍了事。为了使行政首长出庭应诉制度达到应有的效果，避免流于形式，应当建立行政首长出庭应诉准备制度。行政首长统一领导本单位的各项行政工作，具体行政执法工作大多由一线工作人员完成，行政首长对事实经过的了解要远远少于具体工作人员。因此，行政首长出庭前，必须详细了解整个执法过程，理清案件事实，找准法律依据。特别是与行政相对人有争议的事项，行政首长更应当在出庭前仔细研究，或者组织相关人员召开研讨会，客观分析执法活动是否存在问题，做到心中有数，以便在庭审时能应对自如，出庭出声，不再走过场，达到行政首长出庭应诉的积极效果。如郑州市人民政府出台的《关于加强行政机关法定代表人行政诉讼出庭应诉工作的意见》即对法定代表人出庭应诉的具体事项做出了明确要求，主要包括四个方面：一是依法提交证据、依据，认真做好答辩工作；二是积极出庭，依法应诉；三是自觉履行人民法院生效裁判文书；四是加强应诉队伍建设。

2. 建立行政首长出庭应诉培训制度

诉讼具有高度的技术性和专业性，特别是在法庭辩论阶段，为此，行政首长出庭进行诉讼除了需要具备丰富的法律知识以外，还需要掌握一定的辩论技巧、临场处理及应变的能力，然而，我国行政机关部分负责人不具备这样的能力。这就需要建立相应的行政首长出庭培训制度，行政首长只有掌握一定的行政诉讼知识和应诉技巧，才能在开庭时出声出彩，毕竟公众愿意看到的，是在法庭上积极应诉答辩的行政首长，而不是一言不发或草草敷衍的木偶。行政首长出庭应诉培训制度至少应当在市一级政府建立，由市

政府相关部门定期举办培训班，邀请法律专家学者或实务界法律人士到场授课，向行政首长讲授行政法与行政诉讼法的基本知识、行政案件的审理程序、出庭应诉的基本技巧等，以提高行政首长法律素养，也有利于消除行政首长出庭应诉的怯场心理。

3. 建立行政首长出庭应诉监督激励机制

为防止行政首长为了完成上级规定的任务而出庭或故意不出庭，就必须建立健全相应的监督激励机制。关于监督激励制度中考核权的行使主要有两种模式。一种模式是由政府法制机构主要是政府法制办负责对辖区行政机关或部门行政首长出庭应诉工作情况进行监督考核，如江苏南通、徐州等地。另一种模式是把行政首长出庭应诉组织权和考核权分开，即政府法制机构负责行政首长出庭应诉的组织工作，人民法院负责考核工作。如山东省五莲县委、县政府将行政机关在行政诉讼中的败诉案件和行政首长是否出庭应诉纳入年度工作目标绩效考核，考核权赋予法院。应当把上述两种模式进行综合，考核权主要由政府的法制或监察部门行使，人民法院和其他政府部门予以配合。人民法院对于立案受理的行政案件，不但要向被诉行政机关发送应诉通知书，还要向其行政负责人发送出庭通知书，并将上述通知书副本抄送同级政府法制机构，同时被诉行政机关在规定期限内将出庭应诉的行政首长名单报送政府法制机构备案。政府法制机构或有权部门应当通过责任追究来有效促进行政首长出庭应诉，假如出现行政首长该出庭而没有出庭应诉的情形，那么可以由政府的监察部门依法来追究未出庭行政首长的责任。将行政首长出庭应诉工作纳入年度依法行政执法责任制考核的范围，由监察部门进行考评考核。如《徨中县行政首长出庭应诉办法》规定，"没有按规定出庭应诉的单位，不得评为先进单位，行政首长不得评为先进个人"。当然，也应当建立相应的应急机制，对那些确实因正当理由行政首长无法出庭应诉的，可以采取一些变通措施。比如，由被诉行政机关向人民法院提交书面说明，由人民法院决定其行政首长是否可以不出庭，并将行政首长没有出庭的原因告知相关监察部门，则不再追究没有出庭行政首长的责任。

三、健全审判制度

1. 出庭提示

一般情况下，人民法院主导行政诉讼过程，对属于行政首长应当出庭应诉的行政案件，承办法官应当制作《行政首长出庭应诉通知书》送达相关行政机关负责人。人民法院是公平正义的最后一道防线，应把行政首长出庭应诉的决定权主要赋予人民法院。有权必有责，人民法院熟悉个案的情形，不同案由的行政案件有着不同的案件特点，从便于解决行政争议的角度，要求相关行政机关的负责人出庭应诉。作为被告的行政机关，收到人民法院出庭应诉通知后，便可从证据整理、案件事实、执法依据、出庭负责人确定等方面进行准备。

2.院长庭长亲自审理

对于由行政首长出庭应诉的案件，可以选择部分案件由人民法院院长或庭长担任审判长进行审理。人民法院院长或庭长亲自审理，一方面是由于其审判经验丰富，庭审驾驭能力强，能较好地掌握争议焦点，提高审判效率；另一方面可以显示法院对案件的重视程度，减少出庭行政首长的对抗情绪，消除行政相对人的思想顾虑，提高裁判结果在当事人心中的权威性，便于案件协调解决和裁判结果的执行。

3.邀请旁听庭审

庭审现场是最好的法制课堂，一次庭审现场的法制教育效果，远远好于其他形式的法制教育。选取表现突出、具有示范效应的行政首长出庭应诉案件，人民法院通知同级政府法制机构，由法制机构邀请辖区内行政机关负责人到庭旁听。

4.定期通报出庭情况

人民法院可以利用与人大、政府等机关定期召开联席会议的机会或者发布行政审判白皮书，将行政首长出庭应诉案件中暴露出的行政执法问题以及行政首长出庭应诉的薄弱环节，向有关单位做出详细说明，并就完善执法活动和出庭注意事项提出建议。同时，人民法院还要积极与人大、政府等部门多进行沟通和协调，倡导出台相应的行政法规或规范性文件以支持行政首长出庭应诉工作，使各相关部门形成合力共同支持人民法院行政审判工作。

四、优化外部司法环境

良好的司法环境有利于行政首长出庭应诉这一新制度的健康成长，为此各方要通过新闻媒体加大宣传力度。不但要强化宪法地位，更要宣传依法治国的具体途径，以健全行政首长出庭应诉制度为突破口，在全社会树立起法治政府的执政理念。新闻媒体要强化对行政首长出庭应诉的一些比较典型的实例进行宣传，在全社会营造良好氛围，促进行政首长思想观念进一步转变，推动行政首长摒弃官本位的陈旧观念，积极主动地投身到亲自出庭应诉的队伍当中来，塑造一种尊重广大人民群众、敢于承担责任，以及执法为民的良好形象。

同时，新闻媒体也要注意宣传角度和方式，要注意到行政首长出庭应诉制度存在的问题，不能一味地宣传高出庭率。"行政首长出庭应诉率百分之百"的标题层出不穷，暂不论百分之百的出庭率数据是否真实可靠，但媒体如此造势、鼓吹，会导致各地行政机关陷入互相攀比、片面追求高出庭率的误区。对于行政审判工作来说，行政机关尊重

司法权威，行政首长不干涉法官独立办案才是关键，行政首长出庭应诉制度背后的真正意义是确保人民法院依法独立公正高效行使审判权，提升行政诉讼在建设法治政府进程中的作用。江必新曾指出："行政首长出庭应诉制度的推行是行政机关执政为民的试金石，也是法治建设的风向标。"建设法治国家的关键在于政府依法行政，而依法行政的关键又在于各级行政首长。推行行政首长出庭应诉制度，提高行政首长依法管理决策意识，自上而下倒逼一线行政执法人员增强工作责任心，改进工作作风，规范执法行为，从源头上预防和减少行政纠纷，对于建设社会主义法治国家具有十分重要的意义。

第八节 公安机关法定代表人出庭应诉问题

我国各地已相继推行行政首长出庭应诉制度，但诉讼代理人制度却赋予行政机关法定代表人出庭应诉的选择权，这使司法实践活动产生诸多弊端。现阶段公安机关法定代表人出庭应诉制度应该进一步健全和完善，使公安机关依法行政落到实处。

1989年我国颁布《行政诉讼法》，为"民告官"开辟了通道。随着依法治国进程的加快和人民群众法制意识的提高，行政纠纷越来越多。行政机关如何面对行政审判，不仅直接体现其依法行政的水平，还直接影响公民权利的保障。2004年3月，国务院《全面推进依法行政实施纲要》（以下简称《纲要》）出台，全国各地相继推行行政首长出庭应诉制度，一些省、市、县公安机关陆续制定了公安机关法定代表人出庭应诉制度、公安机关负责人出庭应诉工作有关规定。但在实践中，公安机关法定代表人或主要负责人（包括正副职负责人）在行政案件中直接出庭应诉的情况却不多。这与社会和法制发展的要求还有很大距离。因此，建立公安机关法定代表人出庭应诉制度应引起重视。

一、公安机关法定代表人出庭应诉问题概述

《行政诉讼法》颁行以来，公安机关行政执法和公安行政诉讼取得了长足进步，但是公安机关在行政诉讼中也暴露出不少问题，特别是公安机关法定代表人不出庭应诉几乎成为常态，阻碍了公安机关行政法治化的进程。目前，我国学术界对于行政机关法定代表人出庭应诉的研究尚处在初级阶段，公安机关法定代表人出庭应诉的实例和研究都还很少。结合从事公安教育工作的实践经验和实地考察了解有关单位情况的第一手资料，就公安机关法定代表人出庭应诉的相关问题做一些探讨。

（一）公安机关法定代表人出庭应诉的含义

公安机关法定代表人出庭应诉，是县级以上公安机关的法定代表人或主要负责人针

对一定范围的被诉行政案件亲自出庭应诉的制度。公安机关法定代表人即行政首长，主要包括部长、局长、分局长等，因此这种制度也常被称为行政应诉制度。公安实践中，也有公安机关其他负责人，如行政副职，针对其主管业务范围内的被诉行政行为出庭应诉。我国《行政诉讼法》第三十一条规定："当事人、法定代理人，可以委托一至二人作为诉讼代理人。"法条没有对行政机关法定代表人的出庭诉讼行为做出强制性规定，而是通过规定诉讼代理人制度，赋予行政机关法定代表人出庭应诉的选择权。

（二）公安机关法定代表人出庭应诉的必要性及意义

《纲要》要求行政机关要积极参与行政诉讼，对于包括公安机关在内的各级各地行政机关起到了导向作用。一些地区取得了较好的效果，但是公安机关法定代表人出庭应诉的总体情况依然有待改善。加强法治政府建设，确立公安机关法定代表人出庭应诉制度依然十分重要，十分紧迫。

第一，符合当前我国经济社会发展的要求。当前，我国经济社会发展进入新阶段，国内外政治经济环境更为复杂，城乡之间、地区之间发展不平衡，收入分配不公平、差距扩大，社会结构和利益格局深刻调整，部分地区和一些领域社会矛盾有所增加，群体性事件时有发生。执法不公、行政不作为、乱作为等问题比较突出，特别是针对公安机关的具体行政行为提出行政诉讼的案件近年来呈现出激增趋势。各级公安机关及其领导干部只有正确看待我国经济社会环境的新变化，准确把握改革发展稳定的新形势，及时回应人民群众的新期待，积极参与到行政诉讼中，通过行政诉讼贯彻落实依法行政的理念，用司法途径化解人民内部矛盾，才能切实增强各级公安机关对于建设法治政府的使命感、紧迫感和责任感，强化对公安行政权力运行的监督和制约，推进各级公安机关依法行政。

第二，符合行政诉讼法的基本理论要求。行政诉讼法确立了合法行政、合理行政、程序正当等基本原则，要求行政执法必须有法定的依据，按照法定的程序，行政行为的做出必须在法定的范围之内。但是，目前的行政执法水平离法律的要求还有一定距离，公安机关行政执法中的随意性、不规范性在某些环节表现得还比较突出。建立公安机关法定代表人出庭应诉制度对提高公安执法人员，特别是公安机关领导的法律意识，提高依法行政水平有积极的现实意义。

第三，符合公安行政执法为民的基本理念。执法为民是公安机关立警的根基，执法的准则，力量的源泉，是公安机关执法工作和队伍建设的生命线。公安机关法定代表人出庭应诉，展现了"亲民、利民、为民"的新形象，表明公安机关努力实践执法为民、以实际行动取信于民的态度，在制度层面上确保公正、文明执法落到实处。

第四，符合当前和谐警民关系、构建和谐社会的要求。公安机关主要负责人亲自出庭应诉，一方面体现了公安机关对案件的重视，有利于案件的审理和问题的最终解决；

另一方面体现了在法庭上普通百姓与政府的地位平等，在法律上没有官与民的区别，只有原告和被告，双方都必须接受法律的裁判。公安机关领导出庭应诉，老百姓感受到行政机关对自己的尊重，消除抵触和对抗心理，赢了官司会心情舒畅，输了官司也不会认为法院和公安机关"官官相护"。这为提高普通百姓行政诉讼的积极性起到了促进作用，符合当前构建和谐社会、和谐警民关系建设的要求，体现了法律面前人人平等，进一步彰显了法律的公信力。

（三）公安机关作为行政诉讼被告主体资格的认定

依据《行政诉讼法》的有关规定，公安机关作为被告，是指由公民、法人或者其他组织指控的做出影响或侵犯原告合法权益或者与之发生行政争议等行政行为或公法性质行为的公安机关。依据《行政诉讼法》和最高人民法院的司法解释、《公安机关组织管理条例》等有关规定，结合公安机关的职权特点，从行政行为人入手，通过以下四个方面认定公安机关行政诉讼的被告主体资格。

第一，根据《行政诉讼法》第25条第1款的规定，做出具体行政行为的公安机关是被告。由行政相对人直接向人民法院提起诉讼，具体实施该行政行为的公安机关是被告。

第二，根据《行政诉讼法》第25条第2款的规定，经复议的案件，公安机关被告主体资格的认定分为三种情况。①复议机关维持了原具体行政行为的，做出原具体行政行为的公安机关是被告；②复议机关改变了原具体行政行为的，复议的公安机关是被告；③在法定期间内复议机关不做复议决定的，当事人对原具体行政行为不服提起诉讼的，以做出原具体行政行为的公安机关为被告；当事人对复议机关不作为不服提起诉讼的，以复议的公安机关为被告。

第三，根据《行政诉讼法》第25条第3款的规定，公安机关与其他行政机关共同做出同一具体行政行为的，公安机关和其他行政机关为共同被告。

第四，公安行政机关的被告认定，具体区分为三种不同情况。依照法律规定，公安机关最基层独立法人单位为区、县级公安分局。一般情况下，其下设的派出所、警务室、看守所、交警队、巡警队、拘留所等不是独立的法人单位，不具备行政诉讼中的被告主体资格，但又因为其是否具有法律、法规、规章上的授权而有所区别。①仅被赋予行政管理职能但不具有独立承担法律责任能力的机构，以自己的名义做出具体行政行为的，因该机构无主体资格，应当以组建或派出该机构的公安机关为被告；②当有法律、法规、规章上的授权时，即具有被告主体资格，此时可以作为被告。即使该机构超越了法律、法规、规章的授权范围，只要不是超越了授权的种类，仍以其为被告。③有法律、法规、规章上的一定种类和范围的授权，但其超越了上级公安机关授权的种类，则应视为"没有授权"，该机构的上级公安机关为被告。例如，《治安管理处罚法》对派出所给予"警告、500元以下的罚款"的法律授权。如果派出所做出的是超过500元的罚款，视为"超越授权范围"，此时仍以派出所为被告；如果派出所做出的是警告与罚款以外的其他处罚，如行政拘留，则应视为"没有授权"，应以派出所所在的上级公安机关为被告。

二、公安机关成为行政诉讼被告的常见情形

（一）行政处罚争讼

公安行政处罚是公安机关和公安民警依照法定职权，对违反公安行政法律规范的相对人依法采取惩罚性措施的具体行政行为。行政处罚是公安行政管理工作中最常用的具体行政行为。公安行政处罚的种类包括警告、罚款、没收非法所得、责令停产停业、行政拘留等形式。

（二）行政强制措施争讼

公安行政强制措施，是指公安机关及其工作人员为了维护社会秩序和保障公民的人身健康、安全，保障公安行政管理的顺利进行，依法对公安行政管理相对人、法人或者其他组织采取的限制其人身自由、限制其财产或其他权益的具体行政行为。公安行政强制措施是公安机关一项重要的行政执法权力，主要包括对人身的强制措施和对财产的强制措施。

（三）行政不作为争讼

公安行政不作为，是指公安机关依照法律、法规、规章及有关规定负有某种行政作为的法定义务，并且具有作为的可能性而在程序上逾期不履行的行为或不完全正确履行的行为，即具有行政管理权能的公安机关消极放弃行政权力的行为。可诉范围主要包括公安机关不积极履行接报警、解救危难群众和查处治安案件等职责行为，公安机关不履行或不积极颁发许可证和执照（包括办理户籍证明等）的职责行为，公安机关不在规定的时间内履行行政复议职责等行为。

（四）行政执法行为与刑事侦查行为混同引发的争讼

我国法律规定，公安机关承担着行政和司法两种职能，两种职能分别有不同的实现方式。刑事侦查行为，不属于行政诉讼的受案范围，公民、法人或其他组织对之不能提起行政诉讼；行政管理行为，属于行政诉讼的受案范围，公民、法人或其他组织对该行政行为不服，可向有管辖权的人民法院提起行政诉讼。

区分公安机关的刑事侦查行为与行政执法行为，是审理公安行政案件面临的一个重要问题。依据相关法条，区分公安机关的刑事侦查行为与行政执法行为以"立案"为标准。在立案前，因为司法权还没有开始行使，公安机关不出警或延迟出警等不作为或者

不答复行为是行政执法行为，因而属于行政诉讼的受案范围；立案后，公安机关的司法权开始运作，公安机关的行为有《刑事诉讼法》的明确授权，不再属于行政诉讼的受案范围。

虽有理论上的划分标准，但在司法实践中，公安机关刑事侦查行为与行政执法行为的区分情况却不尽如人意。一些公安机关将"刑事强制措施"或"刑事侦查措施"作为规避行政诉讼监督的重要抗辩理由，人民法院将公安机关的具体行政执法行为错误地判断为刑事侦查行为而不予受理的情况也时有发生。公民、法人或其他组织的权益不能得到有效的司法保护，在相对人的权利救济上留下了法律空白。这种情况已不能适应新的社会经济环境的发展，不利于解决新出现的法律问题。因此，探讨相应的法律控制手段，对公安机关利用司法权规避行政诉讼的行为进行限制，对于审理公安行政诉讼案件具有十分重要的意义。

三、公安机关法定代表人出庭应诉现状分析

（一）公安机关法定代表人出庭应诉的现状

第一，委派公安机关的行政执法人员出庭应诉。这种方式普遍存在于司法实践中。委派本单位执法人员或上级单位主管业务部门的干部代理出庭应诉。

第二，委派本机关法制机构的工作人员出庭应诉或者委托执业律师作为本机关的代理人参与应诉。法制机构的工作人员因熟悉公安执法的各种实体法和程序法，执业律师因熟知各种法律及司法解释，掌握行政诉讼的各种技巧，所以公安机关的行政领导往往采取委托专业人员出庭应诉的方式。

（二）公安机关法定代表人出庭应诉难的原因分析

一是法律意识淡薄，思想上不重视。不愿通过法律途径来解决问题，不习惯用法律手段解决矛盾，甚至有"权"大于"法"的思想，以管理者自居，不尊重审判权，对法院的传唤不屑一顾。有些领导身兼政务、党务、业务等数职，由于工作繁忙，认为法定代表人没有必要亲自出庭。有些领导注重和有关部门领导的"沟通"，而这种"庭外工作"和"沟通"，由于各种复杂的原因往往使最终的审判结果如其所愿，这样恶性循环使一些领导更加信服"庭外工作"和"幕后沟通"的作用，进一步忽视法律和程序的公正、公平。

二是诉讼能力有一定差距。出庭应诉不仅需要对绝大部分公安业务了如指掌，而且还要熟悉行政诉讼的程序规定。但公安机关一把手较多地将精力投入于公安业务工作中，较少涉及具体的法律条文和法律程序；既能对所领导的机关行政管理涉及领域的专业知识、法律知识了如指掌，又能自如应对法官的提问和原告的质证，公安机关这样的

法定代表人相对匮乏，往往会怯于出庭应诉。

三是法律责任不明确，行政监督不到位。一方面，《行政诉讼法》未明确行政机关法定代表人必须要出庭应诉。而第29条又规定：“当事人、法定代理人，可以委托一至二人代为诉讼。”因此，在无法律强制约束的情况下，委托专业律师或者公安机关其他人员出庭应诉就显得很常见了。另一方面，有效的监督考核机制和行政责任措施，能有效促进行政首长应诉制度的真正落实。

（三）公安机关法定代表人不出庭应诉的弊病

依法积极出庭应诉既是法定义务，也是维护法律尊严、严格执行法律程序的具体体现。公安机关法定代表人出庭应诉对于树立政府形象，彰显公安机关执法为民、立警为公的宗旨和指导方针意义重大。公安机关法定代表人不出庭应诉，对社会、对自身会产生极大的负面影响。

第一，助长了公安机关行政人员的特权意识，滋长了不平等的社会风气，不利于公安机关改进工作作风，纠正不正当的执法行为。公安机关法定代表人不出庭应诉就难以直观地了解和认识本部门行政行为的不当性或违法性，难以有针对性地进行整改，增强和提高本单位依法管理、依法行政的整体意识和能力。

第二，不利于提升司法机关行政审判的公信力。公安机关法定代表人不出庭应诉，百姓感受不到政府部门对解决行政争议的诚意和重视程度，增加了对公安机关和司法机关“沆瀣一气”的猜疑和顾虑，易形成老案，造成反复争讼、缠诉和信访，使行政诉讼案件的审判缺乏可信性、公平性。

第三，不利于通过法庭辨别是非、平息民怨、化解矛盾、解决争议。公安机关法定代表人不出庭应诉，对行政相对人起诉的动机、诉求和要求不能真正了解，难以准确把握有利时机，适时进行协调，不利于化解群众与公安机关、警察的矛盾，解决行政争议，浪费司法资源，影响社会安定。

第四，不利于行政诉讼判决的执行。公安机关法定代表人不出庭应诉，仅通过代理人的汇报了解庭审、裁判过程，难以客观、真实、全面地了解相关法律法规和案情真相。容易对法院审判活动的公平、公正性产生怀疑和误解，使公安机关与司法部门间情绪对立，造成协调处理案件困难、执行判决障碍，进而影响和妨碍地方整体工作协调开展。

四、构建我国公安机关法定代表人出庭应诉机制

在近来修改《行政诉讼法》的讨论中，增加行政机关法定代表人出庭应诉条款的呼声较高。还有一些观点认为应该规定某些重大行政案件，行政机关法定代表人必须出庭

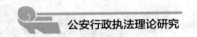

应诉。目前，我国《民事诉讼法》等法律都规定了诉讼代理制度，但考虑到行政诉讼出庭应诉代理制度的非常性、重要性和特殊性，对行政机关法定代表人出庭应诉的案件范围做出了明确规定。当前有的省、市（自治区）人民政府以及公安机关已出台了相关规定。

（一）公安机关法定代表人出庭应诉的案件范围

由于公安机关法定代表人及主要负责人日常担负着重要的领导职责，工作繁忙，对于出庭应诉，应从实际出发，确定出庭应诉范围。结合有关规定和实际情况，并参考相关地方性法规，这个标准应是指案件社会影响重大、公众普遍关注、具有规范和教育意义及涉及相对人重大权益的案件。它包括：①本年度的第一起行政诉讼案件或者国家赔偿案件；②社会影响重大或者涉案金额巨大的行政诉讼案件、国家赔偿案件；③因公安机关不履行法定职责引起的行政诉讼案件；④法院、政府法制部门或者上级公安机关建议负责人出庭应诉的案件。

特别重大的行政案件包括：①标的额特别巨大或在本辖区有重大影响，或者涉及人数众多的甚至有可能引发或已经引发群体性事件的其他行政案件及公民基本权利的行政案件；②行政机关不履行法定职责的案件；③涉及房屋产权、土地使用权或所有权引发的案件；④工伤认定的案件；⑤行政相对人对行政处理结果不服多次上访所引发的案件。有的地方可能一年之内没有发生重大行政案件，可参考一些地方的先行做法，即除非本辖区内没有公安行政诉讼案件发生，否则公安机关法定代表人出庭应诉的案件数量应不少于一定比例，以此来防范有关制度落空。

（二）地方性法律、法规颁布施行取得的良好效果

浙江、江苏、贵州、重庆、湖北、辽宁沈阳、四川德阳及山东泰安等省、市均以政府名义行文，强调包括公安机关法定代表人在内的行政首长出庭应诉的重要性并对建立行政首长出庭应诉制度做出详细规定，实践证明收效甚佳。

2005年11月4日，浙江省公安厅下发《关于印发〈县级公安机关法定代表人出庭应诉制度〉的通知》，规定从2006年1月1日起，浙江省将全面实行县级公安机关法定代表人出庭应诉制度，同时规定除诉讼案件数量不足的外，县级公安机关法定代表人对本单位发生的行政诉讼案件出庭应诉每年不得少于两次。

2009年，贵州省六盘水市政府办下发《关于行政机关负责人出庭应诉有关问题的通知》；2010年12月，重庆市政府通过了《重庆市行政机关行政应诉办法》；2010年12月，江苏省依法治省领导小组办公室、省高级人民法院、省人民政府法制办联合下发《关于进一步做好行政机关负责人行政诉讼出庭应诉工作的通知》。据报道，江苏省2010年行政机关负责人出庭应诉的案件达1678件，是2004年的14倍，全省的"民告官"案中，市、县两级政府部门负责人出庭应诉率已经超过60%。与以往政府部门负责人根本

不出庭应诉或者根本不派人出庭应诉相比，这是一个巨大的进步。它表明，官员开始从高高的"神位"上走下来，学会与百姓平等对视，平等博弈。而这一现象的出现和逐年递增，与相关省市陆续出台的法律、法规密不可分。

（三）公安机关法定代表人出庭应诉制度的实现途径

建立重大行政案件公安机关法定代表人出庭应诉制度的实现途径，目前可供选择的有三条：一是由政府或上级公安机关自己出台相关文件，要求本辖区的公安机关法定代表人或分管领导积极落实，并作为考核衡量工作的重要依据。这条途径涉及公安机关法定代表人甚至当地党委一把手对行政首长出庭应诉制度重要性的认识程度，非短时间能够奏效。二是由政府和法院联合发文，就该问题做出明确规定。这一途径较为便捷可行，只要经过努力，就能使政府认识到行政首长出庭应诉的重要性和必要性，以及会给政府带来的益处。三是先由地方立法机关就该问题制定地方性法规，制定包括公安机关法定代表人在内的行政首长出庭应诉制度，要求政府部门认真落实，并作为向人大报告工作的一项重要内容；在取得成熟经验的基础上，由最高立法机关对现行《行政诉讼法》进行相关修改，以彻底解决这一问题。

诉讼法虽然没有规定行政首长必须出庭应诉，但地方立法机关制定地方性法规并不是越位，因为这并没有违背宪法的基本原则，也没有违背诉讼法的规定。制定这一制度的目的在于约束、规范行政机关的行为，给强势的行政权力以必要的限制，这符合行政法控权理论的要求，应该是与行政诉讼法和宪法的立法精神相吻合的。

（四）公安机关法定代表人出庭应诉制度的基本设想

要确立公安机关法定代表人出庭应诉制度，需要有配套制度。结合行政诉讼案件审判的实践经验，提出以下设想：

第一，公安机关出庭应诉的法定代表人应当依据相关的法律、法规，按照应诉案件的种类、重要程度、数量等，确定出庭应诉案件的标准、比例。对重大、复杂及社会影响较大的行政案件，在接到开庭传票后，要提前调整工作，保证届时出庭，如委托诉讼代理人，须与诉讼代理人一并出庭。确因特殊情况不能出庭的，要及时向法院递交书面申请，征得许可后，委托主管副职领导按时出庭，禁止委派一般工作人员或其他人员出庭。

第二，应当在开庭前做好充分的准备工作，对可能出现的情况应有预见，并做好应对的预案。开庭前的准备工作包括：调阅案卷，全面审查做出具体行政行为的事实、证据、程序及适用依据；熟悉与案件有关的法律、法规、规章以及规范性文件；召集其他诉讼代理人、案件承办单位负责人和承办人研究应诉方案；审阅提交人民法院的答辩状，准备答辩提纲；对出庭应诉中可能遇到的问题及时与人民法院沟通协调。

第三，在庭审中，应当客观、全面地阐述做出具体行政行为所依据的事实、证据和适用依据，围绕争议的焦点，依法、有理、有据、有节地进行辩论，并积极配合法庭调查、辩论等活动。在庭审过程中，要运用好自己的陈述申辩权。同时，应特别重视质证环节。发表意见时要抓住重点、条理清晰、言简意赅、有理有据，争取法官接受本方的观点。

第四，庭审后，应积极总结经验教训，形成书面材料报上一级公安机关和同级政府。相关部门应把公安机关法定代表人是否出庭应诉作为岗位目标考核的一项重要内容，奖优罚劣。

第五，人民法院应尽可能早地向涉诉公安机关送达开庭传票等文书，以便公安机关法定代表人有充足的时间调整工作安排；在决定是否同意公安机关法定代表人不出庭应诉的申请时，要严格把关，合理考量；积极与法制办、组织部门、人事部门、上一级公安机关加强联系，及时反映公安机关法定代表人出庭应诉情况。

（五）公安机关法定代表人出庭应诉的监督考核

建立公安机关法定代表人出庭应诉的监督考核制度，地方法律法规已先行一步，并取得了良好的效果。2005年11月4日，浙江省公安厅发布的《县级公安机关法定代表人出庭应诉制度》第七条规定："法定代表人出庭应诉情况纳入执法质量考核评议范围。法定代表人无正当理由拒不出庭应诉，或者以委托等方式来规避出庭应诉，没有达到出庭应诉最低次数要求的，应当按照《浙江省公安机关执法质量考核评议实施办法》第十四条规定予以扣分。"2010年12月27日，重庆市人民政府颁布的《重庆市行政机关行政应诉办法》第十九条规定："市、区县（自治县）人民政府应当将所属行政机关行政应诉工作以及行政机关负责人出庭应诉情况纳入依法行政工作考核内容。"

2010年10月印发的《国务院关于加强法治政府建设的意见》（以下简称《意见》），对加强依法行政工作的考核提出了要求，科学设定了考核指标并纳入地方各级人民政府绩效考核评价体系，将考核结果作为对政府领导班子和领导干部综合考核评价的重要内容。但是，《意见》并未明确绩效考核的具体范围。政府的绩效考核范围可增加行政机关负责人出庭应诉指标、自觉履行法院生效裁判指标和落实反馈人民法院司法建议指标。

政府法制部门以及上级公安机关法制监督部门需要建立一套行之有效的监督考核制度，通过与法院行政审判庭定期沟通，将公安机关涉诉应诉情况纳入执法质量考核体系。只有建立长效考核监督机制，才能有效地促进公安机关切实执行法定代表人应诉制度，也才能避免行政首长出庭应诉制度流于形式，进而通过该制度的运行，提高公安机关依法行政的水平，达到强化公安机关法治意识的最终目的。在公安机关内部，法定代表人是否出庭应诉、应诉的数量及比例等也应作为公安绩效目标考核的一项重要内容，纳入政府的督查范畴。对该项制度执行比较好的要给予表彰，执行特别差的要给予通报批评，尤其要对公安机关法定代表人给予相应的处分。这是促进依法行政，增强法制观念，搞好公安工作，服务人民群众的一项重要措施。

当前，作为被告的行政机关负责人亲自出庭，是充分发挥行政诉讼制度 社会矛盾作用的重要措施之一。这不仅是行政民主化的标志，而且是法治发展的必然。因此，行政机关法定代表人在行政诉讼中出庭应诉已是大势所趋，建立行政首长出庭应诉制度已迫在眉睫。

第九节 行政补偿问题探讨

行政主体对公民、法人或者其他组织合法权益的侵害主要表现为两个方面：一是不法侵害，主要通过行政赔偿制度来调整；二是合法侵害，在法治社会里，行政主体基于公共利益的需要，可以对公民、法人或者其他组织合法权益进行合法侵害，但须予以公平补偿。行政补偿制度旨在实现对公民、法人或者其他组织的合法权益因行政权合法侵害所受的损害进行公平合理的补偿。在行政补偿制度中，一方面，基于公共利益的需要，国家可以对公民、法人或者其他组织的合法权益进行正当干预直至剥夺，公民、法人或者其他组织的利益必须服从公共利益；另一方面，公民、法人或者其他组织对所受损害的公平补偿的要求构成了对国家这种强制权的反向制约。可见，行政补偿制度是国家调整公共利益与公民、法人或者其他组织等私人利益的重要制度。与行政权不法侵害相比，合法侵害由于以公共利益需要为理由，以法律规定为依据，对于公民、法人或者其他组织合法权益的侵害更具隐蔽性和危险性。同时，公共利益的高度抽象和不确定性，极易导致合法侵害权的滥用。因此，加强行政补偿制度的研究，对于规范行政主体的职权行为，促进行政主体职权行为的合理性，保障公民、法人或者其他组织的合法权益，实现社会公平和正义，具有非常重要的意义。

一、行政补偿的概念与特征

目前，法律并没有明确规定行政补偿的含义，而中外学者们对其的理解和描述也不一致。因此，要研究行政补偿制度，首要任务是在比较分析的基础上，对行政补偿的概念加以明确界定。

对行政补偿的概念做较为宽泛的理解，认为行政补偿的定义可表述为：行政补偿，是指行政主体为实现公共利益，在管理国家和社会公共事务的过程中，合法行使职权的行为或者合法行使职权行为的附随效果给特定的公民、法人或者其他组织的合法权益造成特别损失时，以及特定的公民、法人或者其他组织为维护公共利益而使自己的合法权

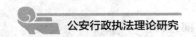

益遭受特别损失时，基于公平原则，依法由行政主体对该公民、法人或其他组织所受损失予以适当补偿的制度。

根据以上对行政补偿概念的界定，我们可以进一步分析行政补偿的特征：

（1）行政补偿的前提是原因行为即行政主体行使职权的行为或特定的公民、法人或者其他组织维护公共利益的行为具有合法的性质。这是行政补偿与行政赔偿的根本区别所在。行政补偿由行政主体的合法行为引起，若是违法或有故意、重大过失的职权行为，引起的是行政赔偿，而不是行政补偿。同时，若是其他国家机关的合法行为引起的补偿，则应属于国家补偿的其他范畴。行政补偿的原因行为不仅限于具体行政行为，只要是行政主体为了公共利益而实施的一切合法行为，都有可能引起行政补偿的发生。同样，对于公民、法人或者其他组织维护公共利益的行为也要求具有合法性，若是违法行为，国家无义务予以补偿。

（2）行政补偿必须以无特定义务的相对人所受的特别损失为要件。有时，国家因为管理的需要对全体公民施以某项义务，对于该义务造成的损失国家是不负补偿或赔偿责任的。这是因为这一义务由全体公民负担，并没有使特定人蒙受特别的损失，如服兵役的义务或者公民纳税的义务等。只有在合法的行为使相对人遭受了特别损失时，国家才承担行政补偿的义务。

（3）行政补偿的责任主体是国家，而行政补偿的义务人是代表国家行使职权的行政机关或者有关的行政主体。在行政补偿当中，因为不存在违法的侵权行为，所以也不会发生行政追偿问题。

（4）行政补偿的程序可以是协商前置，即通常以当事人事前协商一致为前提，在当事人就补偿范围、标准、方式等事项达成协议后，方才实施造成相对人权益损害的有关行为，如土地征用的补偿等。行政补偿也可以在实际损失发生之后进行。例如，公民、法人或者其他组织协助人民警察执行职务受到损失的，只能在事后请求给予补偿。

（5）行政补偿的方式具有多样性，可灵活掌握。不仅限于金钱补偿的方式，行政主体还可以采用实物补偿的方式或者从生产、生活以及就业安置等方面对相对人实行补偿。

（6）在补偿的标准方面，早期曾强调"完全补偿"，但现代国家一般主张"公平补偿""正当补偿"或"公正补偿"。在许多情况下，法律规定的补偿额往往小于相对人合法权益的损失额。

（7）行政补偿是一种国家义务，其费用应用国家公共财产支付，具体通过作为行政补偿义务人的行政主体给付补偿。但在我国，法律上亦有作为行政机关合法行政行为受益者的单位或者个人给付补偿的规定。例如，房屋拆迁补偿即由取得房屋拆迁许可证的单位或者个人直接给付。

二、行政补偿的性质

行政补偿的性质是指行政补偿的本质属性，对于行政补偿性质的正确认识有助于深入理解行政补偿的概念和行政补偿相关制度的设计。

从严格逻辑意义上讲，行政补偿不是一种行政责任，因而就谈不上是一种特殊的行政责任。行政补偿也不是行政主体例外的民事责任。因为它不符合民事责任的构成要件。民事责任是民事主体不履行民事义务或侵犯他人民事权利时所应承受的法律后果，其构成要件有四个，即民事违法行为的存在、损害事实的存在、违法行为与损害事实之间存在因果关系、行为人主观上须有过错。同时，民事责任是由平等主体间的私权行为引起的，而在行政补偿中，损害是由行政主体的公权行为引起的，行政主体享有行政优益权，与行政相对人的地位并不平等。只有将"法定义务说"与"行政行为说"结合起来，才能准确、完整地揭示行政补偿的性质。

首先，行政补偿本身的属性不应是法律责任，而是行政主体为实现公共利益而实施的一切行为所必然伴随的一种法定的义务。世界上不存在无义务的权利，也不存在无权利的义务。权利与义务均是对等的，相辅相成的。国家既然赋予行政主体"权利"能够合法地剥夺特定公民、法人或者其他组织的合法权益，则行政主体必然要承担因此而引致的相应义务，给予相对人适当的补偿。将行政补偿定性为法定义务，不仅强调了行政补偿是行政主体必须履行、不可推卸的，同时也指明了行政补偿的原因行为。

其次，行政补偿是行政主体的一种补救性具体行政行为。称行政补偿为行政主体的具体行政行为，首先是因为它具备行政行为的成立要件，即行政权能的存在、行政权的实际运用、法律效果的存在和表示行为的存在。具体表现在：第一，行政补偿是由其内部行政机构、公务员、受委托的组织和个人实施的，而这些组织和个人根据国家法律、法规的规定，都是具备行政权能的，因而它具备行政行为的主体要件或资格要件。第二，行政补偿具有行政行为的单方性和强制性。其单方性表现在，尽管在行政补偿决定做出之前，行政相对人与行政主体双方要进行协商，参与行政补偿的实施，但最终仍然取决于行政主体的接受和采纳。并且，行政相对人的意志一旦为行政主体所接受或采纳，所形成的最终意志仍然被视为行政主体的意志。它的强制性表现在，行政补偿决定一经做出，就在行政主体与相对人之间形成一种行政法律关系，虽然相对人可以通过各种渠道寻求救济，但在被通过合法的途径变更或废止之前，不能影响其效力。行政补偿决定对行政相对人的权利与义务造成实质性的影响，具有法律效果，因而它具备行政行为的法律要件或内容要件。第三，行政补偿决定做出后，行政主体都要对相对人予以告知，符合行政行为的形式要件。第四，行政补偿具备具体行政行为的明显特征，即对象的特定性和不能反复适用性。而且，把行政补偿看作一种具体行政行为，一是有利于建立对行政补偿的行政司法救济体系。在行政主体和行政相对人之间就补偿问题发生纠纷时，作为弱势一方的行政相对人可以通过行政复议和行政诉讼等救济途径，向行政主体要求正当、合法、及时的补偿，从而更好地保护公民、法人和其他组织的合法权益。二是有利于对行政补偿进行实体和程序上的法律控制，从而更好地监督行政主体依法行政，保护行政相对人的合法权益。另外，因为行政补偿是行政救济制度中的一种，它对行政相对人合法权益造成的损害具有补救性。

三、行政补偿的构成要件

行政补偿的构成要件，即国家承担行政补偿的必要条件，是行政补偿是否成立的具体判断标准。可以将行政补偿分为两种类型，即行政主体合法行使职权行为或合法行使职权行为的附随效果引起的行政补偿和公民、法人或者其他组织因维护公共利益遭受特别损失引起的行政补偿，这两类行政补偿的构成要件存在一定的差异，分别表述如下：

（一）行政主体合法行使职权行为或合法行使职权行为的附随效果引起的行政补偿的构成要件

1. 从主体要件上讲，引起行政补偿的行为主体必须是行政主体及其工作人员

这里所说的行政主体主要包括国家行政机关和法律、法规授权行使行政职权的组织。应注意的是，行政主体工作人员除包括行政机关工作人员法律、法规授权的组织工作人员外，还应包括受行政机关委托的组织的工作人员以及事实上从事公务的人员。

2. 从行为要件上讲，必须存在行政主体行使行政职权、执行公务的行为

如果是非职权或执行公务的行为，如行政主体作为民事主体而为的行为，或者行政主体工作人员的个人行为等造成的损失，国家不负补偿责任。需要明确的是，行政补偿通常由积极作为引起，不作为或迟延作为通常被视为违法而只能引起国家赔偿责任。

3. 引起行政补偿的行政主体的职权行为必须具有合法性

行政补偿的前提是行政主体的行为必须合法，具有合法性。否则，违法行为只能引起赔偿责任，应适用国家赔偿的有关立法调整。这也是行政补偿与行政赔偿相互区别的根本所在。

4. 引起行政补偿的行政主体的职权行为必须基于公共利益的需要

行政主体合法行使职权而引起行政补偿的行为必须以维护和增强公共利益为目的，如果是为了不当的私人利益或小团体利益，即便形式上合法，也因目的的非正义性构成

实质意义的违法，所造成的损害应当引起行政赔偿。

5. 行政补偿必须是行政相对人有值得保护的利益

行政补偿的发生，以行政相对人有值得保护的利益为前提。所谓值得保护的利益，是指合法和可受保护的利益，如生命、身体及自由等非财产上的权益。如因公益而遭受特别牺牲，国家应给予补偿，但非财产权益如果单纯是感情上的利益，则国家不予补偿。违法的利益损失一般不予补偿。

6. 行政相对人所受损害已经构成了特别损失

行政补偿的产生，必须因行政主体合法行使职权行为造成了相对人合法权益的损害。同时对行政相对人来说，对其所受损害并不负有特定的法律义务和责任，没有法律规定其有承受相应损害的义务。因合法行为给行政相对人带来的损失，并不是所有人都必须平等承受的一种负担，对行政相对人来讲，其承担的这种损害，是一种对公共利益的特别损失，国家应予补偿。如果所受损害属于行政相对人应当承担的一般社会责任而不构成特别损失的，国家则没有予以补偿的必要。

7. 行政相对人对损失的发生无过错

在行政主体行为合法的情况下，行政补偿产生的另一个重要条件是行政相对人对损失的发生无过错，如果仅是行政相对人自己的过错造成了损失，行政主体不对该损失负补偿责任。如果行政主体的合法行为和行为人的过错对损失的产生均有责任，应当按照作用的大小，运用比例原则，确定行政主体对相对人所受损失补偿额的大小。

8. 行政主体的合法职权行为和行政相对人所受损害之间存在因果关系

在行政补偿中，合法职权行为与损害结果是否有法律上的因果关系应当是把握的重点。为了公共利益而实施的合法行为是原因，行政相对人所遭受的损害是结果，二者之间存在的因果关系是行政补偿成立的必要条件。

（二）公民、法人或者其他组织因维护公共利益遭受特别损失引起的行政补偿的构成要件

（1）维护公共利益的行为必须是无特定公务义务的公民、法人或者其他组织做出的。从主体要件上讲，该维护公共利益的行为不是行政主体及其工作人员做出的，而是无特定公务义务的公民、法人或者其他组织做出的。

（2）该行为必须是合法行为。行政补偿成立的前提之一是必须由非违法原因引起。特定的公民、法人或者其他组织的行为如果违法，则不仅不能获得行政补偿，还要承担相应的法律责任。

（3）该行为必须是出于维护公共利益的目的。公民、法人或者其他组织的行为必须以维护和增强公共利益为目的，如果行为目的非但不是为了公共利益，还具有违法性和非正义性，即便国家或公众从其行为中受益，也不应予以补偿。

（4）实施行为的公民、法人或者其他组织存在受损害的客观事实而且所受损害已构成特别损失。特定的公民、法人或者其他组织为公共利益做出某种行为，导致自身权益受到损害，而且这种损害超出其应承受的一般义务时即构成特别损失，国家应当对其予以补偿。

（5）必须存在较为直接的因果关系。与前一类行政补偿的因果关系要求稍有不同，特定公民、法人或者其他组织实施的行为和其遭受的损害结果之间应当存在较为直接的因果关系，才能由国家承担行政补偿的义务。

四、行政补偿的事项范围

以前在对事项范围进行讨论时，一般采用列举的方式，本文试图在对行政补偿分类的基础上采用概括式与列举式相结合的方法进行。在上述分类的基础上，结合应予补偿的权益类型范围，对我国现行法律、法规规定的行政补偿事项范围进行分类归纳论述。

1.行政主体合法行使职权行为或合法行使职权行为的附随效果引起的行政补偿

（1）征收补偿

征收是指行政主体为了公共利益，按照法律规定，以强制方式取得行政相对人财产所有权的行为。

（2）征用补偿

征用是指行政主体为了公共利益，依照法律规定，以强制方式取得行政相对人财产使用权或劳务的行为。

（3）信赖利益补偿

信赖利益补偿是指行政主体的法律行为有效成立，但出于维护公益目的而依法使其变更或无效，当事人因信其有效致受损害之补偿。

（4）合法职权行为对行政相对人财产权其他限制的特别损失补偿

合法职权行为对财产权的侵害主要表现在两个方面：一是剥夺，主要表现为征收；二是限制，主要指公民、法人或者其他组织行使财产权时所受到的种种制约，如征用、征调、管制等。

（5）合法职权行为造成非财产权损害的补偿

根据我国宪法和法律的规定，公民所享有的法律权利除财产权外，还有人身权、受教育权、政治权及劳动权等其他权利。在行政活动中，行政主体及其工作人员的合法行为，对上述权利都有可能造成损失。如前所述，行政补偿同行政赔偿一样，以人身权和财产权为限，对公民政治权、受教育权、劳动权等不予补偿。

（6）合法职权行为的附随效果引起的特别损失补偿

合法职权行为的附随效果造成公民、法人或者其他组织合法权益的特别损失补偿，是指行政主体的合法职权行为或措施在实施过程中，对公民、法人或者其他组织的合法权益偶然地、附带性地造成了损害而进行的补偿。这类行政补偿的特征在于职权行为本身属于合法行为，损失的发生通常出于无法事前预见的事件，并非出于行政主体的本意。引起该类损失的行为主要是行政事实行为，本身虽无干预或限制公民权利的意图，但是其造成的损害已构成了特别损失，故应予以补偿。

2.公民、法人或者其他组织因维护公共利益遭受特别损失引起的行政补偿

行政相对人主动维护公共利益的行为，指行政相对人无公法上的特定义务，因维护国家和社会公共利益而致自己合法权益受到损失的行为。对于上述损失，根据公共负担平等原则，国家应给予补偿。在我国，对行政相对人因维护公共利益而受到损失的补偿可以分为以下几类：

（1）因协助行政主体执行公务遭受特别损失的补偿

行政主体及其工作人员在执行公务时，由于人员、设备等的不足或特殊情况的发生，往往需要行政相对人的协助。无特定义务的行政相对人在协助行政主体执行公务的过程中，有可能因此造成人身伤亡或者财产上的损失，当其遭受的损失构成特别损失时，国家应给予补偿。我国目前与此相关的立法主要是《人民警察法》法第三十四条"公民和组织因协助人民警察执行职务，造成人身伤亡或者财产损失的，应当按照国家有关规定给予抚恤或者补偿"的规定。确立因协助行政主体执行公务受到损失的补偿制度。

（2）因见义勇为遭受特别损失的补偿

见义勇为行为，是指公民无法定或约定义务，为保护国家、集体和他人的合法权益，不顾个人安危，同违法犯罪做斗争或者抢险救灾，对其具有高度人身危险性的行为。对因见义勇为行为受到损失而给予行政补偿的，我国法律有相关规定。如《中华人民共和国消防法》第三十八条规定："对因参加扑救火灾或者应急救援受伤、致残或者死亡的人员，按照国家有关规定给予医疗、抚恤。"一方面，见义勇为者在国家、集体和他人的合法权益正在遭受违法犯罪活动的侵害或自然灾害的损害时，没有对其进行维护的特定义务；另一方面，国家行政主体有义务保护国家、集体和个人的合法权益免受侵害。见义勇为者在危急关头所做的抢险救灾或与违法犯罪活动做斗争的行为实质上是代替或帮助行政主体执行该部分公务，履行该部分义务的行为，本质上是对公共利益的维护。因而，见义勇为者在其见义勇为行为中所遭受的特别损失，理应纳入行政补偿的范围。

（3）其他因维护公共利益遭受特别损失的补偿

目前，我国对行政相对人因维护公共利益而受到特别损失的补偿并没有统一性的规

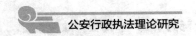

定，只是散见于部分法律规定之中，致使许多因维护公共利益而遭受损失的行为，由于欠缺法律规定而得不到补偿，这极不利于调动公民维护公共利益的积极性。

（4）行政赔偿之例外

一般说来，以下几项不给予行政补偿：①有关国家安全的行为造成的损害；②战争行为造成的损害；③外交行为造成的损害；④国家宏观政策的调整造成的损害；⑤能通过其他途径获取救济的损害等。

第十节 公安行政补偿研究的探究

目前，我国警察行政补偿制度还存在诸多不完善之处。其中，最为突出的问题集中表现在：补偿原则不统一；补偿范围不明确；补偿程序缺失；救济效果不佳。在社会生活中，由警察行政补偿引起的纠纷逐渐增多，由警察行政补偿导致的警民关系也日趋紧张，造成不良影响。因此，为了更好地完善我国的警察行政补偿制度，就需要对目前我国警察行政补偿问题做系统性研究和分析，为实现警察行政补偿规范化、合理化提供理论支撑。

警察行政补偿是行政补偿的一种，与行政补偿相似，警察行政补偿也是一个较为分散且不断发展变化的概念。目前关于警察行政补偿的研究非常薄弱，在中国知网以"警察行政补偿"为关键词进行搜索，仅搜到一篇直接写警察行政补偿的文章。依据理论界对行政补偿概念的研究成果，鉴于行政补偿与警察行政补偿的关系，警察行政补偿可以从两方面来理解：第一，从狭义上来说，警察行政补偿是指警察机关对于公民因合法警察行为遭受的特别牺牲而给予的弥补；第二，从广义上来说，警察行政补偿不仅包括因合法警察行为造成公民的特别牺牲而给予的补偿，还包括公民为维护社会公共利益主动实施相关积极行为而受到特别牺牲的补偿。

一、警察行政补偿的基本问题

狭义的警察行政补偿，源于警察的合法权力行为，受害人遭受的特别牺牲即损害包括对财产权和人身权的损害且主要是财产损害。而公民为维护公共利益主动实施无因管理遭受损害的补偿，源于公民的公务协助和见义勇为，所遭受的损害主要是人身权的损害，其补偿义务应由各级人民政府承担而非警察机关或归于其他方面的补偿。所以，本节所研究的警察行政补偿是狭义上的警察行政补偿。基于此，将警察行政补偿的概念定义为：警察机关及人民警察在依法履行警察职责、行使警察权的过程中，因合法行使警察权侵犯了公民、法人和其他组织的合法权益并造成损害，依法由国家给予补偿的法律制度。

在我国，警察行政补偿的本质是"公民的财产权神圣不可侵犯"这一宪法原则在警察执法活动中的具体体现。公民的财产权至高无上，宪法和法律不仅要保护公民的财产权不受非法行为的损害，同时也应当避免其受合法行为的损害。

二、警察行政补偿制度存在的问题

（一）警察行政补偿的原则不明

虽然我国现行的法律体系中有关于警察行政补偿的规定，但是这些规定均分散于各个单行的法律、行政法规、规章以及相关规范性文件之中，没有统一的警察行政补偿的基本原则，且各单行的法律、行政法规、规章之间的规定有所不同，使得警察行政补偿制度难以做到"有法可依"，在执行上出现"各自为政"的现象，这必然导致不公平的结果产生，催生不和谐的因素。归根结底，出现上述现象的原因是我国现行的《宪法》中没有行政补偿原则的规定，其他相关法律中也没有警察行政补偿原则的规定。现行的《宪法》中，关于"补偿"的内容仅是第十条第3款中的"国家为了公共利益的需要，可以依照法律规定对土地实行征收或者征用并给予补偿"，此处的"补偿"仅是行政补偿种类中的一种，而且并没有提到补偿的原则。《人民警察法》第十三条规定："公安机关因侦查犯罪的需要，必要时，按照国家有关规定，可以优先使用机关、团体、企业事业组织和个人的交通工具、通信工具、场地和建筑物，用后应当及时归还，并支付适当费用；造成损失的，应当赔偿。"该法条也仅规定了需要进行补偿的情形，但是对进行补偿需遵守的原则并没有进行规定。

（二）警察行政补偿的标准不一

目前，有关我国警察行政补偿的法律规定，分散于各个单行法律当中，没有统一的补偿原则，致使警察行政补偿没有统一的标准，在补偿的程度上达不到统一的效果。各地警察机关之间，或者是同一警察机关的不同部门之间，对于同样的或者相似的警察行政补偿请求，做出的补偿决定也各不相同，尤其表现在警察行政补偿的程度上。当事人就同一个或者相似的情形，向不同的警察机关或者同一警察机关的不同部门提出补偿请求，会得到不同的结果。比如，同一事件，A警察机关和B警察机关都具有警察行政补偿的管辖权，两机关做出的警察行政补偿决定，会在补偿的范围、补偿的数额、补偿的期限等多个方面出现不一样的结果，且差距明显，产生不公平的现象。虽然目前我国各个地区之间的经济发展水平有所不同，居民收入水平存在差距，警察行政补偿做到绝对的平等不太现实，但是，应当考虑各地的经济发展水平以及居民收入水平，制定相对公平的警察行政补偿标准，使补偿的结果能够尽可能地弥补当事人由于警察权力的合法行使

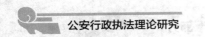

造成的损失，做到相对的公平，这也是我国宪法当中"法律面前人人平等"原则在警察行政补偿制度中的具体体现。

（三）警察行政补偿的程序缺失

我国关于警察行政补偿的规定，分散于单行法律中，大多是用"适当补偿""相应补偿"等表述。但是，上述的"适当""相应"只是对补偿的实体方面进行了较为宽泛的规定，在补偿程序方面则没有规定。比如，行政相对人如果需要提起警察行政补偿的请求，那么，关于"向哪个部门提起""何时提起""哪个部门有权做出警察行政补偿的决定""在什么期限内做出决定""做出的决定如何执行，由谁执行""如何对警察行政补偿进行监督"等一系列问题，在现行法律中都没有任何规定。对于一个完善的法律制度而言，程序和实体同样重要，缺一不可。如果只对程序方面进行规定，不规定实体方面，那么该制度就形同虚设，无法将权利的保护落到实处；反之，如果只对实体方面进行规定，而没有对程序方面进行规定，那么，再完善的实体内容也将因为程序的缺失而无法及时有效地实现。我国现行的警察行政补偿制度，正是缺失了关于补偿程序的相关规定，才致使当事人的相关合法权益无法得到及时有效的保护，影响社会公平。

（四）警察行政补偿的方式随意

我国现行法律中对警察行政补偿的方式没有统一而明确的规定，致使不同地区的警察机关或者同一警察机关的不同部门，在进行警察行政补偿的时候，补偿的方式五花八门，各不相同。我国主要的警察行政补偿方式是支付补偿金，这也是目前相对比较被认可的警察行政补偿方式。但是，除了支付补偿金以外，其他的补偿方式不尽相同，而且特别随意。例如，某地的消防部门因扑灭火情的需要，在灭火过程中，强制拆除了火场建筑周围的门面房和相关设施，对门面房的户主和经营户造成了损失，使其无法继续经营或者出租营利，失去经济来源，造成生活困难，对此，该消防部门应当按照警察行政补偿的原则及制度进行补偿。然而，由于我国现行法律对于警察行政补偿的方式没有明确的规定，该补偿主体可以选择任意的方式进行补偿：如果经费充足或者得到相关的财政支持，就会采取发放补偿金的方式进行补偿；倘若经费不足、财力有限，就会采取其他方式（如减免相应的管理费用、安排相关人员到警察机关的辅助岗位工作）进行补偿。而且，采取何种方式进行补偿，完全由警察机关一方决定，很少与当事人进行沟通，听取当事人的意见、要求。上述随意的补偿方式，必然会使当事人的合法权益受到侵害，久而久之，会激化警民矛盾，造成社会问题，影响社会的和谐稳定。

三、完善警察行政补偿制度的建议

（一）警察行政补偿制度的比较与借鉴

我国行政补偿制度建立较晚，警察行政补偿制度起步的时间更晚，而且制度不健全，存在诸多漏洞和不足，未能全面维护当事人的合法权益。目前，虽然世界上大多数国家也还没有关于警察行政补偿的专门性法律，不过，相关的单行法律或者执法实践中的实例，对警察行政补偿进行了规范。为此，我们可以借鉴其他国家和地区的警察行政补偿制度，将我国现行的警察行政补偿制度与之进行比较，并对我国的警察行政补偿制度加以完善。

以具有"行政法母国"之称的法国为例，大革命时期，法国在《人权宣言》中对私有财产的保护做了规定。虽然法国的法律没有对行政补偿做出具体的规定，但是在执法实践中，司法警察会根据《人权宣言》中的这一精神，对当事人进行补偿，并将补偿的情况告知检察官。检察官在整个补偿的过程中，对补偿的实体和程序进行监督，保证当事人的合法权益不受侵害。

再以日本为例，日本目前虽然没有关于紧急状态的完整法律，但是该国《灾害救助法》以及《灾害对策基本法》的有关规定，出于保护当事人合法权益的目的，对紧急情况下公权力，特别是警察权力的行使做了限制。同时，也明确规定由于应对紧急情况的需要而对当事人的合法权益造成侵害的，事后应当予以补偿。

其他国家，如美国、德国、英国以及俄罗斯等，都在其《紧急状态法》中对警察行政补偿做了规定。虽说还没有达到完善的程度，但上述国家的《紧急状态法》都明确规定了当事人享有获得补偿救济的权利，以及获取补偿的途径，比起我国现行的警察行政补偿制度，可以说是相对健全的，值得我们借鉴。

国内其他领域的行政补偿与警察行政补偿相类似，既无明确的原则，也无合理的标准和可行的程序，对此需要继续加以完善和研究。

（二）完善警察行政补偿制度的建议

完善警察行政补偿制度，需要多管齐下，多措并举。这不仅涉及法律的构建问题，还包括更新执法理念、完善执法程序以及建立监督机制等。从以下几个方面对现有的警察行政补偿制度进行完善：

1. 明确警察行政补偿的基本原则

有些专家学者非常精辟地概括了警察行政补偿原则所具有的双面性特征，即警察行政补偿原则在平衡公共利益与个人利益矛盾之间所发挥的作用，既是行政主体（警察机关）对行政相对人的利益造成侵害的"合法"依据，也是有效制衡行政主体（警察机关）进一步扩大公权力侵害的有力武器，可以有效地保护行政相对人的合法权益。鉴于现行法律没有对警察行政补偿的原则予以明确的规定，应当通过修改《人民警察法》对"限制警察行政权的滥用，保护相对人合法权益不受侵害"这一根本原则加以明确，同时出台相关的规范性文件，设立警察行政补偿具体实施准则。

2. 完善警察行政补偿的范围

完善行政补偿范围的规定，不能缺少对相关问题的研究，即什么性质的行政行为、在什么情况下造成什么样的损失才会涉及赔偿问题。首先，就行政行为的性质而言，有的学者认为，其应是具体行政行为，而有的学者认为还应包括抽象行政行为，还有的学者认为，在某些情况下可以包括抽象行政行为。其次，就造成的哪些损失才会涉及行政补偿，有的学者认为应限定为直接的财产损失，不应包括间接损失和精神损失。我国《国家赔偿法》中的行政赔偿范围往往只针对直接的财产损失（或可以转化为财产损失的人身侵害），而警察行政补偿是基于合法的警察行为，并非基于违法的行为而导致被害人损失的补偿，因而警察行政补偿的范围应该超过赔偿的范围。所以，警察行政补偿的范围应当扩大，在人身权和财产权的基础上，将劳动权、社会文化权利等有可能被合法警察行为侵犯的权利纳入警察行政补偿的范围之中。

结合我国实际情况，除以上所论之外，完善警察行政补偿范围还需明确下列问题：

在现行的《人民警察法》以及相关法律的基础上，对警察行政补偿的主体范围进行明确规定。值得注意的是，现在各地公安机关所聘用的辅警、协警，以及其他在公安机关工作的文职人员（非正式公务员编制）无独立执法权，与公安机关所委托的单位一样，他们所做出的辅助执法行为可以视为得到了所属公安机关的委托，因此，由该类工作人员做出的受托行为引起的行政补偿，应该归入警察行政补偿范围。

同时，关于补偿的范围，在现行的《人民警察法》以及相关法律中，应增设相关章节，对警察行政补偿的范围按照行为种类和造成损害的程度进行分类，对各种类型的补偿范围加以详细规定，尤其是对损害程度尽可能予以量化，使其在执行过程中能够减少争议，避免矛盾。

3. 构建警察行政补偿的程序

和其他法律一样，警察行政补偿的程序步骤和实体内容同样重要。为此，我们需要从以下四个方面对警察行政补偿的程序加以明确：

第一，明确当事人提起警察行政补偿的法律程序。当事人认为自己的合法权益受到公安机关及其人民警察在执法过程中的合法行为所造成的侵害时，可以依照《人民警察法》中的相关规定，向造成侵害的警察所属机关提起行政补偿要求。此处的"提起"应当是书面的，因为警察行政补偿具有后置性，一般发生在造成侵害的行为发生之后，不存在紧急情况当事人具备提起书面请求的可能性。如果当事人因为客观原因无法由本人提起书面请求，可以由当事人委托代理人代为提起。代理人可以是律师、当事人的近亲属、有关社会团体或者所在单位推荐的人。

第二，明确补偿主体处理当事人所提起的警察行政补偿的程序。公安机关的各所属部门可在其内部设立"警察行政补偿办公室"（以下简称"补偿办公室"），专职受理本部门警察行政补偿事务。同时，由公安机关分管法制工作的负责人牵头，以公安机关法制部门为主，各个所属部门和派出机构派人参与，组成"警察行政补偿委员会"（以下简称"补偿委员会"），对各个"补偿办公室"提出的补偿意见和补偿方案进行研究，并做出予以补偿或者不予以补偿的决定。"补偿办公室"在决定受理当事人所提起的警察行政补偿之后，应及时会同该补偿请求中所涉及的公安机关所属部门进行核实，查阅案卷记录，询问当事民警和相关人员并展开调查，根据调查结果以及相关规定，提出是否予以补偿的意见和如何进行补偿的方案，并将该补偿意见和执行方案报请公安机关的"补偿委员会"批准，同时将补偿意见和执行方案反馈给当事的公安机关所属部门。

第三，明确补偿主体做出警察行政补偿决定的程序。公安机关的"补偿委员会"应当对各"补偿办公室"的调查结果进行复核，并对其报送的补偿意见和执行方案进行审核，做出是否予以补偿的决定。如果"补偿委员会"认为各"补偿办公室"的调查结果存在问题，可以要求各"补偿办公室"重新进行调查，也可以直接对当事人提起的警察行政补偿事项进行调查。

第四，明确警察行政补偿主体内部复议的程序。"补偿委员会"做出予以警察行政补偿或者不予以补偿的决定之后，如果当事的公安机关所属部门的"补偿办公室"不服，或者认为决定欠妥的，应该根据相关的内部复议程序进行复议。该内部复议程序的设置，可以参照《刑事诉讼法》中公安机关对于人民检察院做出的批捕或者不予批捕的决定存有异议时的复议情形。当事的公安机关所属部门的"补偿办公室"可以申请"补偿委员会"进行内部复议。如果"补偿委员会"仍然维持之前做出的决定，当事公安机关所属部门"补偿办公室"可以向上级公安机关的"补偿委员会"提请复核。上级公安机关的"补偿委员会"应当立即复核，做出确认或者撤销是否变更该决定的裁定；上级公安机关的"补偿委员会"也可以直接对当事人提起的警察行政补偿事项进行调查，做出是否予以补偿的决定，同时给出关于执行方案的意见，通知下级公安机关的"补偿委员会"执行。

4. 明确警察行政补偿的标准

警察行政补偿以警察的合法行为为前提，虽然行政主体在主观上没有过错，但是其行为所导致的后果，即给当事人造成的损失在客观上是一样的。所以，对于警察行政补偿的标准，可以参照行政赔偿进行规定。

对生命健康权造成损害的，应当参照《国家赔偿法》的标准补偿当事人的医疗费、护理费、康复费、因误工减少的收入等相关费用；对财物的正常使用造成影响的，应当对当事人在正常行使使用权的情况下能够创造出的效益和价值进行评估，根据评估结果进行补偿；对当事人其他权利造成损害的，应当根据当事人的实际情况和受损害的程度，结合当地的经济发展水平，给予合理的补偿。

5.完善警察行政补偿的救济制度

现行的救济途径虽然给予了当事人维护权益的机会，但在实践中，存在因救济途径自身的问题致使当事人的合法权益并未得到有效的保障，从而引起纠纷。

为了切实保证当事人的合法权益不受侵害，制约警察权力的滥用，在现有救济方式的基础上，在警察行政补偿救济和监督方面设立如下规定：若当事人对公安机关的"警察行政补偿委员会"做出的行政补偿决定不服或有异议，可以向同级人民政府或者上级公安机关申请行政复议。

同时，引入司法监督机制，让司法力量介入其中。同级人民检察院应对警察机关的行政补偿在实体和程序方面进行监督，对违反相关法律、行政法规的行政补偿决定应当给出检察机关的建议。警察机关"补偿委员会"收到检察建议之后，应当及时予以撤销或者更正决定，并将撤销或者更正的结果反馈给做出检察建议的人民检察院。此外，社会媒体也应对警察行政补偿进行监督，保证各个环节公开透明。"阳光是最好的催化剂"，只有将警察行政补偿的各个环节显露在社会的阳光之下，才能保证警察行政补偿在实体和程序方面的公平、公正，才能促使警察行政补偿制度不断健全，朝着更加完善的方向发展。

第十一部分

公安行政执法权益的保障

第一节 公安行政执法权益概念的界定

一、警察权益的概念

在讨论警察权益之前，有必要先来了解一下什么是权益。"权益"根据现代汉语词典的定义，它是指应该享受的不容侵犯的权利。它与"权利"和"权力"的概念既有区别又有联系。通常所说的"权利"是与义务相对的一个概念，是指公民享有权利和利益的一种表现。而"权力"则是指职责范围内的指挥或支配力量。由此可见，权益既包括权利的内容，也包括权力的内容，它与权力、权利有着密切的关系。因此，警察权益从词义上看，主要是指警察依法享有的不容侵犯的权利和利益。

在现实中，由于警察具有多重身份，即普通公民、国家公务人员、人民警察。

警察权益是警察所享有的一切不容侵犯的权益，不仅包括其作为警察身份的国家公务人员所享有的受法律保护不容侵犯的权益，还包括其作为普通公民所享有的受法律保护的权利。警察的权益实质上跟社会上一般人的权益一样，只是由于其职业的特殊性，使之具有不同于一般公众权益的价值和意义。

理由如下：第一，警察既是国家公务人员，又是一名普通公民。从身份产生的先后来看，他首先应该是一个普通公民，经过国家法定程序授权以后才具有警察的身份。作为一个普通公民，他与其他普通公民一样，其合法权益受到国家的重视和保护，如果将警察权益从普通公民权益中分离出来，则与我国宪法和法律规定不符。第二，在现实中，由于警察工作性质的特殊性，很难界定其行为是执行公务行为还是个人行为。因此，如果狭义地将警察权益定义为警察执法公务中所享有的与职权有关的权益，则不利于警察权益的保护。第三，警察作为国家特殊的公务人员，肩负着保护公民合法权益、维护社会安全和稳定等职权。与普通公民相比，警察权益又具有一定的特殊性，警察权益遭受侵害势必会给社会公众合法权益带来侵害，因此定义警察权益不仅局限于保护警察个体的需要，还不能忽视警察职业的特殊性和执法公务的需要。综上所述，警察权益指警察所享有的受法律保护不受侵犯的权利和利益总称，它不仅包括警察作为国家公务人员行使职权时所享有的不容侵犯的公共权力和利益，还包括其作为普通公民所享有的不容侵犯的私人权力和利益。本文所讨论的公安行政执法中的警察权益是指公安机关及其人民警察在执行行政公务活动中或者执行行政公务活动后，依法所享有的不容侵犯的权利和利益。

二、公安行政执法权益保障的理论基础及意义

警察权益的主体是指依法取得警察身份、享有执法权的所有警察个体，不论其属于公务员序列或者事业编制，也不论其岗位是在机关或者一线，都是本书所研究的范围。

（一）公安行政执行权益保障的理论基础

什么是权益？权益是一个内容非常广泛的概念。商务印书馆出版的《现代汉语词典》中，"权利"是指与义务相对应的公民或法人依法行使的权力和享受的利益；"权益"是指应该享受的不容侵犯的权利。目前公安学术研究中对警察权益这一基础性概念的界定主要有以下几类观点：

1. 警察权益就是警察的执法权益

警察的执法权益是警察基于职务身份和执法行为而产生的受法律保护的权益，它是警察个体所特有的与职务行为相关联的权益，所以它是以公权力的存在和行使为前提的。这种观点认为，警察权益是指警察个体即某一个特定对象在依法执行警察公务过程中及之后所应依法享有的某些特定权利，它不是指公安机关或警察群体的整体权益。并且，警察权益应该与警察作为普通公民所享有的权利严格区分，譬如，江西公安专科学校的刘小荣教授认为，"公安民警的身份具有双重性。他首先是一个普通公民，然后经过国家法律规定的程序成为警察，行使法律赋予的警察权，履行相应的职责。警察的双重身份产生两种不同性质的法律行为，并引起两种不同性质的法律关系。当一名警察以特殊的执法身份行使警察权时，其行为便为公务行为，产生的法律责任由其所在警察机关承担，其权益受国家法律的特殊保护；当他以普通公民的身份出现时，其实施的行为不是警察行为，而是个人行为，其法律责任由他本人承担，其权益保护同其他普通公民无异。因此，判断警察个体的行为是警察行为（公务行为）还是个人行为是决定其权益

是否属于警察权益范畴的重要前提。"应该以公民权利为基础和对照，把警察权益的基本内容归纳为生命健康权、司法特别保护权、人格尊严权、伤亡抚恤权、获得工作报酬权、接受教育培训权和休息休假权等几个方面。

2.警察权益就是警察机关的职权

这种观点中的警察权益主体是指公安机关。公安机关作为国家的行政机关，代表的是公权力，它没有自己私有的权益，警察的权益就是公安机关职责和权力的总称。它是公安机关作为国家机器所依法享有的权限，具有法定性、强制性、特殊性、单向性等特征。

3.警察权益是指警察所应当享有的不容侵犯的权益

这种观点中的权益既包括警察与职务相关联的特殊权益，也包括警察作为普通公民依法享有并受法律保护的不容侵犯的权利。"警察权益同时具有普遍性和特殊性。而当下多数人在强调保障警察的执法权益时，却往往忽视了对警察作为公民所应享有的基本权利的关注和保护。实际上，由于警察的职业性质和职业身份，警察的执法权益与其作为公民应享有的基本权利往往是密切联系在一起的。应当统一使用'警察权益'的概念来涵盖警察的执法权益和警察作为公民应享有的基本权利。""警察的权利事实上和社会中的每一个成员一样，是其作为自然人所应当享有而由法律赋予的某种权能，只是由于警察职业的特殊性，而使其具有了不同于一般社会成员权益的价值和意义。在这些权利中，最重要的当属生命权、健康权、休息权、人格权、经济保障权和家庭保障权。""基于人民警察兼有普通公民与国家公务人员的双重身份，其执法权益的具体内容也应相应地包括两个部分：①执行职务时依据一般法律所享有的公民权利（如生命权、健康权、名誉权、肖像权等），此部分执法权益与普通公民权并无本质区别，属于私权的范畴。②执行职务时依法律特别授权而享有的与职务行为相关的权益（如使用武器和警械的权利、优先使用交通工具的权利、获得社会协助的权利等），此部分执法权益由人民警察的行政职权和行政受益权共同构成，属公权的范畴"。

上述第一种观点认为，警察权益就是其执法权益，从而把警察作为普通公民依法享有并受法律保护的不容侵犯的权利排除在外，这种界定，使警察权益的范围过于狭窄和片面。虽然警察权益受侵害的情况大多发生在警察执法过程中或执法之后，但这并不意味着在执法之外的场合其权益就不会受到侵害。而且，现实生活中，警察是以特殊的职务身份还是以其作为自然人的普通公民身份来实施某一行为，有时候往往难以明确区分。《人民警察法》第十九条规定：人民警察在非工作时间，遇有其职责范围内的紧急情况，应当履行职责。这意味着，作为一名警察，必须时时刻刻都在准备着履行其特定职责，否则就是不作为，因此，从法律规定上来看，警察的职务身份具有被动的不间断性，他不可能以绝对单纯的普通公民的身份来实施某一行为。所以，对警察权益的保护不应该仅局限在对其执法权益的保护上，否则便违背了法的公平正义的价值取向。第二种观点把警察权益的主体限定为公安机关，因此警察权益属于国家行政权的范畴。第三种观点认为，警察具有国家公务人员和普通公民双重身份，警察作为公民中的一员，理所当然地享有宪法和法律所赋予公民的一切权利。然而，警察基于其特殊身份，在享有公民权的同时，又应当受到一定程度的限制。这种必要的限制，是普通权利与警察义务二者协调的结果。警察作为国家公务人员中的行政执法者，依法律特别授权而享有与职务行为相关的权益。这种观点充分兼顾了警察的一般权利和特殊权利，有利于全面保障警察权益。

警察权益包含了警察的一般权利和特殊权利，二者紧密相连、不可分割，并且经常重复交叉。警察权益内容应当包括：生命健康权、人格尊严权、休息休假权、获得劳动报酬权、接受教育培训权、伤亡抚恤权、司法特别保护权、特殊保险权、行政优益权、使用警械武器权、拒绝执行越权指令权、正当防卫权、申诉控告权、损害赔偿权、荣誉权、名誉权以及法律规定的公民应享有的其他权利。

（二）保障警察行政执法权益的意义

1. 适应公安民警人权保障的需要

人权，是人之所以为人应该享有的一种基本权利，包括作为人而享有的法定权利和应有权利。任何一个国家和政府都有责任和义务保证每个人都能充分地享有和实现人权。人权并不是宪法或者法律所赋予的，而是人与生俱来的一种权利，它是从人的本质属性中引申出来的固有权利，是每个人无论他的工作性质、社会地位如何都应当拥有的基本权利。公安民警作为公民利益的保护者，主要任务就是保护人民的合法权益。长期以来，人们习惯将公安民警与公民置于相对立的位置，因此，很多学者认为公安民警只是国家的机器，其执行公务就是保障公民的权利，而忽视其自身合法权益的保障问题。公安民警作为社会中的一个人，应当享有人应有的权利，这是不容置疑的，因此也同样应受到人权的保障。

在当今整个人权保障的背景下，保障人权绝对不是保障部分人的权益，而应当是对社会所有成员和群体的权利的保障。在公安行政执法中保障不了警察的权益，就会直接影响警察职权的行使，其保护公民权益、维护社会秩序的职权就得不到实现，最终损害的是公民的权益，相应的整个人权保障也无从谈起。

2. 保障公安依法行政的需要

长期以来，警察作为国家公务员，在人的心中一向被赋予"为人民服务"的职责，但当他们在受到委屈或受到不公正待遇，甚至遭到不法侵犯时，人们往往会用比较严格的目光审视他们，认为警察就应该"打不还手，骂不还口"，应当一切为人民。但警察也是人，同每个公民一样享有应有的合法权利，并不受侵犯，当其权益遭到侵害时也同样有依法维护自己合法权益的权利。警察由于他们职业的特殊性，肩负着保护人民，维护社会安全和稳定的职责。对公安行政执法中警察权益的保障，是公安民警依法履行行政职能的基础和前提条件。试想，如果公安民警连自身最基本的权益都无法保障，那么他们怎么能履行好法定职责，保护人民群众的合法权益，维护社会的稳定？

同时，对公安行政执法中权益的保障，也是保障公安依法行政的需要，有利于树立公安民警行政执法权威性，维护国家的法律尊严。在公安行政执法过程中，如果警察权益得不到保障被侵犯，会使人对公安民警的行政执法权威打折扣，认为公安行政执法权并不是不可侵犯的，甚至致使人民群众对公安工作失望。有些民众甚至会怀疑公安民警履行行政执法的能力。长期下去，会导致公民对国家及其工作人员产生不信任感，不利于社会的稳定。公安行政执法权保障的前提条件，就是公安民警依法行政。在行政执法过程中，如果警察权益得不到保障，则会影响警察依法行政的效率。因此，加强公安行政执法过程中警察权益的保障，是树立公安民警依法行政观念、提高依法办事的自觉性、维护社会稳定和公安权威的重要内容。

3.改善公安行政执法环境的需要

在现实生活中，公安行政执法的目的在于保护公民的合法权益，维护国家和社会的安全和稳定，试想我国公安警察的合法权益都得不到保障，那么公安行政执法的目的就很难实现。当前，一些单位和社会公众法治观念欠缺，对公安行政执法工作不理解也不支持，在公安民警具体的执法过程中，他们首先考虑到的是自身利益，对公安民警的行政工作消极对待，更有甚者还对公安行政执法活动加以阻挠，如暴力抗拒警察执法、用言语侮辱诽谤警察等。这些行为严重损害了公安民警的合法权益，影响了公安机关的正常执法活动。保障公安行政执法中的警察权益，不仅可以极大地增强公众的法治意识，改善警民关系，同时也有利于排除对公安行政执法的非法干预，给公安行政执法创造一个积极的法治环境。

此外，由于公安行政执法工作的特殊性和危险性，常常会置公安民警于一些不利的位置。不良的工作环境，超负荷的工作强度，巨大的心理压力和居高不下的死亡率，使得公安民警成为最具对抗性、风险性的职业群体。因此，安全成为公安行政执法工作的一项重大问题，公安民警行政执法安全是保障公安行政执法工作正常进行的重要条件。如果公安民警自身和家人的安全都无法得到保障，那么其很难全心地投入到工作当中。因此，强化公安民警权益保障有利于改善公安行政执法环境，维护公安民警队伍的稳定和发展。

三、公安行政执法中警察的权益

在我国警察法学研究领域，对警察权益的具体内容并没有明确，从保障公安行政执法中警察权益的角度，以公民的基本权利为基础，结合警察的行政执法特征，将公安行政执法中警察权益的内容概括如下：

（1）生命健康权。生命健康权是人的基本权利，每个人的生命健康权都不容侵犯，警察更是如此。警察由于其职业的特殊性，比其他职业更加具有风险性，存在危及生命和人身安全的可能。对警察的生命健康权的保护，不仅是保障警察自身的权利，更是保护更多人的生命健康。警察的生命健康权主要是指警察在行政执法过程中或行政执法后，享有生命、健康权益不受非法侵害的权益。

（2）人格尊严权。警察的人格尊严权，不仅应该体现在依法执行公务的过程当中，还包括公务执行完毕之后。无论公安民警在执行公务活动中还是执行公务之后，都不得对其人格进行侵犯和侮辱，不得辱骂、诽谤，诬告、陷害公安民警。

（3）家庭和亲属不受侵扰或打击报复权。公安民警在行政执法过程中，其家庭、亲属不能因其行政执法活动而遭受非法威胁、侵扰或打击报复。

（4）使用警械、武器权。使用警械、武器权主要是指公安机关及其人民警察在执行公务过程中，根据国家有关法律规定，可以对一些暴力行为使用警械、武器，以维护公民合法权益，维持社会秩序。

（5）执法优先权。由于警察职业的特殊性，国家为了让警察更好地履行管理职能，赋予其一些优先于一般职业的特殊权益，即人民警察在执行公务时遇到紧急情况有优于一般公众的权益，如优先用车、优先通行等。

（6）职务防卫权。警察职务防卫权是指警察在依法执行公务过程中，如果遇到正在实施的不法行为的侵犯或有侵犯之虞，为了履行职务保障自身安全的需要，有理由相信不采取武力就不能制止侵害行为的，根据具体案情，可以采取法律规定范围内的武力行为，以维护自身的合法权利的权益。

（7）休息休假权。休息权是我国宪法规定的每个公民都必须享有的权利。警察由于其工作性质的特殊性，工作强度比较大，工作压力也很重，如果不能保障警察的休息权，就很难保障警察工作的质量和工作效率。在现实中，常常出现警察由于工作强度太大，得不到合理的休息，从而"过劳死"的现象。

（8）获得工作报酬权。警察作为一种职业，同一般劳动者一样，享有劳动、获得劳动报酬的权利。通过劳动获取的报酬是警察赖以生存的物质基础，也是警察工作得以开展的前提条件。如果一味地要求警察做好工作，为人民服务，而不给他们基本的物质保障，是不利于警察行业发展的。由于警察的工作比其他一般公务员的工作危险性大，因此在警察获得工作报酬权的保障上应加大力度，充分调动警察工作的积极性。

（9）接受教育培训权。警察工作具有一定的危险性，要求警察具有一定的专业技能，因此在警察职业生涯中，应该对警察进行专业的、有计划的培训，包括对其法律知识、专业技能以及心理素质等方面的培训。对警察进行定期培训也是保障警察依法行政，提高警察行政水平和效率的重要途径。

（10）申诉控告权。警察对损害其自身权益的行为，有向相关国家机关提出申诉请求处理，对国家机关和国家工作人员的违法失职行为向有关机关提出控告的权利。

（11）司法特别保护权。警察不同于普通公民，作为特殊个体被赋予了特殊的职责和使命，为维护国家和社会的利益，必须对警察权益进行特别保护。对于伤害警察的违法犯罪分子，应当予以严重的处罚，以达到一种震慑作用，从而维护法律的尊严和警察执法的权威性。

（12）获得抚恤和救助权。由于警察职业具有一定的危险性，他们以自我生命和健康换取社会和人民的安定，因此，在执行公务过程中，警察及其亲属因警察执行公务行为而导致的人身伤亡和财产损失，享有国家给予的不同程度的抚恤待遇。如给因公负伤的警察开通"绿色通道"，给予因公负伤的警察较好的、优先的医疗救助，便于其及时治疗。

四、外国警察行政执法权益保障制度和对我们的启示

在警察权益保障问题上，许多国家和地区经过多年的发展，已经建立了比较成熟的体系和行之有效的制度，这对我国公安行政执法权益的保障有着一定启示作用。以下就几个具有代表性的国家的警察权益保障制度进行探讨。

（一）俄罗斯

在立法上，早在苏联时期，就明确了对警察权益保护的规定。1962年，苏联政府颁布的《最高苏维埃主席团关于严惩侵害人民警察和人民志愿纠察队队员生命、身体和尊严行为的法令》，对在执法过程中对警察权益的侵犯行为做出规定，并根据不同情节和程度做出不一样的处罚规定。该法令是俄罗斯最早规定警察权益保障的法令，对俄罗斯警察权益保护起到一定的作用，特别是对抗拒警察执法行为，根据抗拒执法行为的程度给予不同的处罚，从而保障警察执法工作的顺利进行，保护警察的合法权益。如该法令第一条规定，"拒绝执行警察命令和指令的，处15日拘留或1个月劳动改造或20卢布罚金；对执行公务的人民警察或志愿纠察人员进行侮辱的，处6个月到1年有期徒刑或100卢布罚金；对以暴力或以暴力相威胁的方式拒绝刑罚或强迫民警和志愿纠察人员违背意

愿执法的，处1至5年有期徒刑；对以暴力的方式侵犯警察和人民志愿纠察人员生命安全的，处5至15年有期徒刑并或附加2至5年的流放刑，暴力致使警察和人民志愿纠察人员死亡的可以判处死刑。"

此外，在警察的福利方面，俄罗斯对警察福利和社会保险做出特别规定，给予警察及其家属一定的优待。根据俄罗斯《警察法》规定，警察及其家属，包括警察配偶、未成年子女及其抚养的人，同该警察一样享有由内务部各医疗机构提供的免费医疗救助和健康服务；对警察因履行公务造成的致伤、致残以及牺牲的，由国家通过相应的财政预算资金予以赔偿，或者通过建立专门的基金给警察购买国家保险的方式，从而使其从中获得赔偿。如果警察在执行公务中致伤、致残，由国家给予其一定数额的抚恤金，给警察及其家属带来财产上损害的，由国家从预算资金中给予适当的补偿。如果警察在执行公务中牺牲或者因执行职务而生病离职，离职后在1年之内死亡的，由国家给予其家属和抚养人相当于该警察10年工资数额的抚恤金，事后国家有权向肇事者追偿。警察如果因公负伤不能任职，由国家一次性给付相当于其5年工资的抚恤金，事后国家可向肇事者追偿。此外，俄罗斯的《警察法》还对警察的工作时间和休假时间做出规定。根据俄罗斯《警察法》规定，警察每天工作的时间不应超过10小时，超过规定时间的按加班计算，由国家按照劳动法规定给予其加班补偿；警察除了固定的节假日休息外，还享有每年不低于30天的带薪休假时间。

（二）美国

第一，将袭警行为规定为独立的罪行，加重处罚力度。在美国，袭警行为是一类比较严重的犯罪行为，无论是联邦刑法还是州刑法，都对其做出了明确的规定。美国联邦刑法中单设有"袭警罪"，对以暴力行为抗拒警察执法进行严厉的处罚。根据美国联邦刑法的规定，警察在执行公务时，任何与其身体相接触的行为都可能被看作袭警行为，警察为保护自身可以对其采取相应的措施，包括使用致命性的武器对抗。如果你在美国开车，被警察拦下，应该先将车停好，然后将车窗摇下，双手放在方向盘，等待警察指令行事，如果你擅自下车或者乱翻东西，可能会被一旁的警察搭档当作袭警行为而误伤。因此，在美国对袭警行为的界定并不以给警察实际带来侵害为前提，而只要对方有侵犯的意图，就可以以"袭警罪"予以制裁，甚至还包括威胁警察直系亲属的人身财产安全，也被视为犯罪。在美国，对于袭警罪的量刑，各州的处罚也非常严厉，有的州刑法甚至规定对暴力袭警造成警察人身伤亡的罪犯可以判处死刑。

第二，规定了警察的职务防卫行为。在美国，对于正在实施犯罪行为的罪犯，只要警察有理由相信该罪犯的行为将对其造成人身伤害，而又不能通过其他合法有效的方式将其制止时；或者是针对犯有严重罪行的在逃犯，在追捕过程中对追捕的警察的人身可能会造成一定威胁时，允许警察使用适当的暴力予以制止，特别情况下，还包括允许对犯罪分子实行致命性的暴力行为，如使用枪支将犯罪人员击毙。

第三，重视对警察的教育训练。为保护警察在执法过程中的安全，美国极其重视对警察的培训教育工作。在美国，如果想成为一个警察必须要具备专门的警察专科学校学历。报考警察专科学校的学生必须是身体健康、具有高中以上学历，并且年满21周岁的美国公民。只有符合相应的条件，才能报考警察专科学校。警察专科学校的课程和学制因地而异，不同的州有不同的规定，一般时间为5～6个月。在警察专科学校里，学员不仅要对警察工作进行了解，还要学习和掌握相关的法律和案例。除了对理论知识的学习外，学员还要对警械武器的使用、格斗技能等内容进行学习。毕业时，学员要想取得毕业证，进入警察队伍必须经过严格的考试、考核，只有成绩优异者才能被录用。

（三）德国

在对袭警行为的规定方面，德国并没有像美国那样将袭警行为规定为独立的罪行，而是将暴力袭警行为纳入妨害公务罪的范畴，根据其侵犯警察权益的情节和后果不同确定不同的刑事责任。如德国刑法规定，对情节较轻的袭警行为以妨害公务罪论处；对情节特别严重，造成警务人员伤亡的，分别以故意伤人罪、故意伤害罪论处，最重可以判处死刑。这一规定与我国刑法对袭警行为的规定大体是相似的。

在警察培训方面，德国规定得更为细致。在德国，将对警察自身能力的培训当作警察的必修课程，并贯穿于警察的整个职业生涯。培训分高级、中级、初级三个阶段，培训的主要内容包括领导人员自我防护意识培训、警察自身防护判断能力培训以及作战技术配合训练等。在对领导人员自我防护意识培训方面，德国警察法规定，所有晋升的高级警官必须在德国警察领导学校培训1年，在所有培训内容中重点对警察的自我防护意识进行培训，其培训课时占到总培训课时的10%～20%。在对警察自身防护判断能力培训方面，通过对突发情况的模拟，如发生紧急的暴力袭警情况时，对使用什么武器，怎么样使用武器以及使用武器所打击的部位等都进行了规范。此外，德国还注重对警察整体作战能力的培训，规定了警察在进行小组巡逻时应该遵循法定程序，包括表明身份、明确分工。在德国，当警察在对当事人进行人身检查或者对车辆进行检查时，一般由2名以上的警察组合进行，检查时首先要亮明警察身份，站位一定要正确，要站在安全距离之外，其中一名警察专门负责检查，另一名警察则负责控制全局，保护警察安全，并且还要随时做好使用警械装备的准备。

在警械武器配备方面，德国对警察在执行任务时警械武器配备做出了明确规定，并且规定警察在执行公务时使用的武器警械配备应非常齐全。基层的一线警察除了标准的配备（警服、皮带、警用对讲机、防弹背心、手套、头盔、警棍等必要的防护装备）以外，还配备一些高科技的武器设备，根据不同的情况予以选择，如CS剂（催泪剂）、DM剂（催吐剂）、CR剂（能引起皮肤烧灼感的化学剂）以及高压电击枪、染色弹等武器装

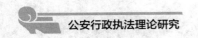

备。这些武器装备既携带方便，又能有效阻止违法犯罪人员的犯罪行为，使之暂时失去暴力侵害能力，从而也能保障执法过程中警察本身的权益。

第二节 我国公安行政执法权益遭受侵害的现状及原因分析

近几年来，我国警察权益受到侵害的现象越来越严重，尤其是在公安行政执法中对人民警察的人身权、名誉权等执法权益的侵害，作为普通民众的警察的休息权和获得与其劳动相应的报酬权等相关权益得不到保障的现象突出。对此，我们必须认真对待，分析其原因，并采取有力措施予以应对。

一、公安行政执法中警察权益保障的现状

随着国家法制化进程的推进，我国《人民警察法》《治安管理处罚法》《人民警察使用警械和武器条例》明确了警察的职权，同时全国部分城市的公安机关还建立了警察维权委员会、警察工会等维护警察的权益，但在现实中还远远不够。在城市化进程中由房屋拆迁、土地征用、企业改制引发的职工下岗，社会管理缺位导致的居民社会保障、食品安全、医疗保险等问题越来越尖锐，一旦处理不当就会引发群众性事件，给社会治安带来严重打击。人民警察作为社会治安的主要维护者，常常要冲到治安管理前线，有些群众的诉愿得不到实现，就会迁怒于执法警察，侵犯警察合法权益的行为频频发生。根据我国公安行政执法中警察权益的主要内容，结合现实情况，对我国公安行政执法中警察权益的侵犯主要表现在以下几个方面：

第一，侵害警察的生命健康权。近年来，暴力袭警已经成为危及公安警察安全的重要因素。在一些地方，由于暴力的侵害，给公安民警生命健康权带来重大威胁，也严重地干扰了公安机关正常的行政执法活动，给依法治行政带来挑战。2008年，湖南省某县发生一起交通事故，造成四人伤亡，事故当事人肖某在此次事故中被认定为负主要责任者，肖某自己也在事故中受伤，在医院治疗期间，肖某担心自己无力偿还巨额医疗费用而选择自杀。当事人肖某家属得知肖某死亡后，将肖某的死亡归因于当时处理该起事故的交警大队警察赵某身上，认为是由于赵某的执法不当行为引起肖某自杀，于是纠集上百人到祁东交警大队闹事，对赵某进行殴打，并强迫其跪在肖某尸体前5个小时。事后，出于无奈，祁东县公安局在没有任何违法违规的情况下，与死者家属签订了5万元的赔

偿协议，肖某家属才罢休。虽然这只是一个个案，但在全国这类的暴力袭击并不少。据统计仅2006年1月至5月，全国共发生暴力袭击、阻挠警察执法的案件就达到1545起，平均每月300多起，造成11名警察牺牲、164名警察重伤、1733名警察轻伤。这些案件中，有的是在执法过程中直接以暴力的方式抗拒执法，有些则是用其他暴力方式阻止警察执法，如撕扯推搡、集体围攻、扣留民警等，不管哪种行为都给警察的生命健康权带来重大的威胁。

第二，损害公安民警名誉权。在公安行政执法过程中，对公安民警名誉权的损害，不仅包括对公安民警执法行为不了解、不支持，还包括当事人及其家属故意给警察找难堪、无中生有故意诋毁警察形象，如对公安民警进行侮辱、谩骂、撒野耍泼，有的甚至上升为暴力对抗行为，还包括因执行公务而引起的当事人对警察的诽谤、诬告和不实的投诉行为。这些行为不仅损害了警察的个人名誉权，还对警察心理和工作带来影响。据统计，2003至2004年，湖南省公安机关警务督察部门受理投诉8589件，其中5481件属于不实投诉。110报警服务台共接到对公安民警的投诉电话1686起，其中不实投诉高达60%以上。

第三，侵犯公安民警家属。在现实中，有的侵害公安民警行政执法权益的行为并不是直接针对公安民警本身，而是对其家属或关系密切的人实施。这种情况由于其针对的对象不是警察本身，因此被关注的不多，也没有引起过多的重视。许多犯罪分子为了干涉和阻止公安民警执法，以各种名义对公安民警家属的人身安全进行威胁恐吓，损害其合法权益。有的是直接通过暴力威胁，有的是通过利用各种利益引诱，极大地影响了警察的正常执法活动。更有甚者，有些当事人对公安行政执法中处理的结果不满，不择手段打击报复办案民警，包括对办案民警家属和亲密关系人员进行打击报复。

第四，侵犯警察劳动权。劳动者的休息权和获得报酬权，是劳动权中最重要的两项权利。在实践中，警察的休息权和获得报酬权时常被侵犯。根据我国《劳动法》规定，工作人员每天8小时工作制，每周工作5天。但是由于警察工作的突发性、繁杂性和紧迫性，警察每天的工作时间超过10小时以上不足为奇，加班加点是家常便饭。据有关机构的调查研究，警察是所有职业中工作时间最长，工作量最大的。在处理一些突发性事件、重大群体性事件中，警察更是超负荷工作。据统计，警察因积劳成疾而英年早逝或猝死的现象在所有牺牲警察中比例为30%，而且警察的平均寿命也比一般公务员低得多。然而，高强度、高压力、高风险的工作性质，并没给警察职业带来高额的劳动报酬。在所有公务员队伍中，一个警察一年的工作强度相当于同级政府部门公务员两倍以上，而所获得的劳动报酬却是相当，其正常收入有时候甚至还比其他部门低。

第五，侵犯警察行政执法权。在公安行政执法过程中，对警察行政执法权益的侵犯主要表现在：一方面，警察依法使用警械和武器的权利受到侵犯。由于警察职业的复杂性和危险性，赋予了警察使用警械和武器的权利。但现实中，由于现有警械武器设备有限，加之武器使用中的危险性，很多公安机关对警察使用警械和武器的权利进行限制，尤其是对枪支的管理过于死板，对违反枪支管理规定的处罚过严，导致一些警察在执法过程中不敢使用枪支，面对一些形势严峻的社会治安事件，警察不敢开枪、惧怕开枪，从而导致不能更好地维护社会治安和人民的合法权益。另一方面，警察执行非警务活动频繁。当今社会，由于社会各种矛盾突出，而相应的解决问题的平台没有建立，很多情况下，无论是地方领导还是普通百姓有什么问题第一个想到的便是警察，警察除了肩负自身职责外，还要肩负社会问题的"灭火器"和政府部门"援救兵"的重任。一些社会问题由于警察的介入，如果处理不当，其矛头就会指向警察。这也是现实中袭警事件频发的一个原因所在。

二、公安行政执法中警察权益遭受侵害的原因分析

在公安行政执法中警察权益保障不足，警察合法权益遭受侵害现象时有发生，其原因是多方面的，也是复杂的，具体可以概括为内部原因和外部原因两个方面。

1. 内部原因

公安行政执法中警察权益得不到保障的内部原因，即公安机关自身存在的问题，包括警察自身的执法素质、公安机关的管理机制等，具体可以概括为以下几个方面：

第一，公安民警自身素质不高，执法能力不强。由于警察队伍庞大，警务人员素质参差不齐，不可否认有些警察依法行政、为民执法意识不强，个别的甚至存在"官本位思想"，滥用权力、粗暴执法时有发生，这造成了社会公众对警察执法的强烈不满，也让公众对警察产生不好的印象，严重损害了警民关系，导致了一些暴力袭警事件的发生。在公安行政执法过程中，由于警察自我保护意识不强，再加上相关的配套设备和对警察实战技能的培训机制不完善，导致公安机关"只用警、不育警、重使用、轻培训"的现象普遍存在。警察在面对危险和犯罪时，常常处于尴尬的境地，常被嘲笑"跑跑不过罪犯，打打不过罪犯"。从目前一些暴力袭警案件来看，警察伤亡率过高有相当一部分是由警察自身实战经验不足、自我保护意识不强造成的。

第二，管理机制存在缺陷，频繁的非警务活动使公安行政执法陷入困境。在我国，对公安机关的管理采取的是"条块结合，以块为主"的双重管理体制，公安机关的经费、人事任命等事项很大程度上要受制于地方政府。因此，不少地方政府把公安部门看作落实某项政策和措施的有力保障，动用警力从事"非警务活动"的行为时有发生。这类非警务活动频繁不但解决不了现实中矛盾产生的根本性问题，反而会导致公安工作得不到公众的支持和理解。同时，公安机关经费不足，也是导致公安行政执法陷入尴尬局

面的一个原因。有些公安机关，尤其是基层的公安机关，缺少必要的警务设备和防护设施，办公经费不够。湖南株洲市芦淞公安局建宁派出所管辖株洲市治安最复杂的地段，全所59人仅有4台破旧的警务车，由于警务资源缺乏，遇到警务繁忙时只能借用群众的私车办公。

第三，警察维权意识淡薄，维权机制不完善。虽然，当前许多地方公安机关为了维护警察的合法权益，建立了相应的警察维权机构，如2000年上海成立了全国第一个"人民警察正当执法权益保护委员会"，辽宁、江苏、北京等地先后建立了此类组织。然而与该类维权相关的配套制度不健全，警察维权机构形同虚设。在现实中，由于缺乏相关的不实投诉澄清制度、损害赔偿制度等配套制度，导致其维权的作用并没有被发挥。警察维权内部机制不健全，在一些侵犯警察权益案件中，对侵权者打击不够，对被侵犯警察补偿不到位，导致在公安行政执法过程中警察权益被侵犯后得不到及时有效的保护。以湖南株洲县公安局为例，2005年县公安局在执行处置群体性事件中被群众损坏车辆11台，造成直接损失11万元，而该局该年的办公经费仅有17万元，除去损失，根本谈不上对被侵害民警的经济补偿。此外，一些公安民警维权意识不强，在遇到侵犯自己合法权益的行为时，往往抱着多一事不如少一事的心理，有的甚至怕"被投诉"，想尽快息事宁人，根本没有意识到要保护自己的合法权益。

2.外部原因

内因是一个方面，外因也不可忽视。在现实中，诸多不利的外部因素影响着公安行政执法工作的进程，甚至造成对公安民警合法权益的侵犯，如执法对象素质不高，法律规定不完善，新闻媒体的不公正宣传等。只有全面、多视角分析侵犯公安民警行政执法权益现象才能更好地采取应对措施。公安行政执法中警察权益受到侵犯的外部原因主要包括：

第一，公安行政执法中警察权益保障的具体法律法规不完善。从我国当前的立法情况来看，我国关于公安行政执法中警察权益保障的法律主要集中在《宪法》《刑法》《公务员法》《治安管理处罚法》《关于人民警察在执行职务中实行正当防卫的具体规定》等法律、法规中。但从这些法律法规来看，对警察权益的保护规定得过于笼统，缺乏可操作的具体内容，对侵犯警察权益的行为规定不完全，仅对一些比较严重的侵犯警察权益的行为做出处罚规定，而对一些轻微的，如谩骂、诋毁、撕毁警察衣物、警衔等行为没有做出专门的处罚规定。同时，对侵犯警察权益所涉及的罪名主要包括妨害公务罪、故意杀人罪、故意伤害罪、诬告陷害罪、诽谤罪、侮辱罪，而这些罪名与对一般的公民行使的违法行为的处罚并无两样，不能体现警察作为一类特殊的行政执法主体的职责特殊性。此外，对警察使用武器权和警察职务防卫行为规定不完善。虽然现行的《人民警察法》《人民警察使用警械和武器条例》规定了警察有使用警械武器的权利。但在现实中，在暴力袭击、危及人民警察安全行为发生时，警察使用武器的权利得不到保障，《刑法》中对警察职务防卫行为没有做出相应规定，导致实践中警察因受到暴力袭击而开枪致犯罪嫌疑人伤亡的，不仅得不到法律的保护，反而会因防卫过当被追究刑事责任。

第二，部分执法对象法治意识薄弱，综合素质不高。在公安行政执法过程中，由于执法对象具有广泛性，有些执法对象法制观念淡薄，在违法后为了逃避责任、避免处罚，对执法公安民警采取极端手段，如暴力抗拒执法。有些群众在警察执法过程中，对公安民警的行政执法采取消极态度，不愿意支持、配合更甚至恶意阻挠，使用辱骂、诬陷、围攻等手段阻挠警察执法。受到侮辱的警察基于规章制度的约束，不能对其采取相应的对抗措施，只能忍受，长此以往，助长了部分不法分子的嚣张气焰，形成恶性循环。此外，有的执法对象的家庭成员由于法治意识不强，在当事人被公安机关采取强制手段后，纠集一些人谩骂、围攻或煽动不明真相的人们围攻执法民警，达到给公安机关施压的目的，扰乱公安机关正常秩序，侵犯公安行政执法权益。

第三，新闻媒体的不公正宣传。在现实生活中，新闻媒体的作用越来越重要，它不仅承载着对各类新闻事件进行如实报道的责任，同时还会对公众的观点产生一定影响。这就是媒体反映舆论、引导舆论的双向作用的体现。近些年来，一些新闻媒体为了追求经济效益和热点效益，对警察的先进事迹报道少，而对个别警察违法违纪的负面行为过分地夸大报道，导致公众对警察的形象产生不好的形象，甚至被"妖魔化"。这类恶意炒作行为不仅侵犯了公安民警的名誉权，而且也损害了警察在公众心中的印象，给公安行政执法带来一定影响，不利于警察权益的保障。在公安行政执法过程中，当警察合法权益遭受侵害的时候，如警察遭受抗拒、殴打、袭击时，一些围观群众非但不去帮忙，可能还会因为平时媒体不实报道的误导，加入其中进行闹事，阻碍公安民警行政执法权的行使，损害警察的合法权益。

三、采取有力措施保障公安民警行政执法权益

从健全相关法律法规、完善内部管理机制、改善外部执法环境等方面就我国公安行政执法中警察权益的保护提出如下对策：

（一）健全保障警察权益的法律法规

良好的法律运行环境，是公安行政执法权有效实施的有力保障，是公安机关依法行政的基础。健全公安行政执法中警察权益保障的法律、法规，是保障公安行政执法权行使的前提和基础。

第一，完善相关立法，加强对警察权益的保障。在警察权行使方面，完善《人民警

察法》《治安管理处罚法》等法律，通过对人民警察行使职权的范围、内容和程序及救济方式做出规定，明确警察行政执法的法律依据，避免由于法律规定不明确导致警察执法不严、滥用职权现象的发生。完善公安行政执法的法律、法规，建立系统的有关警察执法的法律体系，特别是要对警察强制执法行为进行规范，如警察在对相对人进行盘查、留置、强制检查时，应该规范执法用语、方式，明确实施条件和实施程序，从而确保警察强制检查活动的规范性、法制性，为警察行政执法提供法律依据。这有利于让公众明确警察的职权，了解警察哪些该做，哪些不该做，对警察违法行为采取合理的方式予以对待，从而有效地预防警察职权的滥用，实现对公安行政执法过程中警察权益的最大保护。在对警察使用警械武器方面，虽然现行的《人民警察使用警械和武器条例》对警察执行职务时警械武器的使用做出了规定，但其规定过于笼统，没有细化。因此，有必要进一步完善对警察使用警械武器方面做出具体的细化的规定，使之具有现实的操作意义。此外，针对警察职业的特殊性、危险性和警察权益保障不足的现况，可以借鉴国外法律制度，通过制定专门保护警察权益的法律规定对警察权益的特殊保护，或通过增加和修改现行的《人民警察法》的有关内容，如增加对警察人身权、名誉权、休息权、接受培训权等内容保障的规定，从而完善和实现对人民警察权益进行特殊保障。

第二，增设"暴力袭警罪"和"诬告陷害、辱骂、侮辱人民警察罪"，加大对侵犯警察权益行为的打击力度。对是否要增设"暴力袭警罪"和相关罪名的问题，在理论界一直存在很大的争议。有学者认为，我国现行的《刑法》已经对侵犯警察执法行为做出了规定，没有必要单独设立"暴力袭警罪"和相关罪名。从我国目前的立法现状来看，虽然规定了妨害公务罪、故意杀人罪、故意伤害罪、诬告陷害罪、诽谤罪、侮辱罪等用于制裁侵犯警察权益的行为，但是这些罪名与对公民行使的一般刑事违法行为的处罚并无两样，不能体现警察作为一类特殊的行政执法主体的职责特殊性，也不能达到对频频发生的暴力袭警行为予以遏制的作用。基于对警察特殊职权行使的保护，可以借鉴国外一些国家的优秀经验：一是通过在我国《刑法》中增设"暴力袭警罪"和"诬告陷害、辱骂、侮辱人民警察罪"，加大对警察执法过程中侵犯警察权益行为的制裁；二是通过司法解释方式将袭警、扰警、辱警等行为纳入妨害公务罪当中，作为妨害公务罪的从重处理情节，根据对警察权益侵犯程度的不同，采取不同于一般妨害公务罪的处罚，以达到对警察的特殊保护。同时，在对警察权益的保障上可以考虑把公安行政执法过程中执法警察家属及其亲密关系人的合法权益也纳入同类保护中，如果是在警察执行公务中，对警察家属及其亲密关系人进行恶意打击报复的，应该以妨碍公务罪予以从重处罚。

第三，从立法上明确警察的职务防卫行为。虽然《人民警察法》《人民警察使用警械和武器条例》等一系列法律、法规对警察在执行职务时享有职务防卫权做出了规定，但对警察行使职务防卫行为的原则、方式、程序、时机及其法律责任等并没有做出明确的规定。由于现行规定中关于警察职务防卫行为的法律、法规可操作性不强，导致在公安行政执法过程中警察不敢进行防卫，也不知道该如何防卫。因此，在立法上确定公安民警职务防卫权，规定警察职务防卫权既是警察的职权又是警察的职责，并对其具体内容进行完善，使警察既敢于运用又谨慎运用。可以借鉴美国等一些国家的做法，在最高人民法院、最高人民检察院、公安部、国家安全部、司法部联合颁布的《关于人民警察执行职务中实行正当防卫的具体规定》的基础上，完善对警察职务防卫行为的立法。特别是赋予警察在生命和人身受威胁的情况下，使用武器警械自卫的权利，并对自卫的时间、方式、程序及其事后责任的承担做出具体的规定，使得现实中的警察职务防卫行为能够得以落实，加强对执法过程中警察权益的保护。

（二）完善公安内部管理机制

公安机关在保护公安民警行政执法权益的过程中，应树立正确理念，加强公安民警自身素质建设，提高行政执法水平和能力。完善公安内部管理制度和组织机构是保障公安行政执法中警察合法权益的重要手段。

第一，提高警察自身执法素质，提升警察执法理念。警察执法素质决定着警察执法的质量。提高警察自身的执法素质，树立法律至上、"立警为公、执法为民"的执法理念，把保护人民的利益放在工作首位。同时，除了有相应的执法理念外，还应加强警察学法、懂法、守法、用法的能力。在新的历史时期，作为一名合格的警察不仅要具备丰富的法律知识，还要具备熟练的业务能力和过硬的查缉本领，在遇到紧急情况或突发事件时，能够机智从容地对待和处理，以达到保护自己、有效执法的目的。此外，警察的执法态度决定着公众对警察工作的支持程度，试想如果警察在执法过程中自己不遵守法律，而一厢情愿地要求群众守法，肯定会造成公众的逆反情绪。因此，在公安行政执法过程中，警察执法不仅要在法律规定的职权范围内行使，而且还要遵守法律规定的程序，这样才能得到社会公众的支持和理解，才能保证执法的效能，保障自己的合法权益不受侵犯。

第二，加强对警察的教育培训，提高警察自我保护能力。在警察培训方面，我国可以借鉴国外，根据不同的培训内容和培训对象，制订不同的培训计划和目标，包括短期、中期、长期计划，并对警察进行有针对性的培训。增强警察的自我保护能力，包括对警察的擒拿格斗水平、射击水平、处理突发性事件的能力等进行培训，使得警察真正做到"说得过、追得上、跑得过"。在注重技能和战术的培训外，还要注重对公安民警心理素质的培养。由于警察工作属于高危险、高压力、高强度的职业人群，警察往往比一般的职业者要承受更大的心理压力，如果心理压力不加以排解，就会把不好的情绪带到工作中。因此，有必要设立专门的警察心理服务机构，以维护警察的心理健康权益。如对新入职的警务人员进行入职前的心理培训；对入职比较久的警务人员，根据职业生涯的不同阶段给予定期的培训，让他们不仅有好的体魄，还有好的心理。虽然，现实中公安机关也有定期对警务人员进行的培训，但大多都流于形式。为了确保教育培训切实可行，应按照要求把对警察的教育培训同警察的个人业绩联系在一起，并且将对警察的教育训练作为考核各级公安机关领导的硬性指标，并在培训结束后对培训人员进行严格的考核。只有完全按照这样的程序、内容、要求进行培训，才能减少警务人员不必要的伤亡。

第三，配备必要武器警械，完善警察权益保障相关制度。我国现有的警用武器装备虽然没有发达国家先进，警力配备也不如发达国家那么多，有限的警力资源还要处理复杂、繁多的事务。为确保警察在执行公务中的人身安全，避免穿制服空手巡逻现象的发生，有必要对警察警械武器的配备做出明确规定，如规定警察在巡逻中，应佩戴统一的皮带、警棍、手铐和必要的自卫器等警械装备，并不定时地监督检查其是否按照标准正确佩戴和使用相关的警械装备。同时，针对诬告陷害公安民警的行为，应建立实名举报制度和内部"正名"制度，以保护警察的合法权益不受侵犯。在接到对警察的投诉时尽量要求投诉者详细叙述当时的情形，并记录投诉人的姓名及其身份信息（注意做好保密措施）。

此外，对于遭受诬告陷害的警察实行内部"正名"制，即对投诉不实或诬告陷害的案件，在查明真相后，以书面通知书的形式告知被投诉、被诬告陷害的民警，并在一定范围内公开，为遭受不白之冤的警察澄清事实，消除误会，公开为其正名，切实保障公安行政执法的权威性和警察的合法权益。

第四，建立警察维权组织，健全警察保护机制。建立警察维权组织是保障警察执法权益的有力后盾，良好的执法环境可以提高警察执法的效率，而维权组织的设立能消除警察执法过程中的后顾之忧。虽然，应公安部要求，我国各地方政府先后建立了"公安民警正当执法权益保护委员会"，但是由于现实中这类机构只是临时性的机构，缺乏具体的可操作性，并没有起到真正维护警察权益的作用。因此，建议建立专门的、比较独立系统的警察权益保护机构，协助有关部门追究侵害警察合法权益的行为，确保人民警察的权威。此外，还需要健全警察特殊社会保障机制，保障警察办公经费得以落实。这方面可以考虑借鉴俄罗斯的一些做法，通过为警察购买社会保险，或中央、地方双向拨发财政的"双轨制"，确保警察因公负伤的保障经费、办公经费等必要的保障费用。建立警察维权基金，专门用于对警察英烈、牺牲、伤残抚恤补助以及警察维权如调查、诉讼等开支，在资金的使用上做到专款专用，提高资金的使用效率，使之落实到警察权益保障当中。

（三）改善公安机关外部执法环境

公安机关是一个系统，公安行政执法权益是其重要的组织部分，其外部执法环境对此系统同样具有影响和制约作用。因此，优化公安民警执法的外部环境，也是保障公安行政执法中警察合法权益的重要措施。

第一，增强公众法律意识，营造良好的执法环境。现阶段，随着国家民主法治进程的加快，公众的权利意识越来越强，而义务观念却相对滞后。在公安行政执法过程中，由于一些执法对象的法律意识不强，对权利义务的认识不够，过分强调公安人民警察的"为民服务"意识，而忽视自身应当承担的基本法律义务，导致执法对象维护自身利益的方式和手段不当。如在公安行政执法过程中，公众由于法制意识不强，为谋求私利，抗拒、阻碍公安机关执法，从而引发现实中一些暴力袭警事件或群体性事件不断发生。因此，全面提高执法对象的法律意识，有利于为公安民警顺利执法提供良好的环境。对此，不仅公安机关法制宣传部门要加强对公众的法制宣传，其他相关部门也应当积极配合，动员社会各界参与其中，如可以将法制宣传工作带到社区、企业、学校，使公民知法、懂法、守法、用法，增强公众对警察执法工作的支持和理解，并在公安行政执法过程中能够积极地配合公安机关执法，为警察执法营造良好的执法环境，避免警民在行政执法活动中的冲突，保障警察的合法权益。

第二，建立健全、有效的警民沟通机制，改善警民关系。所谓的警民关系，就是指警察在执行公务过程中，与社会公众形成一种权利义务关系和人际关系。良好的警民关系能够促进警民之间的良性互动，有利于公安行政执法权的行使，对保护公安行政执法中警察的合法权益也有十分重要的意义。而良好的警民关系的建立，离不开警察的执法素质，如果警察执法素质高的话，那么警民关系一般比较良好，如果警察执法素质低，那么警民关系相对恶劣。改善警民关系对改善警察执法环境、保障依法行政有重要的意义。在现实中，广大公安民警不仅要提高自身素质，文明执法，还要利用多种途径加强与群众的沟通，与公众建立起良好的沟通渠道，由过去的警察单方面与群众沟通，转变为一种警民之间双向互动的沟通方式。如在互联网发达的今天，公安民警在进行行政执法时可以通过微博的方式，向社会公众公开信息、传达法规政策，使公众能够参与到具体行政行为中来，并从中产生良好的互动，从而避免一些不必要的争端。只有警民关系改善了，才能赢得群众支持、遏制民警行政执法权益遭到不法侵害。

第三，发挥媒体正面作用，引导公众配合执法。在现实生活，一些新闻媒体为了追求经济效益和热点效益，提高发行量和收视率，对警察执法的负面新闻进行过分炒作，而对警察的英雄事迹却报道得比较少，从而导致公众对人民警察的不好印象，不利于警察行政执法工作的进行，也不利于警察权益的保护。良好的警察形象是警察内在品质和外在执法形象的表现，对警察权益的保障具有直接积极的促进意义。而"新闻媒体能大规模地制作信息，信息传递速度快，拥有广泛的受众，在塑造警察形象当中具有其他方式和途径无法替代的意义。"因此，各级公安机关应当充分重视和发挥报纸、电视、广播等新闻媒体的导向作用，加大对相关法律法规的宣传以及对警察先进事迹的宣传，让社会公众支持、理解、配合人民警察行政执法工作，引导公众树立积极的协助警察工作的意识。此外，对新闻媒体的不实报道进行责任追究，新闻媒体应该对歪曲、不实新闻进行及时澄清，消除影响，维护公安机关的正面形象，为公安机关正常的行政工作营造良好的执法环境。

当前，我国正处于新的社会转型时期，各种社会矛盾日益尖锐，社会治安形势也异常复杂，警察的职责不再局限于打击犯罪、维持社会治安，还包括缓和、化解社会各种矛盾的职责。随着警察职权范围的扩大，警察接触的社会群体可以说是所有公务员中最多的，处理的事务也是最杂最乱的。然而，由于国家缺乏对警察权益的有效保障，社会公众对警察执法工作不理解、不支持，甚至还会引发警民之间的暴力冲突。内部的保障机制不完善，外部的执法环境不理想，导致在公安行政执法中，警察权益保障不仅有"内忧"还有"外患"。因此，如何保障警察的合法权益，让警察不"既流泪又流血"，成为立法界和理论界不得不考虑和讨论的一个问题。

第十二部分

宪政视野下公安行政执法实施的与时俱进

第一节 宪政理念基本内容概述

一、宪政理念的概念

宪政作为一种文明，是从近代西方社会成长起来并在全球范围内逐渐盛行的一种政治文明。当下，宪政已经成为人们判断社会现代化程度的重要标志。然而，究竟何谓宪政？

基于宪政研究角度和范式的多样性，在进行对比分析与归纳后可以发现，对于宪政的理解，至少可以包括三个层面：一是物质层面的内容，主要指现代社会中基于宪法和法律出现的法律设施及其他有关国家机器；二是制度层面的内容，主要指符合现代宪法要求的一整套政治法律制度；三是观念层面的内容，主要指宪法和法律的至上性已深入人心，宪政所蕴含的基本理念在市民社会与政治国家中已经成为人们的一种普遍的内心确信和思维习惯，并成为人们行为选择的最高指令。如果说，宪政的前两个层面，即其物质与制度构成是宪政生存发展的"血与肉"，那么，宪政的观念构成则是宪政的"灵魂"，并规定着宪政的发展方向。没有必要的规则与制度就无从建构宪政，然而，宪政绝不等同于规则与制度的简单堆砌，它还蕴含着超越制度实体之外的多元价值理念，这些价值理念先于规则且高于规则，并成为评判规则正当与否的标准。

人类正是依据正义、自由、民主等抽象的价值理念，构建出具体的规则制度，并力求其沿着理念所指明的方向前行。

宪政理念以宪法理念为基础。宪法理念是宪法意识的高级形式，它建立在宪法知识的基础上，是公民对宪法思想和宪法基本原理的坚定信念、对国家权力与公民权利的正确认识、对宪法问题和宪法现象的理性化思考。在此基础上，宪政理念指特定时代主体对作为根本法的宪法的本质及其运行发展规律的一种宏观、理性的把握，是法律理性的最高表现形态，也是宪法的最高原理。就内容及表现形态而言，宪政理念可包括两个层次：一是作为本体的宪法中所蕴含的宪法精神（宪政精神）和宪法价值取向，以及特定时代主体对这一宪法精神与宪法价值的解读方式。二是指宪法在实际运作过程中即宪政实践中，特定时代主体对宪法政治的普遍心态以及惯常的行为方式。就宪政实践发展阶段而言，宪政理念可分为传统宪政理念和现代宪政理念。

二、宪政理念的核心价值

尽管宪政理念随着历史的发展有着不同的时代内容，但宪政毕竟是具备某种规定性的客观存在，故宪政理念也应具有一些终始不变的主题。什么是宪政理念的核心价值？主要可归为两个方面：

（一）权力受制约

国家权力主要包括立法权、行政权、司法权。无论哪种权力，在宪政体制之下，必须受到一定的约束，对国家权力进行法律控制始终是宪政的核心特征。宪政不仅意味着一切权力必须来源于宪法，权力的运行必须纳入宪法规定的轨道，而且意味着权力必须分立与制衡。在孟德斯鸠看来，"如果同一个人或是由重要人物、贵族或平民组成的同一个机关行使这三种权力，即制定法律权、执行公共决议权和裁判私人犯罪或争讼权，则使一切便都完了。"具体而言，这种分立与制衡表现为立法机关代表民意行使立法权，但又受到宪法监督机构的审查；行政机关依法行使行政权，但受到立法机关与司法机关的制约；司法机关独立行使司法权，不受到外界干涉，但必须忠实服从宪法和法律。当代社会，行政权力日益膨胀，如何有效制约行政权力，构建一个有限政府，避免行政权力在维护公共利益的同时被滥用成为各宪政国家面临的共同难题。权力受制约理念，贯穿着对公民与国家关系的深刻思考，体现了对公民权利的深刻关怀，它不仅应渗透到普通公民的内在法律意识之中，更应该成为国家机构及其工作人员的指导思想和工作理念，促使其在权力运行或执法中时刻意识到权力必须依法行使，唯有如此才能更好地践行宪法，实现宪政。

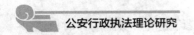
（二）人权得保障

如果说权力受制约是宪政的核心特征，那么人权得以保障应该是宪政的终极目的。从宪法内容上看，宪法旨在标识人的权利和国家权力的界限，在对政府权力进行有力限制的同时，也为保障公民权利提供了充分的依据。尊重和保障人权是现代国家宪法的根本目的和最高原则，是宪法和宪政得以存在和发展的基础和归宿，是衡量一国是否真正实行宪政的根本标准。人权是一个发展着的概念，无论从第一代人权到第三代人权，还是从应有权利到实有权利，也不管各国意识形态如何分歧，具有人类共同特质的人权始终意味着如生命权、自由权等作为"人"的权利必须得以保障和加以实现，这是任何可称为"宪政国家"所肩负的神圣使命。在如今这个张扬个性与利益多元的社会，公民的权利意识逐渐高涨，不同的利益主张在相互激荡中发展，公民实现私利的过程应该是一个守法、用法与护法的过程。国家在维护秩序的同时，必须处理好秩序与自由的关系，清楚认识宪政理念之下自由应该具有更高的价值顺位，将自由摆在优先的位置，形成"权利保障优先"的权力运行理念。

综上所述，宪政理念所彰显的"主权在民""权力有限""保障人权""正当程序"等一系列价值，都要求在宪政国家里，任何权力的运行必须以保障这些价值的实现为必要。警察权力的实现，在法治国家里，突出表现为警察要依法行使权力，其每一项行为的做出都必须有法律的明确授权。可以说，警察行为就是执行法律的行为，即警察执法。因此，警察通过执行体现宪政精神的法律在内涵上与宪政理念达到了统一，故而在践行宪政的国家，宪政理念应当贯穿于警察执法过程始终，同时警察执法必须时刻体现出宪政理念的价值要求。

第二节 我国的宪政理念与警察执法

一、我国"本土"宪政理念及其主要特征

"法律是特定民族的历史、文化、社会的价值和一般意识与观念的集中体现。任何两个国家的法律制度都不可能完全一样。法律是一种文化的表现形式。如果不经过某种本土化的过程，它便不可能轻易地从一种文化移植到另一种文化。"因此，之所以在我国的宪政理念前冠以"本土"，意在强调宪政理念在中国有其特殊的生成基础与历史特征，代表着国人对宪法政治的独特解读与认知。

从中国的古代文明中，我们难以找到宪政的痕迹。近代史表明，我们是在向西方学

习的过程中开始逐渐接受西方的民主宪政理念并进而在政治家的推动下逐步产生宪法的。中国人选择宪政方案既不是中国自身的政治经济文化等方面的发展已经提出了必须实行此种制度的要求，也不是自身孕育了美国宪法那样的政治理念的结果，而只是为了救亡图存、自强自立，或者说为了顺应世界潮流的需要。"宪政在中国并不被看作是一种纯粹的政治追求，中国的实践者和思想家从来也不单纯地探求宪政在西方所具有的那些价值，而首先是与国家的富强目标联系起来，把宪政看作是达到这一目标的重要工具。"因此，宪政在中国如此特殊的发展路径，构成了宪政理念"本土"化的独特基础。

1. 从经济上看

宪政及其理念的发展与经济有着密切联系。在西方宪政的发展机制中，市民和商人阶层是造就宪政的主体力量，随着他们经济实力的增长进而成为推动社会进步的主要动力。近年来，"宪法是商品经济原则普遍化的产物"，"宪法是近代市场经济的产物"等观点已为宪法学界普遍接受。历史发展表明，正是商品经济的发展孕育了平等与自由的观念，也正是随着商品经济的进一步发展，以平等和自由的理念为基础，才形成了近代民主与宪政观念。可以说，商品经济是宪政得以产生的土壤，没有高度发达的商品经济（市场经济），就不可能在公民中普遍形成宪政理念。

在我国，长达数千年延续的是一个在自给自足和血缘关系基础上成长起来的东方农业社会，农业是社会的根本和命脉，以农业和家庭作坊为主的生产方式使家族成为中国社会结构的基本经济单元。这种家族带有强烈的封闭性，人们通过"男耕女织"就能满足日常生活需求，因而不会产生大规模交换的需要，因此市场被排斥和限制。不能形成专门的市场，难以完成生产与交换的脱离，商品经济也就难以形成，自然不可能孕育出宪政及其理念。

中华人民共和国成立后，国家颁布社会主义宪法，搞社会主义建设。从本质看，计划经济是一种权力经济，其运行依靠的是政策和命令，并不符合经济发展规律。实践证明，以政策和命令为特征的计划经济带来的只能是人治，以此为基础形成的公民对宪法政治的认知必然发生偏差，导致许多至今仍无法根除的对宪政的种种误读。改革开放后三十余年的实践和探索，我国终于确立了以建立市场经济体制为目标，走上了发展商品经济的道路。而正是商品经济飞速发展，带来了社会结构和社会关系的深刻变革，引发了人们思想观念的重大变化，人们的法律意识和民主观念逐渐增强。历史表明，宪政及其理念的发生与发展必须建立在高度发达的商品经济基础之上，并随之发展而不断重构。在中国这样一个"后发外生型"宪政发展中国家，欲借助宪政强国，简单移植必然失败，其根本还是大力发展具有本国特色的市场经济，在本土孕育宪政及其理念的种子。

2. 从政治上看

中国传统社会是专制社会，君主王权高于一切，其他所有个人、集团都在王权统治之下，呈现出的是王权至上的"金字塔"政治结构。在统治阶级内部，所有王公贵族都必须无条件地服从王权，缺乏内部的权力与利益制衡；在统治阶级与被统治阶级之间，后者必须无条件服从前者，缺乏外部对统治权力的约束。因此，无论是在统治阶级内部或外部，在我国的传统社会里，权力不受制约，不可能产生像西方那种基于多元政治结构而出现的权力制衡机制。此外，中国封建社会结构长期处于一种超稳定状态，统治者与被统治者之间、各种社会集团之间的关系不是一种契约关系，而是一种宗法伦理关系，社会主体缺乏独立的利益，国家与社会、家庭高度同构，社会严重束缚于国家之下，形成了独特的一元社会模式。"宪法理念与宪法制度得以建构的前提是政治国家与市民社会的分离，这种分离表现为政治与经济、政府与市场、国家与人民、政府与社会、公权与私权等的分离，这种分离使对国家权力的限制与公民权利的保障这一根本宪政精神成为必要和可能。"可见，我国传统社会结构下不可能形成与政治国家相对独立的市民社会，缺乏对权力的制约与监督，因而也就难以获得宪政及其理念产生的政治与社会基础。

"没有共产党就没有新中国"，在这句饱含着共产党对现代中国深刻影响的歌词中也包含我国当下的宪政理念。无论是在民主革命时期还是在社会主义建设时期，共产党人对宪法看法的突出特征之一就是带有极强的实用性，即习惯将宪法作为取得革命胜利或实现某种目标的工具。例如，《五四宪法》凸显了当时执政党人的宪政理念：一是重视宪法的革命性、政治性及其与资产阶级宪法的区别性；二是重视宪法的工具性、目的性及其与党的路线的一致性。并且，我国历部宪法都是在执政党的直接影响下制定和修正的，执政党在各个历史时期的政策和任务都在历部宪法中得以体现（尤其是经济建设方面的内容）。这些宪法内容与执政党政策的高度一致，无疑会强化国人一种"宪法即政策"意识，削弱了宪法的稳定性与严肃性，"法律工具主义"因此也就有了源泉。

我国先后4次修正宪法，修宪的原因都是随着改革的深入我党政策需要调整。

3. 从传统文化上看

中国社会历来主张正统文化，在延续数千年的文化史上，基本上实行"废黜百家，独尊儒术"，经历的是一个漫长的"礼治"或"德治"的过程，强调的是伦理规范及思想教化。在这样一种文化传统中，人性备受摧残和压抑，强烈的人身依附关系阻碍了个性的自由成长。因此，难以形成西方社会那种个人自主精神，而正是由于自主精神的不足，进一步导致我国传统社会自由、民主、平等理念的缺失，这恰好是与以法治为基础的宪政精神背道而驰的。

其一，从近代中国宪政启蒙思想家开始，个人自由和个人权利就不是一种独立的价值追求，而是依附于国家利益和集体利益的附属品，即他们所倡导的个人主义、自由主义，实际上是以国家主义为前提的。"中国落后挨打所带来的耻辱给他们思想的震撼比他们对中国个人的悲惨生活状况的关切要强烈得多。因此，个人作为活生生的个体容易被他们看高的眼睛冷落在一边，最多也只能作为民族和国家致强致富的一种工具而被记起。""在他们看来，国家比个人更重要。当他们关切个体的时候，实际上还是为国家做盘算。"这种国家至上、集体主义的宪政理念一直延续至今，其强调的是维护国家政权稳定，国家和集体利益高于个人利益。在中华人民共和国的历部宪法中，这种理念也得以体现，它甚至构成了我国现行宪法的基调。

其二，义务本位是中国传统法律文化的一大特色，中国法制观念的基本导向就是义务本位，虽然义务本位并不代表我国传统法文化的低下，但它确实与现代市场经济和民主政治的需求不相适应。这种义务本位的文化传统对我国宪政实践有所影响，中华人民共和国历部宪法中"义务条款"所占比重较大以及行政诉讼制度在我国的发展滞后等可为其例证。于是，"重义务、轻权利"成为我国法文化的重要特征，这种思想至今仍深植于民众及广大党员干部头脑中，严重束缚了公民权利意识与诉求意识的发展。

其三，中国传统文化的人性预设基础是不同于西方"人性恶"的"性善论"，它强调的是统治者自身的道德修养，主张通过统治者自身的表率作用来影响人们。该理论是建立在对掌握权力的人充分信任的前提下的，它所注重的是权力掌控者内在的道德自律，而不是外在的法律制约。于是，百姓对"清官"情有独钟，继而催生了掌权者一种"父母官"意识，到最后"人治"理念、特权思想便自然有了市场。

综上所述，制度的作用是明显的，因而是易于"拿来"的，但理念是需要不断地、经过历史长期沉淀的。宪政理念的形成远比制度的建构更为艰难，如果一个社会没有宪政理念，即便有了一部宪法，也仍然不能说有近现代意义上的宪政。在中国，宪政道路的选择具有外发性，采取的是"自上而下"型的推进模式，在这样的情况下，宪政理念的发生与发展必然根植于本国特殊的宪政实践中，受到本国特有的经济、政治及文化的影响，也正是在上述因素的综合作用下，宪政理念在中国的特殊环境里才形成了浓厚的本土色彩。

二、宪政理念偏失对人民警察执法的影响

传统宪政理念要求警察执法须以保障人权为终极目的，同时遵循依法原则、责任原则、比例原则与程序原则，在深刻认同"权力有限"原则前提下将执法行为纳入法律的轨道之中。而在我国，长期以来人民警察在执法中存在的诸多问题却时刻提醒我们：实施宪政与依法治国绝不等于颁布一部宪法然后再"以法治国"。带着对这一问题的关注与探索，我们不难发现：宪政理念的偏差或缺失正深刻影响着警察执法活动。因此必须对此给予必要的重视，深入剖析其不利影响。

（一）法律工具主义思想严重

长期以来，由于受到国家权力本位理念的影响，宪法和法律在社会上一直未能获得应有的地位与尊重。我国警察在执法中，普遍存在这样一种对于法律（包括宪法）的认识，即片面地把法律看成在"阶级斗争中取得胜利的统治阶级意志的体现，是为统治阶级利益服务的"，制定法律的目的就在于方便管理，是为了能更好地行使手中的权力。相应地，他们也就把公安机关当作是一种"国家机器""专政工具"和"刀把子"，将警察存在的最大意义理解为"治理"与"管理"社会。虽然这种思想在近年来有所改变，但远未发生质变，该思想长期占据警察执法过程，已经导致许多严重后果：

（1）宪法和法律在人民警察头脑中难以获得至上性地位。法治社会的重要特征是要实现"法律至上"，也就是要强调法律在整个社会规范体系中具有至高无上的地位，其他任何社会规范都不能否定法律的效力或与法律相冲突，它是实现法治的核心要素。法律至上的核心，是"宪法至上"，即不但要使宪法在国家规范体系中获得最高地位，更要使宪法在国民心目中获得至高无上的地位。我国《宪法》明确要求："全国各族人民、一切国家机关和武装力量、各政党和各社会团体、各企事业组织，都必须以宪法为根本活动准则，并且负有维护宪法尊严、保证宪法实施的职责。"但在现实中，法律却未能真正成为权力产生、运行的源泉、依据和界限，而正好与之相反，法律往往成为权力获得正当性与合法性的工具，在法律与权力的博弈中，往往是权力获得胜利。例如，人民警察在执法中，往往要面对上级命令、国家政策与法律的矛盾，当手中握着上级下达的各种"指标""任务""命令"时，或者正处于国家推行某项政策、开展某种专项"运动"时，其执法行为又深受现有法律法规的束缚，这种任务与法律规范的冲突常常使得人民警察在抉择时选择前者。因为，他们有足够的理由相信：相比于法律而言，命令与政策具有更大的灵活性、具体性和实用性，命令与政策更能解决实际问题，法律只不过是命令与政策的固定化、具体化而已。

（2）法律虚无主义思想存在。当法律沦为一种工具，作为执法者的人民警察就可以对它"呼之则来，挥之即去"，当法律对其工作有利时，就可以"依法行政"，当法律不利于工作开展时，则"以法行政"，充分发挥其"自由裁量权"。"警方造假陷害李志平案"就突出反映了少数警察无视法律存在的现状。1983年6月20日，在一起凶杀案的侦查中，25岁的山西民工李志平在警方连续的刑讯逼供和伪造证据等多种非法手段下，被迫承认自己就是杀人凶手，最终蒙冤23年。该案中，办案民警完全无视法律的存在，造假取证、刑讯逼供，试想倘若对执法者的不信任，进而延展到对法律的不信任，最后导致法律信仰危机，而这种法律信仰上的危机发展到极致，人们就有可能认为法律存在已无意义遂不再需要法律，最终形成法律虚无主义。

（二）特权观念浓厚

过于关注"公权"而忽视"私权"的错位权利理念，使得某些民警的执法理念发生偏差，突出体现在形成了浓厚的特权观念，"执法就是用权、执法就是管人、执法就是治人"等是其突出表现。具有这些观念的警察，在执法中处处显示他们拥有的特权，或特权枉法，或仗势欺人，似乎执法只是为了展示其权势与身份，体现他们存在的价值。例如，在备受关注的"山西太原民警打死北京民警案"之后不久，又一起"警察打警察"事件的发生，不由得令人们关注警察群体的"特权情结"。2006年7月9日下午，山西某市公安局交警大队一中队的4名交警执勤时，与该市公安局刑警二队的5名干警发生了争执，并被后者用手枪威胁。之后，刑警二中队20多人冲到交警一中队的办公区内，将4名交警打成1人重伤3人轻伤。事情发生后，交警一中队的28名民警拒绝执勤，列队3排站在该市公安局大门前讨公道，造成了极为恶劣的社会影响。接连发生的警察打警察事件，不仅败坏了警察内部的作风，更毁坏了警察在公众中的形象与公信力。有部分民警心理上产生一种强烈的"治人"欲望，他们在治安管理、户籍管理、交通管理等执法活动中，总是习惯以管人者自居，对待人民群众毫无感情，在执法中随心所欲，不按照法定权限、程序和期限受理、审批、办理案件，执法态度蛮横，常有刁难、打骂执法对象的事件发生。

（三）权利意识淡薄

我国长期以来盛行权力中心主义，缺乏私权神圣的传统，形成了错位的公民权利理念，导致官权与民权极不平等，特别是警察权力与公民权利严重失衡。这种骨子里对权利保障意识的缺乏，给公民基本权利的实现带来了巨大障碍。具体表现在：

（1）漠视私权，侵犯公民基本权利。2003年3月17日晚，一个受聘于广州某服装公司名叫孙某的青年，因未携带任何证件上街，被执行统一清查任务的天河区公安分局某派出所民警带回询问，随后在未经查证的情况下被错误地作为"三无"人员送到收容待遣所，后转送广州市收容遣送中转站。20日凌晨，孙某在遣送站工作人员眼皮底下被8名被收治人员两度轮番殴打并于当日上午因大面积软组织损伤导致创伤性休克死亡。更令人心寒的是，孙某死后，其亲属多次到广州市公安局、天河公安分局、派出所投诉，但接待民警包括领导办事迟、反应慢、漠然处之，甚至说出一些中伤当事人的话。

（2）滥施处罚，执法犯法。有些民警在执法中滥施处罚，以罚款代替行政拘留等，导致案件处理降格。有些公安机关将罚款作为"创收"手段，对治安案件不调查、不取证，不分情节轻重，一律收钱放人。还有的执法民警不顾证据事实，动辄对企业和个体经营者采取停业整顿、吊销证照、查封取缔等处罚，极大侵害了私人的合法权益，如轰动一时的杜宝良事件。2004年7月20日至2005年5月23日，安徽进京人员杜某在同一地点闯禁105起、被罚款1.05万元，其闯禁行为从未被现场执法过，均由"电子眼"记录。由于交警执法部门只累积违法记录、违法处罚记分值与罚款额，从未直接告知违法司机，最后导致惊人的记分和罚款。诸如此类的滥罚行为，在我国公安系统警察违法案件中算是"大户"，其违法违纪现象的背后掩藏着巨大的利益驱动，同时也反映出对公民权利的漠视。

（3）怠于履行法定职责。2003年6月4日，四川省某县城郊派出所民警在收送吸毒人员李某强制戒毒过程中，完全不顾李某提醒家中尚有婴儿待哺的事实，严重玩忽职守，致使李某3岁的女儿饿死在家中10余天。我国许多地方公安机关怠于履行法定职责情况广泛存在，有的对群众报案推诿敷衍，有警不接、有案不立，造成被害人报警无门，求助无援；有的对发现的犯罪线索不告不理，在侦查中搞"不破不立"，对违法犯罪行为听之任之，致使公民的合法权益受到不法分子的侵害；还有的民警不履行法定告知义务，不告知当事人有申诉、控告、复议、听证等权利，对被处罚人提出的复议申请置之不理，拖着不办，随意剥夺当事人权利。

（四）正义理念缺乏

正义是宪政追求的价值之一，正义理念也一直是传统宪政理念的组成部分。在法治社会中，人们倾向于将以公意为基础制定出来的法律作为正义的判断标准，虽然道德、良心也是评判正义的标准，但它们没有一个固定且公认的标准，而法律作为被普遍认可的标准，在立法、执法、司法过程中发挥其评价意义，因此人们常把法律作为正义的象征。在良好的法治社会里，执法者与司法者也就成了民众心目中正义的化身。不知从何时开始，我国警民之间出现了误解，群众对警察不够信任，警察执法中权威不能很好树立，这在一定程度上与警察缺乏正义理念、执法不公有关，具体表现在：

（1）差别对待，对同样违法行为给予不同处理。例如，一些民警在查处赌博、卖淫嫖娼等治安案件时，对同是同一违法案件的当事人，有的处以治安拘留，而有的处以治安罚款，并且罚多罚少各不相同。究其原因，许多都是人情、关系在作祟。

（2）暗箱操作，不"阳光执法"。出于私利或方便等各种原因，不少公安机关和民警在执法时，暗箱操作，执法过程搞"神秘主义"。据了解，2004年1月，广西共发生道路交通事故1285起，造成365人死亡，1292人受伤，其中发生一次死亡10人以上的特大交通事故2起，造成26人死亡，15人受伤。交通管理部门调查得知："85%以上的重特大交通事故都是由于交通违规造成的，但一些交通管理部门不仅管理水平低下，甚至还存在暗箱操作，买卖驾驶证等不法行为。"还有的民警，在对涉嫌违法的财物进行罚没时，或不给予相关单据，或不告知相关申述的权利，或是使财物长期处于扣押状态，最后不了了之。

（3）执法文明程度低。受自身素质等诸多因素影响，不少地方的警察在执法中观念落后、技术落后、手段落后，经常发生一些不顾社会效益为执法而执法的行为，与以人为本，保护人权的现代宪政理念格格不入，也破坏了警察的形象。例如，在驾驶警用车辆出行时，利用特权随意拉警报、打警灯却只是为了行驶更顺畅，完全不顾是否扰民。为了追求所谓的社会效应，完全不考虑嫌疑人的合法权利，武断专横地将涉案人员公开示众。

（五）程序意识缺失

如前文所述，过分注重宪法价值理念而忽视其实证理念，对一线执法的公安干警影响颇大，集中体现在执法中不重视程序正义，往往呈出现"重实体、轻程序"的倾向。殊不知，相对于实体正义而言，程序正义亦有其独立的价值和积极的意义。在法治国家，往往通过对权力运行进行一系列的程序设计，使权力的行使有规可循，有法可依，从而避免权力出轨、失控造成的对公民权利与社会公共利益的双重损害。因此，长期的轻程序意识给我国人民警察执法工作带来的伤害也是显而易见的，具体体现在：

（1）侦查措施不符合程序要求。尽管目前我国在关于警察执法程序方面的法律法规的规定过于笼统，但即使是现有的这些规则都未能得到很好的遵守。以轰动一时的"佘祥林案"为例，在该案中，办案民警不按程序侦查，没有对尸体与佘祥林妻子进行认真的同一认定，也没有对佘祥林的辩解进行细致核实，甚至为了破案不择手段，掩盖事实真相，导致佘祥林被无辜判处有期徒刑15年，造成冤假错案的发生。

（2）违反法定办案程序。少数警察为达到尽快结案的目的，违反法律规定，盲目轻信"口供"。

（3）办案期限观念不强。实践当中，无论是在警察行政还是警察司法活动中，超期办案在我国都是一个较为普遍的现象。尽管《行政复议法》《刑事诉讼法》《检察规则》《公安机关办理行政案件程序规定》等关于公安机关和警察办案期限的规定不少，但囿于实际工作，不少部门和人员还是会违反法律法规的规定。他们大多认为，超期办案无非是程序上的瑕疵，只要实体公正就可以了。正是源于这一错误的理念，执法中超期羁押、久拖不决的案件时有发生，使得相对人的合法权益得不到及时救济。其实，细细算来，为追求一时的效果而超期办案往往会引发大量的行政复议、行政诉讼案件，到头来翻案还是会影响办案的效率，结果是得不偿失。

综上可见，我国当下的"本土"宪政理念，已经对警察执法造成了极大的负面影响，如果这种状况得不到改变，必将严重阻碍新时期公民权利的保护和国家法治建设进程。因此，树立现代宪政理念，完善警察执法体系与条件，转变警察执法理念已成为当下应对警察执法中存在问题时所面临的紧迫任务。

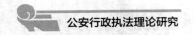

第三节 宪政视野下公安警察权的完善

法律是权力的来源。任何国家权力都是社会成员共同赋予的，作为行政权核心的警察权同样来自人民赋予。为防止警察权远离人民或者背叛人民，必须用法律来控制警察权。法律，一方面是对警察权行使者的要求，另一方面也是人民检验警察权行使状况的根据和准则。宪法依据有关国家权力与公民权利关系的抽象原理设计基本制度，促使行政权和公民权利达成一个和谐的理想状态。宪法和宪法性法律、宪法惯例在制度层面上做基本安排，行政法则在制度的具体操作层面落实职责和职权，使抽象的社会关系落实为社会生活中的具体的社会关系。

一、法律的明晰与完备

我国宪法中对警察权的定位非常模糊，这也是实践中警察权经常出位的根本原因。由于宪法中未能对警察权做出准确界定，各级行政机关都按照自己的理解来看待警察权，运用警察权。一些地方行政首长长官意识严重，以执法领导自居，以言代法、越俎代庖或以权代法、法外特权，使公安机关的正常意见无法得到实施，正常警务活动无法开展。因此，在宪法中应该清楚地表明警察权在国家权力体系中的位置，将警察权的性质确定为行政权力，完善宪政安排，为进一步的国家政治体制改革理顺法律路径。

已经实施了十多年的《人民警察法》要在实践发展的基础上加以修改，以适应当前的现实需要。《人民警察法》在权力主体、行使程序、权力制约、法律救济、惩戒与监督等诸多方面已经不能适应社会的需要，而且对实际执法行为产生了负面影响，这是迫切需要解决的问题。应加快清理与宪法精神相违背的法律、法规和行政规章，使警察权的行使真正是依法行使。这其中，尤为急切的是修正刑法中关于侦查人员定性的规定，只有如此才能平息关于警察权力性质的长期争论，还警察权为行政权的本来面目，为正确界定警察权的范围扫清体制性障碍。另外，要着力清查由行政机关制定的关于公安机关职权及行使规则的有关规定，从法律体系完整方面堵住警察权滥用的路径。加快《行政程序法》《行政强制法》等法律的制定步伐，加紧建立警察权力运行的程序规则，使警察权力的运作透明、公正、合法，增强公安机关职务行为的权威性，减少不必要的上访、申诉，避免权力资源的浪费。

当前，尤为紧急的是用法律的形式准确定位警察权的性质。我国警察权力是治安行政管理权和刑事侦查权的总和。其性质在当前是有争论的，焦点集中在刑事侦查权上面，只要解决了侦查权的性质定位，就可以确定警察权在国家权力体系中的性质。下面主要就刑事侦查权的性质做理论探讨。

根据《人民警察法》的规定，我国公安机关为侦破和揭露犯罪实施侦查行为的权力是国家权力的组成部分，是指国家警察机关依法享有的对犯罪行为进行查证揭露，对犯罪行为人进行查缉，以及采取强制措施的权力。侦查权在本质上应当归属行政权，而不是司法权。

第一，在侦查主体上，侦查权具有明显的行政特征。司法权的主体具有唯一性，侦查权主体却具有多样性。按现代法治理念，司法机关是唯一有权对公民的基本权利和自由进行严厉限制和剥夺的机关。为防止权力滥用，各国严格限制只有法院才有权行使司法权。行政主体对社会事务进行全方位管理，而社会事务的复杂性和广泛性决定了行政主体具有多样性的特点，很难由一个统一的机构来行使行政权。我国侦查权的主体也比较广泛，除警察和检察院外，国家安全机关、监狱、军队保卫部门、海关走私犯罪侦查局也拥有一定的侦查权。

第二，从运行方式上看，侦查权属于行政权力，而不是司法权。行政权在机构建制和权力运作过程中都强调职员服从领导，下级服从上级，地方服从中央。在双重领导体制下，下级职能部门既要服从上级职能部门的指挥，又要服从同级行政部门的领导。侦查机关作为同级政府的一个职能部门，在机构建制和权力运作上也强调严格的集中统一性：上下级之间严格要求上令下从，下级对上级的违法命令也应执行而不能持有异议；内部组织和管理完全封闭、秘密，行政管理的特征非常突出。

第三，在程序启动方面，司法权遵循被动原则，即"不告不理"。然而，刑事诉讼的最终结果往往是罪犯承担严重的刑事责任，因此，罪犯会千方百计地掩盖真相逃避惩罚。在这种情况下，就需要国家有发现事实真相、确定犯罪嫌疑人的能力，以惩罚犯罪实现社会正义，这一要求产生了侦查权。侦查权在启动程序上非常强调积极主动，只要有犯罪发生，侦查机关就必须主动采取行动，否则就可能丧失破案良机。案件发生后，侦查机关不及时立案侦查，就是失职。侦查权应该也必须是主动性的权力。

第四，司法权强调多方参与性，法官保持中立，尽量给予控辩双方平等的发表意见的机会。这样做，既有利于提高审判活动的事实发现能力，也有利于提高审判质量，提高裁判的权威性和公信力。在行政活动中，行政主体的倾向性是较为明显的，在多数情况下是无须征求行政相对人的意见的，权力的单向性异常突出。侦查机关的职责就是控诉职能，具有鲜明的追诉倾向。尽管在无罪推定原则的要求下，侦查机关在法律上不得将犯罪嫌疑人作为有罪的人看待，但事实上，侦查机关是在认定犯罪嫌疑人有罪的前提下才对其展开侦查的。而且，在实践中，侦查部门加强审讯，深挖余罪就是追诉倾向的表现。同时，侦察活动的紧急性也决定了侦查人员有权单方面决定和实施强制性侦查措施。

第五，在运行结果上，司法权具有终结性、权威性，侦查权则不具有终结性和权威性，只是阶段性的结论。现代各国为维护社会关系的稳定，保障被告免受国家权力的无止境追究，规定一旦争议经法院审理并做出权威性裁判，则法院一般不得就该争议进行重新审理。司法权作为终局性的权力主要体现在判决这种确定力上。如果侦查机关的侦察结果也具有了确定力的话，那么这一结果在形式上将产生既判力，不仅其他部门不能染指，侦查机关自己也不能再过问此事；在内容上产生执行力，执行机关将直接按此结果执行而不再根据法院的判决去执行，如此一来，"司法权不与立法权和行政权分立，自由也就不存在"。因此，侦查机关的侦察结果只能是阶段性的结论，这既是宪政层面分权制衡的需要，也是诉讼层面保证判决公正性和维护被告合法权利的需要。

另外，侦查权在价值取向上侧重效率，一个重要原则就是"快速反应"，这完全有别于司法所追求的公正的价值目标。当然，这并不是说侦查权不顾公正的价值目标，只是有所侧重而已。在社会功能方面，侦查权重视社会公益，其目的是实现国家刑法权，而不是满足被害人的个人要求，司法权重视个人权利的保护，当国家权利和公民个人权利发生冲突，由法院对国家行为进行审查和控制，对国家权利起到一定的限制作用，这对保护公民权利具有重要意义。

总之，侦查权在行使主体、运行方式、程序启动、行为倾向性、运行结果、价值取向、社会功能等诸多方面都呈现出异常标准的行政权的特性，因此其归属行政权是无疑的。这也就是说，我国警察权属于行政权。认为公安机关的刑事职权属于刑事司法权力的观点是不妥当的。在实践中，认为警察权具有行政权和司法权双重属性，主要理由是1997年版《刑法》的第九十四条将侦查人员明确界定为"司法工作人员"，因此，公安机关就是既具有行政管理职能又具有刑事司法职能的国家机关，其权力当然具有行政权和司法权的双重属性。事实上，这一规定打破了我国原有的宪政安排，使国家权力运行脱离了正常轨道，是警察机关自我授权扩大自己权限范围的"助推器"，是阻挡行政诉讼的遮羞布，应该予以修正。

二、科学配置警察权力

从国家权力体系的合理配置出发，我国警察权的配置过于集中，体制上非常垄断，不便于公民权利的保护和国家权力的制约，因此，分权和限权就成为必然选择。陈兴良教授指出，我国警察权的缩减和限制是十分必要的，主要途径就是分权。也就是说，把由一个警察机关行使的警察权改变为由多个机关分散行使的警察权，并且个别权力也可以非警察化。

第一，行政警察与司法警察应当分立。警察行政职权与警察刑事职权由不同的警察机关行使，这是警察权分立的第一个步骤。在我国目前大一统的警察权体制下，警察行政职权与警察刑事职权是由同一个机关行使的，这种体制有利于控制犯罪，即把警察行政职权作为警察刑事职权的辅助手段，使犯罪能够得到更为有效的惩治。预防犯罪主要是行政警察的职责，对犯罪的搜查则是刑事警察的职责。在犯罪发生以前，行政警察在犯罪预防活动中能够得到各种各样的犯罪线索，在行政警察与刑事警察一体化的情况下，更加有利于镇压犯罪。但与此同时也常带来一个负面影响——公安机关凭借警察刑事职权的行使以完成警察行政职责。即通过警察刑事职权的行使，将尽可能多的不稳定分子送入司法流水线，造成对检察院与法院的压力。因为在我国目前刑事司法体制下，犯罪的决定权实际上掌握在公安机关手里，公安机关是公、检、法这条司法流水线的入口，一旦进入这条司法流水线，启动刑事司法程序，定罪就几乎成了定局。在这种情况下，通过惩治犯罪缓解社会治安的压力，成为公安机关完成其职责的一条捷径。只有将警察行政职权与警察司法职权分离，将警察司法职权纳入检察官的约束之下，使警察刑事职权成为搜集证据、指控犯罪的一项辅助性工作，定罪权完全由法官行使，才能有效地改变警察刑事职权为警察行政职权服务的不正常状况。在这种情况下，作为承担维护治安、预防犯罪使命的行政警察，就必须通过行政手段而非刑事手段做好犯罪预防工作，从而防止警察刑事职权的滥用。

第二，在警察管理体制上，应当改革集权与分权下的以"以块为主"的警察管理制度，彻底扭转指挥弱化局面，加强国家中央警察机关对本系统的集中控制，确立地方党委和政府有限度地介入警察机关对个案的处理的制度。这项工作应该和行政警察与刑事警察的分离结合起来。将刑事警察从警察中分离出来，就是要独立地设立刑事警察局。刑事警察局在地方（地、县）与公安机关在组织体制上分离，但在省和中央归属于公安厅和公安部统一领导，也就是对刑事警察实行垂直领导，与地方公安机关不存在组织上的归属，只存在业务上的协作关系。各个地方设立治安警察局，专门负责当地的社会治安，维护生活秩序。当地政府和党委不能主动地直接干涉警务活动，但又保留建议权和事后的审查监督权。由此可见，这种分离虽然只是相对的分离而不是绝对的分离，但分离后刑事警察系统的人、财、物不再受制于当地政府，就可以使刑事警务活动避免受地方利益的驱动而受制于地方行政机关，形成事实上的地方警察和地方保护主义。

第三，除了在行政警察与刑事警察分立中分解警察权外，行政警察内部还要根据职责分工进一步从纵向上改革警力配置，突破警察组织系统官僚的行政权。例如，目前已经具有相对独立性的消防局、交通管理局、出入境管理局和看守所都可以独立。此外，户籍管理具有民政的性质，其业务可以归入民政局。剩下的狭义上的警察职责就是维护治安，行使治安处罚权，可以称为警察局或者治安警察局。在纵向设置中，应当明确省级以上公安机关的任务是为基层警察提供培训、技术服务和对跨地区案件的指挥协调，使警察组织和警员配置成倒金字塔结构。在上下级关系上要赋予下级机关对上级机关的不合理命令的建议监督权。

第四，要加强警察权力行使的监督力度。权力的监督侧重于从单向的角度出发，是监督主体对监督客体做出的行为，是一种权力对另一种权力的约束，在这种情况下，极容易出现某些不受制约的权力。目前我国警察机关的内部也设立了监督部门，一般由本级机关的副职领导担任警务督察长，专门负责对本机关的违法执法的民警进行处罚。但警务监督部门与其他一线的机构平级，又无直接处分权，因此这种监督往往落不到实处，警务人员的违法行为得不到及时纠正和处理，应该对其严肃追究责任。要将公安机关内部的纪检、监察、督察、政工、法制等五个部门对公安执法的监督权力进行整合，形成合力，并提高其权力级别，使其拥有对违法人员的直接处分权。

通过以上措施，虽然中央或者省（自治区或直辖市）还存在统一的警察机关，但地方警察机关行使的警察权可以得到分解。这种有限的分权可以防止警察权的滥用，也较为符合当前社会实践的需要。根据孟德斯鸠的观点，一切有权力的人都容易滥用权力，这是一条万古不变的经验。从事物的性质来说，要防止滥用权力，就必须以权力约束权力。通过分权以约束权力，不仅适用于立法权、行政权和司法权，而且也适用于行政权或者警察权。一个部门或者一个机关权力过于集中，难以防止这种权力滥用，适当地分权，科学地配置权力是必需的考虑。

三、明确警察权的运行原则

警察权定位于行政权，行政权运行所遵循的原则对我国警察权都应该适用。依法行政原则是行政过程的总的指导原则，我国警察权的行使也必须遵守这一原则。但是，警察权的特殊情形提出了特别的要求。对于我国警察权来说，有几条原则在当前尤具现实意义。这几项原则包括：

1. 法律保留原则

法律保留原则，是指行政行为只能在法律规定的情况下做出，法律没规定的就不得做出。也就是说，行政主体的行政行为不能任意做出，只有在立法机关对该事项做出了规范的情况下，行政主体才能按照法律的规范做出相应的行政行为。法律保留原则的实质在于要求行政权的行使必须在代议机关的监控之中，没有代议机关的同意行政权就不得行使。它既体现了立法权对行政权的制约，也体现了行政权的民意基础。

法律保留原则和法律优先原则一起构成行政法治国家的两大原则，但不同于我们平常所说的法律优先原则。法律优先原则是指一切行政行为都要与法律规范相一致，不得与之相违背，强调的是法律的效力优先于行政命令。法律优先原则只要求行政行为不得违背法律，至于在法律未规定的情况下，行政行为能不能做出，法律优先原则不干涉，即"法不禁止皆自由"。而法律保留原则恰恰相反，它要求行政机关只有在取得法律授权的情况下才能实施相应的行政行为，法律没规定的就不得做出，也就是"法无明文规定者不得为之"。所以说，法律保留原则要比法律优先原则的要求更高，如果说法律优先原则是对行政主体依法行政的消极要求的话，那么法律保留原则就是对行政主体依法行政的积极要求。

法律保留原则中的"法律"并不限于代议机关立法所制定的法律，还包括所谓行政立法所确定的规则。法律保留原则的实质是使行政权处在立法权的监控之下，以实现"为民行政"的目的。据此目的，法律保留原则中的"法律"本应仅指代议机关所通过的法律。不过，行政机关仅仅作为立法机关"传输带"的历史并没有走多远，从20世纪初开始，尤其是第二次世界大战结束后，政府的行政管理职能空前扩张，几乎承担了人们从摇篮到坟墓的一切事物。复杂多变的管理对象、日益专业化的行政技术以及行政效率的内在要求，都使得代议机关立法再也无法适应行政管理的需要。行政权力的扩张以及行政事务的繁杂，使议会立法疲于奔命，而传统的法律保留有原则要求行政机关必须在法律的范围内活动。为协调二者矛盾，议会通过授权赋予行政机关一定的立法权，一旦行政主体获得这种授权后，它们也就成了立法主体，而它们按照授权所定之规则也就成了法律。因此法律保留原则中的"法律"就不仅仅指代议机关立法所通过的法律，还包括行政立法所确定的规则。

根据法律保留原则的要求，行政立法领域必须保证行政立法的内容均有法律上的明确授权。我国《立法法》第八条就明确规定了必须制定法律的事项："下列事项只能制定法律：①国家主权的事项；②各级人民代表大会、人民政府、人民法院和人民检察院的产生、组织和职权；③民族区域自治制度、特别行政区制度、基层群众自治制度；④犯罪和刑罚；⑤对公民政治权利的剥夺、限制人身自由的强制措施和处罚；⑥对非国有财产的征收；⑦民事基本制度；⑧基本经济制度以及财政、税收、海关、金融和外贸的基本制度；⑨诉讼和仲裁制度；⑩必须由全国人民代表大会及其常务委员会制定法律的其他事项。"据此，我国行政机关无权对此十项内容涉及的对象进行行政立法，除非法律已对此做出规定，才可以在法律规定的前提下做细化的规定。另外，《立法法》第五十六条、第七十一条、第七十二条对行政法规、规章、地方性法规的制定也做了明确规定。这一事实表明，我国在法律制度层面基本上确立了法律保留原则，接下来就是在实践中贯彻落实这一原则。

2.比例原则

比例原则，可以分为宪法意义的比例原则和行政法意义的比例原则。前者针对立法部门而言，对公民权利的限制，唯有在公共利益所必需的范围之内，方可为之。我国

《立法法》第六条规定："立法应当从实际出发，科学合理地规定公民、法人及其他组织的权利与义务、国家机关的权利与责任"，这已经显现出宪法比例原则的精神。行政法意义的比例原则主要调整两类关系：一是国家活动中的目的与实现目的的手段之间的关系；二是公民的自由权利与公共利益需要的关系。两类关系应各自达到均衡。具体讲，就是指行政主体实施行政行为应兼顾行政目标的实现和保护相对人的权益，如果行政目标的实现可能对相对人的权益造成不利影响，则这种不利影响应被限制在尽可能小的范围和限度之内，二者要有适当的比例。行政法意义的比例原则注重的是实施公权力行为的"手段"和行政"目的"之间应该存有一定的比例关系，不能为达目的而不择手段。

比例原则有狭义和广义两种。广义的比例原则包含妥当性原则、必要性原则及均衡性原则等三个次级原则，也就是所谓的"三分法"。狭义的比例原则专指均衡原则。

（1）妥当性原则。妥当性原则又称适应性原则、适合性原则等，是指行政机关所采取的手段必须能够实现行政目的或者至少应该有助于达成其所追求的目的。该原则所针对的是行政手段与行政目的之间的客观联系，要求实现行政目的的手段必须适合于行政目的的达成。适用该原则以目的正当为前提，在此前提下，行政手段能够实现行政目的是妥当性原则的核心。

（2）必要性原则。必要性原则以妥当性原则为存在前提，是指当有众多能同样达成行政目的的手段可供选择时，行政主体应当选择对相对人权利限制或侵害最小的手段，即该手段对行政目的的达成是必要的。行政权力只能在限度内行使，使公民权利尽可能遭受最小的侵害。所以，该原则也可称之为"最小侵害原则"。在行政裁量方面，本原则尤其受到重视。

（3）均衡性原则。又称狭义比例原则或法益相称性原则等，是指行政主体所采取的为达到行政目的所必要的手段，不能给行政相对人的权益带来超过行政目的价值的侵害，即行政手段对行政相对人权益的损害必须小于该行政目的所追求的社会公共利益，两者之间必须合比例或相称。该原则实际是一种"利益衡量"的方式：手段不得与所追求的目的不成比例——私益与公益的衡量。作为一种衡量，必须证明公益的价值大于私益的价值，才可侵犯公民的权利。"杀鸡取卵"的故事可谓是这一原则的绝佳反例，对利益衡量很难精确的把握。所以，该原则是一个抽象概念，并非是精确无误的法则，需要在人民利益、公共利益、手段的合适程度之间进行综合判断。它在价值层面要求手段与目的合乎比例，在人权保障日益重要的今天显得尤为重要。

比例原则源于19世纪的德国警察法学。著名的行政法学者弗莱纳曾提出"勿以炮击雀"来比喻警察权行使的限度。对公民任何不利的处分，行政权力都必须采取最和缓的手段，以侵犯公民权利最小的方式进行。这一原则被我国台湾学者称之为公法领域的

"黄金条款"，正如民法领域的诚实信用、等价有偿原则一样重要。我国行政法学一些学者常用行政合理原则来包容比例原则。在我国，合理性的内涵包括行政行为的动因要符合行政目的；行政行为应建立在正当考虑的基础上；行政行为应合乎情理。司法实践中对于"不合理"的把握与普通法国家相距甚远，再加上我国又没有判例的保障以及合理性原则本身的缺陷，想让合理原则在我国发挥像在普通法国家中那样的作用，目前来看是非常困难的。因此，我国应该引入比例原则来促进行政法治的发展和行政管理观念的转变。比例原则具有宪法位阶，作为行政法治的精髓与灵魂，能够涵盖合理性原则，符合行政法基本原则的特点，能更好地指导行政法的制定和实施。由于比例原则侧重行政裁量权行使时对公民权的消极的不侵害程度，是一种"消极标准"，所以可以更好地控制自由裁量权的行使。这对于依法控制中国极其广泛而且常常滥用的警察权来讲，意义尤为重大。

3.警察公共原则

警察权在社会功能上以维护社会公共利益为目标，这种公益性或公共性与警察权的公共原则有关。"具有警察权力的机关在行使警察权力的时候，在什么限度以内能够限制公民的自由，这是警察权力行使的界限问题。这个问题一方面关系到公共秩序的需要，另一方面关系到公民切身的自由。如何平衡两方面的需要是一个复杂的问题。"这个界限就是是否遵循了公共原则。

警察公共原则是指警察权行使必须具有一定的边界，就是以维护公共秩序为必要，除此以外，警察权不得干涉。国外有学者指出：警察公共原则包括三项原则：不可侵犯私人生活原则、不可侵犯私人住所原则以及不干涉民事原则。因此，只有在公共需要的时刻才能行使警察权；而对于私人领域，警察权一般是不得介入的，这是行使警察权的首要原则。警察权这一特定的行使范围，是由警察权作为公权力的性质和特定的作用对象所决定的。国家为完成不同的职能，设置不同的国家机关，并通过法律赋予其相应的职权。警察权产生的基础是维护国家安全和社会治安秩序，保障国家统治的稳定。警察职权的行使必须符合这一根本宗旨，否则就是违背了设置警察权的初衷。

在理解警察公共原则的时候，其关键之处在于如何区分公共领域与私人领域。德国哲学家、法学家黑格尔对公共领域和私人领域的区分较为悲观，在他看来，公共领域和私人领域的界限非常模糊，很难完全分开。实际上，尽管公共领域和私人领域的区分是相对的，但还是可以区分开的。这种区分应当由法律来加以规定。从逻辑上讲，在私权领域，推崇的是"法无禁止即自由"，对于公民来说只要法律没有禁止的，都是可以做的。所以，公民的权利既包括法定的权利，也包括非法定的权利。要对公民的权利和自由加以限制，首先，这些限制只能由负责制定法律的专门机构进行确定；其次，这些限制的确立只能通过整体的抽象的方式来决定，不考虑诉讼事件和个人；最后，这些基于整体利益而施加在每个人的个人自由之上的限制对所有人都应该是一视同仁的，这正是平等原则所得出的直接结果。在公权领域，奉行的却是"法无规定则禁止"，所以对于警察机关来说，只要法律没有规定的，都是不能做的，警察权只能表现为法律规定的职权，法律规定就是警察权的边界，不得逾越。"不受制约的权力却极易由于反复无常而漠视正义与安全的要求，这种反复无常使得法律无法衡量不同人的行为的法律后果。"因此警察权必须在法定的范围内行使，禁止一切法外特权。

4. 正当法律程序原则

正当法律程序原则是西方国家行政法的基本原则，简称正当程序原则，其基本含义是行政机关做出影响行政相对人权益的行政行为，必须遵循正当的法律程序，包括事先告知相对人，向相对人说明行为的依据、理由，听取相对人的陈述、申辩，事后为相对人提供相应的救济途径等。"正当法律程序"原则在英美法系中具有十分重要的地位，其理论根据主要是自然公正原则。自然公正原则认为，任何权力的行使都必须公正，对涉及当事人利益的事项做出裁判要听取当事人的意见，平等地对待各方当事人，不偏袒任何一方。英国著名法官丹宁勋爵对自然公正原则做出了十分精辟的概括和评价："防止偏私的法则是一回事，而申诉的权利是另一回事，这两项法则经常被称为自然公正的基本特征，它们是支撑自然公正的一对柱石。"

正当程序原则包括两个基本规则，①不能做自己的法官。裁判者不能就自己或与自己有利害关系的案件行使决定权或裁判权，裁判者应当是公正无私的。换一个角度来讲，如果裁判者能对自己的或与自己有利害关系的案件做出裁判，那么对其他不是裁判者的当事人来说是极不公正的，因此该裁判者必须回避，否则该行为无效。②听取当事人的意见。即应给予当事人申辩的机会。任何人在受到惩罚或其他不利的处分之前，也就是裁判者在做出裁判前，应当给当事人提供发表与自己有利害关系的事项的意见的机会。如果当事人对涉及自己权利的裁判没有发言权，那么就意味着这种程序对当事人来说是不公正的，该处分将被司法审查确认为无效。正当法律程序原则后来在美国宪法修正案中以成文法的形式加以确定，20世纪中期以后欧亚许多国家相继立法确立了正当法律程序原则。

正当法律程序原则主要是针对国家公权力而言的，即国家机关在行使权力时，应当按照公正的程序采取公正的方法进行。具体来说，对立法机关而言，就是要增强立法的民主性、公开性，为公民参与立法提供必要的机会和保障；对行政机关而言，就是要树立依法行政意识。当前尤其要强化行政程序观念，即在做出使相对方的利益直接受到有利或不利影响的决定之前，必须给予相对方以参与决定决策过程的机会；对司法机关而言，就是要追求司法公正，认真贯彻落实回避和依法公开开庭审理等各项制度，充分发挥司法机关"社会正义最后防线"的作用。

四、加强警察权的权力控制

警察权的权力控制中的"制"是制约而非制衡。制约和制衡是两个既有区别又有联系的概念。"制约"一词含有约束、限制、制止等多层含义，它通过对事物划定界限、规定范围、设定原则、建立机制、控制程序、进行评价等形式来表现。"制衡"除含有限制、牵制外，还含有平衡、均衡、抗衡等表示事物之间相互较量、抗争、对抗加以协调的意思。警察权的制约是指以社会各种控制手段规范警察权的合理界限的一切活动。这些控制手段主要表现为权力，所以对警察权的控制主要是以权力制约权力。对我国来讲，制约警察权的主要途径是加强检察院的监督力度和尽快建立法院司法权的控制体系。

1.检察院的定位和制约

检察院监督一贯薄弱的根本原因是一直以来对检察院的定位不准造成的。传统观点认为，检察院属于司法机关，行使的权力性质上是司法权，这一观点得到了现行法律的认同：我国现行《宪法》明文规定检察院是司法机关之一，依法独立行使检察权，其地位是和法院平等的；检察机关的公诉活动明显有"护法"的性质；检察机关的公诉权是具有司法性质的权力，尤其是不起诉决定，与法院的免刑和无罪判决具有相似的效力，具有裁判性、终局性等司法特征。随着我国司法改革的不断深入以及法学界对检察权的理论反思，这一传统观念受到有力的冲击。

也有学者认为，检察权属于行政权，也就是说，检察权不具有司法权固有的中立性、被动性和判断性。而且从现有检察机关行使的检察权来看，它也不具有中立性，而是以主动性为特征，总是积极地去追诉犯罪行为。检察权和审判权有一定的联系，但是从本质上讲，检察权无论是在执行方式还是组织形式或者是职能特征上都表现出行政权的性质。因此，检察权应属于行政权。另外，也有人认为检察权具有行政权和司法权双重属性。从我国的具体国情来说，没有必要非在行政权和司法权之间做出非此即彼的选择，也不必将二者糅合用双重属性来概括。检察权就是法律监督权，检察机关就是法律监督机关。

党的十八大以来把"加强对权力的制约和监督"作为加强检察权来控制"大公安"的首要任务，公安权执法范围指明了方向。当前，在我国警察机关仍为大一统格局的情况下，最为便利也不打破现有宪政安排的方式，就是通过构建合理的侦察机制来控制警察的侦察权力的滥用问题。许多学者提出建立"检警一体化"的思路。通过"检警一体化"，改变过去我国警察机关和检察机关的错位关系。具体来说包括以下几个方面：

第一，应当强化检察院的侦查权。要健全检察院的立案管辖权的规定，检察院可以就国家公职人员的犯罪进行立案侦查，对于其他犯罪，在检察院指令警察机关立案而警察机关不予立案的，检察院可以自行立案侦查。另外，对于一些重大、疑难的案件，如果检察院认为自己立案侦查更为有利，就可以自己立案侦查，这样能避免因警察机关拒不立案而束手无策的尴尬。不过从实体法的角度出发，检察机关应该定位为补充性的侦查机关，其侦查权应属补充性质的侦查权。我国检察院定位为二次侦查机关则更为适宜。

第二，加强检察院对公安机关的立案控制权。检察院对公安机关进行监督，其理由在于检察院是起诉机关，具有对于案件是否起诉的自主决定权，而侦察活动的目的就是为起诉服务，立案则是侦查工作的开始，因此要由检察院来最终决定立案与否，而不能由公安机关来决定。这也是为公安机关的最终分权，划分行政警察和刑事警察做制度上的前期准备。我国以前盛行侦查中心主义，并被表面的时间顺序迷惑，误认为是否立案应由公安机关决定，这实际上颠倒了侦察、控诉之间的逻辑和因果关系：应该是先有控诉的目的，然后才有侦查的需要。所以，公安机关立案后，应将相关的情况向检察院做出报告；检察院对是否立案做出的决定，公安机关不得提出异议。

第三，确立检察院的侦察指挥权。检察院在侦查时，有权调动公安机关的刑事警察协助侦查，刑事警察有义务接受检察院的指令展开协助工作，按照检察院的要求收集、调查证据。如果仅仅在法律上确立检察院的侦察指挥权是远远不够的。没有具体的配套制度的保障，这种指挥权难以实现。所以，将公安机关的行政和刑事职能分离，设立治安警察和刑事警察，由检察院对刑事警察的刑事侦查进行指挥，是一个较符合我国警察权改革方向的保障性方案。

2.确立司法权对警察权的控制制度

按照现行宪法的规定，我国的刑事司法体制，是"流水作业"的方式运作的，在侦查程序中并不存在控、辩、审的诉讼形态。作为追诉机关之一，公安机关在侦查程序中拥有强大的权力，可以自行决定实施旨在限制或剥夺公民基本权利的强制性措施，诸如逮捕、拘留、搜查、扣押、检查等，而且无须获得中立的司法机构的授权和审查，因此公民所受到的不公正待遇也难以获得有效的司法救济。这就很可能使名义上的诉讼活动变成警察针对公民自己实施的单方面治罪活动。这种司法救济机制的缺失，直接导致我国警察权力的无限膨胀甚至滥用。因此，确立司法审查机制以制约警察权成为当前建设法治政府的当务之急。

我国对公安机关的专门监督机关是人民检察院。可是按照现行的刑事诉讼法，对于治安行政案件，检察机关当然没有对公安机关的监督权；也就是说，一个刑事案件，如果不需要批准逮捕，整个侦查过程公安机关不给检察机关任何信息，检察机关不做任何过问，也是正常和合法的。

所以，我国应该立法规定任何案件一旦进入侦查机关，检察机关应当有法定的固定形式的监督；侦查机关也应当有义务主动将案件交检察机关进行事后审查和事前审查。同时，确立法院的司法审查机制。所谓司法审查与我们通常讲的违宪司法审查不同，这里的司法审查是对侦查活动的司法审查，主要是审查侦查活动中采取的剥夺或者限制人身自由或者其他权益的强制性措施，除例外情形以外，这些措施应该由司法机关做出决定，而侦查机关自身无权决定。从各国司法制度来看，均实行所谓令状主义。令状主义来自1679年英国的《人身保护法》。当然，随着控制犯罪的需要，英国对警察逮捕权的司法制约机制也有弱化的趋势。但从总体上说，通过令状制度对侦查机关的羁押进行限制，这是各国立法之通例。为达到对警察权的司法控制，应该从以下几个方面进行细致的制度改革和建设。

第一，侦羁分离。侦羁分离，是指侦查机关与羁押机关的相对分离，也就是将看守所独立于侦查机关。看守所是在审判前暂时羁押被采取强制措施的犯罪嫌疑人的场所。我国的看守所隶属于公安机关的预审部门，预审部门对看守所进行监管。因此，看守所也就是预审部门的办公场所。这种看守所隶属于侦查机关的体制，虽然有利于提高侦查效率，但也为刑讯逼供提供了便利条件。看守所隶属于侦查机关，其职责就不仅仅是看管犯罪嫌疑人，而且还有破案或者说至少是协助破案的职责。犯罪嫌疑人一旦被采取强制措施进入看守所，就会处在侦查机关的控制之下。我国检察机关虽有对看守所的检察权，但并不能从根本上解决刑讯逼供的问题。嫌疑人如果不在一个相对中立的机关的羁押之下，很难防止侦查活动中侵犯犯罪嫌疑人权利现象的发生。在目前的体制下，要进一步加强看守所检察的工作力度，使驻所检察员享有更大的监督权，从而承担起保障犯罪嫌疑人权利的职责。从长远来看，应当将看守所从公安机关分离，隶属司法行政部门，同时强调法院的司法审查，把羁押的批准和延长的权力交由中立的法官来行使，从而形成对警察侦查权的制约。

第二，实行司法令状制度。对追诉机关限制和剥夺公民人身自由与财产的侦察行为进行司法授权，是限制国家权力滥用，保护人权的需要。因为国家追究犯罪的活动并不天然具有合理性和无可辩驳的正当性，权力容易滥用和腐化的本性可能使权力偏离轨道。因此，建立通过司法审查、颁发司法令状授权警察和检察机关实施限制或剥夺自由与财产的制度，对于我们制约警察权来说意义尤其重大。如果没有司法权的控制，警察权力会在打击犯罪的名义下成为一种专横的力量，如果没有司法机构的救济，无罪推定原则就会成为一句苍白的宣言。因此，"建立强制侦查行为的司法审查机制，由作为中立的第三方法院来监督、控制侦查程序，只有遵循司法审查原则，对侦查程序实行司法控制，才能有效制约强制措施使用中的违法行为。"

第三，确立非法证据排除规则等程序性制裁制度。实行司法令状制度，只是在审判前的程序中对警察和检察机关的追诉行为进行制约。但是任何完善的制度，都不可能从根本上杜绝政府不去为"恶"，而只能最大限度地减少"恶行"，并在"恶行"之后提供及时、充分的救济。刑事领域的事后救济方式主要是通过对警察和检察机关的程序性违法行为的制裁来实现。警察实施的程序性违法行为主要表现为通过刑讯逼供、非法搜查、违法扣押和窃听等手段来获取指控公民有罪的证据。现代刑事诉讼奉行控辩平衡、无罪推定等基本原则，证明被告人有罪的证据由追诉方提供，被告人不承担证明自己无罪的责任。警察的程序性违法行为，改变了现代刑事诉讼应当遵循的人道和公平精神。现代法治国家确立非法证据排除规则，使警察和检察机关用由非法手段获取的不当利益落空的方式来保护被告人的合法利益。我国虽然规定了非法证据不予采信的规则，但没有对非法取证的侦察人员的惩罚机制。非法证据排除规则，从正面宣布了侦查机关不能从其非法行为中获利，而对非法取证的侦察人员的惩处可以从相反的角度增强非法证据排除规则的效果。这样就可能避免实践中非法取证屡禁不止的现象。

参考文献

1. 龚雪娇. 宪法视野下的警察权规制[D]. 福州：福建师范大学，2013

2. 薄振峰. 执法为民的内涵和渊源[J]. 江苏警官学院学报，2010（5）

3. 左同宇. 现阶段中国政府行政成本分析[D]. 南京：南京师范大学，2005

4. 付紫颐. 我国警务人员执法中人身安全保障机制研究[D]. 青岛：中国海洋大学，2011

5. 文华. 我国警察权力的法律规制研究[D]. 武汉：武汉大学，2010

6. 何文波. 我国警察行政补偿问题探究[J]. 上海公安高等专科学校学报，2015（3）

7. 于海波. 我国行政首长出庭应诉制度研究[D]. 合肥：安徽大学，2014

8. 王在山. 我国公安行政执法制度研究[D]. 济南：山东大学，2006

9. 任弼世. 我国公安行政执法权行使中存在的问题及对策研究[J]. 法制与社会，2014

10. 王海仁. 完善公安执法权力运行机制的若干思考[J]. 公安学刊：浙江警察学院学报，2015（5）

11. 林爵枢. 试论如何做一名新时期合格的人民警察[J]. 广西警官高等专科学校学报，2012

12. 平玉和. 新时期我国法治公安建设研究[D]. 石家庄：河北师范大学，2016

13. 林平. 森林公安行政执法权的历史沿革[J]. 森林公安，2013（6）

14. 陈华. 人民警察执法问题研究[D]. 北京：中国政法大学，2007

15. 邓婉. 论人民警察执法权的法律保障[D]. 广州：暨南大学，2016

16. 李兆欣. 浅析我国警务人员入职资格[J]. 法制与经济（下旬），2011

17. 李光文. 民本思想演进与公安机关执法为民的政治践行[J]. 公安研究，2004

18. 柳玉祥. 浅谈把服务群众工作贯穿于公安执法全过程[J]. 公安研究，2011

19. 胥大杰. 论以比例原则规范警察权[D]. 北京：中国政法大学，2009

20. 邢捷. 论我国公安行政执法工具及其规范化[J]. 中国人民公安大学学报：社会科学版，2008（2）

21. 贺文. 论我国公安行政复议制度及其完善[D]. 太原：山西大学，2013

22. 周建. 论警察执法中和谐警民关系的构建[D]. 长沙：湖南大学，2009

23. 吴威. 论公安执法理念的更新[D]. 长春：吉林大学，2010

24. 宋维. 论公安行政执法中警察权益的保障[D]. 湘潭：湘潭大学，2012

25. 简金锋. 论公安行政执法权[D]. 郑州：郑州大学，2002

26. 张永久. 论公安行政不作为[D]. 长春：长春理工大学，2013

27. 姜升旭. 警察权益的法律保障[D]. 济南：山东大学，2011

28. 崔进文. 警察行政权的失范及其控制[D]. 苏州：苏州大学，2012

29. 中共中央马克思恩格斯列宁斯大林著作编译局. 马克思恩格斯选集[M]. 北京：人民出版社，1972

30. 中共中央马克思恩格斯列宁斯大林著作编译局. 列宁选集[M]. 北京：人民出版社，1960

31. 哈罗德k. 贝克尔 唐纳L. 贝克尔. 世界警察概览[M]. 太原：山西人民出版社，1991